渡辺公三
石田智恵・冨田敬大　編

異貌の同時代

——人類・学・の外へ

以文社

まえがき

『異貌の同時代——人類・学・の外へ』と題されたこの本を店頭で手に取り目次を開いた人は、ならんだ標題が理解不能なほどばらばらで、思わず本を閉じて急いで書棚にもどしてしまうのではないだろうか。実を言うと、そのようなことが起こるだけでも幸運だと考えている。まず、流通ルートに乗り店頭に出ることの幸運、そしてよほど好奇心の強い人の目にとまり、分厚く重そうな本を手に取る気持ちになってもらえるという幸運、さらに、想像力の連鎖をあえて断ち切るほどヘテロトピックな主題群に一瞥をあたえてもらう幸運……ただ、望むらくは、ひとつひとつの文章が、本の頁が開かれ闇から解き放たれれば、禍々しいほどの生命力で跳梁跋扈しはじめる、パンドラの匣の怪物たちのしぶとさをそれぞれに備えていること、それぞれの研究領域での最先端の切っ先たろうとしていることを、読む人々には実感していただければ本望だ。

一九八〇年代前後のアルゼンチンに始まり、一九世紀のフランス、二〇世紀初めのポーランド、さらに社会主義時代のモンゴルに飛んだかと思えば、千の湖のカナダから現代日本の身体観へ、そして明治時代の祇園に降り立ち、日本に住むフィリピン人に寄り添ってからエチオピアを彷徨い、現代人類学のリーダー、レヴィ＝ストロースに耳を傾ける。ナチスの経験への反芻ののち、カフカを再読し、ギブソンの生態心理学を評定し、日本の初期社会主義の出生の現場を検証し、暴力が猖獗を極めるコンゴ東部を経て、「国家に抗する社会」を訪問し、不寛容な現代にレヴィ＝ストロースを召喚し、その互酬性について問い、生態学的視点を再審し、その思考における未分化なものを問い、アメリカ先住民研究へのその影響を測る。大きくは文化人類学の圏内でさまざまなトライアルを試みながらその圏外へ逸れ出ようとし、また圏外からの介入を呼び入れるという目論見として、この論集はできている。これほど時空間において多様な、素直に言えば支離滅裂な構成になった理由は、それが多少なりと分裂傾向をなしとはしない、ひとりの大学教員である私の退職を記念する論文集として企画されたことにある。高校、学部生時代以来、遠いアフリカに関心をもち大学院から人類学に進んだものの、根っからのフィールドワーカーではない私は、むしろフランス語圏の人類学の成果の翻訳作業に手を染めることから始めた。後に当時のザイールをフィールドとしたが、内戦の混乱を遠望しながら、私の物の見方を育成し制約してきた人類学なるもの歴史的形成過程、西欧中心的世界観の再検討に関心が移った。そのことと、日本の大学制度の「大綱化」と呼ばれる大幅な見直し、奉職する大学での運営責任の増加とがほぼ同時並行に進んでいった。この十数年は研究科において広い意味で研究を志す多くの若い院生に出会うことができた。

＊＊＊＊＊

以下に、各論文の私（渡辺）なりの捉え方と、執筆者との関わりの紹介をしてみたい。読者のためのささやかな道案内になれば嬉しい。

第一部　個人と集団のメビウスの輪

第一章「個人の登録・消去・回復——アルゼンチンと同一性の問題」　石田智恵さんは、編集者の一人として巻頭に置かれることに最後まで抗ったが、私にとって一九八〇年代前後の南米とりわけアルゼンチンがもっとも際立った「異貌の同時代」であることを納得させてくれた本論こそ巻頭論文にふさわしいと、寄り切らせてもらった。アルゼンチンを主舞台に戦後「日系人」という範疇がいかに形成されたか扱った博論から、貴重な展開だと思う。

第二章「微小な痕跡に残る社会——ガブリエル・タルドと筆跡の社会学」　中倉智徳さんは『ガブリエル・タルド——贈与とアソシアシオンの体制へ』（二〇一一、洛北出版）によってタルド研究の若きリーダーの一人となった。私にとってのネガティヴ・アイドル（反面教師）であるベルティヨンの同時代人かつ批判者だったタルドが、まさに字を書く所作の模倣の刻印としての筆跡を、個体としての他者への回路として「思考の読解」を志向していたという指摘は興味深い。

第三章「塹壕の外の東部戦線——ゴンブローヴィチ、ヴィトリン、ロート」　田中壮泰さんは西成彦さんのもとで東欧比較文学の世界に、ポーランド留学を通じて果敢に切り込んでゆきポーランド語をわがものとし、さらにイディッシュ語等も修得し次世代の研究を担うべく着々と態勢を整えているとお見受けする。

第四章「ナンバリングとカウンティング——ポスト＝アウシュヴィッツ時代の人類学にむけて」　田中雅一さんとはインド研究の泰斗デュモンの『ホモ・ヒエラルキクス』（二〇〇一、みすず書房）の翻訳の労苦を分かち合ったことをきっかけに、京都大学人文科学研究所で田中さんが主宰する研究会にも参加させていただき、常に予見しがたいユニークな視点に啓発されてきた。研究成果の論集に参加できなかったにもかかわらず今回ご寄稿いただけたことは、恩を仇で返すことになったのではないかと危惧している。「数」からの付番と数えの分岐の深淵を覗いた。

第二部　変容する場と身体

第五章　「二〇世紀のモンゴルにおける人間＝環境関係――牧畜の「集団化」をめぐる歴史人類学的研究」　冨田敬大さんはすでに学部生時代にNGO活動を通じてモンゴル牧畜社会に興味を抱き足繁くフィールドに通い、この社会が二〇世紀の大変動をどう生き抜いてきたかをつぶさに見、当事者たち後継者たちの経験談に耳を傾け、社会という場の変容の意味を一貫して追究している。定着農耕民的な心性の私には興味尽きない研究である。

第六章　「千の湖に生きるひとびと――水をめぐるオジブエたちの半世紀」　森下直紀さんは博論でアメリカ合衆国の大都市を支える水道システムの持続可能性を問うた。その過程でアメリカの環境史研究の動向への関心を共有してきた。日本の公害研究にもリンクするカナダの水質汚染を主題としてとりあげられたオジブエ社会は、アメリカ先住民研究のいわばメイン・ゲストとして知られている。その人々の「今」には興味が尽きない。

第七章　「野口晴哉の体癖論とその今日的意義――失われた身体技法」　小杉麻李亜さんは学部ゼミから博論まで、幼少期からのエジプト生活の経験を起点とした、人の追随を許さない深いクルアーン研究で常に私に未知の世界を垣間見させてくれた。今回は「野口整体」というもうひとつの異境で、間身体性から非カテゴリー的個体把握は可能か、という問いを拓こうとされているように思う。搾取しない人類学という問題提起も重い。

第八章　「カフカと妖術信仰」　西成彦さんは、比較文学研究の最先端をリードしつつ、研究科長という重責をも担いながら貴重な時間を割いて、私のつたないアフリカ・フィールドワーク報告まで眼を通してカフカの世界に連接するというアクロバットの模範演技を示して下さった。思えば立命館大学文学部から二〇年来の同志である。

第九章　「知覚、感覚、感情、アフォーダンス」　ポール・デュムシェルさんは常に欧米圏の思想哲学の動向を注視しつつ、科学技術の日常生活への影響と波及というもっとも広い意味での政治的な含意を読み解く作業を持続している。近著では日本のロボット産業をとりわけ介護ロボットに焦点を合わせて検討した。本論文はそうした検討の基礎固めだと理解する。

第三部　世界をひらく想像力

第一〇章「異貌の町と名前のない実力者——京都における芸娼妓営業地の土地所有をめぐって」　松田有紀子さんは立命館大学文学部の良き伝統を吸収しつつわれわれの研究科に入ってからは、「となりの異境」とも呼べる祇園を筆頭とする花街に足繁く通って人脈を築き、一面では「女の街」とも呼べそうな世界の「厚い記述」を博論として完成した。その主題の基底の部分を本論文に提示してくれている。

第一一章「巻き込まれてゆくことからみえる在日フィリピン人移住者たちの社会関係」　永田貴聖さんは、学生時代に接点を持った在日フィリピン人たち（多くは国際結婚した女性たち）の国境を越えたネットワークの広がりを描く『トランスナショナル・フィリピン人の民族誌』（二〇一一、ナカニシヤ出版）を刊行した。そのネットワークを支える日常的な付き合いの中で生じる些細なやりとりやギブアンドテイクがそれぞれの日常に生む波紋を描く方法を対象化した論文と受け止める。

第一二章「蝋と金——エチオピアの楽師アズマリが奏でるイメージの世界」　川瀬慈さんは立命館文学部での私のゼミで二〇〇〇年に提出された卒業論文で南インドのゴアにおける「レイブ」をテーマとした。京都大学大学院でフィールドワーカーとしての修練を積み、エチオピア伝統芸能のみならず映像人類学の若きリーダーとして世界中を飛び回っておられる。

第一三章「力の翻訳——人類学と初期社会主義」　真島一郎さんは、西アフリカのリベリアとコートディヴォワール国境地域で暮らすダン族の仮面結社についての緻密な民族誌を追究するのと並行して、近代社会における人類学的な知にとっての「翻訳」という深い射程をもった主題を一貫して追っておられる。その展望の中心には日本の近代化における「社会」の問いがある。

第一四章　「国連による平和構築の失敗――コンゴ民主共和国における軍事行動の限界」　澤田昌人さんは、土地の所有をめぐる近代法と伝統法の葛藤を主題とした研究プロジェクトに参加いただき、ザイールの内戦の発端となった土地問題についての知見で貢献いただいた。その後も終息しない内戦の余燼をたゆまず追っておられる。そこにはわれわれが視野の外に放棄しがちな現代世界の冷酷な異貌が見て取れることを教えてくださっている。

第一五章　「国家に抗する社会における鰥夫と子供」　小泉義之さんには雑誌の特集号に寄せられたレヴィ＝ストロースへの犀利な分析視角によって、思いもかけない不意の一太刀を浴びせられたという記憶がある。構造主義と現代フランス思想の間に微妙な媒介の位置を穿ったピエール・クラストルへも、氏は油断なく「鰥夫と子供」の関係を手掛かりに目配りをされている。

第四部　レヴィ＝ストロースをめぐって

第一六章　「動物・論理の発見――隷従・憎悪に抗する思考としての構造人類学」　近藤宏さんはレヴィ＝ストロースへの関心を起点に、現代パナマの先住民が生活の場と資源の管理をめぐってグローバルな介入と政府の政策と先住民権のせめぎあいをいかに経験するかという複雑な同時代の問いへと関心を移してこられた。本論に示されたレヴィ＝ストロースの思考の深化への徹底した解明に、ひとつの告別の辞の響きを聴きとるのは私の思いすごしか。

第一七章　「異なるものへの不寛容はいかにして乗り越えられるのか――レヴィ＝ストロースを手掛かりにして」　松田素二さんにはアフリカ研究と同時代に取り組む人類学研究において多くを学ぶだけでなく、わけ隔てなく明るく人と接する日常の挙措の裏に感じ取れる理不尽なものを論破する強靭な意志（それは不寛容の対極にある）に共感をもってきた。学会長としての多忙を縫っての寄稿に深く感謝したい。

第一八章 「他者とともに生きる――レヴィ＝ストロースあるいは他者性と互酬性」 マルセル・エナフさんとは、一九九〇年代終わり京都大学での在外研究中にレヴィ＝ストロースへの関心を共有することから知り合い、その敬意に満ちた批判的解読から多くを学ばせていただいてきた。同じ研究科の同僚に迎えることのできたポール・デュムシェル教授を紹介くださったのもエナフ教授である。

第一九章 「クロード・レヴィ＝ストロースの陰画的エコロジー」 フレデリック・ケックさんは一〇年ほど前にデュムシェル教授の紹介で知り合った時にはすでにレヴィ＝ストロースについて鋭利な二冊の著書をものした気鋭のいわば孫世代の若き人類学者であった。博論ではレヴィ＝ブリュルを論じ、鳥インフルエンザについて人間‐動物関係の人類学を展開した、多産なフランス人類学の若きリーダーである。

第二〇章 「「打撃＝衝撃」――「表象」「物語」の転位をめぐって」 島亨さんと初めて出会ったのは高校時代であった。それから二〇年ほどして練達の編集者として再会し、公私にわたってさまざまなことを教えていただいた。一見明晰な論理のあわいに（たとえばレヴィ＝ストロースの）未分化な思考の原形質を繊細に腑分けする言葉の小刀の切れ味もそのひとつ。青春の名残とでもいう時期に一回り年上の島さんとその仲間たちとお付き合いできたのは幸運だった。

第二一章 「エコロジカル・インディアンは「野生の思考」の夢を見るか」 渡辺公三。見られる通りこれはまだ初歩的なサーヴェイの段階にとどまっている。後日を期したい。

以上が執筆者紹介と論文への手短なコメントである。説明を重ねたとしても支離滅裂な印象は変わりようはないにせよ、あえかなつながりの網の目を感じていただければ嬉しい。

＊　＊　＊　＊　＊

企画の経緯とりわけ当初の三部構成の内容の組み立て等は、企画を主導してくださった若い二人の編者による「あとがき」に委ねるが、一人の教員として私が奉職する大学の内外、日本という国の内外、人類学という分野の内外、研究という職の内外から多くの執筆者が参加くださった。今述べたのは一〇人の私の同僚や友人を念頭に置いている。残りの一〇人のうち九人は、私が奉職する大学の研究科を彼ら彼女らが修了するにあたって、博士論文を作成するのに親しく伴走するという幸運な経験をさせていただいた若手研究者の皆さんである。そしてもう一人は学部のゼミで四年間つきあった後、他の大学院で修業を終えた、今や若手の一方の旗手である。四部構成の各部の前の方に若手、後ろの方に私の同僚と友人を配置している。外国語の論文の翻訳も修了生が分担してくださった。当初、本書の企画は二年ほど前には完成するはずのものとして着想されたもののしばらくは始動せず、その間、よんどころない事情で私の退職が三年延びたことを奇貨として在職中に何とか刊行に漕ぎつけようと若い二人の編集者が牽引してくれて、ようやく出版の日を迎えることができた。第四部は事後的に立てたが、当初の三つの主題は編集者を中心に修了生で検討して設定してくれた。同僚、友人から執筆を期待する人々の希望を私から聞いたうえで、執筆を希望する修了生を募り、どの主題で書いてもらえるか執筆予定者全員にアンケート調査をし、論文集としての構成とバランスを考えるといった作業は、けっして容易なものではなかったことは進捗の様子を聞きながら窺えた。石田智恵さん、冨田敬大さんありがとう。

時に応じて手助けしてくれた修了生の皆さんにも感謝する。そして執筆者の皆さんにも厚くお礼を申し上げたい。ゼミ討論を闘わせた若い人たちはもちろん、同僚と友人たちもプロジェクト研究や本の出版などの協同作業のなかで、ある共感をもつことのあった方々に、無理を承知で執筆をお願いし、多くの方々から快諾をえることができたことは、私の人生の最大の幸運である。数えきれない偶然の集積としての出会いが、こうした本の形に結実したことは嬉しい。状況が許さずついに寄稿が叶わなかった方々も何人かいるが、関心を寄せていただいた論文集がこうして形になったことを報告できることは、私にとって望外の喜びでもある。

そして人生の重要な岐路で進むべき方向を示してくださった勝股光政さんの出版社で、気鋭の若手編集者、大野真さんの手をお借りしてこの締めくくりの本を上梓できたことを何よりも感謝したい。

渡辺公三

二〇一七年四月吉日

異貌の同時代

目次

まえがき　i

目　次　xi

第一部　個人と集団のメビウスの輪

第一章　個人の登録・消去・回復――アルゼンチンと同一性の問題（石田智恵）　5

第二章　微小な痕跡に残る社会――ガブリエル・タルドと筆跡の社会学（中倉智徳）　49

第三章　塹壕の外の東部戦線――ゴンブローヴィチ、ヴィトリン、ロート（田中壮泰）　73

第四章　ナンバリングとカウンティング
――ポスト＝アウシュヴィッツ時代の人類学にむけて（田中雅一）　97

第二部　変容する場と身体

第五章　二〇世紀のモンゴルにおける人間＝環境関係
――牧畜の「集団化」をめぐる歴史人類学的研究（冨田敬大）　141

第六章　千の湖に生きるひとびと――水をめぐるオジブエたちの半世紀（森下直紀）　173

第七章　野口晴哉の体癖論とその今日的意義――失われた身体技法（小杉麻李亜）　209

第八章　カフカと妖術信仰（西　成彦）　243
第九章　知覚、感覚、感情、アフォーダンス（ポール・デュムシェル／近藤　宏訳）　261

第三部　世界をひらく想像力

第一〇章　異貌の町と名前のない実力者
――京都における芸娼妓営業地の土地所有をめぐって（松田有紀子）　283
第一一章　巻き込まれてゆくことからみえる
在日フィリピン人移住者たちの社会関係（永田貴聖）　309
第一二章　蝋と金――エチオピアの楽師アズマリが奏でるイメージの世界（川瀬　慈）　339
第一三章　力の翻訳――人類学と初期社会主義（真島一郎）　353
第一四章　国連による平和構築の失敗
――コンゴ民主共和国における軍事行動の限界（澤田昌人）　393
第一五章　国家に抗する社会における鰥夫と子供（小泉義之）　419

第四部　レヴィ＝ストロースをめぐって

第一六章　動物・論理の発見——隷従・憎悪に抗する思考としての構造人類学（近藤　宏）　437
第一七章　異なるものへの不寛容はいかにして乗り越えられるのか
——レヴィ＝ストロースを手掛かりにして（松田素二）　495
第一八章　他者とともに生きる
——レヴィ＝ストロースあるいは他者性と互酬性（マルセル・エナフ／渡辺公三訳）　525
第一九章　クロード・レヴィ＝ストロースの陰画的エコロジー（フレデリック・ケック／泉　克典訳）　553
第二〇章　「打撃＝衝撃」——「表象」「物語」の転位をめぐって（島　亨）　569
第二一章　エコロジカル・インディアンは「野生の思考」の夢を見るか（渡辺公三）　611
あとがき　635
渡辺公三　経歴・業績一覧　640

装幀：近藤みどり

異貌の同時代——人類・学・の外へ

第一部　個人と集団のメビウスの輪

第一章　個人の登録・消去・回復――アルゼンチンと同一性の問題

石田智恵

同一性の権利はアルゼンチン全人民の遺産とするべきだ。[*1]
――マルティン・フレスネーダ人権庁長官

はじめに

西洋近代国家がその成熟の過程で人類学という新たな知と連携し人間を個体として管理統治する体制を整えていったことは、渡辺公三『司法的同一性の誕生』（渡辺　二〇〇三）が明らかにしたところである。同書には、成員の範囲を限定しひとりひとりを行動し語る〈主体〉にしたてあげる「アイデンティティ装置」の複合体として社会を捉えるという、アフリカはクバ王国に関する民族誌学的論考で示されていた著者の視点（渡辺　二〇〇九a：二七-二八、初出は一九八七年）がそのまま、西洋市民社会に対象を変えて現れている。『司法的同一性の誕生』はその意味で、著者が明に暗に、しかし持続的に問うてきた人間社会における「同一性」の問題のなかでも、犯罪学を含む人類学の歴史と必然的に重なる近代の統治技術の、したがって「指紋」と「法的個人」の確立に焦点を当てたものである。

指紋をめぐる技術に関心を寄せた研究は他にもさまざまな分野、地域で発表されてきたが、そのなかでも幾度か論じられているように、国民国家建設、人類学－犯罪学、指紋技術のそれぞれの展開が独自のかたちで深く結びついた舞台の一つに、アルゼンチンがある。それは、後に国際的に普及する指紋の分類法がアルゼンチンの警察機構のなかで完成されたからだけでも、同国を含む南米南部諸国で指紋技術の一般市民への利用が世界に先駆けて実現されたからだけでもない。本論でみていくように、おそらく現代世界のなかで、アルゼンチンほど「同一性(identity)」や「同定(identification)」が国政を左右する政治的議論のなかで重要な位置を占めてきた社会は多くないと思われるのである。

本稿は、渡辺が明らかにした近代における国家・個体・人類学の関係の成立のその後の展開のひとつとして、アルゼンチンで一〇〇年以上をまたいで現れる「同一性」をめぐる問題に焦点を当てたい。あらかじめ要約するなら、その展開は(1)一九世紀末から二〇世紀初頭にかけて司法・警察の領域から始まった指紋の技術が「同一性の権利」の論理を伴って市民社会一般に実用化されたこと、(2)軍事政権期を含む一九七〇年代から八〇年代初頭、多くの市民がその身体的・社会的存在を消し去られ、その事実の秘匿のため司法的同一性の操作・改竄が行なわれたこと、(3)消された個人の捜索と書き換えられた真実の解明が民政移管後の国家的課題となるなかで、司法人類学を掲げる市民組織が特殊な役割を果たしてきたこと、の三点に分けられる。市民を個別化し管理統治する最も優れた方法として近代国家に導入された指紋の学が、国家に抗したために一度は消された個体を社会に回復するための実践の学につながったことと、アルゼンチンが西欧の影を追いながら「移民の国」として二〇世紀を迎えたことは深く関連している。また権力による市民個体の管理、消去、回復を経験してきたこの国で、現在司法的同一性と人類学の関わりは新たな段階を見せている。

本論への導入として、まずは二〇一五年五月一一日にアルゼンチンの左派系日刊紙『パヒナ12』に掲載されたある記事を紹介しよう。「遺伝学の限界」という見出しが目を引くこの記事は、同国史上最後の軍事政権（一九七六―八三年）による粛清の対象となった人々――「失踪者＝行方不明者（desaparecidos）」――のものと思しき大量の身元不明遺体を「無名集合墓地」から発掘し、身元を同定し親族に還すという民政移管直後から続けられている作業の進展について報じている。曰く、集合墓地の記録に含まれる身元不明遺体の指紋と、「失踪者」のリストに挙がっている人々の指紋データの照合可能性が開かれ、それまで遺骨の遺伝情報だけでは同定し切れなかったケースの一部も同定できるようになった。この進歩は今後「失踪者」の調査に大きな進展をもたらすだろうと、記事は希望も滲ませている[*2]（「遺伝学の限界」という記事の見出しの含意については第三節で説明する）。

ここで相互照合可能になったとされる二種類の指紋データとは何か。一方は集合墓地に埋葬される前に警察に採取された、誰のものかわからない遺体の指紋であり、他方は「失踪者」として人権局が把握している人々の指紋である。このうち後者の指紋は、いつどこでどのようにして収集され管理されてきたものなのか。これこそが、アルゼンチンに暮らす全市民（住民）から採取され社会生活のあらゆる場面で日常的に利用されている指紋データにほかならない。いわば、市民権（公民権）とトレードオフのかたちで差し出された指紋である。先にふれたとおり、この国では犯罪歴のある者、外国籍者、警察関係者などの限られた集団だけでなく、社会を構成するあらゆる人が指紋押捺の対象なのである。

一時滞在者を除くアルゼンチン住民はすべて国家に指紋を差し出す、と定めている現行法は一九六八年施行の「国家個人登録法」（現在の正式名称は「国家人的資源の身元同定・登録・分類法」）だが、その第二条（二項C）に、「あらゆる公的身分証明書の交付は、当人の指紋認証（la identificación dactiloscópica）によって行なわれる」とある。この法の下、個人登録署が発行する国民身分証（Documento Nacioal de Identidad）、通称ＤＮＩがアルゼンチン国民と定住外国人すべてに共通の身分証明書（二〇〇九年以降はカード）であり、出生と同時に作成交付され、生涯に何度か更新される（外国人は、移民局での定住手続きに基づく）。多くの人がこの身分証とともに、それに記載された自身の指紋印象を日常的に携帯している。この法ができる前の市民登録制度は、男性は兵役の義務と連動した「兵役登録証」、女性は一八歳で交付を受ける「市民登録証」が存在したが、これも指紋による個人識別を利用したものだった。また、内務省の下位機構にあたる個人登録署が発行するＤＮＩの市民登録制度とは別に、連邦警察の管轄下でも指紋を利用した身元証明書（通称「セドゥラ」）の制度が二〇一一年まであった。パスポートの発行も連邦警察の管轄である。次節ではこのような「国民皆指紋押捺制度」ともいうべき個人登録制度が成立した経緯を、いくつかの先行研究に依拠しつつ確認したい。その行程は、第二節の主題となる国家暴力へとつながる二〇世紀アルゼンチン史の権威主義にたどり着くはずである。

一　普通指紋押捺制度の誕生

指紋の分類法にその名を残すファアン（イヴァン）・ブセティッチ（一八五八–一九二五）についての研究、記述はいくつも存在するが、あるノンフィクション作家が「指紋法がブセティッチを生み、ベルティヨンを消滅させた」（ジョイス＆ストーバー　一九九四：八四）とやや劇化しているように、科学犯罪捜査・司法手続きにおける個体識別技術の、人体計測学から指紋法への移行のなかで、ブセティッチはベルティヨンと並べて語られることが多い（Cole 2001; Ruggiero 2001; Rodriguez 2006）。クロアチア（当時はオーストリア＝ハンガリー帝国）出身の移民であったブセティッチは、ブエノスアイレス州警察の鑑識統計課で統計を担当して優れた実績を挙げ出世した実務家であった。指紋法の実用化のみならず指紋法に基づく社会秩序の再編に生涯をささげた彼の最大の夢は、「文明世界にあまねく」彼の発明をゆきわたらせることであり、国境を超えた指紋データの共有を可能にする「大陸間身元同定局」の構想にまで至っていた（Rodriguez 2006: 242）。この夢は実現にはいたらなかったが、アルゼンチンはブセティッチの働きによって、指紋を犯罪捜査だけでなく市民一般に適用した最初の国のひとつになった。その経緯をみていこう。

一八九二年にブエノスアイレス州ネコチェアで起こった幼児殺害事件は、世界で初めて指紋が証拠となって解決されたことで知られるが、犯行現場に残された血の指紋の跡から犯人逮捕に結び付けたのがブセティッチだった。彼はフランシス・ゴルトンによって体系化された指紋研究を学び、実用化させるため独自の分類法を練り上げ、その前年にラプラタ警察に導入していた（Ruggiero 2001: 191）。この実績をきっかけに、ブセティッチ方式の指紋識別法は（当初は人体計測法と併用のかたちで、後にこれに取って代わるかたちで）ラプラタ警察、ブエノスアイレス警察、刑事訴訟裁判所、他の国々の警察機構へと次第に導入されていく。

イギリス帝国による植民地統治の装置としてベンガルで発見された指紋識別の技術（渡辺 二〇〇三）がほぼ同時期に南米にもたらされ改良されていったことを、思想史家の林みどりは次のように表現している。

直接的な植民地支配の外部におかれてはいても、まちがいなくその知の体系の内部にあったアルゼンチンをはじめとするいくつかのラテンアメリカ地域の支配層が、西洋植民地主義の尖兵と同じ身ぶりを反復していたのだ（林 一九九八：九九、cf. 林 二〇〇六：一三六）。

国境を越えて人の流れを監視し規律化する技術として、ヨーロッパに先がけて、世界有数の移民受け入れ国アルゼンチンとブラジルにおいて人間のマッピング作業がおこなわれようとしたのである（林 一九九八：一二六－一二七）。

南米は当時すでに西洋植民地帝国の直接の支配を脱していたものの、「新大陸」を目指す旅行者や調査研究者、一九世紀末からの「大洪水」ともいわれる移民などの往来を通じて西洋と直接の接触をもち続けるその「周縁」であった。アルゼンチンでは一八一〇年の独立宣言ののち連邦派と中央集権派の内戦状態が約七〇年も続き、ブエノスアイレス州が連邦に含まれたのは一八六二年、ブエノスアイレス市が首都となったのは一八八〇年のことだった。こうして統一国家のかたちをとった頃には、「荒野の掃討作戦」と呼ばれる軍事遠征により先住民の大多数が虐殺され、寡頭支配層のあいだでその強奪したパンパ地方の広大な土地が分配され、現在まで続く土地所有エリート階級（los terratenientes　文字通り「土地を持つ者」）の基盤が確立されつつあった[*3]（cf. Hora 2003）。一八五三年に制定された憲法に「ヨーロッパ移民を奨励する」と明記されたとおり、中央集権化と近代化が推し進められる一九世紀後半から二〇世紀初頭にかけて、経済発展の基盤として政策的に優遇された移民が大西洋をこえて続々と到着した。一八六九年の国勢調査の時点では外国人人口の割合は一一・五パーセントにすぎず、そのほとんどが他のアメリカ大陸諸国かアフリカ出身で、ヨーロッパ国籍者は外国人の九パーセントにすぎなかったが、一八九五年には国内総人口の四分の一が、一九一四年には実に三分の一近くが外国出身者で占められ（都市部の稼働人口に絞れば二人に一人が外国生まれ）、同年の総人口は一八九五年の二倍の七九〇万人に達しようとしていた（Devoto 2009=2003: 264）。

憲法前文は「アルゼンチン国土に居住せんとするすべての人」に向けて書かれており、外国籍住民とアルゼンチン国籍保有者の差異化は避けられているようにさえ見える。外国籍住民に対しても広範な権利が保障され、たとえば第二〇条は外国人が「本国土においてあらゆる公民権を享受する」こと、「市民権を受け入れる義務を負わない」こと、「二年間継続して居住することによって帰化できる」ことも規定している。一九世紀末に制定された移民法もこうした移民の入国促進を前提としており、移民を選別する条件はほぼ課されなかった（Albarracin 2004）。

ところが、国家と社会の西洋化のための「万能薬」（Helg 1990: 45）だったはずの移民が、年々その数を倍増していくにつれて「不安要素」の様相を呈するようになる。移民は都市機能の整備の遅れによって目立っていた「無秩序」、すなわち犯罪者（特に累犯者）、浮浪者、売春婦（と性病）、伝染病患者といった「望ましからぬ」人口の供給源とみなされた。人口増加が必要である以上、移民を受け入れ続けながらいかに秩序と安全を保つかが問題となったのである。この段階で、脅威の発生を科学的知見と技術によって「予防」するという衛生学的観点が、知識人兼統治者たちの議論を席巻する（Rodriguez 2006: 177-246）。多様かつ大量の人間とともに流入していた西洋の知と技術のなかでも「ベルティヨン方式」の身体計測学や指紋法、医学、優生学、犯罪学、行刑学、衛生学、社会病理学、精神医学といった植民地主義とともに発達した統治の学は、近代化の敵としての「野蛮人」――その形象は一九世紀半ばまでは主に「インディオ」や「ガウチョ」（林　一九九九）に見出されていた――のいなくなったアルゼンチンでは、犯罪や伝染病の温床として移民を見出して発展したのである（Rodriguez 2006; 林　一九九六、一九九八）。

また、世紀が替わる頃には移民の社会への政治的・文化的不統合という現実が露わになっていった。出身国に強い帰属意識を持つナショナリストや、同郷人の相互扶助組織、迫害を逃れて亡命してきた社会主義者・アナキストといった存在は国民統合の只中にある新興国にとって大きな障害であった（Devoto 2009=2003: 255-56）。一九一〇年のアルゼンチン独立一〇〇周年を前に、アルゼンチン生まれという意味で「ネイティブ」と呼ばれたエリートたちのあいだで明らかな反移民的ナショナリズムが隆盛を迎える。社会と人口の国民化に向け、徴兵制、国民主義的義務教育（スペイン語の義務化、国歌や国旗を取り入れた学校儀礼、国土・国史を強調した教育内容など）の整備が進み（Devoto 2009: 279）、それと重なるかたちで「国民的なもの」や「アルゼンチン性」の表現の方法としての文学や「新歴史学派」と呼ばれる国民史学の言説が現れ始めていた（林　二〇〇三）。

国家が人口の国民化に注力し始めるこの時期に制定された法律——一九〇二年の「外国人定住法」、一九一〇年の「社会防衛法」——は明らかに反移民の色を濃くしていた。たとえば一九〇二年の定住法は、移民の入国拒否や国外追放について行政に裁量権を認めたものであり、司法権、立法権に対する行政権の優位を決定づけたと評価されている（Pacecca 2000）。この法律を大いに称賛したのは、犯罪人類学的観点を共有する警察官僚たちだった。移民に紛れてやってくる「望ましからぬ」人々は、西洋社会を「追い出され」てやってきた「悪い移民」である。「国民の精神」や「国民性」にこうした悪が「感染」することを防ぎ人口を「衛生的に保つ」には、これらを「良い移民」と差異化・選別し、必要があれば強制退去させなければならない。こうした議論が、一九世紀末期から二〇世紀初頭にかけて政治家や知識人のあいだで広がっていた（Rodriguez 2006：186-96; Helg 1990）。「西洋を超える国民的科学」としてアルゼンチン犯罪学を率いていたイタリア生まれアルゼンチン育ちの精神病理学者ホセ・インヘニエロスは、文字通り「移民の予防法（profilaxis）は社会防衛のいかなるプログラムにおいても決定的な要素となる」と自著『犯罪学』（一九〇七年）で示唆していた（Rodriguez 2006: 196）。またブセティッチも、「指紋によって予防法の完璧な道具ができあがった」と語っている（Ruggiero 2001：196）。

移民を正しく選別し必要となれば排除するためには、当時影響力をもっていた移民をひとつのかたまりとしてみる大衆論では不十分で、個人として実際に把握できなければならない。「社会防衛」の思想を共有する警察官僚たちはブセティッチの指紋分類法を「新たな普遍言語」「実用的な警察技術のなかで近年もっとも偉大なる発見」などと称賛し（Rodriguez 2006: 147）、その利用の拡大を探った。

アルゼンチンで「ダクティロスコピア（dactiloscopia）」（“dactil-”は digital と類義で「指」を意味する）と呼ばれるようになったこの指紋法による識別システムを「非犯罪者集団」に適用しようとする議論が、二〇世紀に入ってすぐ警察官僚のあいだで進められていた（Rodriguez 2006: 147）。その最初の対象となったのが移民である。一九一二年、国家機構である移民局に「移民指紋登録所」が設立され、移民の指紋情報の保管にあてられた。すべての入国者について、指紋情報だけでなく、ベルティヨン方式に基づく身体描写のほかあらゆる個人情報が記録され集約されることになった。世紀転換期のアルゼンチン近代化過程を科学史の視点から記述したフリア・ロドリゲスはこのことを次のように評している。

移民は国家にとって将来の潜在的脅威として括り出され、指紋押捺を求められる最初の非犯罪者集団となった。やがて移民は普通身元識別事業（universal identification projects）にむけたプロトタイプの役割を果たすことになる。移民の指紋押捺は、危険かもしれない個人を大衆から分離し、どんな偽の身元をも暴くことを約束したのである（Rodriguez 2006: 197）。

病理学・医学などの科学知識・技術が警察機構に導入される一方、到着したばかりの移民たちの日常生活を「衛生特殊部隊 special health corps」（Rodriguez 2006: 183）がパトロールし、政治的影響力を持つ科学者たちはアナキズムを「病」として分析していた（Rodriguez 2006: part 4）。犯罪捜査、刑事訴訟の「科学」化と、都市の衛生事業および政治の「警察」化は同時に進行していた。移民が指紋法の最初の「非犯罪者」適用の対象となったのは、移民が「犯罪者」と近いものとみなされていたからにほかならない。当時の「予防」の観点からすれば移民こそ「潜在的」な犯罪者＝脅威だったのだ。そして脅威と目される集団の範囲が次第に拡大していくことは、指紋採取の対象となった範囲の拡大が示すところとなる。

実際には、一般市民への指紋識別システムの適用事業は移民指紋登録所の設置と並行して進められていた。ロドリゲスによる記述などを頼りに主だった出来事を拾い上げて列記してみよう。

一九〇〇年　内国旅券に指紋印象を記載し始める。[*4]　また政府関係職員の指紋押捺が始まる
一九〇八年　ブエノスアイレス市警察鑑識課の官僚が「国家身元局」の設立法案を提出
一九一〇年　郵便局員の指紋押捺開始
一九一一年　学生とすべての行政府関係者の指紋押捺開始、一般兵籍法施行
一九一二年　選挙法施行、男子普通選挙制が成立
一九一四年　ブセティッチら専門家が、指紋の市民利用のための法整備を主な課題とする「アルゼンチン指紋研究所」設立を提唱
一九一五年　ブセティッチが普通指紋同定システムを体系化し「普通身元識別法」案を提出
一九一六年　法案の解説書を出版
一九三三年　国立識別同定局が設立され、国家身分証の交付が始まる

このなかに一九一一年の一般兵籍法（義務兵役を定めた法）、一九一二年の選挙法（Código Electoral）を含めたのは、これらの法文に「指紋による」個人登録が行われる旨が明記されているからである。前者は、兵籍に就いた男子に配布される兵籍登録証（入隊手帳 libreta de enrolamiento 図1参照）が個人の身分証明書となることを定めている。この年にはすべての成人男子の指紋が採取されることが兵役という国民の義務を介して法制化されていたことになる。

選挙法に関しては、指紋識別による選挙人名簿の作成の責任者にブセティッチが任じられていた。[*5]　林はこう指摘している。

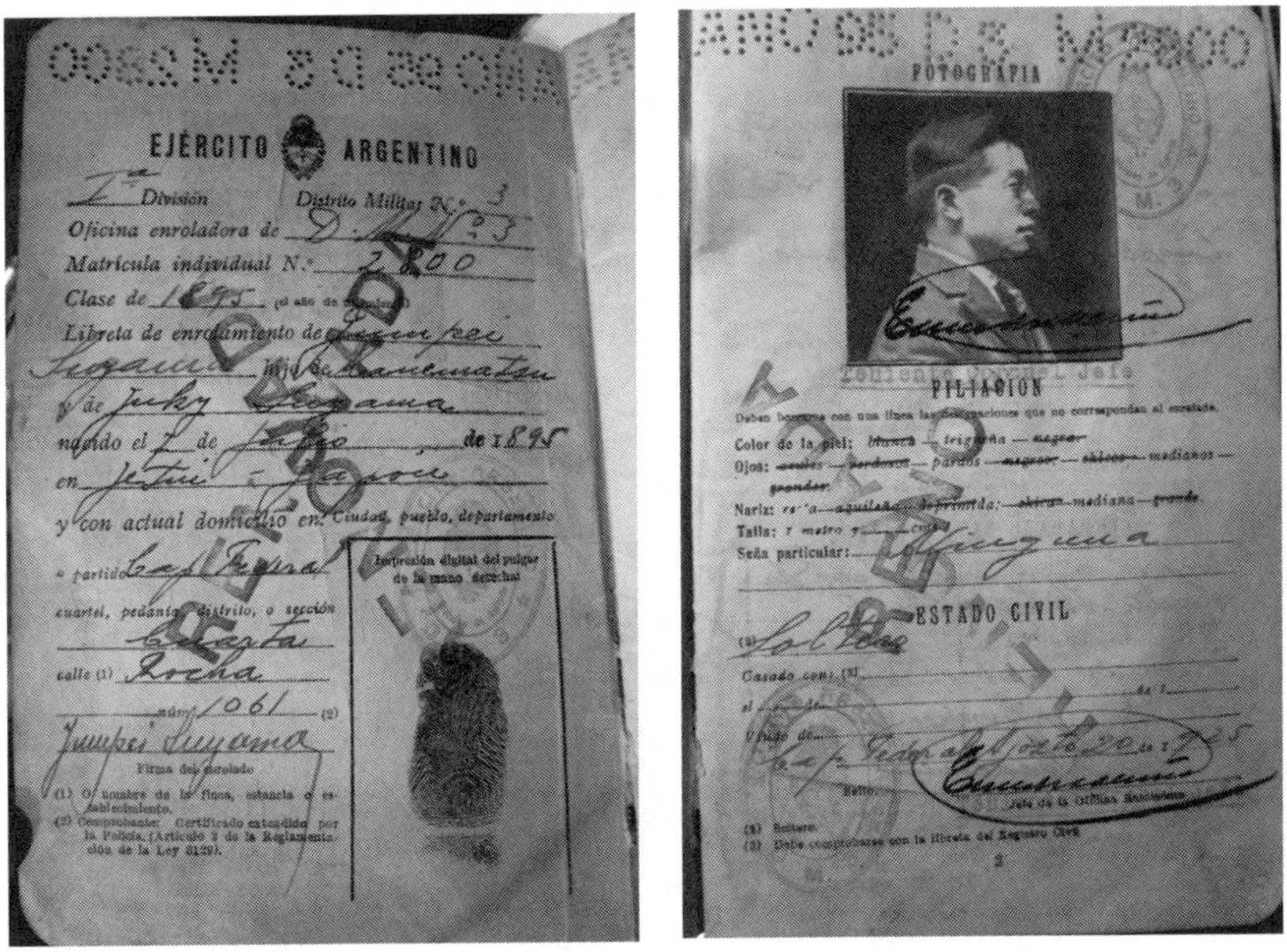
EJÉRCITO ARGENTINO
División Distrito Militar N.º
Oficina enroladora de
Matrícula individual N.º
Clase de
Libreta de enrolamiento de
hijo de
y de
nacido el de de
en
y con actual domicilio en: Ciudad, pueblo, departamento o partido
cuartel, pedanía, distrito, o sección
calle
núm.
Firma del enrolado
Impresión digital del pulgar de la mano derecha
FOTOGRAFIA
FILIACION
Color de la piel: blanca — trigueña — negra
Ojos: azules — pardos — negros — chicos — medianos — grandes
Nariz: recta — aguileña — deprimida; chica — mediana — grande
Talla: metro
Seña particular:
ESTADO CIVIL
Casado con
Viudo de
Sello
Jefe de la Oficina Enroladora

図1

日本から移住後にアルゼンチン国籍を取得した人物の兵籍登録証。「更新済」の判を押されている。右頁の下には肌色や目鼻の形を示す単語が並んでおり、該当するもの以外の語は線を引いて消されている（1925年発行、エドゥアルド・スヤマ氏所蔵、筆者撮影）。

都市住民をひとつのかたまりとみなす大衆論［…］の示唆を間接的にうけたブエノスアイレス管区警察の官吏フアン・ブセティッチによって、一般市民に対する指紋押捺が構想されて実現されたのも、一九一二年におこなわれることになっていた男子普通選挙の実施にさきだって、それまで政治の領域から排除されていた移民二世に政治参加が認められることに対する、行政側の予防策としてであった（林　二〇〇六：一三五）。

外国人からアルゼンチン人への過渡期にある重要な「二世」たちに民主的権利を認めることは、アルゼンチン・ネイションの民主化の進展と言えるかもしれない。ただしそれは、指紋によるネイションの管理「予防」体制の拡大を伴っていたのだ。兵役や選挙は、義務教育と同じように、国民ひとりひとりがわけへだてなく負う義務であるという点で、普遍主義・平等主義の原則に基づいている。そしてそれを可能にするのが指紋だというのがブセティッチの主張だった。たとえばこの選挙法でいえば「一人一票」の原則が指紋による個人識別によって担保され、身代わり投票や同一人物による重複投票を厳重に避け、発生した場合には罰するシステムになっている。ちなみに、投票に現れた人物が名簿の人物と同一であることに疑義が申し立てられた場合、選挙管理委員会が当該人物の書類を戦争省（現・防衛省）の指紋局（指紋課）に送り、そこで照合される、と定められている（第一〇四条）(Ministerio del Interior 2008: 53)。

「普通身元識別法」案の提出の際ブセティッチは高らかに宣言している。「偏見は死んだ。なぜならこのシステムは平等主義に立っているのだから。法の前に何人も平等であり、自然の前では何人も異なる。森の中に二つと同じ木の葉が存在しないように、この世に二人と同じ人間はいないのだ」(Rodriguez 2006: 240)。さらに、指紋情報入りの「個人身元カード」——現行のＤＮＩはまさにその結実——の実用化の意義を論じる際には、これが「われわれ誰しもが生まれたその瞬間から持っている同一性の権利を保障する」(Rodriguez 2006: 240 強調は引用者) と訴えている。ブセティッチの後継者であり指紋分類法を「個人番号」制に発展させたルイス・レイナ＝アルマンドもまた、師からその技術や知識とともに「権利としての同一性」の思想も受け継ぎ、「同一とみること (identification)」を自然権のひとつとし、それを保障することを文明国の条件とみなしていた。このような認識はかれらだけだけのものではなかった。先行研究によれば、身元識別が犯罪者のみを対象としたものではなく「公民権を守るますます重要な手段」へと変わりつつあるという記述が、米国で一九三一年に出版された『社会科学事典』(ニューヨーク、マクミラン社版) にもみられるという (Ruggiero 2001: 94-95)。「権利」や「平等」を実現する技術としての指紋論は、少なくとも移民を大量に導入した「新大陸」の国々には広がっていたのだ。

ブセティッチが描いた全国的な「指紋入りの身分証明書」の構想が現実のものとなるのは、その死後八年を経た一九三三年、犯罪者と一般市民双方の指紋記録を集約し管理する国家機関「身元識別局」の設立を待たねばならなかった (Rodriguez 2006: 241)。しかし実際には、こうした全国的な制度が確立されるかなり前から司法・警察の領域 (刑事訴訟・犯罪捜査) 以外の一般市民向けの行政の現場でも、ブセティッチやその周囲の主導者の管轄内で実験的に行なわれていた。「移民の国」にならんとする後発の「文明国」アルゼンチンは首都ブエノスアイレスの市民生活に、「公民的利用」「平等主義」を謳う指紋押捺の手続きは、その装いのとおり暴力とは無縁のまま粛々と導入されたようである。

一九一〇年にアルゼンチンを訪れたフランスの政治家ジョルジュ・クレマンソーが、ブエノスアイレスの身分証明発行局の前に集まったひとびとを目撃していうには、「若者も老人も，おしだまって一〇本の指に靴墨のようなものを塗りたくっていて、押捺が終わって石鹸の入ったお湯のなかで指先を洗っても、それは容易におちそうになかった」。だが、容易におちそうにないのはインクではなく、指先の奇妙な形状をした皺のほうであり、身分証明局に登録された正確なそのコピーであり、苦痛の叫び声もスペクタクルな山場もなく「おしだまって」列をなすかれらの精神に烙印された意識のほうである。犯罪をおかしていようといまいと、どのような人生をおくってこようと関係なく、きわめて平等かつ人道的に、全員が〈受刑者〉となるのであるから（林　二〇〇六：一三六）。

指紋による国民個体の管理体制は、平等主義や権利の論理のもとで、すなわち個体として管理されるひとりひとりが享受すべき民主的利益として提示され、実現した。フーコーが「全体的にかつ個別的に」人々を把握し主体化する権力、動いている群れに対して行使される、善行を旨とする「司牧権力」（フーコー　二〇〇七）と呼ぶ力が、ここでは「国民」たる主体を出現させている。

指紋技術が国民国家の官僚制度と不可分のものであったことは、「国民」の対極的存在である「移民」すなわち移動する個体の管理という関心から日本の歴史を中心に追った高野麻子が指摘している。「一度指紋を登録すれば、いつ何時でも指紋照合を通じて個人情報を引き出し、身体に意味付与・判断を下せる指紋法は、統治者にとって「夢」の道具だった。それゆえ、［…］国民国家の形成、再編といったあらゆる局面に、全国民への指紋登録にかんする議論が浮上した」（高野　二〇一六：一三）。では多くの国で世論の賛同を得られず、あるいは憲法違反との批判を覆せず結局導入されなかった全国民の指紋による個人登録制度が、南米諸国ではなぜ実現したのか。[*6]この問いは本稿には大きすぎる。とはいえ、次の論点はアルゼンチンを対象に論を進める限り避けて通れない。繰り返し林のことばを借りれば、それは二〇世紀前半の国史をめぐる「驚くべき集団的記憶喪失」（林　二〇〇六：一三九）とよぶべき事態である。

公教育や普通選挙が整備され、階級間の格差が縮小し、中間層の台頭を象徴する急進党（急進市民同盟）政権が初めて誕生した「最初の民主主義体制」――急進党史にとっての「第一共和制」（Aboy Carlés 2010: 74）――として国史に記録される一九一六年からの一五年間と、その政権を簒奪した一九三〇年の軍事クーデターに始まる「不名誉の一〇年」は、一方の極から他方への転換や断絶として語られるのが常である。しかしそれを断絶としてのみ理解することは、アルゼンチン社会ないし国家にとって根本的な何かを見落とすことになりはしないか、そう林は警告する。

アルゼンチン初の短期間の〈民主主義的な時代〉とされてきた、まさにその一九一〇年代から二〇年代末において、国民主義的審問の場を用意する言説の領野が形成され、そのなかで文化主義的人種主義の色濃い学問装置がつくられていったのである。この点が見おとされてしまうなら、三〇年代以降のいわゆる「ファシズムの時代」やその後の「ポピュリズムの時代」は、それ以前の「民主主義の時代」のたんなる〈反動〉としてしかとらえることはできなくなる。だがおそらくそこにあったのは、政治的〈反動〉や歴史的〈逆説〉というかたちで説明されるような言説の亀裂というより、連続性だったのである（林　二〇〇六：一四二）。

繰り返すが、民主主義は、指紋を差し出すこと、すなわちひとびとが「法的個体」としてあまねく把握されることと引き換えに達成された。「民主的」とされた法制度を支える指紋技術を実用化し得たその知的態度は、植民地行政官が「野蛮人」を支配するときのそれに近いものではなかっただろうか。「平等」や「権利」を掲げてはいても、全国民への指紋押捺は植民地帝国の代わりに国民国家の枠組みをとって支配と従属の関係を打ち立てる官僚主義、権威主義の態度を引き継いでいないだろうか。あるいは、次の渡辺の記述を想起すれば別の問い方もできる。

指紋による「身元」すなわち「同一性」の確定が、世紀末の大都会における「犯罪者」や、植民地における顔の見分けのつかない「異人」、そしてフランス革命における群集としての「兵士」といった、市民社会とその外部との境界に犇めき蠢く「群れ」を管理するための国家の技術として発明され、やがて市民社会内部へと転用されたものであること[…]（渡辺 二〇〇三：二二）。

少なくともアルゼンチンにおいて指紋の技術は、「市民社会とその外部との境界に犇めき蠢く群れ」から「市民社会内部へと転用された」というよりも、市民社会（国民社会）そのものを、統治者とは共生しえない「群れ」として管理統治するものだったのではないか。管理される実際の対象としてのひとりひとりは、指紋を介して「市民」ではなく潜在的「野蛮人」として配置されたのではないか。このように考えると、次節で検討する国家暴力もまた、こうした統治者の技術と態度を継承したものとして現れてくる。

二　国家に抗する個人の消去

アルゼンチンは、高い識字率や普通選挙の実施、急激な経済成長などの面で、二〇世紀初頭の時点でラテンアメリカのなかでも例外的に「西洋的な」進歩や繁栄を謳歌したとして知られるが、民主制については、二〇世紀を通じて極めて脆弱で不安定なものだった。国政は軍事クーデタによる政権簒奪と民主制の復活、その交代劇に彩られ、一九一六年に初めて「民主的」に選び出された大統領がその地位を追われた一九三〇年の（憲法制定後最初の）クーデタから一九七六年三月二四日の「プロセソ」成立まで、成功したクーデタだけでも六回を数えた（それぞれ一九三〇、一九四三、一九五五、一九六二、一九六六、一九七六年。うち一九五五年のクーデタは「解放革命」、一九六六年は「アルゼンチン革命」を自称した)。最後の民政移管となった一九八三年に政権についた急進党から、六年後の八九年の大統領選挙で正義党に政権が移ったが、これは実に半世紀ぶりとなる選挙による大統領の交代であり、しかも野党への民主的政権交代は憲法制定(一八五三年)以来初めてという歴史的出来事だった。[*7] 男子普通選挙法制定の一九一二年から数えても七七年、国政は権威主義(独裁)の強い圧力に曝されていた。

歴代の軍事政権のなかでも最も残虐な市民弾圧を実施した最後の軍事政権(軍事評議会政府)は、他の数々の軍事政権――立憲政府(gobierno constitucional)ではないことを意味する「事実上の政府(gobierno de facto)」――と区別するため、その国策名「国民再編過程(Proceso de Reorganización Nacional)」にちなんで「プロセソ」とも呼ばれる。この体制下、社会主義、共産主義、ペロニズムなどは西洋的価値観とキリスト教的倫理観に反するとみなされ、「国家転覆的」と名指され粛清の対象となった。もう二度と軍部が国政を掌握してはならないと後に多くの人々に思わせるほどの恐怖政治の根幹をなしていたのが、人々の身体を消してしまうという方法、「強制失踪」である。

軍部は「国家転覆活動分子」とみなす個人を、ある時は闇に乗じて、またある時は衆人環視のなかで、あるいは家族の目の前で公然と拉致した。連れ去られた人々は秘密収容所に抑留され拷問を受け、その多くが殺害された。そしてそれらの事実は秘匿された。遺体は収容施設内で焼却されるか、所持品も衣類もなく身元を判別できない状態で路上などに放置され、発見した警察により無名集合墓地に埋葬された(CONADEP 2003(1984);EAAF 1996-97)。あるいは、ヘリコプターで上空から生きたままラプラタ河に投げ落とされた(Verbitsky 1995)。この場合、潮の流れにまかせて岸辺に打ち上げられない限り、遺体が発見される見込みはほぼない。いっぽう、遺体が身元とともに戻されることもあったが、死亡の原因や状況が明かされることはなく、事故として処理されるケースや、軍との武力衝突の結果として死亡したゲリラ部隊であると説明されたケースもあったが、拷問の跡がみとめられても検死などの調査はなされなかった（Duhalde 1983）。また、拉致されたときに妊娠していた女性が収容所で出産した新生児や親とともに拉致された乳幼児は奪われ、軍関係者や協力者のもとへ養子として差し出された。このとき病院・役所などで出生と親子関係の公的文書が偽造され、実子として登録された（Arditti 1999）。

これらの被害者を指す「失踪者（行方不明者）」という語は、無関係を装い責任を回避する軍部の態度から生まれたものだった。強制失踪作戦は、表向きにはその行為の一切を否認することまでを含めて体系的に組織的に実施された。その犠牲者の数は一万人とも三万人とも言われている。憲法を停止し法治国家としての秩序が崩壊した独裁政権においては（杉山 二〇〇七）、国家に抗した人々は犯罪者として裁かれることも公的に処刑されることすらなく、文字通り社会から消し去られた。遺体になって現れても、それが誰なのかがわからない。「失踪者」の原語であるスペイン語の desaparecido は、「現れる」aparecer の対義語で「消える」を意味する動詞 desaparecer の過去分詞形およびその名詞用法である。もともと自動詞である desaparecer は「強制失踪者」の文脈では特別に「失踪させる／消す」という他動詞の意味でも用いられ、このときに示されるのは、「失踪者」は「消えた」のではなく「消された」のだ、という主張である。強制失踪作戦とは身元／同一性の消去であった。

この作戦の主導者であり、「プロセソ」体制をその当初から率いた陸軍将軍ホルヘ＝ラファエル・ビデラ大統領（任期一九七六―八一年）は、次々と人が連れ去られ居場所がわからなくなっている事実について当時次のように公言していた。

わが国でいま人々が行方不明になっている。非常に嘆かわしいことではあるが、現実として客観的に認めなければならない。ただおそらく、なぜ、誰によってこのように人々の行方がわからなくなったのかを説明するのは困難だろう。*8

失踪者とはなにか？　この語が示すように、失踪者とは知りえぬものだ。姿を現したなら、Xという対応ができる。失踪の事実が死亡の事実として確認されたなら、Zという対処がある。しかし失踪しているうちは、どんな特別な対処もできない。わからないのだ。消えたのであって、実体がない、いない、死んでもいないし生きてもいない。消えてしまったのだ。*9

人々が何の説明もなく連れ去られる、あるいは連絡や情報が途絶えるというかつてない出来事が次々と起こり、それに対し統治者が説明も理解も対処すらもできないと宣言する。これほど人々に恐怖と無力感を与える状況はないだろう。このほかにも、「(失踪者は)どこか外国に亡命しているのではないか」という言説も広く聞かれた。そして誰が「失踪」のターゲットになるかは、誰にもわからなかった。「失踪」させられた人々は武装ゲリラ兵だけではなく、むしろ多くが非武装の（反政府・左派）政治活動家であったのみならず、そうした活動に携わっていた人の家族であるという理由から、あるいは拉致された人物が持っていた手帳に連絡先が載っていたというだけで拉致されたケースもあったとされる（CONADEP 2003（1984）: 480）。兄弟が間違えて拉致されたのではないかと疑われるケースも筆者はインタビューのなかで耳にした。また、連れ去られた人々の返還や情報を求める要求を堂々と行なった家族も失踪させられた。後述する「五月広場の母たち」の活動に参加していた十数名が教会から連れ去られた一九七七年の一件は、被害者にフランス人尼僧二人を含んでいたことから国際的な問題に発展したこともあり、よく知られている（CONADEP 2003（1984）: 354-55）。七〇年代初頭に政治活動に関わっていたというある人物は、国家テロリズムのブレーンと言われたビデラ政権期の内務大臣アルギンデギの「一〇〇人殺してそのうちゲリラが一五人いれば上出来だ」との発言を記憶している（二〇一四年三月四日、ブエノスアイレス市でのインタビューより）。「まず、政府の転覆を図る者を殺す。それから彼らの協力者を殺す。そしてその後に、シンパを殺す。最後に、気の小さい人を殺すつもりだ」という当時のブエノスアイレス州知事の発言（比嘉　二〇一〇：二三二）は、「プロセソ」が、「国民再編過程」というその名のとおり、国家に従順であることを国民の条件としてその対象を選別し直す過程であることを残酷にも物語っている。

このように人々が立ち向かうことが極めて困難であるような形で「失踪」は組織的に、体系的に行なわれた。自身が次の被害者となることを恐れる多くの人々、公的私的機関、その他社会セクターは、続々と発生する拉致事件について「知らない」ことにし、社会全体が沈黙に支配されつつあった（Barros 2009）。ひとたび連行された人物について話すことは、その人物の職場や学校、しばしば家族の間でさえためらわれた。まるでそんな人ははじめからいなかったかのように、沈黙と忘却のみが自身の身を守る方法となった。このような特殊な弾圧の方法は、新自由主義を速やかにその社会に導入するため反対者を恐怖によって従順にする「ショック・ドクトリン」の一例であった（クライン　二〇一一）。社会秩序を乱すテロリズムの殲滅、という名目の影でチリに続いて導入された「新自由主義の実験」といわれる経済政策（佐野　二〇〇九、宇佐見　二〇一一）は、恐怖によって異論をあらかじめ取り除いた上で実現されたのである。

この強制失踪という弾圧の方法のもつ、文字通り法外な性格を強調する必要があるだろう。後に、時効も特赦もない「人道に対する罪」に数えられることになる強制失踪作戦の決定的な要素は、秘匿性（脱法性、clandestinidad）にある。[*10] 軍事評議会は公的にはあくまで「対国家転覆戦争（Guerra antisubversiva）」を宣言していたが、反政府ゲリラ組織はクーデタの時点ですでに「アルゼンチン反共同盟（AAA）」（半官半民の極右軍事組織）の活動などの結果かなり弱体化していた。陸・海・空軍それぞれに組織化された上に国家権力を掌握した軍が敵としたのは何らの権力も持たない（場合によってはじゅうぶんに組織化されていない）いくつかの市民運動体と市民個人である。内戦とさえ言えない一方的な弾圧であった。そして「戦争」を掲げる軍がその「敵」を司法の場に召喚し裁くことはなかった。消えた人々がどうなったのかは「誰にもわからない」という状況が捏造され、罰や刑といった司法プロセスは放棄された。「テロリスト国家」(Duhalde 1983)と呼ばれるゆえんである。なお、「プロセソ」体制下で体系化され徹底されたとはいえ、「失踪者」は一九七六年三月のクーデタ以前から発生していたこともよく知られている(たとえばFranco 2011)。

消えてしまった家族の行方を捜す人々は、しばしば弁護士を通じて「人身保護令状(habeas corpus)」――不当な拘留・拘束が行なわれていると訴えその身柄の解放を求める法的手段――の申請を行なった。しかし、軍部に対立することを厭う弁護士がその依頼を断ることや、申請を諦めるよう親族を説得することもあり、弁護士が引き受けて申請が行われた場合でも、結果として失踪者の身柄が解放される例はほぼなく、制度としてほぼ形骸化していた(da Silva Catela 2001)。「失踪者」の存在を隠すために必要な公的文書は偽造された。国家権力を掌握した官僚的軍政府による体系的な不法行為に対し、「法に訴える」ことは無意味だった。

「ひとをきわめて特殊な共同性の一形態としての国家に暗黙のうちにひきとめ、それが必要であると判断される時には法のゲームにひきこみ、国家によって召喚し管理しうる主体＝客体として」、「人類学的な知」の寄与によって形成された「法的な個体」(渡辺 二〇〇三：二八)は、上記のような国家テロリズムのもとではねじれたかたちで現れる。拉致され殺害されていても、その人物の身分登録が抹消されることはなかったからだ。「失踪者」は、物理的に存在しなくなり、社会的に不安定な存在となる――生きているのか死んでいるのかわからない――いっぽうで、法的には存在し続ける。その結果、本人不在の家庭に義務兵役の入隊案内が届けられるといった事態が生じてもいたのだ(二〇一四年三月二〇日、ある「失踪者」の家族へのインタビューより)。このようにあからさまに法の統治が放棄された国家においては、「個人」の主体としての位置が消滅したかのようである。*11 権力を持つ者が「若者はすべて（国家転覆の）容疑者」（比嘉　二〇一〇）と口にするとき、そこに読み取られるのは前節の最後に述べた、「市民」と「敵」を同一視identificarする独裁／権威主義の思想ではないだろうか。

生きるべきものと死ぬべきものを分ける生権力についてのフーコーの議論を念頭に、アルゼンチン社会・国家の構造を、命令‐服従関係からなる社会を打ち立てようとする権威主義の回帰という視点から分析したマリア・アメストイによれば、アルゼンチン・ネイションの「誕生」は、「寡頭支配層が、人口の大多数とエリート指導層に属さないあらゆる社会的分派を排除し従属させた過程に銘記されている」（Ameztoy 1998:233）。「建国の父」のひとりドミンゴ・ファウスティーノ・サルミエントがアルゼンチン国家建設の思想的土台として唱えた「文明／野蛮」の二分法の論理のもと、非西洋文化がそれを担っていた人口ごとあらかじめ殲滅され、大土地所有層と軍部の同盟関係の上にアルゼンチン国家の基礎が打ち立てられたことは先にも触れた。この二項対立は単に対立する二者の並立状態ではなく、一方にとって他方は脅威として語られ、その殲滅によってのみ解決が目されるような、対話や和解という契機の閉ざされた破壊的な対立であるとアメストイはいう。明確な意図をもった他者の殲滅（aniquilación）のモチーフは、一八二六年から一八五二年にわたって独裁を敷いたロサス政権による反対勢力の粛清、一八七〇―八〇年代の先住民虐殺、一九一九年首都でのアナキスト労働争議の弾圧・虐殺（「悲劇の一週間」）や翌年のパタゴニアでの同様の労働者弾圧・虐殺（「パタゴニアの悲劇」）などの史実に見いだされる。そして一九三〇年の軍事クーデタは国政における権威主義の介入を確立した。軍の政治介入はその後半世紀をかけて常態化し（その間「アルゼンチン的二項対立」はもっぱら「ペロニズム対アンチ・ペロニズム」の階級間の対立に還元された）、正統性すら帯びはじめ、一九七六年にいたっては、政治腐敗とゲリラ勢力との政治抗争の混乱を平定し得るのは軍部しかないというのが世論の大勢であった。人々はクーデタを待ってさえいた（Ameztoy 1998: 242; Vezzetti 2002）。

この見方によれば一九七六年に成立した軍事政権は、（冷戦構造の産物であると同時に）権威主義の内的伝統のひとつの到達点ともいえる。ビデラ大統領は自身の任期のあいだ「ナシオン（nación）」という単語を「乱用」し、結果として「ナシオン」は「虐殺体制」を意味するにいたったとも言われる（Feinmann 2005: 111）。国民の名のもとに行なわれる虐殺、それは二〇世紀なかばに「労働者」を新たな一大政治勢力に変えたファン・ドミンゴ・ペロン政権のポピュリズム的な「国民」像を書き換えるものだっただろう。恒常的な政治・社会の二極化と、その解決方法として繰り返される殲滅行動はこうしてひとつの絶頂に達した。アメストイが論じるアルゼンチンの歴史に脈々と流れる伝統は、林が指摘していた二〇世紀初頭の言説の連続性と異なるものではないだろう。すなわち、内部に「敵」を発見しては抑圧・殲滅しようとする官僚機構、学と技術、軍事力の複合体としてのアルゼンチン国家の歴史。そのような国家に帰属する国民／市民個人の同一性が、徹底して管理把握され、また消去されてきたことはここまでに見たとおりである。

冒頭で述べたように、「失踪者」の問題を抱えるアルゼンチン社会において「同一性」という語はすぐれて政治的なキーワードであり、消えた人々の子どもたちが三〇歳代、四〇歳代になっていくなか、今もって社会に深く突き刺さった関心事であり続けている。では、自国民を虐殺するという権威主義の極限にいたった軍事政権が崩壊した後の社会で、「個人」はどのように見出されるだろうか。次節ではこの問いを、アルゼンチン社会がこの同一性を奪われた「失踪者」をめぐる現実にいかに直面してきたのかという問いに置き換えて、「人類学」の位置に注意しながら見ていきたい。

三　遺体の同定――公的真実の発掘作業

「失踪者」をめぐる諸問題は、最後の軍事クーデタから四〇年を経た現在も国論を二分し政策や世論を大きく左右する争点のひとつである。独裁体制による自国市民への過去の残虐行為に向き合う国家的取り組みとして最初の成果である「全国失踪者委員会CONADEP」の調査報告書、*Nunca más*（「二度と繰り返すな」の意、英語の“never again”に相当する）（CONADEP 1984）は、周辺のラテンアメリカ諸国における同種の取り組みのモデルとなった（ただしこの報告書の出版がまた新たな論争の火種となっていること（Crenzel 2008）はここでは取り上げない）。

一九七〇年代の軍事国家による強制失踪作戦をはじめとする市民への暴力めぐる諸問題は、アルゼンチンでは「人権問題」と呼ばれる。言い換えれば、アルゼンチンで「人権問題」と聞けば多くの人は何よりも先に「軍政の負の遺産」あるいは「失踪者問題」を想起する。こうした「人権」の語のある意味で偏った用法は、一九七〇年代当時、軍を批判し責任を追及するための唯一の言語が「人権侵害」であった（国外からの批判を呼ぶこと、すなわち国連という超国家組織と「人権外交」で知られる米国の援護を得ることに成功した）ことに端を発するものと推測できる。ともあれこうした流れで、「失踪者」について沈黙・忘却することを拒否し、さまざまなかたちでこの問題の解決を目指す何らかの活動を行なう団体は「人権団体」とひとくくりに呼ばれている。

「人権団体」のなかでも、「失踪者」の親族、すなわち犠牲者・被害者の属性に基づく団体がもっともその数が多い（da Silva Catela 2001）。「五月広場の母たち（Madres de Plaza de Mayo）」は間違いなくその代表格であり、世界各地の人権団体と交流・連帯してきた国際的に著名な組織であり、「人権のポリティクス」をアルゼンチンにもたらした先駆者である（Bouvard 1994; Sikkink 2008　林　二〇〇九）。いっぽうで、「母たち」よりは一般的な知名度はやや低いかもしれないが、アルゼンチンが「人権先進国」（Sikkink 2008）と呼ばれるようになった大きなゆえんの一つに、アルゼンチン法人類学チーム（Equipo Argentino de Antropología Forense　以後、EAAFと略記する）の存在がある。

司法人類学（Forensic Anthropology）とは、自然（形質）人類学のヒトの可塑性に関する知識と技術を司法（警察）・法医学の領域に適用する学問であると説明される（Snow 1983; Turner 1993; EAAF 1990）。付け加えればそれは司法の場面に証拠あるいは事実として利用可能なデータを用意する臨床の知であり、多くの場合、司法人類学者が同定しようと向き合う「個体」とは実際には死者または死体、より正確には遺骸、遺骨である（Cattaneo 2007: 186）。今日、米国では殺人事件の解決にあたる警察組織がこの学を日常的に必要としており、連続テレビドラマの人気によって一般的な知名度も高まっているが、そもそも米国においては司法人類学者の訓練課程も比較的体系化されている一方、ヨーロッパでは一般的に訓練も一定したものでなく組織化が進んでいないと指摘されている（Cattaneo 2007: 186）。

米国において司法人類学が発展してきた背景には、二〇世紀に入ってから米国がほぼ常に戦争に関わってきた事実がある。応用科学としての司法人類学の「人権分野での展開」をその主題としたトゥルネルの学位論文によれば、当初は自然人類学の下位分野と捉えられていた司法人類学は、第二次世界大戦を契機として独自の学問分野として確立し、その後も戦争・紛争に起因する必要に迫られて成長・展開してきた。二〇世紀の大規模な戦争になって初めて、誰であるのか一見判別できない、しかし誰であるか特定しなければならない大量の死体に、国家が直面したのである。国家は文字通り国家のために身を捧げた国民の遺族に遺体を返還し、弔い、何らかの補償を行なわねばならず、遺体の身元確認技術の進歩は喫緊の課題となった。また戦地が兵士や国民にとって外国であったために、遺体を帰還させることが弔いにとって重要だったことも推測される。第二次大戦、朝鮮戦争、ベトナム戦争、それぞれの戦争において米軍兵士の遺体の捜索、収集、身元の判別の必要性が生じ、そのたびに技術の革新と体系化が進んだ。これがその後、「平時」の犯罪捜査にも適用される技術の基盤をつくった（Turner 1993）。

そしてＥＡＡＦは、この司法人類学を「人権分野」に適用すべく組織された世界で初めての専門家集団であり、後に世界各地四〇か国以上の「紛争後社会」に派遣され遺体の発掘と特定の知を伝承してきた[*12]（Rosenblatt 2015）。ひとことで言えば、EAAFはかつて犯罪学が発展させた市民の個別管理・統治の技術と、戦争の事後処理としての大量の身元不明遺体の同定技術を、独裁国家に消された同一性の回復のための技術に作り替えてきたのである。

一九八四年に「失踪者」の捜査のためにEAAFが結成されるきっかけとなったのは、遺体発掘と遺骨鑑定のスペシャリストとして米国ですでに名が知られていた司法人類学者、クライド・スノウがアルゼンチンに招かれたことである。民政移管（一九八三年）の直前から、国内の多くの無名集合墓地に一九七〇年代後半に大量の遺体が埋葬されていたことが明らかになっており、「失踪者」の存在と国家によるその責任追求と、事実究明の声が高まっていた（Cohen Salama 1992）。これと並行して、不正に養子縁組されたと思しき「失踪者」の子どもたちを探す「五月広場の祖母たち」が一九八二年に米国のアメリカ科学振興協会（AAAS）に向けて、血液を使った個人の同定が可能か問い合わせ、AAASから可能であると回答を受けていた[*13]。そして民政移管後の一九八四年、アルフォンシン大統領のもと結成された前述のCONADEPと軍政期から「失踪者」の真実究明を訴えて活動してきた「五月広場の母たち」、「祖母たち」の要請により、AAASの「科学と人権」プログラムから司法科学の専門家チームと関係者がアルゼンチンを訪問した。このなかに、元ナチス将校で南米に亡命しブラジルで死亡していたヨーセフ・メンゲレの遺骨を同定したことで知られていたスノウも含まれていた（Arditti 1999; Rosenblatt 2015）。

一九八四年初頭に、「失踪者」が埋葬されていると目された無名墓地の掘り起こしが行なわれていたが、国内の法医学者は発掘の訓練を受けておらず、司法的証拠を収集することを前提とした発掘ではなかったため、掘り出された遺骨には損傷がみられた。一九八〇年代初頭に先史考古学の発掘技術を遺体の復元とその司法利用に応用し始め（ラボで作業ができるようにし）た第一人者であったスノウがこの杜撰な遺体発掘の作業を止めさせ、専門家の育成と適切な発掘作業をアルゼンチン国内で進めるため、現在のEAAFメンバーを教育・訓練し、EAAFの組織化をサポートすることになったのだった（ジョイス＆ストーバー　一九九四　Rosenblatt 2015）。

一九八四年から九〇年のあいだにＥＡＡＦは、おもにアルゼンチン、そのほかはチリ、フィリピン、ボリビア、ホンジュラス、ウルグアイでの人権侵害についての調査、すなわち弾圧の犠牲者となった遺体の発掘と復元、身元同定作業に集中し、これらの分析結果をまとめてその後のさらなる研究の発展にむけた総括を行なった（EAAF 1990: 153）。ＥＡＡＦの作業内容は遺体の考古学的発掘と分析（歯科学、弾道学、昆虫学など、あらゆる関連分野の学知が動員される）による「暴力の掘り起こし」（EAAF 1990）だけでなく、社会文化人類学、コンピュータ科学、法学等の専門家による資料収集と分析・体系的分類、秘密収容所の調査といった作業も含まれている（Salado y Fondebrider 2008）。とくに、警察が作成し自治体や州に提出する文書、州政府が管理する文書（個人登録、死亡証明書、埋葬証明書、指紋データはこの一部ともいえる）、警察が持つ逮捕者のデータ、写真などの個人情報の重要性は大きく、これらの情報へのアクセスはＥＡＡＦによる交渉の結果一九九七年から可能になり、それから集中的に収集されるようになった（EAAF 1997）。

また一九八七年末には国立遺伝情報バンク（Banco Nacional de Datos Genéticos: BNDG）が設立され[*14]、ここで失踪者の家族から提供された血液サンプルが保管・分析され、失踪者の遺骨から採取されたＤＮＡとの照合鑑定が実施されるようになる。この技術・制度の確立により、さらに正確かつ迅速な同定が可能になった（EAAF 1997: 17-18; Arditti 1999）。

警察と市民登録局がそれぞれ独自に市民の指紋を採取管理していることは先にみたが、こうした登録情報の分析・利用もＥＡＡＦの重要な作業である。地方（州）警察と連邦（首都）警察もそれぞれに独自の個人情報システムを持っていたため、それぞれの持つデータのクロスチェックによって身元が判明することもあるが、警察あるいは市民登録のいずれかの指紋情報が存在しないケースがあったり、欠落があったり不鮮明であったりして指紋印象が読み取れないこともあった（EAAF 1998: 3）。「はじめに」で新聞記事を引いて紹介した「新たな展開」とは、記事には明示されていないが、同記事に掲載されたインタビューに同席していたカルメン・ライアンのウェブサイトによると、この指紋情報の欠点を補う国家プロジェクト「二〇一三年第五〇四決議（la Resolucion 504/2013）」を指していたことがわかる。これは、市民登録や墓地やその他の公文書に関する刑事諸手続きに残された国家テロリズムの方法論を調査研究してきたEAAFに国家機構がより協力することを目指し、国家省庁──人権局、安全保障省、連邦警察内の科学捜査研究室──がそれぞれ持つ個人情報資料と指紋技術をEAAFに提供し、これらを体系化・デジタル化することで、失踪者の身元不明遺体の同定を進展させる計画である。*15

記事が見出しに掲げていた「遺伝学の限界」とは、集合墓地から発掘された遺体の骨から採取される遺伝情報が、その個人の死亡理由や死亡時期に関する情報を含まないこと、それによって身元特定の可能性が制限されてきたことを指している（DNAサンプルを用いた識別技術の導入によって同定作業が飛躍的に進展した経緯があったため、その最新の技術にも限界があるという見出しがインパクトを与えている）。いっぽう、遺体の指紋情報は、遺体埋葬時に同時に記録された他の情報とリンクしている。遺体発見と埋葬の場所、日付、発見の際の周囲の状況などの描写に加え、遺体に認められる傷や身体的特徴（身体計測法に基づく描写）などの記述である。つまり、ブセティッチ方式により分類された指紋は、遺伝情報（DNA）という生物学的・自然科学的データからは得られない情報、その個体の個人史的情報を伴っている。これらの情報を、「失踪者」の親族の血液サンプルから得られた遺伝情報および親族や友人、目撃者などの証言、他の公的文書とクロスチェックすることで、同定の可能性が拡大することになったのだ。

身元が同定され死亡が確認された個人の遺骨は、その同定の詳細な説明を伴って、可能な限り親族に返還される。これもまたEAAFの作業の一部である。「生と死の境界状態で引き延ばされた保留」「未完の死」（da Silva Catela

2001）などと言い換えられる「失踪」の状態がその近親者に耐え難い苦痛を与えるものであることは、心理学的にも論じられてきた。時間が経てば経つほど生存の可能性が薄れていくなか、死者として弔うことすらできないまま宙づりにされる状態。一方で、忘れること、死んだとみなすことは、生きているかもしれない家族を自分が「殺す」あるいは「裏切る」かもしれないという罪悪感を引き起こす（ボス 二〇〇五、cf. 歴史的記憶の回復プロジェクト 二〇〇〇：五八）。「失踪」という新奇な現象は、親族の死を知ること、葬儀を挙げ弔うこと、こうしたことを一種の喜びや解放に変えてしまうという倫理の転倒をもたらしもする。ある人物が筆者のインタビュー中に用いた表現を借りるなら、「人間性（人道）に対する罪（crimen de lesa humanidad）としか言いようがない」[*16]。ＥＡＡＦが行なう失踪者／遺体の同一性の回復は、この困難な不確定状態を終わらせ、親族が「喪を閉じる」ことを可能にし、必ずとは言えないが安堵をもたらし得るものでもある。[*17]

　前述のとおりアルゼンチンをはじめ南米諸国の「失踪者」問題は「人権」の枠組みのなかで国際的に注目されてきた。「二度と繰り返すな」を旗印とする一連の政治的議論は、ラテンアメリカを超えて後にスペインは旧フランコ体制の弾圧を論じる文脈にも「輸出」され、大西洋を挟んで「ラテン諸国」で展開されてきたと指摘されている（Baer & Sznaider 2015）。またその被害の実態は、国連人権委員会のもとで「強制失踪作業部会」を発足させる要因となり、ローマ条約第七条「人道に対する罪」のひとつに認定され（中野・藤井 二〇〇三）、国内でも旧軍幹部などの多くの責任者が「人道に対する罪」に問われ、裁かれている。自国内に敵を見出しその徹底的な殲滅を意図した軍事評議会の暴力は、ラテンアメリカ的な旧態依然とした軍部の伝統よりも、二〇世紀的な恐怖の歴史の一部、あるいは官僚組織が可能にした残虐行為の一例として、ある時は「アルゼンチン版ジェノサイド」と呼ばれ、ある時はナチス・ドイツによるホロコーストと同じ文脈に置かれて論じられる（Baer & Sznaider 2015: 333）。

国内では、「失踪者」問題を軍部や官僚組織――「テロリスト国家」――の生み出したものとするのではなく、またそれを個々の犠牲者とその家族の「私的な悲劇」とするのでもなく、アルゼンチン社会全体が直面し続けなければならない問題として向き合う視点が存在し、また次第にそうした立場からなされる試みが増えているように思われる。「失踪」した母親の行方を調査する自らの足取りをドキュメンタリー映画「M」（二〇〇七年）に仕立てて世に問うたニコラス・プリビデラ（Nicolás Prividera）監督は、作品中、自身と弟がテレビと思しきメディアからインタビューを受けているシーンでこう述べている。

私たち［自身と弟］は、他の人よりも意識的かもしれません。個人的なかたちで影響を受けてきましたから。でも、消えてしまったのはひとつの世代全体ですよ。それがアルゼンチンの相貌を変えてしまった。このことが、この国を別の国にしたんです。失踪者のひとりひとりが、そして全員がどこでどうなったのか、それぞれの失踪について誰が関与しているのかを知るまでは、本当の民主主義の時代を、真の共和国を生きていると言うことは極めて難しいと思います。

［インタビュアー］――怒っているんですか。

もちろんです。当然、怒ってますよ。というか、私が怒っているというだけの話でもない。みんなが怒っているべきだと思います。問題はそこでしょう。これは私が被ったことについての個人的な怒りなんかじゃないんです。

幼いころから、母の不在／欠落をめぐる徹底的な「不確定性（insertidumbre）」（上記の発言の直前での弟の発言）のなかを生きてこなければなかった彼は、いくらその経験が個人的なものであっても彼が示す怒りは個人的な怒りではない、そうであってはならない、と声を荒げる。彼の母の不在は、その「世代」全体の不在と直結している、そしてその不在はアルゼンチンの「相貌（la fisonomía）」を変えてしまった。この視点は、前述したように、「失踪者」が私的な問題に還元されることに対する批判である。「失踪者」の問題は、親を失った子や子を失った親といった個別的な欠落の問題ではなく、社会全体にとっての欠落であるという彼の考えが示されている。

そうであれば、この欠落を埋めるには各々が個人的な欠落を埋める、つまり自分の親／きょうだい／いとこの行方、連行された理由となった政治的信念や行動、収容場所、死に方、遺体の埋葬場所がわかればいいというものではない。プリビデラ監督が映画を通じてそうしたように、それを解釈し、別の誰かにとっても想像できるものにし、自らのことばで他の人々に向けて語り、聞かれ、議論されなければならない。失われた誰かの探索は、社会における「個人」の位置の模索でもあるはずだ。[*18] かつてビデラ大統領が言い放ったような理解不可能で対処不可能、不可知（不確定）の「失踪」をそのまま受け入れることは、社会が沈黙の中に消し去ったものを個人的な被害に矮小化することである。忘却にまかせないこと。失踪者を「死んだ」ことにしないこと。個人の消去によって成り立つ統治に抗すること。プリビデラの試みは、ＥＡＡＦの作業と同じく、社会的な個の同一性の回復作業の一例であろう。[*19]

国家の力（権力と暴力）で人々を消し、その責任を家族など私的な関係にある者に帰すことで解決の方法を奪い、そして主体としての個人の位置をも消し去ろうとするのが「失踪者」の政治であるとすれば（cf. 林 二〇〇九、石田 二〇一五）、被害者とその家族がこれに抵抗し、社会からいったん消された個人を捜索し、事実を明らかにしその個人を社会に位置づけ直すことは、その個体と何らかの関係で結ばれていたはずの別の個体の位置を再確認することになる。失踪者に同一性を還す作業は、人々がそのように個人的関係の網の目のどこかに位置付けられてある社会を再構築しようとする振る舞いだろう。[*20]

上記に明らかなように、ＥＡＡＦが実践する国家に消された個人をもういちど社会に参入させる方法、国家に領有されざる個人の位置を確認する方法は、国家が個体の把握と管理を目指して展開してきた知と技術の歴史の延長線上にある。その点で興味深いのは、ＥＡＡＦの育ての親――二〇一四年のその死去に際しても「父」と呼ばれ追悼された――クライド・スノウが、犯罪学を世に出したチェーザレ・ロンブローゾと、犯罪学を司法の現場に応用したアルフォンス・ベルティヨンの二人が司法人類学に与えた影響をややねじれた形で否定していることである。彼は『人類学年報』に掲載された形質人類学の司法領域への応用の歴史をまとめた論文のなかで「われわれは単なる骨の同定作業員ではない」と宣言し、形質人類学のポテンシャルは当時十分に生かされておらず、その力が役立つフィールドは司法科学にまだまだあるはずだという確信と熱意と自負を露わにしている（Snow 1983）（アルゼンチンから招聘を受けて渡航するのはこの論文の刊行直後である）。ここでロンブローゾとベルティヨンという「司法」領域における人類学の「先達」二人は、現行の形質人類学に「何の影響も与えていない」と切って捨てられ、そしてではじめて「正しい」人類学への適用が語られている。

こうした学問上のいわば「親殺し」の振る舞いそのものが、犯罪学と司法人類学との直接的なつながりを物語ってはいないか。「人類学者」を名乗ったわけでもないロンブローゾとベルティヨン（後者は人類学者に「なり損ねた」と言うべきか）を、「疑似（false）」と断り書きをつけながら「先達」として扱い、そのうえで断絶を語るという手順に、否定しえない継承関係に対するスノウの認識が垣間見えるのである。後にアルゼンチンでの功績を通じて広く世界に名を残すことになるスノウは、自身の分野の社会的意義を説くために、「疑似科学」や「人種主義」「人権侵害」と強く結びついた一九世紀犯罪学に連なるイメージを払拭しなければならなかったのだろう。

しかし、全住民に対する指紋押捺制度を可能にした知・技術と、「失踪者」を生死の時間の流れの中に位置づけ直し、不確定な空隙に置かれた個人の回復を可能にしたそれとの間の連続性を認めることは、人間社会における知の役割についての思想や問題意識まで継承していることを意味しないはずである。連続性がありそれが恥ずべきものであればあるほど、自らが実践する知がどのような歴史を背負ったものであるかを認識すること、その知が社会において引き受けるべき役割を考えることは、責任＝応答可能性（崎山 二〇〇一）のひとつのあり方なのではないか。

「強制失踪」作戦を通じた恐怖政治も、指紋法にもとづく身分証も、個人を国民的主体に仕立て上げるアイデンティティ装置の一種だとすれば、「失踪者」について沈黙・忘却し、個人の消去と引き換えの安全を受け入れることも、「テロリスト国家」のアイデンティティ装置によって用意される「個人」のあり様に接続されている。これに対し、軍事政権が「失踪者」に与えた「犯罪者」「ゲリラ」「国家転覆分子」といった政治的含意を取り除き、また無名性や匿名性、不確定性といった社会的含意をも否定し、「失踪者」という属性を「なかったこと」として否定することなく、その言葉で名指されるひとりひとりの個人に特定の社会的位置を、固有性と共同性を（再び）与えようとするのが司法人類学者たちの作業である。これは、「失踪者」という事態の解決を模索することで、「失踪者」を生み出した国家と社会に抵抗しそれを変容させようとするものといえる。

このような身ぶりは、「五月広場の母たち」や「祖母たち」をはじめ、失踪者家族会などそのほかの人権団体などに共有されてきた。都市のあちこちの歩道や建物に埋め込まれた敷石のモニュメントにはそこで誰かが「失踪」させられたことを示すため名前と日付が示されている。国内各地に次々と設置されていく「記憶の場所」には、失踪者に名を連ねる個人の夥しい数の写真（あるいは写真をもとに描かれた肖像画）が展示される。奪われた名と顔をひとりひとりの失踪者に還すためのこうした作品（da Silva Catela 2001: 237）は、親族たちのためだけの個人的な慰問の道具であるよりも、それは社会全体に向けた「失踪」の「解決」の試みと言える。プリビデラが自身の怒りを「個人的なものではない」と主張したように、「五月広場の母たち」が叫ぶ「すべての失踪者は私たちの子どもだ」というスローガンも、自分の娘／息子が「失踪」から解放されることやその失踪に手を下した者が裁かれることだけを望むのではないと示している。そして司法人類学者たちによる遺体の同定作業――「失踪者」のひとりひとりにあらゆる角度から接近し、名前、指紋、歯型、病歴、親族関係、通った学校、参加した活動、目撃者の証言、あるいは小さな骨のひとかけらまであらゆる痕跡を集めてひとりの個人を復元し、「失踪者」のひとりとしてではない同一性を回復する気の遠くなるような作業――は、個人を国民の一とするのとは異なるかたちで社会に位置付ける別の「アイデンティティ装置」の模索・創作の過程とはいえないだろうか。移民国を自称するアルゼンチンでこのように司法人類学を実践し続けることは、移民がもたらした学と技術の（少なくともスノウにとっては）不名誉な系譜とともに、それが生み出した暴力の帰結を引き受け、その暴力に抗い続けることではないだろうか。*21

自ら他者に対して示す身元（素性）と、他者が把握・認識する身元とが一致することidentification、それは移住だけでなく様々な理由から困難となり得る。その困難を排することに、指紋法は大いに貢献した（高野 二〇一六）。ひとたびこの身元の一致・同定identificationを支配した国家には、誰かの同一性を意図的に操作・改竄したり消去したりすることも可能となった。しかし、ひとの同一性の問題にかかわり、それを争うのはその当人と国家だけではない。ブセティッチをはじめとする指紋識別法の主導者たちは、指紋‐身体を掌握し、国家と個人との関係を支配‐従属の一方向的なそれとして制度化することを目指したかもしれないが、国家は、個体と個体のあいだに切り結ばれ得る親族関係や社会関係を支配などしていない。指紋法を世に送り出した犯罪人類学の系譜をひくほかならぬ司法人類学者たちの日々の作業は、国家がいちどは占有したその同じ指紋の技術を別様に用いながら、そのことを示している。

おわりに

「私は自分の素性を調べて（探して）います（Estoy buscando mi identidad.）」という表現は、本稿第三節でみてきたような文脈においては、「失踪者」を親に持ち親子関係を書き替えられた可能性を知る人物が本来の親と本来の自分の出自を捜索しているということと理解される。同じように、「弟の遺体の身元が特定されたんです（Se identificó el resto de mi hermano.）」と聞けば、ある身元不明遺体が弟のものであるとEAAFの作業によって判明したということが理解される。それがどれほどの安堵をその人にもたらしたかを生々しく想像できる人は、数万人といる。こうした「同一性」の問題を抱える個人がいることは、その社会が「同一性」の問題を抱えていることとして理解するべきなのである。本稿でみてきたのは、アルゼンチンという社会において、「同一性」をめぐる問題がある独特のかたちで国家と個人のあいだに歴史的に構築され、変容してきたということだった。

　軍人の家系、保守的な旧家が多いとされるブエノスアイレス郊外の町、フロレンシオ・バレーラにある名門私立中等学校、[*22]サンタ・ルシーア学院で長年にわたって校長を務めたモデスト・エバリスト・ロドリゲスは、ビデラ大統領の親しい友人であり、自らの学校の生徒や卒業生で左派系政治運動に従事していた一〇人を軍部に「差し出した」として知られている（Britez y Denza 2007）。サンタ・ルシーア学院を舞台として、「失踪者」を含む同地域の政治情勢と運動について軍政当時から二〇〇〇年代までの変化を描いた『サンタ校の若者たち』に引用されたインタビューのなかで、元闘士《ミリタンテ》のある人物は、バレーラだけでなくアルゼンチン全体に漂う権威主義について次のように語っている。あれほど強硬な独裁体制が一九七六年にアルゼンチン社会に打ち立てられたのは、もとよりそうした「権威主義の入る余地が常に存在してきて、独裁政権と、それを押し付ける文化的風潮がその存在を補充してきたから」だと(Britez y Denza 2007: 178)。プロセソ体制がしばしば「軍事政権」よりも正確を期して「軍事-文民政権 Gobierno cívivo-militar」と呼ばれるように、「国家テロリズム」が軍部によってのみ実行されたものでないことはこれまでに明らかにされてきた。軍部とカトリック教会のファシズム思想の(歴史的)共有・協力関係(Finchelstein 2014)や、ビデラ政権の経済相マルティネス=デ=オスをはじめとして軍事評議会政府の中枢に軍人でない保守派政治家や財界の人物が名を連ねていたことは、その証左の一つに過ぎない。フロレンシオ・バレーラのような郊外の一地域社会もまた、「失踪者」とその家族に集団的沈黙・忘却をもって応えた以上は「共犯」の責任の追及を免れ得なくなっている。

何より重要なのは、「国家テロリズムと地域社会の共犯関係」を正面から批判する声が、そのコミュニティの内部から、当の地域住民から聞かれることである。そこに住む人々が、地域社会を責任追求の単位として提示し行動しているのである。一九七六年のクーデタの日である三月二四日は、社会全体にとっての忘却に抗する「記憶」の日としてキルチネル左派政権下で国民の休日に設定され、毎年全国各地で多様な催しが行なわれているが、今年二〇一六年の三月二四日は一九七六年のクーデタから四〇年という節目を迎え各イベントが例年よりも規模を拡大して実施された。フロレンシオ・バレーラ市街地でこの三月に行なわれたイベントでも、「地域社会の共犯」が具体的にどのようにこの地域に「失踪者」を生んだかを具体的に解説するポスターやパンフレットを筆者は多数目にした。また催しの司会者や登壇者も、折に触れてこの点に言及していた。経験された暴力を「軍政」や「独裁」という語でのみ「記憶」し、「軍」のカテゴリーに入らない「市民(civil)」の(消極的・間接的を含む)責任=応答可能性をうやむやにする態度に与しないという立場がこうして示されている。「失踪者」問題を、すなわち「同一性」の問題を、直接の「被害者」と「加害者」のそれとしてではなく、「われわれ」の、同時代の、社会全体のものとして共有しその解決を模索する運動が積み重ねられている。

追記

本稿の執筆にあたり、林みどり氏（立教大学）には草稿を読んでいただき、非常に有益なコメント、ご指摘をいただいた。ここに記して感謝したい。アルゼンチンでの調査に様々な形でご協力いただいた方々、とりわけインタビューを承諾してくださった方々にも、心からの謝意を示したい。

本稿は、ＪＳＰＳ科研費25243008（基盤研究(A)分担金）、14J08713（特別研究員奨励費）の助成を受けた研究の成果である。

【注】

＊1 "Creo que el derecho a la identidad debe ser un patrimonio de todo el pueblo argentino." Martín Fresneda (abogado, el secretario de Derechos Humanos de la Nación). *Juicio Megacausa ESMA* no.3 (octubre 2013), Espacio Memoria y Derechos Humanos.

＊2 "Los límites de la genética: El Método que empezó por el Equipo de Antropología Forense" *Página/12*, 11 de mayo de 2015, http://www.pagina12.com.ar/diario/elpais/subnotas/272436-72671-2015-05-11.html.（二〇一六年八月三〇日閲覧）

＊3 独立から国家統一までの一九世紀の大部分にアルゼンチン国家の基礎が様々な面で用意されたといえるが、本稿では詳細に記述する余裕がなかった。他の箇所で言及する林の一連の著作のほか、今井（一九八五）、Scobie（1977）、

Shumway（1991）などの文献を挙げておく。

＊4　"Juan Vucetich (1858–1925)", Biographies in "Visible Proofs: Forensic Views of the Body exhibition at the National Library of Medicine". https://www.nlm.nih.gov/visibleproofs/galleries/biographies/vucetich.html（二〇一六年九月二六日閲覧）

＊5　"Justicia Forense." http://justiciaforense.com/index.html. ただし直接の参照元は以下の文書。http://justiciaforense.com/material/cursos2012/Cursos%202013/ARCHIVOS%20FORENSES%202/PDF/Historia%20de%20la%20criminal%EDstica.pdf.

＊6　日本でもたびたび全国民（住民）を対象とした指紋法の適用が議論されたが結局は実現にいたらなかったこと、そして戦後、警察主導で「県民指紋登録」が都道府県単位で（二三の都府県で）独自に導入され、短期間であれ実施されたことは、高野（二〇一六、第六章）に詳しい。

＊7　二〇一五年末に行なわれた大統領選挙では、決選投票の末に僅差で右派の「カンビエモス」を率いるマウリシオ・マクリが当選し、一二年間続いた正義党左派の「勝利への戦線」による政権が終わった。これによりカンビエモスは「選挙によって政権についた最初の右派政党」となった。右派（保守）政権がそれまでことごとく非立憲政府だったということである。

＊8　一九七七年五月一三日にベネズエラ、カラカスで行なわれた記者会見での発言。http://www.youtube.com/watch?v=vtktfinFP1Y. この談話はさまざまな媒体で繰り返し言及、引用されている。二〇一三年にビデラ死去を報じるベネズエラのメディアも改めてこの発言を取り上げている。"Murió Videla," AlbaTV, 17 de mayo 2013. http://www.albatv.org/Murio-Videla.html.（いずれも二〇一六年八月三〇日閲覧）

＊9　Conferencia de prensa de Videla en 1979 frente a un grupo de periodistas. https://www.youtube.com/watch?v=9MPZKG4Prog（二〇一六年八月三〇日閲覧）

＊10　同時代に同じく軍事政権による反体制派弾圧が激化したチリ、ウルグアイ、ブラジルなどの隣国でも強制失踪の方法はとられたが、アルゼンチンはそのなかでも、徹底した秘匿性と被害の規模で突出すると指摘されている（CONADEP 1894（2003）：20-21）。

＊11　ここでは決して、法の機能しているところには暴力はない、というような考えに立っているわけではない。むしろ「プロセソ」の暴力は、法秩序を構成する統治のパラダイムとしての「例外状態」（アガンベン　二〇〇七）におけるそ

れとして検討する必要があると考えている。「失踪者」とは、ジョルジョ・アガンベンが米軍のグアンタナモ収容所の拘留者やナチスの強制収容所のユダヤ人に言及しながら指摘した「一個人についてのいかなる法的規定をも根こそぎ無効化し、そうすることで法的に名指すことも分類することも不可能な存在」（アガンベン　二〇〇七、一二）を生み出した生政治的状況、すなわち「剥き出しの生」の状況に置かれていたと考えることができる。この点については稿を改めて論じたい。

＊12　Equipo Argentino de Antropología Forense (The Argentine Forensic Anthropology Team). http://eaaf.typepad.com/（二〇一六年八月三〇日閲覧）。

＊13　"La búsqueda de los desaparecidos vivos," *Página/12*. Jueves, 24 de marzo de 2016. http://www.pagina12.com.ar/diario/especiales/18-295277-2016-03-24.html. "El Equipo de Antropología Forense conmemoró 30 años de "búsqueda por la verdad y la justicia"," Telam. 2 de julio de 2014. http://www.telam.com.ar/notas/201407/69719-el-equipo-argentino-de-antropologia-forense-30-anos.html.（二〇一六年八月三〇日閲覧）

＊14　法律（Ley 23.511）に基づく。当時は内閣直属の機関（設置はドゥラン病院内）であったが、二〇〇九年に制定された別の法律（Ley 26.548）により、科学技術革新省（Ministerio de Ciencia, Tecnología e Innovación Productiva）内に位置付けられた。Banco Nacional de Datos Genéticos: BNDG, http://www.bndg.gob.ar/（二〇一六年八月三〇日閲覧）

＊15　Carmen Ryan, "Implementacion de la Resolucion MS 504/2013," 二〇一六年一二月一八日。https://prezi.com/01a0kqxov6sj/implementacion-de-la-resolucion-ms-5042013/（二〇一六年八月三〇日閲覧）。カルメン・ライアンは当時安全保障省の管轄だった人権局（現在は法人権省の管轄）で顧問としてこの件を担当していた。

＊16　後述する『サンタ校の若者たち』の著者のひとり、ラファエル・ブリテス。

＊17　ＥＡＡＦ自身、親族の心理的・社会的困難の解決にかかわる事実の説明・伝達の作業を重視してきた。Equipo Argentino de Antropología Forense (The Argentine Forensic Anthropology Team). http://eaaf.typepad.com/（二〇一六年八月三〇日閲覧）

＊18　このような視点は、近年ヨーロッパを拠点として展開されている共同研究プロジェクト「司法建築学 forensic architecture」とも共通するように思われる。「司法諸科学 foresics sciences」を「公的真実の追求の場であり方法」として提示し、そのポテンシャルを国家の占有とするのではなく既存の秩序への抵抗の方法に変えることが、その目指すところである（Forensic Architecture 2014）。映画制作の方法も、アルゼンチン司法人類学チームの日々の作業も同様に、

司法・権力によるのとは別のしかたで個人が社会に存在し位置づけられる真実という意味での「公的真実（forensics）」の追及を、個人の同一性の回復によって実践していると言えるだろう。

＊19　プリビデラ監督は別のインタビューでも、失踪者という問題について「自分は積極的に発言するが、多くのアルゼンチン人は沈黙しがち」だと、おそらくは批判的に、語っている。山形国際ドキュメンタリー映画祭、インターナショナル・コンペティション、ニコラス・プリビデラ監督インタビュー、二〇〇七年一〇月六日。http://www.yidff.jp/interviews/2007/07i017.html（二〇一五年九月二六日閲覧）。

＊20　関係の網の目のなかでおこなわれる個人の同定、という表現は、渡辺（二〇〇九b：二一）に借りたものである。王権と衣装という「アイデンティティ装置」を通じてクバ王国の社会構成を論じるその議論と本稿とはいくつもの隔たりがあるが、近代国家の獲得した「個体」「アイデンティフィケーション」とは別の「装置」のあり様を探ろうとする関心は共有していると考えている。またここには、酒井直樹（一九九六）が国民、民族、人種といった近代的な社会編成の基礎となる「種的同一性」に対比していう、前近代的な社会編成の様態、「関係的同一性」の議論にもおおいに示唆を受けている。

＊21　犯罪学―司法人類学、指紋、国家、これらの結びつきを論じる上で避けては通れない論点であるはずの「人種主義」については、本稿ではまったくふれることができなかった。機をあらためて考察したい。

＊22　地域と時代にもよるがこの場合の学制では中等教育は五年間で日本のような中学・高校の区別がないため、ここではcolegio secundarioを「中等学校」と訳しておく。

【参考文献】

アガンベン、ジョルジョ　二〇〇七『例外状態』上村忠男・中村勝己訳、未来社。
石田智恵　二〇一五「軍政下アルゼンチンの移民コミュニティと「日系失踪者」の政治参加」『コンタクト・ゾーン』七、五六―八、京都大学大学院人間・環境学研究科文化人類学研究室。
今井圭子　一九八五『アルゼンチン鉄道史研究――鉄道と農牧産品輸出経済』アジア経済研究所。
クライン、ナオミ　二〇一一『ショック・ドクトリン――惨事便乗型資本主義の正体を暴く（上）』幾島幸子・村上由見子訳、岩波書店。

酒井直樹　一九九六『死産される日本語・日本人――「日本」の歴史-地政的配置』新曜社。

崎山政毅　二〇〇一『サバルタンと歴史』青土社。

佐野誠　二〇〇九『「もうひとつの失われた一〇年」を超えて――原点としてのラテン・アメリカ』新評論。

ジョイス、クリストファー＆エリック・ストーバー　一九九四『白骨は語る』小泉摩耶訳、NTT出版。

杉山知子　二〇〇七『国家テロリズムと市民――冷戦期のアルゼンチンの汚い戦争』北樹出版。

高野麻子　二〇一六『指紋と近代――移動する身体の管理と統治の技法』みすず書房。

中野徹三・藤井一行編　二〇〇三『拉致・国家・人権――北朝鮮独裁体制を国際法廷の場へ』大村書店。

林みどり　一九九六「精神分析前夜――〈ポストコロニアル・ブエノスアイレス〉の構築」『現代思想』二四（一二）、一六二－一七七。

――　一九九八『接触と領有――アルゼンチンの近代化過程における言説の政治』東京外国語大学大学院地域文化研究科、一九九八年度博士論文。

――　一九九九「歴史的拘束の意味――観光・文学・映画の誠治」『ラテンアメリカ　統合圧力と拡散のエネルギー（〈南〉から見た世界05）』、一〇七－一三四、大月書店。

――　二〇〇三「〈アルゼンチン文学〉の誕生と文化的実践としての読書」『明治大学人文科学研究所紀要』五二、三三九－三五三。

――　二〇〇六「模倣の文化政治：ラプラタ地域における〈他者〉の領有をめぐる文化的抗争の分析」『明治大学人文科学研究所紀要』五九、一一七－一四八。

――　二〇〇九「管理社会と親密圏――「五月広場の母たち」における政治的ポテンシャリティ」『立教大学ジェンダーフォーラム年報』一一、八五－九六。

比嘉マルセーロ　二〇一〇「鉛色時代の音楽――独裁政権下（一九七六-八三）のアルゼンチン・ロック」『中南米の音楽――歌・踊り・祝宴を生きる人々』、石橋純編、二二九～二五五、東京堂出版。

フーコー、ミシェル　二〇〇七『ミシェル・フーコー講義集成〈七〉安全・領土・人口（コレージュ・ド・フランス講義一九七七-七八）』、高桑和巳訳、筑摩書房。

ボス、ポーリン　二〇〇五『「さよなら」のない別れ　別れのない「さよなら」――あいまいな喪失』南山浩二訳、学文社。

歴史的記憶の回復プロジェクト編　二〇〇〇『グアテマラ　虐殺の記憶――真実と和解を求めて』飯島みどり・狐崎知

己・新川志保子訳、岩波書店。

渡辺公三　二〇〇三　『司法的同一性の誕生――市民社会における個体識別と登録』言叢社。

――――　二〇〇九a　「クバにおけるンシャーン（転生）――再生あるいは自己の中の他者」『身体・歴史・人類学Ｉ　アフリカのからだ』一九-七六、言叢社。

――――　二〇〇九b　「王の隠された身体――クバにおける王権と衣装」『身体・歴史・人類学Ｉ　アフリカのからだ』、二〇六-三二〇、言叢社。

Aboy Carlés, Geraldo　2010　Raúl Alfonsín y la fundación de la "segunda república", en Roberto Gargarella, María Victoria Murillo y Mario Pecheny comp., *Discutir Alfonsín*, Buenos Aires: Siglo Veintiuno, pp.67-84.

Ameztoy, María Vierginia　1998　Autoritarismo, sociedad y Estado en la Argentina, en Inéz Izaguirre (coord./ comp.), *Violencia social y derechos humanos* (Buenos Aires: Eudeba/ Biblioteca virtual de CLACSO), pp.228-244.

Albarracin, Julia　2004　*Selecting Immigration in Modern Argentina: Economic, Cultural, International and Institutional Factors*, Dissertation for the degree of Doctor of Philosophy, Graduate School of the University of Florida.

Arditti, Rita　1999　*Searching for Life: The Grandmothers of the Plaza de Mayo and the Disappeared Children of Argentina*, Berkley: University of California Press.

Baer, Alejandro; Natan Sznaider　2015　Ghosts of the Holocaust in Franco's Mass Graves: Cosmopolitan Memories and the Politics of "never again", *Memory Studies* 8(3): 328-44.

Barros, Mercedez María　2009　El silencio bajo la última dictadura militar en la Argentina, *Pensamiento Plural/ Pelotas*, 5: 79-101.

Bouvard, Marguerite Guzman　1994　*Revolutionizing Motherhood: The Mothers of Plaza de Mayo*. Lanham, Maryland : SR Books.

Britez, Rafael; Nestor Denza　2007　*Los pibes del Santa: Represión Estudiantil en Florencio Varela (1976-1983)*. Universidad Nacional de Quilmes Editorial, Bernal.

Cattaneo, Cristina　2007　Forensic Anthroplogy: Developments of a Classical Discipline in the New Millennium, *Forensic Science Internationa*l, 165:185-93.

Cohen Salama, Mauricio　1992　*Tumbas Anónimas: Informe sobre la identificación de restos de víctimas de la represión ilegal*.

Equipo Argentino de Antropología Forense. Catálogos.

Cole, Simon A 2001 *Suspect Identities: A History of Fingerprinting and Criminal Identification*. Harvard University Press.

Crenzel, Emilio 2008 *La histotia política del Nunca Más*. Buenos Aires: Siglo XXI.

da Silva Catela, Ludmila 2001 *No habrá flores en la tumba del pasado: La experiencia de reconstrucción del mundo de los familiares de desaparecidos*. La Plata; Ediciones al Margen.

Devoto, Fernando 2009 *Historia de la inmigración en la Argentina*, tercera edición, Sudamericana. (= 2003, 1er edición)

Duhalde, Eduardo Luis 1983 *El estado terrorista argentino*. Barcelona: Argos Vergara.

EAAF (Equipo Argentino de Antropología Forense) 1990 Arqueología de la represión, en *Boletín de Antropología Americana* 22:153-58.

——— 1997 *Bi-Annual Report, 1996-97*, Argentina. EAAF

——— 1998 *Annual Report, 1998*, Argentina. EAAF

Finchelstein, Federico 2014 *The Ideological Origins of the Dirty War: Fascism, Populism, and Dictatorship in Twentieth Century Argentina*. Oxford: Oxford University Press.

Forensic Architecture 2014 *Forensis: The Architecture of Public Truth*. Sternberg Press.

Franco, Marina 2011 Huecos de la memoria y silencios políticos. *Juicios por crímenes de lesa humanidad en Argentina*. Gabriele Andreozzi coord., pp.253-265, Atuel.

Helg, Aline 1990 Race in Argentina and Cuba, 1880-1930: Theory, Policies and Popular Reaction, in *The Idea of Race in Latin America, 1870-1940*, Richard Graham (ed.), pp. 37-69, University of Texas Press.

Hora, Roy 2003 *Los terratenientes de la pampa argentina. Una historia social y política 1860-1945*, Buenos Aires, Siglo Veintiuno.

Ministerio del Interior, Argentina 2008 *Historia electoral argentina* (1912-2007), Ministerio del Interior, Argentina.

Ruggiero, Kristin 2001 Fingerprinting and the Argentine Plan for Universal Identification in the Late Nineteen and Early Twentieth Centuries, in *Documenting Individual Identity: The Development of State Practices in the Modern World*, Jane Caplan and John Torpey (eds.), pp.184-196, Princeton; Princeton University Press.

Rodriguez, Julia 2006 *Civilizing Argentina: Science, Medicine, and the Modern State*. Chapel Hill; The University of North

Carolina Press.

Rosenblatt, Adam 2015 *Digging for the Dissapeared: Forensic Science after Atrocity*. Stanford; Stanford University Press.

Salado, Mercedes y Luis Fondebrider 2008 El desarrollo de la antropología forense en la Argentina, *Cuadernos de Medicina Forense* 14(53-54):213-221.

Scobie, James R. 1964 *Revolution on the Pampas: A Social History of Argentine Wheat, 1860-1910*. Austin: University of Texas Press.

Shumway, Nicolas 1993 *The Invention of Argentina*. Berkeley: University of California Press.

Sikkink, Kathryn 2008 From Pariah State to Global Protagonist: Argentina and the Struggle for International Human Rights, *Latin American Politics and Society* 50(1): 1-29.

Snow, Clyde Collins 1982 Forensic Anthropology, *Annual Review of Anthropology*. 11: 97-131.

Turner, Silvana 1993 *Antropología forense: Metodologías y técnicas. Su aplicación en el área de los derechos humanos*. Tesis de licenciatura en Ciencias antropológicas. Facultad de Folosofía y Letras, Universidad de Buenos Aires.

Vezzetti, Hugo 2002 *Pasado y presente: guerra, dictadura y sociedad en la Argentina*. Buenos Aires: Siglo XXI.

Verbitsky, Horacio 1995 *El vuelo*. Buenos Aires: Planeta.

第二章　微小な痕跡に残る社会——ガブリエル・タルドと筆跡の社会学

中倉智徳

はじめに——他者と出会う

はじめての他者に出会うとき、人はどのような顔をしているのだろう。さぐるような目つきだろうか。期待に満ちた眼差しだろうか。そのとき、人は他者の顔をみているのだろうか、その顔の奥に秘められているかのような、心をみようとしているのだろうか。

出会うのは人間同士だけではない。渡辺公三は、その著作『司法的同一性の誕生』のなかで、国民国家が個人に出会い、特定、同定することを可能にしていく過程を、「同一性」・「アイデンティティ」という語を手がかりとして鮮やかに描き出している（渡辺　二〇〇三）。その最初のこころみは、同書の主人公アルフォンス・ベルティヨンによるものであった。彼は、一九世紀末の人体の同定をめぐる技術や知をもちいて個人を特定することを可能にする知を、累犯者の同定のために骨の形や眼の虹彩の色などを測定、記録する方法としてまとめ、「ベルティヨン方式」を考案した。非常に微細な差異に注目し、厳密に測定し、分類しようと試みるベルティヨン方式は、膨大な犯罪者のなかから累犯者を特定するための「個体の識別、分類、記憶照合の装置のネットワーク」の一つを構成した。それは、大量の具体的な個人から、犯罪を重ねた特定の個人を呼び出し特定するための手段を国家に与えるものであったのである。ベルティヨン方式はまもなく指紋による同定・検索に取って代わられるけれども、両者はたんに司法記録保管制度にとどまらない。それらはより広く「同一性の登録管理にまつわる多様なシステム」の一つとなり、最終的には「兵士そして国民一人一人の名を確定しその同一性を捕捉して動員および操作の可能な対象にすること」（渡辺　二〇〇三：二七六）という「想像力を導く狡知」に、「技術的資源」を用意したのであった。こうして一九世紀末の人体の同定をめぐる技術や知は「国民国家の基礎構造」として組み込まれていき、国民国家が、個人を眼差し、想起することを可能にしたのである。

同書のなかで渡辺は、測定によって析出される個体の差異をめぐる二つの知のあり方を峻別している（渡辺　二〇〇三：四一一、四一三－一四）。前述のベルティヨン方式のように、個体の細部の差異を「個別性を表示する以外には表示機能をもたずしたがってなんの含意もない」ものとして捉える「判別＝同定の知」と、細部の差異から「性質や気質の差異」の「徴候」として捉えようとする、人相学や犯罪人類学に代表される「徴候＝解読の知」とである。そして渡辺はこの二つの知を峻別したうえで、「徴候＝解読の知から判別＝同定の知への推移」が、個体を対象とした臨床の知の形成と関わっていることを指摘している。

判別＝同定の知は、見知らぬ顔つきから余分な意味を取り去ることによって、国家の域内に来訪しまたは居住する他者を犯罪者、国民、兵士として記録し、同定し、把捉することを可能にした。他方で、徴候＝解読の知は疑似科学として、歴史のなかに埋もれていった。徴候＝解読の知を代表する骨相学や顔相学が、よそ者の謎めいた顔つきから、集団的な把握や地理的・心理的遠さを利用して「人種」や「気候」の痕跡を語りたがったことについて考えるとき、たしかにそれらは次第に忘れられるべくして忘れられていったようにみえる。しかし、ここで立ち止まってみたい。判別＝同定の知が切り捨てた差異のなかの含意、徴候＝解読の知が対象としていたこの余分なもののなかには、何かが残されてはいなかっただろうか。

これから本稿の対象として語る「筆相学」（Graphologie）も[*1]、筆跡からその書き手がどのような性格をもつのか、その筆跡を残したさいにどのような心理状態にあったのかを診断する「徴候＝解読の知」の一つであると理解されている。デリダが指摘するように[*2]、集団を対象とした筆相学は科学としてはどれだけ洗練されても失敗する他ないものだろう。徴候を人種や犯罪性向などと結びつけて語りたがるそれは、知の古層のなかに埋もれていくべき、少し奇妙な、だが一九世紀にはありふれた化石のひとつにすぎないだろう。しかし、これらの知が解読しようとしていた謎のなかには、いまでも残されているものがあるのではないか。渡辺も参照しているように、徴候＝解読の知については、カルロ・ギンズブルグが、獲物の「無言の足跡の中に、首尾一貫した一連の出来事を読む」という徴候の解読を行なっている狩猟時の狩人を起源とする長い歴史として論じていた（ギンズブルグ　一九八八）。ギンズブルグは、狩猟からはじめて、占いや顔相学、推理、ベルティヨン方式、指紋分類法などの徴候＝解読の知から、「推論的知」が出現したと論じていた。渡辺は、このようなギンズブルグの議論のなかから、ベルティヨンを手がかりとして判別＝同定の知を切り出し、近代的な知＝力の出現として描き出したのだった。

本稿では、これらの知を、出会いの場で生じる知の在り方として捉えてみたい。狩人のもつ知識は人間と動物の出会うための知と捉えなおすことができる。そして狩猟を起源とするというギンズブルグは、狩猟という見かけ上原始的な営みのために、非常に初歩的な誤ちを犯していないだろうか、と不遜にも問いかけてみよう。というのも、狩猟をしていた人間は、すでに人間に出会っていなかっただろうか、という素朴な疑問がすぐに浮かんでくるからだ。そしてすでに、人間との出会いのうちに、人びとは徴候を見出してはいなかっただろうかという問いが浮かんでくるからだ。そうだとするなら、徴候を読み解く知の起源は動物と人間との出会いではなく、人間同士の出会いにこそあるのではないか。本稿ではこのように位置づけ直すことで、別の道を進みたいと考えている。

他者と出会うとき、人は徴候への注意を研ぎ澄ます。初めて出会う者、国家の依代としての警察官にとっての犯罪者か市民かわからぬ者、企業の依代としての面接官にとっての人材か不要品かわからぬ者、友か敵かわからぬ者、愛すべきか憎むべきかわからぬ者には、注意を払わざるをえないのである。さらに言えば、毎日出会っていてもほんの少しのきっかけでまったくわからなくなることもあるように、他者には身近で深遠な謎がある。判別＝同定の知があえて肉体的特徴とその同定のみにとどまることで振り払うことができたこの他者の謎は、解くことの出来ない問題だろうか。それを完全に明らかにすることができればどれだけいいだろうか。この謎は人種や気候などで解読できるとはとても思えない。そうであるにも関わらず、近代の徴候＝解読の知は、それがあっさり解決できるかのように、人種や肌の色や国籍や性別や気候によって差別された、蔑むべき他者像を「科学的」に断定し、その像を正しいものであるかのように思い込んでしまったのである。それでは、このような正解を求めることが虚しく思える他者の謎に対し、振り払うことも解決できると見くびることもなしに向き合うことはできるのだろうか。筆跡という微小な痕跡をめぐる知のあり方から考えてみたい。

一　フランス筆相学の歴史——科学化と批判

一つの記事からはじめよう。一九九三年のニューヨークタイムズにロジャー・コーエンによって書かれた筆相学をめぐる一本の記事が掲載された。「フランスでは、それはあなたがtをどのように交差させているかの問題だ」と題されたその記事では、当時のフランスにおいて就職試験の一例として、筆相学が用いられていたことが伝えられていた（Cohen 1993）。そこには、半年間失業している人物が、自分の手書き文字こそ就職試験に失敗した要因なのでないかと疑い専門家によって分析してもらったといった例も取り上げられている。フランスでも筆相学は根拠がないという声が一方でありつつも、多くの大企業は就職希望者の手書きの文字を筆相学者によって診断しているという内容であった。この記事はたしかに衝撃的であった。戦間期フランスの文化史を専門とするロクサーヌ・パンシャジ（Roxanne Panchasi）は、近代フランスにおける筆相学と個体の同一性の科学に関する論文の冒頭に、おそらくきっかけとなったのであろうこの記事を掲げている。

その後の研究や報道から、フランスでの就職試験における筆相学の利用は現在でも続いているようだ。臨床心理学者のクリスティアン・バリッコ（Christian Balicco）は、二〇〇二年の論文のなかで、コンサルタント事務局の管理職の就職試験のさいに筆相学が使用されていることを報告している（Balicco 2002）。またフランスでの就職試験における選考方法について調査したS・ラブロンらによれば、管理職に関する就職試験の場合には、調査対象の求職者の八四パーセントに対して使用されていた（Laberon et al. 2005: 9）。さらに最近の就職活動関連ウェブサイトでも、「筆相学を就職試験に使うのをやめよう！」という記事が掲載されているなど、筆相学はフランスにおいては根強く利用されているようである（Brouat 2013）。このようにフランスの就職活動において筆相学が、その科学性を否定されつつも根強く残っていることを、どのように考えればよいだろうか。[*3]

就職試験というのは「その個人はどのような人物なのか」、「その人物は私にとってなんの役に立つのか」という、判別＝同定の知が問うことのない問題に、改めて取り組まざるをえない状況だということに注目しよう。国家と同様に近代社会の基礎構造をなす、市場、とりわけ労働市場において、このような他者の謎は問われ続けているのである（もちろん、国家、市場だけではなく家族を形成するためにも、人びとはこの謎に出会う）。そしてたしかに、徴候＝解読の知のように、この謎を人種や性別等の「徴候」と結びつけて安易に解決することは許されるべきではないだろう。

未知の人物に対し、「その人物は私にとってなんの役に立つのか」と問いかける選考担当者にとって、出来る限りの情報を得たいということは、避けがたい欲望として残り続ける。フランスの筆相学の根強い利用に託されているのは、おそらくは筆相学という科学への信ではなく、この他者の謎への貪欲なまでの欲求あるいは願望ではないだろうか。

筆跡から人の心のあり方や人物像を探ろうとする知は近代以前からあったといわれる。ここで筆相学の歴史を、菅野賢治(二〇〇二)や前述のパンシャジの論文(Panchasi 1996)に依拠しながらまとめておこう。筆跡から人格を推し量ろうとする試みは少なくとも近世からある。その先駆として挙げられているのが、一六〇九年のフランソワ・ドゥメルの著作であるとされる。その後一六二五年のカミッロ・バルディの著作『一通の手紙から書き手の気質と性格を類推する方法について』や、ゲーテの友人でもあったらしいスイスの顔相学者ヨハン＝カスパー・ラーヴァターの一八世紀なかばの著作『人間知と人間愛の進展のための人相学断片』が続くのであり、これらの著作が筆相学の先駆者とされている(Panchasi 1996: 4)。またフランスのエドゥアール・オカールの一八一六年の著作『筆跡から人間の性格を診断する術』では、ルイ一四世やヴォルテールらの筆跡を含む多数の手書きの例が挙げられている(Panchasi 1996: 4)。さらにパンシャジによれば、一八三〇年代には、フランスの地方に筆相学を研究するはじめての「学派」が、小規模ながら形成される。そのなかの一人アッベ・フランドランが、「筆相学」という言葉を発明したフランスの牧師ジャン＝イポリット・ミションの指導者となった。

ミションが「手稿の研究を通じて個人の性格を見定めるための新たな体系的な方法」(Panchasi 1996: 3)を筆相学と名付けたのは、一八六八年のことである。ミションによって「近代的筆相学」が確立したとされるのだが、彼がそれ以前の人々と区別される理由として、「異なる手書きのスタイルや形態の複数の例の分類に基づいた体系を洗練させた」ことにある(Panchasi 1996: 5)。これによって、その個性のよく知られた有名人の筆跡だけではなく、無名の個人のものにも適用がなされるようになった。[*4] 一八八九年にはジュール・クレピュー＝ジャマンの『筆跡と性格』が刊行される。ミションとクレピュー＝ジャマンという二人のフランス人によって、「近代的筆相学」は体系化された。

「近代的」筆相学が整備された背景として、識字教育の普及によって多くの人々が手紙や日記を残すようになったことをパンシャジは指摘している。先ず日記や手紙を書くことによって自己を確立し、理解しようという「書くことを通じた個人の生産」が行なわれるようになっていく (Panchasi 1996: 9)。たしかに自己探究としての日記においてはその意味内容が問題にされるし、そこでは意識的に書こうとする著者が想定されている。しかし、一九世紀半ばから末にかけて、催眠術の流行などの影響から、個人は「無意識」をもったものとして理解されるようになっていく。書かれた文章は、意識して書かれた意味内容から切り離され、無意識的に現われてしまう徴候から自己の痕跡を読み取ろうという試みのなかに置かれることになる。

特権的な「小さな、非意図的な特徴」として書かれたものの物質性を強調することによって、筆相学は「私」を同定し真に理解するための模範的な戦略として自らを提示した――そこでは追跡される／痕跡を残す個人は、手書きのなかに見出され、解釈されるのである (Panchasi 1996: 9)。

無意識的な自己が問題となる場合には、意識して書かれた文章の意味内容ではなく、その文字の形態や運筆のなかに、無意識的な自己の痕跡が現われていると考えること。このような文脈のなかで、「近代的」筆相学が登場してくるのである。[*5]

そして、筆者に無意識的に現われてくる徴候から筆者の性格を読み解こうとする筆相学は、やがてその支持者によって「科学」として主張されるようになる。その帰結として、筆相学はいったい「占い」なのか「科学」なのかという論争の中に置かれる。ミションらが「筆相学とは、筆跡の科学である」と、その科学性を主張していたのに対し、アルフレッド・ビネはその主張に疑問を抱き、検証をおこなった（Binet 1897: 598）。それは「多数の手書きの事例をつかって、彼は、書き手の年齢、ジェンダー、知性、性格に関する筆相学者の読みを検証」するものだった。複数の筆相学者に依頼し、その本来の属性を言い当てられているかを検討し、結果としてはほとんど的中していなかったという（Panchasi 1996: 14）。筆相学は、骨相学などのほかの人体測定による「個体の科学」と同様、「客観的」な測定結果と主観的なものを結びつけようとするために、科学／疑似科学のあいだで位置づけが争われていた。目に見える痕跡から他者の謎を解明しようという試みが、「科学」として位置づけられるかどうかが争われるようになっていたのである。

二　ガブリエル・タルドの戯曲「筆相学」と徴候＝解読の知

このような筆相学をめぐる科学／疑似科学をめぐる論争から少し異なる角度から関心を寄せていたのが、ガブリエル・タルド（Gabriel Tarde 1843-1904）である。タルドは社会学者としてもっともよく知られているが、他方でその人生の長きにわたって彼の本業は司法官だったのであり、『比較犯罪学』や『刑事哲学』などの著作も残している。筆跡をめぐる知の歴史について多くの研究を残しているフィリップ・アルティエールは、タルドを筆相学に非常に熱中した人物として取り上げている。そのなかで彼は、タルドの社会学的な理解を紹介する一方で、筆相学を科学として受け入れ、司法に応用可能なものとして捉えている人物としても描き出している。本稿では、タルドの筆相学をめぐる理解を再度解釈しなおすことで別の側面をみておきたい。

タルドの筆相学に関する見解を検討する上で先ず注意しておかなければならないのは、彼には「筆相学」と題された文章が二つあるということだ。一つは、一八九二年に『ボルドー評論』誌に掲載された、戯曲「筆相学」である。そしてもう一つは、一八九七年にクレピュー＝ジャマンの『筆跡と性格』第四版の刊行をうけて書かれ、『哲学評論』誌に掲載された、その学問としての自立を問う論文「筆相学」である。[*6] 前述のアルティエールは、筆相学をめぐる戯曲には言及していない。[*7] これは、タルドの筆相学受容を理解するためには大きな欠落と言わざるをえない。ここでは、その双方に目を配りたい。

先ず、戯曲「筆相学」についてみておこう。これは、とある郵便・電信局での話で、登場人物は老いた郵便局長ストゥトブール、イルマ嬢、そして「電話機」である。舞台上には二人だが、劇が進むに連れて複数の人間から電話がかかってくることで物語が進行していくという趣向である。

主人公であるストゥトブールは、風変わりな郵便局員である。秘密を保ったまま送り届けなければならぬはずの自らの前を通過する手紙や電信を、彼はすべて開封し、中身を確認しているのである。この明らかな違反を、彼はたんに野次馬的な楽しみのために行なっているのではない。むしろ、彼自身は「科学」のために行なっていると信じていた。毎日毎日手紙を仕分けするなかで、彼に次のような天啓が降りてきたのだ。

筆跡は生命と同じように法則をもっており、植物種や動物種があるように、筆跡にも種がある。そして、与えられた筆跡から、筆者の性格、病気、障害を予見できるし、その運命さえも予言できるのだ（Tarde 1892: 2）。

この天啓から、ストゥトブールは「社会学的な筆相学（graphologie sociologique）、――あるいは筆相学的な社会学（sociologie graphologique）」（Tarde 1892: 2）を構想するに至った。彼が手紙を開封していたのは、その筆跡から、どんな人物がそれを書いていたのかを言い当てる「科学」のためだったのだ。そのため彼は手紙を開封する行為を、「手紙の生体解剖（la vivisection épistolaire）」（Tarde 1892: 3）と呼んでいる。

この奇妙な郵便局員であるストゥトブールなる人物は、郵便局の職員としては完全に逸脱してしまっている。彼は将軍からの軍への命令を伝える公文書や手紙さえも開封してしまうのである。彼にとって軍の公文書は好都合だった。将軍や大佐は性格が一定程度知られる有名人であるから、筆跡から読み取られる性格と、宛名人の既知の性格とを対照させて、自らの「科学」の精度を確認できるからである。

彼の「社会学的筆相学」はまさに徴候＝解読の知の一つである。しかし、彼自身の自認にもかかわらず、その科学性を認めることはむつかしい。例えば「ポワテヴァン陸軍大佐」への公文書について、ストゥトブールは、「この筆跡は太った、痛風の、細心の、愚かな、水ばかり飲んでいる男から出されたものに違いない」と確信する。そして、「この手紙を開けるのをためらうだろうか？　まったくそんなことはない。」として、中身を開封し、手紙が「用意周到さをどこでも引き合いにだされるトリポタン将軍からのもの」であったことを知り、「細心の」男という自らの解読があたっていたことを喜んでいる。だが、「将軍は私がそう考えたようにたくさん水を飲むわけではなかったかもしれない……」と心配になるが、その命令書の内容が兵士に河を泳いでわたるよう命じるものであり、兵士に水を飲ませているから自らの解読が当たったのだ、といった仕方で解釈し、安堵するのである（Tarde 1892: 3）。

こんな具合に、彼の「社会学的筆相学」は、筆跡＝文体から解読された性格が、実際のそれと外れたときにはこじつけを行なうことで正当化せざるをえないような代物にすぎないのである。

さらにストゥトブールは、手紙を「生体解剖」しているだけではなかった。珍しかったり美しかったりすることで気に入った筆跡の手紙を宛先に届けずに、自分の「コレクション」として分類して収めてしまいさえする。前述のトリポタン将軍からの命令も届けずにコレクションしてしまう。このことで彼は、軍の作戦を妨害してしまい、のちに窮地に立たされてしまう。自らの科学を生物学にも並びうるものと考えていた彼は、ビュフォンの名を挙げながら、生物種を分類するように、体質や犯罪傾向によって「手紙種」を細かに分類している。そのなかでも、彼はとくに、「イルマ」という女性の筆跡が気に入り、「最も大事なコレクション」として収める。彼の筆相学によればイルマは「大柄で、ブロンドで、やせていて、二四歳と半年で、非常にはっきりと、窃盗の傾向がある」女性である（Tarde 1892: 1）。このように仕事よりも「科学的探求」を優先させて励む彼の前に、イルマ本人が補佐役として登場することで劇は進展していくことになる。

イルマがこの郵便局に補佐としてやってきたのは、単に仕事のためではなく、従軍している彼女の恋人エミールからの手紙が全く来なくなったことの理由と証拠を探るためであった（実際にはストゥトブールがコレクションしていた）。イルマは恋人にほかに女ができたに違いないと思い込み、その別の女性にあてた手紙を横取りし、証拠をつかむために、恋人の属している連隊の演習地の最寄りであるストゥトブールの郵便局にやってきたのだった。イルマに対してのストゥトブールの筆相学の診断は、当たっていないわけでも外れていないわけでもない。イルマ自身も自らの筆跡への彼の評価を読み、次のように述べている。「「鉛筆で注意書きされているわ。「大柄で、金髪で、痩せている」。これは私だわ！　私は小柄で、褐色の髪で、ぜんぜん痩せていないけれど。私は全く正反対の性質を持っているわ」」（Tarde 1892: 8）といい、「『カールを描くときの縦の線が、可愛く、そして非常にはっきりとした窃盗の傾向あり』おお！　なんて憎たらしいんでしょう！」（Tarde 1892: 8）と、ストゥトブールの診断を〈盗み見て〉憤慨している。窃盗の傾向は、まさにイルマの行動によって示されつつも、身体的特徴はまったくあたっていないということになる。そういうものとして、ストゥトブールの筆相学は語られている。

イルマは、彼の「コレクション」とそのなかに収められていた恋人エミールの、宛先不明のラブレターを発見する。そしてストゥトブールに対し、郵便物を配達せずにコレクションしていることをばらされたくなければ、エミールの手紙の宛名人を教えるよう脅迫する(Tarde 1892: 8-9)。さらに悪いことに、軍の命令書を届けなかったことが露見しかかる。軍から容疑者として、ストゥトブールとエミールの名前を挙げられてしまう。いよいよ隠しきれなくなり、そして別人が罪に問われつつあることを悟ったストゥトブールは、自らの科学的信念に殉ずるべく、「私こそが、公文書を、科学実験として、正義の為に、生体解剖したのです。[…]全ては科学のためです!」とイルマに自白する(Tarde 1892: 11)。その自白の直後、ストゥトブールがコレクションから出してきたエミールの手紙の封筒から、その熱烈なラブレターの宛名人がイルマのものだったことが判明する。これによって恋人の愛が離れていなかったことを知り上機嫌となったイルマがすべてを許し、軍から疑われているストゥトブールのために有利な証言をしよう、と述べるところで話は終わる(Tarde 1892: 12)。

このような喜劇といってよいであろう戯曲の登場人物と、その戯曲の作者であるタルドとのあいだにある距離感を忘れないようにしよう。たしかに、劇中でストゥトブールは「社会学的筆相学」の提唱をしている。これは社会学者タルドにとって、肯定的な評価なのではないかといっけん思えるかもしれない。しかし、これからみていくように、論文ではタルドは筆跡を社会的生産物、社会関係そのものとして把握しようとしている点を強調している。それに対し、劇中のストゥトブールはあくまでも筆跡がどのような関係性のもとで書かれたのかといったことにまったく関心を払っていない。ストゥトブールがラブレターをコレクションしているにもかかわらず、その関係にはまったく無頓着で、むしろその身体的特徴や、窃盗癖といった人格的特徴を見抜こうとしていることに象徴的に現れている。つまり、彼はあくまでも筆跡だけを徴候として、筆者の人格を解読しようとしている人物として描かれているのである。

ストゥトブールは自らの「社会学的筆相学」を「科学の女王」として褒め称え、その確立に邁進するが、ストゥトブールへの距離感とその内容を考慮に入れるなら、性格判断としての筆相学の科学性をタルドがそのまま受け取っているとは到底言えないだろう。[*8] 筆相学を興味深いテーマだとタルド自身認め、その魅力を感じていても、それは「科学」であるからではなかったのである。

三　社会の痕跡としての筆跡

では、タルドの筆相学への評価は、論文においてはどのように論じられていたのだろうか。タルドは筆相学を「魅力的」だという（Tarde［1897］1898: 238）。しかし、それはどの点において魅力的なのだろうか。

先ず筆跡がなにかを示していることを、タルドは積極的に認める。「確かな事実として、文字の書ける大人にとって、筆跡は、すくなくとも母語で同時代の語における筆跡は、『顔つき』をもっている」（Tarde［1897］1898: 239）。人間の顔のように、筆跡は人間の人格的な何かを示していることをタルドは受け入れる。そしてこのような「顔つき」は「意図的な小さな筋肉の最も小さな動き」の結果であり、その「顔つき」にはなんらかの精神状態が表出していると指摘し、「顔つきは、雄弁に、人格を示す」のだという主張も支持している（Tarde［1897］1898: 240-42）。ここまでは、科学としての筆相学の推進者が論じる、無意識的な人格の「徴候」の解読という枠内で論じているようにみえる。しかし、ここからタルドは筆跡のなかに、社会の痕跡を読み解こうとする。

社会的生産物としての筆跡

身振りや物理的な運動の結果としての筆跡の位置づけをすませたあとで、タルドは社会学者として筆跡を論じている。「筆跡は、個人の作品であるのと同じくらい、社会的生産物である」（Tarde［1897］1898: 249）と彼はいう。これは、同時代の流行の影響を受けて時代や国に応じて筆跡も変化するという指摘である。タルドにとって、筆跡も、発明され模倣される対象であった。

実際、最も独創的な筆跡は、他者の筆跡の意識的または無意識的な反映の組み合わせである。われわれが外的なモデルとして一つの、あるいは複数の筆跡を模倣するとき、意識的である。反映され同一化した多数の筆跡のおかげで、内なる型をつくりあげ、筆先から流れ出るものにその固有の印を刻むとき、それは無意識である。ここではほかの場合と同様に、交錯した模倣の複雑性がある。というのも、模倣は音波のように、絶えず交錯しているからである。そしてこれらの模倣が放射される微小の発明は、個人によって創造された筆跡の型である。それらの発明は、他のものより少し目立っていて、そのようなものとして注目され、その時代与えられた環境において支配的になり、強制され、おなじ世紀おなじ地域の全ての手稿に家族的な雰囲気を与えるのだ（Tarde［1897］1898: 249-250）。

私の筆跡は他者の筆跡の組み合わせである。ある個人が発明した筆跡が、周囲の個人に模倣されていくことによって、その時代その地域の筆跡として広まっていく。この意味で、筆跡は社会的生産物なのである。これは、主著『模倣の法則』でも展開された、タルドの社会学説である「模倣説」の応用だといえるだろう。そのかぎりにおいて、集団的な筆跡の特徴が、模倣によって形成されることになる。しかし、このような模倣があるなら、筆跡の個別性を前提とする筆相学は無意味になるのではないかという読者の疑問に先回りして、タルドは次のように答えている。

図らずも、この「書き手」を従わせる模倣的暗示が、筆相学の基礎となっている公理の否認であると異論を唱えないでほしい。先ず、われわれ一人ひとりがこの環境からの感染から逃れる度合いこそが、われわれの個体性の射程と力能について筆相学者に教えてくれるものである。次に、そしてとりわけ、われわれの筆跡的な独創性、そしてそれに続く知的あるいは道徳的な独創性は、われわれの知らないうちにそれを構成し養分を与えてきた、要素的な反映の選択によって正確に記されるのだ（Tarde［1897］1898: 250-51）。

発明され模倣されることは、その度合によって、むしろ個別性を証すものになると理解することで、筆相学を無意味なものとはしないように注意している。タルドにとっては、筆相学は個体の分析においても有意味な知でありつづけている。しかし、それは先ほどみたようなストゥトブールの意味でのものではない。次に見ていこう。

社会関係としての筆跡

タルドは、筆跡が発明され模倣される社会的生産物であるというだけにとどまらず、社会関係でもあると指摘する。ここで彼が注目するのは、その筆跡が誰に宛てて書かれたものかという点である。

筆跡は社会的生産物であるだけはなく、社会関係でもある。もっとも多くの場合に、それはわれわれと他者との関係であるが、やはり多くの場合に、われわれとわれわれ自身との関係でもある。ところで筆跡は、われわれが自らのためだけに思い出を書きとどめて後で読みなおすために書いているのか、あるいは他者にむけて何かを教えたり命じたりするために書いているのかに応じて、少し、あるいは大きく変わってくる。そして筆跡は、後者の場合には、地位、性別、年齢、教育の度合い、そしてわれわれと手紙の相手との親密さの度合いに応じて、異なってくる。ここに、郵便配達員によって見られるさだめにある手紙の宛名の筆跡が、常にその手紙本文の筆跡と全く異なっており、より読みやすくなっている理由がある。人は、婦人に対して農民に書くようには書かないし、口説こうとしている女性には、庇護を求める人物に向けて書くようには書かないものである。知らない人物に対しては、もっとも身支度を整えた筆跡を書く。「筆者」を知るためには、彼がさまざまな種類の人に向けて書いた自筆の手紙を持っている必要がある（Tarde［1897］1898: 253)。

つまり、筆跡の「顔つき」は、どのような他者に向けて書いているかによって変わってしまうのである。たしかに、恋人への手紙の筆跡と庇護者への手紙のそれ、そして自らのためだけに記す日記などでの筆跡では、大きく異なるものでありうるだろう。文章から意味内容を切り離し、文字の形態によって性格を診断しようとする筆相学の試みは、それだけではここで破綻してしまう。筆跡をなるべく正確に診断しようとするなら、文字にみえる徴候だけではなく、見えない宛名人との関係性をも考慮に入れなければならないからである。筆跡の同一性は、個人の同一性が社会関係のなかで揺らいでみえるのとおそらく同様に、揺らいでしまうのである。ストゥトブールの試みは当たったり外れたりを繰り返すほかはないのである。結局のところ、筆跡の理解のために客観的な痕跡だけではなく社会関係も把握するとしたら、もはやそれは単なる筆跡の調査ではなくなっているだろう。「これらの変異を通じた筆跡の同一性は、結局のところ、人格の同一性とおなじく、謎に満ち、そして否定しえないまま残る！」ほかないのである（Tarde［1897］1898: 255)。

「思考の読解」としての筆相学

筆跡が社会関係そのものだということを考えるとき、実証的な科学としての筆相学の困難性が浮上してくる。ここに至って、タルドは筆相学の有用性そのものを問う。「筆相学者が実際に、筆跡と人格のあいだの関係をどのようにしていど正確に追跡しうるのかについて自問してみよう」といい、そして、「結局、彼らの仕事は、何かに役に立つのか、むだなのか？」（Tarde［1897］1898: 257）と問いかける。

この問いに対するタルドの答えは、「無意識的な筆相学が意識的な筆相学によって徐々に上書きされたことはよいことだ」というものであった（Tarde［1897］1898: 257）。筆跡には「顔つき」があり、それによって、人は、無意識的な筆相学によって、「生理学的な感情」を受け取ってしまう。例えば、「筆相学者ではないバカロレアの試験官は、最近まで、受験生の筆跡によって強い影響をうけてきたと思われる。読む前に、筆跡から好ましくないといった印象を受け取っていた」のだと指摘する（Tarde［1897］1898: 257）。そして、筆跡からうけることのような印象を無効にせよ、と主張するのではなく、このような訓練されていない影響をそのままにしておくよりも、訓練された筆相学によって筆跡を判断したほうがよいとタルドは考えたのである。

しかし、このときの筆相学は、科学として論じられているわけではない。むしろそれは、美術批評と非常に近いものだと彼はいう。「筆相学者は、絵画や画廊を前にした美術批評家と同様に、筆跡の前にたつ」。そして、「その注意深い観察をしたあとで、テーヌによれば批評を生みだすあるいは生みだすに違いない同一の巨匠あるいは学派の絵画を何度もながめる」。そのうえで、「筆相学者は、その想起を一つの最終的な印象へとまとめ、凝縮し、その印象を検討」し、「個人的なあるいは集合的なスタイルを支配する性格を要約する」ような「適切な言葉、正しい言葉」を探す（Tarde［1897］1898: 259）。絵画から特徴を取り出し、ひとつの印象にまとめるように、筆跡から特徴を取り出し、ひとつの人格の印象をつくりあげるのが、筆相学者の仕事だとタルドは考えている。

そのためには、何よりも先ず、それぞれのカンバスを個別に解剖し、研究し、描かれた方法を見抜き、いうなれば、筆の動きを手でやり直す必要があるのだ。ひとつひとつのカンバス、ひとつひとつの風景の特徴を、例えば、画家のある精神状態として綜合することによって、その固有の心のなかのささやかな声をうけとり、全く個人的な一つの同じ印において多様な精神状態を綜合することができるに違いないのである。

そして、筆相学者もこれとおなじことをしているのだ（Tarde［1897］1898: 259）。

筆相学者たちは、文字から徴候を読み解こうとする。それは一見、科学的な測定に基づいた個体に関する知の形成にみえる。あるいはそのように主張するが結局はなんの実証性ももたない疑似科学であるようにもみえる。しかし、タルドはどちらの評価もとらない。筆相学を、徴候＝解読の知ではなく、「思考の読解」の知として位置づけるのだ。

ただし、その研究は、芸術批評の研究よりも微妙な何ものかである。それは単に、まさに一つの型の想像力や感受性であるだけではない。それは、社会環境によって複雑かつ無限に変容する関係を特定することによって性格づけられるべき、精神的な組織化である。……結局のところ、この種の占いは、手からの知覚しえない運動のおかげで自然と知らないうちにわれわれに伝わる、人格の「思考の読解（lecture des pensées）」であるように思われる。ここでいう手は「書き手」のものであり、いまはない手である。だが、それを心の中でよみがえらせることによって、現前し再び生きたものとなることも、確かなことである（Tarde［1897］1898: 260）。

以上をみたとき、タルドが筆相学を科学として評価し、それを応用しようとしているのではないことは明らかであるだろう。また、それが科学ではないからまったくの無価値だとも論じていないことも明らかであるだろう。筆跡が痕跡として残してしまう社会関係、その筆者の属性、それを筆跡と向き合うことによって見出そうとする批評的営為としての筆相学を、タルドは評価し、魅力的だと考えていたのである。

ただし残念ながら、ここで指摘される「思考の読解」としての知という観点は、タルド自身においても完遂されているわけではない。個人の筆跡のなかに残された社会を切り出そうとするときさわめて鮮やかだった分析も、集合的な筆跡を対象とするときには消え去ってしまう。タルドが筆相学者たちの著作に依拠しながら、〇〇人といった「集団」的な筆跡について語るとき、結局のところステレオタイプを繰り返しているだけのようにみえてしまうのである。このときのタルドは、知の地層のなかに埋もれている一事例にすぎなくなってしまう。タルドも、「思考の読解」としての知については指摘するにとどまっていたのである。

おわりに

筆相学の利用には、出会ったばかりの未知の人物の「人格の謎」という解くことのできない問題への一つのアプローチとして、謎を「解明」しうると主張する知へのふりほどき難い期待があるのではないか。じっさい、筆相学をナンセンスだとして退けたとしても、面接でもその他者のどこまでが解明できるのだろうか。面接では求職者の語りの意味内容がもちろん選考対象であるだろうが、同時に語りから切り離された、ドアのノックやお辞儀といった身振りや発声は、選考にどのような影響を与えるのだろう。それらを「徴候」として理解し、人種や性別や性向に結びつけて「解読」する知によって理解することはナンセンスだろう。だが、未知の人間をメンバーの一員として迎え入れるとき、他者の謎に迫ろうとする知に頼りたくなってしまう局面がいまでも多く残されているのではないか。筆跡として残された徴小な痕跡をめぐる知は、近代社会のありふれた、しかし喜びと悲しみが交錯する出来事の背後にある謎のありかを照らしだしている。

また最後に、タルドが指摘するにとどまった「思考の読解」としての知についてどのように考えればよいのか。それが徴候の解読とは別種の知のあり方を示していることを考えるための歩みを半歩だけ、踏み出しておきたい。いまは現前していない手を、筆跡から想像し、「心の中でよみがえらせることによって、現前し再び生きたもの」と考え再現しようとする知は、徴候=解読の知とは大きく異なっている。ギンズブルグの例をとれば、狩人の先には獲物がいるか、いないかである。獲物がいれば正しく徴候を解読できたのであり、いなければ解読に失敗したのだ。徴候=解読の知には、このような正解/不正解、当たる/当たらないといった二分法が埋め込まれてはいないだろうか。[*9] だが、「思考の読解」としての知が問題なのは、むしろ正しい答えがあるのかどうかがわからない世界においてであるようにみえる。正解がないかわからないなかで、その絵がどういう絵画の学派に属しているかを反省し組み合わせるような知と類比されている。これは、無数の絵のなかから、文脈を特定し、その絵のもつ特徴を組織化し、再現しようと試みる過程ではないか。ここでは正解/不正解は副次的なものであり、むしろ、再現性/不再現性が第一の問題となってくるのではないだろうか。他者の謎を謎としたまま、正解を知らぬままに、再現できてしまうことがあるのではないか。例えば、グーグルやアマゾンがクリックや検索キーワードといった微小な痕跡からその人物の好みや傾向を再現し、商品や情報との出会いを制御しているとき、まさに「思考の読解」としての知が作動してはいないだろうか。批評と比較されたいっけん人間的にみえた知が、非人間的な装置として実装された社会とはどのような姿なのだろうか。その分析は現時点では今後の課題とせざるをえない。

【注】

＊1 筆相学は、個人を特定する筆跡鑑定とは同じものではない。ただし、筆跡鑑定にその技能のために筆相学者が用いられることもあった。菅野賢治の研究にもあるように、ベルティヨンは、ドレフュス事件においてドレフュスの関与の決定的な証拠とされたメモの「筆跡鑑定」を行なったことでも知られている。そしてのちにそのメモがドレフュスの筆跡ではないということを主張したのが、筆相学者のクレピュー・ジャマンらであった。

＊2 ジャック・デリダは、そのエクリチュールをめぐる一連の研究のなかで、筆相学についてほとんど考慮に入れていない。言及している箇所でも、それが「社会学、歴史学、民族誌学、精神分析学によって更新され、豊かにされた筆相学」になり、最大限効力を発揮したとしても、民族の集団精神を明らかにしようという筆相学の試みは、けっきょくのところ失敗するほかないものとして位置づけている（Derrida 1967 (1989): 130-184; 194）。

＊3 詳細な比較検討は今後の課題となるが、日本の運転適性検査でも、Aを多数書かせることによってその人物の運転適性の測定が行なわれているなど、日本においても筆跡と性格をめぐる科学は存在する。この点は京都医学史研究会において香西豊子氏に指摘いただいた。記して感謝する。

＊4 とはいえ、クレピュー＝ジャマンの『筆跡と人格』の英訳の序文には、ナポレオンの、栄光の極地の時とどん底にある時との二つの筆跡が掲載されるなどしている。

＊5 筆相学が筆跡の徴候の解読を何のために行なったのかということは、大きな論点になりうる。筆跡をめぐって多くの研究を残しているフィリップ・アルティエールは、フーコー『臨床医学の誕生』の強い影響下のもとでかかれたその『筆跡の臨床』（Artières［1998］2013）において、一八七〇年から一九一四年のあいだに、筆跡による異常な個人の同定とそのコントロールに関与する知‐権力のあり方が出現したことを論じている。

＊6 本論では、論文「筆相学」は一八九八年にタルドの論文集『社会心理学研究』に再録された版を用いる。

＊7 タルドのアーカイブを整理し、草稿調査に基づいた資料の刊行や、彼の政治的立場について検討しているルイーズ・サルモンが、近年、タルドの議論を検討するさいにはその文学作品も分析対象として重要であることを指摘している（Salmon 2009）。

＊8　「科学」的な装いをした人体測定に基づく断定に対し、タルドは基本的に疑問を投げかけ続けてきた。感覚を計測しても、魂のことがわかるはずはないと確信していた。ロンブローゾは生来性犯罪人説を提唱していたが、タルドはその最も有名な批判者の一人だった。ただし、筆跡にも犯罪者の筆跡があると主張していたロンブローゾの議論に、タルドは少し惹かれているようにもみえる。『比較犯罪学』（一八八六）のなかで言及し「非行者たちの筆跡」について触れているが、紙幅がないとして、ほとんど論評を加えていない。

＊9　本稿の対象ではなかったが、判別＝同定の知にとっては、正解／不正解は問題ではない。むしろその人物の一致／不一致が問題となってくるといえよう。

【参考文献】

ギンズブルグ、カルロ　一九八八『神話・寓意・徴候』竹山博英訳、せりか書房。

菅野賢治　二〇〇二『ドレフュス事件のなかの科学』青土社。

渡辺公三　二〇〇三『司法的同一性の誕生――市民社会における個体識別と登録』言叢社。

Artières, Philippe [1998] 2013 *Clinique de l'écriture: Une histoire du regard médical sur l'écriture*. La Découverte.

Balicco, Christian 2002 L'utilisation de la graphologie dans le recrutement de cadres au sein des cabinets conseils. *L'orientation scolaire et professionnelle*. 31(2): 2-19.（http://osp.revues.org/4780　二〇一六年一二月五日閲覧）

Binet, Alfred 1897 Revue générale sur la graphologie. L'année psychologique. 4: 598-616.

Brouat, Laurent 2013 Arrêtons la graphologie dans le recrutement!.（http://rmsnews.com/arretons-la-graphologie-dans-le-recrutement/　二〇一六年一二月五日閲覧）

Cohen, Roger 1993 In France, it's How You Cross the t's. *New York Times*, Oct. 19.（http://www.nytimes.com/1993/10/19/business/in-france-it-s-how-you-cross-the-t-s.html?pagewanted=print　二〇一六年一二月五日閲覧）

Derrida, Jacques 1967 (1989) *De la grammatologie*. de Minuit.（『根源の彼方に――グラマトロジーについて』上、足立和浩訳、現代思潮社）

Laberon, S., C. Lagabrielle, A.-M. Vonthron 2005 Examen des pratiques d'évaluation en recrutement et en biran de

compétences. *Psychologie du travail et des organisations*. 11: 3-14.
Panchasi, Roxanne　1996 Graphology and the Science of Individual identity in Modern France. *Configurations*. 4(1): 1-31.
Salmon, Louise　2009 Guerre, Commune et politique chez Gabriel Tarde. In *Sur le sommail. ou plutôt sur les rêves et autres textes inédits*. Gabriel Tarde, Louise Salmon & Jacqueline Carroy (éds), pp.185-219, éditions BHMS.
Tarde, Gabriel　1892　La Graphologie: pochade en un acte. *Revue de Bordeaux*. 1-12.
――――　[1897] 1898 La Graphologie. In *Études de psychologie sociale*. pp.239-278, Giard & Brière.

第三章　塹壕の外の東部戦線——ゴンブローヴィチ、ヴィトリン、ロート

田中壮泰

序

第一次世界大戦は東欧全域で帝政から国民国家への体制転換をもたらした。一九一七年にペトログラード（現サンクトペテルブルク）で起きた革命を皮切りに、まずはロシア帝国が、そしてオーストリア帝国、ドイツ帝国、オスマン帝国がたて続けに崩壊した。こうして第一次世界大戦が終わるとともに、言語や宗教が異なる多様な人口を包括的に統治していた諸帝国が東欧の地図上から消滅し、その跡地から、言語ごと宗教ごとにある程度のまとまりを持った「民族国家」が次々に誕生した。しかし、あらゆる民族が国民国家に昇格できたわけではなく、戦後に独立した東欧諸国は領土内に相当数の少数民族を抱え込むことになった。ポーランド共和国は一九一八年にそのような多民族国家のひとつとして誕生した。

ポーランド領では一九一四年から一九二〇年まで戦争状態が続いている。第一次世界大戦は一世紀以上（国土喪失から一二三年）に及ぶロシア、ドイツ、オーストリアによるポーランド分割統治の時代に終止符を打ち、独立国

家ポーランドの再建を可能にしたことから、ポーランド民族にとっては解放戦争でもあった。しかし、その後の戦争はポーランドによる隣接地域への侵略戦争でもあった。一九一八年から一九二〇年にかけてポーランドはウクライナとソ連との間で戦争状態に突入し、その結果、ポーランドは、ウクライナ系、ベラルーシ系、ユダヤ系住民が密集する東部ガリツィア（現在のウクライナ西部）とヴィリニュス（及びその周辺地域）を接収した。戦後にポーランド領内に留まった住民は言語や宗教のいかんにかかわらず、ポーランド国民を構成する一員として新生国家の建設事業に間接的にも加担していくことになるのだが、この雑居状態のなかで国民の誰もが共有できる戦争の記憶を創出することは困難をきわめた。

第一次世界大戦後のポーランド文学は小説に限っても、ユリウシュ・カデン＝バンドロフスキの『アーチ』（一九一九）、アンジェイ・ストルクの『無名兵士の墓』（一九二二）、フェルディナンド・ゲーテル『日々の流れ』（一九二六）、アドルフ・ルドニツキ『兵士たち』（一九三三）など数多くの戦争小説を生んだが、ポーランド語で語ることはできてもポーランド国民の経験としては回収することができない、語られざる戦争の経験に光を当てた小説に、ヴィトルド・ゴンブローヴィチの短編「ヤクブ・チャルニェツキの手記」（一九三三）とユゼフ・ヴィトリンの長編『地の塩』（一九三五）がある。

「ヤクブ・チャルニェツキの手記」は、ポーランド人の父とユダヤ人の母との間に生まれた男が独立後のポーランドで軍隊への入隊を決意するまでの経緯と、その後の社会で経験する様々な葛藤を一人称の日記形式で記述したものである。他方、『地の塩』は、ポーランド人の父とカルパチアの山あいに居住する山岳民族の母との間に生まれた男がオーストリア軍に入隊し、軍事教練を受け、兵士として成長するまでを三人称形式で描いた軍隊小説である。いずれにおいても共通しているのは、曖昧な民族意識を抱えた人間が、国民化を果たすプロセスの途上に軍隊経験を置いている点である。

さらにここにヨーゼフ・ロートの『果てしなき逃走』（一九二七）をつけ加えてもよいだろう。これはポーランド語ではなくドイツ語で書かれたが、東部戦線に参戦した元兵士の根無し草的な状況を描いた小説である点で、いずれも同じ系譜に位置づけて論じることは可能である。

これまでに書かれてきた第一次世界大戦の研究書は膨大な数に上るが、西部戦線に比べて、東部戦線に関する研究は立ち後れてきた感がある。とはいえ大戦勃発から百年が過ぎた現在、この戦争の遺産を反省的に捉えなおす作業が進められており、東部戦線の実態についても、ここ十数年で厚みのある研究が増えている。これらの蓄積にも目を向けながら、以下に三つの小説を中心に比較考察することで第一次世界大戦期の東部戦線における記憶を問い直したい。

一　検分される身体

第一次世界大戦が終わった時、ゴンブローヴィチはワルシャワのギムナジウム（八年制の中等教育機関）に通う学生であった。それから半世紀以上を経て刊行された『ポーランド回想』（一九七七）の中でゴンブローヴィチは当時を振り返りながら、「ぼくを苦しめてきたポーランドの醜悪さから解き放ってくれる可能性のようなものが、はっきりと口にすることはなくとも、遠くから立ち現れてくる感覚を覚えた」（Gombrowicz 1977: 35）と語っている。ゴンブローヴィチが感じていたこの「醜悪さ」はポーランドそれ自体というよりも（まったく醜悪ではない国民国家などあるだろうか?）、むしろ祖国復興から対ソビエト戦争へと続く時代におけるポーランドの愛国主義的な社会状況に向けられていた。当時のポーランドを描いた短編「ヤクブ・チャルニェツキの手記」が対象にしていたのも愛国的な雰囲気に浮かれるポーランド社会の「醜悪さ」である。

小説の語り手は、父親は熱心なカトリック教徒であったが、母親は改宗した元ユダヤ教徒という設定である。その血筋がもとでチャルニェツキは一人前の国民になるための努力を人一倍強いられている。学校では「模範的生徒」たろうと勉強に励んだし、やがてポーランド・ソビエト戦争が勃発すると「群衆に混じって万歳を唱えては自分の祖国愛を表明」したし、それでは不十分だからと軍隊に志願もした。

しかし、チャルニェツキの努力はどれも裏目に出る結果に終わっている。ギムナジウムの教室では、ダンテに匹敵するポーランド人は誰だと教師が質問すれば、チャルニェツキは率先して「クラシンスキ!」と答え、「ニュートン」なら「コペルニクス!」、「ベートーヴェン」なら「ショパン!」という具合に、愛国精神を生徒に叩き込もうと齷齪する教師の期待に沿うよう努めたが、ポーランドの国史、国文学でチャルニェツキが教養を示せば示すほど、逆に教師たちからなぜか反感を抱かれてしまうのである。最後に教師は「みなさん、ポーランド人はつねに怠け者でした、というのも、怠惰とは偉大な能力と抱き合わせだからです」と授業を締めくくるのであった。[*1]

誰であれ一人前の国民であるためには、納税、兵役、義務教育という国家が用意した様々な務めを果たすよう求められる。ところがそこには序列があり、努力をすれば誰もが平等に国民になれるわけではないところに一筋縄ではいかない国民の「秘密」がある。チャルニェツキの行動はすべて、その「秘密」に近づくための努力と言い換えることができた(「ぼくは立派に振舞った分だけ先生や級友から慕われるとばかり思っていた。でも、ぼくの善意は貫けない秘密の壁にぶつかって砕け散った」)。

ただし、彼をその努力に駆り立てたのは本人の意志というよりも周囲の人々が彼に向けるまなざしであった。たとえばチャルニェツキの父は息子の前に立つと、「貴族的な目」を細めては「鼻はいまのところ私のだ」と言って安堵し、そうかと思えば、「だが、この目……この耳は……可哀想な子だ」と嘆息した。恋人のヤドヴィシャも父と同じように、いわくありげな視線を投げかけてくるといった具合であり、チャルニェツキはつねに周囲から「検分する視線」を向けられる存在であった。その象徴的な出来事として、小説の半ばには、入隊を決意したチャルニェツキが経験する兵役検査の場面が置かれている。

入隊したとたん、ぼくはここでも同じ目に遭うのだと思い知らされる事件にぶつかった。検査用紙を手に素裸で、六人の役人と二人の軍医の前に立ち、足をあげて見せろと言われるままに足をあげると、みんなの目がいっせいに踵に向けられた、その探るような真剣な目つきはヤドヴィシャの考え込むような、冷たく検分する視線そのものだった[*2]（Gombrowicz 1933: 43）。

家庭でも学校でも、集団の輪から落ちこぼれる不安を抱えていたチャルニェツキが、最終的な通過儀礼として課されたのが徴兵検査であった。ポーランド社会は祖国の独立とともに、国民教育を施すことができる自前の教育機関を手に入れたが、学校をはじめとする各種の建設事業は、自国の兵士を検査・登録・動員するためのインフラ整備の一環でもあったということである。「ヤクブ・チャルニェツキの手記」が戦争小説と呼べるのは、戦争を描いているからではなく、そこに兵士と等号で結ばれた国民をめぐる問題が扱われているからである。この問題はポーランドに限らず、地域や時代を超えてより広い文脈で考察すべき事柄に属している。

たとえば、少し時代を遡って、「一九世紀末フランスにおける市民＝兵士の同一性の変容」を考察した研究に、渡辺の『司法的同一性の誕生』がある。渡辺によれば、フランス革命後の教会権力の世俗化の一環として教会が管理していた婚姻・出生・死亡の登録が行政機構によって代行され、「民籍証書」の登録が進められたが、それは戦時には「兵員動員の際の基本台帳」として兵役忌避者の発生抑止に活かされもすれば、同じ市民＝兵士のデータは犯罪者の同定を可能にする司法記録としても活かされたという。そこに、さらにパリ人類学会の創立者であるポール・ブロカらを中心に人類学的な知も動員され、「人類学的な国民の人種的同一性確定手法」が洗練されていった結果、市民＝兵士の身体を計測する兵役検査の場は、単に軍役適格者かどうかを選別するだけにとどまらず、「人種特性」のデータを収集するための実験室にもなったという。

ヨーロッパ人の指揮下の現地人兵に信頼を寄せることができたなら人の生命をどれほど救えるか〔…〕ただ、不幸にして彼ら現地人兵は脱走し反乱を起こしてばかりいる（渡辺　二〇〇三：三一一）。

当時のフランスの人類学・医学界から提出されたというこの報告はフランスにおける黒いチャルニェツキたちの存在を伝えている。

要するに、ある種の人間にとって国民化のプロセスは他人から向けられる「検分する視線」との戦いの連続であり、その視線が集中する場のひとつに兵役検査があったということである。

二　チャルニェツキのモデルたち

そもそもチャルニェツキが兵士になることを決意したのは、自分がいくらか国民らしく見えることを期待してのことだった。父親は息子の決意に対して「おまえの出生の汚点は血によって拭い去ることができる」と励まし、ヤドヴィシャは初めてのキスで祝福してくれた。兵士になることは周囲の期待に応えることでもあり、国民という「秘密」に近づくためには避けて通ることのできない道でもあった（「厳格な軍隊の規律は、ぼくにとって「秘密」への道しるべとなった」）。ところが兵士としてのチャルニェツキの経験は彼を国民に近づけるどころか、そこからさらに逸脱する結果をもたらすことになる。帰還後のチャルニェツキはコミュニストを自称し始めるのである。

ポーランド・ソビエト戦争は、ポーランド・リトアニア共和国時代の領土回復を目指したポーランド軍が東部に侵攻したことで一九二〇年春に勃発した。この戦争は領土戦争としてもあったが、ポーランド以西への共産主義の影響を食い止めるための反革命戦争（Wojna bolszewicka）としての側面も備えていた。[*3] つまり、戦後のチャルニェツキはポーランド軍兵士として戦った敵である共産主義に身を転じることで、国民＝兵士としての身分をかなぐり捨てると同時に、国民＝兵士としての修練に自らを駆り立ててきたポーランド社会と対立することを選ぶのである。共産主義がチャルニェツキにとって重要であったのは、そのイデオロギーの具体的な内容よりも、あくまでコミュニストであることがポーランド社会において持つ挑発的な意味合いの方である。「父母、人種、信仰、美徳、婚約者――これらすべてを国有化して、平等かつ潤沢に切符制によって配分せよ」という主張を唯一のプログラムとして掲げるチャルニェツキにとって、コミュニストとしての指針は過激であればあるだけよかった。

要するに、チャルニェツキは自らの非国民性を武器に変え、周囲の人間に立ち向かうことを決意するのである。それは見られる側から見せつける人間への華々しい変身としてあった。

ぼくだって謎だ！　ぼくにもぼくなりの秘密の言葉があってね、きみにそれを話してほしい。そこに蛙がいるだろう？　軍人の名誉にかけて誓って言うが、すぐに言わないと、きみのブラウスにあいつを突っ込んでやるからね、ぼくは本気だよ、いいかい、ぼくの目を見ながら、こう言うんだ、チャム、バム、ビュウ、ムニュウ、バ、ビ、ベ、ノ、ザル（Gombrowicz 1933: 49）。

最終的にチャルニェツキは、国民なるものが彼にはいつまでも「秘密」であったように、国民にとっての自分もまたひとつの「秘密」に違いないことを悟るに至る。国民＝兵士からこぼれ落ちた人間としてチャルニェツキは銃ではなく言葉を、しかも周囲の耳には雑音でしかない異言語を武器にすることを選択した。国民化が兵士になることであるならば、非国民には「戦闘的な平和主義者」になる道が残されているというわけである。

チャルニェツキのダダイズム的な言語使用に注目し、それを同時代ポーランドの前衛文学に結びつけて考察した論文に西の「越境するダダイスト」がある。ポーランドで前衛文学の運動が熱を帯びるのは独立前後の時期にあたる。ダダやシュルレアリスムなど外国文学を輸入する形で始められたその運動は、独立して間もないポーランドの愛国ムードを逆なでしただけでなく、その担い手にユダヤ系作家が少なくなかったため、運動への批判はしばしば反ユダヤ主義と一緒になって展開した。西の言葉を借りれば、ゴンブローヴィチは「ポーランドにおける前衛文学運動が、背後に人種問題を含んでいたことを［…］文学創造の中であざとく利用した」（西 一九九四：三三二）わけである。言い換えれば、当時のポーランド文壇にはチャルニェツキのモデルでありうる作家が少なくなかったということである。

実際、ポーランド軍にはユダヤ系の兵士や士官がかなりの割合で存在していたことが分かっている。[*4] そして同じポーランド軍が、ポーランド独立が確実になった一九一八年の秋から一九一九年の春にかけて東進した際に、各地でユダヤ系住民の虐殺に関わったことも知られている。とりわけ一九一八年一一月のルヴフ（リヴィウ）におけるポグロム（ユダヤ人虐殺）と並んで、一九一九年四月にボルシェヴィキの協力者の嫌疑をかけられたユダヤ系住民がポーランド軍兵士に銃殺されたピンスクでの事件は波紋を呼び、ポーランドは国際的な非難を浴びることとなる。これがきっかけとなって同年六月に調印されたヴェルサイユ条約でポーランド政府は「少数民族保護条約」の締結を余儀なくされた。[*5]

第一次世界大戦期におけるユダヤ兵士の貢献に対するポーランドの裏切りともとれる仕打ちについてゴンブロー

ヴィチは小説の中で直接は触れていない。しかし、それを当てこするかのように帰還後のチャルニェツキが突如としてコミュニストになるという処理を施したとも言えるのである。

ゴンブローヴィチは、一九〇四年にロシア領ポーランドの農村で領主貴族の家庭に生まれた。生粋のポーランド人であったが、ワルシャワ大学法学部での学生時代にはユダヤ系学生との付き合いが多く、作家デビューしたての頃は常連客のユダヤ系作家を目当てにカフェに通いつめて「ユダヤの王」と称されたと回想録で豪語している。[*6] なかでも『砂時計サナトリウム』(一九三七)の著者のブルーノ・シュルツとの友情はよく知られている。ゴンブローヴィチの初の長編小説『フェルディドゥルケ』(一九三七)は画家でもあったシュルツが表紙を手がけた。つまり、ゴンブローヴィチはユダヤをネタに小説を書こうと思えばモデルに事欠かなかった。そのユダヤに対するマニアックな関心は第二次世界大戦期のポーランドの田園を舞台に中年男の痴戯を描いた長編小説『ポルノグラフィア』(一九六〇)にも垣間見ることができるが(狂気的な妄想を主人公に吹き込むユダヤ系のフリデリクという男が登場する)、その最初の所産として書かれた小説が「ヤクブ・チャルニェツキの手記」であった。[*7]

三　トゥンダからピョートルへ

ゴンブローヴィチ以前にユダヤ系の元兵士のコミュニストを描いた小説にドイツ語作家ヨーゼフ・ロートの『果てしなき逃走』(一九二七)がある。主人公フランツ・トゥンダはオーストリアの陸軍少佐とポーランド系ユダヤ人の母との間に生まれたという設定である。第一次世界大戦で陸軍中尉として参戦した彼はロシア軍の捕虜になるが、収容所を脱走し、シベリアに住むポーランド人農家のもとに身を寄せながら終戦を迎え、帰還の途上でロシア内戦に巻き込まれて赤軍兵士として戦うことになる。やがてソ連での役所勤めに嫌気がさしたトゥンダは、出兵前に婚約を結んだ女性を追ってドイツからパリへと放浪するのだった。帝国が崩壊しナショナリズムの時代に移行した戦後のヨーロッパでユダヤ系元兵士が経験することになる根無し草的な状況を、あてどなく逃避行を続けるトゥンダの姿を通して描き出した作品である。

ロシアやオーストリアという多民族を抱えた帝国同士の戦争として展開した東部戦線では、兵士の多くは民族的な境界が曖昧であった。チャルニェツキがそうであったようにポーランド軍兵士ですらポーランド人とは限らなかったのである。多民族国家オーストリアの軍隊においてはなおさらだった。戦争が終結すると彼らの居住区には新たに国境線が引かれるが、その結果、国家というアイデンティティの拠り所を獲得した民族もいれば、そこからこぼれ落ちたチャルニェツキやトゥンダのような人間も存在した。

そのような兵士たちの系譜にユゼフ・ヴィトリンの長編小説『地の塩』（一九三五）の主人公であるピョートル・ニェヴァドムスキも位置している。彼はユダヤ系ではなかったが、チャルニェツキやトゥンダと同様に複雑な民族的・文化的な背景をもつハイブリッドとして登場している。

ピョートル・ニェヴァドムスキは父はポーランド人だが本人はルーシ人［現在のウクライナ人にあたる人々］であった。それは信仰が決定した。ただしピョートルは民族意識を強く持つことは一度もなかった。こう言ってよければ、ピョートルは民族意識の敷居に踏み止まっていた。ポーランド語とウクライナ語を話し、ウクライナ東方カトリック教会の典礼に従って神を信じ、オーストリア＝ハンガリー二重帝国に仕えた（Wittlin 1991: 132）。

兵士になる前のピョートルは現在のウクライナとルーマニアが接する地域（歴史的に「ブコビナ」と呼ばれる）の小さな駅舎に勤務する保線工夫であった。父はポーランド人ということになっているが面識はなく、フツル人[*8]の母に育てられた。姉がいたが都会に出たまま音信不通で、母が亡くなると、フツル人の娘と掘建て小屋で同棲を始め、村と駅を往復する日々を送っていた。そんな彼のもとに召集令状が届き、オーストリア軍兵士として戦地に赴くことになるのである。

第一次世界大戦の前夜には、オーストリア帝国の求心力はウィーンから遠く離れたカルパチアの寒村までその射程を伸ばしていたが、それを可能にしたのが鉄道である。鉄道によってカルパチアは空間的・時間的にウィーンと結びつくと同時に、列車に乗って新聞や雑誌などの文字文化も浸透し、それがある日、召集令状としてピョートルのもとに届くのである。こうしてピョートルは戦争が到来した途端、鉄道員の制服から軍服に着替えることになる。軍隊は鉄道の延長線上にあったわけである。彼がドイツ語の命令を耳にするのも、まずは駅舎においてであった。

ゴンブローヴィチとロートは元兵士の戦後を問題にしたが、ヴィトリンは人が兵士になるまでのプロセスを問題にした。『地の塩』が描くのは戦争勃発直後のたかだか一カ月間の出来事である。そのプロセスは山岳民の男の目を通して、農村（血縁共同体）から兵舎（国民共同体）というより大きな社会的変化として語られた。たとえばピョートルが受け取る召集令状はグーテンベルク以降の文字文化の襲来として語り直され、文盲のフツル人は名前の代わりに＋＋＋と署名することで、文字文化の「誘惑に屈しなかった廉直な人々」として表象されるといった具合である。フツル人はいわば理想化された〈未開人〉として登場し、その彼らが戦争という近代化の暴力に晒されていく状況をヴィトリンは小説に描いていたわけである。これを、あるフツル研究者のようにフツル人のステレオタイプ化として批判することは可能だが、ピョートルが戦後に直面したかもしれない状況を考えると、この小説を単に〈文明批判の反戦小説〉として片づけてしまうことはできない（Choroszy 1991: 281-88）。

『地の塩』は本来は『辛抱強い歩兵の物語』というタイトルで書かれる予定であった三部作の第一巻にあたるが、続編が発表されることはなかった。そのため戦地に送られた後のピョートルの足取りは不明である。[*9] しかし、ヴィトリンがこの小説を書いていた時代にポーランドで語られていたフツルをめぐる神話を想起すれば、なぜ彼が小説の主人公にフツル人の男を選んだのか凡その見当をつけることができる。

事の発端は一九一四年一一月末に遡る。[*10] この時、ピョートルが生まれ育ったシニャティン地域にロシア軍が突如として攻撃をしかけた。オーストリア軍は大敗を喫するが、オーストリア軍の監督下にあったポーランド軍が抗戦し、地元のフツル人たちの協力もあってロシア軍の撃退に成功した。ポーランドで「フツル戦役」(kampania na Huculszczyźnie) と呼ばれるこの作戦は、ポーランドとフツルとの間の友好関係を物語る美談として、領土内の少数民族問題に頭を抱えた戦後のポーランドでプロパガンダに利用されるが、この出来事には語られざる後日談があった。

戦前からフツル人の居住区では選挙の度にウクライナ派とポーランド派との間でフツル票をめぐる競争が展開されていた。フツル人と言語的にも宗教的にも近かったのはウクライナの政党である。しかし、ポーランド領主に投票するフツル人も少なくなかった。ウクライナの農民風情が「領主たちのあいだに押し入って、政府に紛れ込もうなんて不相応というものだ」と考えるピョートルもその一人だった。

これと同じ事態が「フツル戦役」においても発生している。土地勘に優れたフツル人を必要としたポーランド軍は、地元住人の徴募を禁止するオーストリア軍の命令を破って、独断でフツル人部隊を編成する。すると、ウクライナ軍も我先にとフツル兵の取り込みを開始した。最終的にオーストリア軍が両者の間に割って入り、フツル兵の大半はウクライナの側で戦うことを選択する。この顛末がポーランドのプロパガンダで割愛されたことは言うまでもない。

しかしフツル人にとって問題はこの時点でまだ終わっていない。一九一八年から一九一九年にかけて、ポーランド共和国とウクライナ人民共和国との間でガリツィアの支配をめぐって戦争が勃発したのである。結果はポーランド軍の勝利で終わるが、仮にピョートルがこの時まで生き延びていたとすれば、どちらに味方しただろうか？　確実に言えるのは、どちらについても得るもの以上に失うものの方が大きかったということである。[*11]

「ヤクブ・チャルニェツキの手記」が発表されるのが一九三三年。その二年前に『果てしなき逃走』のポーランド語訳が刊行された。その訳者がヴィトリンである。トゥンダからチャルニェツキに続くユダヤ兵士の系譜にフツル兵士を接ぎ木すること。『地の塩』の続編が書かれなかったためピョートルの戦後について誰も知ることができない。しかし、それを例えばゴンブローヴィチとロートの小説を手本に想像することは可能である。

四　犠牲者の疾しさ

一九一八年から一九一九年にかけてのポーランドの戦争について、すでに何度か触れたが、ヴィトリンはこの戦争の目撃者でもあり、彼に大きな影響を及ぼしている。

ヴィトリンはロートよりも二年遅い一八九六年に、ロートが生まれたブロディから五〇キロほど離れたオーストリア領ガリツィアの農村ドミトルフでアレンダ[*12]を営むユダヤ系一家に生まれた。一九一四年に大戦が勃発したとき、レンベルク（現ウクライナのリヴィウ）のギムナジウムで大学入試の準備をしていたヴィトリンはポーランド東部軍団に入隊するが、街を占領したロシア軍によって軍団は解散され、翌年ウィーン大学に進学する。そこで知り合ったロートとともに軍隊に志願し、ハンガリーやポーランドの戦地病院や捕虜収容所で通訳者として従軍した。[*13]戦後に反戦的な詩[*14]を収めた詩集『頌歌』（一九二〇）でデビューして以降、スウォニムスキやトゥーヴィムと並んで戦間期のポーランドを代表する「平和主義者」の一人として活躍した。ヴィトリンはロートやゴンブローヴィチの向こうを張って自らの経験を小説に描く事もできたが『地の塩』では別の方法を選択した。

すでに述べたように第一次世界大戦はポーランド人にとって祖国再生のチャンスとしてあった。しかし、自立した政治組織も正規軍も保有しなかったポーランド人は、どの陣営のもとで戦うかという二者択一を迫られ、オーストリア領ガリツィアでは反ロシアを掲げるピウスツキによってオーストリア軍の管理下で「ライフル武装団」が結成され、ロシア領ではポーランド義勇軍が組織された。[*15] こうしてロシア側とドイツ・オーストリア側に別れてポーランド人は互いに銃を向けあうことになるが、この時オーストリア側に立って戦った兵士の一人がヴィトリンであった。

しかし、大戦後にポーランド領となったルヴフ（かつてのレンベルク）に帰還したヴィトリンを待ち構えていたのが一九一八年一一月のポグロムである。ポーランド軍とウクライナ軍がルヴフをめぐって交戦するなか、ユダヤ系住民は自警団を結成して中立を貫くが、そのどっちつかずの態度が災いして、ウクライナ軍の撤退後、ポーランド軍とユダヤ自警団との間で発生した悶着がポグロムに発展し、ユダヤ人側から一五〇名以上の死者を出す結果となった。[*16] この事件は国際的な非難をポーランドに呼び込んだが、ヴィトリン個人にも消すことのできない精神的な傷跡を残した。

かりにオーストリアの戦争を君主や外交官、ジャーナリスト、物資供給者たちに責任を帰すことができる犯罪だと、なんの疾しさも感じずに言うことができたとしても、その結果が私には無関係ではなかったルヴフをめぐる戦争に対して私はどのような態度をとればよいのだろうか？　私の待ち望んだポーランドの勝利に対して、その後に起こった三日間のユダヤ人のポグロムに私は目を瞑ることができただろうか？　私はその現場の目撃者であった。それはこれまでの戦争観のすべてに見直しを迫るものであった（Wittlin 2000b: 78）。

ヴィトリンがユダヤ兵士の物語を書かなかったのは、おそらくは彼の言う「疾しさ」も関わっている。ポーランド軍兵士として戦った過去を持ち、そのポーランド軍がルヴフでユダヤ系住民を虐殺していた時、自分は傍観者でしかなかった。しかも、そのポーランドをゴンブローヴィチが行ったように正面から批判するほどの闘争心も持ち合わせていなかったため、結局はトラウマ的な体験を回避する形で戦争を記述することを選んだ。惜しむらくは『地の塩』の続編が書かれなかったことである。第一部はピョートルが前線に赴く手前で完結しているが、その後の記述次第ではフツル人のチャルニェツキを描くこともできたからである。

しかし、ヴィトリンは『地の塩』にユダヤ人を描かなかったわけではない。小説にはピョートルの隣人としてユダヤ教徒がしばしば登場している。ラビを中心としたこれまでの教会権力に抗して、大衆の生活に根づいた信仰形式を推進し、一八世紀以降に、東欧で急速に広まったユダヤ教の宗派をハシディズムというが、ブコビナはその信者（ハシッド）が多く住む地域でもあった。戦争が起きると彼らのもとにも召集令状は届いた。共通軍（オーストリア帝国とハンガリー王国が共有する軍隊）の連隊編成は徴兵区に基づいたため、彼らは徴兵されればピョートルと同じ連隊に配属された。[*17] したがってピョートルの軍隊生活には髭と揉み上げ（いずれも軍隊で刈られた）の伸びたユダヤ教徒が姿を覗かせては、ポーランド語で書かれたその小説にイディッシュ語を響かせている。

さらに『地の塩』にはピョートルの上官にあたる人物が何名か登場しているが、そこにもユダヤ系の士官がいた。ピョートルたちの軍事教練を担当したバフマチュク軍曹は、「熱烈に信仰し、宣教活動も行っている唯一の宗教が軍隊」という筋金入りのオーストリア軍兵士であったが、ブコビナの農村でウクライナ人として生まれ、両親からオーストリアへの愛国心を叩き込まれた結果、戸籍上はギリシャ正教徒だが、それだけにいっそう軍隊生活に没頭し、オーストリア帝国に対するほとんどカルト的なまでの忠誠心を示した。そしてこのバフマチュクと並んで重要な人物が、ピョートルたちの兵役検査を担当したイエリネク軍医である。

「Vor allem Kappe ab！」足下まで届きそうな長い白衣を着た太った男が、頭蓋帽《キッパー》を被ったユダヤ人を見て叫んだ。男は計測器の近くに立っていた。黄土色の長靴の下で拍車が繊細で響きのよい音を立てていた。白衣の襟もとから参謀将校の黄色い折り襟のはしが覗いていた。左のポケットから聴診器のチェストピースが出ていた。軍医のイエリネク博士だった（Wittlin 1991: 72）。

兵役検査において集まった人々にドイツ語で命令（「脱帽せよ！」）をくだし、誰を兵役免除して誰を前線に送るのかを決定したのが、このユダヤ系チェコ人のイエリネク軍医である。彼に賄賂を渡して兵役逃れを乞う者も少なくなかった。しかし、そのイエリネク自身もチャルニェツキと同様、自らに向けられる「検分する視線」から自由ではなかった。

「お次もラビの候補者だ！」と参謀軍医は叫んだ。そう言うと、引退後に復帰した白髪で干涸びた陸軍大佐が鎮座する委員会に向けて、あざけり顔を無理矢理つくって笑いかけた。その笑みに目を留めたのは、せいぜい二人の書記だけだ。委員会は無視した［…］その場の誰も、イエリネクが自分に向けるほどの蔑みの目を彼に向けなかった。彼は何かを発言する度にひどい不快感を覚えた。この不快感の奥底から、彼の人生の躓きの石でもある、あの痛みをともなう苦々しさがこみ上げてくるのだ。委員会で、注目を浴びようとする世界で、時には自分自身に対してさえ、ユダヤ人ではないふりを空しく装わねばならないことに心を痛めていた。みんなそれを知っていた（Wittlin 1991: 73）。

ゴンブローヴィチは一人前のポーランド人になりすませたつもりでいる半人前の男の幻想が壊れていく過程を描いたが、ヴィトリンの小説においてはその幻想は初めから壊れている。チャルニェツキは現状を打破しようともがき続けたが、イエリネクにあるのは諦観と惰性である。イエリネクは自分が完全には組織の一員にはなれないことを自覚しており、だからこそ、なおさら従順に組織のために奉仕しようとする。フランスでは信頼を寄せることができる「現地人兵」の獲得が望まれたように、チャルニェツキのような存在を手懐けてイエリネクを量産することが〈国民化装置としての軍隊〉の一つの目標であった。

イエリネクもある意味で戦争の「犠牲者」の一人であったと言える。しかし彼のケースはチャルニェツキとは異なっている。『地の塩』が描くのは、検分し選別する側にいたユダヤ系兵士のジレンマである。その彼をあえて主人公の上官として登場させることで、軍隊におけるユダヤ側の共犯者としての側面を強調する格好になっている。しかも、作者ヴィトリンが、イエリネクと同様のオーストリア軍で戦った経歴を持つ知識人階級の同化ユダヤ人であった点を考慮に入れるならば、この小説はほとんど自虐的な内容を帯びてくるだろう。ヴィトリンはユダヤ系兵士を一歩引いた地点から描くためにフツル人のピョートルを前景に置いたとも考えられるのである。

まとめ

『地の塩』は第一次世界大戦から刊行までに二〇年近くものタイムラグがあったものの、反ファシズムとも連動する形で話題を呼び、第二次世界大戦が勃発するまでの数年間で一三カ国語に翻訳されている。ポーランドでももっともよく読まれ、研究書の数も多い小説の一つであるにも関わらず、オーストリア軍で戦った兵士の経験をポーランド語で書いたことの意味についてこれまでほとんど議論されてこなかった。*18

またヴィトリンはブルーノ・シュルツと並んで、ゴンブローヴィチの作品に早くから理解を示した作家の一人でもあり[*19]、亡命時代のゴンブローヴィチに発表の場を提供するパイプ役として奔走したことでも知られている。そのことからヴィトリンとゴンブローヴィチの交流関係が語られることはあっても二人の作品を比較考察した論文はまだ書かれていない[*20]。本論はこの二つの課題に取り組んだ初めての取り組みとしてある。

ヴィトリンは第一次世界大戦後にギムナジウムでポーランド文学を教える傍ら、詩作に打ち込み、三〇年代に活動の拠点をワルシャワに移して書き上げたのが『地の塩』である。きわめて寡作で、生前に刊行された文学作品は詩集『頌歌』と『地の塩』だけである。むしろエッセイや翻訳に熱をあげ、とくに『オデュッセウス』のポーランド語訳（第一版は一九二四年、改稿版は一九三三年に刊行）はライフワークとも言えた。

第二次世界大戦が勃発する直前にゴンブローヴィチはブエノスアイレスに渡ったが、ヴィトリンはパリに出た後、一九四一年にニューヨークに移住した。一九五三年にゴンブローヴィチはパリに拠点を置く亡命出版社から戯曲『結婚』と併せて小説『トランス＝アトランティック』を出版するが、そこに序文を寄せたのがニューヨークのヴィトリンである[*21]。この序文の中でヴィトリンはこう書いている。

ゴンブローヴィチの作品に対する私の賞賛は今日に始まったことではない。先の大戦より何年か前に、彼の最初の本であるグロテスクで風刺的な短編集が『発達途上の記録』というあまり売れそうにないタイトルで出ると、他の誰とも似ていない大胆な作家が登場したことを理解した（Gombrowicz 1953: 13）。

ありきたりな賛辞だが、ヴィトリンが第一次世界大戦でポーランド軍に志願したユダヤ系ポーランド語作家であったことを考慮に入れると、この賛辞も違ったニュアンスを帯びてくるだろう。ヴィトリンはチャルニェツキに自分を重ねた可能性は高い。

とはいえ、ヴィトリンの『地の塩』は一九三五年の刊行だが、執筆は一九二五年頃から開始されており、「ヤクブ・チャルニェツキの手記」（一九三三年刊）との間に直接的な影響関係を見るのは難しい。しかし、いずれも民族意識の曖昧な男が兵士になるプロセスを描くというテーマの共通性に着目するならば、第一次世界大戦とその後のポーランドの記憶をめぐる問題に対する両作家の立場の違いを明らかにすることは可能である。

言うまでもなく戦争の悲劇は塹壕の中だけで起きるわけではない。塹壕の外で兵士が経験する苦難に目を向けた最初の作家の一人がヨーゼフ・ロートである。『果てしなき逃走』はオーストリア帝国崩壊後に帰る場所を失ったユダヤ系元兵士トゥンダの放浪生活を描いたものだ。この小説のポーランド語訳者でもあるヴィトリンは作品についてこう語っている。

おそらく、この種の本は現在のポーランドでは不可能である。というのも世界大戦はポーランド人の大多数にとって不幸なものではまったくなかったからだ。たしかに独立獲得という事実に浮かれるポーランド人でさえ、この戦争が彼すなわち勝利者にも道徳的、倫理的、文化的な敗北をもたらしたということに徐々に気づき始めている――しかしながら新たに再生した祖国の再編という事業が彼を完全に飲みつくしてしまったため、もはや自由に、清い良心をもって、戦争による道徳的損失の清算に取り組むことができないでいるのだ（Wittlin 2000c: 465）。

ヴィトリンはエッセイの中でトゥンダを戦争の「犠牲者」と呼ぶ一方で、ポーランドには「戦争による道徳的損失の清算」に取り組むべき人々はいても、純粋な「犠牲者」と呼べる立場は存在しないと主張した。ポーランドではヴィトリン自身がそうであったように、ポーランド人でなくとも誰もが戦争の共犯者でありえたからである。

そのようなポーランドの捩じれた状況を利用して書かれた小説がゴンブローヴィチの「ヤクブ・チャルニェツキの手記」である。ポーランドが戦争に突き進めば率先して手を貸し、戦後には平和的な手段でもってポーランド社会の「道徳的、倫理的、文化的な敗北」に追い打ちをかけたユダヤ系の元兵士の物語は、「犠牲者」として愁訴するのでも、「共犯者」として反省するのでもない、別の形でポーランドの戦争を清算する可能性を示唆するものだった。そこにはロートの小説に漂っていた悲壮感はない。

他方、ヴィトリンは『地の塩』においてフツル人のピョートルという語られざる戦争の「犠牲者」について書いた。あくまでもユダヤ系兵士の共犯者としての側面にこだわり続けたヴィトリンは、ピョートルを戦地に送りつける共犯者の一人としてユダヤ系の軍医イエリネクを登場させている。こうして第一次世界大戦の東部戦線におけるユダヤ系兵士の共犯者性を暴き立てると同時に、ユダヤ系以外の「犠牲者」の存在にも光を当てる形で、ヴィトリンはロートとゴンブローヴィチが書かなかった問題系を自らの仕事として引き受けたのだと言えるだろう。[*22]

ここでは第一次世界大戦をめぐる文学について、ゴンブローヴィチら東欧の作家を中心に見てきたが、しかし、ここで扱った問題はオーストリアやポーランドだけに限られたものではない。通常、戦争は二つ以上の国家間で争われるが、戦場になった地域には、どの国家にも属さない住民が生活していることがあるし、軍隊の中にさえ同様の兵士が存在する場合が多々ある。たとえば西部戦線におけるフランス軍のアフリカ兵。[*23] あるいは日本軍における朝鮮兵や台湾兵がそれだ。戦争は敵軍を鎮圧して完了ではなく、その後も獲得した領地の現地住民をいかに自国の兵士として利用するのかという問題が継起する。学校や兵舎、兵役検査の現場を塹壕の外の戦場として見ること。トゥンダ、チャルニェツキ、ピョートルたちの経験を、アジアやアフリカの植民地における兵士の問題として今後さらに広げて考察していく必要があるだろう。

【注】

＊1　ゴンブローヴィチは長編小説『フェルディドゥルケ』でもギムナジウムのポーランド文学の教師を喜劇的に描いているが、『ポーランド回想』によれば、ギムナジウム時代のゴンブローヴィチはポーランド文学の教師と度々衝突したという。

＊2　この足への注視についてははっきりしたことは分からないが、ユダヤ人を他と区別するとされた身体的な特徴にわし鼻と並んで扁平足が挙げられることがある。ギルマンによると、一九世紀以降にドイツ語圏の医学界で跛行が「ユダヤ病」として注目され、扁平足は軍役不適格なユダヤ人の証とされたという（ギルマン　一九九七）。なお「ヤクブ・チャルニェツキの手記」の訳文は工藤幸雄訳『バカカイ』所収の「ステファン・チャルニェツキの手記」を適宜参照した。

＊3　当初はポーランド東部地域でポーランド軍は赤軍、白軍、ウクライナ軍、リトアニア軍との間で三つ巴、四つ巴の戦争状態にあった。一九二〇年四月に赤軍に向けて攻撃をしかけたポーランド軍は、逆に赤軍の反撃に遭い、一時はワルシャワ近郊まで攻め寄られるが、最終的にリガ条約（一九二一年）を結び、戦間期ポーランド・ソビエト間の国境線が確定した。

＊4　Gałęzowski（2010）によれば、ポーランド独立後の初代国家元首ユゼフ・ピウスツキが一九一四年にオーストリア軍の管理下に組織した「ポーランド兵団」には少なくとも七百名近くのユダヤ系兵士が従軍し、その一割が戦死したとされる。

＊5　その第二条には「ポーランド政府は、出生、民族、言語、人種、宗教の如何を問わず、あらゆる住民の自由と生命の完全かつ全面的な保護を与えることが義務づけられている」とある。

＊6　ゴンブローヴィチの行きつけのカフェ「ジェミャインスカ」は文学グループ「スカマンデル」のメンバーがよく集った。ユリアン・トゥーヴィムやアントニ・スウォニムスキなど、当時のワルシャワの前衛文学を牽引していた作家

たちである（Gombrowicz 1977: 162）。

＊7　この小説は彼のデビュー作である短編集『発達途上の記録』に収録される形で一九三三年に発表された（一九五七年に刊行した増補改題版『バカカイ』に「ステファン・チャルニェツキの手記」という題で再録）。

＊8　スロバキア、ポーランド、ウクライナ、ルーマニア、ハンガリーを跨いで走るカルパチア山脈には主に牧畜を生業とする人々が居住したが、とりわけ現在のルーマニアに隣接するウクライナ東部の峡谷に住んだ人々をフツルと呼んだ。その言語はウクライナ語に近く、ギリシャ・カトリック教を信仰した。

＊9　なお、第二部『健全な死』は断片が数頁ほど残されている。それによればピョートルと同じ部隊に所属する若く敬虔な正教徒のフツル人（ウェシ・ネドホデュク）が主人公になる予定であった。

＊10　「フツル戦役」の詳細はWielocha（2009）を参照。

＊11　昨日までの隣人がある時は味方になり、ある時は敵国人になる事態として東部戦線を描き直した歴史書に野村（二〇一三）がある。そこでは『地の塩』のピョートルは東部戦線の兵士の典型例として紹介されている。

＊12　領主から前払いで土地を借り受け、そこから上がる収益を自分のものにする仕組みで、賃借人はアレンダールと呼ばれた。

＊13　なお、ヴィトリンとロートは同じオーストリア兵部隊に配属されたが軍隊内でポーランド語を使用したため引き離され、ロートはウィーンに留まり、ヴィトリンはポーランド東部（Kraśnik）に配属された（Wittlin 2000a: 572）。オーストリア軍の言語政策については大津留（二〇〇七）の第三章を参照せよ。

＊14　『頌歌』は一九二七年と一九二九年に改訂版が出版されたが、その第一版には兵士の突発的な暴力を描いた「憎しみの頌歌」（「勇敢な農民である兵士たちは／村に火をつけて街をぶち壊す」）が収録されている。第二版以降、戦争のテーマはより鮮明になり、巻頭詩「前奏曲」の冒頭は次のように始まっている。「わたしの内部には全滅する大隊の叫びと／音を立てて倒れる王座の記憶が残っている／わたしの肺にはあらゆる言葉を喉で詰まらせる／毒ガス、火薬、世界の火事が残っている／悪夢のような黒い日が／胸に転がったままだ」（Wittlin 1927: 9）。

＊15　オーストリア側ではロシアをポーランドの真の敵だと考える「オーストリア・ポーランド合体論」が説かれ、ロシア側ではスラヴ民族間の連帯によってのみポーランドの自治が実現すると考える「汎スラヴ主義」が説かれた。

＊16　事件の詳細は、野村（二〇〇八）を参照せよ。

＊17　オーストリア軍の連隊配備に関しては大津留（二〇〇七）の第三章を参照せよ。

＊18　例えば、Wiegandt（1988）は、かつてのオーストリア帝国へのノスタルジーを描いたロートやツヴァイクらの系譜にヴィトリンを位置づけるが、ではなぜ『地の塩』がドイツ語で書かれなかったのかという点には考察の目を向けていない。

＊19　戦間期に発行されていた文芸誌のひとつに『文芸時報』がある。この雑誌が発表する文学賞は若手のポーランド語作家の登竜門のような位置づけを持ったが、一九三七年度の受賞作の選考委員のなかで『フェルディドゥルケ』を一位に推した唯一の作家がヴィトリンである。ヴィトリン自身もその二年前に『地の塩』で同賞を受賞し、文壇での地位を確かなものにした。

＊20　両作家の交流を記述したものにJarzębski（2000）がある。

＊21　渡米後のヴィトリンは亡命ポーランド人のための雑誌（『週刊ポーランド』など）を編集し、ラジオ・フリー・ヨーロッパで活動するなど、一九七六年にニューヨークで亡くなるまでポーランドの亡命作家に発表の場を提供するために尽力した。ゴンブローヴィチにとってヴィトリンはデビュー当時からの理解者であったとともに、亡命時代にはパトロンのような存在であった。

＊22　本論はヴィトリンに重点を置いた書き方を選んだが、そのために生じた偏りについても付言しておかねばならない。ロートもヴィトリンも東部戦線の複雑な多民族状況に光を当てたことで、単純な国家間の戦争として語られがちな第一次世界大戦の記憶を、より現場に忠実に捉え直す上で貢献した作家であったが、いずれもオーストリアにばかり目を向けていた嫌いがある。ヴィトリンはポーランド語作家としてポーランドの戦争にもっと目を向ける必要があった。ポーランドの戦争におけるユダヤ系兵士の問題は重要であるにも関わらず、ユダヤ系ポーランド語作家が書こうとしなかった主題であったが、それをユダヤ系ではないゴンブローヴィチが書いたという事実は驚くべきことである。「ヤクブ・チャルニェツキの手記」をヴィトリンはどのように受け止めたのであろうか。

＊23　たとえば、松沼（二〇一四）を参照せよ。

【参考文献】

大津留厚　二〇〇七『ハプスブルクの実験』春風社。

ギルマン、サンダー・L　一九九七『ユダヤ人の身体』菅啓次郎訳、青土社。

西成彦　一九九四「越境するダダイスト――Witold Gombrowicz（1904 ～ 1969）」『モダニズム研究』、モダニズム研究会編、三二九-三四四、思潮社。

野村真理　二〇〇八『ガリツィアのユダヤ人』人文書院。

――――　二〇一三『隣人が敵国人になる日』人文書院。

松沼美穂　二〇一四「人の動員からみたフランス植民地帝国と第一次世界大戦」『第一次世界大戦と帝国の遺産』池田嘉郎編、五二-七五、山川出版社。

渡辺公三　二〇〇三『司法的同一性の誕生――市民社会における個体識別と登録』言叢社。

Choroszy, Jan　1991 *Huculszczyzna w literaturze polskiej*, Wrocław.

Gałęzowski, Marek　2010 *Na wzór Berka Joselewicza. Żołnierze i oficerowie pochodzenia żydowskiego w Legionach Polskich*, Warszawa.

Gomwrowicz, Witold　1933（1998）Krótki pamiętnik Jakóba Czarnieckiego. In *Pamiętnik z okresu dojrzewania*, pp. 29-50. Warszawa.（「ステファン・チャルニェツキの手記」『バカカイ』工藤幸雄訳、河出書房新社）

――――　1953 *Trans-Atlantyk, Ślub*, Paryż.

――――　1977 *Wspomnienia Polskie*, Paryż.

Jarzębski, Jerzy　2000 Gombrowicz i Wittlin – dwaj spiskowcy. In *Poglądanie Gombrowicz*, Kraków, pp. 152-167.

Roth, Joseph　1927（1993）Die Flucht ohne Ende, München.（『果てしなき逃走』平田達治訳、岩波文庫）

Wiegandt, Ewa　1988 *Austria Felix*, Warszawa.

Wittlin, Józef　1927 *Hymny*, Warszawa.

――――　1991 *Sól ziemi*, Wrocław.

――――　2000a Wspomnienie o Józefie Rocie. In *Orfeusz w piekle XX wieku*, pp. 566-573. Kraków,

――――　2000b Ze Wspomnień Byłego Pacyfisty. In *Orfeusz w piekle XX wieku*, pp. 73-91.

――――　2000c Dwie Powieści Wojenne. In *Orfeusz w piekle XX wieku*, pp. 465-469.

Wielocha, Andrzej　2009 Dzieje kompanii huculskiej 2 pułku piechoty Legionów Polskich. In *Płaj*, 38, pp.63-78.

第四章　ナンバリングとカウンティング
——ポスト＝アウシュヴィッツ時代の人類学にむけて

田中雅一

はじめに

渡辺公三は、一九世紀末のパリで流行った名刺型の肖像写真（カルト・ド・ヴィジット）と逮捕後警察で撮影される犯罪者の肖像写真を取り上げ、興味深い対比を行っている。

相手が不在の時、戸口にさりげなく差し挟んで来訪したことを知らせるのにも用いられ、世紀末の最新のモードとして大いに流行したともいう名刺型の肖像写真と、これら犯罪者の肖像とは対照的な位置にあることになろう。一方が昼の明るみと豊かさの中で撮影され、一方が警察庁の撮影室の暗がりで、貧しさから生じる犯罪の記録として撮影された、ということばかりでなく、一方が固有性と同一性に自足した市民の姿を写しているとすれば、他方は固有性も同一性も、さらには名さえも剥奪されて不在の顔として写し出されているからである（渡辺 二〇〇三：一五七、強調傍点は引用者）。

名刺型の肖像写真は留守宅を訪問した人間の痕跡を示すのにたいし、犯罪者の写真はその場にいるにもかかわらずもはやそこにはいない。美学者の西村清和もまた、名刺型の肖像写真に言及しつつ、つぎのように述べている。

写真が尊称的機能をはたそうとするとき、それはまずは伝統的肖像画の慣習やスタイルを模倣した。これによって写真は、見る主体であるモデルの内面の自己像を呈示しようとする。これに対して、視線の調整のもうひとつの極は、モデルをもっぱら見られる客体として疎外し、その全体としてのアイデンティティを分割、譲渡可能なイメージへと商品化する（西村　一九九七：一二二）。

ここで西村が「尊称的機能」を果たす事例として想定しているのが、名刺型の肖像写真である。これにたいし商品化の例は、高級娼婦や芸人たちの肖像写真である。そこでは、個性より肉体的な（部位の）魅力が重視されていた。これよりさらに個性が消滅してしまうのが犯罪者の肖像写真と言える（西村　一九九七、一四八－四九）。名刺型の肖像写真には固有性が、娼婦や犯罪者の肖像写真には固有性の剥奪（個体化）が施され顔が払拭される。[*1] 前者には尊称的機能が、後者には抑圧的機能が作用しているという。

本稿の目的は、こうした「不在の顔」の創出とそれに抗する動きをあげて、それが今後の文化人類学のあり方にどう関係するのかを論じることである。

本稿のタイトルにあるナンバリング（numbering）とは、人に連番をつけその固有性を剥奪する行為である。これにたいし、カウンティング（counting）は、名前を剥奪された人、一人ひとりを数え上げ再び名を与えることであると定義する。イラク戦争以後市民の犠牲者数を数えて公表するボディ・カウント（Body Count）という運動が始まっている。[*2] ここで公表されるのは数でしかないが、その背後には闇から闇へと葬られる市民の犠牲者への深い思いを感じることができる。ナンバリングを基本活動の一部とするアーカイヴは、ベルティヨン方式やそれに影響を与えた身体計測の人類学を一部とする、ものごとを分類し、統御する思考あるいは言説であり、それに基づくシステムを意味する。それは人間を番号化し、モノ化する装置である。このようなシステムの徹底がアウシュヴィッツ強制収容所における収容者たちの管理と抹殺であった。

本稿ではアーカイヴの可能性について考える。本稿で取り上げるのは、フランスのインスタレーション作家、クリスチャン・ボルタンスキーの作品である。ボルタンスキーの作品はアーカイヴの方法を流用し主題とする「アーカイヴァル・アート」の典型である。その作品には、大戦中ナチスによって虐殺された多くのユダヤ人たちを想起させるような肖像写真が多数使用されている。ボルタンスキーの作品は表象が不可能と言われるホロコースト（ユダヤ人虐殺）を呈示しているのか。あるいはそれ以上の何かをわたしたちに示唆しているのか。このような問題を念頭に、本稿では現代社会において同一性の根拠を与えているアーカイヴというシステムとそれに拮抗する試みについて考えたい。

一　不在の顔の誕生

ベルティヨン方式

司法的同一性（累計犯の同定に必要な犯罪者の身元）を確立するための技術は、一九世紀から二〇世紀初頭にかけて飛躍的に発展する。[*3] 犯罪者への烙印はすでに一八三二年に廃止されていた。それに代わる個体識別法が、身体計測や写真、さらに指紋による同定であった。

一八八三年、パリ警視庁に合理的な個体識別法を導入したのがアルフォンス・ベルティヨン（Alphonse Bertillon 1853-1914）であった。一八七〇年代当時、警視庁にはすでに一〇万枚の犯罪者の肖像写真が蓄積されていたが、累計犯の同定のためにこれをいったいどう使えばいいのか、どうすれば検索できるのかという問題に直面していた。また、顔そのものは年齢を重ねるとともに変化するため、こうした肖像写真の有効性そのものについても疑問がもたれていた。顔（表情）こそ個性（固有性）を表す典型であるが、それに個体識別が依存するのはたいへん危険なのである。

そこでベルティヨンが提案したのは、(1)身体計測、(2)虹彩の色、耳の形、鼻の形などの顔の特徴となる描写、(3)身体の各部位に見られるさまざまな特異的な特徴記載の三つからなる個体識別方式である。これらの特徴が記載され、顔写真が添付された用紙（個人特徴記載票）が犯罪者一人ひとりに作成され、分類・保管されることになる。ベルティヨン方式では、顔の部位、とくに耳や鼻の形態に注目する。また加齢による印象の変化が少ないという理由から横顔の写真が重視される。全体としての顔（肖像）は部位に分解され、その特質によって分類・整理されている。それは、個々人の固有性を抹消された顔写真なのである（図1と図2）。

渡辺は、ベルティヨンの顔写真についてつぎのように述べている。

写された顔が、それ自身の示唆的な特徴以外の何ものも喚起しないという点で、それは、人間の身体が、身体そのものを超えてゆくもの――生命――を発露させることを止め、身体自体に回帰し閉じてしまった状態――死体――に似ている。[…]ベルティヨンの司法写真は、意味を払拭された物体としての顔なのであり、表情とか老いによる変化などは、この物体としての顔の「原版」に付加された無意味な修飾にすぎないのである（渡辺　二〇〇三：一五一）。

顔は固有性を失い、個人は数字や形態によって分類されることになる。ベルティヨン方式のカタログに認められる写真に写し出されているのは「不在の顔」あるいは「意味を払拭された物体としての顔」なのである。[*4]

他方、英国では同時期に、進化論で名を馳せたチャールズ・ダーウィン（Charles Robert Darwin 1809-1882）のイトコで、優生学の考えを提案したことで著名なフランシス・ゴルトン（Francis Galton 1823-1911）が、犯罪者や精神病患者の類型化を写真によって試みようとしていた。彼は、個人の同定よりも、個々の犯罪者の顔写真を合成することで一般化を試みている。そこで求められていたのは、犯罪者一般の相貌や優秀な人種（英国人）像であった。

二つのフォト・モンタージュ

ベルティヨン方式は一八八二年の試験期間後八三年にパリ警視庁で採択され、その後欧米に広まり、二〇世紀初めに指紋が新しい個体識別の指標としてあらたに採択されるまで有用な個体識別装置とみなされてきた。当時ベルティヨン方式がどの程度一般に知られていたのか不明であるが、その影響を受けたと思われるものにサルヴァドール・ダリ（Salvador Dalí 1904-1989）の『エクスタシー現象』[*5]（*Le phénomène de l'extase* 1933）というフォト・モンタージュがある。そこで使用されている女性の顔写真の多くは、ジークムント・フロイト（Sigmund Freud 1856-1939）に多大な影響を与えた、精神科医ジャン゠マルタン・シャルコー（Jean-Martin Charcot 1825-1893）がサルペトリエール病院で扱ったヒステリー患者たちの写真である（ユベルマン　一九九〇）。当時ヒステリーの発見五〇周年を記念し、シュルレアリストたちがヒステリー患者の写真集を出版する企画があり、ダリの作品はそのような企画のひとつとして制作された。しかし、使用されているのは、それだけではない。それ以外の写真のいくつかにベルティヨン方

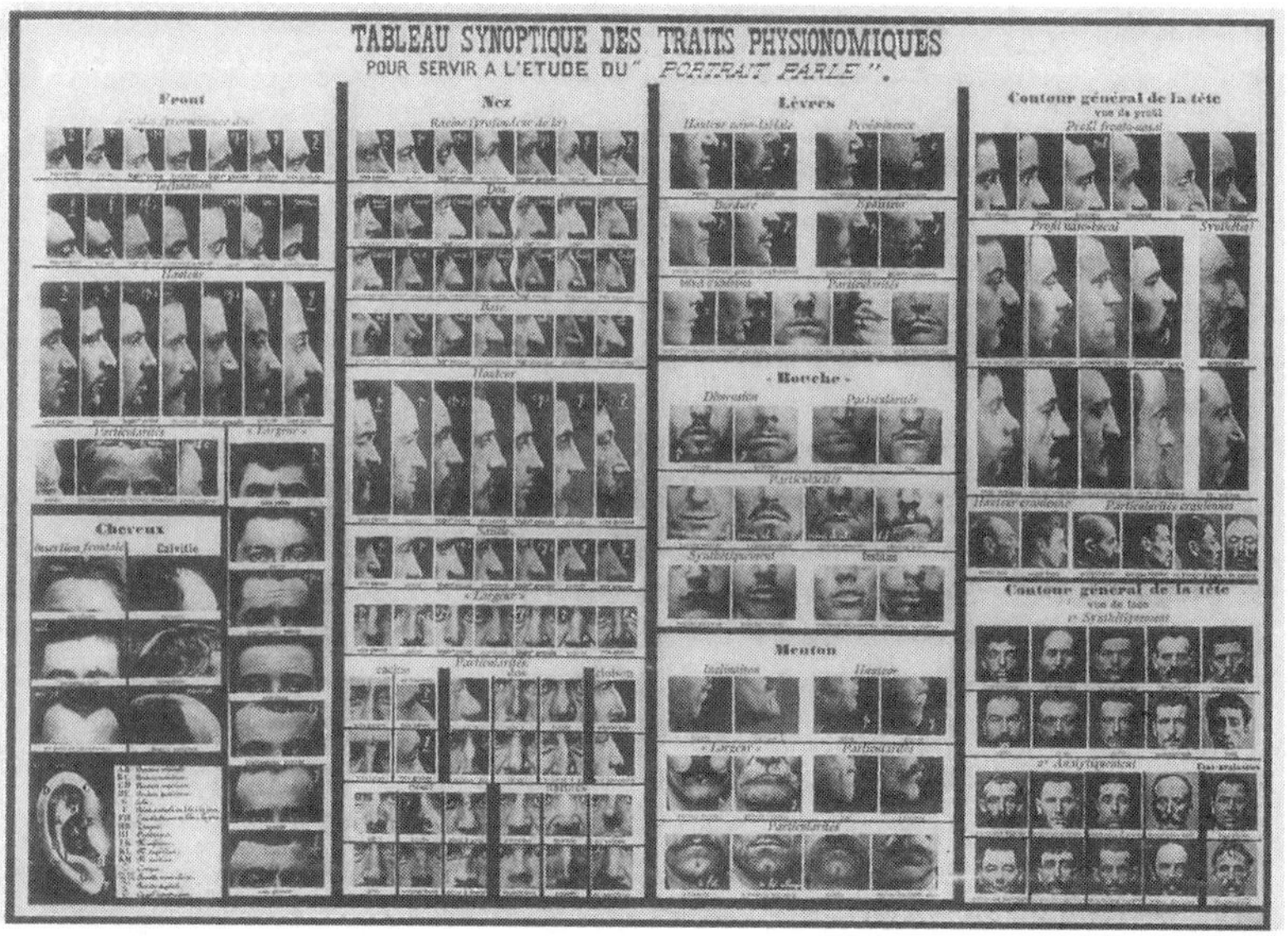

図 1
ベルティヨン方式のカタログ（渡辺　2003: 70）

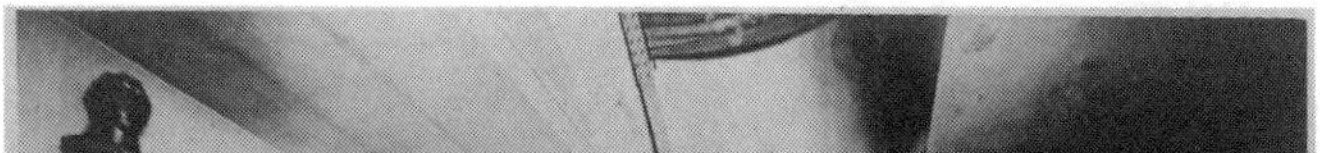

図 2
ペルティヨン方式の分類キャビネット（Sekula 1986:26）

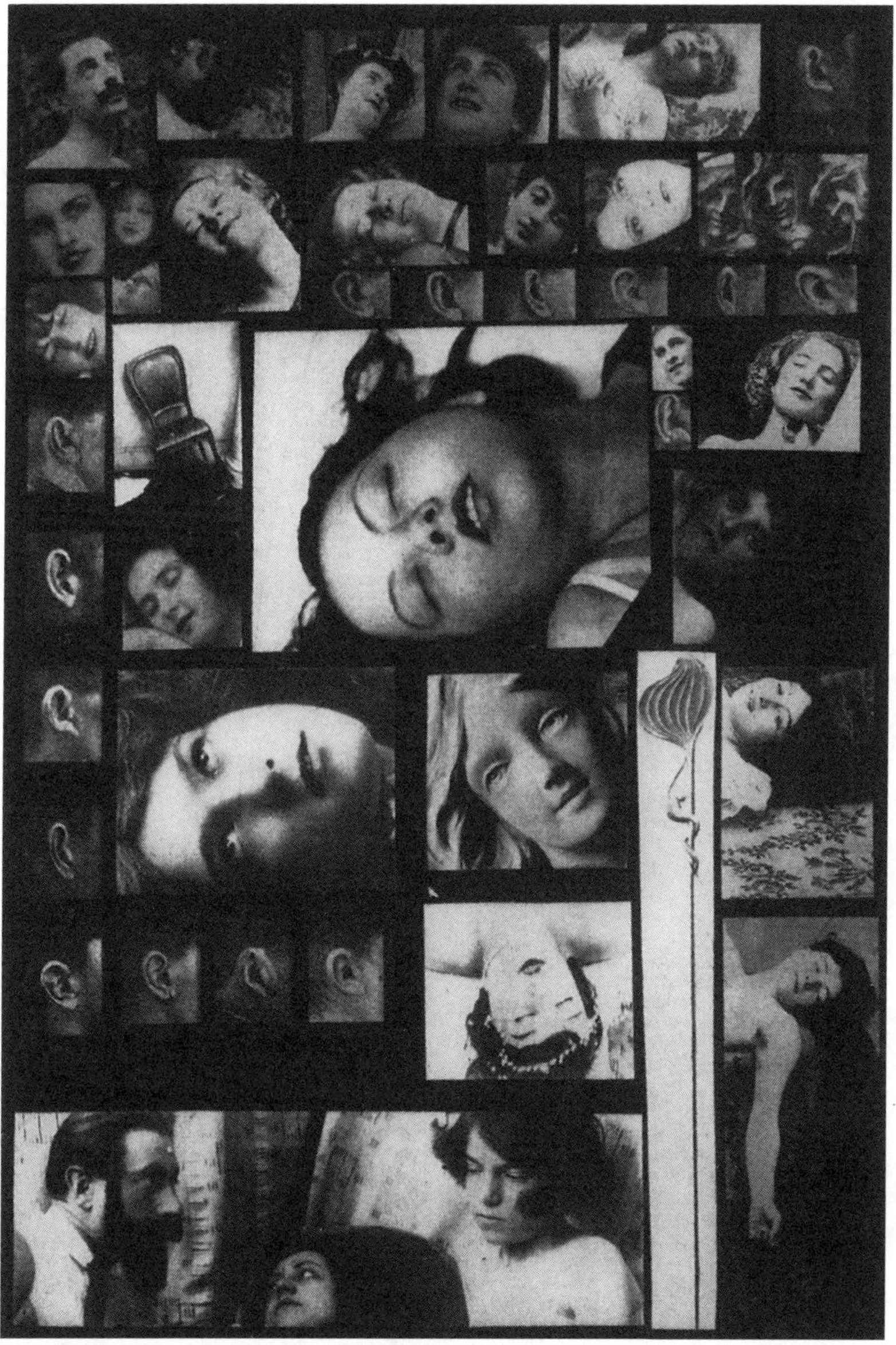

図3
サルヴァドール・ダリ「エクスタシー現象」
(*Minotaure*, N° 3-4, 1933, p.77, 復刻版『ミノトール』みすず書房　1986)

式のカタログに見られる耳の写真が使用されている（図3）。

二種類の内なる他者——女性のヒステリー患者と男性の犯罪者——の写真をあしらうフォト・モンタージュのテーマはエクスタシー（l'extase）である。この言葉は直接ヒステリー患者の表情を指していると思われるが、エクスタシーが本来（魂が肉体の）「外に立つこと」すなわち自我喪失を指すとするなら、ヒステリー患者たちの写真もまた、犯罪者の写真と同じく、「不在の顔」を表していると言えるのではないか。犯罪者は計測や徹底的な画一化によって、ヒステリー患者は心の病によって、自己を喪失するのである。

ダリの作品より数年早く公開された類似の作品に『森に隠れた女が私には見えない』（*Je ne vois pas la femme cachée dans la forêt* 1929）がある（図4）。これは、ルネ・マグリット[*6]（René F.G. Magritte 1898-1967）によるビーナスの立像画（*La femme cache* 1929）のまわりに一六人の男性（アンドレ・ブルトンやルイ・アラゴンらシュルレアリスム運動のメンバーたち）の肖像写真が配置されているものである。このフォト・モンタージュには「森に隠れた女が私には見えない」という言葉が記載されている。まわりの男性たちはみな眼を閉じていて、女性を見ていない。これによって、真ん中に配置された女性自身が夢に現れていることを示唆している。睡眠、夢、無意識、欲望、オーガズムといったシュルレアリスムにはおなじみの概念を通じて、眼を閉じている紳士たちの肖像はヒステリー患者の恍惚の表情と通底していると言えるので

図4「森に隠れた女が私には見えない」
（*La Revolution surrealiste 12*, 1929）

はないだろうか。[*7]

二　アーカイヴ、トラウマ、ホロコースト

反物語の系譜——アーカイヴとトラウマ

エルンスト・ファン・アルフェンによると、アーカイヴやデータベースに対峙するのが物語（*narrative*）である。[*8]一八世紀以後語り自体が大きな変貌を遂げた（Alphen 2014）。近代化が進むにつれ、わたしたちが無批判的に依拠していた大きな物語が崩壊していく。まず神話や宗教の語りが、科学や進歩、さらにナショナリズムの語りによって置き換わる。懐疑が充満する現在（ポスト・モダン）ではこうした大きな物語（meta-narrative）もまた崩壊していく。わたしたちの同一性を保証するのは、人類の進歩でも民族の輝かしい歴史でもない。それは、巨大な官僚機構と化した国家の発効する身分証明書や保険証、あるいは国際的な金融機関が発効するクレジットカードである。これらはアーカイヴ的統治の現代的形態と言える。ベルティヨン方式は、いつの間にか市民世界の隅々にまで広がったのである。語りの社会的な機能の喪失とアーカイヴの興隆に積極的な連関があるかどうかは本稿では明言できない。しかし、わたしたちの身元を保証するものが、共有可能な物語ではもはやないという事実は重要であろう。現実には、アーカイヴが物語に替わって、人びとの同一性を保証しているのである。

トラウマもまた物語の特権的地位を崩す契機となった概念である。トラウマとは、その訳語「心的外傷」が示しているように「こころの傷」を指す。[*9]トラウマは、命に関わるような事故や事件、性暴力、また戦争、大事故、震災など大量死の現場に巻きこまれたりした経験がきっかけとなって生まれる。さらに、幼少期の近親者による虐待、とくに性的虐待もまたトラウマを引き起こす。

トラウマが引き金となってPTSD（Post Traumatic Stress Disorder 心的外傷後ストレス障害）が生まれる。PTSDと判断される障害は多岐にわたるが、とくに特徴的なのは、不安や恐怖を再体験する、外傷的出来事を想起するような場所、言動、人物を回避する、警戒心が強くなり、すこしのことで驚き戸惑う過覚醒と呼ばれる状態が生じるといった症状である。こうした影響は、抑鬱状態を生み、そこに無力感、罪悪感が伴い、情緒不安定になる。心的麻痺、自己催眠、乖離、極度の受身性と憤怒爆発との交代の症状が生まれる。さらに、不眠、動悸、食欲不振・減退、原因不明の痛感、発熱、手足のふるえが認められる。当然のことながら、学業や仕事、個人的な交流などに大きな影響が生じる。

トラウマは個人の体験によって生じるが、その体験は想起を拒否する。人はトラウマの原因となった体験を思い出すのではなく、再体験する。最初に感じたのと同じ苦しみを繰り返し感じるのである。だとすると、トラウマは、簡単に物語化できない体験、経験化できない体験と言えよう。想起される体験とは、その時点でなんらかの物語あるいは表象となっている体験——経験であるからである。トラウマ的記憶（traumatic memory）は物語の形式をとる記憶[*10]（narrative memory）や表象を拒否するのである。そのようなトラウマ体験の典型がホロコーストである。ホロコーストはナチスドイツが犯した最大の犯罪である。この犯罪を究明する法廷では、当然証拠や証言が不可避となる。ところが、数少ない当事者は自分たちの体験をうまく証言できない。さらに、ホロコーストという歴史的出来事をいかに表象するのか、そもそも表象できるのか、という問題が生じる。[*11]

ホロコーストとアウシュヴィッツ

ホロコースト（The Holocaust）とは第二次世界大戦中、ナチスドイツの占領地域で生じたユダヤ民族の虐殺を意味する。もともとはユダヤ教の「燔祭」（犠牲獣を丸焼きにして神に供える儀式）を意味するギリシア語で、のちに大虐殺などに使用されることになる。この言葉が定着するのは、一九七八年に同名のテレビ番組がアメリカで放映されてからである。[*12]

一九三三年にナチスが政権を獲得すると、ドイツ国内にいるユダヤ人への迫害を開始する。ユダヤ人たちはまず、自由な移動を制限され、都市部に設けられたゲットー（ghetto）と呼ばれる区画に追い込まれ、さらにそこから強制収容所に送られていった。狭いゲットーの人口密度は高く、食料も不足し、また衛生状態も悪かった。このため、ゲットーにおいても多くのユダヤ人が病気や飢餓のせいで亡くなっている。

組織的な殺害を目的とする絶滅収容所では、毒ガス（チクロンβ）や一酸化炭素、排気ガスを使用した。ホロコーストの犠牲者はおよそ六〇〇万人と言われる。犠牲となったのは、ユダヤ人だけでなく、シンティ・ロマ（Sinti and Roma ジプシー）、同性愛者、精神障害者なども含まれる。もっとも有名な収容所であったアウシュヴィッツ（Auschwitz ポーランド語 Oświęcim）ではおよそ一〇〇万人のユダヤ人のほかに、ソ連軍の捕虜、非ユダヤ系ポーランド人の政治犯たち一〇万人が殺されている。

中心地からおよそ五キロ、西に位置するアウシュヴィッツ第一収容所が一九四〇年六月に、さらに三キロ離れて絶滅収容所（Vernichtungslager）ビルケナウ（Birkenau ポーランド語 Brzezinka アウシュヴィッツ第二収容所）が一九四一年一〇月に開設された。[*13]両者は一九四七年に博物館（The Auschwits-Birkenau State Museum、以下ではアウシュヴィッツ博物館と称する）として公開されることになった。

ヨーロッパのユダヤ人たちは、ひとつの貨車に数百人が押し込まれ、長時間かけて絶滅収容所へと移送された。絶滅収容所の荷役ホーム（ramp ランペ）に着くと、貨車の入り口が開けられ、移送中に死んだユダヤ人の遺体を運びおろし、さらに自力で歩けない者が殺害され、歩けても労働に適さないとみなされた老人、女性、子供たち、病弱な者はそのままガス室へと誘導され、遺体は隣接する焼却炉に運ばれ焼かれた。アウシュヴィッツでは、貨車から降ろされて直接ガス室に送られたユダヤ人は四人に三人の割合だった。

ナンバリング

アウシュヴィッツでは多くの身体が文字通り抹殺され、一部は商品化された。所有物は剥奪され、死後には金歯が抜き取られ、女性の場合髪を剃られ、軍事利用されている。*14 おびただしい数の眼鏡、靴、鞄、義足などは、現在アウシュヴィッツ博物館に展示されている。

生存を許された収容者が、生きながらにして死を経験するのは、餓えや伝染病によって体が弱り、後に「回教徒」と呼ばれる存在になるはるか前、すなわち番号を腕に彫られたときであった。これはアウシュヴィッツにおいてのみ実施された。ふたつ事例を紹介しておく。どちらも一〇代のユダヤ人で、最初の証言は男性、二人目の証言は女性である（ベーレンバウム　一九九六：三〇八－〇九、強調傍点は引用者）。

> 腕を伸ばすと、彼らは番号を刺青しました。［…］B－四九九〇、番号が刺青されると、親衛隊員が私のところにきて言いました。「この番号がどういうことかわかるな？」私は答えました。「いいえ」「じゃあ、教えてやろう。おまえはもう、人間じゃないんだよ」

> 彼らは私に刺青をして、言いました。「これからは、これが［お前の］名前だ」。私の名前はA－五一四三でした。番号が自分の名前になる。その時の絶望感。［…］自分がもう人間ではなくなったような気がしました。髪を刈られたとき、私はどうしようもない恥ずかしさに襲われました。服を脱げといわれたときも［…］彼らは私たちを動物のような気持ちにさせたのです。男たちが私たちを見て、笑いながら歩いていました。考えてみて

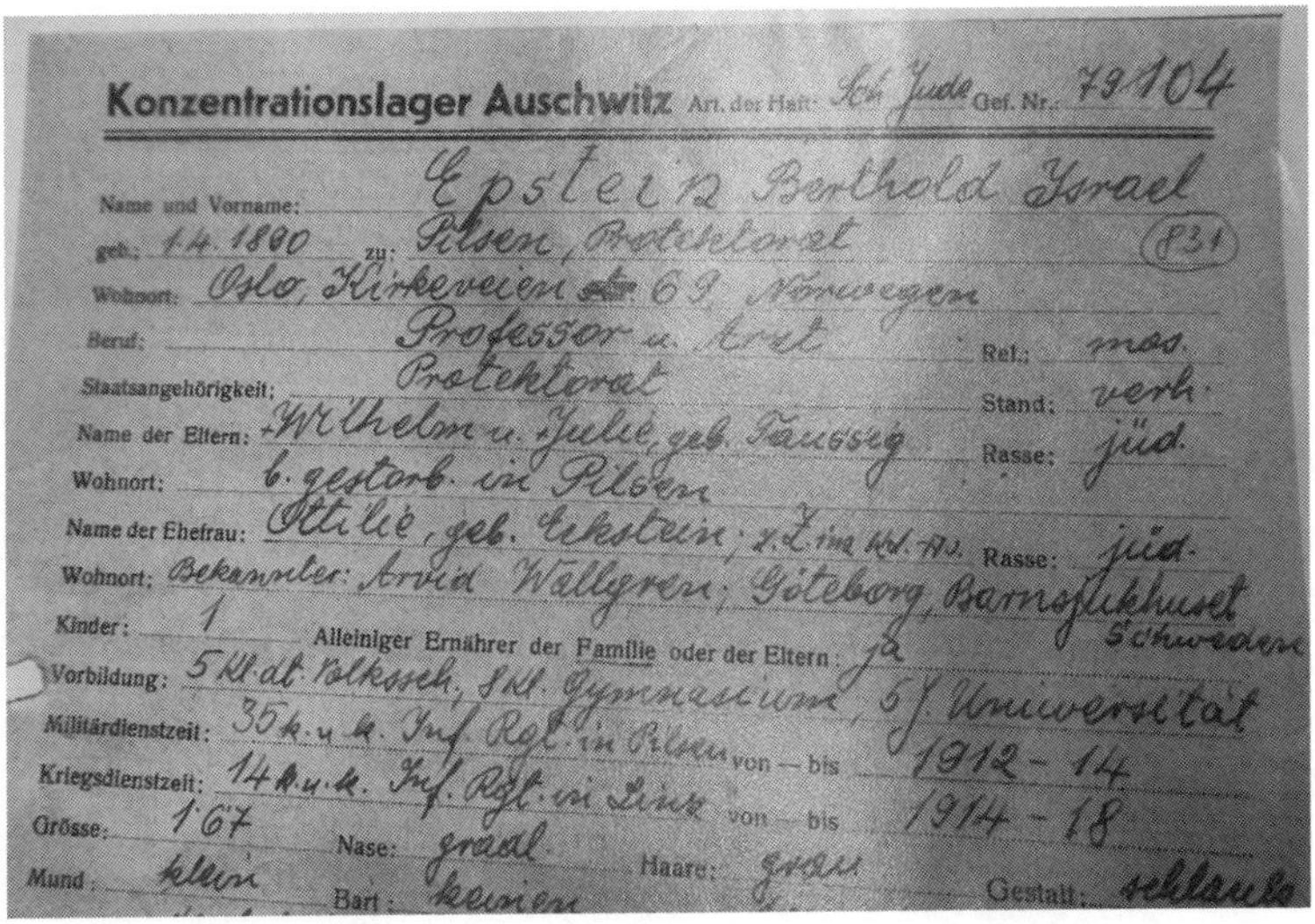
Konzentrationslager Auschwitz Art der Haft: Sch. Jude Gef. Nr.: 79104

Name und Vorname: Epstein Berthold Israel
geb.: 1.4.1880 zu: Pilsen, Protektorat (831)
Wohnort: Oslo, Kirkeveien 69, Norwegen
Beruf: Professor u. Arzt Rel.: mos.
Staatsangehörigkeit: Protektorat Stand: verh.
Name der Eltern: Wilhelm u. Julie, geb. Taussig Rasse: jüd.
Wohnort: b. gestorb. in Pilsen
Name der Ehefrau: Ottilie, geb. Eckstein, z.Z. im Kl. Au. Rasse: jüd.
Wohnort: Bekannter: Arvid Wallgren, Göteborg, Barnsjukhuset Schweden
Kinder: 1 Alleiniger Ernährer der Familie oder der Eltern: ja
Vorbildung: 5 Kl. dt. Volksch., 8 Kl. Gymnasium, 5 J. Universität
Militärdienstzeit: 35 k.u.k. Inf. Rgt. in Pilsen von – bis 1912 – 14
Kriegsdienstzeit: 14 k.u.k. Inf. Rgt. in Linz von – bis 1914 – 18
Grösse: 167 Nase: gerade Haare: grau Gestalt: schlank
Mund: klein Bart: keinen

図5　個人カルテ（筆者撮影）

ください。男の人に一度も肌をさらしたことのない娘が、裸にされたのです。［…］その場から消えてしまいたい気持ちでした。

刺青とともに収容者の個人カルテも作成されている。現在アウシュヴィッツ博物館には五三〇九枚のカルテが保管されている。そこには、名前、家族・近親者名、学歴、出生日、住所、身体的特徴、犯罪歴などの詳細が記されている（図5）。

　このようにアウシュヴィッツでは収容者の身体に番号が刻印され、詳細な個人カルテが作成された。番号が左前腕に彫られ、番号で呼ばれることになったとき（ナンバリング）、「人間でなくなった」。これこそアーカイヴのシステムの完成を意味する。人間でなくなった収容者たちは、いつ殺されてもおかしくない存在となり、その身体は死後もさまざまな形で利用されることになるのである。番号は、収容者の死を先取りしていたと言えよう。この点についてアルフェンは次のように述べている。

　アウシュヴィッツ‐ビルケナウに到着すると、収容者たちは腕に番号を彫られる。こうしてアーカイヴの物体へと変貌するのだ。彼らはもはや名前のある個人ではなく、番号がつけられたモノである。公文書館や博物館のモノと同じように、刻印を通じてモノは分類可能で、検索可能な要素となってコレクションを構成するのである。収容所に入ると、人びとはまた、集団へと分けられる。［…］固定した一連のカテゴリーに基づく選択と分類は、アーカイヴ活動や目録作成の基本なのである（Alphen 2015:13; 2014: 209）。

ホロコーストの表象の不可能性に皮肉な形で貢献しているのが、本来記録を目的とするアーカイヴの実践なのである。なぜなら、身体に番号を刻印し、最小限必要なカルテを準備し保存するという過程を通じて人間は人間ではなくなり、これから体験することがらについて表象する手段を剥奪されるからだ。人びとは、番号となり、その番号に対応するカルテに記載された属性のみの存在となる。ここで起こっていることはベルティヨン方式における犯罪者のアーカイヴ化と同じである。このように、アウシュヴィッツの収容者は、その経験（トラウマ）を通じて、またそのような経験に先立つナンバリングの両方によって収容所での経験を表象することが不可能になるのである。

ここまで、ベルティヨン方式からアウシュヴィッツにおける収容者たちの取り扱いまで、アーカイヴ（ナンバリング）という視点から考察してきた。以下では、同じアーカイヴという表現を使用しながら、そこに認められるカウンティングの可能性について考えてみたい。

三　名前を与える

ボルタンスキーの作品

クリスチャン・ボルタンスキー（Christian Boltanski）は、一九四四年生まれの現代フランスを代表する芸術家である[*15]。彼の作品は写真や古着を多用することで知られている。若い頃、彼はパリの人類博物館を訪ね、それが「巨大な遺体安置所」であるという印象を得た。というのも、古ぼけた写真とともにガラスケースに展示されている異文化の品々が、強く死を想起させたからである。それらは、すでに滅びた、過去の文明の遺品だと思われた。そこには、ピカソら、かつてのキュビストたちに与えたような異文化の輝きはもはや存在しなかったのである。

［五月革命に続く時代は］民族学、人類博物館、そして日常生活用品の美の発見の時代でした。もうアフリカ芸術だけが問題ではなかったのです。［…］人類博物館はわたしには大変重要でした。わたしがそこで見たのは、小さな、壊れやすいとるに足らない品々が入っている大きな金属の枠からなるガラスケースでした。そんな品々を操っている「野蛮人」の黄ばんだ写真が一葉、ガラスケースの隅にしばしば置かれていました。ガラスケースはどれも失われた世界を展示していました。写真の野蛮人は、明らかに死んでいたのです。彼が握っていたものももう無用でした。とにかく、どうやってこれを使うかを知っている者はもうこの世にはいなかったのです。人類博物館は巨大な遺体安置所に思われました。［…］わたしたちはこの博物館で終末を迎えるのだと思ったのです（Gumpert 1988: 12　湯沢　二〇〇四：一八、強調傍点は引用者）。

　文化人類学の思潮を振り返ってみると、このような印象は、なにもボルタンスキーだけが受けたものではない。異文化、とくに非西洋文化は、共時性を否定され、過去に属するものとして表象されてきたことは、すでにファビアンが指摘している（Fabian 1983）。そして、こうした批判にたいして、人類学や博物館が真摯に対応してきたことはよく知られている。その典型は「対話」概念の提案である。対話とはなによりも共時的で対等な関係を意味する。こうして異文化を表象するという特権的な力を自省し、異文化や他者との対話を強調する民族誌や展示が現れた（Karp and Lavine eds. 1991　クリフォード&マーカス編　一九九六、クラパンザーノ　一九九一）。

ここで興味深いのは、ボルタンスキー自身の試みである。ボルタンスキーは、ガラスの展示ケースという展示法を、人類博物館から流用する。[*16]一九七〇年代につぎつぎと制作発表された作品は自身の子ども時代（の喪失）に関わる展示作品であった。たとえば、一九七一年の「一九四八年から一九五四年にクリスチャン・ボルタンスキーが所有していたものの復元の試み」[*17]では、長靴や湯たんぽ、ガラガラ、矢じりなど子どもの頃の玩具や身につけていた品々を、記憶をたよりに粘土で復元している。これらは、ガラスケースを示唆するようなケースに安置されている。その品数は一四五あり、リスト（カタログ）が準備されていた。また、一九七二年制作の『フランソワ・Cの衣服』では、子どもの衣服や靴をボール紙のケースに入れて撮影し、これを二四個の金属製の枠に入れて展示している（図6）。これらがフランソワ・Cの所持品なのか、フランソワ・Cは生きているのか死んでいるのか分からない。しかし、そこには死のイメージが漂っていることはたしかである。これらの衣服や靴は人類博物館に展示されていた「野蛮人」の日用品を想起させる。彼らが死んでいたように、フランソワ・Cも死んでいて、その衣服はちっぽけなものでしかない。同じことは、ボルタンスキー自身の子ども時代の日用品についてもあてはまる。これらはすべて無用なもので、彼の子ども時代はすでに消失している。死んでいるのだ。

七三年から七四年にかけて企画されたのは、『財産目録』というシリーズだった。それは亡くなったばかりの死者の遺品の展示を博物館に呼びかけるという手紙から始まる。これに応じた美術館で実際の品々の展示がガラスケースなどを使ってなされた。ここでは、一人の人間が所有していたとされる日常品や家具すべてを展示することで、かつての所有者の死を観る側に強く感じさせる。

このように、『復元の試み』や『フランソワ・Cの衣服』、『財産目録』などでボルタンスキーは「所有者」の不在あるいは死を展示している。しかし、この不在／死は異文化ではなく、むしろ自分自身についてであった。ここに大きな発想の転換がある。そこに展示されているのは、人類博物館のような異文化／他者ではなく自分自身、そして観る側のわたしたち自身だということである（香川 二〇〇五：四〇、二〇一二）。先の引用の最後の文章が指摘するように、「わたしたちはこの博物館で終末を迎える」のである。

その後、ボルタンスキーはミッキーマウス・クラブのメンバー写真や中学生の肖像写真、自身の新婚旅行の写真などの展示を経て、一九八五年に彼の小学校時代の集合写真から『モニュメント』という作品を作る。一人一人の顔が新たに撮影され、拡大されて、枠に入れられ、祭壇のような台の上に安置される。『モニュメント』には複数の写真が使用されている。ひとつひとつの写真は、三つの電球によって光が当てられている。これらは展示というよりは、礼拝壇の上に恭しく暗示されている遺影に見える（図7）。『モニュメント』と類似の作品に『シャス高校の祭壇』（一九八八）や『プーリム祭り』（一九九〇）、そして『死んだスイス人の資料』（一九九〇）がある。これらの作品では、礼拝的な側面が、強調されているかに見える。ここでも重要なのは、展示される他者は、自己と限りなく近しい存在である、ということだ。たとえば、『シャス高校の祭壇』は、ウイーンのユダヤ人についての書物に含まれていた集合写真を再度撮影して拡大し、一八人の白黒写真として個別に展示した作品である（図8）。戦争が始まり、ウイーンから強制収容所に移送され殺害されたであろう、彼らユダヤ人の少年少女たち、あまりに特徴のないスイス人たち。シャス高校生が取り上げられたのは、父がユダヤ人のボルタンスキー自身をこれらの写真が想起させるからだ。しかも、それは自分だけではない。彼の作品を見る側をも引き込む。

僕はアーティストというのはこういう存在だと思っている。事実や虚構を含めて自分自身の話をしながら、実はだれもがその中に自分を確認できるような、あらゆる人間のことを語る存在だと（ボルタンスキー＆グルニエ 二〇

図 6
クリスチャン・ボルタンスキー「フランソワ・C の衣服」(Gumpert 1988: 54)

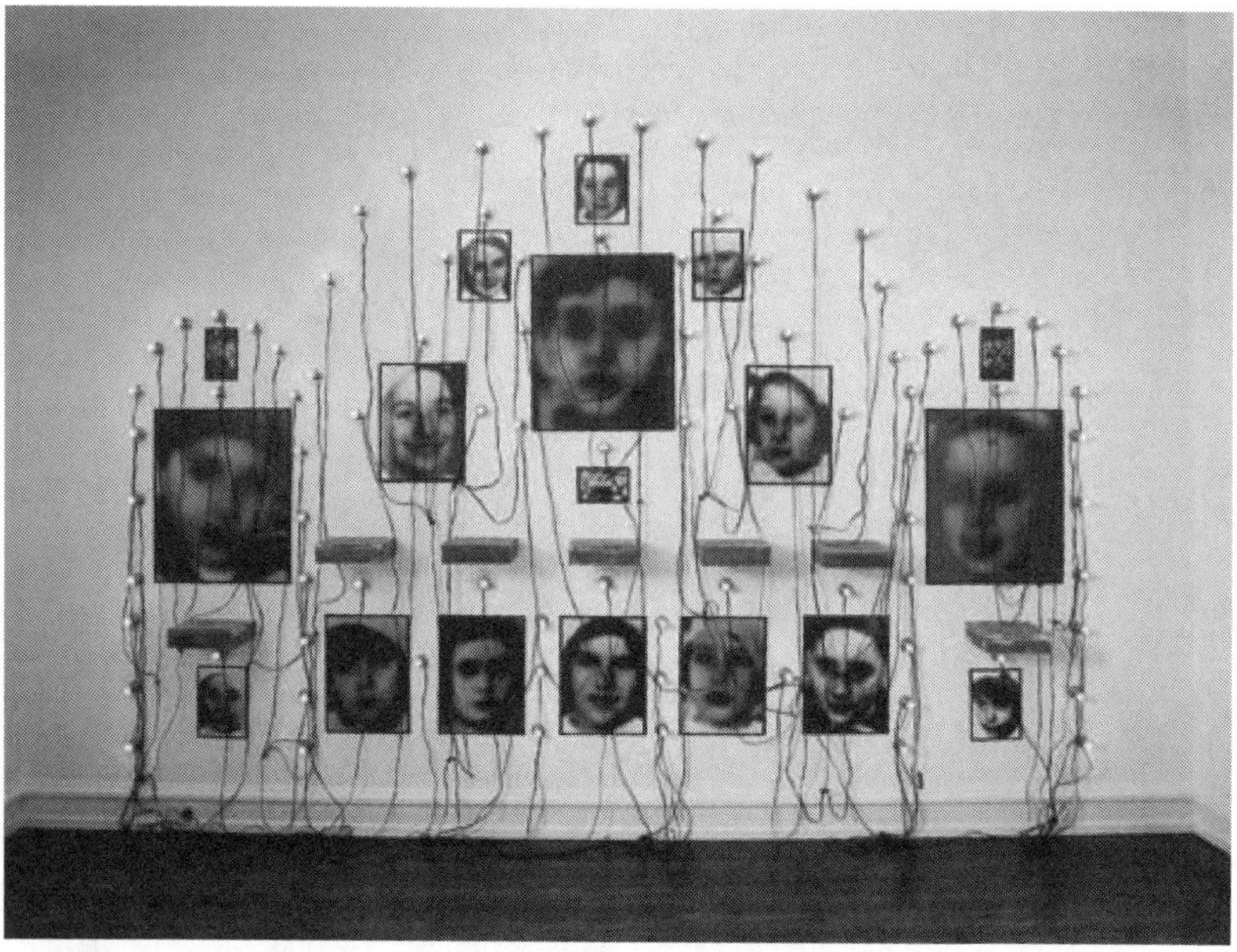

図 7
クリスチャン・ボルタンスキー「モニュメント」(Grenier 2010: 58-59)

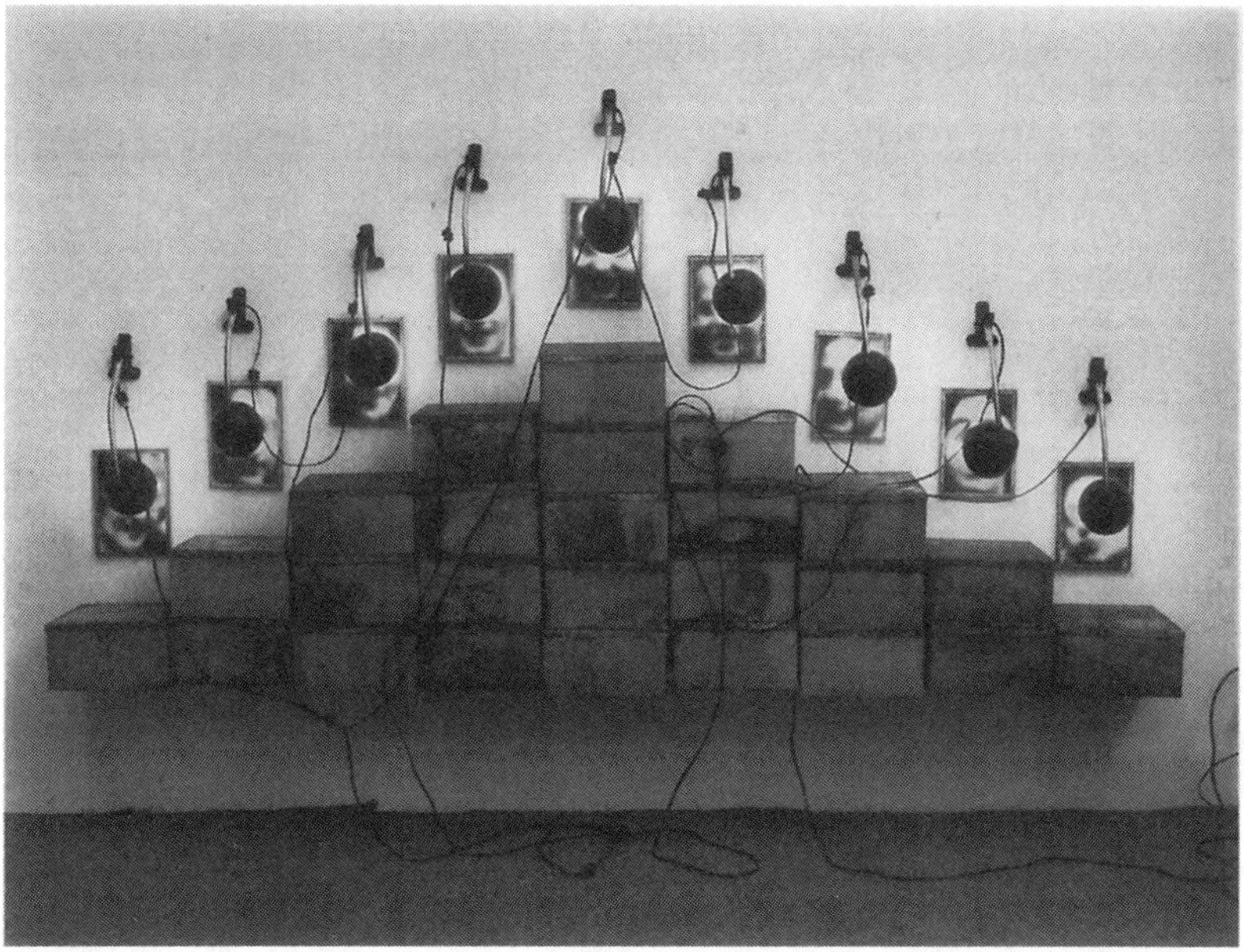

図 8
クリスチャン・ボルタンスキー「シャス高校の祭壇」（Gumpert 1988: 54）

一〇：九〇）。

このような作品から人類博物館を巨大な遺体安置所とみなしたとしても、ボルタンスキーにとって、それは非難ではなかったということが明らかであろう。彼にとって人類博物館は自己と世界について深い省察を与え、アーティストの存在理由を知らしめた啓示の場であった。反対にガラスケースに陳列された他者との対話を試みようとする企ては、死者を叩き起こし、墓を掘り起こすのと同じ冒涜なのではないだろうか。

ホロコースト効果と喪の作業

アルフェンによると、写真展示を主とするボルタンスキーの作品には観る人びとに二次的トラウマを引き起こす効果、すなわち「ホロコースト効果（Holocaust effects）」がある。彼の作品には「ホロコーストの犠牲者の個性（individuality）が剥奪され、人種のサンプルとして非人格的に取り扱われる。かれらは蒐集され、登録された後、（強制収容所で）使用されたり（ガス室で）殺害されたりする」のと同じ原則、すなわち「もっとも極端かつ根源的な形での個性の剥奪」が認められる（Alphen 2014: 77）。このような「ホロコースト効果」は、アウシュヴィッツの倉庫名がタイトルになっていて、ひとつの部屋に大量の古着を展示している『カナダ』（一九八八）だけでなく、[*18]肖像写真を扱った『モニュメント』や『シャス高校の祭壇』、『プーリム祭り』などにも認められるという。これらの作品で使用された拡大肖像写真から個性は消え、みな同じような顔つきになっている。目と口は骸骨を想起させるような黒い穴へと変貌している。かれらの顔を照らすランプの光は強く、尋問室のようだ。肖像写真に現実味がなくなり、主体性を喪った人間、固有性をなくし匿名の存在となった人間へと変貌する。それらは「不在の顔」なのである。こうした分析を通じて、アルフェンは、主体をモノにするホロコースト効果が再演されていると述べる

（Alphen 1997: 106; 2014: 202）。しかし、ボルタンスキーはホロコーストの再演には成功したが、その結果これを「馴化する」ことに失敗したという（Alphen 1997: 122）。

アルフェンによると、その克服をボルタンスキーはほかの作品群で実現しようとした。それらは『影』（一九八四、図9）や『ロウソク』（一九八六、図10）である。前者は展示室全体が走馬灯のような構造で、中心に置かれているいくつかのオブジェの影が部屋の壁に拡大して映る構造になっている。後者は、等間隔で壁から伸びた板に人形の銅製オブジェとロウソクが一つずつ置かれていて、やはり影が壁に映るようになっている。そして、それが社（shrine）のように見えるだけでない。ロウソクのちらつきによる影の動きは、オブジェと見る側との相互作用を表すという。

図9
『影』（Garb et al. 1997: 79）

しかし、ホロコースト効果が顕著な作品にもまた、それを克服するような作用があるのではないだろうか。すでに指摘したように、『モニュメント』や『シャス高校の祭壇』のような作品は、タイトルからも明らかなように追悼記念碑や祭壇を想起させる。それらは二次トラウマを引き起こすような再現性を有しているかもしれないが、同時にそれを批判的に克服するような作用もあるのではないだろうか。

ここで導入しておきたいのは、精神分析における行動化（acting out）と徹底操作（反芻処理、working through）という対比である（フロイト 二〇一〇a）。前者は、患者が無意識で抱える衝動や欲望を、しばしば非合理な行動に移すことを意味する。後者は、分析家による解釈を患者に繰り返させ、抑圧からくる抵抗をすこしずつ克服していく過程である。トラウマは体験のまま処理されず、人びとはＰＴＳＤに苦しむ。これを克服するためには、過去の体験を再現しつつ（行動化）、これを統御する（徹底操作）必要がある（ラカプラ 一九九六、一九九七）。前者は「身体的顕現、実際の生き直し」（ラカプラ 一九九七：二二七、二二九）、後者は喪として語られる。そして、これらの関係についてラカプラはつぎのように述べる。

フロイトの議論では、過去を強迫的に生き直すことでそれを行動化してしまうというおそらく不可避な傾向に対しては、可能な範囲で過去を記憶に変換し、過去に関しても、現今の生活要請に関しても責任を果たしうるように行動を制御する手段を与えるような徹底操作の努力で対抗しなければならないのである。たとえば、メランコリーや抑鬱の孤独や絶望は、脅迫的に反復されるトラウマの再現と密接な関係があるが、それに対しては、実生活へ再復帰する喪の作業を引き入れることで、あるていど対抗できる場合がある。喪は過去について批判的な距離をとることができ、失われた他者はもはや無媒介な同一化の対象ではないからである（ラカプラ 一九九六：二三四）。

図 10
『ロウソク』（Grenier. 2010: 51）

ここでラカプラは、フロイトに倣い、メランコリーという症状にたいして喪の作業を対比させたうえで、それが徹底操作であり、ＰＴＳＤの克服への可能性を示す。[*19]

サントナーによると、物語と服喪はともにトラウマ体験への反応である。喪は、想起や反復を通じてトラウマを自我に統合していく過程であるのにたいし、物語はむしろ喪を拒否したり、喪の作業をしたりする能力の欠如を示していると主張する（Santner 1992）。

以上の、徹底操作や、物語に対比される喪の位置付けに注目すると、『モニュメント』や『シャス高校の祭壇』、『プーリム祭り』には、アーカイヴという形式にこだわることで物語を拒否しつつも、ホロコースト効果すなわち行動化だけでなく、そのような効果に抗する喪の作業が強く認められるのである。その意味で、これらの作品は相対立する様相が併存しているとも言えよう。徹底操作（喪）を実施するためには行動化が必要であるからだ。物語の不在をもって、そこにホロコースト効果しか認められないと断じるわけにはいかないのである。[*20] フランス文学研究家の湯沢英彦の言葉を借りると、「（顔写真の）像を消滅させる力をなぞりながら、しかしそれを否定する、振り子のような往復運動」（湯沢 二〇〇四：一九八）がそこにはむしろ認められる。アーカイヴァル・アートという方法は、こうした往復運動にふさわしいのではないだろうか。ボルタンスキー自身、つぎのように述べている。

> 地面に置いた毛布の上に、小さな手帳とかきれいな時計とかが無差別に並べられていて、これはまさにそこにいない誰かのポートレートだ。それに僕が惹かれるのは、「生き返らせる」という考えでもあるんだ。僕がよく蚤の市で衣服を買っていたのも、古着を買うというのはそれに新しい生を与えることだからだ（ボルタンスキー&グルニエ 二〇一〇：一八五、強調傍点は引用者）。

ボルタンスキーの作品には、こうした再生あるいは蘇生の観念が色濃く見てとれるのである。この典型が「名前を与える」という行為である。

わたしが示そうとつとめているのは、数でありまた同時に、個々人の唯一性です。私にとってとても重要なことがあって、私たちは見たところみな似たり寄ったりですが、でもみな違うし、みなかけがえのないもので、だからその意味において、みな救われるのです。［…］（イメージと同じく）人びとに名前を与えることはとても大切なことに私には思えていて、名前を与えることは人の唯一性を認めることになるのです（Eccher et al. 1997: 66 湯沢　二〇〇四：二二六）。

「名前を与える」ことはカウンティングであり、喪の基本作業と言えよう。それは固有性を払拭するナンバリングと対照的な実践である。「名前を与える」ことを目的とした、ボルタンスキーの代表的な作品が、一九九〇年の『欠けた家』である。彼が目を付けたのは旧東ベルリンにある五階建ての集合住宅である。これは一九四五年二月に空襲を受けたが、そこに住んでいたユダヤ人たちはそれ以前に収容所に移送されていた。ボルタンスキーは、彼らの名前を記した白いプレートを空襲で真二つに分断された建造物の壁に貼付けたのである（図11）。そして彼らについての文書や写真を一〇台のガラスケースに陳列し、『ミュージアム』と名付けて西ベルリンにある公園に展示した。[*21]

最後に強調しておきたいのは、「新しい生を与える」あるいは「名前を与える」、つまりカウンティングを通じて個人を蘇らせるという企ては、ボルタンスキーが一人で行っていると考えるべきではなく、それをアートという形で実施することで共同かつ公なものへと変換しているということである。その際、彼が訴えているのはナショナリズムのような物語ではなく（そもそも、名を与えることと、アルチュセール（一九九三）の言う呼びかけて大きな物語すなわちイデオロギーに従属する主体を生み出すこととは紙一重の実践である）、不在を共有して生まれるよ

図 11
クリスチャン・ボルタンスキー「欠けた家」(Grenier 2010: 117)

うな共同性であるということだ（遊佐　二〇一五：一二四―三七）。

再びアウシュヴィッツへ

では、アーカイヴァル・アートの領域以外に、ホロコースト効果と服喪の両方を示唆する実践はないだろうか。ここで紹介したいのは、遺影や家族写真、遺品の展示が認められる博物館や祈念施設の試みである。それらもまたカウンティングであり、消された顔に名前を与える試みである。そして、それらの写真や名前は集合的に展示されているということにも注目したい。これらが戦跡や大量虐殺のあった場所に設置されていること自体、すでにホロコースト効果が想定されていると考えていいだろう。たとえ平和な世の中を希求して開設された博物館でも、そこに殺戮を想起させる武器や破壊された建築物の一部が展示されていれば、開設の目的に関係なく不快な思いする訪問者もいることであろう。これらは広い意味で二次的トラウマの体験と言える。戦争の悲惨さを強調すればするほど、そうした効果が大きい。このため、どこまで現実に忠実な、したがって「残酷な」展示を実現するかが問題視されてきた。[*22] ただし、気をつけなければならないのは、ボルタンスキーの作品と異なり、これらは公的かつ恒久的なものであり、ボルタンスキーが避けてきたような大きな物語の一部であることが多い点である（とくに「博物館・資料館での試み」で取り上げた事例）。この点を留保しつつ論を進めていきたい。

たとえば、アウシュヴィッツ博物館（アウシュヴィッツ第一収容所）には、すでに指摘したように多くの遺品や殺されたユダヤ人女性の髪の毛から製作された絨毯などが展示されているし、焼却炉に入ることも可能だ。こうした体験は、訪問者に二次的なトラウマを引き起こす危険がある。しかし、他方で、先に示唆したような喪の作業もまた認めることが可能である。

写真の展示だけに限ると、資料的な価値のある当時の収容所の写真や解放直後のガリガリにやせた収容者の裸体写真をのぞくと、二つの写真展示が目につく。[*23] ひとつはアウシュヴィッツ第一収容所ブロック6の廊下にところ狭しと掲示されている肖像写真である（図12）。これらは、親衛隊が撮影した初期の政治犯たちの写真で、もともと横と斜めからの写真とともに三枚でセットになっていた。写真の下には、囚人番号、名前、生年月日、職業、収容日と死亡期日が記されている。本稿の冒頭で述べた「不在の顔」写真の典型と言えよう。それらは遺族にとっては意味のある写真かもしれないが、ここを訪れる多くの訪問者にはアウシュヴィッツの過酷さを暗示するものである。

これにたいし、もうひとつの写真展示は対照的な趣を示している。それは、広大なビルケナウ（アウシュヴィッツ第二収容所）の敷地の奥に位置し、ほとんど訪れる人のいないザウナ（Die zentrale Sauna 中央サウナ建造物）に設置されているものである。ランペ到着後、労働者として収容が決まった人びとは、まずザウナに向かい、登録をし、脱衣、髪や体毛を剃られ、シャワーを浴び、制服を受け取る。衣服についたシラミを駆除する蒸気消毒器も備えられていた。第一収容所と異なり、どちらかというと当時の様子の保存を目指している第二収容所ではめずらしい展示風景である。展示されている写真はおよそ二四〇〇枚で、解放後ビルケナウで発見されたユダヤ人たちのものである。多くが収容以前のスナップ写真や家族の集合写真からなる。それらは、収容以前のユダヤ人たちの生活を生き生きと描写している点で、「不在の顔」写真とは対極に位置する。それは番号を彫られ人間でなくなる前の、そして病気や飢えで死ぬ前の収容者たちの姿を映している（図13）。その中でも同じ家族の写真と思われるものは一つのパネルに集められ、メンバーの説明がポーランド語、英語、ヘブライ語で記載されている。一つ例を挙げよう。

スポーツマンらしい青年が、ありとあらゆる場所で、友人たちと写真を撮ってもらっている。彼の名前は、ベニヤミン・ツキェルマンである。彼自身熱心な写真家で、このうちのいくつかは彼自身がタイマーを使って撮った

図 12
収容者の肖像写真（筆者撮影）

図 13
ザウナの写真展示（筆者撮影）

に違いない。ほとんどは休暇のときに撮られている。川辺、湖畔、冬にはスキー姿で。子ども時代の数枚だけが写真館で撮影されている。残念ながら両親ヘルツル（一八七二年一〇月二四日生まれ）とリフカ（一八七三年生まれ）の写真もたくさんいた兄弟姉妹、モシェ、レア、アブラム、アンデャ、アロン（一九〇七年二月一日生まれ）、ブリムチャ（一九一〇年生まれ）の写真も残っていない。この家族は一九二〇年代半ばにパレスチナに移住したが、ほどなくしてポーランドに戻ってきた。戦前のベンヂンを知っている多くの人には、ツキェルマンのパン屋は有名だった。そこのケーキは最高で、コーヒーや茶菓子、アイスクリームが食べられる喫茶店も併設されていた。［…］戦争が始まる少し前に、ベニヤミンはプルートスチョコレート工場ベンヂン支店のマネージャーになって、恋人のエヂャ・カネルと結婚した。最後の二人の写真はゲットーで撮影されたものだ。彼の甥ツヴィ・ツキェルマンによると、ベニヤミンと兄弟のアブラムは一九四三年にフュンフタイヒェン強制収容所に移送され、帰ってくることはなかった。

一度固有性を払拭され、殺害されたユダヤ人たちが残した写真を手がかりに、誰かを明らかにし、名前を与え、家族関係を調べる。それをもとに、収容所に来る前の、幸せだったに違いない生活に思いを馳せるような装置こそ、喪の作業にふさわしい展示と言えよう。ここでボルタンスキーのいう唯一性を復活する努力が認められる。そして、このような展示が、ビルケナウの奥にひっそりとなされていることにも注目したい。

ザウナは、家畜用の貨物列車に長い間詰め込まれ、収容所に送られてきたユダヤ人にとって、安堵と希望の場所であった。彼らはランペで選別された後「シャワー室」（ガス室）に送られることなく、本物のシャワーにありつけたのである。しかし、その希望は一瞬のものにすぎない。最初の選別を免れた者たちもまた、過酷な労働条件のもとで遅かれ早かれ死を迎えることになったからだ。三年半で一一〇万人の殺戮があった場所として、アウシュヴィッツは人類の希望の地であってはならない。一九四五年一月二七日の解放をもって終了する希望の物語を唱えてはいけない。そのような思いから、喪の作業はザウナでひっそりと行われていると言えるのではないだろうか。

博物館・資料館での試み

さて、敗戦国日本には、多くの平和博物館や追悼を目的とする資料館があるが、そこで目につくのが遺影である。知覧特攻平和会館（一九七五年開設、鹿児島県知覧市）、ひめゆり平和記念資料館（一九八九年開設、沖縄県糸満市）などがその典型である。また、靖国神社の遊就館（一八八二年開設、二〇〇二年改装、東京都千代田区）や呉市海事歴史科学館（通称大和ミュージアム、二〇〇五年開設、広島県呉市）にも遺影が展示されている。

遺影ではないが、名前を刻んで慰霊碑とする施設もある。たとえば、沖縄・摩文仁の丘にある平和の礎は、沖縄戦終結五〇周年を記念して建設されたもので、全部で一一八基、全長一キロに及ぶ刻銘板には沖縄戦で死亡した兵士、民間人、外国人兵士の名前、外地で戦死した沖縄出身の人間などの名前が出身地とともに刻まれている。その数は二四万一四一四人（二〇一六年六月現在）である。六月二三日の慰霊の日には、ここで死者を供養する遺族の人たちがひっきりなしに訪れる。

遺影を展示し、遺品の寄贈を依頼し、名前を刻印するという行為が、誰に知られることもなく、どこで死んだのかも分からない人びとに名前を与える、固有性を確保するのだ。平和の礎がカウンティングの実践であるゆえに、人びとはここで個人を想って慰霊ができるのである。沖縄戦の終了を記念する六月二三日の「慰霊の日」には、沖縄各地から人びとが平和の礎に集まり、死んだ家族の名前が彫られている刻銘板に水をかけ、花や食べ物を供え、線香をたく行為が見られる（北村 二〇〇九：三一五）（図14）。

ここで興味深いのが、ヤド・ヴァシェム（Yad Vashem）である。これは一九五三年にエルサレムに設置されたホ

図 14
刻銘板の前で（筆者撮影）

図 15
名前の集会場（筆者撮影）

ロコーストの犠牲者を追悼する記念館で、イザヤ書、五六-一に基づくもので死者としての名を永遠に記憶にとどめるための場所を意味する。その中心的な施設はまさに「名前のホール」(the Hall of Names)と呼ばれ、六〇〇葉の写真と証言文書が展示されている(図15)。ここにも死者に名前を与える(カウントする)という考えが濃厚に反映している。

本節で扱った博物館には犠牲者を特定できる検索システムが備わっていることにも注目したい。たとえば、アウシュヴィッツ博物館では犠牲者の検索ができる。沖縄の平和の礎には四つの検索機器があり、どこに故人の名前が刻まれているかすぐに分かる。知覧特攻平和会館では一〇三六人の遺影とともに、彼らの遺書などを読むことができるが、一部はネット上でも検索閲覧できる。これらの検索機能は、まさにアーカイヴそのものと考えることができよう。しかし、それは「不在の顔」の生産ではなく、それに名前を与えようとする不断の努力なのである。

以上、本節ではボルタンスキーの作品やアーカイヴの原理を前面に出した博物館・資料館の展示を紹介してきた。それらは、戦争という大量の死を生み出すできごとを告発すると同時に、大量死のほんの一部をなす、しかし遺族にとってはかけがえのない個人の死の表現に携わってきた。それが個々の死を直視するゆえに、喪の作業であり慰霊の場でもあるのである。もちろん、すでに指摘したように、こうした試みが、より大きな物語(平和の名のもとでの戦争の美化、植民地支配の正当化など)に組み込まれる危険を否定することはできない。こうした危険を意識しつつなお、そこにカウンティングの試みが認められることを確認しておきたい。

おわりに

文化人類学者は、調査地の資料を収集し、人びとのライフ・ヒストリーや発言を記録・分類し、一般化し、報告・分析する。データの中には、音声資料や、写真・動画のような映像資料も含まれる。こう考えると、わたしたちはフィールドごとに自分の研究室にアーカイヴを構築しているのである。だとすると、これまでの議論から、他者の固有性の理解という文化人類学の目的とアーカイヴに基づく分析方法とは相対立することにならないだろうか。わたしたちは、この矛盾をどのようにして解決し、克服すべきなのだろうか。たしかにHRAF（Human Relations Area Files）のようなアーカイヴ化を目指し、これに基づく研究を推進するプロジェクトも存在する。[*24] しかし、今日わたしたち人類学者に求められているのは、断片化した資料に息を吹き込み、フィールドノートに書きとめた個別的な事例を分析することであって、一昔前の文化人類学のように、文化単位で「〇〇人」の習俗について発表したり、ある習慣を通文化的に比較したりすることではない。

目的と方法のあいだに認められる矛盾を克服するために人類学者が採用した方法は「対話」であり、対話を前面に出した民族誌も実際に生まれている。ライフストーリーや語りの収集が好んで採用されるのも、そこに人類学者とインフォーマントの対話の痕跡を認め、不完全な形であれそれを紙面に再現できると考えるからであろう。そこで注意深く企てられているのは、他者化の回避である。これは、文化人類学の文脈ではなによりも他者を過去の存在として位置づけるべきではないということ（Fabian 1983）、あるいは消滅しつつある存在として、したがって救済（サルヴェージ）すべき存在としてとらえてはならないこと（清水　一九九九：六二六 n.8）、さらにエイジェンシーが欠如した無力な存在とみなすべきではないことを意味していた。すでに示唆したように、同じような動きは、博物館展示の方針にも認められる。民族誌よりも博物館の活動の方が公には影響力が大きいため、展示の対象となる人びとからの批判も強い。他者化や事実の歪曲を避けてなにをどう展示するのかは、博物館展示の大きな論点である。[*25]

他者化を回避し、対話を強調する文化人類学や博物館の態度とボルタンスキーの方法の決定的な違いは、後者ではむしろアーティスト自身の「他者化」が目論まれているということだ（「わたしたちはこの博物館で終末を迎える」）。自己の他者化あるいは自己のアーカイヴ化を通じて、見る者と見る者を取り巻く世界もまた変容を経験する。この自己の他者化とは異化の経験にほかならない。多くの「未開社会」が変貌を被り、「消滅」しつつあるという現実は否定しようがない。しかし、それを認めることがサルヴェージ人類学の復活であり、欧米中心の自己すなわち救出する自己の確立であってはならない。救出される側と救出する側の、無力な存在とエイジェンシーに満ちた存在の、（ポスト）コロニアルな分断を再生産すべきではない。こうした分断を避ける方法のひとつは、消滅する他者を認めつつ、その他者の一人として自己を位置づけることである。そのうえで、固有性を失わない記述に徹すること。こうした手続きを取ることで民族誌記述は、ボルタンスキーの作品と同じく異化と服喪の作業となろう。[*26] 民族誌記述に「ホロコースト効果」はむしろ必須なのである。

「アウシュヴィッツ以後、詩を書くことは野蛮である」（Nach Auschwitz ein Gedicht zu schreiben, ist barbarisch）（アドルノ 一九九六a：三六）という言葉をもじって言えば、アウシュヴィッツ以後、民族誌を記述することは野蛮である。[*27] トラウマを引き起こすような出来事を対象としない、あるいは二次的トラウマを避けるような人類学は野蛮なのである。アウシュヴィッツ以後の現代社会に生きるわたしたちはすでにトラウマの被害者なのである。したがって、現代社会を対象とするポスト＝アウシュヴィッツ時代の民族誌とは、トラウマ被害者を対象とすることを意味し、（他者ではなく）わたしたちをも含む民族誌なのだ。他方、かつての抵抗をテーマにした民族誌のように解放やしたたかさが主要な物語としてすでに用意されているような記述についても慎重に対処すべきであろう。すでに見てきたように、アーカイヴ的統治とトラウマは現代社会を特徴付ける主要な反物語の要素だからといって、安易に物語を復帰させるべきではないのである。自己証明にアーカイヴ・システムは不可欠である。現代社会の生活からトラウマやメランコリー（のリスク）を無視することなどできない。そのような認識こそが、ポスト＝アウシュヴィッツ時代の人類学において、なによりも求められることがらなのである。

追記

ヤド・ヴェシャムの由来については、エルサレム・ヘブライ大学のNissim Otmazgin教授とJunko Nakajima Otmazginと金沢大学の野村真理教授に教えていただいた。ここに感謝の意を表する。

【注】

＊1 西村の提案する尊称的機能は、（Sekula 1986: 6）のhonorificとrepressiveという区別に負っているが、ヴァルター・ベンヤミンの礼拝的価値を想起させる（ベンヤミン　二〇〇〇）。

＊2 たとえばIraqi Body Countのホームページ（https://www.iraqbodycount.org/、二〇一六年一〇月五日閲覧）参照。

＊3 以下のベルティヨン方式についての説明は（渡辺　二〇〇三）に基づく。

＊4 顔についての哲学的考察は（レヴィナス　二〇一五／二〇一六）が有名だが、ここでは取り上げない。

＊5 詳しくは、（Poivert 1997）参照。シュルレアリズムとヒステリーとの関係については（Bate 2004: 63-65）を参照。

＊6 詳しくは（Bate 2004:148-153）参照。

＊7 ただし、男性シュルレアリストたちは眼を閉じていても、眠っているというのではなく見ようとしないという、より能動的な態度を示唆しているのにたいし、ヒステリー患者の女性のほうは肌をあらわにし、自制のきかない、徹底的

に受動的な態度を表している。男性たちはネクタイをつけ、女性たちは肌をあらわにしている。また、眼は閉じていてもかれらの固有性が払拭されているとは言えない。

＊8 ほかに (Sekula 1986: 58) を参照。

＊9 以下の説明については、主として (宮地 二〇一三) を参照した。

＊10 これらの概念はともにフロイトの同時代人である、ピエール・ジャネ (Pierre Janet, 一八五九―一九四七) に由来する (Leys 2010: 105)。

＊11 アウシュヴィッツの表象不可能性をめぐる問題は、より一般的には歴史の記述を巡る問題の一部として議論されてきた (フリードランダー編 一九九四)。また証言の問題については、(アガンベン 二〇〇一) が詳しい。日本語ではほかに (高橋 二〇〇四) と (長田 二〇一一) 参照。

＊12 以下の説明については、主として (芝 二〇〇八、中谷 二〇一二) を参照した。

＊13 厳密に言うと、アウシュヴィッツ第二収容所は一九四二年三月から始動する絶滅収容所の一つである。

＊14 靴下のほか、爆弾の点火装置、ロープ、細縄、マットレスの詰め物などに使われた (ベーレンバウム 一九九六：三一〇)。アウシュヴィッツ博物館では毛髪でできた絨毯が展示されている。

＊15 ボルタンスキーについては、(ボルタンスキー&グルニエ 二〇一〇、湯沢 二〇〇四) などを参照した。

＊16 こうした方法から、ボルタンスキーはアーカイヴァル・アートの代表者と位置づけられている。アーカイヴァル・アートについて、詳しくは (中村 二〇〇七) を参照。具体例については (Schaffner and Winzen eds. 1998) や (Enwezor 2003) を参照。なお、ボルタンスキーには小物をたくさん陳列した、『資料陳列ケース』(一九七〇)、『カタログ』(一九九二) や、ずばり『アーカイヴ』(二〇〇九) という作品 (書物) もある。

＊17 ボルタンスキーの作品については、(Boltanski 1997; Boltanski and Mendelsohn 2010) を参照、邦語名は原則、(湯沢 二〇〇三四) による。

＊18 『カナダ』はアウシュヴィッツにおけるユダヤ人の所有物を集めて保存していた倉庫の名前である。カナダが、豊かな国であるという連想から、そう名付けられていた。作品ではおよそ六万の古着が部屋中に吊り下げられていて、大量の犠牲者を想起させる。

＊19 フロイトの主張については、(フロイト 二〇一〇b) を参照。同じ頃に公刊された『トーテムとタブー』にも喪についての記述があるが (フロイト 二〇〇九：七〇―八五、一八〇―八四)、徹底操作と結びつけて論じられてはいな

い（ほかに（Klein 1940）、最近では（Clewell 2004）を参照）。高橋（二〇〇四）は、クロード・ランズマン（Claude Lanzmann）の『ＳＨＯＡショア』についての解釈をめぐって、徹底操作が欠如していると批判するラカプラに反論する。徹底操作あるいは喪の作業が見えにくいのは、『ＳＨＯＡショア』が物語の否定の上に作成されているからであろう。

＊20　ほかにも（Benjamin 1997: 67）参照。もちろん、ボルタンスキーのすべての作品に喪失と喪のモチーフが見られるとここで主張するつもりはない。またアートには、トラウマ的出来事の再現を目的とするものもないわけではない（たとえば、アナ・メンディエッタ（Ana Mendietta）による一九七〇年の強姦シーンのパフォーマンスなどを参照）。喪と創作との関係一般については、（Richman2014: 85-91）が詳しい。

＊21　ほかにも名前の一覧表を作品とするものがある。これらについて、ボルタンスキーは「名前のあるところには人間がいる」という考えに由来し、名前が人間を個性のある存在にすることを強調している（ボルタンスキー&グルニエ二〇一〇：二三〇）。ボルタンスキーの死者と名前へのこだわりは、最近の作品にも強く認められる（二〇一四年『アニミタス　さざめく亡霊たち』、二〇一六年『ささやきの森』、『心臓音のアーカイヴ』など）。ただし、これはユダヤ的なものだとも述べている（Boltanski and Mendelsohn 2010:144）。

＊22　最近では二〇一三年に広島平和記念資料館の展示が問題視された。アウシュヴィッツ博物館では一五歳以下の入館を制限している。また子供に見せたくないような品々や写真は上部に展示されている。

＊23　以下の博物館展示については（中谷　二〇一二）を参考にした。

＊24　詳しくは、http://hraf.yale.edu/（二〇一六年一〇月三日閲覧）を参照。

＊25　たとえば、最近では（高倉編　二〇一五）の試みがある。

＊26　重要なのは出来事から距離をとるのではなく、当事者に自身を位置づけるということである。したがって、被害者か加害者かということは二次的な問題である。実際、被害者と自身を同定することは決して難しいことではない。しかし、ここで提唱している「異化」は、たとえば同じ女だから、同じ有色人種だからというかたちで他者理解の正当性を確立するためではない。この点については（岡　一九九八）を参照。

＊27　厳密には、アウシュヴィッツが詩を典型とする文化実践の野蛮さを明らかにした、ということを意味する（アドルノ　一九九六：四四七）。

【参考文献】

アガンベン、ジョルジュ　二〇〇一（一九九八）『アウシュヴィッツの残りのもの——アルシーヴと証人』上村忠男、広石正和訳、月曜社。

アドルノ、テオドール・W　一九九六a（一九五五）『プリズメン——文化批判と社会』渡辺祐邦訳、ちくま学芸文庫。

——　一九九六b（一九六六）『否定弁証法』木田元、渡辺祐邦、須田朗、徳永恂訳、作品社。

アルチュセール、ルイ　一九九三（一九七〇）『アルチュセールの「イデオロギー」論』山本哲士、柳内隆訳、三交社。

岡真理　一九九八「「同じ女」であるとは何を意味するのか——フェミニズムの脱構築に向けて」江原由美子編『性・暴力・ネーション』、二〇七-五六、勁草書房。

香川檀　二〇〇五「痕跡とレトリック——現代美術による歴史的過去の想起」『武蔵大学人文学会雑誌』三七（一）、一五-六二。

——　二〇一二『想起のかたち——記憶アートの歴史意識』水声社。

北村毅　二〇〇九『死者たちの戦後誌——沖縄戦跡をめぐる人びとの記憶』御茶の水書房。

クラパンザーノ、ヴィンセント　一九九一（一九八三）『精霊と結婚した男——モロッコ人トゥハーミの肖像』大塚和夫、渡部重行訳、紀伊國屋書店。

クリフォード、ジェイムズ＆ジョージ・マーカス編　一九九六（一九八六）『文化を書く』春日直樹、足羽與志子、橋本和也、多和田裕司、西川麦子、和邇悦子訳、紀伊國屋書店。

芝健介　二〇〇八『ホロコースト——ナチスによるユダヤ人大量殺戮の全貌』中公新書。

清水昭俊　一九九九「忘却のかなたのマリノフスキー——一九三〇年代における文化接触研究」『国立民族学博物館研究報告』二三（三）、五四三-六三四。

高倉浩樹編　二〇一五『展示する人類学——日本と異文化をつなぐ対話』昭和堂。

高橋哲哉　二〇〇四『証言のポリティクス』未来社。

長田陽一　二〇一一『犠牲と身代わり——記憶できないものをめぐって』春風社。

中谷剛　二〇一二『アウシュヴィッツ博物館案内』（新訂増補版）凱風社。

中村史子　二〇〇七「アーカイヴという視点、アーカイヴを眺める視点——一九六〇年代以降の写真アーカイヴァル・アートをめぐる試論」『京都美学美術史学』六、一二九-六五。

西村清和　一九九七『視線の物語・写真の哲学』講談社選書メチエ。

フリードランダー、ソール編　一九九四（一九九二）『アウシュヴィッツと表象の限界』（ポイエーシス叢書）上村忠男、小沢弘明、岩崎稔訳、未来社。

フロイト、ジークムント　二〇〇九（一九一三）「トーテムとタブー――未開人の心の生活と神経症者の心の生活における若干の一致点」門脇健訳、新宮一成他編『フロイト全集　一二』、一－二〇六、岩波書店。

――　二〇一〇a（一九一四）「想起、反復、反芻処理」道籏泰三訳、新宮一成他編『フロイト全集　一三』二九五－三〇六、岩波書店。

――　二〇一〇b（一九一五）「喪とメランコリー」伊藤正博訳、新宮一成他編『フロイト全集　一四』、二七三－九五、岩波書店。

ベーレンバウム、マイケル　一九九六（一九九三）『ホロコースト全史』石川順子・高橋宏訳、創元社。

ベンヤミン、ヴァルター　二〇〇〇（一九三六）『複製技術時代の芸術作品　精読』多木浩二訳、岩波現代新書。

ボルタンスキー、クリスチャン＆カトリーヌ・グルニエ　二〇一〇（二〇一〇）『クリスチャン・ボルタンスキーの可能な人生』佐藤京子訳、水声社。

宮地尚子　二〇一三『トラウマ』岩波新書。

遊佐香子　二〇一五『現代共同体論の展開と芸術の変容――〝表象〟から〝エクスポジション〟へ』東京外国語大学提出博士論文。

湯沢英彦　二〇〇四『クリスチャン・ボルタンスキー――死者のモニュメント』水声社。

ユベルマン、J・ディディ　一九九〇（一九八二）『アウラ・ヒステリカ――パリ精神病院の写真図像集』谷川多佳子、和田ゆりえ訳、リブロポート。

ラカプラ、ドミニク　一九九六（一九九四）「歴史・理論・トラウマ――行動化と徹底操作」小沢弘明訳、『現代思想』二四（一二）、八六－一〇一。

――　一九九七（一九九七）「ランズマンの『ショアー』――「ここになぜはない」」高橋明史訳、『現代思想』二五（一〇）、二二二－六〇。

レヴィナス、エマニュエル　二〇一五／二〇一六（一九六一）『全体性と無限（上・下）』熊野純彦訳、岩波文庫。

渡辺公三　二〇〇三『司法的同一性――市民社会における個体識別と登録』言叢社。

Alphen, Ernst van 1997 *Caught by History. Holocaust Effects in Contemporary Art, Literature and Theory*. Stanford CA: Stanford University Press.

——— 2014 *Staging the Archive. Art and Photography in Times of New Media*. London Reaktion Books.

——— 2015 List Mania in Holocaust Commemoration. In *Revisiting Holocaust Representation in the Post-Witness Era*. Diana I. Popescu and Tanja Schult (eds.), New York: Palgrave MacMillan, pp.11-27.

Bate, David 2004 *Photography and Surrealism: Sexuality, Colonialism and Social Dissent*. London: I.B. Tauris.

Benjamin, Andrew 1994 *Object-Painting*. London: Academy Editions.

Boltanski, Christian and Daniel Mendelsohn 2010 〝We Talked Some Good Philosophy〟 : A Conversation between Christian Boltanski and Daniel Mendelsohn. In Catherine Grenier and Daniel Mendelsohn 2010 *Christian Boltanski*. (tr. by David Radzinowicz) Paris: Flammerion, pp.139-163.

Clewell, Tammy 2004 Mourning beyond Melancholia: Freud's Psychoanalysis of Loss. *Journal of the American Psychoanalitic Association*. 52(1):43-67.

Eccher, Danilo, Christian Boltanski, Daniel Soutif 1997 *Christian Boltanski*. Venezia : Charta.

Enwezor, Okwui 2003 *Archive Fever: Uses of the Document in Contemporary Art*. New York: Steidl.

Fabian, Johannes 1983 *Time and the Other: How Anthropology Makes its Object*. New York: Columbia University Press.

Garb, Tamar, Didier Semin, Donald Kuspit 1997 *Christian Boltanski*. London: Phaidon

Grenier, Catherine 2010 There's a Story... In Catherine Grenier and Daniel Mendelsohn 2010 *Christian Boltanski*. (tr. by David Radzinowicz). Paris: Flammarion, pp. 3-137.

Gumpert, Lynn 1988 The Life and Death of Christian Boltanski In *Christian Boltanski: Lessons of Darkness*. Museum of Contemporary Art et al. (ed.) Gardner Lithograph, pp.49-86.

Karp, Ian and Steven D. Lavine 1991 *Exhibiting Culture: The Poetics and Politics of Museum Display*. Washington D.C.: Smithsonian.

Klein, Melanie 1940 Mourning and its Relationship to Manic-Depressive States. *The International Journal of Psycho-Analysis*. 21:125-153.

Leys, Ruth 2010 *Trauma: A Genealogy*. Chicago: Chicago University Press.

Poivert, Michel　1997　'Le phénomène de l' extase' ou le portrait du surréalisme même, *Études photographiques*, no.2(mai):96-114 http://etudesphotographiques. revues.org/130.（二〇一六年一〇月三日閲覧）
Richman, Sophia　2014. Mended by *The Muse Creative Transformations of Trauma*. London: Routledge.
Santner, Eric　1992　History beyond the Pleasure Principle. In Saul Friedlauner ed. *Probing the Limits of Representation: Nazism and the "Final Solution"*. Harvard University Press, pp.143-154.
Schaffner, Ingrid, and Matthias Winzen eds.　1998　*Deep Storage: Collecting, Storing and Archiving in Art*. Munich: Prestel.
Sekula, Allan　1986　The Body and the Archive. *October* 39: 3-64.

第二部　変容する場と身体

第五章　二〇世紀のモンゴルにおける人間＝環境関係
――牧畜の「集団化」をめぐる歴史人類学的研究

冨田敬大

はじめに

モンゴル[*1]は、一九九二年、民主化後の新憲法において、初めて土地の私有化を行なう方針を打ち出した。二〇〇二年に、一九九四年に制定した土地法を改正し、土地の私的所有権を規定すると同時に、その手続き法である「モンゴル国民への土地所有化に関する法律」を制定するに至った。一九九二年の新憲法で土地の私的所有が定義されてから、二〇〇二年の土地法で規定されるまでに、一〇年もの歳月が費やされたことは、土地私有化をめぐる議論がいかに激しかったかを物語っているといえるだろう。それはこの国が、社会主義国であったことに加えて、伝統的に牧畜を基盤とした社会であったことが大いに関係している。

事実、現在でも憲法では、「放牧地、公共利用、国家による特別な使用に供する以外の土地は、モンゴル国市民のみが所有できる」と規定されるとおり、国土の大部分を占める放牧地は、私有化の対象とはなっていない。固定畜舎を伴う冬または春の宿営地のみが、占有権という長期間の利用許可の対象となる。実は移行当初、世界銀行やアジア開発銀行（ＡＤＢ）などの国際金融機関は、融資の借款にからむ条件として、放牧地の私的所有を要求していた。このうち、ＡＤＢは、草稿段階から土地法制定に携わっていたが、放牧地の私有化といったうわべだけの解決策では、経済効果や環境保全といった目的を達成することはできないとして（ADB 2002）、放牧地への私的所有権の設定を断念した。その後、一九九〇年代後半以降は、放牧地への個人の権利設定よりも、放牧地の適正な利用・管理により重点が置かれるようになった。国際機関や先進国が、「コミュニティを基盤とした土地管理」という地域性を重視し、住民参加型の資源管理を目指す各種の援助プログラムを実施する一方、国内外の研究者がその是非をめぐってさまざまな立場から議論を展開するなど、モンゴル草原の持続可能性をいかに確保していくかが国際的な関心事となっている。*2

しかし一方で、こうしたモンゴル草原の保全・管理をめぐる政策や議論が、土地利用の現状が生じた歴史的な背景について、これまであまりに無関心であったことが、人類学者や歴史学者らによって批判されている（Fernandez-Gimenez 1999 ; Sneath 1999 ; Endicott 2012）。たとえば、デイビッド・スニースは、モンゴルをはじめとする内陸アジアの牧畜社会に対する歴史的な裏づけを欠いた「伝統」の観念が、二〇世紀における牧畜社会の変化に対する理解をいちじるしく歪めてきたと指摘する（Sneath 1999: 219）。確かに、持続可能な開発のあり方を探るうえで、土地利用の歴史的な理解は不可欠であるに違いない。ただしその際、従来研究における伝統（清朝統治下、社会主義期を含む）と現代を対置する二元論的な枠組みでは、約七〇年に及ぶ社会主義時代の評価、位置づけが不十分である。個人・社会のあり方を大きく変えた（そしてその影響は現代に及ぶ）社会主義時代を一層重視し、伝統・社会主義・現在という枠組み（高倉 二〇〇八：八）で、土地・家畜・人の関係の歴史的な変化を読み解いていく必要があるだろう。そのための第一歩として、この小論では、モンゴルの人びとにとってもっとも身近な「過去」である社会主義時代において、土地・家畜・人の関係がどのように変わったのかについて考えてみることにしたい。

土地利用の歴史的な変遷とその変動の意味を理解するためには、まず、土地利用が、国家、社会、個人といった様ざまな主体が複雑に絡み合うなかで、歴史的につくりあげられてきたという、基本的な視座から研究を行なうことが重要である。渡辺公三は、『司法的同一性の誕生』において、西欧の市民社会におけるアイデンティティ装置としての司法的同一性が、一九世紀から二〇世紀初頭の人類学を中心とした知的営為のもとでいかに生みだされてきたのかを詳細に検討した（渡辺　二〇〇三）。同書が提起した問題は、個人と社会、人間・生物の分類、近代的な知と制度のかかわりなど多岐にわたるが、この小論にとって参考となるのは、渡辺が「司法的同一性」の確立過程を、人類学という限定された領域にとどまらず、様ざまな学知の領域と制度の知の領域を横断してやり取りされる情報と権力の動的なネットワークとして描き出した点である。言い換えれば、それは、同時代を生きる人びとの関係性のネットワークをたぐり出すことで、通常の歴史の見方では意識されない現実の連関を再発見する試みであり、想像力によって異貌の同時代を見出そうとする「歴史人類学」の提起であった（渡辺　二〇〇九）と考えられる。ここでは、この歴史人類学に立脚して、二〇世紀（主に社会主義時代）のモンゴルにおける土地利用の変容過程をたどることを通じて、人間と自然のかかわりから牧畜の「集団化」とは何であったのかを考え直してみたい。その際、ここで主に関心を向けるのは、土地利用をめぐる国家、社会、個人といった異なるレベルの「主体」の関係性である。具体的には、国家の歴史（文書資料にもとづいて復元される）とそこから逸脱する個人の記憶・経験（人びとの語りから再構成される）の対抗的な関係（小長谷　二〇〇九）を、地方社会（社会主義時代の農牧業協同組合および国営農場に重なる現在の郡や行政区を調査対象の地域的範囲として設定した）という具体的な場で捕捉することによって、国家、地方行政、個人・世帯といった様ざまな主体のあいだの交錯した関係を読み解くことを目指す。

本論文で扱う資料は、法令や統計、行政文書などの公文書と、人びとへの聞き取りや実際の観察などフィールドワークにもとづくデータに大別される。前者は、国立中央文書館およびボルガン県県庁公文書室において資料収集を行なうとともに、モンゴル人民革命党の機関紙『ウネン』を参照した。また、後者は、モンゴル北部・ボルガン県オルホン郡で行なった調査により得られたものである。本文中で、資料の出所等については適宜示すよう心がける。

本論文は、以下の四つの部分から構成される。まず、近現代モンゴルにおける土地利用の変遷を振りながら、転機となった一九五〇年代後半の農牧業集団化の意味について考える。次に、集団化以降の牧畜に関する法規定において、牧畜民と土地の関係がいかに規定され、かつ変化してきたのかを、「農牧業協同組合模範定款」の改正過程に着目して検討する。そして、集団化期の新たな土地制度のもとでの地方の牧畜経営と土地利用・管理の実態を、資料分析の結果明らかになった情報と人びとの語りをつき合わせて検討する。そのうえで最後に、社会主義期のモンゴルにおける土地・家畜・人の関係と、そこにおける牧地利用の諸問題について、現代を視野に入れつつ議論を行なうことにしたい。

一　牧地利用の近代的変容

清朝統治下（一六九一―一九一一）

社会主義による変化について考える前に、革命以前のモンゴルの社会制度と土地利用の関係を理解しておく必要があるだろう。ゴビ砂漠以北の北および西モンゴルは、一六九一年に清朝の統治下に入り、軍事・行政上の制度である旗《ホショー》・佐領《ソムン》制度が導入された。清朝は、ハルハ・モンゴルの三つの盟《アイマグ》（のちに、盟は四つに増えた）を、三四、その後さらに、一〇〇近い旗に区分した（Bawden 1968: 81）。旗には、下部組織として佐領がおかれ、各佐領は、一五〇人の兵士を出す家族で構成されたという（宮脇　二〇〇二：二一九）。この旗・佐領制度には、ハルハ王侯の権力を細分化するとともに、その団結を抑止するねらいがあり、一八世紀末以降は、王侯、人民ともに、旗を超えた移動が原則として禁止されるようになった（Fernandez-Gimenez 1999: 321）。

しかし一方で、世襲の旗長《ザサグ》に王侯が任命されるなど、王侯を中心とした伝統的な社会組織そのものは大きく変わることはなかったといわれる。清朝統治下においては、満州・清朝によって導入された旗・佐領制度のほかに、旗には王侯と臣民の主従関係にもとづくバグ（オトグ）という地縁的な社会組織が存在しており、この二つのシステムが同時に機能していたと考えられている（岡　二〇〇七：二二〇）。このバグあるいはオトグは、地域や時期によってその規模は異なるが、王侯のもと、ホト・アイルとよばれる伝統的な遊牧生産集団が集まって組織された社会生活、宗教生活上の単位であり、住民の管理や貧民の救済、祭祀など共同体的な機能を備えていたという（岡　二〇〇七：二二二）。バグ（オトグ）においては、数戸から十数戸からなるホト・アイルとよばれる基層集団が、季節移動や刈草・フェルトづくりなどを共同で行なった。一方、ひとつの谷間や泉などを利用する複数のホト・アイルが、より広い地縁的な集団（ネグ・ノトギーンハン）をつくることもあったというが、これは社会制度上の組織というよりは、協業のために一時的に組織されたものであった可能性が高い。

このように、旗の内部においては、旗長たる王侯、ないし寺領であれば高位のラマの強い権限のもと、牧畜が営まれていた。清代の社会構造が維持されていた革命直後のモンゴルで調査を行なったソ連の地理学者A・D・シムコフは、旧エルデネ・バンディッド・ホタグトの寺領において、実に七割もの牧民が寺院の家畜飼育に従事しており、牧民の季節移動と牧地分割などを寺院が積極的に管理していたと報告している（Fernandez-Gimenez 1999: 326）。一方、別の旗では、王侯が自らの家畜を飼育するためにつくった特別なバグに所属する者を除いて、牧民は基本的に自由に家畜飼育を行なっていたという報告もある。フェルナンデス・ヒメネスは、王侯ないし高位のラマによる、個人・ホト・アイルへの牧地の分割など、土地利用の管理への関与の程度をめぐっては地域差があり、一般化は容易ではないとしながら、少なくとも清朝統治下においては、公的な制度と慣習的な制度がともに牧地利用を制御していたであろうと推測している（Fernandez-Gimenez 1999: 322）。ここでいう、公的な制度とは、聖俗封建領主が、季節的な牧地や移動ルートを指示することや、家畜の肥育や頭数計測などのために特定の牧地をもうけることなどを指す。[*3] 一方、慣習的な制度は、早い者勝ちが原則ではあったが、放牧地[*4]や水場の慣習的な利用にもとづく利害調整や紛争の処理がなされたという。イメージとして示せば、次のようなものだ。王侯や寺院の家畜を担当する牧民が移動を開始すると同時に、他の牧民たちもそれぞれの放牧地へ向かって移動をはじめ、そして祭祀や儀礼が行なわれる時期に、ふたたび戻ってくるといった、社会生活、宗教生活上のサイクルのなかで土地利用が行なわれていたのであろう。そこでは、公的な制度と慣習的な制度は密接に結びつき、互いに不可分の関係にあったと考えられる。

社会主義期（一九二一―一九九一）

辛亥革命後、モンゴルは、およそ十年にわたる混乱期をへて、一九二一年に人民政府を樹立し独立を宣言した。一九二四年の活仏ボグド・ハーンの死去を契機として、国号をモンゴル人民共和国に改め、共和制を採用し、ソ連に次ぐ世界で二番目の社会主義国家として歩み始めた。ここでいう社会主義時代とは、一九二一年の人民革命から、協同組合体制が崩壊した一九九一年までの約七〇年間を指している。この社会主義期の土地利用をめぐっては、いくつかの画期があったと考えられるが、ここでは大きく二つの変化を取り上げることにする。

ひとつ目は、一九二〇年代初頭から一九三〇年代初頭にかけて行なわれた王侯や寺院など聖俗封建領主の統治権力の廃止とそれに伴う行政組織の再編である。一九三一年には、従来の旗《ホショー》を分割・再編し、現在に至るまで地方行政の基本単位となる郡《ソム》を設置した（モンゴル科学アカデミー歴史研究所　一九八八：二八八）。岡は、この一九三一年の旗制の解体にいたる一連のプロセスのなかで、特に重要な意味を持ったものとして、一九二三年に制定された「ザサグ王侯・非ザサグ王侯の権限規定」と「地方行政組織規定」を挙げる（岡 二〇〇七：一七五）。岡によると、政府はまず、「ザサグ王侯・非ザサグ王侯の権限規定」により、旗長の世襲制を廃止し、旗長の権限は住民会議による承認・任命によるものとすることで、王侯身分と行政権力の分離をはかった。そのうえで、「地方行政組織規定」では、旧制度における王侯と臣民の関係からなる属人的な社会編成を、属地的（地縁的＝領域的な）社会編成に置き換えようとした。旗内部の全住民（身分を区別することなく）を対象として、一〇戸からなる十戸《アルバン》、五〇戸からなる行政区《バグ》、一五〇戸からなる郡《ソム》という階層構造をもって、一定の領域のもとに組織したのである（岡 二〇〇七：一八二）。ただし、岡がいうには、このような組織原理の特徴はあくまで、清朝が導入した旗・佐領制度との比較によるものであって、郡《ソム》の編成にあたっては、バグやオトグといった地縁的な社会組織が基盤となった可能性がある。つまり、一九二〇年代初頭の地方行政組織改革により、王侯の行政権力は廃止されたが、バグやオトグを基盤とした従来の社会構造そのものが解体されたわけではなく、その地縁的社会関係は新しい郡《ソム》に受け継がれた（岡 二〇〇七：一八九）というのである。社会主義時代初期の地方行政改革については、今後さらなる検討を要する問題であるが、いずれにせよ、これにより直ちに、牧民たちが郡あるいは行政区の範囲で家畜飼育を行なうようになったと理解するのは誤りである。モンゴルでは、その後も、地方では行政領域の再編が相次ぎ、郡《ソム》の境界と住民規模はなかなか確定しない状況にあった。こうしたなか、一九五〇年代末に協同組合化が完了し、一郡一組合の体制が確立したことが、二つ目の変化である。

一九五〇年代の後半に、牧畜を集団化させようとする動きが強まった。実は、一九二九年から一九三一年にも牧畜の集団化が試みられたが、あまりの急進的なやり方に、王侯や寺院だけでなく、牧民からの激しい反発を招き、計画は失敗に終わっていた。一九五〇年代後半の集団化にあたっては、政府は二度と同じ轍を踏むまいと、きわめて短期間に集中して協同組合化を推し進めた。一九五八年の第一三回人民革命党大会で三カ年計画を策定し、今後三年間で個人牧民経営を全面的に協同組合化することを決定した。その結果、一九五五年の時点で協同組合に加入しているのが全牧民の一〇・八パーセントに過ぎなかったのが、五八年には七五パーセントと大きく増加し、五九年にはその数が九七・七パーセントに達し、協同組合化が基本的に完了した。

　こうした農牧業協同組合の設立は、そこに暮らす人びとの生活を大きく変えた。なかでも特筆すべきは、農牧業協同組合《ネグデル》とその下部組織の生産大隊《ブリガード》の領域が、郡《ソム》および行政区《バグ》の領域と一致するように策定されたことである。これにより、原則として牧民たちは郡ないし行政区の領域を単位として牧畜経営を行なうようになったのである。さらに、これら郡や行政区の中心地には、学校、幼稚園、役場、病院、通信局などがつくられ、定住地で生活する人びとの数が著しく増加した。彼らは直接家畜を飼育することはないが、その代わりに畜産物の加工や流通など各種の生産補助労働に従事した。草原で生産されたあらゆる畜産物は、農牧業協同組合の本部が置かれた定住地へと集められ、そこでさらに加工されて都市へと搬出されるようになった。そして、このような草原と定住地の分業を基礎とした生産諸関係が、社会主義時代の農牧業協同組合を中心とした生産体制の根幹を支えたのであった。このように、モンゴルでは、一九五〇年代後半の農牧業集団化をきっかけに、社会主義体制のもとでの政治・経済の基本的な単位として、地方社会（＝農牧業協同組合）が形成された。それはまさしく新しく経済組織およびコミュニティをつくりだすことにほかならなかった。

　以上のことから、モンゴルでは、一九二〇年代〜一九三〇年代初頭にかけての聖俗封建領主の統治権力および経済力の解体と、一九五〇年代後半以降の協同組合体制の確立という、二段階にわたる集団化の過程があったことが分かる。一九二〇年代に、一七世紀末の清朝統治以来、維持されてきた旗《ホショー》を解体し、より小規模な行政領域である郡（ソム）に再編した。当時は、封建領主の財産没収に伴い、経営規模の小さい世帯が数多く生まれたことで、全体として牧民による移動の範囲が縮小傾向にあった（Fernandez-Gimenez 1999）こともあり、行政領域の細分化に対する反発は少なかったようだ（尾崎　二〇一〇：一四九）。こうしたなか、王侯や寺院などによる公的なコントロールが弱まったことで、土地利用は個人ないし集団の主体的な判断のもとで行なわれるようになった。

これに対し、一九五〇年代後半の協同組合化により、一郡一組合の体制が確立されたことで、郡、より厳密には行政区を単位とした牧畜生産が目指されるようになった。しかも、それは従来とは大きく異なり、定住地と草原の分業を基礎とする定着的な性格をもつものであった。では、こうした農牧業協同組合のもとでの家畜飼育と土地利用のシステムが導入されたことで、土地・家畜・人の関係にはどのような変化がもたらされたのであろうか。まずは、集団化期の牧畜に関する諸法令において、土地・家畜・人の関係がいかに規定されていたのかを確認するところから始めたい。

二　集団化期の牧畜開発と土地関連法規

牧地利用に関する法規

一九六〇年、モンゴルでは、一九四〇年以来およそ二〇年ぶりに憲法が改正された。人民革命党中央委員会第一書記Y・ツェデンバルは、国会で「いまやわが国は、純畜産業国から農牧業‐工業国へと歩み始めた。協同組合化の達成が、社会主義的生産関係の完全な勝利をもたらした。その成果を、憲法に反映させなければならない」と、憲法改正の必要性を訴えた（ツェデンバル　一九七八：一八一）。政府は、一九二一年から一九六〇年までの二段階にわたる集団化の過程（一‐二参照）を、社会主義の建設段階として位置づけ、六一年以降の四次にわたる五ヵ年計画を通じて社会主義を「完成する」方針を打ち出した。

一九六〇年に制定された憲法では、「すべての土地およびその地下資源・森林・水源およびその資源・国営工場・鉱山・発電所・鉄道運輸・自動車運輸・水運・空運・舗装道路・通信手段・銀行・国営の農牧業企業（国営農場、牧畜機械ステーション）・国営共同機関・都市と定住地の住居の基本財産・生産原料・資材・生産品・商業および文化科学機関のすべての国家機関の財産、これらはすべて国有、すなわち全人民の財産である」（第一〇条）とし、従前と同じく、国家以外による土地の所有が否定された。そのうえで、農牧業生産のために、「農牧業協同組合に無償で土地を使用せしめる」（第一二条）と定められた。

一九七一年にはさらにモンゴル人民共和国土地使用法が公布された。この法律は、一九四二年に制定された「土地利用法」を、大幅に改正したものである。同法では、一九六〇年憲法の「土地を無償かつ無期限で農牧業協同組合に使用させる」という規定を受けて、農牧業で使用する土地（以後、農牧地と略す）の権利関係をより詳しく定めた。具体的に、農牧地は、農牧業生産およびこれに関係する組織の使用を優先し（第七条）、原則として国営企業や農牧業協同組合といった公的機関に対して付与する（第一六条）と規定された。人びとは自らの生活を補助する目的で、私有家畜の飼育や食用作物の栽培が認められたが（第一六条）、あくまでもそれは農牧業協同組合やその他の組織に付与した放牧地、採草地、農作物用地を、一定の規則のもとで使用することが許可されたに過ぎなかった（第一八～二一条）。

すなわち、一九六〇年代以降、牧畜生産に関しては、基本的に農牧業協同組合に土地（その資源）の維持・管理が委ねられるようになった。牧民は、協同組合の管理下にある土地で、共有家畜または、一定の条件のもとで私有家畜の飼育が認められた。では、農牧業協同組合において、家畜飼育と土地利用の関係はどのように規定されていたのであろうか。以下では、これらの点を「農牧業協同組合模範定款」の内容をもとに検討していくことにしたい。

農牧業協同組合模範定款

農牧業協同組合模範定款とその性格

協同組合化の完了を受けて改正された一九六〇年憲法では、農牧業協同組合で働く牧民と、国営企業等で働く労働者との性格の違いが明確にされた。富の分配をめぐっては、一般の労働者が国家により保証された一定額の給与を受け取るのに対して、組合員は協同組合の全収入から労働日に応じて給与が支払われる（給与額は組合の収益性に応じて変動がある）。つまり、組合員たる牧民たちは、全人民ではなく、それぞれの組合が所有する財や生産手段との関係において、労働し対価を得るものとされたのである。他方で、私有家畜の飼育や食用作物の栽培などの個人的副業が認められるなど、固有の権利も存在した。

「農牧業協同組合模範定款（以後、模範定款と略す）」とは、一言でいうならば、農牧業協同組合の活動内容について全国的な基準を示したものである。一九六七年の第二次改訂「模範定款」の前文では、「農牧業協同組合はその行動において、モンゴル人民共和国憲法、モンゴル人民革命党およびモンゴル人民共和国政府の決定・命令、農牧業協同組合同盟（一九六七年の第三回農牧業協同組合員会議で組織された）の最高指導機関の決議および本定款を指針となす」ものと定められている。各組合はこの「模範定款」をもとに個別の定款を作成する（第九〇条）ことが義務付けられたが、「模範定款」の補足・変更には、県の議会の承認が必要であった（第九一条）ことをふまえると、地域によって内容に大きな差があったとは考えにくい。

ところで、「模範定款」ははじめからこのような法的な位置づけを有していたわけではない。一九五五年の牧民生産組合大会で、それまでの牧民生産組合を、農牧業協同組合へと改称し、「模範定款」を承認した。当初、「模範定款」では、全組合員の三分の二以上の同意が得られれば、組合を解体することができたし、また牧民が組合に所有を移した家畜の五〇パーセントまでの登録・返還が可能で、私有家畜は地域により一〇〇～一五〇頭まで認められるなど、牧民と協同組合の関係は比較的民主的な性格を有していたとされる（二木　一九九三：一一三）。しかし、一九五九年の第一次改訂により、私有家畜が半分の五〇～七五頭に減らされ、協同組合の指導・経営に、国家機関や党組織が全面的に関与するようになるなど、「模範定款」は地方の牧畜生産に強い法的拘束力をもって機能するようになった。

その後、一九六七年の農牧業協同組合員大会で、「模範定款」の第二次改訂がなされた。一九六七年の第二次改訂「模範定款」では、農牧業の大規模経営化と機械化の方針を打ち出した第四次五ヵ年計画の内容[*5]を反映して、協同組合のもとでの牧畜生産の基礎が確立された。「模範定款」はその後、確認できただけで、一九七三年（第三次改訂）と一九八〇年（第四次改訂）に改正されている。これらはともに、一九六七年の第二次改訂「模範定款」を基礎として、牧畜の集約化・定着化のより一層の推進と、協同組合化後新たに生じた諸問題（農村から都市への人口流出、生産量の伸び悩みや生産意欲の減退、環境破壊・劣化、不正行為の横行）への対策として、新たに条項が加えられたものである。

農牧業協同組合模範定款（一九六七年第二次改訂）の概要

ここで、集団化完了後の牧畜政策の基礎となった一九六七年の第二次改訂「模範定款」をもとに農牧業協同組合《ネグデル》の組織と活動の概要を説明しておきたい。

農牧業協同組合の長（組合長）は、人民革命党からの任命にもとづき決定された。一九六〇年代初頭には全国で一郡一組合の体制が確立し、組合長は郡《バグ》長を兼任するようになった。この郡＝協同組合は、いくつかのブリガード（生産大隊）に分けられ、それぞれが行政区の領域に一致するように組織された。このブリガードこそが牧畜生産の基本的な単位であり、その下に一戸～数戸からなるソーリ（生産小隊）が編成された。このブリガードとソーリのあいだに、中間的な組織であるヘセグ（生産中隊）がつくられたところもあった。

第二次改訂版の「模範定款」では、ブリガードを、牧畜生産を指導・管理する独立した経済採算単位であるとし、その規模は農牧業協同組合同盟の勧告にしたがい決定する（第三三条）と定めた。各ブリガードは、ソーリを組織し、それぞれに個別の生産課題を与えて、作業に当たらせた（第三四条）。その際、自らの領域内にある土地、井戸や畜舎などの建築物を正しく利用し家畜飼育を行なうことを、牧民に徹底させる責任を負った（第三四条）。一方、ソーリは、牧畜生産の最小単位であり、その規模は自然環境や経済状況、労働力をふまえて協同組合ごとに決定することができた（第三一条）。ソーリには、畜種・性別・年齢に応じて区分された家畜群が割り当てられた。各ソーリは、リーダーを中心に家畜群の飼育を担当するほか、畜産品の加工や刈草、越冬準備など様ざまな作業を行なった（第三一条）。

このほかにも「模範定款」では、協同組合およびブリガードの中心地に、幼稚園、児童公園、寄宿舎、住宅などを建設する（第二一条）ことが定められている（ちなみに、一九七三年の改訂以降、この条項は削除されるが、この原因は郡および行政区の中心地の建設が概ね完了したためと考えられる）。これにより地方の人びとといえども牧畜以外の職業に就くことができるようになり、管理機関の作業員、専門家、エンジニア、運転手など（第四四条）、牧畜生産をサポートする補助生産労働が発展した。

以上のように、一九六七年の第二次改訂版では、協同組合のもとに、ブリガード、ヘセグ、ソーリからなる階層的な生産組織がつくられた。そして、これらの組織のもとで生産されたあらゆる畜産物を、郡や行政区の中心地でさらに加工し、都市へと搬出するといった、草原と定住地の分業を基盤とする地方分業の枠組みが初めて示されたのであった。

農牧業協同組合模範定款の変遷：土地・家畜・人の関係に着目して

では引き続いて「農牧業協同組合模範定款」の改正過程において、土地・家畜・人の関係がいかに規定されてきたのかについて考えたい。結論を先取りすれば、一九七三年の第三次改訂において、土地およびその資源の利用が、それまでの経済性のみを追求するものから、環境保全を重視する方向への明らかな転換がみられた。そこで以下では、この一九六七年の第二次改訂版から一九七三年の第三次改訂版の「模範定款」への改正内容に着目して検討を行なう。

一九六七年・第二次改訂版

「模範定款」(ここでは第二次改訂版を参照)では、農牧業協同組合の経済的基盤として、国有地と共有財産(生産手段、生産物、現金財産、資材その他の有価物)が明確に区別されている(第九〜一〇条)。共有財産のうち、生産手段はさらに基本財産と流動財産の二つに分けられる(第一一条)。ここでいう基本財産とは、生産用具など長期的な性質をもつものであるのに対し、流動財産とは、各種生産に投下する原料および資材からなるものだとされる。たとえば、同じ家畜でも、再生産可能なメス家畜や役畜は基本財産に含まれるが、育成せねばならない仔畜は流動財産に含まれる。

一方、土地は、共有財産には含まれず、あくまで国有である。「土地は労働の基本手段として、モンゴル人民共和国憲法により国有、すなわち全人民の財産である。国は、県議会の執行機関を通じて、放牧地、採草地、耕作地およびその他の使用する土地を、生産の基本的手段として協同組合に無償で無期限に使用せしめるために分け与え、国の証明書により占有せしめる」(第一三条)と、国の許可を得て土地を占有していたのであった。そのうえで、協同組合は、「共和国の土地使用法を厳密に履行し、生産内部で土地を適切に組織し、使用する土地を効果的に利用するシステムをつくり、自らが占有する土地をできるだけ効果的に使用する義務を負う」とされた。ではここでいう、「できるだけ効果的に使用する」とは、具体的にはどのような取り組みを指しているのだろうか。

第一八条では、「農牧業協同組合は、家畜群をあらゆる方法で育成し、発展せしめ、その利潤を増加する」ためにとるべき方策として、土地利用に関する規定がもうけられている。列挙すると次のようになる。「放牧地を適切に区分して利用し、家畜に肥力をよくつけさせる」、「採草地を清掃し、灌漑する作業を適切に行ない、植物の成長を促す農業技術的な手段をとる」、「家畜の給水を満たすため、自らの力もしくは国の援助により水事業に関する幅広い施策を行なう」。つまり、ここでは、土地の効果的な利用が、資源の枯渇や荒廃を予防するといった環境保全・保護の観点からではなく、もっぱら家畜の肥育との関係でとらえられている。協同組合にとって何より重要であったのは、自らが管理する土地およびその資源を活用して、牧畜業の生産性を最大化することであった。耕作は家畜飼育に必要な飼料や自給食用作物を供給するための補助的な位置づけに過ぎなかった(第十九条)。

その際、土地およびその資源の管理を担う実質的な主体となったのは、ブリガード(行政区)であった。ブリガードは、自らの領域の内部にある土地を占有し(第三三条)、放牧地、井戸、畜舎などを効果的に利用し、家畜を適切に飼育する責任を負った(第三四条)。そして、このブリガードの指示のもと、家畜の放牧、繁殖、育成などの作業を行なったのが、ソーリである。ソーリには、家畜や生産用具のほかに、冬・春の宿営地および井戸の占有が認められた(第三一条)。注意すべきは、ここでいう冬・春の宿営地が、土地それ自体を指すわけではなく、家畜の寝床《ボーツ》や燃料として積み上げられた畜糞など、牧民が自らの労働力を投下してつくった宿営地空間全体を指しているという点である。冬や春の宿営地は、家畜の糞尿の処理、井戸や畜舎の修繕、燃料となる刈草や畜糞の備蓄など、多くの手間かけることによって初めて価値を持つものであり、このローカルな文脈での利用にもとづく権利(風戸 二〇〇九:一八三-八五)が明文化されたものと理解することができる。

国立中央文書館に保管されている文書を確認すると、実はこのソーリが冬・春の宿営地を占有する、という規定は、一九六七年六月一三日時点の第二次改訂版「模範定款」の草案にはなく、六月一五日に公布された最終版に新たに盛り込まれたものであることが分かった。改正内容をめぐる議論の経緯は不明であるが、これをもって牧民の放牧地や水場に対する慣習的な権利を容認したとするのは明らかに行き過ぎであろう。おそらく厳寒期の家畜育成の成否に直結する冬と春それぞれの宿営地の管理責任を明確にする意図があったのではないか。というのも、ソーリは、伝統的なホト・アイルをモデルとしながらも、宗教儀礼や社会生活における共同体としての性格は弱められ、経済的な合理性を優先して組織されたものであったからだ（トゥルムンフ 二〇一四：六三）。しかし、この最小の生産単位であるソーリに冬・春の宿営地を占有する権利を認めるというかなり独特な権利規定は、その意図せざる結果として、民主化後の土地私有化をめぐる議論に引き継がれていくことになる。これについては最後に詳しく論じることにしよう。

いずれにせよ、以上のことから、農牧業協同組合のもとでの土地利用・管理が、基本的にはブリガードを単位とするものとして構想されていたことが分かった。一九五九年の第一次改訂版では、協同組合が土地を適正に利用・管理すべきだという規定はあるものの（第一二条）、その方法や組織等に関する具体的な規定はなかった。一九六七年の第二次改訂により、ブリガード、ヘセグ、ソーリからなる階層的な生産組織のもとで土地の利用・管理を行なう方針が初めて明確に示されたのであった。ただし、第二次改訂版においては、土地およびその資源の適正な利用がもっぱら家畜増産との関係でとらえられており、自然環境の保全・保護の視点が明らかに欠如していた。

一九七三年・第三次改訂版

一九七三年の第三次改訂版「模範定款」では、ブリガードを単位とした土地利用・管理という原則は維持しながらも、土地とその使用について、一章（第三章）を割いて、より細かな規定をもうけている。このうち、とくに重要と思われる第一一条の条文を、以下に引用する。

第三章　土地とその使用（第一〇～一二条）

第一一条　農牧業協同組合は、モンゴル人民共和国土地使用法を遵守し、自らが占有した土地をできるだけ効果的に利用する義務を負う。

農牧業協同組合は、この義務を達成するため、

(ア) 生産内部で土地を適切に組織する。
(イ) 土地の生産力を維持・向上するための方策をとり、実行する
(ウ) 農牧業生産に適さない土地を完全に利用する方策をとる
(エ) 土壌を、荒廃や汚染、土壌を損なうそのほかの状態から保護し、経済組織、農業技術、水力工学、森林・土壌改良の方策をとる
(オ) 灌漑に関してあらゆる可能性を利用する
(カ) 土地の不正使用から保護する
(キ) 森林、水場、有用資源の利用に関して、法律に定められた規則を遵守する

農牧業協同組合の占有する土地を効果的かつ適切に使用することを、農牧業協同組合の執行部、耕作および牧畜の専門家たちが責任を負う。

ここで注目すべきは、土地の「効果的な」利用の意味するところが、一九六七年の第二次改訂版の第一八条（一九七三年の第三次改訂版では第二〇条）のような家畜増産との関係だけでなく、自然環境の保全・保護を含んだものになっているという点である。たとえば、第一一条には、従来あった用途に応じて土地を区分することのほかに、地力の増強、土壌の劣化、荒廃からの保護・回復、灌漑システムの導入、未利用地の活用、不正使用の防止などが新たに加えられている。おそらく、この条文は、一九七一年に改正された土地使用法の第一七条（農牧業で使用する土地の使用者の義務）の一般的な規定を、農牧業協同組合の実情に照らして定めたものであろう。モンゴルでは、一九七〇年代の前半に自然環境の利用に関する法律が相次いで制定・改正されたほか（一九七一年「土地使用法」、一九七二年「狩猟法」、一九七四年「森林法」、「水法」など）、一九七六年にはD・マイダルを委員長として自然保護協会が設立されるなど、自然環境の保全・保護を強化する動きが急速に高まった。こうした背景には、一九五〇年代後半以降の大規模な農業開発によって、耕作地で土壌劣化や土地の不正使用などが生じたことなどが関係している（マイダル　二〇〇〇）。一方、放牧地や採草地の利用をめぐって、深刻な環境問題が生じていたという記録は、新聞記事や書籍などからは見つけることができなかったが、協同組合化に伴い、より狭い範囲で家畜の放牧が集中的に行なわれるようになったことで、放牧圧が増大し、環境への負荷が大きくなっていたことは想像に難くない。

以上述べてきたように、「模範定款」では、一九六七年の第二次改訂によって、ブリガードを単位とした階層的な生産組織による土地利用・管理の枠組みがつくられた。そして、一九七三年の第三次改訂によって、土地利用・管理の目的が、従前の「家畜増産」に加えて、「環境保全・管理」を重視するようになるなど、土地利用の高度化が段階的に進められていったのであった。それでは、一九六〇年代初頭の一郡一組合体制の確立以後のこの新しい土地利用のシステムのもとで、地方における土地・家畜・人の関係はどのように変わっていったのであろうか。以下ではこの点をボルガン県オルホン郡の事例をもとに考えてみることにしたい。

三　集団化にともなう地方の牧畜経営と土地利用の変化

農牧業協同組合の設立と行政領域の再編

日本の約四倍の国土をもつモンゴルは、その大部分が降水量の少ない乾燥地帯であるが、さらに気温・降水量の地域格差が国内に植生の違いをもたらしている。おおよそ降水量は北にいくほど多くなり、南にいくほど少なくなる。より湿潤な北部では、森林と草原が混合した森林ステップとなり、中央部にひろがる広大なステップをへて、気温が高くより乾燥した南部は、草丈が短くまばらな半乾燥ステップとなっている。北部地域では、ハンガイ山脈からから流れ出たセレンゲ川とその支流のオルホン川の流域が、気温が相対的に高く、何より湿潤で植生に恵まれているために、古くからモンゴル高原の中心地のひとつとなってきた（小長谷　一九九八：三六）。本論文で取り上げるボルガン県オルホン郡も、この温暖・湿潤な地域に含まれ、集団化期には、その恵まれた気候条件を背景に、畜産物を生産し、ウランバートルやダルハン、エルデネトといった主要都市に食料・工業原料を供給してきた。

協同組合化にともない、全国で一郡一組合の体制が確立したことはすでに述べた通りだが、実際にどのようなプロセスをへて、行政領域の再編がなされたのかを、オルホン郡の事例で示そう。そもそもオルホン郡が含まれるボルガン県北部は、清朝時代にはエルデネ・ダイチン・ワン旗とよばれ、一九三一年までひとつの広大な行政領域をなしていた[*6]。当時はまだ、現在のオルホン郡に相当する地域的なまとまりはなかった。一九三八年にボルガン県が成立した後も、この地域では行政領域の再編が相次いだからだ。オルホン郡が成立したのは、チョイバルサン農牧業協同組合が、その前身となる四つの小規模な協同組合を合併するかたちで組織された一九五九年のことである。

その後、一九六二年に隣接するハリオン郡を編入し、現在の領域となった。

地元住民によると、一九三〇年代初頭に旧聖俗封建領主の財産没収がなされてから、一九五六年に農牧業協同組合が組織されるまで、この地域では基本的に個別世帯を単位として家畜飼育が行なわれてきたようである。農牧業協同組合の設立後も、当初は牧民がほとんど加入しておらず、共有化した家畜の頭数もごくわずかであったが、[*7]一九五九年にはそれぞれの家族が所有していた家畜は共同所有へと移され、牧民が一定のノルマを達成することで給料を受け取る賃金労働者となった。地方では、牧畜が国家経済を支える主要な産業としての性格を強めていくなかで、家畜が畜産物の生産のあり方も大きく変わることになった。

畜産物の生産・消費・流通

一九五〇年代後半以降、地方では、農牧業協同組合が中心となって肉、毛・皮革、乳といったあらゆる畜産物を生産し、都市に供給した。[*8]ウランバートルを始めとする主要都市では、食品・工業原料としての畜産物をさらに加工して、他の社会主義諸国に輸出した。モンゴルでは、一九六二年のコメンコン加盟以降、他の社会主義諸国に対する食品・工業原料としての畜産物の輸出がより一層拡大した。肉、毛・皮革、乳などの輸出量をめぐっては、参照する統計データによって数値にばらつきがあるものの、肉、羊毛・皮革が主要な輸出産品であったことは間違いないだろう。一方、乳・乳製品はどちらかというと国内の食料需要にあてられる傾向にあった。

オルホン郡に設立されたチョイバルサン農牧業協同組合では、牧畜と農耕の両方を行なっていたが、あくまでも中心は畜産物の生産であった。一九八三年の同郡における畜産物の生産量をみると、[*9]肉（家畜生体）の生産が収入の大半を占め、次いで、毛、乳の順となっている。まず、肉類の内訳をみると、ヒツジとウシによる収入がほとんど（全体の八八・七パーセント）を占めているが、これはヒツジとウシの増加を重視した第三次五カ年計画（一九六一～六五年）以降の牧畜政策を反映している。次に、毛類においては、羊毛やカシミアによる収入があるが、羊毛がほとんどの割合（全体の八四・四パーセント）を占めているのが特徴的である。オルホン郡では、毛用に品種改良したハンガイ種のヒツジの飼育に積極的に取り組み、ボルガン県内のどの郡よりも羊毛から多くの収入を得ていた。一方、乳の多くは、郡や行政区の中心地で、バターなど都市消費者向けの乳製品に加工された。金額ベースでみると、この乳製品による収入は、毛に匹敵するかまたはそれを上回るものであり、一九七〇年代以降の乳製品生産の振興策の成果だと考えられる（冨田　二〇一六）。

以上のように、オルホン郡では、ヒツジ、ヤギ、ウシ、ウマの四種類の家畜を飼育していたが、少なくとも一九六〇年代以降、こと共有家畜に関する限り、よりたくさんの肉や羊毛を得るために、ヒツジとウシの飼育に重点が置かれるようになった。さらに、一九七〇年代末頃からは、オルホン郡内の四つのブリガードのうち[*10]、第一ブリガードと第三ブリガードで、外国種と在来種を交配してつくった改良種のヒツジやウシの飼育が行なわれるようになった。改良種のヒツジやウシを導入したことで、確かに肉や羊毛の生産量は上がったが、一方でこれらの家畜は耐寒性が弱く、その飼育に当たっては、畜舎の設置や牧草・飼料の利用に特別な配慮が必要であったといわれる。このような畜産業化の進展は当然のことながら、土地およびその資源利用のあり方にも大きな影響を及ぼした。

集団化期の土地利用・管理の実態とその問題点

土地利用の季節サイクル

集団化期における土地利用の季節サイクルとその特徴を、具体的に示そう。ここで取り上げる資料は、一九八四年にまとめられたオルホン郡の第一および第三ブリガード（行政区）の土地利用計画書[*11]と、元組合員への聞き取りにもとづくものである。オルホン郡では、ブリガードごとに種・性・年齢などに応じて均質な家畜の群れを編

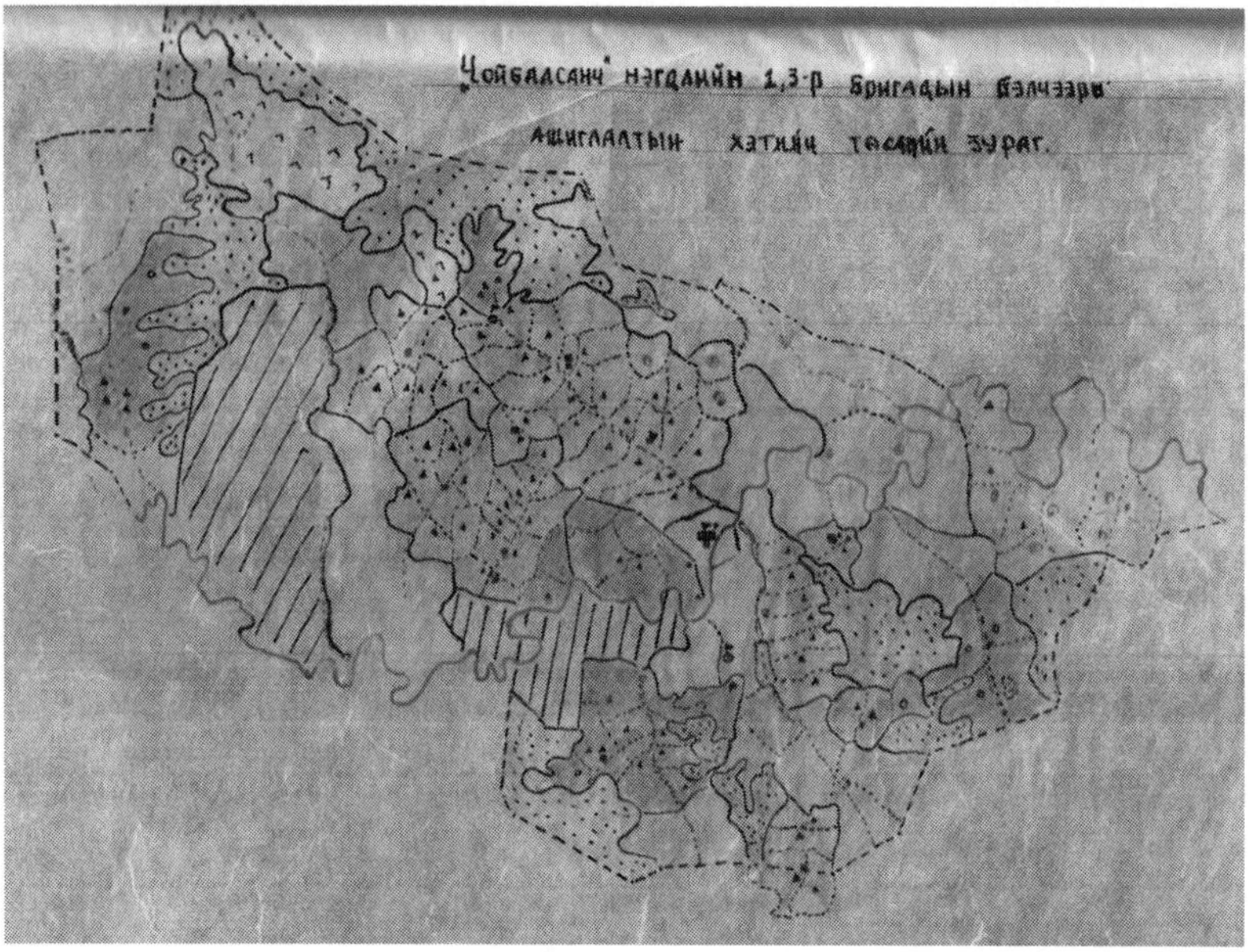

図　チョイバルサン農牧業協同組合第一および第三ブリガード土地利用計画図（1985年）

成し、それらを一戸～数戸からなるソーリに割り当てた。ブリガード内の土地は、地形や植生などの特性によって細かく分けられ、各ソーリは季節ごとに決められた場所・方法にしたがって家畜を飼育しなければならなかった（図）。こうした土地利用・管理のやり方は、前節でみた第二次改訂以降の「農牧業協同組合模範定款」の規定にもとづいている。以下では、このうち、ヒツジ・ヤギとウシの季節移動のサイクルを、年間の牧畜作業と関連させながら説明する。

年間の土地利用は、出産および仔畜の育成に取り組む冬から春にかけてと、家畜の肥育および畜産物を生産する夏から秋にかけての大きく二つの時期に分けられる。まず、冬から春（一一～四月）にかけては、ソーリごとに防寒施設を備えた宿営地が割り当てられた。冬営地は何よりも積雪が少ないことが重要であり、これに加えて春営地では水が豊富にあることが望ましい。第三ブリガードでは、出産するメスヒツジを担当する牧民に、冬と春とで異なる宿営地を割り当てた。なかでも、出産時期にあたる春（二～四月）は、仔畜の損失を抑えるために、断熱性の高い木製の畜舎が備えられるとともに、事前に準備しておいた牧草や飼料を長期にわたって利用した。これら冬や春の宿営地の境界は、岩や木、くぼ地や沢などの自然物や地形によって区切られており、各ソーリはそれぞれの宿営地を排他的に利用することが求められた。牧民たちは、天候や家畜の状態、刈草や飼料の備蓄量などを見極めながら、家畜飼育を行わねばならなかった。また、冬や春の放牧地では、季節外に家畜を放牧することが厳しく禁止されており、たとえば、第三ブリガードでは、牧地の侵害がないように、一年を通じて監視人が置かれたこともあったようである。

冬から春の乾燥・寒冷な環境下においては、特定の宿営地を拠点として半ば定着化することによって対処していたのに対して、気温の上昇と降水量の増加により植物が成長する夏から秋にかけては、家畜に採食させて太らせるために、むしろ頻繁に移動するようになる。出産終了後、五月上旬に各ソーリは春営地を発つ。この頃、国家調達に出す去勢オスの体力を少しでも回復させようと、早く草が出る場所に家畜を移動させて、一~二週間かけて放牧を行なう。その後、六月になると夏営地へ移動する。この間、ヒツジとヤギの搾乳、毛刈りなどの作業を協力して行なった。七~九月にかけては、ヒツジ・ヤギ・ウシを担当する多くの牧民が、夏の「オトル」を行なった。オトルとは、家畜を肥育するために短期間に移動をくり返すことをいう。[*12] オトルは、夏以外にも行なわれるが、夏雨により草が一年でもっとも豊富なこの時期のオトルが特に重要だと考えられている。家畜を十分に太らせるために、短いときには一週間ごとに牧地を交換することもあった。

一方で、この五月から九月にかけては、ウシの搾乳および乳加工を行なう時期にあたる。出産メスとその仔を担当する牧民は、乳加工を行なう作業員らとともに、スーニー・タサグとよばれるグループを組織した。組合内でもっとも乳の生産量が多かった第一ブリガードでは、一九七二年の時点で四つのスーニー・タサグがあり、それぞれがウシの飼育、搾乳から、乳の集荷、加工までを行なっていた。これらの酪農組織は、郡や行政区の中心地に生乳や乳製品を運ぶために、定住地周辺にキャンプ地をもうけ、搾乳期間中はほとんどそこから移動することはなかったという。それゆえ繁忙期には、オトル担当者以外の牧民や定住地で働く人びとがメスウシの世話を手伝うこともあったようである。

その後、交尾期（九月下旬から一〇月下旬）に入ると、ソーリごとに秋営地に移動した。この時期にはまだ冬の牧地に入ることは禁じられており、春営地を発った直後に利用した牧地を秋営地として再び利用した。一般に、夏は家畜に肉をつけさせる時期とされるのに対し、秋は家畜の肉をとどめる時期といわれ、牧民たちは家畜の体重をできるだけ維持するようにつとめた。

以上のような土地利用の季節サイクルは、あくまで理念的なものに過ぎない。現実には、草の状態や気候の変化などに応じて柔軟に変更されていたはずである。とはいえ、集団化期の土地利用が、本来的な意味での遊牧とは異なる性格を有していたことは明らかであろう。一九六〇年代初頭に全国で一郡一組合の体制が確立したあと、地形や植生に応じて放牧地を区分し、それらを組み合わせた基本的にはブリガード（行政区）ごとに完結した家畜飼育と土地利用の仕組みがつくられた。オルホン郡の事例をみる限り、土地利用の季節サイクルはもっぱら家畜増産（家畜の肥育、交配、出産・仔畜育成など）や生産・流通の組織化（生乳・乳製品の集荷、加工など）といった観点から計画されていたようである。ではここでは、自然環境の保全・保護が考慮されることはなかったのであろうか。答えはもちろん否である。

土地問題とその対処

集団化以降、幾度も改良が重ねられてきたこのブリガードを単位とした集約的な土地利用システムであるが、オルホン郡の一部の地域では、長年にわたる活動によって環境への負荷が高まり、深刻な被害が生じていた。科学アカデミー牧畜科学研究所が、一九七〇年代に数回にわたり実施した調査をもとに、一九八五年に作成した報告書[*13]によると、第一ブリガードと第三ブリガードでは、夏と秋に利用する放牧地が過放牧状態にあり、草地の劣化が進んでいた。調査の結果、第一ブリガードと第三ブリガードの環境収容力は、ヒツジ頭数換算で八万五〇〇〇頭程度と算出されたが、実際はそれを大きく上回る十万頭の家畜がいた。しかも、夏・秋の放牧地に割り当てられた約六万ヘクタールのうち、実際に利用しているのは四万二〇〇〇ヘクタールほどと、限られた範囲に多数の家畜が集中していたことが分かった。その原因はいくつか考えられる。まず、未活用であった土地の多くが中心地から遠くアクセスが困難であったことである。次に、郡や行政区の中心地に生乳や乳製品を供給するために、酪農組織が周辺の牧地に集中していたことがあげられる。

では、このような放牧地をめぐる問題に、農牧業協同組合はどう対処しようとしたのか。報告書からは、協同組合が土地利用の適正化をはかるために、具体的には次の三点を計画していたことが分かった。第一に、未活用であった遠隔地を、オトル用地や採草地として利用することである。オトル用地や採草地として利用するうえで必要な輸送手段を提供することから始めて、将来的には道路や通信網、医療拠点の整備、防寒施設や井戸を設置し、長期的・継続的な利用につなげようとしていた。第二に、過放牧状態にある夏・秋の放牧地に休閑期間をもうけて、輪牧を導入することである。そして第三に、酪農組織のために、放牧地の一部を囲って植生を保護し、土壌改良や飼料栽培などの措置を講じることである。

報告書が発表されたのは一九八五年で、その数年後に民営化が行なわれたことをふまえると、これらすべての取り組みが実現したとは到底思えない。オルホン郡の事例から、われわれが学ぶべきことは、農牧業協同組合の設立とともに導入された集約的な土地利用システムが、環境へ深刻な影響を及ぼすようになったこと、そしてそうしたなかで、従来のような家畜増産だけでなく、環境保全・保護にも配慮した仕組みを新たにつくり出す必要が生じていたということである。必ずしも資料的な裏づけはなく、あくまで推測の域を出ないが、筆者には、一郡一組合体制の確立後、地方で起こった土地をめぐる様ざまな問題が、一九七〇年代に相次いだ土地関連法規の改正の動きとリンクしていたように思えてならない。

四　牧畜の「集団化」とは何であったのか：社会主義時代から現在を考える

本論文では、社会主義下で行なわれた牧畜の集団化が、土地・家畜・人の関係にどのような変化をもたらしたのかを、地方での放牧地の利用に焦点を当てて検討を行なってきた。

モンゴルでは、一九五〇年代末までに農牧業の集団化が完了した。一九六〇年代初頭にはさらに、全国で一郡一組合の体制が確立したことで、農牧業協同組合《ネグデル》、より厳密にはブリガード＝行政区《バグ》を単位として牧畜生産が行なわれるようになった。一九九一年の民営化で協同組合が解体されるまで三〇年近く続いたこの家畜飼育と土地利用の関係をめぐっては、一九七〇年代前半を境として牧畜に関する法規定に明らかな変化がみられた。ここでは、協同組合の経営方針を定めた「農牧業協同組合模範定款」を参照したが、それによると一九六七年の第二次改訂版では、土地およびその資源の適正な利用が、もっぱら経済性を追求する立場から規定されていたのが、一九七三年の第三次改訂版では、環境の保全・管理を含むより広い観点から規定されるようになった。

この「模範定款」の改正の背景にはいったい何があったのだろうか。一九五〇年代後半以降の国営農場の設立による耕作地の急速な拡大が、土壌の劣化や森林の破壊などを引き起こしていたことが当時大きな社会問題となっていたが[*14]、調査地であるオルホン郡の事例からは、放牧地においても同様かそれに近い事態が生じていたことが明らかとなった。オルホン郡では、「模範定款」で示されたように、ブリガード内の土地を、地形や植生などの特性によって細かく区分し、それらを家畜種・季節ごとに割り当てることで、効果的かつ効率的な利用をはかっていた。ただし、その計画はあくまで、家畜増産（家畜の肥育、交配、出産・仔畜育成など）や生産・流通の組織化（生乳・乳製品の集荷・加工など）を重視するものであり、自然環境への影響についてはほとんど考慮されてこなかったのである。

セレンゲ川の支流であるオルホン川の沿岸に位置するオルホン郡は、ゾドとよばれる寒雪害の被害も軽微で（Tseen-Oidov 2009: 13）、気候や植生に比較的恵まれた地域だといえる。しかしながら、一九七〇年代に、郡や行政区の中心地近くに人や家畜が集中した結果、環境の悪化や過放牧が慢性的に起こるようになった。協同組合は、土地利用の改善をはかるためにいくつかの手段を講じる予定であったが、社会主義体制の崩壊という政治・経済の大きな混乱のなかで、おそらくその多くは実現しなかったであろう。

社会主義体制のもとで集団化された牧畜生産システムが崩壊してからすでに四半世紀が経過したが、現在でも行政区（すなわち、かつてのブリガード）を単位とした土地利用・管理の枠組みそのものは変わっていない。ただし、集団化期と比べて、地方行政（公権力）による土地利用の管理は著しく弱まり、独立自営となった牧民たちが季節移動の時期や場所を主体的に判断して家畜飼育を行なっているのが現状である。

冒頭で述べたように、民主化後も、放牧地を個人が所有することはできない。その代わりに、現行の土地法（二〇〇二年改正）では、世帯ないしホト・アイルによる冬と春の宿営地の占有が認められている。われわれはすでに、この一戸〜数戸からなる最小の生産単位に冬・春の宿営地を占有させるという規定が、第二次改訂以降の「模範定款」にみられることを確認した（一五二頁以下を参照）。この事実をどのように考えたらよいか。ソーリやホト・アイルなどの名称でよばれる小集団の放牧地や水場を慣習的に利用する権利が、法律によって保障されてきたとするのは素朴に過ぎるだろう。なぜならば、家畜種や性、年齢などに応じてつくられた均質な群れの飼育を、数年から短い場合にはワンシーズンといった期間で担当したいわば職業牧夫としてのソーリを、かつてのホト・アイルと同一視することはできないからである。[*15] とはいえ、こうした冬・春営地の占有をめぐる規定が、民営化後の土地法の改正内容の論拠のひとつとなった可能性は否定できない。ただ、同法では、占有者たる世帯ないしホト・アイルが自らの冬・春の宿営地を、六〇年もの長期にわたって排他的に利用できると定められており、その権利が大幅に強化されていることに注意が必要であろう。

そしてさらに重要なことは、集団化期には、国有地を、協同組合、ブリガード、各ソーリが占有するという重層的な権利設定がなされていたのに対して、現行の土地法では、世帯ないしホト・アイルのみが占有する個別的な権利となっている点だ。同法においても、土地およびその資源を保全・管理する役割が、[*16] 地方行政（郡や行政区）に期待されているが、かつてのブリガードのような中間的な調整組織が存在していないために（ほかにも財政上・制度上の様々な問題があるが）、現状ではその実現は困難であるといわざるを得ない。国際機関や先進国が取り組む「コミュニティを基盤とした土地管理」とは、言うならばその機能を地域の住民組織に担わせようとするものであるが、長期的・継続的な取り組みにつなげていくためには課題が山積みである（富田 二〇一四）。本論文では不十分な形でしか示すことはできなかったが、集団化期の家畜飼育と土地利用のあり方を、地域固有の自然・社会とのかかわりのなかで検討し、その持続性と限界をいま一度問い直すことによって、モンゴル草原の未来を従来とは異なる角度から考えていくことができるかもしれない。

【注】

＊1　本稿では、社会主義時代のモンゴル人民共和国と民主化後のモンゴル国を合わせてモンゴルと略す。

＊2　一九九〇年代以降のモンゴルでの放牧地の土地政策をめぐる議論については、上村（二〇一三）に詳しい。

＊3　ただし、放牧地への排他的な権利設定に関しては、ハンガイ山周辺など特別な地域を除き、どちらといえば稀なケースであったと考えられる。

＊4　現在も同様であるが、夏・秋に比べて冬・春に利用する宿営地や周辺の牧地の方が、畜糞の処理や草の備蓄などの労働投資が行なう必要があるために、権利関係がより明確である。

＊5　第四次五カ年計画で農牧業の大規模経営化と機械の大量投入という方針が明確に打ち出された。これ以降、一九八〇年代の末まで、第五次から第八次の策定のたびごとに基本的にこのパターンが繰り返されていった（小貫　一九九三、二四五）。

＊6　エルデネ・ダイチン・ワン旗には、オルホン郡のほか、現在のボルガン県ボガト郡、サイハン郡、テシグ郡、ホタグ・ウンドゥル郡、セレンゲ郡、ボルガン市、オルホン県エルデネト市などが含まれていた。一九二四年には、前年の「地方行政規定」（Ⅱの2参照）を受けて、名称が「ボルガン・ハンオール旗」に変更され、合わせて一七の郡が組織されたというが、それらが行政組織としてどの程度機能していたのかについては、資料がなく詳細は不明である。

＊7　一九五六年に設立された四つの農牧業協同組合のひとつであるウンドゥル・ハンガイ農牧業協同組合は、当初、組合員は一六人で、共有化した家畜はヤギ一五〇〇頭、ウマ六〇〇頭、ウシ一四〇頭、ラクダ一六〇頭と、非常に小規模なものであった。

＊8　社会主義時代には、肉（家畜生体）だけでなく、毛・皮革や乳の生産が重要な意味をもつようになった。毛については、一九三〇年代から、「家畜の毛は黄金」というスローガンのもと、剪毛作業が全国に普及するようになった。毛の刈り取りはそれまではあまり積極的に行なわれてこなかったが、集団化以降、ヒツジの毛、ヤギのカシミア毛、ウシの柔毛・剛毛、ウマのたてがみ・尾毛の調達が計画的に行なわれるようになった（冨田　二〇一二）。一方、乳・乳製品については、都市人口の急激な増加を背景として、一九七〇年代初頭から原則としてすべての農牧業協同組合が、都市消

費者向けのバター生産をになうようになり、乳の生産、集荷、加工までを一括して行なった（冨田　二〇一六）。
＊9　出典は、モンゴル国立中央文書館での農牧業協同組合連合協議会保管文書『ボルガン県の農牧業協同組合の一九八三年決算総括』。
＊10　オルホン郡を構成する五つの行政区のうち、第一〜四の行政区はブリガードとよばれ、主に牧畜生産を行なっていた。これに対し、第五行政区は、役場や住居が建ち並ぶ郡の中心地で、基本的に家畜飼育は行なわれていない。
＊11　出典は、ボルガン県庁公文書室のオルホン郡・チョイバルサン農牧業協同組合保管文書『科学調査概要』。
＊12　オトルは、家畜を肥育するほかにも、干ばつや寒雪害などから避難するために行なわれた（利光　一九八三）
＊13　＊11を参照。
＊14　一九七三年に政府が農耕を主とする一一の国営農場で調査を行なったところ、合わせて二六万千ヘクタールの農耕地のうち、数千ヘクタールの農耕地がまったく荒廃に帰し、それ以外の数千ヘクタールの農耕地は将来にわたって利用不能であることが判明した（マイダル　二〇〇〇）。
＊15　ただし、ソーリの評価をめぐっては、研究者のあいだでも見解が分かれる。トゥルムンフ（二〇一四）は、ソーリとホト・アイルの性質の違いを、結成要因、家畜の管理、規模および世帯の関係という三点から考察している（六一－六三頁）。
＊16　土地法（二〇〇二）では、（一）土地利用に関わる諸規則の決定、（二）牧畜移動（季節移動やオトルなど）の管理、（三）自然環境の保全、（四）当該地の自然・社会環境に配慮した土地政策の実施、（五）土地紛争の解決などが、地方行政の果たすべき役割として定められている（第五一－五八条）。

【参考文献】

上村明　二〇一三「土地制度の歴史と現在」『モンゴル　草原生態系ネットワークの崩壊と再生』藤田昇・加藤聡史・草野栄一・幸田良介（編著）、三一六－三三八、京都大学学術出版会。
岡洋樹　二〇〇七『清代モンゴル盟旗制度の研究』東方書店。
尾崎孝宏　二〇一〇「社会主義から民主化へ」『チンギス・カンの戒め』白石典之（編）、一四一－一五九、同成社。
風戸真理　二〇〇九『現代モンゴル遊牧民の民族誌――ポスト社会主義を生きる』世界思想社。

小長谷有紀　一九九八「地図でよむモンゴル」『季刊民族学』二二（三）　三四―三九。
――二〇〇九「経験された社会主義の比較」『民博通信』一二五。
小貫雅男　一九九三『モンゴル現代史』山川出版社。
高倉浩樹　二〇〇八「ポスト社会主義人類学の射程と役割」『ポスト社会主義人類学の射程』（国立民族学博物館研究報告七八）高倉浩樹・佐々木史郎（編）、一―二八。
ダムディンジャヴィン・マイダル　二〇〇〇「自然環境保護は全大衆の事業である」『アジア・アフリカ国際関係政治社会史　第二巻　アジアⅣ』（浦野起央著）、四〇二二―三一、パピルス出版。
トゥルムンフ・オドントヤ　二〇一四『社会主義社会の経験――モンゴル人女性たちの語りから』東北大学出版会。
冨田敬大　二〇一二「体制転換期モンゴルの家畜生産をめぐる変化と持続――都市周辺地域における牧畜定着化と農牧業政策の関係を中心に」『生存学研究センター報告　一七』角崎洋平・松田有紀子（編）、三七二―四〇七、立命館大学生存学研究センター。
――二〇一四「牧畜開発の動向――進む政策転換と集約的牧畜の導入」『現代モンゴルを知るための五〇章』小長谷有紀・前川愛（編）、五三―五七、明石書店。
――二〇一六「近現代モンゴルにおける畜産物利用の変化――乳・乳製品の域外販売と域内消費に着目して」『モンゴル牧畜社会をめぐるモノの生産・流通・消費』（東北アジア研究叢書）風戸真理・尾崎孝宏・高倉浩樹（編）、二九―六〇、東北大学東北アジア研究センター。
利光有紀　一九八三「オトルノート――モンゴルの移動牧畜をめぐって」『人文地理』三五（六）、六八―七九。
二木博史　一九九三「農業の基本構造と改革」『変革下のモンゴル国経済』青木信治（編）、一〇三―一三三、アジア経済研究所。
宮脇淳子　二〇〇二『モンゴルの歴史――遊牧民の誕生からモンゴル国まで』刀水書房。
モンゴル科学アカデミー歴史研究所　一九八八『モンゴル史　1』（二木博史・今泉博・岡田和行訳、田中克彦監修）恒文社。
ユムジャーギィン・ツェデンバル　一九七八『社会主義モンゴル発展の歴史』（新井進之訳）恒文社。
渡辺公三　二〇〇三『司法的同一性の誕生――市民社会における個体識別と登録』言叢社。
――二〇〇九「歴史人類学の課題――ヒストリアとアナール派のあいだに」『身体・歴史・人類学Ⅱ　西欧の目』、

一三五～一六九、言叢社。

ADB. 2002 Program Performance Audit Report on the Agriculture Sector Program (Loan 1409-MON (SF)) in Mongolia. PPA: MON 27536

Bawden, C.R. 1968 *The Modern History of Mongolia*. New York: Praeger.

Endicott, Elizabeth. 2012 *A History of Land Use in Mongolia*. New York: Palgrave Macmillan.

Fernandez-Gimenez, Maria E. 1999 Sustaining the Steppes: a Geographical History of Pastoral Land Use in Mongolia. *The Geographical Review*, 89(3): 315-342.

Sneath, David. 1999 Spatial Mobility and Inner Asian Pastoralism. *The End of Nomadism?*, C. Humphrey and D. Sneath (eds), pp. 218-277, Durham: Duke University Press.

Tseen-Oidov, R. 2009 *Olondoo Aldartai Orkhon Nutag Mini*. Ulaanbaatar: Choloot Mongol KhKhK.

第六章　千の湖に生きるひとびと――水をめぐるオジブエたちの半世紀

森下直紀

はじめに

今日グラッシー・ナローズ（Grassy Narrows First Nation、以下GNと表記）とワバセムーン（Wabaseemoong Independent Nations、以下WMと表記）として知られるカナダ先住民の保留地に住むオジブエたちは、広大なハドソン湾水系（図1）のゆっくりとした豊かな水をたたえる無数の湖の中で生活を営んできた。[*1] しかし、ここ五〇年あまり、人々の生活の源である水は、彼らにいくつもの受難を与えてきた。

二〇一五年八月二七日、GNは、飲料水の水質汚染に関わって緊急声明を発表した。この声明によれば、GNに住む住民の飲用水が水質基準の一二〇倍もの濁度を示し、[*2] 発がん性物質を含む化学物質が含まれていることが判明したという。[*3] 現在GNでは、水道水を煮沸する指導がおこなわれているが、ハロクロロ酢酸類など煮沸しても取り除けない化学物質が複数含まれており上水設備の改善が急務となっている。こうした問題は今回が初めてではない。二〇〇〇年五月、オンタリオ州ウォーカートンにて「ウォーカートンの悲劇」と呼ばれる事件が発生した。ウォーカートンの飲料水にE・コリ大腸菌バクテリアが大量発生し、数千人が影響を受け七人が死亡した。対応にあたったのは、一九九三年にカナダ自由党政権（NDP）のボブ・ラエ（Bob Rae）オンタリオ州首相によって設立されたオンタリオ浄水管理局（Ontario Clean Water Agency）であった。以後、オンタリオ浄水管理局が中心となって上下水道の水処理改革が断行された。この事件について、オンタリオ州最高裁判事デニス・オコナー（Dennis O'Connor）によってウォーカートン・リポートが二〇〇二年に作成されている。

このウォーカートン・レポートの第二部では、州内の水の安全性について、同様の悲劇を防ぐために必要な措置として九三項目におよぶ勧告が示された。オコナーは、ウォーカートン・リポートにおいて先住民コミュニティ内の水道施策についても言及している。コミュニティの上下水道の管轄は先住民コミュニティの各政府とカナダ政府にあることから、オンタリオ州当局の介入に制限がある。オコナーは、この状況を批判し先住民コミュニティの上下水道にオンタリオ浄水管理局によるサーヴィスを受けられるようにし、技術的援助や指導を行うことを勧告した（O'Conner 2002: 4）。その理由として、先住民コミュニティに供給されている水道は、州内の他の地域に提供されている水道と比較して最低レベルのものであるとし、州内の他の施設と同等のものが提供されるべきとした（O'Conner 2002: 17）。国立公園や軍施設などの連邦政府関連施設と同様に、GNやWMなどの先住民コミュニティの水道規制は、コミュニティが独自に定めるものを除けば連邦政府が定めるガイドライン（Guidelines for Canadian Drinking Water Quality）による。このガイドラインは法規制ではないため、オンタリオ州が定めているような（Ontario Regulation 459/00）水試料の採取、検査およびその結果についての報告を義務付けることができないことを指摘し、州規制と同様の強制力をもった規制とするべきとした（O'Conner 2002: 155-56）。これについては、コミュニティの独立性に関わる立場からの意見もあるが、警察のパトロールなどすでにコミュニティに介入する権力が存在している。ウォーカートン・リポートでは、オンタリオ州政府が先住民コミュニティの水質問題についての第三者的な立場を取ることを批判し、より積極的な対応を取ることを求めている。先住民コミュニティの問題は連邦政府と先住民コミュニティ政府の問題とし、オンタリオ州の水質規制を適用することは出来ないという州政府の態度であるが、オンタリオ州の先住民事務局（Native Affairs Secretariat）は要請に応じて州環境省の技術的援助が可能との見方を示している（O'Conner 2002: 491）。加えてオコナーは、流域保全の観点からもより積極的に先住民コミュニティの水質保全に貢献することを勧告した（O'Conner 2002: 492）。しかし、二〇一五年にふたたび水質問題が立ち上がるなど、ウォーカートン・レポートにもかかわらず少なくともＧＮの水質問題は改善されず現在に至っている。先住民コミュニティにおける水の問題の解決にあたって、連邦政府の環境省[*4]、保健省、先住民問題・北方開発省、そしてオンタリオ州政府は、その役割を十分に果たしてきたとは言いがたい。

二〇一四年八月に約二週間の旅程で、日本の水俣病事件に関わる医師、研究者がオジブエたちの住むＧＮおよびＷＭを訪れ現地調査をおこなった。日本の水俣病事件研究者がこうして現地を訪れるのは一九七五年以来六回、またカナダから日本への訪問は五回を数え、継続的な交流が続いている（大類　二〇一四：六五）。筆者もこのグループに参加し、はじめて現地を訪れることができた。筆者達は、オンタリオ州の東隣のマニトバ州にあるカナダ中部の街ウィニペグに結集し、翌朝に人数分の寝袋、食糧を積み込んだ車両三台が最初の目的地ＧＮを目指した。短い休憩をはさみつつ一路目的地を目指すが、途中未舗装の路を走り、現地に到着したのはその日の夜になろうとしている頃だった。距離にしてウィニペグから北東に約二七〇キロメートルの行程であった。一団の宿泊先として提供されたのは、五ＬＤＫに地下室のある一軒家だった。住宅は、家族構成にしたがって政府により提供されるものの一つで、そうした提供される住宅の中でも比較的大型の家屋とのことであった。ＧＮで検診調査や社会調査の数日間を過ごし、次にＷＭに向かった。ＧＮからＷＭまで直通する道路はなく、ＧＮから南西八〇キロメートルの観光都市ケノラ市を経由し、ケノラから北西約一〇〇キロメートルのＷＭに向かった。このケノラ市は各リザーブからの最寄りの街で、急病者が出た時などはこの街まで来なければならない。GNを午前中に出発したがWMに就いた頃には日が落ちる直前で、筆者たちを待っていた住民は待ちくたびれていたようだ。それほどにこれらの地は互いに離れ、また遠い。シカゴからやってくる裕福な観光客のように、軽飛行機などを用いないかぎり、GNやWMの住民たちがケノラの街にでることも容易ではないことがわかる。

筆者は二〇一三年以来、カナダの水銀汚染に関わる研究を開始し、汚染調査にもたずさわりながら先住民のオジブエの人々と接してきた。本論では、GNとWMのオジブエたちの水に関わる幾多の受難について、一九七〇年代の水銀汚染が確認されていった過程をたどりなおしたい。オジブエたちは、カナダが成立する以前からこの地の水とともに生きてきた。彼らの伝統的な生活に欠かせない水をめぐってどのような対立がおこってきたのか。近年改めて提起された水質悪化の例にも見られるように、連邦政府、州政府、そしてオジブエの各コミュニティがどのようにこの問題に対峙してきたのかについて議論していきたい。

一　オジブエ小史

白人の流入と影響

北アメリカ大陸にカナダが誕生するずっと以前から、オジブエたちは今日西オンタリオと呼ばれる地域で生きてきた。一八六七年にカナダが成立すると、ウィニペグ湖の上流に当たる地域のオジブエたちは、Treaty No.3と呼ばれる条約に署名（一八七三年）し、五万五〇〇〇平方マイル（約一四万平方キロ）の土地を、一時金の支給、保留地、狩猟および漁業権と引き換えにカナダ政府に譲渡したとされている（Vecsey 1987: 289）。この条約の内容は、オジブエに口承で伝わっているものとは異なっているといわれおり、今日の先住民の権利回復運動において大きな争点の一つとなっている（花田・井上　二〇一二b：四五）。

この頃、カナダ大陸横断鉄道が建設されオジブエたちも建設にたずさわったが、一九二〇年代の鉄道の建設によって水銀汚染問題や他の公害問題を後に引き起こすことになる林業、パルプ産業、鉱業がこの地にやってきたことは皮肉な結果であった（Vecsey 1987: 289）。また、モノと人の移動の拡大は、オジブエたちが免疫を持たない伝染病をこの地に呼び込むことになった。伝染病は、家族単位で保留地の外に住み狩猟活動をしていたオジブエたちにより大きな被害を与えることになり、オジブエの狩猟文化を脅かした。

一九三〇年代までにおこった白人文化への一連の同化政策は、オジブエの伝統文化に深刻な打撃を与えた。特に子供を親元から離れた全寮制の学校で教育する制度は、オジブエたちの「受難」の一つに数えられている。それでも第二次大戦終結の頃までは経済的な自立を保っていたと考えられている。土地の譲渡に関する条約以後も野生動物、魚、ワイルド・ライス、ブルーベリーの採集が保留地外でもかつてと同様におこなわれていたからである。特に、罠猟はオジブエたちの伝統的生活と深く結びついている。二〇一四年の訪問時に政府関係者も交えた懇談会が開かれた公民館的建物は、トラッパー・センター（Trappers Center）という名前の建物で、罠猟をしながら移動する経路（Trap Line）を示した地図が壁に貼られていた。しかし、一九四七年にオンタリオ州政府が漁業、その後他の採集品目についても免許制を導入し、この免許をオジブエ以外にも発行するようになった。このことによってオジブエたちはTreaty No.3に基づく彼らの権利が侵害されたと考えている（Vecsey 1987: 290）。同時期、この地域に観光ロッジがいくつも建設され、オジブエたちは、彼らの卓越した狩猟技術によってフィッシング・ガイドとして雇われた。ガイドやロッジでの雇用は、後に水銀被害の影響でロッジの経営が打撃を受ける一九七〇年頃まで、オジブエたちの大きな現金収入の柱となっていった。

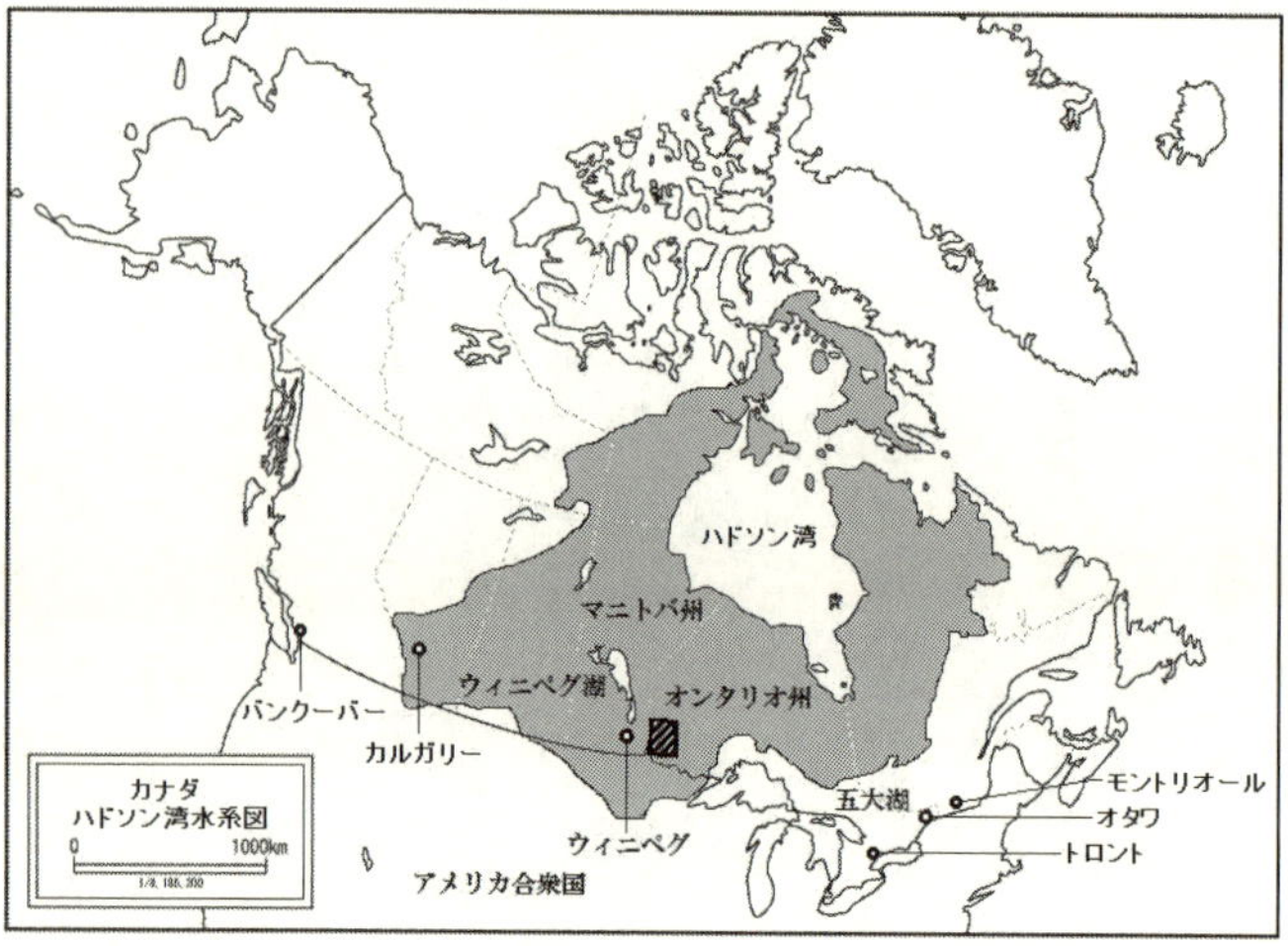

図1
水銀による健康被害が確認された地域

ダム建設と保留地移転

一九二〇年代の連邦政府の決定に基づいて、一九五八年に水力発電用のダムがイングリッシュ川およびマニトバ川に建設された（図2）。これらのダムが生み出す電力は、炭鉱及び製紙工業の拡張にともなって必要となるものであった。このダムの建設に伴う水位の上昇により、GNは保留地の移転を余儀なくされ（図3、図4）、また、移転にともなって周辺のワンマン湖およびスワン湖の保留地がWMの保留地に統合されることになった。

ダム建設に伴う保留地の移転は、オジブエたちの生活に大きな変化を与えた。二〇一四年調査のおり、WMのジョン・ペイシック首長に話を伺った。ペイシックは、コミュニティの取り組むべき問題として、アルコール中毒、自殺、殺人などを水銀による健康被害と同様に重要課題として挙げた。一九七五年の日本からの調査団の報告によると、これらの問題は水銀による汚染が判明する以前からのもので、保留地の移転以後のものであるという。

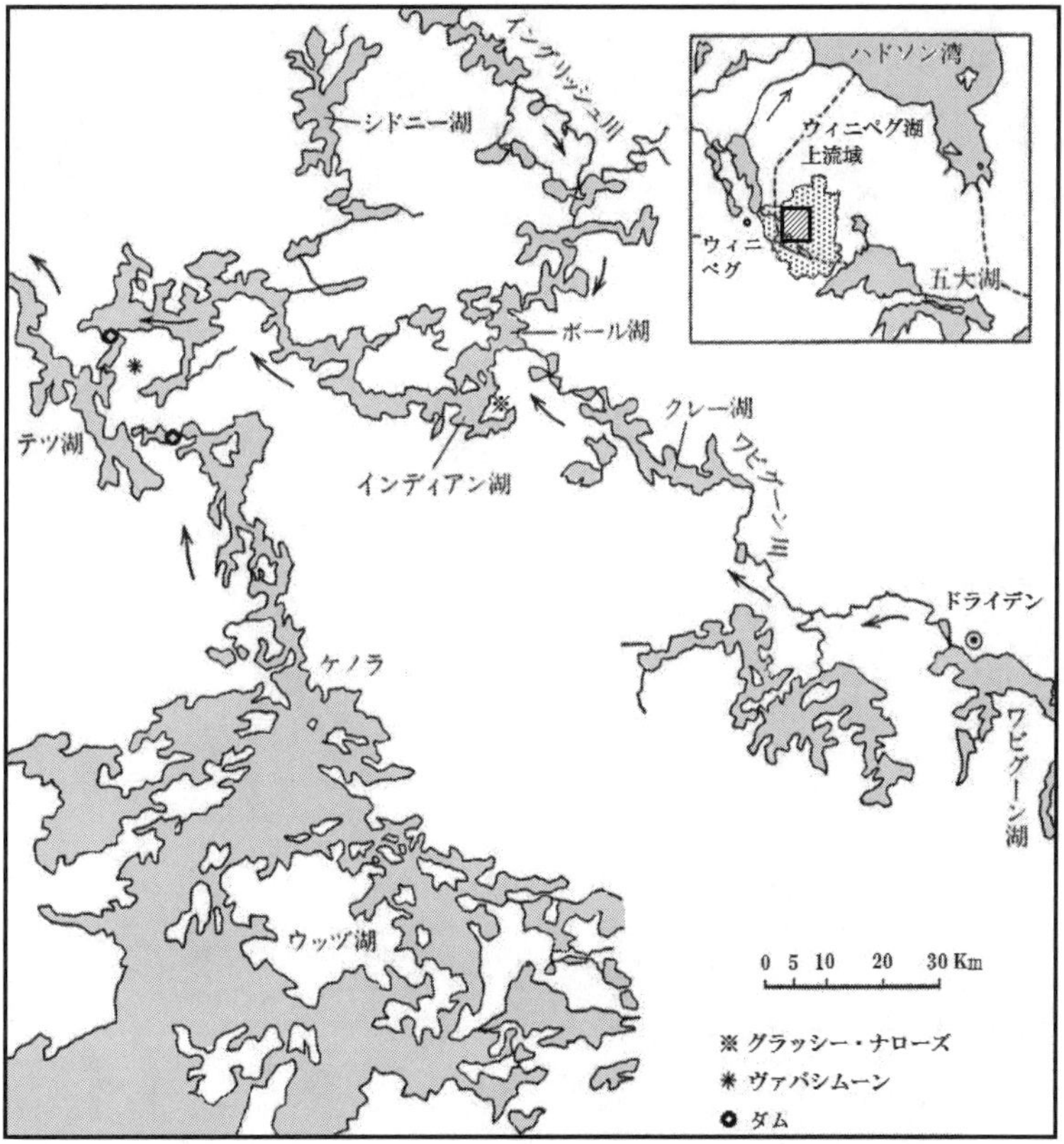

図 2

イングリッシュ•ワビグーン水系（原田•赤木•藤野　一九七六、六頁を元に筆者加筆•修正）

図 3（上）
ダム建設によりイングリッシュ水系に形成されるようになったダム・リング。2014 年 8 月 29 日、筆者撮影

図 4（左）
ワンマン湖保留地が水没したことを記した石碑。2014 年 9 月 1 日、筆者撮影

二　水銀被害の発見と対応

カナダにおける水銀の発見

カナダの河川や湖が水銀で汚染されていることが判明するのは、一九六〇年代後半であった。一九六二年のレイチェル・カーソンの『沈黙の春』等の著作以降、農薬や化学物質への一般の関心が高まった。この流れを受けて、スウェーデンにおける野生生物調査において、カビがつかないよう水銀処理された穀物種子を食べた野鳥の水銀汚染が発見された。この種の処理を施された種子は、一九六〇年、六六年、七一年のイラク、そして一九六九年のアメリカ合衆国アラモスゴードでの水銀汚染事件の原因となった（宇井　一九七五：五九－六〇）。スウェーデンの発見以後、水銀の生態系への影響は多くの研究者の共有するところになった。もちろんカナダの専門家も例外ではなく、一九六六年にモントリオールで開催された公害と環境に関する国民会議（National Conference on Pollution and Our Environment）においても、カナダ野生生物局（Canadian Wildlife Service）のJ・キース（J.A. Keith）はスウェーデンの水銀研究者ベント・ルンドホルム（Bengt Lundholm）との間で、スウェーデンで発生した製紙および苛性ソーダ工場からの河川水系への水銀汚染は、同様の工場が存在するカナダにおいても当然発生するということを共通認識として確認していた。[*5]

一九六七年に、西オンタリオ大学（University of Western Ontario）の動物学者ホルスワース（W.N. Holsworth）が、ノルウェーから来た大学院生のノルヴァルド・ヒムライト（Norvald Fimreite）とともにカナダ野生生物局を訪れ、ヒムライトのための研究費を要請した。ヒムライトは、スカンジナヴィア半島地域の水銀による野生生物汚染問題をすでに詳しく把握しており、カナダにおいても水銀調査を実施したいと目論んでいた。野生生物局のキースは、

旧保留地	現保留地
土地が肥沃　野菜栽培可	岩だらけの土地　野菜栽培不可
土地が広大　各家の間隔は十分	土地が狭く、各家の間隔が狭すぎる
家は、各自の創意で建築	家は政府の定めた画一的・単調のもの
前の湖がとても広く、近く、すばらしい眺め	湖が遠く眺めが悪い
狩の獲物が多かった	狩の獲物がいない
誰も空腹でなかった	空腹の人が多い
宗教も独自　自然を神と崇めていた	宗教は白人に押しつけられたもの
伝統的文化があった	伝統がたちきられた
白人はおらず英語もなかった	白人と英語がある
若者と老人のギャップは無かった	若者が老人から離反してゆく
政府などなかった	政府がある

表1　GNの新旧保留地の比較（飯島　1976: 33）

前年の国民会議以降、カナダにおける水銀汚染を詳しく調べたいと考えており、ヒムライトを得てその具体的な調査計画が立案されることになった。

キース、ホルムワース、ヒムライトたちは、数ヶ月かけてヒムライトの具体的な調査計画を練り上げた。それは二つの柱からなり、一つは、草原穀物農業の影響調査と、もう一つは、ブリティシュ・コロンビアおよびカナダ東部水系での産業影響調査であった。この調査計画は野生生物局によって認められ、一九六八年春から三年間の研究プロジェクトが野生生物局と西オンタリオ大学との間で発足した。この研究プロジェクトによって収集された試料の分析によって、カナダにおける深刻な水銀汚染問題が発見された。この発見に驚いたキースは、ヒムライトの調査や実験データを基に新たな調査チームを率いて水銀汚染調査をおこなった。その結果、ヒムライトが最初に高い水銀値を示す魚を得たセント・クレア湖やサスカチュワン川が汚染されていることを確認した。この結果は、水産森林省（Department of Fisheries and Forestry）および保健省に伝えられた。また、ヒムライトらによる陸上調査では、アルバータ州の種子を餌とするキジやヤマウズラが水銀によって汚染されていることを確認した。この影響で、一九六九年のハンティング期間は禁猟となった。こうして、北アメリカの生態系に水銀汚染が進行中であることがはじめて確認された。*6

同時期に、他の研究者も同様の発見を報告している。一九六九年一一月二七日、サスカチュワン大学の研究班によって、サスカチュワン川の魚が最大一〇ppmの水銀で汚染されていることが発表された。サスカチュワン川は、カナダ中部の中核都市ウィニペグに近く、ウィニペグ湖などを含む水系の一部であったためその意味するところは大きかった。これに対する連邦政府の対応は素早く、連邦政府の水産森林省は、同水系から水揚げされた全ての魚介類の出荷停止と検査を開始した。そして、一九七〇年の六月までに、ウィニペグの淡水研究所（Freshwater Institute）において、調査プロジェクトが立ち上げられることになった。連邦食品医薬品局（The Food and Drug Directorate）は、食品医薬品法（Food and Drug Act）に基づいて、魚介類に含まれる水銀濃度の上限を〇・五ppm（mg Hg/Kg）に定め、それ以上を含む魚介類の流通を禁止した。これは、スウェーデンやドイツの当時の基準の半分の数値であった。カナダから輸出される魚にもこの基準が適用され、基準を超えた魚は焼却処分され、人はもちろん家畜や野生動物に与えることも禁止された。その結果、対応策が開始されてから数ヶ月間の間に五〇〇トン以上の魚が処分された（Bligh and Armstrong 1971: 2）。

三　汚染源の推定

次々と水銀に汚染された水系が見つかり、不安にかられた人々は「水銀パニック」と呼ばれる一種の狂騒状態に陥った。その後開始された連邦政府とオンタリオ州政府が合同でおこなった大規模調査によって多くの水銀に汚染された湖や川が発見された。その結果、ハドソン湾やスペリオル湖やエリー湖をはじめ、そこにつながる大きな河川水系およびその支流の多くで〇・五ppm以上の水銀を含む魚が確認された。これら汚染水系の調査結果をスウェーデンの事例に基づき分析した結果、苛性ソーダ工場が汚染源と推定された（Bligh 1970: 4）。

カナダでは一九六九年に三〇万ポンド（約一三〇トン）の水銀が使用され、そのうちの三分の二は苛性ソーダ工場で使用された。これらのプラントでは、塩化ナトリウムを電気分解し塩素と水酸化ナトリウムを製造する際に水銀を電極として用いた。カナダではこの種のプラントが当時一四存在していた。この製法では、一トンの塩素の製造毎に、約三分の一ポンドの水銀が失われたと推定されている。また、こうしたプラントでは、日産一〇〇トン以上の塩素の生産が一般的であり、したがって、これらのソーダ・プラントから年間約一万ポンド（約四・五トン）以上の水銀が消費され、その大半は環境中に放出されたものとみられている。一九七〇年六月の連邦議会での答弁で、連邦水産森林相のジャック・デイヴィス（Jack Davis）は、漁業法（Fisheries Act）に基づきカナダ国内の水銀を用いる全ての工場の排水のモニタリングが地方政府により開始されていることを明らかにした。そして、「水銀値の高い地方の漁業を禁止し、漁師に補償をおこなう。河床に水銀が含まれる地域を特定して浚渫の調整をおこなっている」と答弁をおこなった。[*7]

一九七〇年以降の大規模調査によって、ウィニペグ湖の上流域に存在するすべての水系が調査され（図3）、オジブエたちの住むイングリッシュ川および同河川に接続するワビグーン川の汚染が確認された。[*8] また汚染源は、ワビグーン川の上流にあるドライデンの製紙工場に用いる漂白剤用の塩素を製造していたドライデン化学社であることが判明していた。このイングリッシュ＝ワビグーン水系の水銀汚染に関して、先住民コミュニティの多年にわたる要請にもかかわらず、水銀を除去するための浚渫工事は未だ実施されていない。この年の一〇月、デイヴィス大臣は漁業法に基づいて、紙パルプ工場からの水銀およびリンの排出基準を策定することを表明した。[*9]

また、酢酸フェニル水銀などの有機水銀製剤は製紙工程において、微生物の繁殖によって形成される粘着層（スライム）を除去するための殺菌剤として製紙工業分野で広く用いられてきた。一九六〇年代以降、カナダを含む多くの国で食品包装に水銀含有紙を用いることを禁止する規制が広まり、その影響からこれらの製剤の使用は中止されつつあったが一九七〇年一月時点では、六つの製紙工場で有機水銀製剤が使用されていることが確認された。その結果、有機水銀製剤の使用を禁止する行政指導が一九七〇年におこなわれた。[*10]

以上がカナダにおける水銀問題の発見の概略である。水銀の汚染が公式に確認されてからわずか一年の間に、汚染被害の影響範囲、汚染源の特定、そして汚染の拡大防止の為の措置が取られた。このことと恐らく強い関係があるのであろうが、カナダの紙パルプ産業から河川水系に及ぼす水銀汚染は、一九七〇年を境に終焉しているというのが連邦政府および州政府の公式見解になっている。例えば、カナダCBC放送によるオンタリオ州の環境相ウィリアム・ニューマン(William Newman)へのインタビューにおいて、ニューマンは、一九七〇年の行政指導以後の工場周囲の水質モニタリングでは、水銀を含む排水は無いと主張している。[*11]

他にも、イラクやアメリカ合衆国において大きな問題となった種子消毒に用いられた水銀化合物や、小規模な金および銀採掘における水銀の使用、家電および工業製品における水銀の使用、そして日本の水俣病事件の元となったプラスチック工場からの水銀排出が考慮されたが、重要な排出源ではないとみなされた(Bligh 1970: 5-6)。

また、すでに環境中に排出された水銀の健康への影響について、一九七〇年六月の連邦議会において質疑がおこなわれている。デイヴィス水産森林相は、人体への水銀汚染の測定方法を問われた際、日本の事例と比べカナダで発見された魚に含まれる水銀レベルは低く、「カナダにおける[水銀]レベルは安全レベルと認識している」と答弁をおこなった。[*12] それでも、水銀の汚染に対するカナダ国民の関心は高く、一九七一年に発足した連邦環境省(Environment Canada)の初代環境相に、水産森林相を務めていたデイヴィスが就任すると、水銀汚染への対策を主要課題として挙げた。

政府の対応による先住民コミュニティへの経済的影響

連邦水産森林省は、水銀による汚染が確認された地域における商業漁業を禁止し、影響を受ける漁業者への補償をおこなった。例えば、ウィニペグ湖では、ホワイトフィッシュの水銀含有量が低い一方で、他の魚の含有量が高かったためホワイトフィッシュ以外の魚の漁が禁止された。また、一九七〇年のアームストロングらの調査によれば、食物連鎖による水銀濃縮がおこり、水系生物だけでなくそれらを捕食する動物の体内にも水銀が高濃度で蓄積されていることが明らかにされた（Armstrong 1971: 2-3）。連邦政府は水銀被害の確認以後、魚の摂取と漁業への規制をおこなったが、これは先住民コミュニティにおける漁業従事者に対しても同様におこなわれたという。過去五年間の平均所得を基準に、補償期間を三年に限った無利子貸付がおこなわれた。WMでは三年間でのべ二九人に対して五万五五一ドル、GNではのべ一九人に対して五九一〇ドルが補償された。WMとGNで補償額が大きく異なる点および漁業者すべてが補償を受け取れたのかどうかについては、以下の分析がおこなわれている。

> 補償をもらっていない［WMの］一七名はすべてその資格がないわけではない。優秀な漁師がいるが、年をとって英語が《ママ》話すことも書くこともできず手続きの複雑な申請をしなかったために、補償をもらえなかったものが三名いる。また、一九六八〜九年とキャンプ場の大工として働いていたために、補償金をわずか二六ドルしかもらえなかった優秀な漁師もいる。グラシイ・ナロウズについては詳細な資料が入手できなかったので、正確な理由は不明だが、ちかくの非汚染湖で漁業をつづけうる条件があったためか、格段に補償額が低い（宮本　一九七六：三）。

上記の分析にあるように、連邦政府の補償から漏れた者が多数存在することが示されている。また、補償を受け

補償 ／ 居留地名	1970—71		1971—72		1972—73		合　計		最　高	最低	年平均所得
	金額	人員	金額	人員	金額	人員	金額	人員			（5年平均）
ホワイト・ドッグ	$ 21,439	26	$ 20,003	28	$ 9,109	20	$ 50,551	29	$ 15,383	$ 19	$ 16,528
グラシイ・ナロウズ	2,784	19	2,640	18	486	7	5,910	19	1,210	18	10,785

表2　水銀汚染による商業的漁業への補償（宮本　1976: 3）

ることができたとしても、その期間は三年間に限定されており、三年の後に漁業が再開できるわけではないので補償金を得たといっても一時的なものにすぎなかった。また、GNに関する記述にある非汚染湖は、その場所へのアクセスが事実上不可能なこともあり、問題の解決になるものではなかった。

一九七〇年までに一〇〇人以上いたと言われているフィッシング・ガイドについては補償が出ていない。これは、連邦政府が商業漁業を規制し観光漁業を規制していないことからの措置と思われる。結果として、就業所得を奪われた人々は、生活保護を受給することになった。GNではほとんど全員が少なくとも一時的に失業し、一九七三年には当時の推定人口の八割以上の三四六人が生活保護を受けていた。公害確認以前の一九六八年には、六六人であったことから、影響の深刻さが理解できる（宮本　一九七六：三）。

四　被害の確認とスポーツ・フィッシング・ブロッケード

想定されていた被害

一九六九年に水銀の汚染が確認された初期から、魚や野生動物を主食とする先住民社会への影響は連邦レベルでも議論されてきた。一九七〇年一一月二日の連邦議会では、ネスビット（W. B. Nesbitt）議員とゴードン（R. Gordon L）議員との質疑と、デイヴィス水産森林相のそれらに対する応答がおこなわれている。

ネスビット：オンタリオ水資源員会（Ontario Water Resources Commission）により、ドライデン化学（Dryden Chemical Limited）からの水銀汚染の影響でハドソン湾から数百マイル離れたイングリッシュ＝ワビグーン水系の魚類が影響を受けているとの報告がなされた。この危機的状況において、連邦政府はオンタリオ州およびマニトバ州の関係部局と協議を開始しているのでしょうか？　また、当該地域において魚に代わる主食を持たない先住民の健康を守るため、どのような対策が取られているのでしょうか。

デイヴィス：私たち（水産森林省）はオンタリオ州およびマニトバ州と継続的に協議をおこなっている。先住民を含む漁業者に関しては、我々はすべての漁獲された魚について、水銀を含むと含まざるにかかわらず購入し、また禁漁とされた湖への融資をおこなっている。

ゴードン：私の追加質問は、憂慮すべき水銀汚染に関する厚生省（Department of National Health and Welfare）の対応をただすものです。先住民、特に先住民の子供の血液検査が実施されたのかどうか確認するつもりでしょうか。また、当該地域のバンド・チーフとの連絡は密におこなわれているのでしょうか。

ディヴィス：その通りです。*13

上記の質疑に見られるように、カナダでの水銀の汚染問題が判明した当初から、魚を主食とする先住民への健康被害が連邦レベルにおいても議論されてきた。カナダの先住民が、水俣病患者となった漁業者と同様に魚を多食することはよく知られていたためである。一日七〇〇グラムの魚を食べる者も珍しくはなかった（Shephard 1976: 470）。したがって、連邦政府はこの問題の初期から、この水銀汚染の問題が先住民コミュニティの住民に深刻な影響を与える可能性があることを理解していた。しかし、その対応策は社会一般に適用された枠を大きく超えることはなかった。当初対応にあたったのが水産森林省であることからも分かるように、連邦政府はこの水銀汚染の問題を漁業問題として捉えていた。確かに、十分とは言えないまでも商業漁業の禁止措置に対する補償金や当該年の所得を失った漁業従事者に対して融資（企業の過失が認められれば返済しなくてもよい）や、漁場や獲物の変更を促す奨励金などが支出されてきた。この点において、カナダ政府の対応は日本のそれとは大きく異なる。この商業漁業の禁止措置にともなういくつかの金融支援は、しかし、先住民たちには届かなかったとみえる。そう考える根拠は、商業漁業が禁止された以降に抗議活動としておこなわれたブロケード事件にみることができる。

一九七〇年三月にセント・クレア・レークを対象に出された水銀流出禁止指令以降、商業漁業の禁止対象地域は拡大し、五月までにイングリッシュ＝ワビグーン水系も禁止の対象となった。同水系では、それまで年間二〇万ポンド（約九一トン）の漁獲があったとされ、漁業者の収入は年間三〜五万ドルであったという（Troyer 1977: 49）。一方で、今日バス・フィッシングなど食餌のためではなく、魚を釣り上げることを純粋に楽しむスポーツ・フィッシングがある。連邦および地方政府は、このスポーツ・フィッシングは禁止しなかった。これまで生活を支えていた漁業を禁止されたにもかかわらず、観光客が魚を釣ることが禁止されなかったということに対して不満がつのり、観光客が通行する道路を封鎖する事件が発生した。

水銀汚染が生じたとたん政府が商業漁業《コマーシャル・フィッシング》を禁止してしまった。観光漁業《スポーツ・フィッシング》はそのままつづけることができたけどね。こうした政府の矛盾に満ち満ちた政策に対してこちらが怒って、指定居住区《リザーブ》の道路封鎖《ブロケード》をやった。まわりにある観光漁業用《スポーツ・フィッシング》の釣り宿《フィッシング・ロッジ》へ行くのに指定居住区《リザーブ》内の道を通らなければならなかった。われわれの道をつかって釣りに行くのは、一向にかまわない、お金を払ってくれるのなら、通らせてやるというスタンスの道路封鎖《ブロケード》だった。通行料というかな。このことは、鮮明におぼえているねえ（まくどなるど・磯貝 二〇〇四：二〇一）。

商業漁業が禁止されても、連邦や地方政府がきちんと補償措置をおこなっていたのであれば、リザーブに住む人たちの不満はブロケードという行動に結びつくことがなかったことは容易に予想できる。政府は、商業漁業の禁止に伴う補償措置に胸を張るが、実際にはそれは十分ではなかった。こうした時に、政府が常に主張するのが先住民コミュニティに対する法的な位置づけである。

二〇〇〇年にオンタリオ州で発生した大腸菌バクテリアの飲料水汚染事件（「ウォーカートンの悲劇」として知られる）でも、先住民コミュニティの衛生問題に対して、連邦政府や地方政府が問題解決にむけた効果的な対策を実行しないことが批判された。一九八二年の憲法法の制定によってカナダは正式にイギリスから独立したが、この憲法第三五条によって先住民としての権利（aboriginal rights）、そして従来の先住民各コミュニティと連邦政府間で締結された条約上の権利（treaty rights）の保護が規定された。「ウォーカートンの悲劇」のような憲法の規定以後の問題をみても、それ以前の水銀汚染問題に対する連邦政府や地方政府の対応がどのようなものであるか想像に難くない。

ブロケードを誘発したのは、商業漁業を禁止し観光漁業を禁止しなかったという連邦政府の方針であるが、これはごく単純な論理によって決定されたように思われる。要は水銀を含んだ魚を摂取しなければ良いので、釣りという行為を楽しむスポーツ・フィッシングを禁止する必要はないというわけだ。キャッチ・アンド・リリースによって釣りを楽しむだけであれば、水銀は問題にならない。この地域の大きな産業の柱である観光ロッジへの影響を最小限にしたいという思惑もあったように思われる。GNやWMのオジブエたちの多くもフィッシング・ガイドとして観光ロッジで職を得ていた。しかし、ロッジの経営者たちが水銀汚染の実態を誤魔化すためにオジブエたちガイドに率先して釣った魚を食べるように強いていたこと、オジブエたちが都市に住むカナダ人に比べてはるかに大量の魚を食すこと、そもそも魚や魚を食べる動物を食べることがオジブエたちの伝統文化と深く関係していることについて、連邦政府や地方政府は無関心であった。

水銀被害の確認

一九七三年にまとめられた連邦厚生省の先住民への水銀被害についての最終報告書において、一九七〇年にWMの住民から最大三八五 ppb という血中水銀値が報告された（Bernstein 1973）。一九七三年一月一二日付のオタワ・ジャーナルは、「水銀汚染が先住民の健康を脅かす恐れ」と題して、先住民社会への水銀汚染を報道した。報道では、オンタリオ州政府は「妊娠適齢期の女性は、子供への潜在的影響があるため魚を摂取すべきではない」との警告を伝えているのみだという。[*14] その後、連邦政府は一九七三年五月になってようやく、GNとWMに水銀による健康被害が発生していることを公式に認めた。連邦政府は、一九七三年四月に先住民たちの健康被害を調査するために、関係部署を横断する形で組織した特別委員会を設置した。この委員会は、GNやWMを含む他の先住民コミュニティの血中水銀値及び毛髪水銀値を計測し、被害状況の確認をおこなった。その結果、この委員会はWMに住む少なくとも一一人とGNの七人以上の人々が、健康に危害を及ぼす水準の水銀で汚染されていることを確認した。高い血中水銀の値を示した人々は、連邦政府の定めた憂慮水準（一〇〇 ppb）を超える者で、幾人かは二〇〇 ppb を超える値を示し最高で二八九 ppb であった。五月末時点で高い値を示した住民はウィニペグ総合病院において診察がおこなわれたが、水銀による健康被害は確認されなかったという。[*15] この調査についても、血中水銀濃度の計測が主であることや全員を調査できていないなど、多くの問題が指摘されている（宮本 一九七六：二）。

この調査結果を受けて、連邦政府は一九七三年秋からそれぞれのコミュニティに住む子供の健康被害についての調査することを決定した。[*16] スウェーデンや日本における水俣病事件の経験から、胎児が成人よりも脳や中枢神経に影響を受けやすいことは広く知られており、連邦政府及びオンタリオ州政府は、一九七〇年にすでに水銀暴露の人体への影響について以下の報告を受けている。

一日あたり一－二ミリグラムのメチル水銀暴露によって、人体への影響が確認される。このような水銀暴露は、一日あたり二〇〇グラムの五－一〇ppmの水銀を含有する魚を消費することで引き起こされる。水銀の人体からの排出は糞便によるものが大半で、尿や毛髪から排出される分は比較的少量にとどまる。また、胎児は水銀を蓄積しやすく、母親に影響が見られない場合においても先天的な水銀による影響がみられる。メチル水銀による人体への影響としては以下の症状が見られる。重篤な感覚障害、口及び鼻の感覚障害、視野狭窄、聴覚障害、構音障害、筋協調の不全、ヒステリー・病的興奮、弛緩性麻痺（flaccid paralysis）、昏睡（死に至る）（Bligh 1970: 3）。

先住民コミュニティの魚食について

一九七五年九月二二日、連邦政府は厚生省、環境省および先住民省の協同で取り組む対応策を発表した。これまでの政府の調査によってイングリッシュ＝ワビグーン水系の水銀汚染によりGNとWMのオジブエたちが従来採集し、消費してきた魚が汚染されていることに対応するためであった。[*17] 一九七五年時点で、連邦政府は、工場から排出された無機水銀が水底の堆積層に含まれるバクテリアの働きによって有害な有機水銀に変換され、さらにこの有機水銀が水系の食物連鎖に組み込まれ、魚の体内組織の中に蓄積されることによって健康への脅威が高まることを突き止めていた。したがって、魚や魚を捕食する動物が、高濃度の水銀で汚染されていること、およびそれらを採集し食餌とする先住民にも水銀の被害が及んでいることを突き止めていた（Government of Canada 1975: 1-2）。これを踏まえ政府の対策としては、以下の項目が挙げられた。

一　一九七〇年以降の水銀の管理プログラム
二　環境省水産海洋局（Fisheries and Marine Service of DOE）によるカナダ国内の全ての魚類製品に関する安全調査プログラム
三　過去数年間の二つの地域に住む先住民族に対して汚染魚を摂取する危険性についての教育キャンペーンを実行。一九七〇年にこれらの地域は商業的漁業を禁止（継続中）
四　水銀問題に関する保健省の調査班によるそれぞれの地域で活動
五　グラッシー・ナローズおよびホワイト・ドッグに先住民局とオンタリオ州政府当局との共同で代替食品を提供。同様のプログラムを北西ケベックにおいて計画中
六　オンタリオ州政府による先住民が安全に魚を採集できる湖の特定、および共同冷蔵庫の提供開始
七　連邦政府の支援によるカヌー製造や靴製造などを含む経済発展の追求

（Government of Canada 1975: 2-3）

項目四に関連して、水銀によって汚染された地域に住む住民に対して一九七一年より体内水銀量の測定がおこなわれたが、メチル水銀による健康への影響は発見されなかったという。カナダ連邦政府は日本の水俣病の経験から

調査時点における血中水銀濃度が比較的低くても長期間その状態が継続すれば、中枢神経への影響が考えられることを理解しており、そのため汚染された魚を食べないように指導することを定めた（項目三）。しかし、項目三の対策後も人々の血中水銀濃度は低下せず、七四年と七五年におこなわれた調査では、一〇〇ppbを超える者が散見された。このことは、汚染水系の魚を食べないように指導する行政の介入を強めることになったという。一九七五年に、GNとWMのオジブエたちの代表が水俣を訪問する際に政府がその渡航費用を提供したのも、水俣病の被害の結果を見せるという意図があったようだ（Government of Canada 1975: 6）。

連邦政府による対応策の決定を受けて、汚染魚に替わる代替食品について専門委員会において検討がおこなわれている。この委員会は一九七六年の一月から四月にかけ四度会合の機会を持ち、三月の会議では先住民側の代表も出席した。その際、議事の進行が不可能になるほど先住民側から批判が出たと報告書にある。詳細な議事が入手できていないが、おそらくはこの委員会が打ち出した代替食品プログラムの方向性に対しての批判があったものと思われる。すなわち、この委員会の代替食品プログラムが、「単に地域で漁獲される魚の欠如によるタンパク質の減少を補完するのみならず、代替食品は完全に魚食に替わるものであること」（Nutrition Committee 1976: 2）という方針を打ち出していたことから、先住民社会の伝統的な生活文化の破壊に繋がることが懸念されたことがその原因と思われる。

GNとWMでは、伝統的に夏季にウォールアイなどの淡水魚、カモメなどの野鳥の卵、陸上の野生動物を食し、冬季は、冬になる前に収穫し保存食としておいた魚を食べ、保存食が尽きれば、厚く氷が張った川に穴を開けアイス・フィッシングにより魚を得て食していた。専門委員会では代替食品を供給するための前提として、GNとWMの魚の消費量についての調査をおこなった。

調査がおこなわれたものの、実際に実行された対策は「安全」とされた魚をオンタリオ州当局が保留地内に設置した魚専用の冷蔵庫に運びこむだけであった。[*18] しかし、冷蔵庫の運び込まれた冷凍魚を食べるものはあまりいなかったようだ。味が異なることが理由として挙げられるが、伝統的にGNやWMのオジブエたちは、夏に比べ冬季はあまり魚を食べない。冬季にこの冷蔵庫からよく魚を持ちだして食するものには、周囲から「冷凍庫男」という名前がつけられたのだという。要するに、政府の代替食品プログラムのほとんど唯一の対策とも言える冷蔵庫も対策としての効果を上げていなかったようだ（まくどなるど・磯貝　二〇〇四：一三〇－三六）。

日本からの調査団

連邦政府の水銀問題に対する初期のスタンスは、汚染源となっている工場への指導および汚染された魚を食べないようにするということであった。これらの対策は、不完全であるとともに被害を未然に防ぐという点からいえば遅すぎる対策であった。一九七五年頃から、水銀による健康被害が次々と報告されることになる。その先駆けとなったのは、すでに長年水銀被害と向き合ってきた日本の研究者たちによるGNとWMにおける現地調査であった。

水銀汚染の確認以降の連邦および地方政府の対応策について、オジブエたちのフラストレーションは限界に達していた。一九七三年、トミー・キージック首長ら若者の四人がケノラの連邦政府の先住民省の部局建物を占拠し、住居、教育、水銀問題への調査、医療などを要求した。この事件は部局長がこれらの善後策を約束し終結した。しかし、翌年八月、前年の約束が履行されていないとして、ケノラにある公園を猟銃で武装して占拠。キージック氏は、この過激な行動で首長をリコールされた。この行動について、オジブエたちの長老たちは、暴力的な行動については問題視するもののオジブエの状況を変えようとする意図を汲みとって、寛容な意見もあったという。

同じ頃の一九七三年一二月に、水俣病の実態を世界に発信していたスミス夫妻のもとに、GNにほど近いところで観光ロッジを経営していたバーニー・ラムから手紙が届く。アイリーン・スミスからの連絡を受け、一九七五年三月に宇井純や宮本憲一らを中心として世界環境調査団が現地に入り調査をおこなった。カナダの湖沼森林地帯において魚類や人体に水銀汚染がひろがっており、水俣病と類似の症状を呈するインディアンが見つかったと報告した。同年七月、トミー・キージックら先住民運動のリーダーを含めた五人のGNとWMの代表者、バーニィ・ラム、GNで医療活動をおこなっていたニューベリー医師らが水俣・新潟などを訪問し患者と交流した。さらに、同年八月と九月に原田正純を中心とする健康調査および社会的調査が二度に渡り実施された。九月の訪問では、浜本二徳を含む水俣病患者三名も参加しオジブエたちと交流した（花田・井上　二〇一二a：二一－二二）。

住民生活の変化

水銀の汚染が発見される以前には、生活保護の受給者はほとんどいなかったとされるが、汚染以後は仕事を持つものがごく一部という状況になった（スミス　一九七五：二九）。水銀によるこの地域の汚染が明らかになるまでGNのオジブエたちの主な仕事は、シカゴの裕福層を主な顧客とした観光ロッジでのフィッシング・ガイドであった。汚染発覚後、ロッジが閉鎖され、また水俣病の恐ろしさを自覚して辞職の道を選んだりする住民が現れた。日本から水俣病の患者たちが、オジブエたちを訪れた際に持ち込まれた土本典昭監督の医学映画『医学としての水俣病・三部作』の一部「資料・証言」と『患者さんの世界』が上映された。この映画を観て、ガイドの仕事を辞める決心がついたものも多い。観光ロッジの白人経営者たちは水銀の有毒性をごまかすため、観光客の目の前で釣った魚を率先して食べることをガイドに強要していたからである。水銀汚染が判明する以前も以後もフィッシング・ガイドを仕事にしているオジブエたちやその家族の魚食量は、他の住民よりも高かったのはこの理由による（スミス　一九七五　三〇）。カナダCBCの報道によれば、GNおよびWMは約二〇〇人の労働者が存在していたが、水銀汚染の影響により一〇四人の商業漁業および観光ロッジのガイドが失業したという。[*19]

一九七五年九月にカナダでの水銀汚染の一報を受けた日本の水俣病患者が現地を訪れ交流した。この交流が、それまで組織的な抗議活動をしてこなかったオジブエたちに少なからずの影響を与えたことは間違いないように思われる。九月二三日、GNの住民と日本からの訪問者たちは、イングリッシュ＝ワビグーン水系に水銀を排出したドライデン化学社を訪問した。訪問に応じた同社広報担当の従業員は、同社が連邦政府の排出基準を遵守している旨説明し、同社の工場の責任を否定した。九月二九日、トロントで「水銀対策委員会（Standing Committee on Mercury in the Environment）」のオンタリオ州政府の保健、環境、天然資源の三省の役人と面会し、要望書を提出。翌三〇日には、トロント市内で抗議デモをおこなった（宇井　一九七五：六六－六九）。

五　水銀被害補償協議の開始

水銀対策委員会

若いオジブエたちの直接行動や、日本からの水俣病事件研究者や患者の訪問は、現地のメディアの関心を呼び、またオジブエたちを勇気づける役割を果たした。連邦政府関係の情報は、主にケノラ地域選出のジョン・リード（John M. Reid）議員を介して提供された。リード議員は、一九七五年二月一七日のホワイト・ドッグのチーフ、ロイ・マクドナルド（Roy McDonald）への手紙において、水銀汚染に関する補償の協議にバンド政府が応じるかどうかについてバンド内で意見集約ができているか尋ねている。その手紙には、連邦政府の先住民及び北部開発省が、イングリッシュ水系の水銀汚染に関してGNおよびWMの住民に対してどのような対策をおこなったかについてリード議員への回答書が添付されていた。それによると、同省は一九七四年末時点において、いくつかの経済対策を除き、健康への影響などについて具体的な対策を行っていないことが示されている。[*20] イングリッシュ水系の水銀汚染に関する対策は、連邦レベルでは保健省が対応しており、一九七三年五月に「水銀対策委員会」が設置されている。この委員会の目的は、環境中の水銀に関する情報の収集と検討、同省がおこなう対策およびその効果に対する助言、そして水銀汚染の健康被害が発生した際の対応策の検討があった。この委員会は、一九七五年二月までに四回開かれている。*21

水銀排出量の推定

一九七五年に本格化した連邦政府と各バンド政府との間の交渉は、連邦政府と条約を結んだ先住民バンドの代表者からなるカナダ・インディアン協会*22（Canadian National Indian Brotherhood）、以下NIBと表記）が中心となっていた。一九七五年五月十六日の水銀対策委員会において、NIBはこれまでの政府の対策に対して本格的な交渉を開始した。

オンタリオ州政府は、一九六九年に水銀汚染が見つかったのち、一九七〇年三月二六日にオンタリオ水資源委員会法（Ontario Water Resources Commission Act）五〇項に則り政令を発した。この政令は、一九七〇年五月一日までに水銀を含む塩化化合物を環境中に排出しないことを義務付けていた（Ontario Water Resources Commission 1970）。連邦環境相ジャック・デイヴィスは、この政令による成果として、一九七一年一一月二四日までにドライデン化学の工場排水は連邦基準をクリアする排水水準になっていると記している。

すべての水銀を含む排水は現在、貯水あるいはフィルターろ過されている。水銀の河川への排出は、塩素一トンの生産にともなって約〇・〇〇一五ポンドとなっており、連邦基準の〇・〇〇五を下回っている。

［…］

我々の数値は、サンダーベイを拠点とするオンタリオ水資源委員会（Ontario Water Resources Commission）によって毎月チェックされているものである。

［…］

ドライデン化学工場から〇・〇五ポンド／日以下の水銀が排出されている。[*23]

同様に、一九七五年四月三〇日にオンタリオ州首相のウィリアム・G・デイヴィス（William G. Davis）は「水銀の排出量は、一トンの塩素産出毎に、〇・〇〇〇三（一九七四年）から〇・〇〇一六（一九七一年）ポンドとなっている。これらの数値は、連邦基準の〇・〇〇五ポンド内に収まっている」[*24]とした。

さらに、オンタリオ州環境相のウィリアム・ニューマン（William G. Newman）はカナダCBC放送の一九七五年三月一三日の取材に対して、「一九七〇年の環境省による（水銀排出を停止する）政令以降、同省は効果的に水銀の産業的排出を排除してきた。本年末までに、セント・クレア湖とイングリッシュ＝ワビグーン水系には、あらゆる産業由来の水銀は流入しないだろう」[*25]と主張した。

連邦政府やオンタリオ州政府が主張することが事実であるのかどうか、NIBは大いに疑問であった。なぜならば、彼ら独自にドライデン化学社に聞き取りをおこなったところ、連邦政府や州政府が主張するような早期抜本的な水銀排出の停止要求はなかったことが明らかになったからである。さらに、NIBは水銀を用いない塩素の製法が徐々にカナダ国内で設置されているものの、ドライデン化学のような大規模な工場で用いられていないことを確認していた。NIBは、工場の排水に含まれる水銀量を確認するため独自に排水サンプルを取得することにした。一九七五年四月一三日にNIBによって取得された排水サンプルは、マックマスター大学の化学部によってスペクトル分析がおこなわれた。その結果、二つのサンプルはそれぞれ一五・〇ug/l、一七・五ug/lの値を示した。

これらのサンプルが、当該日の工場の活動を表すものであるならば（生産量の増減がないものと考えるならば）、七・四六ポンドの水銀が排出されたことになる。（この排出量が）連邦基準内であるならば、一六四一・二トンの塩素が生産されていなければならない。デイヴィス首相の一九七四年のトン当たりの排出量に基づけば、二万四八六七トンの塩素が一日に生産されていなければならない。ドライデン工場は、年間八〇〇〇トンを生産したと公表している。[*26]

こうしたデータが取得された時に工場内でどのような作業がおこなわれていたのか不明であるとしつつも、政府によって主張されてきた数値よりはるかに多量の水銀が工場から排出されている可能性を指摘し、水質モニタリングデータの開示を求めた。ＮＩＢ独自の調査を裏付けるように、一九七四年一一月七日に放送されたカナダＣＢＣのインタビューによれば、ドライデン化学社の親会社であるリード社の副社長ジョーンズ（T.S. Jones）は、製造プロセスの水銀からの変更の時期についての質問に対して、完全な水銀を廃した設備への移行が一九七五年秋であると応じている。[*27]

ドライデン化学社や連邦政府が認めている水銀排出の期間は、一九六二年から六九年までの八年間となっている。その間は、工場からの水銀排水を未処理で放出し、また水銀マッドと言われる廃棄物もコンクリート固化されてダムサイトや山に埋め立てられていた。しかし、一九七〇年以後、工場は硫化ソーダを水銀工程に加えて沈殿処理をおこなったので、一九七〇年から七五年までは、水系への排出量が大幅に減少したとされている（中西　一九七六：二四）。一九七五年一一月以降は、水銀法を取りやめ隔膜法にきり替えた。ドライデン化学から放出された水銀は、約一〇トンと言われているが、その数値は上記の経緯から計算されたものである。排出期間は、一九六二年から六九年の八年間で、その後については事実上無視できる排出量とされている。しかし、上述したＮＩＢのサンプル調査の結果など、工場からの総排出水銀量について疑問の声は決して小さくない。

連邦政府の欺瞞

ＮＩＢはさらに、連邦政府が一般に公開していない報告書の存在を突き止めた。それは、一九七三年一〇月頃にオンタリオ州環境省が作成したものであった。表題は「公害軽減のための代替策：オンタリオ州の紙パルプ産業（Alternative Policies for Pollution Abatement: The Ontario Pulp and Paper Industry）」とあり、紙パルプ産業由来の水質汚染の要因は水銀と樹皮繊維によるものとされた。ワビグーン川の汚泥および繊維の堆積物は非常に広範囲に拡大し、河川の懸濁によって短期的な回復が見込めないこと、そして、水銀による魚の汚染は、それを確認するための魚の汚染検査が十分におこなわれていないことを指摘している。[*28]

水銀汚染に関しては、ドライデン化学社の工場について簡潔にまとめられており、同工場は連邦環境省の水質基準を満たしていない、と明確に記述されている。また、今後の工場の取りうる対策と予想される結果についてまとめている。まず、工場が環境省の水質目標を達成した場合の結果について、「工場の排水に比して河川流量が少なすぎるため改善は見られない」とした。次に、工場が環境省の規制以上に処理施設を設置した場合の効果については、「堆積物の浚渫や排出量の変更により『わずかな改善』が予想される」とある。[*29]

すでに述べたように、イングリッシュ＝ワビグーン水系は、巨大なハドソン湾水系の一部であり、多くの部分で川の流れは非常にゆっくりである。現地を訪れたものの目には、眼前の水面が湖であるのか川の一部であるのかを現地で判別することは難しい。千の湖と例えられる所以である。水の流れがゆっくりであるため水が入れ替わるスピードは遅く、汚染物質による影響を受けやすい。影響は長期に渡ることになる。河床に溜まった水銀は、浚渫などで取り除かないかぎり非常に長い間留まり続けることになる。このことについて政府は少なくとも一九七三年の時点で把握していたことになる。

一九七五年二月、ジョン・リード議員に連邦保健省が送った書簡には、GNとWMのオジブエたちの血中水銀値の調査結果が同封されていた。調査の結果として、オジブエたちの水銀濃度は低下しているとあった。NIBはサンプル調査の実態を調査し、サンプルが川の凍結する一月に取得されており、したがって川魚をほとんど食べない時期にデータが取得されていること、また一度のサンプル取得数が六人までとなっており、疫学データとして不十分な調査となっていることを指摘した。その上でNIBは、きちんとした疫学的研究および臨床検査の実施を求めた。[*30]

おわりに

一九八五年、GNおよびWMと連邦政府、オンタリオ州政府、リード社は、合意に達し、GNとWMのオジブエたちは、補償一時金の支払いを受けた。翌年、GNとWMに関する「水銀公害請求解決法（Grassy Narrows and Islington Indian Bands Mercury Pollution Claims Settlement Act）」が連邦議会で成立し、水銀障害基金（Mercury Disability Fund）および水銀障害委員会（Mercury Disability Board）が設置された。その結果、水銀障害委員会の認定審査によって、水銀による健康被害の程度に応じて補償金を受け取れるシステムが構築された。二〇一四年の日本の調査団のメンバーと水銀障害委員会と現地の住民が懇談会を持った際、健康被害の認定システムの問題点が議論の中心となった。

Treaty No.3 の締結、一九六〇年代の保留地の移転、水銀の汚染による被害、これらそれぞれの時点で、オジブエたちは、それらの損害と引き換えに僅かながら補償金などを受け取るようになった。それでも伝統的な生活や経済的自立が維持できている間は良かったが、それらが維持できなくなると、補償金に依存するようになり、結果としてコミュニティの活力を大きく減退させることになった。オジブエたちの社会で問題になっているアルコール依存の問題は、彼らが遺伝的にアルコールに弱いからという単純な問題ではない。彼らがアルコールを過剰に欲する要因を直視しなければならない。

ＧＮやＷＭの歴代の首長が常に課題としてきたのは、コミュニティの活力をどのように取り戻すか、であった。ＧＮやＷＭのオジブエたちの伝統的な生活に欠かせないイングリッシュ＝ワビグーン川には、現在も川の底泥に水銀が存在している。これまでの連邦政府とオンタリオ州政府の水銀問題への対応を評価し、再検討するための水銀問題再検討部会（Mercury Working Group）が数年前に発足した。この検討会は、連邦および州政府関係者、ＧＮおよびＷＭ、彼らの支援者の代表で構成され、河川の浚渫による水銀の除去なども含めた幅広い内容が俎上に上がっているという。オジブエたちが納得する形で水銀の脅威が取り除けなければ、かつての豊かな生活は取り戻せない。コミュニティの自立にとって、正念場を迎えている。

謝辞

本論の執筆にあたっては、立命館大学環太平洋研究センターと同センターの渡辺公三教授、および熊本学園大学水俣学研究センターと同センターの花田昌宣教授の支援を受けた。筆者のこれまでの環境史研究に対して、渡辺公三教授から、レヴィ＝ストロースの構造主義に関わるご自身のこれまでの問題意識を踏まえ、生活の場と環境に埋め込まれた世界把握のありかたを内在的に理解する方法の探究として本論を捉え、助言をいただいた。また、花田昌宣教授からは、カナダ水俣病のこれまでの研究蓄積を共有していただくとともに、人的ネットワークの構築において多大な協力をいただいた。ここに深謝の意を表する。

現地調査および史料の収拾にあたっては、上記の研究機関の他、ハーバード大学ワイドナー図書館、カナダ図書・公文書館の支援を受けた。ここに感謝の意を表する。
本論は、科学研究費助成金「先住民族とカナダ水俣病の環境正義をめぐる環境史」（課題番号二五八七〇九一二）による研究の成果の一部である。

【注】

＊1 今日、グラッシー・ナローズやワバセムーンと呼ばれる二つのコミュニティは、これまでに何度か名称の変更をおこなった。グラッシー・ナローズはかつてGrassy Narrows Indian Bandという名称であったが、本稿が中心的に扱う一九七〇年から八六年頃は、Grassy Narrows Indian Reserveという名称が用いられていた。また、ワバセムーンはかつてIslington Indian Bandと呼ばれた後、White Dog Indian Reserveや単にWhite Dogと呼ばれていた。現在の名称Wabaseemoongは、オジブエ語でWhite Dogの意味だという（Coswey 2001: 1）。

＊2 水の濁り度合いを表す指標。

＊3 Canadian Broadcasting Corporation　27 August 2015　Grassy Narrows Declares State of Emergency over Unsafe Drinking Water.

＊4 水銀汚染問題の発見時期においては、環境省は存在せず。水産森林省（Department of Fisheries and Forestry）。

＊5 Letter on 3 Nov. 1970 from John S. Tener, Director, Canadian Wildlife Service, Department of Indian Affairs and Northern Development to J. Davis, Minister of Fisheries and Forestry

＊6 同右

＊7　NSERC CRD DROUGHT PROJECT, http://post.queensu.ca/˜pearl/drought/studylakes.htm.（二〇一七年三月二三日閲覧）

＊8　ウィニペグ湖上流域の複雑な地形のため、図3には示されていないが、ワビグーン川からウッヅ湖に流入する水系も存在し、ケノラ周辺に住む先住民コミュニティも被害を受けているという報道がなされたが、その後詳しいことはわかっていない。同様に、一九七〇年代にはケベックにおいても被害があるとされたが、こちらについても情報が得られていない。

＊9　連邦議会議事録　水産森林相ジャック・デイヴィスの連邦議会答弁、一九七〇年一〇月一五日、第二八期議会第三セッション一六三。

＊10　＊九を参照。

＊11　Canadian Broadcasting Corporation　A Clear and Present Danger, Part 2　Broadcast on the CBC-AM network on 7 November 1974.

＊12　水産森林相ジャック・デイヴィスの連邦議会答弁、一九七〇年六月二二日、第二八期議会第二セッション議事録七八八一．

＊13　連邦議会議事録、一九七〇年一一月二日、第二八期議会第三セッション七七九。

＊14　Ottawa Journal. 一九七三年一月一二日。

＊15　Ottawa Journal. 一九七三年五月二五日。

＊16　同右

＊17　イングリッシュ＝ワビグーン水系の水銀汚染は、北オンタリオのドライデンからのものであるが、これとは別に北西ケベックのケヴィヨンからドムタール社が排出した水銀汚染問題があり、北西ケベックのワスワニピ＝ラック＝ケヴィヨン地域のクリー族が捕食する魚も水銀に汚染されており、この対応策も同時に実施された。

＊18　Toronto Star. 一九七五年五月一日。

＊19　Canadian Broadcasting Corporation, "A Clear and Present Danger," Broadcast on the CBC-AM network on 6 Nov. 1974

＊20　Letter from John M. Reid, M.P.（Kenora Rainy River, House of Commons）to Chief Roy McDonald, Islington Reserve, Whitedog on 17 Feb. 1975

＊21　Letter from Ann C. Jamieson, Executive Assistant, National Health and Welfare to John M. Reid on 10 Feb. 1975.

＊22　現在は、The Assembly of First Nations.（AFN）

＊23　Letter from Jack Davis to Mr. John Reid, M.P. on 24 Nov. 1971

＊24　Letter from William G. Davis, the Premier of Ontario to Alan W. Roy, the National Indian Brotherhood on 30 April 1975

＊25　William G. Newman, Ontario Minister of the Environment "A Statement of the Legislature on Mercury Levels in Ontario Water," on 13 Mar 1975

＊26　Mercury Project, National Indian Brotherhood,（1975）, "Measurements of mercury in the effluent from the Dryden Chemical Company done by McMaster University, together with measurements done by various government bodies, and a memorandum on actions taken under the Chlor-Alkali Regulations," prepared for Standing Committee on Mercury in the Environment on 16 May 1975, p.2

＊27　Canadian Broadcasting Corporation, "A Clear and Present Danger – Part 2," Broadcast on the CBC-AM network on 7 Nov. 1974

＊28　N.I.B. Press Release titling "Unreleased Ontario Report Describes Pollution from Dryden Mill,"on 16 April 1975, 287. この報告書を作成したのはLand Use Coordination and Special Studies Section of the Ontario Ministry of the Environment.

＊29　同右、二八一。

＊30　Letter from Ann C. Jamieson, Executive Assistant to the Minister of Health and Welfare, to John Reid on 10 Feb, 1975. 及び、Letter from Alan W. Roy, Research Coordinator, Mercury Study, National Indian Brotherhood to Mr. John M. Reid, Member of Parliament, House of Commons on 14 May 1975.

【参考文献】

飯島伸子　一九七六「生活と水銀汚染による破壊：カナダ・インディアン集落予備調査報告」『公害研究』五（三）、二七－三六。

宇井純　一九七五「水俣病とカナダ・インディアン——住民と住民を結ぶ旅」『展望』八、五七–七〇。
大類義　二〇一四「カナダオンタリオ水俣病とドクターハラダ」『水俣学研究』五、六五–九五。
スミス、アイリーン・M　一九七五「前世紀末以来の対政府交渉：水俣病患者に勇気づけられたカナダ・インディアン」『朝日ジャーナル』一二月号　二八～三〇、朝日新聞社。
中西準子　一九七六「汚染源と経路」『公害研究』五（三）、一九–二六。
花田昌宣・井上ゆかり　二〇一二a「カナダ先住民の水俣病と受難の社会史」『社会運動』三八二、一七–二四。
花田昌宣・井上ゆかり　二〇一二b「カナダ先住民の水俣病と受難の社会史」『社会運動』三八三、四一–四五。
原田正純・赤木健利・藤野糺　一九七六「疫学的・臨床学的調査」『公害研究』五（三）、五–一八。
まくどなるど、あん・磯貝浩　二〇〇四『カナダの元祖・森人たち（オジブワ・ファースト・ネーションズ）——グラシイ・ナロウズとホワイトドッグの先住民』清水弘文堂書房。
宮本憲一　一九七六「なにが問われているか」『公害研究』五（三）、一–四。
Armstrong, F.A.J. 1971 *Marine Mercury Pollution in Canada* Fisheries Research Board of Canada.
Bernstein, AD 1973 *Final report, Task Force on Organic Mercury in the Environment: Grassy Narrows and White Dog, Ontario* Ottawa: Health and Welfare Canada.
Bligh, E. G. 1970 *Mercury Contamination in Fish Winnipeg*: Annual Institute for Public Health Inspectors Winnipeg: Fisheries Research Board of Canada, Freshwater Institute.
Bligh, E.G. and Armstrong, F.A.J. 1971 *Marine Mercury Pollution in Canada* Fisheries Research Board of Canada.
Coswey, Slyvia 2001 *The Grassy Narrows and Islington Band Mercury Disability Board: Historical Report 1986-2001* Vol. 1 of 3 Grassy Narrows and Kenora: Islington Band Mercury Disability Board.
Government of Canada 1975 *Federal Measures to Deal with Mercury Contamination* to House of Commons and Senate.
Nutrition Committee 1976 *Interim Report of the Commitee on Nutritional Alternatives to Fish: Whitedog Reserve; Grassy Narrows Reserve* in the collection of the Mercury Collection at the Harvard University.
O' Connor, Dennis R. 2002 *Report of the Walkerton Inquiry: a Strategy for Safe Drinking Water* Toronto: Ontario Ministry of the Attorney General.

Ontario Water Resources Commission 1970 *George A. Kerr, Minister of Energy and Resources Management's approve pursuant to Section 50 of the Ontario Water Resources Commission Act, R.S.O. 1960, Chapter 281 to Dryden Chemical Limited* Ministry of Energy and Resources Management, Ontario.

Troyer, Warner 1977 *No safe place Clarke*, Irwin.

Shephard, David A.E. 1976 Methyl Mercury Poisoning in Canada *CMA Journal* 114: 463-72.

Vecsey, Christopher 1987 Grassy Narrows Reserve: Mercury Pollution, Social Disruption, and Natural Resources: A Question of Autonomy *American Indian Quarterly* 11(4): 287-314.

第七章　野口晴哉の体癖論とその今日的意義──失われた身体技法

小杉麻李亜

一　体に対する人類学者のまなざし

西洋近代的科学・医学が支配する世界の中で

二〇一六年四月から立命館大学で「文化人類学入門」という教養科目を受け持った。毎度、新しい授業を組み立てる時は、授業の趣旨に沿った映画を一本学生とともに観る回を設けることにしている。この授業のためには、The Exorcism of Emily Rose（エミリー・ローズの悪魔祓い。邦題は『エミリー・ローズ』）という二〇〇五年のアメリカの作品を選んだ。受講生たちに、人類学者がどのように社会の中で役立ちうるかという提案をしてもらう上で、具体的なイメージを膨らませるのによい教材だと思ったからである。アメリカの映画やドラマには人類学者が大学の外で活躍する姿が描かれていることが時々あるが、この映画ではとりわけ象徴的で印象的な登場シーンがある。

学生たちは、いつもこちらの予想以上の学びをして、面白いものを返してくれる。凄惨な死を遂げた大学生エミリー・ローズの死が、適切な医療を受けさせなかったゆえの過失致死か、悪魔による憑依の結果であるかを争う裁判の場で、人類学者は過失致死で訴えられている被告側、すなわち悪魔祓いを実行した神父側の証人として登場する。メソヂスト派の検事補は、悪魔憑きを「カトリックの迷信」であると吐き捨てるが、証人として召喚された有色人種の女性人類学者は、そのような憑依現象は世界中でさまざまな文化の中で観察される現象であり、研究が可能であることを証言する。そのシーンの意義を学生たちに分析してもらった。その中に次のような表現が出てきた。

人類学者は、この映画の中で、医学的な問題が中心になっていた議論の場に文化的、人類学的視点を提供する役割を担っていました。言い換えるならば、エミリー・ローズという人間の「身体」についてのみ議論していた人々に、彼女の「心」という観点の存在を気付かせたともいえます。人の「死」ということについての問題を考えると、一般には肉体の死についての問題ばかりが取り上げられがちですが、当人が自分の死とどう向き合ったのか、ということも無視してよいことではないと思います。[*1]

狭い争いを超えた上手い対比表現に、感心した。検察側（科学・医学の立場）が争点としているように、「医療」と「迷信」のどちらが正しいかの二択なのではない。体の持ち主本人が、自分の体や命というものをどのようにとらえ、日々生きてきたかを無視しては、正しい理解は成り立たないことを、この学生は上手に表現している。われわれの肉体は、肉体だけでは存在していない。現代の科学と医学に支配された感覚の中では、人間の肉体は「物」としてとらえられ、投薬によって不都合を排除するのが、合理的とされる。その一方、人類学や民俗学は、人間という不思議な生き物、心と想像力を持ち、生き死について不可思議な空想をめぐらす存在を、その不思議なままに受け入れ、とらえようと努力する。憑依や悪魔憑きといった奇妙な振る舞いに対しても、切除、排除の対象とは考えず、そのことがその人やその人を含む集団にとってどのような意義を持ち、機能しているかを考える。

モースからレヴィ＝ストロース、そして渡辺公三へ

映画で描かれたエミリー・ローズの物語は、人類学者による憑依現象を主題としたモノグラフ（Goodman 2005〔1981〕）を原作としている。人類学の中には初期の頃から、人間が自らの体をどのように使うかに対する鋭いまなざしが萌芽されている。人類学の父マルセル・モースは、人間の身体動作の妙を一九三五年に発表した論文の中で「身体技法 Les techniques du corps」と呼んで、人類学的な関心のありどころとして印づけた（モース 一九七六〔一九六八〕）。ここで「身体動作の妙」と呼んだのは、モースが「体の諸技術」として取り扱っている範囲が面白いからである。

人間の個体が持つ歩き方や食べ方、寝相、休憩の姿勢などの違いは、生得的な癖である。それを社会的に特定の価値観の下で矯正すると、軍隊の歩き方や異性を意識した若い女性の歩き方など、個体を超えて共通するものになりえるが、国ごとに異なる体の使い方が出現する。しかし、その中でも矯正が行き届かず、不出来な子というものが必ずいる。

この個体差と文化差、先天性と後天性が交錯する身体動作の全体を、モースは不思議で面白い、人類学の主題として設定している。このユニークな論文でモースは、個体を余すところなく理解するには、三重の視点、すなわち「社会的要素」「心理学的要素」「生物学的要素」のすべてから読み解く必要があると述べており、体の動きの全体をまな板の上に乗っけた。読み解きの解法はここではまだ提示されていない。

この論文はのちに、レヴィ＝ストロースによって、『社会学と人類学』の序文の中で再評価され、再度その重要性が意識されなおされた（モース 一九七三〔一九六八〕）。ただし、レヴィ＝ストロースがモースを構造主義の先駆

と位置付けたことのやや過剰さは、渡辺公三は『季刊iichiko』において、コレージュ・ド・フランスの教授職をめぐるポリティクスが背景にあると読み解いている（渡辺 一九八九）。

渡辺公三の初期、すなわち一九八二から九二年にかけて刊行されたアフリカについての機能主義的モノグラフの主題は、人類学の体へのまなざしを継承したもので、アフリカの民間医療における体のありように肉薄し、西洋近代とはまったく異なった体をめぐる豊かな象徴と実践の世界を描き出そうとしたものであった（渡辺 二〇〇九）。

近現代日本に結実した東洋の知と技

モース、レヴィ＝ストロース、渡辺公三が人類学の核とし二一世紀に受け渡した温度と文化を持った体へのまなざし、非近代的・非西洋的「体」観をここでは「失われた身体技法」と名付けたい。細々と継承され、西洋近代的科学・医学が幅を利かす世界観の中では無視され、ないがしろにされ、効果がなく、愚かしいことだと退けられていながらも、その実、人間の人生の意味を構築し、豊かに生きる上では欠かせない体についての知を与えてくれる諸文化の技法・思想をすべて指したい。

例えば、タントラ派の指導者に導かれながら、四時間以上にわたって古代から伝わるとされるマントラを唱えながら太陽礼拝をおこなった時、あるいは、ハワイの火山の噴火を止めたとされる伝説の巫女の孫弟子に奉納フラの手ほどきを受けた時、わたしたちは確かにかつて豊かに花開いていたであろう「失われた身体技法」が、自分の指先、あるいは舌先にほのかに触れたのを感じることができる。

本稿では、「失われた身体技法」の中でも、日本が現代化し、伝統のすべてが急速に失われた昭和初期から末期にかけて、東洋の伝統を受け継ぎながら、その中から同時代の荒波に耐えうる新しい体観と体の治療法を生み出した野口晴哉の整体、特にその思想・実践の中核であった体癖論について探究したい。

公益社団法人・整体協会の創始者・野口晴哉《はるちか》は[*2]、整体の語を世に広め、近代日本において非西洋医学の復権に努めた。彼の実践・提唱した整体は、今日一般に整体と信じられている体の物理的な調整法とはかなり異なり、宗教、特に道教や仏教への深い造詣に基づく生死観、透徹した人生哲学、膨大な人間観察・治療実績に裏打ちされた人間のタイポロジー、整体指導者に対する長期にわたる内弟子制度と近代的カリキュラム教育の入り混じった専門訓練のすべてが一体となった、一つの生き方・生き様である。

晴哉は、しゃべることも書き綴ることも旺盛で、講義の録音も一部現物が現存しており、また、多くの講義が昭和三九年（一九六四年）から現在まで刊行の続いている『月刊全生』に掲載され、数多くの単著としても刊行された。その一方、書誌学的な整理や研究は少なく、文字化されたものの全体から、その思想や技術の全貌を包括的に明らかにした研究はまだない。一般に入手できるやや学術的な著作としては、永沢哲の『野生の哲学――野口晴哉の生命宇宙』があるが、著者の世代に流行したフランス思想などを援用しながら、華美に語り直すことが主で、新たな資料は少ない。

晴哉自身が語ったり書き記したりすることの少なかった、生まれから十代初期については、昭子夫人[*3]の回想録が重要な手がかりとなる。整体協会内では、整体協会設立以前に晴哉が実践していた諸技法についても、かかわりがあったであろう修験道や霊術、また披露していた逸話が多く残されている超能力についても、語ることが許されていないが[*4]、夫人の回想録には、そのあたりのことについても、はばかりながらも抑制的な言葉で、記述されている。自伝の一部は、エッセイを集めた『大絃小絃』に所収されている。

明治四四年（一九一一年）九月、東京・上野に生まれ、二才から九才までを鍼灸師の伯父に育てられ、そこで東洋医学に触れる。大正一二年（一九二三年）に一二才で関東大震災に遭い、その時に初めて、手を当てることで[*5]他者の体の不調を治療し、治療活動を開始した。その後、一六才まで、何をしていたかが公に語られていない「空白の時期」がある。[*6]

一六才で鶯谷に道場を開き、自然健康保持会を設立。昭和二九年（一九五四年）からは月刊の『全生新聞』を刊行。[*7] 昭和三一年（一九五六年）社団法人・整体協会を設立。昭和三九年（一九六四年）から『月刊全生』を刊行。[*8] 昭和二九年から亡くなる昭和五一年（一九七六年）まで、すなわち四〇代前半から六〇代半ばに当たる、後半の二〇年余りは、定期刊行物があるため、活動が詳細にわかる。すでにその頃には、治療家であることをやめ、整体（個々人の自助作用を促す「活元運動」の指導と、その補助としての「操法」）の普及に邁進し、また、政府主導の国民の健康向上への参画、子育てや幼児教育の支援へと関心が収斂していった様が読み取れる。

晴哉に対する後世からの評価は高い。協会内での野口家の神格化、代替医療の愛好家の間での根強い人気（自然療法を求める人たちによって著作も読まれ、各地の公式・非公式道場にはいまだに今の三〇代の人たちが足を運ぶ）、修験道などの霊術関連の業界での名高さ、大学などにおけるボディワーク関連の研究での着目などが挙げられる。

同時代には、両方の反応があったようである。晴哉の体癖である九種・七種は、アクが非常に強く、挑戦的・生意気で、独善的で、物言いはえげつない。卓越した能力だけではなく、強烈なパーソナリティーで他者をギョッとさせたエピソードは、枚挙に暇がない。それを誰よりも自由で清々しいと感じるか、理解を超えているが傑出した人だとすごさにおののくか、とんでもない非常識な人物だと腹を立てるかは、感じる側の体癖による。昭子夫人や友人の鈴木鎮一先生、息子の中でも三男の裕介（ロイ先生）など、比較的上下型の強い人と相性がよかったように見える。[*9]

搾取しない人類学へ

わたしたちは、体[*10]という場なしにいたり、何かをしたりすることは、ない。「わたしの考え」も「わたしの気持ち」も「わたしの心」も「わたしの文化」も、すべてこの体とともにあり、体とともに消える。わたしの体は、ほかのどの体とも異なっている。同じ体はない。同じ体はないが、似たような形をしている体はある。体の形が似ているだけではなく、似たような体は、似たような動作を生み、似たような行動を生み、似たような言動を生む。それは集まれば、ある共通した集団的心性になり、その大きいものは「人種的特徴」や「民族的特性」と言われるようなものになる。

似ていない体の持ち主とはぶつかるし、似ている体の集まった集団はうまくいく。その一番大きなくくりが、エスニックグループになる。川田順造のいうところの、遺伝子型の連続的地域差を便宜的に指示し分ける名称としての「人種」といってもいい（川田　二〇一四：六八－六九）。

わたしは、初めてのフィールドワークを二〇〇二年にエジプトで開始してから一〇年ほど経った二〇一三年に、フィールドワークのやり方を変えた。フィールドから取るものだけ取って、安全な日本へと帰る「搾取の人類学」に嫌気がさし、またフィールドワーカーとしての自分にもどかしさを感じており、フィールドワークの次元を一歩でも二歩でも進めたいと思い、「片道切符のフィールドワーク」をしようと決めた。どこの国へ行くにも、その国にずっと暮らすつもりで、その社会の一員にしてもらうつもりで、帰る期限を決めずに、退路を断って行くのである。

帰る場所をなくしてのフィールドワークは、帰属していると信じていた家族という集団や社会、文化から切り離され、心細さを伴った。しかし、毎日の一〇〇パーセントの現実にはむき出しの人間関係があり、出会う人と何をするかはわたしの自由であり、誰にも監視されず、一〇〇パーセントの可能性に満ちていて、自分の人生の少し先さえも予期できず、楽しかった。その中で搾取しないでいる方法を毎日の人間関係を通じて探し、観察対象／観察者の境界が溶けてなくなった次元にしか、「搾取しない人類学」はないと実感するようになった。

「その国にずっと住む」という前提でいても、いろんな縁が重なり、いくつかの国を渡り歩いた。調査の過程の中で、ある人と親密な関係を持った。一九九〇年頃から間接的に縁のあった相手で、外部から決して入ることのできないきわめて排他的で存在自体が隠された集団のインフォーマントであった。わたしをいらだたせないペースの人は初めてであったし、ほかの人には似通っていない何らかの共通性があったのが新鮮で面白かった。しかし、人生史上最悪に人間関係がこじれ、調査も中断することになった。

程度の差はあれ、フィールドで誰かに出会うとは、こういうことである。始まりと終わりには、必ず個体差があり、同じやり方をしても同じ結果にはならない。

人類学者は、個体差についての自分なりの答えをどこかで見つけないといけないし、また、自分なりの搾取しない人類学を作っていかなければならない。体癖論は、わたしが人類学を補完する知として見出した個体差の説明である。その知を習得するためにおこなったフィールドワークは、搾取しないことを目指した。体癖論の研究をすることを前提とした上で、整体の指導法（自己治癒力を引き出すための諸技法）を習得するための一〇年はかかる訓練に参加する許可をもらった。決して向いてはいない難解な技術の習得に明け暮れた。体癖に関して習得・発見したものは、その瞬間から対象集団に還元し、また外にも専門家／非専門家の垣根なく分け与えることを約二年続けてきた。

二　体癖論とその周辺

晴哉の射程

体癖は、自分が生きている場の中での観察と体感を通じてしか、理解・習得できないものであるので、体癖論の指導は、野口先生が住み込みの直弟子たちにおこなったように、日常をともにする中で、問いかけ、ともに観察し、見立ての手ほどきをする以外に有効な方法があまりない。わかりやすい類型や理論、実践上のテクニックは、いずれも、観察者個人の感受性を置き去りにしており、土台を欠いている。

体癖論が体系化された時期は、晴哉のキャリアの中で実は遅めの時期である。昭和三九年（一九六四年）一二月号の『月刊全生』に掲載された長男（野口裕哉、通称ポン）への手紙の中で次のように書いている。「パパは体癖論をまとめる為に懸命の勉強だ。四十の手習いという言葉があるが五十こしての手習いだ。之が出来れば世界で始めての人間解剖論になる。この辺で今迄の仕事のまとめをつけておこうと思うのだ」。

体癖という考えが生まれるに至った晴哉の発想は、端的に言うと次の通りである。人間は人とともに生きていて、単体で存在している人間はいない。人間同士では気の感応が重要である。しかし、合わない人もいる。考えるよりも前に一緒にいたい人と、思わず体が逃げてしまう相手がいる。合わないことに腹を立てたり、目くじらを立てたりすることにエネルギーを使いすぎるといい気を発せなくなる。「合わないこと」のしくみがわかれば、むかつかなくなって、よく生きられるのではないだろうか。

体癖論の著作権（？）をめぐる争いが晴哉の生存中にすでにあったことが、『月刊全生』の紙面から読み取れる。昭和四三年（一九六八年）一月号に、模倣団体の活動に憤慨している様子の野口裕哉（長男）の文章が掲載された。テレビで体癖論が放送され、それが整体協会によるものではなく模倣団体による体質論であったこと、協会の体癖講座の内容が剽窃され本として出版され、協会の支部長がその模倣団体にかかわっているとのことである。それに対する晴哉の見解は、「整体協会の考え方が世の中に広まる事には違いない。例えそれが違った団体によって広められても」であり、それに裕哉はまったく納得していない。

同年二月号の討論会では「皆亀井さんの方が本家だと思っているんだよ。身体均整協会の方がね」との発言もあり、晴哉を除く人びとが技術・知の著作権が侵害されていることに危機感を募らせ、負けが込んでいる宣伝合戦に、どのように巻き返しを図るかを話し合っている。同年三月以降には、「体癖を看板とせず……」と題された一般会員の文章や、「体癖は看板にあらず」と題された裕哉の文章が掲載された。

体癖論と整体の技術は、晴哉の同時代に海外へも渡った。津田逸夫は、『全生新聞』『月刊全生』の主要な論客で、知的な文章の書ける数少ない会員であった。晴哉に出会う前の、パリ留学時にモースに学んでいたらしく[*11]、文章にもその影響がうかがえる。フランスで普及活動をおこない、著述もおこなった（Tsuda 1984（1973））。また、少し下の世代では真峰克己がスペインに渡り、体癖論を含んだ整体論をスペイン語で刊行している（Mamine 2014）。

長男・裕哉は、整体指導者とはならなかった。次男の裕之（ダン先生）は、協会内の独立組織・身体教育研究所を拠点に、独自の訓練法を発展させた。三男・裕介（ロイ先生）は晴哉の生存中も死後も協会にとどまり、晴哉の傍らで学び、のちには椎骨の左右傾斜と三つ主要な椎骨の特定の研究に人生を費やした。

体癖の現れる腰椎の椎骨が左右のどちらに傾いているかを読むことと、力を持った椎骨を特定することで、体癖を同定する技術である。転位の中でも左右の傾きに注目し、片方に傾くと偶数的、逆に傾くと奇数的とみなし、長期の観察に基づいて同定をおこなう。野口先生の直弟子である鬼塚先生は使わないが、ロイ先生から手ほどきを受けた新しい世代はこの技術を使う。

野口先生は、背骨（腰椎）の凹凸を基準に、上下型は上に上がっている骨が多く、開閉型は下がっている、捻れ型は途中まで出ており途中からへこんでいる、左右型は片側だけきれいに触れることができ、前後型は出たりへこんだりしていると区分した。鬼塚先生はそれに基づき、五つの背骨の中でその人のどこが中心に動いているかを見ている。体癖は一生変わらないが、背骨に現れる体癖による凹凸は観察対象の調子のよい時しか出現せず、つまり不調やさまざまな歪みによって凹凸は変化する。凹凸の中で、体癖的凹凸だけがその人が健康であることを示す。

協会の外にも、体癖論を自身の診療に活用している人たちがいる。片山洋次郎は、自分なりの整体と体癖論を実践・普及している整体師で、ほとんどの著作の中に体癖を一般化・大衆化した紹介がある。その中でもオウム真理教の幹部と批判者側の体癖について語った『オウムと身体』は、異色の出版物である。

そのほかに、テレビで人気の精神科医・名越康文が体癖論に基づいて、アニメのキャラを一〇タイプに面白おかしく解説した『名越式！ キャラわかり』や、東洋的な体観から体癖論を踏まえ、男女の相性やセックスについて指南している三枝龍生の『体は何でも知っている』がある。三者とも、晴哉の体癖論からはかなり離れており、また、体癖の体感や見立ての全体に本人の体癖が色濃く出ている。わたしが観察・研究をおこなう上で参考にはできないが、三者とも議論に元気があり、今を生きる自分の実践に使える形に自分なりにアップデートしている点で、活力のある体癖論である。

体癖の基本型[*12]

現在、整体協会において、体癖研究の原典とされている『体癖Ⅰ』から、次の項目に沿って記述をまとめた。[*13]

外見的特徴
感覚器や臓器の特徴
心理的特徴
行動の特徴
脊椎の特徴
職業的親和性

他の種との相性

この著作は、元は『月刊全生』に掲載された講義録の中から、基礎理論に当たる部分をまとめたものである。晴哉が整体の指導者に向けて語り下ろしたものであるし、また本人の体癖上の性質から、網羅性は低く、整理はされていない。すべての項目に該当する記述を他の著作[*14]から集め、また明示的な語りのないものについては補い、全項目を網羅した補完的全体版を作成することは、今後の課題としたい。

晴哉による体癖論を今日の使用に耐えうるものにするために、以下の三つのバイアスを取り除く必要がある。すなわち(一)語り手・観察者＝晴哉自身の体癖(九種・七種、しかもその類型内でもっとも鋭敏な)によって生じた観察眼・表現の偏りを考慮し、(二)観察者の主観的・感覚的言語表現を補い、より標準化された現代日本語(国語)の平易な表現に変換し、(三)晴哉が体癖論に至るまでの観察をおこなった一九五〇年代までの日本人と、現代の日本人との間には、体形、心性、生活様式、習慣に大きな変化が生じたことを踏まえ、現代の日本人、さらには非日本人をも射程に入れたモデルの構築を目指す必要がある。

本稿はその一つの試みの出発点である。以下に原典の言葉を要約しながら、基本型の特徴をまとめた。晴哉の言葉遣いを壊さないように、しかし、読むに堪えるように文章を要約し、順番を入れ替えるなどして整えた。晴哉は一一種、一二種についても言及しているが、筆者の理解するところではこの二つは心身の壊し方の傾向であり、人間の行動・性格のタイプとはあまり関係がないので、ここでは取り上げない。

・外見的特徴

上下型(一種、二種)は、首が太くて長くなっている。頭の中では順々に積み重ねていくので、頭に流れる血液の量が多くなるから、どうしても首が太くなってくる。首が太い長いというのは体力があるということの象徴。赤ちゃんでも首のぐにゃぐにゃしているのは弱い。丈夫な子供ほど早く首がしっかりする。体力というものはその首が標準になる。一種と二種との区分は、緊張した時に胸鎖乳頭筋が硬くなるようなら二種、頸椎筋が硬くなるようなら一種。

左右型（三種、四種）は、どんな体の使い方をしていても左右いずれかに力を偏らせているから、履物の減り方でも、着物の崩れ方でも、歩き方でも特色がある。脚は力の偏る側が太く、腕の力こぶにも左右の差が極端にある。顔はその側が縮み、目は細い。三種は色が白くて美人、柳腰というような細い胴をしている。五種の腰は細くともしっかりしている。（胴が）太くなって頑丈なのは七種、八種。九種は細いが強靭。

三種、四種はお尻の左右に大小がある。その下がっている方に力が入る。四種は左偏りで、体型的な特色から言えば曲線的でなければならないが、四種が濃い人には直線的な傾向が非常に多い。

三種、四種はお乳が大きくなる。一種、二種はお乳が大きくならない。

何か面倒なことがあると、二種は首が硬くなり、四種は鳩尾が硬くなる。[*15] 二種は緊張するほど頬がこけて顔が逆三角になり、首が硬くなる。四種は同じくキュウリのような顔になるが、首は何ともなく、鳩尾の方が硬くなってくる。触らないで外側（動作や体量配分）から見て区分するのは難しいが、感受性の面ではハッキリ相違しており、触れば首か鳩尾かですぐ判る。

上下型の人が考える時には、口を開けて天井を見ている。腕組みして下を向いているときはがっかりして何も考えていない。三種の人が考える時は、何かを噛ったり、何かをビリビリ破ったりしている。

前後型（五種、六種）は、五種の体型の特色は逆三角形であり、肩に力が入っている。何か緊張すると肩に力が入る。人と話をしていても、グッと下から人を見上げるようにするから半白眼になる。五種の体型は、手足が長く、胴が短い活動型。五種は緊張体勢。行動への体勢、自分の力を集めてパッと爆発させようとして、無理して一生懸命こらえている形が典型的な五種の現象であり、弛んだ時が六種的な現象だが、本来は弛んでいる方が自然。五種は外向的に動くのに対して、六種は内向的、抑制的になる。五種の体癖は体の筋肉を積極的に動かすことだけど、六種のやることは辛抱すること。感情をジッと抑えること、我慢することである。そういうのを体操の代りにやっている。

捻れ型（七種、八種）という体型は名の如く捻れている。エネルギーが余るにつれて股関節が狂って体が捻れてくる。捻れがある限界に達した時、鳩尾の片側が硬くなっている。左が胃癪なら右は肝癪。エネルギーが足りなくなると咽喉がはれてくる。捻れ型の大人はいびきを大きくかく。片方の足が扁平足。開閉型でも扁平足はあるが、捻れ型は片側だけ。その方向に捻れ、お尻を振ったり、お尻の代りに肩を振ったりする。

開閉型（九種、十種）は、全体の筋肉の収縮、エネルギーの集注が非常に速い、もしくは遅いことに特徴がある。全体の動きが速い、あるいは遅い。九種は、体力が非常に充実している。普通の人が耐えられないようなことを耐える体力を持っている。だから集注できる。

見かけは小さいのに着物を脱ぐと筋肉がついて立派だという体は、九種。股関節から膝までの間が長いという独特の体型をしている。年をとるに従って（体が）小さくなり、十種は太ってくる。閉型（九種）はお尻が出て丸くなっており、開型（十種）だと腰の幅はあるのにお尻は平らになっている。

・感覚器や臓器の特徴

一種の病気は「私は癌ではないだろうか」と思うと、癌ノイローゼだけで終わらず、体の上にも癌的症状を作る。観念で体まで自由に毀していく。一種体癖の矯正方法は大脳内部の働きの角度を変えて、つまり精神指導を主体にしていけばいい。

二種は、いろいろ考えていると頭の中が一杯になってまとまらず、まとまらないで頭がくたびれてくると、食欲がなくなったり胃が痛んだりしてくる。大脳の緊張による反射が、いつも胃袋や心臓に起こる。胃酸過多、心悸亢進、脈拍の増減・リズムの乱れ。大脳緊張の敏感さ。大脳緊張に対して迷走神経系統の支配している臓器が非常に敏感に反応する。普通の胃潰瘍と違って、二種的な胃潰瘍というのは、首の胸頸乳頭筋を愉気しながら押さえると治る。

自律神経の過敏反応。三種は交感神経反応、四種は副交感神経反応が強いが、[*16] 両方とも同系統のものとみなしてよい。胃袋または心臓に変化を起こしやすい。皮膚が非常に敏感。[*17] 胸椎の一、二、三番の一側は目の疲れで、三種は目が疲れ易い。三種が水が足りなくなると、口角に異常が出る。

肩が凝っているという人は三、四種的な素養が何パーセントかある。上下型は頭の緊張した時には臨時に肩が凝るが、凝りを感じない。九種も凝るが、凝りを感じなくて頭の血が籠って下りないというように感じる。あるいは頸が硬いと感じる。

感情を押えた場合に頸椎六番七番が硬くなる。何か感情を強く感じた時に胸椎六、七番が硬くなるのが三種なら、頸椎六、七番が硬くなるのが四種。重心側の逆側の腸骨が下垂しやすい。

三種傾向の人は胃袋を酷使する。だから糖尿病にでも腎臓病にでもなる。蛋白を出したり糖分を出したりするが、それで体を毀すことはない。食欲が出ればさっさとよくなって行く。四種は何かあるとすぐに胃袋に反応を起こし、食欲がなくなる。四種はいくら胃袋を調節しても食欲が起こらない。大脳の緊張を誘導しているような原因、例えば痛みや心配や借金、御亭主の膨れているのや奥さんのぶつぶつ言っているのが除かれると胃袋が働き出す。

五種は呼吸器が強く働いて、丈夫な体であることが多いが、六種は体の疲労がすぐに呼吸そのものに反映して、ハーハーハーハーと、息切れするようになる。五種は頭が緊張すると、お腹が緊張する。胸には力があって、いつでもお腹が小さいという、逆三角形のような体が五種の体の理想。三種は緊張してもお腹が大きく、五種は緊張するとお腹が小さくなる。生理的に起こった病気よりは、心理的に起こった病気の方が、死に至る度合は強い。特に六種の場合にそれが強い。

捻れ型は、何かあると泌尿系に感ずる。感情の緊張がまず泌尿系の変動として現れる。咽喉がはれると、膀胱炎や腎臓炎の余病を起こす。胸椎の十番が捻れると、頚椎の六番が逆に捻れ、腰の捻れている側の逆側の咽喉を患う。湿気が多くなると体が重くなる。皮膚から鬱散しなくなり、小便の出が悪いので体が重くなり、唾液が多くなる。七種、八種が食べ過ぎると口角に異常が出る。歯槽膿漏も多い。食べ物がないのによだれが出て、疲れると口が渇いてしまう。

体の異常を感じることが非常に遅い。ひどくなってから感じる。言い換えればもろい。今（晴哉の時代）割りに多いのは帯状疱疹。神経痛やリウマチも捻れ型の人が圧倒的に多い。ゴウト（痛風）も。白内障になる人たちも、捻れ体癖の潜在している体型。

九種は、骨盤が開いたり縮んだりする動きが他の人より大きい。開閉する度合いが大きい。身構えた場合、九種は下腹に力が入って腰が十分に下げられるが、上下型や前後型は下げられず、お尻を後につき出す。九種は女の場合月経がキチンとあり、子供がたくさん産まれる。

・心理的特徴

一種は、自発的に自分の裡から動き出す、「こうしょう」「ああしょう」と裡から外に働きかけて積極的にエネルギーを分散していこうとする。「こうしょう」「ああしょう」と次々に考え、空想していると、気が済んでしまって、実行はしない。叱言を言おうと思って頭の中でいろいろ良い文句を考え、言いわけのつかないような名文句を考えついた途端言うのを忘れてしまう。

二種は、受け身になって周りからの刺戟にすぐに応じて動いていくという消極的な動き方をする。いつも自分の頭の中で一人相撲をやり、こうもしょう、ああもしょうといろいろ考えていると頭の中が一杯になってまとまらない。感受性傾向が受け身で、積極的に表に発散しない、内向的な凝固をしやすい傾向を持つ。大脳で考えたようにならないで、癌を心配していても（癌にはならず）間脳過敏状態が現われ、胃袋が変動する。

三種は台所が大好き。いくつになっても、食べ物を貰えば嬉しい。色彩に敏感、形には鈍感。奇麗な着物をみっともなく着ていたら三種。細いマネキンが着ていたら素敵な洋服を、似合わないのに着ていたら三種。ハンドバッグの中がクシャクシャ。引き出しも押し入れも机もクシャクシャ。ひどいのは自分の頭もクシャクシャで、それなのに顔だけは丁寧に画いている。色だけ丁寧に塗ってある。片付けるのが大嫌い、整理整頓が苦手。

四種は感情の起こりは早い。小さなことでくやしかったり、悲しかったり、癪に触ったりする。頭の中はしょっちゅうさざ波が立っているような状態。一つのものがズーッと続いていない。感情の呼吸が浅い。穏やかだと思って心の中を探ってみると、穏やかどころではなく、あちらにもこちらにも、消化し切っていない感情の塊りがくっついている。けれども表に出る程の力はない。心の中にそのまま残って体を悪くしている。感情の掃除が悪く、同化力が悪く、自分のものとして消化してしまわないで、その時の嫌な印象とか、ある人への悪い感情だけがポッンとそこに置いてある。九種のように寝ても醒めてもくやしいと思えない。

五種というのは考える前にまず行動してしまう。いや、行動してしまわないと判らない。行動しないと頭が働かない。ラジオをかけたり、テレビを見たり、人とがやがやしていると頭がよく働く。何かソワソワ、ザワザワしている。何かがやがやしている。

普段の生活の中でも気張りが多いし、人が見ていると途端に気取ってしまって、気前良く見せたりする。計算のできる良い頭を持っているのに、それを無理して気張って、ツイおごってしまうなどというのは、肩に余分に力を入れる習性の人の心理現象。

五種は自分に対して気張っている、自分のやることに対して気張っている。上下の気張りは、相手がなくとも気張っていられる。多勢を対象にして考え、人に笑われないようにしたいと思う。三種の気張りは、もっと自分は綺麗だと自分でも思い込みたい、人にも思わせたい。八種の気張りには必ず相手がある。誰々に対して気張っている。「誰々より優秀だ」と言われなければ、どんなに褒められても気張りは止まらない。

五種には冒険の本能があるというが、それも、自分の警戒の習性、心配の習性、不安の習性に対して闘いを挑んでいる。敢えて危険を冒して、自分はそういう危険を克服できるのだということを認識しないと不安。自分の不安を不安として見ていられない、出来ないということを出来ないこととして見ていられない、そこで敢えて、危険と知りつつも冒険する。

元気な時は何でもないのに、自分が疲れてきたり、窮地に追い込まれたりすると、他人を庇うどころではない、つい自分を庇うことを第一にしてしまうという心の動きをする。だから前屈した人には、時々サッと裏切られることがある。(腰椎五番の緊張が一番に移ると)「そんなに手伝って貰わなくても大丈夫、俺の力でやっていける」などと言い出すが、そう言っていながら急に弱くなったりする。それで助けて貰えると決まると、また急に強くなって「そんなに親切にしてくれなくてもよかったのだ、俺は俺の力を試してみたいのだ」というようなことを口にする。

五種の特徴は、頭の中では絶えず計算が綿密にでき、最後に弱ったときでも理性がハッキリしている。それで絶えず自分の理性を対象に頑張る。五種や六種の人は、最後まで頭脳明晰。「合理的に計算もできれば行動もできる、考えることもできれば実行することもできる理想的な現代人だ」と紹介してきたが、裏返せば、絶え間ない不安、決してつきない煩悶、いつまでもつづく憂鬱によるもの。

肩に力が入ってくると、五種はワイワイするが、六種は陰気になっていく。陰気になって仕様がないので、言葉でひき立てるつもりか、熱のある言葉を吐く。

六種的特徴は、（開傾向が混じっている時に）スパッとエネルギーの分散的消耗の出口を押さえると、ヒステリー的な分散様式をとる。猫を蹴飛ばしたとか、子供をいじめたとか、亭主の顔を引っ掻いたとかは、ヒステリー的あるいは精神分裂的な分散様式。六種傾向は普段は行動出来ないのに、行動するとなると、まとまってヒステリックに、ファアッと頭の統制を経ないで分散させる傾向がある。

ヒステリーの症状は無目的にファアッと出るのに、ある要求を果たそうとする面ではすこぶる鮮明な目的を持っている。痛い時に慌てて親切にしてやった為に、その人が呼び寄せたくなると、痛くなるということをしょっちゅう繰り返している病人がよくある。自分の存在を主張せんがために病気を利用している。あるいは怪我をする。六種は意識してでは行動に結びつかないのに、意識で欲していないことはすぐ行動に結びついてしまう。

困難があったら逃げだすような、あるいは巧妙に避けていくような上下型とか、前後型とは違って、困難があったら真正面から向かって行って、それを克服しようとするのが捻れ型。

捻じっている人の一番の特徴は、闘争的だということ。すぐ「何を」とムキになる。捻れ型でない人でも身構える時には体を捻じるので、絶えずその状態が続いている捻れ型の人は、腹の立つことや闘争したくなるようなことが多くなる。

捻れ型は、衝動的にやり過ぎてしまい、捻れ型のやりすぎは非常に目につき易い。九種の人がやり過ぎたとしても、一心不乱に追求し、徹底的に研究するということになって、やり過ぎということから免れている。上下型の人なら徹底的に頭の中で空想して先の先まで考えるから、慎重だとか大事をとっていると言われ、腰が抜けていると言われてもやり過ぎとは思われない。

力の入っている方向が一方に固定されているので、強い者には恐ろしく弱いが、弱い者には強い。土壇場までは頑張るが土壇場が非常にもろい。土壇場を空想しただけで頑張れなくなる。闘っている相手が弱い時にはむやみに強い。相手が強い時には極めて弱い。見物人がいると強い、いないと弱い。いる時は公明正大、いない時は卑怯だということは珍しくない。

閉型（九種）は、普通の人の緊張度合よりもはるかに烈しく緊張することができる。ずっと大きくエネルギーの集注が行なわれる。開型（十種）は、分散することができる体癖。亭主が嫌なことを言っても、翌日になるとケロッと忘れていられる。開型がすこぶる親切で、閉型がすこぶるきびしい。九種は、物事に対してうるさい、すみずみまで気がゆき届いていてきびしいという傾向がある。集注する時はガーッと集注する。することは理路整然として隙がない。自分が納得しないと行動できないので、常識通りにいかない。時間的な過去がなく、すべて現在形。

九種は考えるよりも直観の方が鋭い。やって損しようと得しようと、こう思ったらやった方が良い。非常に自己中心であるが、エネルギーの分散行動が鮮か。十種は九種のようにスパッとやれない。一旦抱え込んでしまうと放さない。何でも抱え込んでしまって放さない、集注があっても分散が弱い。野蛮でありながら善良。

・行動の特徴

上下型は、エネルギーを大脳で昇華させる。

左右型は、感受性は非常に豊かで、感情で動けるが、利害損得では動かない。空腹になると苛々し、食べるとおさまる。「私、とても癪にさわったの」と言ってウンと食べるのは三種。

三種は空想の中に住んで、感情以外のものの価値を認めない。行動のもとは好き嫌い。利害損得が判らない。それでいて利巧にみられることが好きで、雑誌の記事や新聞を覚えていて、それを振り廻すが、自分では考えない。小説の解説や概要だけよんで意見を述べたり、音楽を聴いても新聞に載った批評をそのまま言う。

前後型は、一言しゃべれば済むのに、千言万句しゃべってしまう。尚それだけでは済まなく、行動しなくてはおさまらない。五種が何人か集まると、すぐワイワイという騒ぎになってくる。捻れ方の人が一人いると、何か重圧感を周りの人が感じ出すが、五種の人達はそういう重圧感は全然与えない。きわめて軽快に動いていく。

しないではいられないという、何かそういう行動習性がある為に、前屈の人には突発的な緊張とでもいうようなものがある。体は硬張っているのに急に元気が出てきたり、警戒しているのに却って強くなるとかいうことがある。それで余計に肩の力が抜けなくなる。オイ、コラ!! と怒鳴ったりするのは五種か捻れのどちらかで、そのうちでも〝肩で風を切るような〟という人がいたら五種と見てよい。

信仰に熱心であるとか、左翼運動とか、右翼の運動とかに熱心であるとかいう、ある主義に殉ずるという特異な傾向をとる人達の中には六種が多い。聖セバスティアンは殉教のし方から見ると、六種だったのではないだろうか。矢が当たっても、火で焼かれても、痛くなく、熱くなかったろうと思う。没我的行動というのが六種にはよく現れる。

三種も食べるが、前屈みの人も食べる。左右偏りの人が食べるのは、おいしいから食べるのに、六種の人が食べるのは、栄養の欠乏を警戒するから。少しかけてもすぐにくたびれるように思い、そう思うともう遮二無二食べる。セッセと旨いも不味いもなく詰め込む。前屈の人の食べ方というのは、体操をしているが如く、マラソンをしているが如くに食べる。それはただ、不安の反動に他ならない。五種の大食には一理あるが、たくさん食べているうちは呼吸器が丈夫にならない。

捻れ型は、強情、頑固。信仰、信念が強い。太鼓を叩くとかいうのは捻れ的な動作で、そういう面では行動的。前もって教えてもわからないので、失敗した時に教えると、行動に結び付いているから反抗しないで受け入れる。捻れの人を使う方法は信賞必罰。「出来たらあげる」「出来なかったらあげない」、そういう理屈がよくわかる。開閉型は「出来ようとできまいと、やったのだから、労力に対して同じ報酬があって然るべきだ」と思う。

「これこれ、こういうようにしなさい」と言ったら、すぐにそれをその通りにするのが上下型、言われなくともその方が自分に都合が良いと判るとサッとやるのが前後型。九種は教わったようにやらない。「なぜそうすることが良いのか」ということを納得しなければできない。

・脊椎の特徴

上下型は、背骨の両側[*18]がすぐ硬くなる。上に上がる傾向がある。踵がつかないで背伸びして歩く。従って行動の焦点は、腰椎の一番に偏する。歩く時、うしろから腰をしらべると、普通は三番で歩いているのに腰椎一番に力が入って歩いている。とび出して可動性が一番鈍くなっている椎骨は腰椎一番で、それが一種的感受性をつくり出す。腰椎一番の状態が上下型の人の観察の焦点になる。

左右型は、胸椎四番の左、胸椎六番、七番、頸椎の六番、七番、腰椎の二番、重心側の足、その逆の手などに力が偏る。いつも運動が偏っている処には共通した硬直、硬結がある。

三種、四種の人を俯せにすると、胸椎の六番から八番、十番位までの三側が盛り上がっている。三側というのは背骨の棘突起に指をあてて、三本目の個処が硬くなっているということ。その三本目の両側が盛り上がっている。普通の人では極端に食べ過ぎた時に臨時にそうなるだけだが、三種、四種の人は「お腹が空いてるわ」と言う時でもそこが盛り上がっている。重心側の逆側の腰椎二番、同側の胸椎八、九、十、同側・逆側と関係なく右側の胸椎六番、七番、肩、下頸交感神経節に異常が現れる。

五種以外の人は肩を自分の力で無意識に上げているうちは腰椎一番の椎骨に力がかかっている。肩を上げると腰椎一番が飛び出してくる。五種は肩に力が入ると、腰椎五番の椎骨に力がかかってくる。五番が飛び出してくると、肩は後へ行ってしまい、首が前へ出てくる。

一応、（腰椎）五番に力のある前屈み状態を五種、五番に弾力のない前屈み状態を六種と分けているが、いろいろな呼吸器系の病気になっても、五番の弾力がなくなると治りにくい。呼吸が苦しいような時はたいてい五番が飛び出しており、腰椎四番の両側を整圧すると五番が弛んで引っこんでくる。四番の四側（指四本外側の処）を呼吸活点と言って、ここを操法すると、呼吸が急速に楽になると共に、五番の緊張が一番に移る。一番に移ると、俄然元気になり、強いことを言い出す。

五種の気張りは、どこでも筋肉を弛めさえすれば弛んでくる。力が抜けてしまったものを気張らせる時は、力の残っているうちは、不安を食わせたり、卑屈さを笑ったり、煩悶の種を投げ込んだり、あるいは積極的に希望を持たせるとか、理想を描かせるとか、賭けをさせるとかいうようにして、何らかの行動の方向づけをしてやるといい。そのどちらかでシャンと行動力が出てきて、腰椎一番に力が行ってしまう。そういうことをしても五番の力が一番に行かない場合がある。そういう場合には必ず腰椎三番が捻れている。

五種のお腹が小さくなりっ放しの時に頭の第二整圧点を叩くと、多くの場合弛んできて、いろいろな故障も治ってくるが、そういう場合でも腰椎三番に捻れがあると、同側を叩いても弛まないで、逆側を叩くと弛んでくる。

捻れ型は、腰椎の三番が捻れている場合には異常を起こさないが、それ以外の脊椎が捻れていると異常を起こす。腰椎の三番や胸椎の五番で捻れている時は咽喉の過敏や目、泌尿系が悪くなっているだけだが、胸椎の六番が捻れている場合は泌尿系異常による胃酸過多。胸椎の十一番に捻れ現象が起きた場合は、睾丸や卵巣がくたびれ切った、もしくはホルモンに偏りがある。

開閉型の人は、故障のある椎骨はみんな下に落ちている。上下型は、椎骨が上がって異常になっている。開閉型は背骨全体の動きが強靱。

・職業的親和性

一種：政治家。頭ばかりで仕事している政治家の方が不摂生しても長生きしているのが多い。頭をせっせと使うのは人間の長生きの方法。上下型には割と長生きの人が多い。
五種：前屈の人を安閑とした地位に置いたら全く無能無力になってしまう。多少の不安や心痛や煩悶の種を育てておくと元気良くやっている。スポーツの選手の大部分が五種、俳優もそう。
六種：昔の共産党の闘士には六種の型が多かった。余り労作しないで、非常に理想家で、坐って熱のある言葉を吐き、熱血漢で大勢を動かして、今にも行動するかに見えて、その実自分は動いていない。
非行少年の中に捻れ型が圧倒的に多い。生理的に鬱散すれば済むものを、指導する人が心の問題にして心にその解決を迫り、過剰エネルギーの鬱散を妨げるから。八種は声が大きくて、歌を唄う人たちには八種がとても多い。七、八種というのは声が大きくて、声の大きさで人を引きつけていく。

・他の種との相性

「こうしょう、ああしょう」と計画して満足したら忘れてしまった一種の御亭主に対して、奥さんは閉捻れ、娘は三種で共に本能型。「お父さんは嘘つきだ。ああしょう、こうしょうと言ったってやったことがない。ここへ行く、あそこへ行くと言ったって計画だけで行ったことがない。嘘つきだ」という。

六種の人で分娩してから後ズーッと喘息になっている人がいた。「彼女（お姑さん）のような体癖ではいつでも相手がいないんだ。彼女が高潮状態になった時には、あなただって完全に無視される。初めからあなたなど居るのに気がつきはしない。それでいてしゃべり出すだろう」と言ったら、「本当にそうなんですよ」と言っていた。十種のお姑さんだ。

体癖観察の実践

体癖を見立てるとはどういうことか。「体癖を見立てる」という言葉遣いは、筆者が始めたものである。基本的に体癖は、その人の中に「ある」ものとして語られることが多いが、どう考えても、判定が観察者の感受性に依存して、かつ、依存していることも人がともに生き、ともに気を交感し、人間らしく活発に生きる上では、当然のことであることを考えると、「見立て」という不確定・非断定的かつポジティブな言葉が適当に思われるのである。

見立てには二種類ある。群の見立て（人間学）と整体指導（自己治癒力を引き出す[*19]）のための見立てである。前者の場合、見立てがある程度合っているかどうか（見立ての有効性）は、自分自身に対する見立ての場合は、自分自身を取り扱いやすくなっている、他者に対する見立ての場合は、他者の誘導がしやすくなっていることがその指標となる。整体指導と違って、会話を中心として相互のインターアクションの中で見立てていくので、ある程度見立ては変化するし、こちらが一方的な見立てを押し付けることはない。

後者は、そうだと思ってそのように指導したら効果が出るので、やっぱりそうだった、となるか、判定してそれに沿って指導したものの効果が出ないので、判定を変更することで、判定の有効性がある程度わかる。体癖の判定を指導者の先生たちが、操法を受ける協会員に言うか言わないかは個人差があり、鬼塚先生はご自分の中でしっかり持っているが、ほとんど口には出さない。

長期の背骨の観察を必要とするロイ先生のやり方で指導をおこなう先生たちは、初見で見立てることをあまりやらない。それに対して、鬼塚先生は初見での見立てを重視し、またその見立ては潔く、精度が高い。しかし、面白いのは、鬼塚先生はわたしが先生と異なる見立てをしていても、いつも「あなたの感覚は間違っていない。その感受性を大事にしなさい」とおっしゃって、決して修正しないことである。ほとんどのお弟子さんは、体癖について口をきこうものなら、にべもなく叱られる。

ある時、鬼塚先生が六〇代の女性の方を初めて指導することになって、お二方の許可の下、指導の場に入れていただき、普段は操法で何をおこなっているかほとんど言葉にして説明なさらない鬼塚先生が、一つ一つ丁寧に言葉にしてくださる機会に恵まれた。

その女性はわたしの知人で、わたしは彼女に十種の印象を抱いていた。ご本人は、昔にアメリカ留学中に整体をかじった留学仲間から、お前は体も性格も捻れだと言われていたとおっしゃっていたが、同感には思わなかった。わたしは捻れが好きではないので、尊敬する心地よい大好きな彼女から、捻れな感じは受けなかったからである。

しかし、鬼塚先生は彼女を八種（捻れ型）として操法しており、それは納得がいった。なので、操法の最中に先生に「捻れは感じないんですけど、でも先生が八種として操法されているのは正しいと思うんです。わたしは十種が好きなので、彼女は十種だと思うんです」と伝えたら、先生は「あなたは十が好きだから、彼女を十と思いたい。でも腰は八だというのはわかるね？　それでいいです」とおっしゃって、わたしの見立てが間違っているとはおっしゃらなかった。

その後、鬼塚先生がお体調を崩し指導を休んでおられた期間に、その女性の調子が悪化しないように、姉の医療ヨーガの指導を一緒に受けた。その時、姉ははっきりと彼女の不調はもろに捻れ、性格も八種が一番色濃いと判定していた。また、その女性は、一緒に指導を受けていたわたしの知人で捻れ型の子とまったく同じ動きをして、まったく同じ注意を受け、わたしはそのシンメトリー度がおもしろくて仕方がなかった。姉が彼女を捻れと判定して指導しているのも、非常に納得がいった。が、やっぱり、わたしは彼女のわたしへの接し方の中に八種を感じないし、十種という印象をまだ捨てるには至っていないのである。

さて、最後に、身体論は、運命論だろうか。体癖研究を始めた当初はそうも思っていたが、実践して二年が経ち、意外とそうでもなかったと今は思っている。野口先生は体癖のいい組み合わせは、元気な赤ちゃんが生まれる組み合わせと考えており、仲人や結婚の相談を受けた時は、常にそれに基づいて助言をしていた。人びとはあまり従わなかった。

その結果、最強のベビーはどこにもいない。人はみな、体癖の法則以外のさまざまな理由で自由に野放図につがい、子をなしている。体癖は、意外と恋愛・結婚のマッチングにだけは使えない。法則を無視した、野放図な実践が現在の常態だからである。

現在、人間がつがいを決める方法は、ほとんどの場合に必然（inevitable 避けられないこと）ではなく、選択であるように見える。体癖の相性は選択の過程で、判断材料には入ってはいるが、それ以外の要素が多くある。

たとえば、わたしにとってある人と親密な間柄になり、そして最悪の別れ方をした理由は、かなり大きな部分では相手が前後型の特徴を強く持っており、行動のペースがわたしよりも半歩早いために、わたしをムカつかせなかったこと、そしてわたしと同じく長い大腿骨を持っており、九種の特徴が色濃かったこと。その一方で、わたしを常に腹立たせたのは、深い考えなく行動を起こし、周囲の迷惑や感情を顧みる性質に欠けていること、考える前に言葉を口に出すため、短慮な発言が多くそれが目につくこと。

わたしも相手もともに九種が入っているものの、わたしの方の九種の方が強く、相手の九種の方が弱かったのに、相手がわたしの九種に対する闘争をやめず、通常であれば九種が非常に殺傷力の高い言葉を一方的に吐き捨てて、相手のダメージが高くて収束するはずが、応酬が終わらず、取り返しのつかないところまで、九種の主導権争いが続き、取り返しがつかないほど酷い言葉を積み上げてしまったためであった。

以上のことは、鬼塚先生はわたしがまだ現在進行形で最悪の終わりを経験している最中に、あまりに体の不調が度を越しているので関係性に危機感を募らせた周囲の人によって日本に送り返された際、二枚の写真を見ただけで言い当てた。わたしが先生の言葉を理解し、自分で真に同じ結論に達するまでに二年の研究が必要だった。

しかし、始まりと結末を決めたのは、体癖だけではない。それ以外の要素も多くあった。大小さまざまな理由が互いに三〇ずつくらいあった。

この二年間に二〇代から六〇代までの人たちのさまざまな人間関係の相談に乗ってきた。その中でも根深く、当事者を深く傷つけることができるのは、職場や友人関係よりも、つがいのパートナーとの関係だと感じた。相手にプラスの気を向ける理由の中にも、トラブルが起きてもめる、どうしようもなく我慢ができず生理的にムカつく場合でも、丁寧に話を聴くと、必ず体癖の要素が絡んではいる。しかし、なぜその人たちが現状つがっているのか、なぜやめないのか、なぜそもそもその相手にしたのか、は体癖に反し、体癖ではない理由でおこなわれていることが多く、体癖がわかっても、読み切れない。

その「体癖＝生得的な本能」に反したチョイスを人間がおこなっていることを説明するためには、人類学者としての経験が物を言う。一人の個体を形成する要素のうち、環境、生い立ち、教育、思想、文化といった後天的なもののすべてを読み解く能力は人類学という学問が磨いてきたものである。

よくない恋愛を続ける、よくない相手を選び続ける。この行為を生み出している要素のうち、半分は体癖であり、それは体の形に起因する体と思考・心の癖である。残りの半分は環境や生い立ちの中で形成された後天的な癖である。これらの癖の集積によって、個体は特定の習性を持つ。これが、同じ文化の中で育成されても、習性が均一にならない理由であり、また、文化が違えども同じ習性が観察される理由である。同一文化の中でも体癖が違えば、特定の習慣の浸透度合いには個体差が出る。文化・人種が違えども、体癖が共通している個体間には、同じ行動の傾向が出る。

人類学は「体」を人間のすべての営みがおこなわれる豊かな場だと見なす。単に薬で治したり、切って不具合を取り除けばいいような、モノ＝客体ではなく、わたしそのものであり、豊かな意味を持つ、外の世界と内なる世界の面白い唯一無二の結節点であると考える。モースは、その体の動きを生物学的要素、心理学的要素、社会的要素から包括的にとらえることが大事であると考えたが、どこからどこまでが個体の要素で、どこからどこまでが文化の要素なのかといった内訳はまだ説明に至っていなかった。

体癖論を人類学の知に組み合わせていくことで、人類学者は個体と文化をもっとよく読み解ける。個体の行動を形成する先天的要因と後天的要因の両方を読み解けると、人類学はもっと楽しく、面白い。そして、社会の役に立てる。

【注】

＊1　ご本人の了承をいただき、引用させていただきました。ありがとうございます。

＊2　本稿では、野口晴哉を「野口先生」もしくは「晴哉」と名指す。整体協会内では現在、一代目・野口晴哉、二代目・野口裕介（晴哉の三男）、三代目・野口裕之（晴哉の次男）を区別するために、前から順に「晴哉先生」「ロイ先生」「ダン先生」と呼び分けることがある。筆者の師匠である鬼塚兀史先生は愛惜の念を込めて、晴哉を「野口先生」、二〇一五年に亡くなったロイ先生を「若先生」と呼び続けている。

＊3　第三四、三八、三九代内閣総理大臣・近衛文麿の長女。嫁ぎ先である島津家を出奔して、晴哉と一緒になった駆け落ち婚。『月刊全生』掲載の晴哉の文章や、晴哉の著作の編者であり、晴哉の死後も二〇年以上著作の刊行を続けた。晴哉の著作が刊行され、現在まで入手可能な形で数多く残っているのは、彼女の手腕による功績である。

＊4　著名な霊術家・松本道別の伝記（田邉　一九九〇）の中に、晴哉に言及した箇所がある。この貴重な資料は、鍼灸師の奥村昭彦氏から教えていただいた。

＊5　のちにその技法は「愉気」として、治療の根本技法として深化した。その思想・技術は、『愉気法1、2』に詳しい。

＊6　修験道や霊術界でまことしやかに語られていることから想像するに、山で人知を超えた能力を鍛える修行をしていたと考えることができるだろうか。晴哉は、仏教・道教にも相当造詣が深く、それらに関する著述は読み解くのが困難であるが、幼少期から読書家であり、仏教者との付き合いも生涯通じてあったようであるので、宗教的な訓練や学習は特にこの時期に限定されるものではないように思える。

＊7　昭和二年（一九二七年）か。昭和二六年（一九五一年）の著作に「治療ということに着手して三〇年、自然健康保持会を設立して二五年」と記している。

＊8　非公開である『全生新聞』は、所有している指導者も少ない。指導者の資格を持っている先生であっても、閲覧が許可されないこともある。鬼塚先生に特別に閲覧を許可いただいた。単著よりも『月刊全生』、『月刊全生』よりも『全生新聞』が野口先生の実践、奇想、真の思想、体癖論の形成の生の過程を見る上では生々しく重要な情報があるが、閲覧した内容を他言しないという約束で読ませていただいているため、ここでは一切触れないように気を付けた。

＊9　ここでいう「相性がいい」、もしくは人と人の仲がよいことには、いくつかの内実がある。九種と一種の組み合わせの場合は、九種のありようを一種が理性的に理解しようとし、許し、とがめない。自由にさせてもらえるがゆえに九種が心地よく感じる。しかし、九種は一種の気持ちややりたいことは忖度しない、意に介さないという間柄である。一種と九種は、大脳型と生殖器型であり、エネルギーの集まる場所が一番離れている。わたしの体癖の講座を受けている一〇代の男子学生に、性質がかけ離れているほど反発し合う（一種＝理性と九種＝本能が一番反発が強い）ということかと聞かれたが、そうはなっていないところが人間関係の妙で、人間が本当に面白いところである。

＊10　現在、人類学では象徴性や意味、文化を含んだものとしての人間の肉体を「身体」「からだ」と表することが多い。本稿では、晴哉の用法・世界観に立脚して「体」の語を使用している箇所がある。モノではなく、気や心を含んだ全人格的なものでありながら、荒々しく原初的で本能的なものでもある、力強い存在としての人間のすべてが「体」の語に

は含まれているように感じる。

＊11　津田先生の弟子であるジョバンニ・フローヴァがこの貴重な情報を教えてくれた。ジョヴァンニは、津田先生の教えを継承し、ミラノで活元運動と合気道、坐禅の道場を開いて、周辺諸国で活元運動の普及活動をおこなっている。津田先生やジョヴァンニだけではなく、武道をたしなむ人々の中に、整体と武道を両立・融合させて普及している人は少なくない。その活動は大半が、河野智聖先生のような整体協会に所属していない先生たちによるものである。

＊12　本節の下敷きとなった原典分析と観察は、二〇一五年四月から現在までの間に、鬼塚兀史先生の指導の下、姉・仁亜麻と共同でおこなったものである。筆者は、鬼塚兀史先生の兄・凡生先生に母の胎内にいる時福岡で指導していただき、幼少期から高校までは群馬県の三ッ井よし江先生の指導を受けた。大学入学以降は京都に移り、鬼塚先生に指導いただいており、基本的には西洋医学の世話になったことはあまりない。鬼塚先生は、母親も野口先生の直弟子であり、ご本人も一〇代の頃に書生をした内弟子上がりの直弟子で、現存する数少ない古参の高弟である。

＊13　なお、二巻は「複合体癖」についてで、複合体癖とは単に個体の中に三つの主要な体癖があるということを指すのではなく、その組み合わせによって生じる連鎖反応や相乗効果によって次なる性質が生まれることで、体癖研究の肝要は複合体癖にありと指導者の先生方は言い、筆者も賛成であるが、また次元の異なる話になるので、稿を改めたい。

＊14『嫁と姑』などの別の主題の著作にも関連する記述は多い。

＊15　胸の下、肋骨の間の皮膚の緩いところ。活元運動の準備で邪気を吐く時に押さえる箇所。ここが硬くなり、指で押さえてもへこんでいかない状態のこと。

＊16　交感神経は興奮させる方で、三種は感情を上手に爆発させる。副交感神経は緩んでいく方で、四種は感情の爆発が上手にできない。

＊17「敏感」は悪いことではない。アトピーは「敏感」ではなく「過敏」で、過敏は必ずどこかに鈍いところがある。逆は五種で、皮膚が鈍い。鬼塚先生は、三種と四種が皮膚が敏感というのはあまり意識したことがないとのこと。

＊18　背骨の両側とは、背骨（脊椎）の真横の一側《いっそく》のこと。上から来る一側と、下から来る一側があり、上から来るものは神経系に関し、下から来るものは性に関する。

＊19　整体協会では、「治療」という言葉は使わない。その理由は、あくまでも、その人自身が持っている自然治癒力を引き出すための「指導」をしているのであり、他人が誰かの体を治すなどとはおこがましいという考え方に基づく。もちろん、操法と言葉による誘導によって整体指導することで、結果として治療的効果を持つことは大いにある。しかしそ

れは、外から加えた作用の結果ではなく、外からちょっときっかけを作ってあげたことで体が自分の力を発揮した結果であると考え、その人の体自身が本体であり、指導者の役割を二次的、補助的なものとして位置づける。西洋医学をも含めた医学の多くが、本来は同様の考え方を持っているが、現在は比重があまりにひっくり返っているように思われる(体自体のがんばりはどうでもよくて、医者の腕次第、という発想)。

【参考文献】


片山洋次郎　一九九五　『オウムと身体』日本エディタースクール出版部。

――　二〇〇一　『整体　楽になる技術』ちくま新書。

――　二〇〇六(一九八九)『整体から見る気と身体』ちくま文庫。

――　二〇〇七(一九九四)『整体。共鳴から始まる　気ウォッチング』ちくま文庫。

――　二〇〇九(二〇〇四)『骨盤にきく　気持ちよく眠り、集中力を高める整体入門』ちくま文庫。

――　二〇一三(二〇〇七)『身体にきく　「体癖」を活かす整体法』ちくま文庫。

川田順造　二〇一四　『〈運ぶヒト〉の人類学』岩波新書。

河野智聖　二〇一〇　『身心をひらく整体――快気法で気持ちよく体を変える』ちくま文庫。

――　二〇一三　『緊急時の整体ハンドブック』ちくま文庫。

三枝龍生　二〇一〇(二〇〇七)『体は何でも知っている』ちくま文庫。

田邉信太郎　一九九〇　『霊学講座復刊版付録　闇の知の跋渉――松本道別の痕跡』壮神社。

永沢哲　二〇〇八(二〇〇二)『野生の哲学――野口晴哉の生命宇宙』ちくま文庫。

名越康文　二〇〇五　『名越式！　キャラわかり』宝島社。

野口晴哉　一九六九(一九五一)『治療の書』全生社。

――　一九七一　『体癖Ⅰ』全生社。

――　一九七九　『体癖Ⅱ』全生社。

――　一九七九　『嫁と姑　上巻・下巻』全生社。

――　一九八六　『愉気法1』全生社。

―― 一九九六『大絃小絃』全生社。

―― 一九六四―二〇一六『月刊全生』社団法人整体協会。

―― 二〇〇六『愉気法２』全生社。

モース、M 一九七三（一九六八）『社会学と人類学Ⅰ』有地亨ほか訳、弘文堂。

―― 一九七六（一九六八）『社会学と人類学Ⅱ』有地亨・山口俊夫訳、弘文堂。

渡辺公三 一九八九「マルセル・モースの人類学――再び見出された父」『季刊 iichiko』NO. 13:35-57（二〇〇九『身体・歴史・人類学Ⅱ 西欧の目』言叢社に再録）。

―― 二〇〇九『身体・歴史・人類学Ⅰ アフリカのからだ』言叢社。

Goodman, Felicitas D. 2005 (1981) *The Exorcism of Anneliese Michel*. Eugene: Resource Publications.

Mamine Miwa, Katsumi 2014 *El movimiento vital*. Barcelona: Icaria editorial.

Tsuda, Itsuo (Marc Sheffner tr.) 1984 (1973) *The Not Doing: School of Breathing*. Geneva: Jean-Luc de Rougemont (原題 *Le non-faire: Ecole de la respiration*).

第八章　カフカと妖術信仰

西　成彦

1

フランツ・カフカの、とくに長篇小説を読むときの重要なキイワードのひとつは「疲労」だと思っている。「害虫」に変身した主人公グレーゴルがとつぜん就労不能に陥るばかりか、進行する食欲不振には打つ手もなく、最後には干からびて死んでいってしまう『変身』（一九一五）を、そうした一連の作品群のなかに含めてよいかもしれない。ともあれ、『失踪者』（初出一九二七）や『訴訟』（初出一九二五）、『城』（初出一九二六）など、死後に友人マックス・ブロートの手によって編まれ、出版された未完の三部作のなかで、主人公らは、はじめのうちこそ血気盛んに見えるが、物語の進行とともに、いつしか生命力の低下に苦しみ始める。カフカの作品に特徴的な憂鬱は、死が間近に迫ってくるという切迫感もさることながら、日に日に衰弱していくという「プロセス」の落日感、さらにいえば労働と労働の再生産にだけ専念していられたら生きがいを見失うことはなかったはずなのに、それ以外の雑事に巻きこまれるうち、まさにその雑事のせいで性も根も尽き果てるという絶望感に起因している。就労時間の長さもさることながら、残された休息時間にも効率よく休養が取れず、蓄積した疲労からの恢復そのものに失敗した結果の「過労死」。カフカが主要な作で描いているのは、「疲労回復の失敗」なのである。カフカその人の場合は、労働災害保険局での勤務時間以外の時間も、文学や恋愛（とくに書簡の執筆）に相当な時間を割いていたことが知られ、私たちはついそうした読みに導かれてしまう傾向にある。

本論では、こうしたカフカ文学の特徴ひとつを『訴訟』を手掛かりにしながら考えてみたいと思う。ある朝、いきなり「逮捕」され、法廷的追及から逃げも隠れもできなくなったヨーゼフ・Kが、銀行での勤務時間や恋人と過ごす自由時間を徐々に削らざるをえなくなっていくさまは、まさに現代人がえてして陥りがちな「窮地」を象徴していると考えられる。そして、具体的な容疑の中身は明かされないものの、何らかの容疑を理由に、前触れのない「逮捕」（「在宅起訴」）に遭遇した主人公が、法廷での闘争に勝利すべく、やみくもに奔走する。その試行錯誤は、どこか難病の告知を受けた人間の「闘病」にも似ている。[*1]

私がこうした類比を考えるに至ったそもそものきっかけは、ヨーゼフ・Kが勤務先である銀行の取引先の工場主から紹介されて、ただちに会おうと決意した画家からの次のアドバイスが、慢性疾患に苦しむ患者に対して医師が試みるインフォームド・コンセントとほとんど取り違えかねない内容だったことにある。

《三つの可能性があります。本物の無罪判決、見せかけの無罪判決、引きのばし。もちろん、本物の無罪判決が一番いいのですけれど。そっちの方面じゃ、ぼくは何のお力にもなれません。ぼくが思うに、個人のレベルで本物の無罪判決をたぐり寄せる力がある人なんて誰もいないですよ。そこで物を言うのは、被告人の無実だけです。〔中略〕でもその場合は、ぼくの助けも、他の人の助けも必要ないってことになる》[*2]（四九六頁）――「病い」にも「訴訟」にも、「完治」や「無罪放免」という出口は存在する。しかし、画家に言わせれば、《過去には無罪判決があった》と言われてはいても、それは《伝説が残っているだけ》（四九八頁）だということなのである（それこそ

「掟」に「掟の門」があると伝説が物語るように）。

そこで、より実現可能性が高いのが「見せかけの無罪判決」と「引きのばし」のふたつになってくるわけだが、そこで得られるのは《見せかけだけの自由》（五〇三頁）、あるいは《訴訟が最初の段階から先へ進まない》（五〇六頁）という一種の「小康状態」である。いずれの場合でも、被告は《有罪宣告を受けない》のと引き換えに、《本物の無罪判決を受けられない》（五〇八頁）という事態を受け止めなければならない。

画家が提案している「有罪判決を受けない」ための方法とは、完治（＝無罪放免）が見込める疾病の場合は別にして、いわゆる慢性疾患の患者が肝に銘じなければならない病気と上手につきあっていくべしとの処世術に限りなく近いものなのである。

ともあれ、三〇歳の誕生日に「逮捕」されたヨーゼフ・Kは、自由を拘束されることはなく、銀行勤務もそのまま続ける自由を保障されてはいたのだが、それまでの気ままな独身生活からは打って変わって、それこそみずからの「救命」に向けて、「訴訟」との「不幸な腐れ縁」をつづける（《頭の中は訴訟のことだけなの？》——四四〇頁）一年間の猶予（彼は三一歳の誕生日に、問答無用で「処刑」される）を与えられるのである。

そしてその「救命＝命乞い」のための試行錯誤のなかでは、そうそう気を抜くことなどあってはならない、人々とのはりつめた「交渉」や「協調」が必要になってくる。《自分の訴訟のために、ほんの少しでも他人の助けを借りるのは嫌だった》（三五六‐五七頁）といくら強がったとしても、そうはいかない。

＊　＊　＊　＊　＊

ここ二〇年の「医療人類学」を牽引してきた一人であるアーサー・クラインマンは、「生物医学的《バイオメディカル》モデル」が、「疾患」（disease）に対する「治療」（cure）にこだわるあまり、「疾患」に「苦しむ」（suffer）という「病い」（illness）

に対する「お世話」(care)に目を向けることをいかに怠ってきたかに注意を促す。そして「疾患」だけを見る(=診る)のであれば、患者と専門的な医療従事者の関係だけしか問題にならないのだが、いざ「病い」に目を移せば、それこそ《病者の配偶者、子ども、友人、ケアする人、あるいは患者》[*3](一〇頁)といった幅広い人間関係のなかでそれを見ることが要請される。つまり、「診る人」だけではなく「看る人」の存在を度外視するわけにはいかなくなるのである。

「疾患」は、ひとりひとりの人間の個別的身体に宿るものだが、「病い」というものになると、それは治療に従事する専門家集団を巻きこむだけで終わらない。

なにしろ専門家集団といっても、医師ばかりでなく、看護師や薬剤師らの手助けが求められるだろうし、主治医の選定にあたっては、「セカンド・オピニオン」、さらには「サード・オピニオン」を求めて、数々の医師のあいだを渡り歩かなければならない場合もある(《じつはあの先生以外に、他にも弁護士を雇っているんです》――五二三頁)。つまり、一旦、「患者」であると名指された人間は、さまざまな領域に属する複数の「支援者」に手助けを求めることで、はじめて「闘病」の態勢を整えることができるのである。しかも、『訴訟』のなかでは、画家が語ったように、「完治」をめざすのか、「見せかけの寛解」あるいは「小康状態」で満足するかによって、「支援」のあり方そのものも違ってくる。したがって、その目標が定まらないならば、なおさら頼りにすべき「支援者」の顔ぶれも多岐に及んでくる。

そして、『訴訟』を含めて、カフカの長篇小説に特徴的なのは、次から次へと女性の「支援者」が登場するということだ。下宿を同じうするビュルストナー嬢、訪ねていった裁判所の一角に住まう廷吏一家の妻、そして叔父から紹介された弁護士のところの住みこみ看護婦。それこそ《顔に、助けてくれる女の人募集中とでも書いているのか》(四四一頁)と自分でも首をひねりたくなるほど、女性が次々に好意を寄せてくる。ヨーゼフをめぐる「訴訟」

において、直接に影響力を及ぼしてきそうな法曹関係者は男ばかりだが、その周囲には衛星のように女性が取り巻いており、彼女らが、何らかの助けになるかもしれないと思える瞬間が、しばしば訪れる。要するに、「支援者」の支援をとりつけるための東奔西走のなかで、ヨーゼフ・Kという三十男は、性的な誘惑に対しても、無防備なまま晒されるのである。

こうした女たちも含めて、『訴訟』の主人公は、小説の冒頭でいきなり「逮捕」される下宿の一室を基点にして、裁判所事務局のある建物や、弁護士の住む建物、画家が住む建物、そして観光地でもあるはずのカテドラルといったさまざまな場所で「裁判闘争」に身を投じるなか、数えきれない「支援（候補）者」との膝を詰めた話し合いに時間を割くことになる。それは決して『訴訟』が「不条理小説」だからではない。かりにそれが「病気の告知」であった場合でも、人は、ヨーゼフ・Kがそうしたように、「支援者」の許を訪ね歩き、近親者から職能集団に至るまでのあいだを右往左往しなければならなかったはずである。かかりつけの医師に相談しておけば、それだけで安心だといったような事例は、病気が難病であればあるだけ、稀になる。

クラインマンが「病い」の当事者として召喚しようとしているのは、「疾患」をかかえた一人の「患者」から、その「患者」の「闘病」に力を貸そうといういくつものタイプに分類できる「支援者」に至るまで、そのネットワークの全体だろう。しかも誰が「真の支援者」であり、誰がじつは「偽りの支援者」でしかないかが、「患者」自身にも最後まで見通せない。それが『訴訟』の特徴なのだ。しかし、「裁判闘争」であれ、「闘病」であれ、「訴訟＝病い」のなかに追いこまれた人間をとりまく日常とは、そもそもそういったものなのではないだろうか？

そして、「疾患」と闘うには、「病い」をとりまく人間関係の網の目との交渉を避けて通るわけには行かず、支援者を求めてのがむしゃらな「闘い」は、いつ「疾患」自体との闘いにマイナスにはたらかないとも限らない。いかに医学が進歩しようと「疾患」に対する「治療行為」とは、決して確実な効果を見込めるものではない。「病い」

との闘いも、その危うさは同じなのだ。いったい「正しい支援」とは何なのか？

2

カフカの文学に備わる現代性、未来予知的な性格もさることながら、むしろその「古代性」にいち早く注目したのは、ヴァルター・ベンヤミンだった――《Kに対する［…］訴訟手続きは十二銅表律の制定された時代［＝ローマ帝国の成立に先立つ時期］をはるかに超えた、太古の世界へと遡る》[*4]（一一五頁）。ベンヤミンは、こう論じながら、『訴訟』に登場するレニの指と指の股のあいだに水かきがあることを説明すべく、《彼の長篇小説は沼の世界で展開される》（一四五頁）とまで言ってのけるのだが、ベンヤミンの『訴訟』理解を見る上では、彼が引いているカフカの次の断章は、きわめて重要だろう――《人間が犯した古い不正である原罪は、人間が次のように非難することに、そしてその非難をやめないことにある。すなわち自分の身に不正が行われ、自分に対して原罪が犯されたという非難である》（一一三頁）。要するに、「非難」が先か「不正」が先かという、ニワトリか卵かの議論である。

自己の有罪性を疑ってみようともしないヨーゼフの厚かましさをそこに見るのではなく、現代社会が駆逐したかのように自負している古い「原罪」意識が、隔世遺伝のように現代にまで生き延びているさまを活写しようとする「時代錯誤」的な精神をカフカのなかに読み取る、このベンヤミンの並外れた洞察力には、脱帽するしかない。

それこそ「魔女裁判」の時代までは、人間にふりかかる災いの原因を「天罰」ですらなく、生きている特定の人間の「魔術＝妖術」に帰することが西洋社会でも通常だった。そして、「妖術師」なる存在に依存する人間もさることながら、それを「告発」しようとする社会そのものもまた「魔術＝妖術」の存在を前提にしていたわけだ。

要するに、『訴訟』は起きぬけに「逮捕」という憂き目に遭うという不測の事態を、《誰かが［…］中傷したに違いない》（三一三頁）の一言で反射的に受け止める、そのような思考回路を基点に据えるところから物語が始動するのだ。それが「死刑にまで至る有罪性の告発」であろうと、「死に至る病の宣告」であろうと、それを見境なく何らかの「中傷」によって招来された「不運」だとみなすことで、「有徴化《スティグマ》」された身体を「無徴」の状態へと「修復」しようとする「プロセス」が動き出す。『訴訟《プロセス》』が描いているのは、西洋近代が克服したかのようにふるまってこそいるが、しかしそのなかにも着実に生き延びている「自分の身に不正が行われ、自分に対して原罪が犯された」という感覚なのである。あるいは「自分の身に不正が行われ、自分に対して原罪が犯された」と感じた人間が、その「不正をはたらいた行為主」を名指したことによって一人の人間が「逮捕」される。つまり、そこでは「妖術」が影響力を行使し、その結果として一人の男に「災い」がふりかかるのか、はたまたそうした「妖術」を用いた容疑でその男に「災い」がふりかかるか、そのいずれかなのである。

＊＊＊＊＊

渡辺公三さんは、『身体・歴史・人類学Ⅰ　アフリカのからだ』[*5]に収められた論考のなかで、まさに身体的な失調を前にして、「疾患」をさぐりあてること（のみ）が「治療」であると信じて疑わない西洋近代医学を相対化すべく、アフリカの「妖術信仰」をめぐる社会人類学研究の源流への遡行を試みておられる。

次は、同書に引かれた、エヴァンズ＝プリチャードの論文「妖術」（一九三五）からの少し長めの引用である。

> 自然哲学の体系として考えるとき、それ（witchcraft　妖術）には、一つの因果理論が含まれている。すなわち、不運は妖術が自然力と共同してひきおこすものである。ある男がアフリカ水牛の角でひっかけられるとか、穀物倉の支柱が白蟻にむしばまれて倉が頭の上に崩れ落ちてくるとか、脳脊髄膜炎にかかるとかすれば、アザンデ族

は、水牛や穀物倉や病気が原因であって、それが妖術と結びついてその男を殺したのだというであろう。水牛や穀物倉や病気はそれ自体で存在するものだから、妖術はそれの存在については責任がない。しかしながら、それらの原因が、ある特定の個人に対して破壊的な関係に置かれたという特定の状況については妖術に責任がある。いずれにしても穀物倉は崩れ落ちたであろう。しかし、ある特定の人間がそのかげで休んでいるというある特定の瞬間にそれが起こったのは、妖術のせいである。これらすべての原因の中で、妖術だけは人間が干渉して変更させることができる。それは妖術がある一人の人間に発するものだからである。水牛や穀物倉に対しては干渉の余地がない。それらも原因と考えられているけれども、社会関係という面においては無意味である（三二一―三二三頁）。

何らかの「不運」に個人が見舞われたとき、その「不運」に「干渉」して、その害を除去するには、「水牛や穀物倉や病気」そのものをさることながら、どうしたって社会的なもの、つまり「妖術」にもはたらきかけなければならないというアザンデ族の考え方は、西洋近代のなかで培われてきた「生物医学的モデル」とはあまりにもかけ離れたものと見えかねないだろう。そして、人類学なる学問が、こうした懸隔に注目するのは、まさに西洋的な世界観が、そこでは正面から問い返されることになるからだ。クラインマンが、「生物医学的モデル」の専横に立ち向かおうとしたのと、エヴァンズ＝プリチャード以降の「人類学」的な妖術研究とは、地下水脈ではつながっているのだと思う。

ただ、一九八〇年代に自身が試みられた中部アフリカでのフィールド調査を踏まえつつ、渡辺さんは、人類学が陥りがちな陥穽について、さらに踏みこんだ批判を加えられる。エヴァンズ＝プリチャードの引用を終えられた後の渡辺さんの論述の進め方を見ておこう。

この短い一節にも、ある思考の構図はよく現れている。「自然力」の決定的因果連関の系と、「干渉」可能で社会的に意味のある関係の系〔中略〕とがあり、その交叉するところに出来事としての「災い」がある。二つの系とその交点である特異点としての出来事、後者つまり「特定の」とき、「特定の」人にふりかかる不幸は、この二つの系によって解釈される。いうまでもなく、人類学的記述の重点は、出来事の特異性よりはこれら二つの系、とりわけ「科学的」思考からは、余剰でありそれだけエグゾティックでもある社会関係の系に置かれてゆくことになる。出来事そのものの特異性は解体され、一つのケースとして処理されてゆく（三二三頁）。

人類学が示す傾向（偏向？）のひとつは、人間に「災い」がふりかかったときの説明に際して「「科学的」思考」には含まれない「余剰」にことさら目を向けることと同時に、「出来事の特異性」を「解体」してしまうことにあるというのである。

《人は病むとき、他の者に代わってもらうことはできない。自分の病状が自分自身の手におえないものになったとき、人は癒すことの専門家に自分を預け、託するしかない。たとえどれほど身近な者でも、どれほど思いをよせる者でも、他者の病いに代わることができない》（三二〇頁）――渡辺さんは、こうした「病い」の「代替不可能性」のなかに、ある意味で、生きとし生けるもののあいだで普遍的だとも言える「病むことの経験」の本質を見ようとされる。

そして、《妖術というイディオムから、社会関係のある特性、パターンのようなものをとりだすこと》（三二四頁）を旨とする人類学に対して、あらためて「〈個〉のトポス」を回復できるような未来は、展望できないのかとの問いを立て、そこで、おもむろにアフリカ・クバ族のあいだで急激に数を減らしつつあった民間医療師（＝ンゲッシュ）四名の修行経験に耳を澄まされるのだ。人類学のなかに「質的研究」を回復させるための試みとでも言うべきだろうか。
次は、渡辺さんが聴き取られた四例のなかの一例目である。

私（マボシュ）が、ンゲッシュとはじめて関係を持ったのは、先代の王の時代だった。それは一九五三年にこのはじめての息子が生まれたときだった。身体中がふるえて止まらなくなり、まったく飲まず食わずで仕事もせず、それが九日間続いた。九日目に夢にンゲッシュの女が現れ、私は踊った。女は私をこの近くの池の底の彼らのすまいに誘ったので、私はついて行った。そこにはンゲッシュが大勢住んでおり、女は私を父親に引き合わせた。そしてンゲッシュたちに私を夫として紹介し、私が（クバの土地の）どこへ行っても、私を助けるようにといった。水底の家は、中が三つの部屋に分かれているものだった。女は私に、私の病が何であるかを教え、治すために何を使えばよいかを教えてくれた。そしてンゲッシュたちに、私がもう九日間も飲まず食わずでいるのだから、元気にして村へ帰すようにといった。それで、私は治り、ものを食べ、飲むことができるようになった（三二七頁）。

カフカの作品群は、不可解な「災い」が主人公にふりかかるところから始まり、その後、主人公が遍歴を経ながらも、「治癒」には向かわず、最後は「破滅」への道を進んでしまう。ましてや「ンゲッシュ」らとの接触を経て、その人みずからが「ンゲッシュ」へと成長するというような「成長物語」とも、それらは一見、無縁であるように見える。
しかし、だからといって、カフカという作家が最初から「破滅」を書くことに目標を定めていたのかどうなのか？　その判断に関しては、十分に慎重でなければならないだろう。グレーゴルの「変身」、カール・ロスマンのアメリカ行き、ヨーゼフ・Kの「逮捕」、測量士Kの村での測量、それらは、ほんとうは、それぞれの人間が「ンゲッシュ」へと高まっていこうとする「成長」（Bildung）の物語の始まりであったのではないだろうか？

いかなる「災い」に対しても社会的に対処できる動きを作り上げ、いずれは「災い」にとりつかれた他者の「救出」にも前向きに対処していけるような経験を身につけること。カフカの文学とは、そうした「妖術信仰」が普通に存在していた時代の遍歴物語を、現代世界のなかに「トレース」しようとして、しかし、物語の進行とともに、主人公がことごとく墓穴を掘ることになる流れを堰き止めることができなくなってしまう、そうしたカフカ自身の「戦いの記録」だったのではなかったか？

3

カフカの小説を読むときに、「災い」を一身に引き受けなければならない主人公だけでなく、そんな主人公の「治療」とまでは行かずとも、その「世話」をする人々にまで目を向けることの重要性は、たとえば『変身』を「介護小説」として読もうとした田中壮泰さんの指摘を念頭に置けば分かることである。『変身』では、変身したグレーゴルが閉じこもった部屋の窓の向こうに「病院」が望まれはするものの、誰一人としてグレーゴルの健康回復のために医療機関の援けを借りようとは考えない。《変身後、グレーゴルは部屋に監禁状態になるが、そのことで彼は、家の女性たちの姿を終日観察することになった。虫になることで、これまで外にいては見えてこなかった女性たちの「シャドウ・ワーク」が、はじめて彼の眼に可視化されたのである。それどころか、これまで家政婦を含む家の女性たちの生活を支えてきた男が、今後は逆に彼女らの支えを、家族の誰よりも必要とするようになった》[*6]

（二七二頁）。「ホスピス」と言うなら、そんなふうに言えなくもないが、一家の稼ぎ頭であった彼が失業してしまった以上、与えられる「ケア」は、「監獄」でのそれ以上でも以下でもない。

そして、同じ読みは、『訴訟』にもあてはるだろう。いきなり「逮捕」されたヨーゼフの将来を気遣い、「支援」を申し出たり、彼が試みようとしている「裁判所の改革」に期待を寄せてくるのは、ほとんどが女性で、そんな彼を見るにつけ、男たちの多くは、逆にヨーゼフ自身に「潔白を明かそう」という気持ちすら欠落しているかのように受け取るのである——《私は弁護士の面子を立ててやる。弁護士は事務局長さんの面目を立てる。なら、おまえは私の面目を立てるのが筋じゃないか。せめて応援ぐらいできんのか》（四四五頁）。

要するに、『訴訟』は、「被告＝患者」と「支援者」とが足並みをそろえることの必要性を説こう、説こうとしながら、結果的にその困難さを描くことしかできないでいる小説なのである。

＊＊＊＊

『病いの語り』の「第一四章」で、クラインマンは、「患者」ではなく、慢性疾患をかかえた患者をクライエントとして受け入れなければならない「医師」たちに対する聴き取りを試みている。しかも、そこで題辞のひとつに上がっているのが、カフカの短篇「田舎医者」の一節なのである——《処方箋を書くのはたやすいが、人びとと理解しあうようになるのは難しい》（二七五頁）。

カフカは「患者」であることの憂鬱、「被告」であることの憂鬱だけではなく、「医師」の憂鬱や不定愁訴、「弁護士」の憂鬱、そして不定愁訴にも深く通じていた。クラインマンも同じく、みずからの「医師」としての立場に不平不満を抱く「医師」たちの声に耳を貸そうとするのだ。

たとえば、《丸々と太り笑みをたたえた四六歳の内科医》（二八一頁）は、《感情がからんだことや家族のことやごちゃごちゃしたことはみんな誰か他の人にまかせられたらいいのですけれどね。患者たちに、カラカラになるまで吸い尽くされそうな気がします》(二八二頁)と、本音を語る。

また《血色のよい、動作のゆっくりとし》た《六五歳の家庭医》は、《ケアを行うことによって、ほとんど必ず、もつれあったいろいろな関係や、入り組んださまざまな個性の網に、巻き込まれることになるのです。それはまったく、人間という存在の濃厚でぴりっとしたシチューのようなもので、そこには私たち自身の、治療者としての恐れや、野心や、欲求も含まれているのです》(二八三頁)と言う。

他方、《よいケア》を追求しようという意欲に燃えつつ、しかしながら、医療保険制度の弊害を告発しなければならないとも考える《三九歳の精神科医》(二九〇頁)は、こう言う――《患者がよくならなかったら、患者に責任をなすりつければいいというわけです。患者がよくなりたいと思わないので全然だめだ。患者はやる気がないんだ。そうだ、患者のせいだ》(二九一-九二頁)。

また、《二九歳の熱心な内科医》は、下層に属する女性の患者のことを思いだしながら《彼女の命を奪おうとしているのは、彼女のまわりの世界であって、彼女の世界ではない》(二八七-八八頁)と、医療の限界を打ち明け、社会変革の必要性を訴える。

現代の医療は、医療制度や保険制度、そして藁にもすがる思いで専門家からの助けを求めてやってくる「患者」やその支援者たちに包囲されて、「医師」には重たい負荷がかかるに至っている。『訴訟』のなかで、ヨーゼフ・Kは《無実の人間が、尋問される代わりに公衆の面前で辱められる》(三七一頁)のは、《裁判の体裁を取っているものの背後に[…]大きな組織が存在している》(三七〇頁)からだと激しく裁判所を糾弾するのだが、そんな彼に向かって、担当の弁護士は、たとえば、次のように反撃する――《被告人は、ほとんど例外なく、あまり頭がよくない連中でさえ、訴訟が始まってすぐの時期にはあれこれと改善策を考えはじめ、時間と労力を無駄に費やします》

（四五五頁）。

「被告」や「患者」を取り巻いている人間関係を前にして、一種の「仲介者」である「弁護士」や「医師」などの専門家は、「被告」や「患者」に寄り添おうとしながら、しかし「弁護士」や「医師」がその一部を構成している「組織」に対する「被告」や「患者」の不信や敵意をまで受け止めなければならないことが、彼らにとって大きな負担となるのである。

しかし、そういったなかでも、自分を《医者にしたのは医学部》だが、みずから《喘息［…］を抱えて生活してき》た、その《経験》こそが、彼を《治療者》にした（二七七頁）と真摯に語る医師もいる。《自分が傷を負うことで、治療者は、患うということがどのようなものかわかる》（二七八頁）というのである。

こうして現代社会のなかに「治療師」がひとり誕生していくという物語は、クバ族の「ンゲッシュ」の誕生の物語そのままではないだろうか。さらに言えば、『訴訟』の「被告」であるヨーゼフ・Kだって、もし最後に「処刑」されることとさえなかったなら、彼に寄り添おうとした誰よりも「被告」に寄り添える「支援者」のひとりへと成熟していけたかもしれないのである。

ただ、カフカの憂鬱は、そのような希望を作品の核に据えられるほど、御しやすいものではなかった。「妖術」によって「災い」をこうむった人間を、そこから救い出せる「支援者」の力があまりにも脆弱で、むしろ「妖術」を行使する「組織」の力があまりにも強大すぎる時代状況のなかで、カフカは一部の希望も見出せない物語をしか書き連ねられなかった。

そこでは「患者」ばかりでなく「支援者」もまた何ものかに怯えながら、それこそ自分自身を恥じて生きている。それこそ宇宙人が、地球上の司法制度や医療制度を眺めたならば、じつはそこに「妖術信仰」が介在していると確信したに違いないような現実が、そこには横たわっているはずなのである。

『訴訟』の大半を仕上げながら、それを完成させないまま、次の長篇に挑戦したカフカは、『城』のなかで、主人公自身が「被告」や「患者」より、はるかに「弁護士」や「医師」に近い「介入者」（＝測量士）の物語に挑戦した。そこでもカフカは、主人公（＝K）が、結局は「疲労」に屈してしまうかのような悲観論をしか提示できないまま、彼自身が病いに倒れてしまったのだが、カフカが「被告」や「患者」の立場からだけ世界を見ようとする作家でなかったことは、『城』を眺めるだけでも明らかである。

『城』においてKが従事する「労働」は〔中略〕村人の人生に影響力を行使し、村人の人生設計にヒントを授け、それまで本人が自覚すらしていなかったような欲望や夢想に言葉を与えることを促す対面労働（感情労働）なのである。[*7]

「城」と「村」のあいだに解きほぐしようのない魔術的な支配が進行している『城』において、主人公の測量士Kが果敢に挑戦していくのは、一種の「巡回医師」のような役割である。カフカは引き受けた「災い」を糧としてみずからが「成長」する主人公の物語を書くだけの勇気を持たなかったが、ひとに「災い」をもたらす「妖術」と闘うには、「患者」と「支援者」という新しい人間関係の構築を介するしか進むべき道はないという確信だけは手放さなかったと思われる。

天災・人災を問わず、「災い」は社会全体にふりかかる。それが「病い」であったり、「道義的追及」であったり、個人にふりかかるものであった場合にも、それは社会全体の名において、「治癒（＝更生）」から「世話（＝日常生活の保障）」への配慮が求められる。人類学とは、そうした「災い」との人間的な闘いを、地域や時代を越えて普遍的な人間の課題であったと見据えるための学問であったのだと思われる。そして、カフカもまたそうした学問を、作家の使命だと考えたひとりだった。

【注】

＊1　これは、七年ほど前に書いた「『訴訟』論」『ターミナルライフ／終末期の風景』作品社、二〇一一のなかで私が指摘したかったことのひとつだ――《海上の木の葉か小舟のように玩ばれ、生殺与奪の権利を見えないなにものかに握られているという意味では〔中略〕快癒を求めて医療にすがりつく患者の姿に近い。》（三〇‐三一頁）

＊2　以下、『訴訟』からに引用は、『ポケットマスターピース〇一：カフカ』（多和田葉子編、集英社、二〇一五）の川島隆訳を用い、本文中に同書の該当頁数を記す。

＊3　以下、アーサー・クラインマン『病いの語り』（江口重幸ほか訳、誠信書房、一九九六）からの引用は、本文中に同書の該当頁数を記す。

＊4　以下、ベンヤミンの「フランツ・カフカ」からの引用は、『ベンヤミン・コレクション2　エッセイの思想』（浅井健二郎・編訳、ちくま書房、一九九六）を用い、本文中に同書の該当頁数を記す。

＊5　『身体・歴史・人類学I　アフリカのからだ』（言叢社、二〇〇九）からの引用に際しては、以下、本文中に同書の該当頁数を記す。

＊6　「グレーゴルと女性たち――介護小説としての『変身』」（『生存学』五号、生活書院、二〇一二）からの引用に際しては、以下、本文中に同書の該当頁数を記す。

＊7　前掲『ターミナルライフ／終末期の風景』七七‐七八頁。

【参考文献】

カフカ、フランツ　二〇一五『ポケットマスターピース〇一：カフカ』多和田葉子編、集英社
クラインマン、アーサー　一九九六『病いの語り』江口重幸ほか訳、誠信書房
田中壮泰　二〇一三「グレーゴルと女性たち――介護小説としての『変身』」（『生存学』五号、生活書院）
西成彦　二〇一一『ターミナルライフ／終末期の風景』作品社
ベンヤミン・ウォルター　一九九六『ベンヤミン・コレクション2　エッセイの思想』浅井健二郎・編訳、ちくま書房
渡辺公三　二〇〇九『身体・歴史・人類学I　アフリカのからだ』言叢社

第九章　知覚、感覚、感情、アフォーダンス

ポール・デュムシェル（近藤宏訳）

一　知覚

米国の心理学者であるJ・J・ギブソンに拠れば、われわれが本質的ないし本来的に知覚しているのは、世界にあるモノや客体ではなく、アフォーダンスである。[*1] この主張のもとには、知覚と行為は切り離せないという考えがある。つまり、知覚は行為のために存在しているどころか、知覚とは行為である、と言うことさえできる。それも単に行為の特殊形態だというわけではない。言わんとされているのは、知覚と行為は「同一物」、つまり連続体であり、この二つのモーメントの分離は人為的であり誤解を生むということだ。この分離は実験による知覚研究の根本的な誤りである、とギブソンは考える。つまり、知覚を行為から完全に分離する、観察者のモデルに基づき確立されていることである。さらに実験者が測定するのは、多様な刺激を知覚し区別する能力であるにもかかわらず、聴覚や嗅覚、視覚は分離されており、各々の感覚こそが研究主題として受け取られ、被験者にはそれらの一つのみが、つまり、見ること、聞くこと、あるいは匂いを嗅ぐことのみが要求されることになる。しかしこうしたモデル

は、動物の生き方とも、そこで知覚が果たす実際の役割とも関係ないものだとギブソンは論じる。動物が観察することそのものに没頭している時でさえ、知覚というものは、特定の目的や目標のある行為のどれかに常に結びついている。ギブソンが「知覚の生態学的理論」を提唱するのもそのためである。それによれば、動物の知覚を研究するには、その動物にとっての環境、ならびに動物と環境との相互作用を度外視することはできない。別言すれば、動物の知覚を論じるには、動物の生物学的なニッチを考えることは欠かせないのである。

私の考えでは、多かれ少なかれ同じことが感情、より正確には情動についても言える。これも、行為と連続しており生物学的なニッチから分離できないものとして見なされ、理解されるべきである。生物学的ニッチとは、われわれ人間にとっては本質的に社会的かつ文化的でもある。社会と文化は、われわれの生物学的なニッチをかたどるのだから、自然から切り離され対立してはいない。社会と文化はわれわれにとっての自然である。こうした表現を、比喩として私は用いているわけではない。知覚のように、情動はアフォーダンスに同調している。ただ、知覚が、世界の客観的特性であるアフォーダンスを感じ取り、見出し、認識するのに対して、これから論じるように、情動はアフォーダンスを創造あるいは産出する。もっともこの違いは、程度の違いでしかない。アフォーダンスは行為に結びついているのだから、知覚の場合も、アフォーダンスに相当する世界の客観的特性とは、決してただそこにあるものではないからである。あるいは反対から考えても良いだろう。アフォーダンスは、それ自体で存在することがない。世界の特殊な性質がアフォーダンスとなる、その受け手の有機体との関係においてのみ、アフォーダンスは存在する。

では、アフォーダンスとは正確には何なのだろうか？ギブソンの基本的な考えでは、動物は世界と相互作用するとき――ということは、いつも！――、誘因であったり妨げや障害であったりするような、好機と危機の組に相対している。何もない空間は前進を、いくつかの場所やものは腰を下ろすことを可能にし、影はわれわれを日光から守り、音は自動車が急に接近していることや急流がそばにあることなどを伝え、扉は脱出口や隠れ場所となり、反対に、崖はわれわれの前進を阻む難所となってわれわれを脆弱にし、物音をたてることで「そこにいること《プレゼンス》」が知られるようになる。ただやはり、アフォーダンスは本質的には好機である。崖や難所、存在していることを告げる物音は、巧みに利用されることもある。障害や拘束が巧みに利用されるのも珍しいことではない。アフォーダンスは、われわれが世界とともに為す（為しうる）ことに関係している。環境が所与であり規定的なものとしてだけ受け止められることはなく、われわれはそこから何かをつくり、その過程において環境を自らのものとなる世界に変える。このことは、人間のみならず生ある有機体全てに当てはまる。

　ギブソンはアフォーダンスという語を「アフォード」という英語の動詞をもとに造りだした。この動詞は「行為が可能である」ことを意味し、多くの場合、何かを買うのに十分な金銭を持つか、何かを為すのに十分な時間やエネルギーがあるという意味合いがある。アフォードすることには、すなわち、あるアフォーダンスを利用することには、金銭的な意味合いであれ何であれコストが含まれており、ある行為が含まれている。さらに、アフォードしうるものはその人次第である。あなたにとって「手が届く《アフォード》」ものは、稼ぎがより少ない者にとっては高価すぎることもある。アフォーダンスは世界の客観的特性に相当するが、その特性はそれ自体ではなく特定の有機体との関連においてのみ、アフォーダンスなのである。そしてある有機体にとってのアフォーダンスが別のものにとっても同じであるとは限らない。壁に空いた小さな穴はネズミの脱出口である。それも猫は後を追えないという点で優れている。ベンチの下は、子供や犬には隠れるのにもってこいの場所であるが、私には向いていない。このように、アフォーダンスはそれを利用しうる有機体との関連においてのみ、存在する。

　アフォーダンスとは行為が準拠している好機であるため、その多くが長くは続かない。世界は移ろい、空間は狭められ、風や雨は止み、数秒前に可能に思われたことは不可能になることもある。世界が変わるがゆえだけではなく、われわれが活動するがゆえに。分岐点を過ぎ去れば、もう後戻りはできない。われわれの行為は世界を変え、われわれに開かれていた好機の組み合わせも変える。ここから、重要なことが導かれる。アフォーダンスとはモノではない。世界の中の客体ではない。どちらかと言えば出来事に近い。アフォーダンスはつかむべきものとして存在し、よくあるように、ことがすぐに為されなければ、好機は去ってしまう。するとそのアフォーダンスは、もはや存在しなくなる。われわれが踏みしめる大地のように、多くのアフォーダンスは持続性を備え、永続するように見えるため、そうした事実にはあまり目が向かない。だが、アフォーダンスは有機体とニッチの界面に、合流地点に位置付けられることはかわらない。アフォーダンスは、一匹の動物が近くにいることによって現れ、その動物がいなくなれば消え去る。一体の有機体の在／不在によって、環境の客観的特性が左右されることはないが、ひとつのアフォーダンスは、行為者の不在時には、求められる特徴を備えたありうる行為者との関係において仮説上存在するに過ぎない。われわれが本来知覚するのはアフォーダンスである、ということが意味しているのは、われわれが知覚するのは具体的な客体ではなく可能な出来事だということである。その出来事が、ある者と世界の抽象的な関係を変える。

つまりある意味では、われわれに目標と欲求とが与えられる限りで、われわれは世界をわれわれ自身の観点から知覚しているということである。有機体にとっての知覚は、行為のためにあり、生存のためにある。だがこの自己中心的で主観的な視点から、われわれは世界をそれ自体として知覚していない、ということが必然的に導かれるわけではない。あるアフォーダンスが好機となるには、世界は知覚されたものと何らかの仕方で「一致」しなければならないからである。大地が堅くなければその上に立つことはできないし、道が開かれていなければ前身することもできない。行為は、われわれの知覚が客観的であることを証拠立てている。アフォーダンスを通してわれわれはありのままの世界に接近できるが、われわれの行動能力が制限されているために世界のあり様は多数に及び、そのなかにはわれわれが接近しえないものもある。

　われわれが本来知覚するのはアフォーダンスであるということは、知覚の目標は世界のイメージを提供することではないし、その機能は世界を表象することではない、ということである。どうやって行為のための好機を表象しようというか？　あなたは好機を表象できるのだろうか？好機は自己呈示するのであり、われわれはその好機をつかんだり逃がしたりするのに対して、「好機を表象すること」は、好機が生じる文脈を記述することによってそれを可視化する、間接的で冗長な語り以外のなにものでもないように思われる。次のことを考えてみよう。通常、知覚によって可能になるのは世界に関する情報を集めることであり、目標に向けて自らが集めた情報をもとに、行為の好機が推定されるとわれわれは考えている。例を挙げてみよう。ジョンという男性が、長時間藪の中を歩いているために疲れ切っているとしよう。彼は周囲を見渡し、環境を探査し、切り株か丸太のような腰をおろすことをアフォードするものを見つける。そこで彼は、歩き続けるか腰を下ろすか、選ぶことができる。この例えでは、アフォーダンスはジョンによる推定の帰結として表象されている。

　しかしながら、この「表象」は表象されたものを受け取る人物に向けては、好機をもたらさないことに注意する必要がある。あなたも私も、丸太に腰をおろすことはできない。この話によれば、ジョンにとっても、自らの知覚を通して好機が表象されるわけではない。彼は、丸太が腰を下ろすのに良い、と推定しているのである。

　ギブソンの見方に立つと、話は変わる。ジョンが直接的に知覚していたのは丸太ではない。座るのに適した場所である。ここには推定は存在しておらず、世界が私に座る場所を「差し出す《オファー》」のだという知覚だけがある。このような「招き《オファー》」は、表象ではない。世界のイメージではない、行為のための好機、つまりアフォーダンスである。ジョンが直接的にアフォーダンスを知覚することは、知覚が、座る場所を彼に差し出すということである。原則としては、ジョンは直接的に知覚されたこの招きに応じることも拒否することもできる。しかし、おそらくは睡眠中の人物をのぞく限り、つまり、知覚が自らの生から切り離されずに連続的な次元にある限り、行為者は常にこうした招きに応じている。その人物は、行為のための好機の全てではないがいくつかに、継続的に応じている。つまりギブソンの考えでは、知覚は世界に関連するものではない。むしろ、世界にある私に関連するものである。それこそが、知覚によって情報が与えられるものなのである。知覚は、世界のイメージを私に与えてはいない。今ここで私にできることの一部を露わにしているのである。

このように理解された知覚は、ほとんどの場合、無意識である。われわれが多くの場合に行なっていること、注意を払わずに、それについて考えずにすること、例えば起き上がったり、座ったり、グラスをつかんだり、扉を開いたり、障害物をよけたりするといったことのように、別のことを考えているうちに行なっていること全ての基調となっている。その一方で、知覚は意識されることもある。だがそのようなときであっても、かつてメルロ＝ポンティが論じたように、[*2] 知覚するもの全てが意識されることはない。すなわち、アフォーダンスを利用するかしないか、受け入れるか拒むかを行為者が選択できる状況はまれで、そのときにはおそらく知覚の特殊であるが、その分非常に重要な相がつくりだされている。メルロ＝ポンティはまた、モノは知覚の終点である、つまりは、モノは知覚による最終製品であり、われわれはそれを最後に知覚している、と言った。これを別様に理解すれば、知覚が終わるときにわれわれはものに気づくようになる、ということである。ギブソンによれば、われわれが知覚するのは、木や森の中の小路のようなモノでも具体物でもない。アフォーダンスであり、抽象物、つまり脱出ルートや隠れ場所などである。

二　感覚

感覚と知覚の差異は何であろうか？われわれは感覚を通して知覚する。だが、知覚以上の何かが感覚にはないだろうか。われわれが「感じ取る《センス》」もの全てが、知覚となっているわけではない。例を挙げよう。われわれは危険を「感じ取る」ことができる。また、喜びや痛みは感覚的な経験の一部であると広く受け止められている。しかしながらこれらのいずれも、知覚にはならない。われわれが覚える《センス》痛みは、知覚の形式をとることはない。なぜなら、痛みは世界に関するものではなくわれわれ自身のことだからである。また知覚は、中立的な仕方でなされる世界の情報収集とみなされることが多いが、感覚はよりいっそう感情と結びついている。なぜなら、感情の中には特定の感覚的経験に直接的に結びつくものがあり――例えば、恐怖は痛覚に、不快は特定の味覚に結びつく――、さらには、情動の状態には身体感覚の面がある。

しかしギブソンのアプローチでは、われわれが直接知覚するものが世界（の表象）というよりもアフォーダンスとなるので、危険や痛み、喜びは全て、アフォーダンスに明らかに関係するために、場を占める。同じことはあらゆる情動の状態にも言えるであろう。広く認められていることだが、評価可能な構成要素がそこには存在するためである。それゆえに、われわれが感覚と呼ぶものは、アフォーダンスの直接知覚以上のものとなる。感覚はまた、こうしたアフォーダンスに関連している有機体の態度や位置、利害や限界を反映する。ギブソンだけではなく古典的なアプローチにおいても考えられる限りでは、知覚は本質的に透明である。知覚は、世界からの情報がわれわれに届き、そしてわれわれの思考と行動をかたちづくるための、入り口である。知覚は世界に関連している。その世界が、古典的な理論によるものだろうと、ギブソン的によるより生物学的な理論のヴァージョンにおける、私の-ための-世界だろうと違いはない。知覚と感覚のあいだの差異を際立たせる最も良い言い方になるのはおそらく、アフォーダンスとは世界-内の-私にかかわり、感覚とはこれらのアフォーダンスが私に対してなすことを付け加えるということである。

もちろん現実の世界では、知覚と感覚の二つは分離できず、一方だけを手にすることはない。[*3] だが、分析にはその区分は重要である。なぜなら知覚と感覚は、現実の異なる二つの相を成しているからである。われわれが知らんとするのは、特定の有機体にとってそこにある、実在のアフォーダンスである。それは知覚が、われわれに、あるいは特定の誰彼に与えるものである。対して、感覚がわれわれに、あるいは特定の誰彼に伝えるのは、特定の人や動物にとってのアフォーダンスに由来する何か別のものである。この文をわかりにくくしているのは、「伝える」という語であろう。知覚とは異なり感覚は、個人にであれ集団にであれ、そのものとして受け止められる時には、何かを告げることはない。それも、何事かについての何かを告げることはない、ということである。感覚は、それ自体にのみ関連している。先に触れたように、痛みについて考えてみればわかりやすいだろう。痛みは、世界にある何事かについてわれわれに直接的に伝えることはない。自らを露わにするだけであり、続いて、その痛みの原因を見つけるために、異なる認知的手続きが要請される。[*4] さらに、第二の手続きがうまくいかなければ、痛みの原因を見つけることができず、よくあるように不安がその後に続くことになる。別のものが見失われているが、その何かが痛みそのものを通してわれわれに与えられることはない。痛みと同じく、喜びやほかの身体感覚は、われわれに警告するだけである。それら自体が、別のものに「気づく」ことはない。透明である知覚とは異なり、感覚は不透明である。だが、われわれが感覚をよく「見る」のもそのためなのである。では、気づかれることのない無意識的な知覚に基づいてわれわれはしばしば行動するにもかかわらず、なぜ感覚が、感じ覚える経験と同一視されることになるのだろうか？

感覚のこの閉鎖的ないし自己言及的な次元は、個々の感覚それ自体に焦点を当てるときも、感覚的経験をひとつの総体として焦点を当てるときも、目にすることができる。実際には、感覚が複数形をとること、つまり「感覚the senses」であるということに、既にそのことは示唆されている。聴覚、視覚、嗅覚、触覚、味覚がそれぞれ備えるものと、それぞれの違いにわれわれは関心がある、ということが示唆されているのである。別の見方をとろう。つまり、われわれが感覚に注意を向けるときには、知覚されたものの認識的内容よりも、世界を感じ覚える経験の特定の性質にこそ関心を向けている。もちろんこの見解に対して、われわれがどのようなタイプの生物であるのか、その能力と限界がいかなるものであるのかを考慮に入れたうえで、感覚が明らかにするのは、われわれによる身体化、世界を知るようになる特定の道筋であると応ずることができるかもしれない。だが、ギブソンの図式においては、身体化はすでに知覚のただなかにある。われわれが知覚するのはどのアフォーダンスなのか、世界からわれわれにもたらされるのはどの意味、どのアフォーダンスなのか。このことは、なによりも、われわれがどのようなタイプの動物であるのか、われわれのサイズ、重さ、形状、能力に拠っている。

では、感覚と知覚のあいだには差異はないのだろうか？　いや、差異はある。知覚は世界のうちにあるアフォーダンスに関連するもので、感覚はわれわれに対面するアフォーダンスであるものに関連する。私が考えるに、各行為者に対するアフォーダンスであるものは、厳密にいえばわれわれの知る何事かというよりも、われわれが感じるものである。たとえ強く感じていたとしても、われわれが何を感じるのかを、いかに感じるのかを、われわれは多くの場合あまり理解していない。少なくとも明確に伝えたり説明ができるほどに理解しているということはない。事実、そうした状態や出来事を的確に表すことばを欠いていることはよくあり、そのようなことを感情、気持ち、印象、雰囲気、オーラなどと言ったりする。状態そのものを示すことよりも、長々しい間接的な描写や詩的な言い回しに訴えることで読者に喚起したり想像させたりしようとするのも、そのためなのである。しかし、ほかの者の状態を再度創りだそうとするような詩などの取り組みは、知識ではない。ロジェ・カイヨワがかつて警告したように、ここには、感情の神秘的な沈黙の背後に隠れていると見積もられた知識を発見し、露わにするという甘美な誘惑がある。[*5] 感覚の可視性は、その内にいっそう優れた知識が隠されていることを保証していると信じられている。理解できなくもないが、私の個人史、現状、精神身体的状態に鑑みると、私にとってのアフォーダンスは、知識ではない。その場で私が感じる以上のものでも、それ以外のものでもない。感覚と知識が、観察者の客観的な知識との関係ではなく、ギブソンの図式のように、環境の内にある行為者との関係から理解される図式をとれば、このことははっきりと理解できるのではないか。

もちろん、私にとって与えられたアフォーダンスが何であるのかという点では、私の感じていることは、進化論や合理的選択理論が述べるであろうことに、同意も一致もしないだろう。これらの理論が言わんとすることは、たとえ私の生存の見通しや生物学的な適応に光をもたらしうるのだとしても、私に対するアフォーダンスであるものに相当すると見込むだけの理由はないというのが事実である。理論は知識と手を結び、感情や感覚は「そこにいること」と手を結んでいる。「そこにいること」についての十全な知識は「そこにいること」に等しく、切り離せないと信じるのは幻想である。すなわち、主観的経験に対して余すことのない客観的な説明が可能であると考える幻想である。[*6]

三　感情

感情、あるいは情動は、感覚とも知覚とも異なるだろう。身体感覚は情動的な調子を帯びるもので、感情は特定の身体に結びつく以上、情動が明らかに感覚に関係しているとはいえ、この感覚的で感じられたものの次元は、情動であるもの、あるいはより正確には情動が為すことの限られた——だが重要な——部分を表象するに過ぎない。世界にあるアフォーダンスの存在を行為者に明かす知覚とは異なり、情動は、新たに異なるアフォーダンスが創造される過程の一部なのである。

情動は、高度な社会性動物としてのわれわれを構成するものであると論じることができよう。社会性動物という語によって考えられているのは、その強みと弱みの多くが、環境との無媒介な相互作用よりも同種との関係性に拠っている動物である。[*7] ギブソン流の語彙に翻訳すると、社会的な種のメンバーは互いに無数の重要なアフォーダンス、行為のなかでも特に結び合う行為のための機会を与えあう。これらのアフォーダンスを戦略的アフォーダンスと呼ぼうと思うが、少なくとも二つの異なる個体による共同成果であるという点で、それは脱出経路や固い地面とは異なる。私が思うに、世界の何らかの特性に反応するだけでは不十分であり、戦略的アフォーダンス[*8]が社会的パートナーにその役割を演じるように要請している。われわれ人類の間でこの帰結を生むのに決定的な役割を果たしているのは情動である、と私は考える。

情動は、三つの点において感情から大きく異なる。第一に、感情がそうであると想像されているような、ひとまとまりの単位をなす物理的現象の組み合わせであるというよりも、連続的な現象である。第二に、感情が本質的に私的で「個人的」であると広く見なされているのに対して、情動は公的で「社会的」である。第三に、情動の表出は、感情に後続するというよりそれに先行する。また、情動の表出は情報として理解されるべきではない。後に詳しく論じるが、それは特殊なタイプの行為として理解されるべきなのである。では、正確には情動とは何なのだろうか？　どのように感情から区分されうるのだろうか？

この問題に着手するには、通常、感情表現はいかに理解され研究されているのかを見るのが良いだろう。感情表現の研究は、人間がさまざまの感情を認識する能力に焦点を当ててきた。人は通常、感情をいくつほど認識しうるのだろうか？　どの感情が認識されるのだろうか？　この能力は文化の違いを越えて、どの程度安定しているのか？　ある行為者が他者の感情を認識しうるかどうかを左右し、影響する要因は何なのか？　これらの問いへの回答に含まれているのが、特定の感情の基準となるモデルや例、つまり、怒りとはこれ、喜びとはそれ、これは恐れの表現であるといったこと――通常、イメージと呼ばれる――である。そうした基準が、感情を認識するときに行為者たちの能力を査定するのに用いられる。もうひとつが、感情を認識する人類の能力や、文化ないし民族的に規定された人間集団の能力について包括的なイメージを醸成するのに必要な、量的、統計的手法である。

これらを調査する研究者たちによって、多くの方法論的問題が取り上げられてきた。例を挙げよう。「いくつもの感情を表す基礎的表現はいかに確定できるか？」事実としては、こうした研究の多くにはスチール写真が用いられてきたが、そこで被験者が認識するよう要請される感情は、通常、文脈から切り離されている。さらには、個人のあいだの差異、あるいは、感情の認識における文化内差異や文化間の可変性について、統計上の問いもある。そうした問題があるにせよ、結果は確かなものだと広く受け止められている。これら全てを考慮に入れると、われわれ人類は少数の基礎的感情についてはは相対的にしっかりと認識できるようである。[*9]

これらの問題とは別に概念上の問題がここには含まれている。これらの研究が測定するものが一体何であるのか、明らかではない。感情表現を認識するという実験課題から知りうるものは、ただ一つの模範解答でしかない。怒りの基本的な表現を提示され、こう質問されたとしよう。「これはいったい何の感情でしょうか？」。すると、「怒りです」と答えなければならず、そのほかの回答は誤りになる。しかしこのようなことが、どの感情が表現されているのかを認識するように要請される実験的な状況以外の場面において生じることは、あまりない。ほかの人物の情動の表出を前にしたとき――単に観察するのとは違う――、「彼女は恐れているのか、それとも怒っているのか」、と迷うことはほとんどない。われわれは単に、情動的に反応するだけである。あなたの怒りに応じるように、私も恐れを抱くかもしれないが、怒ったり、愉しんだり、落ち着きを取り戻したり、意地悪く振舞ったり、恩着せがましく振舞ったり、不安を覚えたり、わずかに驚いたり、面くらったり、失望したり、うれしく思ったりするかもしれない。これら回答のいずれも誤っているわけではなく、誤答になることはない。全ては意義のある反応で、それによってあなたと私のあいだの協調均衡が導かれる。なぜなら、これらの多様な反応は、もう一人の人物の情動の状態に変化を与えるからである。あなたがもともと示した表現が私の情動の状態を変えたように。そして、お互いに対する態度について、ある種の「合意」に徐々に至るわけである。

通常の状況では、他者の情動の状態が、何らかの感情と同程度、「認識」されることはない。なぜなら、われわれは自らが情動的に反応するその情動の効果に応じて行動するからであり、その効果はそのものとして情動の表出の領野にだけ留まるとは限らないからである。[*10] ただしこの応答は、情動の表出の面で構成されるときでさえ、ひとつの行為である。なぜなら、それは最初の行為者のもともとの表現を変形しているからである。その意味は、変形される。私の笑いはあなたの怒りを和らげるかもしれないし、言い争いになるかもしれない。一方が他方を変形する、つまりあなたの表現はわたしの応答によって変化する。この意味において、ある行為者の情動の表出は、別の行為者がデコードした後に理解する情報ではなく、他者に基づいてわれわれが行為してゆくその過程なのである。神経学的には、ミラーニューロンとミラー機構の研究によって、いかにして「遠隔相互作用」のようなものが可能であるかが説明されている。

人為的に隔離された実験状況の外にある情動の表出から導かれるのは、表出した情動による応答であり、それによって、関与する行為者のあいだの情動の協調として描かれうるものが徐々に確立されてゆく。注意すべきだが、上にあげたような、怒りや悪意、失意をはっきりと示す反応をする者がいることもあるので、二人の人間のあいだの情動の協調とは、協働を必ず意味するわけではない。ときには、衝突に至ることもある。では、なぜ、そしてどのような意味において、これは協調なのだろうか？　ひとたび行為者がはっきりとした感情の地点に到達すると、世界や自身たちに対する他者のふるまいについて思慮分別のある予期を形成するのが普通である（ただし明確にしなければならないわけではない）。こうした予期のそれぞれは、一般的には同一ではないが、互酬的かつ相補的である。あなたの怒りは、私に向けられるあなたの悪意であるという私の予期と同義であり、私の恐れは、私は屈しており無害であるというあなたの予期に等しいものである。われわれの予期と情動の表出には協調がある。それぞれは、他者の合理的な行為のためのアフォーダンスを構成する。行為者がほかの者から予期するものが、衝突であれ優しさであれ、あるいは予期しえない振る舞いであれ、行為者に合理的に行為することを許容する限りにおいて思慮分別のある、予期である。それによって、他者の態度がアフォーダンスとして、行為のための機会として構成される。

思慮分別のある限りにおいて。認識しておくべきは、この文脈で取り上げられるのは通常理解されるような情報やコミュニケーションではなく行為であるということである。生物学的な観点では、ここに含まれる根本的な問題とは、不確定の問題である。あなたに対してどのような態度をとるのがよいのかということは、非常にご都合主義な意味においても、ほかでもない私に対するあなたの態度に拠っている。もちろん私たちはそれを所与としてみなすが、前文をできる限り普遍化して、あなたが私に対してとるべき態度はあなたに対する私の態度に拠っているという意味によれば、根源的な不確定あるいは確定途上のものが、生じているのである。あなたの私に対する態度は私のあなたに対する態度に拠っているのであれば、私があなたに対してどの態度をとるべきか決めることは不可能である。なぜならば、そのためには、あなたの私に対する態度がどのようであるかを知らなければならないが、それは私のあなたに対する態度に拠っているがゆえに前もって知りようのないことなのだから。これは双方にとって真実であると受け入れよう。この問題を解決するコミュニケーションや情報交換の体系は存在しない。これは知へのアクセスの問題ではない。また、あなたが私に抱く真の感情や態度が隠されているかもしれない、ひょっとしたら信頼できるかもしれないあなたの情動の表出を介して私が間接的に近づくことしかできないようなあなたの意図に隠されているかもしれない、という意味あいでの信頼の問題でもない。問題は論理的なものである。いかに透明であることがあなたの内的な意図を私が発見できるようにする道具になるのだとしても、私がその意図を発見することは論理的に不可能である。それはまだ、存在していないのだから。だが、問題は別の仕方で解決できる。ある行為者が、自らに向けられる他者の態度に直接的に働きかけるようにすることであり、反対に第二の行為を第一の態度に対して直接働きかけるものにすることである。これがまさしく、情動の表出の為すことである。私の情動の表出を通して、私は私に対するあなたの態度を（部分的に）規定しており、あなたの情動の表出は私のあなたに対する態度の決定に直接的に、踏み入るのである。このようにしてわれわれは、互いに対する態度の協調をやり遂げている。だが、この協調は先に記したように、協働と等しくはないし、衝突に至ることもある。この協調は、われわれにとってのお互いに対する戦略的なアフォーダンスとなるために。

情動の表出の動的な交換に注意をむけると明らかになるのは、情動の表出を明確に認識可能な感情表現に限定する理由はないということである。まず、先に描いた動的な過程は、与えられたものとしてだけ受け止められる表出を変形する。この過程は、明確に規定された情動の表出がなくとも生じうることが示唆されており、複数の適切な応答があるのだから、「認識における誤り」というのは的外れであろう。さらに、情動の表出はまた（あるいは既に）わずかに知覚可能な当惑や喜びの前触れを含んだ、ほかの行為者が反応する特定の感情の表現に先行する筋肉の状態、血圧、脈拍、皮膚の伝導率を変える、という直接的な証拠がある。声の調子や大きさの変化、特定の感情には結びついていないはずの姿勢やわずかな動きについても同じことが言える。もっともそれらに対しては、ほかの行為者は同様の、あるいは異なった変化によって応答している。情動の表出は、特定の感情の表現に先立って始まり、それを追い越してゆく。すなわち、それは切れ目を持たない。決して止むことはない。われわれの人生を通して、あらゆる地点で、他者に対する気持ちの何らかを表すときにはいつもある。

このことによって、なぜ情動の協調には非常に特殊なタイプの行為が含まれているかが説明される。哲学的には、行為は意図的な主体を必要とする点で振る舞いから区別される。行為（作用）には意図がある。行為者を行為に動機づける目標や目的がある。より一般的なレヴェルでは、行為は行為者が為すあらゆることであり、世界において何らかの効果を持つもの全てである。例えば固体に対する水の行為（作用）は、浸食と呼ばれる。情動の協調がもたらされるのは、この行為（作用）という語の二つの意味のおおよそ中間に位置するタイプの行為に由来する。別の行為者の影響のもとにある私の情動の表出の変形は、ふつうは意識されず、私の制御下にもない。それゆえ、意図的ではない。だが、ほかの主体の情動の状態と表出を変形するという限りにおいて、それらに対して何らかの影響がある限りにおいて、それは行為である。これは情動の交換に関わる全てについて言えることで、ヴィットリオ・ガレッセがミラー機構と共感について論じたことをはじめ、情動の交換は自己と他者の明確な区分のない水準において生じると信じるに値する理由はいくつかある。[*11] さらには情動の交換は、情動の協調が均衡点に、つまり行為者が互いに行為のためのアフォーダンスを差し出すことに、感情に向けて収斂する限りでその区分の基調になっていると論じることもできよう。

先にみたように、メルロ＝ポンティが論じたのは、知覚が終わるところに位置する対象についてであった。すなわち、対象とは知覚の終点である、知覚が歩みを止めるところである、ということである。感情は、情動の表出において遅れて来るものであるとはいえ、情動の表出の終点でもなければ休憩点となることさえない。むしろそれらは、協調均衡に、情動の連続体のうちの突出するモーメントに、限定された持続の焦点に、相当する。恒常性によって特徴づけられる対象とは異なり、感情とは瞬間的であり、持続することのない漂うアフォーダンスなのである。長く持続する感情とは、愛であれ、怒りであれ、嫌悪であれ、哲学者であればそれらを生起するものよりも傾向性／配備されるものとして特徴づけるだろうが、「所与」ではなく、行為者が育む構築物である。

このアプローチがもたらすひとつの帰結は、通常理解されるような意味においての基礎的感情は存在しない、ということである。感情は基礎ではない。基礎にあるのは、情動、情動の交換である。感情は協調に由来する問題に対する解決策であり、まさしく協調から生じた約束事である。それはモノでも心理学的な状態でもない、戦略的なアフォーダンスという抽象的な客体である。それゆえに、感情に文化的相対性があるのは驚くほどのことでもない。異なる集団、文化、社会において、協調に由来する異なる問題に対して異なる解決策が見出されている。しかし情動とは、ほかの種においてもそうであるほどに、あるいは少なくともそれらとは異なるほどには、この人間という種の生物学的な特徴なのである。

【注】

＊1　James J. Gibson, *The Ecological Approach to Visual Perception*, New York: Psychology Press. 1986.

＊2　M. Merleau-Ponty, *Phénoménologie de la perception* Paris : Gallimard, 1945.

＊3　知覚そのものなしに感覚的に経験することは可能かもしれないが、少なくとも感覚なしに知覚することはできない。感覚によって（いまだに）知覚されないアフォーダンスに注意が向かうこともある。

＊4　熱いとか冷たいと知覚するときには、われわれは身体に対する質としてそれらを考えるが、温度が痛みを生じさせるようになる時には、痛みというのはよりわずかに熱いか冷たいかに対応しているだけなのに、痛みを客体に帰することはないことに注意されたい。

＊5　R.Caillois, "Les imposutures de la poésie" in *Approches de la poésie* Paris: Gallimard, 1978.

＊6　P. Dumouchel "Ce que l'on peut apprendre sur les chauves-souris à l'aide d'une télé couleur?" in *Dialogue XXXII* (1993), 493-405.

＊7　別のところでも論じたように、真社会性の場合とは異なり、社会的な種であることは程度問題であり、何らかの種の排他的な特徴にはならない。「……種は、そのメンバーの適応が、メンバー個体の環境に対する媒介なき関係よりも、互いの相互作用に依存する限りにおいて、社会的である」。P. Dumouchel "A Conveant among Beast" in P. Antonello & P. Gifford, eds *Can We Survive our Origins* (East Lansing: Michigan State University Press, 2014) pp.3-24, 引用部分はp.8。

＊8　ゲーム理論における戦略的環境とパラメトリック環境の区分を一部引き継いでいる。戦略的環境では、あるプレイヤーのペイ・オフは他プレイヤーの行為に応じて特定の行動を表すが、パラメトリック環境では、その行為者が選択した行為にのみ拠っている。

＊9　ここで問われたもののひとつに、基礎的感情のリストの問題がある。多くの論者が指摘してきたように、全く異なる基本的感情のリストが数多く存在する。たとえは、ジョン・エルスターは、基本的感情の一七もの異なるリストを詳述し、それら一七のリストのあいだに共有されている感情がひとつもないことを論じている。J. Elster, *Alchemies of the Mind Rationality and Emotions* (Cambridge University Press, 1999) p.242.

＊10　反応は、情動の表出の領域に制限されるべきであろうが、数多くのシチュエーションによっては、走り去ること、叫ぶこと、攻撃的になることなどの特定の行動から切り離すことはできない。

＊11　V. Gallese "Being like Me: Self-Other Identity, Mirror Neurons, and Empathy" in S. Hurley & N.Chater, eds, *Perspectives on Imitation From Neurosciences to Social Scinences*, Vol.1, (Cambdrige, MA: MIT Press, 2005) pp.101-18.

【参考文献】

Caillois, R.　1978. Les imposutures de la poésie. in *Approches de la poésie*. Paris: Gallimard.

Dumouchel, P.　1993 Ce que l'on peut apprendre sur les chauves-souris à l'aide d' une télé couleur? in *Dialogue XXXII*, pp.493-405.
——— 2014 A Conveant among Beast. in *Can We Survive our Origins*, P. Antonello & P. Gifford, (eds), East Lansing: Michigan State University Press, pp.3-24.
Elster, J.　1999 *Alchemies of the Mind Rationality and Emotions*, Cambridge University Press.
Gallese, V.　2005 Being like Me: Self-Other Identity, Mirror Neurons, and Empathy, in *Perspectives on Imitation From Neurosciences to Social Scinences*, S. Hurley & N.Chater (eds),Vol.1, Cambdrige, MA: MIT Press, pp.101-118.
Gibson, J. J.　1986 *The Ecological Approach to Visual Perception*, New York: Psychology Press. 1986.
Merleau-Ponty, M.　1945 *Phénoménologie de la perception*. Paris : Gallimard.

第三部　世界をひらく想像力

第一〇章　異貌の町と名前のない実力者
——京都における芸娼妓営業地の土地所有をめぐって

松田有紀子

一　花街の歴史人類学という試み

近代国家の余白と無名の人々

近代の国民国家は、名前と法的な身元の確かな主体たち——具体的には、白人の成人男性を典型とする主体——によって形成される市民社会に支えられている。このような世界観においては、国民国家の「余白に打ち捨てられた人々」は、「歴史」の「主体」とは認められないとされる（渡辺　二〇〇三：三〇四）。このような視座によって日本という一つの特異な近代国家を捉えるとき、日本の歴史は「日本人」という「同一性」を担保する「主体」によって成立する。近現代の「歴史」と、「同一性」、そして「世界」は不可分に結びついているのだ。しかしながら、国民国家の内部にも、「主体」として顧みられてこなかった人々は存在する。

本稿は国家あるいは府県による個体の統制が進む中で、近代日本における都市周縁部に生きた人々と、彼らが形成した集団（組織）に光を当てることを目的とする。具体的には、国民国家の形成期である明治期の京都市に注目し、芸娼妓の営業地における「貸座敷（ここでは娼妓の営業場である遊女屋、芸妓の派遣先であり営業の場であるお茶屋の法制上の区分）」の経営者、とりわけ女性経営者のミクロな営みをとりあげる。

近代国民国家における「歴史」と「主体」の同一性、そして「世界」という問題意識から芸娼妓の営業地＝花街を捉えるとき、非白人の国家にあって、公的役職に就いた成人男性の主導で運営されつつも、「歴史」の「主体」とはなりえない女性らによって営まれる業種の集積地であり、都市の欲望装置でもある花街は、何重もの意味で「異貌の町」である。

本稿で注目する祇園新地は、京都府の花街の一つである。行政上の地理区分とは異なる展開を見せる「異貌の町」であり、同業者組合を通じた土地の「共同所有」によって、芸娼妓の営業に適した開発が現在に至るまで続いている特異な町である（平竹　二〇〇二、松田　二〇一四）。この地において、制度に従属しながらも巧みに営まれた生を複数の資料群から明らかにしたい。

都市の欲望装置とその統制――京都の事例

明治期に確立された日本近代の公娼制度制度は、開国によって世界的な資本主義に日本が包摂され近代国家が樹立されるなかで、欧州をモデルとして近世の公娼制度を再編成したものだ（藤目　一九九七：八八）。梅毒をはじめとする性病の蔓延を予防し、健全な軍隊を維持することを目的として掲げた近代公娼制度のなかでは、個々の娼妓の身体は梅毒の媒介として厳しく管理された。遊女屋などの売買春の場を提供する業種が集まる空間・区域を公認の対象とした近世の公娼制度に対して、近代では個々の娼妓が登録・公認の対象となった（曽根　二〇〇三）。

他方で近代の芸妓は、娼妓と類似する身体の拘束をともなう契約によって就労していながら、売春が許可されていない者という、きわめて消極的な区分によって把握されていた。これは個別の娼妓を統制の対象とした近代の公娼制度において、芸妓とはいかなる存在であり、どのような基準でもって統制すべきかを明確に定義する法制度が、少なくとも国家のレベルでは公布されなかったためである。

　文化地理学者の加藤政洋は『花街——異空間の都市史』と題した著書のなかで、業種による花街と遊廓の区分はあくまでも東京で見られる特徴であると主張した。花街を構成する業種には地域的な偏差があり、この区分は他の都市にも適用できる訳ではない（加藤　二〇〇五）。かわって加藤は、花街の必要条件は芸妓が所在（営業）するという点にあることを指摘した。そのうえで、より正確かつ厳密な花街は、芸妓と置屋、お茶屋のような遊興のためのスペースを提供する業種、そして旅館業などの関連するサーヴィス業が集積して成立する場所として把握できるとした。

　加藤自身が慎重に注意を喚起しているように、芸妓と娼妓が混在する花街が各地に存在したことを考えれば、彼の定義による花街には娼妓を主とする遊廓が含まれることになる。加藤は、娼妓を抱える業種である貸座敷[*1]の営業区画とは法制度的に（多くの地域では空間的にも）切り離された、芸妓を本位とする花街を指して「狭義の花街」と呼んでいる。本稿において花街という語を用いる際には、基本的にはこのような芸妓を本位とする場を指す[*2]。この種の花街は、近代日本において都市を発展させるいわば孵化装置として機能した。昭和前期には、この条件を満たす花街が少なくとも五〇〇ヵ所以上の地域に存在していた（加藤　二〇〇五）。

　それでは、本稿で注目する近代の京都府ではどういった政策にもとづいて花街を統制しようとしたのだろうか。加藤の説によれば、近代京都の空間レンタル業の四つの類型として、①妓楼（茶屋・遊女屋）、②諸種の茶屋、③塔頭、④貸座敷（時限・日限を設けて部屋を貸す業種）が挙げられるという。明治初期に①は取り締まりの上で「貸座敷（かしざしき）」という法律用語に置き換えられ、④と併存する状況が発生した。しかしながら一般には、①は芸妓の出先となる施設を指す貸席（おちゃや）という名称で呼ばれたとされる（加藤　二〇〇九：一一五－一一六）。

加藤の指摘の上で重要なのは、京都府による近代の芸娼妓統制政策において、遊女屋とお茶屋を包括する概念である法制度上の用語「貸座敷」の存在を示した点である。これによって、公的な統制の上では、「貸座敷」という用語に遊女屋とお茶屋の双方が含意されているという京都府の特性が明らかになった。次節では近代の京都府における芸娼妓営業地の統制政策を具体的に検討する。

芸娼妓営業地と同業者組合

京都府では、娼妓取締規則（一九〇〇年一〇月二日、内務省令第四四号）の公布によって国家による近代公娼制度が成立に至る一九〇〇（明治三三）年までに、同業者組合を介した芸娼妓営業地を統治する体制が整えられた。この動きは、元号が明治に改められ東京奠都によって首都としての機能を喪失した京都が、急速に進められた近代化政策によって殖産興業や京都博覧会の開催に都市としての活路を見出していく過程と重なっていた。

一八七〇（明治三）年一〇月、京都府は傾城町（近世において公認遊廓であった地域、島原とも称する）とその他の地域との従属関係を廃止し、これらの地域を抱える町組を単位とする統制に移行する旨を示した（京都町触研究会編　一九八七）。さらに京都府は、町組ごとに遊女会社および茶屋会社を結成させるとともに、商社規則帳を定めて府に提出することを求めている。この時、遊女は遊女商社に、芸者については茶屋商社の管轄に組み込まれた（京都府勧業課　一八七二）。ここでの会社は現在の会社組織とは性質を異にする。「法人格を持つ合名会社・合資会社・株式会社」を会社として定義した会社法の施行は、明治二六年のことである（高村　一九九六）。そのため、これらの会社・商社の組織としての性格はむしろ近世の同業者組合である株仲間の延長線上にあったと推測される。

このように、明治初年の京都府においては、芸娼妓営業の免許地の取り締まりの仕組みが傾城町を中心とする差配制度から、町組を介した統制へと移行しつつあったといえる。こうした芸娼妓営業地の再編が勧められるなか、年季奉公を名目とした芸娼妓への就業と拘束を禁止し、芸娼妓の一切の解放をうたった太政官布告第二九五号（以下、芸娼妓解放令）が布告されたのは一八七二（明治五）年一〇月二日である。芸娼妓解放令の布告以降よりのち、娼妓の取り締まりは地方行政官、具体的には警察（東京の場合は警視庁）に委任する方針が採用された（大日方 一九八九）。娼妓と娼妓の営業許可地のみならず、芸妓やその営業先であるお茶屋もまた同様であり、各府県によって異なる政策のもとで管理されていくことになった。表1は、近代の京都府が芸娼妓の営業地に対してどのような取り締まりを行ったのかを、年表の形式にまとめたものである。

芸娼妓解放令の布告によって、遊女屋・茶屋は、奉公人として抱える芸娼妓を解放せねばならなくなった。京都府の遊興地はその余波によって「大恐慌」状態に陥ることになる。困窮者の多い芸娼妓の親元は、奉公先から解放された彼女たちの身柄を引き受けることができず、生計を立てる術を失った芸娼妓もまた、路頭に迷うことになったのだ（今西 二〇〇七）。

そこで京都府は、芸娼妓解放令の施行後も遊女および芸者稼業を続けたい者に対して、早々に対応方針を示した。一八七二（明治五）年一〇月中には、布達第二四六号によって遊女および芸者を解放した上でその身元引受人に身代金の返済を命じている。しかしながらこの布達は、遊女または芸者稼業を続けたい者については、願い出れば営業を許可するとも定めている（布達第二四六号、明治五年一〇月、京都府立総合資料館所蔵『京都府布令書』）。生計を立てる術をもたないまま身代金の返済を迫られた芸娼妓の多くは、稼業を続けざるをえない状況に置かれた。ただしこの内容は、年季奉公契約で発生した身代金の無効を言い渡した同年一〇月九日の司法省達第二二号に抵触するため、身代金に関する条文はその後まもなく取り消されたと推測される。

この布達第二四六号では、遊女屋および茶屋渡世の者が席貸渡世に統合されたため、京都府の法的な取り締まり上において、遊女屋とお茶屋の区分は失われることになった。一八七三（明治六）年には、遊女屋および茶屋を貸

表1　京都府におけるおもな芸娼妓営業地関連事項

番号	年月	内容
1	1870（明治3）年9月	京都府、免許地以外での茶屋・遊女屋新規開業を禁止する。同業組織として「茶屋商社」・「遊女商社」が結成され、傾城町による支配体制が廃止される。営業免許地として島原・祇園町・膳所裏・八坂新地・清井町・二条新地・清水・白梅図子・先斗町・上七軒・内野五番町・内野四番町・七条新地・宮川町・五条橋下・壬生・新三本木・下河原・辰巳新地、および中書島・恵美酒町・墨染の二二ヵ所を指定。
2	同年11月	京都府、「芸者を召抱之者」の組織「芸者商社」設立。「窮民授産所」設置のため、芸者・遊女一人につき、日高の二〇分の一納税を義務化。
3	1871（明治4）年11月	療病院建設にあわせて、冥加金を療病院の助費に充当。遊女芸者「人別」に、一週間ごとに医師の検診を義務づけ、「健全保護之鑑札」を渡す。
4	1972（明治5）年10月	太政官布告第二九五号「芸娼妓解放令」公布。京都府、布達第二四六号「遊女芸者改正ノ儀遊所へ達シタル旨布達ノ事」公布。「本人真意」にて遊女・芸者を続けたい者は免許地に限り営業許可。遊女屋・茶屋渡世を続けたい者は「席貸」渡世として営業許可。遊女は二円、芸者は一円（「半線香」は半額）、「席貸」三円の月税の納税を義務づけ。遊女芸者の冥加金（療病院助費）の納入は継続。
5	1873（明治6）年2月	傾城屋・遊女屋・茶屋は「貸座敷」に、芸者は芸妓、遊女は娼妓に改称される。清水新地、辰巳新地営業停止か。
6	1874（明治7）年	白梅図子営業停止か。
7	1876（明治9）年4月	京都府、布達第一四三号「売淫罰則」公布。初犯は一〇円以下、再犯は二〇円以下の罰金。徴収金は授産所費用に充てた。三本木営業停止か。

8	同年6月	京都府、「駆黴規則」布告。娼妓に毎週一回の梅毒検査を義務づけ。
9	1880(明治13)年	壬生営業停止か。
10	1882（明治15）年8月	京都府、甲第一五八号「貸座敷取締規則」、甲一五九号「娼妓営業取締規則」布達。貸座敷営業免許地として、上七軒・五番町・二条新地・先斗町・祇園新地・島原・宮川町・下河原・七条新地、および伏見・墨染・中書島・福知山柳町・宮津万年町・同新浜の合計一五ヵ所を定める。
11	1883（明治16）年	京都府、布達第一四三号「売淫罰則」を廃止し、甲第二〇号「密売淫罰則」公布。初犯は一〇円以下、再犯は二〇円以下、三犯は三〇円以下の罰金。甲第一五八号・一五九号を合わせ「貸座敷及娼妓取締規則」に改める。引き続き営業許可・鑑札の発行は郡区役所で取り扱うも、翌年各警察署所管に。
12	1884(明治17)年	京都府、甲第一〇四号「賦金規則」布達。貸座敷営業者、娼妓、家形営業者、子方営業者に毎月五日賦金納税を命じる。娼妓は月二円五〇銭、屋形・子方営業者は芸娼妓一人につき三〇銭。貸座敷営業者は畳数による等級別＋上がり高の多寡により金額変動。
13	1885（明治18）年3月	京都府、娼妓の年齢を満一五歳以上に定める。
14	1886(明治19)年7月	京都府、府令第三号「五業取締規則」公布、「貸座敷及娼妓取締規則」廃止。各免許地に一つの同業者組合を設け、所轄警察署の認可を義務づけるとともに、娼妓の年齢を満一八歳以上に定める。
15	1886（明治19）年8月	祇園新地が甲部と乙部に分離。下河原が甲部に吸収される。
16	1887（明治20）年5月	綴喜郡橋本を貸座敷営業免許地指定。
17	1888（明治21）年2月	加佐郡舞鶴町を貸座敷営業免許地指定。
18	1888（明治21）年4月	第三高等学校誘致により二条新地営業停止。
19	1900（明治33）年	内務省令第四四号「娼妓取締規則」公布。京

		都府、「貸座敷取締規則」「娼妓取締規則」「娼妓健康診断施行規則」「芸娼妓紹介業取締規則」「賦金徴収規則」布告。各営業免許地の所轄警察署において娼妓名簿への登録・営業中の登録証携帯、毎月の検黴、居住区域の限定、区域外に出る際の外出券携帯を義務づける。
20	同年 11 月	駆黴院を八坂病院へ改称、娼妓検査所を併設。
21	1911（明治 44）年	京阪電車開通により、墨染が多いに打撃を受ける。
22	1913（大正 2）年 1 月	八坂病院・娼妓検査所、東山五条に移転（後の洛東病院）。五条橋下が七条新地に合併。
23	1946（昭和 21）年 2 月	前年の連合国軍総司令部の覚書を受けて、内務省令第三号布告。公娼制度廃止。
24	1956（昭和 31）年	法律第一一八号「売春防止法」公布。翌年施行。五番町、撞木町、橋本が営業停止。

（明日　1900、京都府勧業課　1872、京都府立総合資料館　1972、 京都府　1974）などより作成

座敷に改称することが布令によって定められている。この際、遊女は娼妓に、芸者は芸妓に改称された（京都府　一九七四）。前年にひきつづき、遊女屋と茶屋を区別せず統制をはかっている点に注意したい。前項で述べた様に、京都府においては、法的な統制の上では「貸座敷」という業態の中に、芸妓の営業する場所を提供する業態であるお茶屋が含まれることになったのだ（加藤　二〇〇九）。こうした遊女屋とお茶屋を一括して統制するという政策は以後も続く。一八八二（明治一五）年甲第一五八号で定められた貸座敷取締規則によって、京都市内では祇園新地を含む九か所が貸座敷営業の免許地として定められた。この貸座敷取締規則ではまた、貸座敷営業者は、営業届や、貸座敷利用客の姓名・年齢・職業を記録した届書を、その免許地を所管する警察署に提出することが義務づけられたのである（甲第一五八号、明治一五年八月一〇日、京都府立総合資料館所蔵『京都府布令書』）。

このように、芸娼妓解放令が布告されたのち、京

都府は貸座敷営業者を彼らの店舗が立地する区を通じて統制するという政策をとった。この方針は、次節で詳しく述べるように、その後も形を変えながら維持されていくのである。

二　京都府における芸娼妓営業地の統制

町組という単位の重要性

本節では、近世から近代への移行期における京都府による花街の取り締まりの状況を踏まえて、京都府における芸娼妓営業地の一つ、祇園新地（現在の祇園甲部、祇園東の前身）に注目する。国家および府による統制下において、芸娼妓およびその関連業者がその生計を維持する為にどのような対策をとったのかを明らかにしたい。

芸娼妓解放令が布告されて間もない一八七二（明治五）年一〇月、下京第一五区が婦女職工引立会社なる組織の設立願書を府知事に提出した。ここでの区とは、一八七二（明治五）年から一八七八（明治一一）年の三新法（郡区町村編成法・地方税規則・府県会規則）が交付されるまでのあいだ、各府県で施行された「大区小区制度」に基づく行政上の単位である。この制度によって、各府県は複数の「小区」を包括する「大区」によって分割および編成され、これらの区にはそれぞれ区長や戸長といった役員が設けられた。歴史学者の松沢裕作はその著作『町村合併から生まれた日本近代――明治の経験』のなかで、各府県においてこの大区・小区の実態が異なること、「大区小区制度」の前提には近世の組合村があること、同一の府県においても制度の内容がしばしば改変されたことを指摘している（松沢　二〇一三）。これをふまえて設立願書の詳細を見てみよう。この願書の末尾に連署しているのは、下京第一五区の区長、副区長、および各町の戸長、遊女芸者券番所の支配人からなる一八名である。同区は娼妓営業地の一つ祇園新地を抱える地域であり、この当時の区長を務めていたのはお茶屋「一力（いちりき）」の主人であった杉浦治郎右衛門[*3]であった。

彼らが設立を求めた婦女職工引立会社とは何か。下京第十五区が提出した願書によれば、婦女職工引立会社は「浮業遊職ノ婦女」である娼妓および芸妓の「遊芸ヲ正業ニ変換スル」ために、彼女らに「各種ノ女紅」の授産を図る施設として構想されている。(「女紅場事件」京都府立総合資料館所蔵『京都府史政治部学政類第三』)。この時期に芸娼妓の転廃業をかかげる授産施設の設立が図られた背景に、芸娼妓解放令があるのは言うまでもない。芸娼妓営業地の存続をめぐる危機的状況のなかで営業を存続していく為に設立された組織、それが婦女職工引立会社である。

一八七二(明治五)年一一月、京都府は遊所女紅場の設立を認可した。その上で、各町組内の娼妓および芸妓の納税額のうち、半分を婦女職工引立会社の助費金に充てるという、この組織の設立を支援する措置をとっている。一八七三(明治六)年二月には他の区に先駆けて下京第十六区(島原)に婦女職工引立会社が開設された。同年三月には、先に挙げた下京第十五区がこれに続き、婦女職工引立会社は、他の芸娼妓営業地域にも設立されていくことになった。一八七六(明治九)年、これらの婦女職工引立会社は、京都府によって遊所女紅場と改称されている(図1参照)。

祇園新地の事例――遊所女紅場をめぐって

このような区を単位とした遊所女紅場の設立運動の背景には、当時の芸娼妓営業地の統制が、町組の流れを汲む区を単位として進められたことが関係している。下京第一五区による婦女職工引立会社の設立願書に添付された「会社規則」によれば、婦女職工引立会社の運営方針を決定するのは、最高責任者である統取、副統取、区内戸長らからなる社中会議である。この統取は区長が、副統取は副区長が兼任する。また女紅場の設立財源は、当区の「小学校」から券番へ借り入れられた積立金でによって賄われた。この当時の京都府における「小学校」は学校と

図1　明治初期における祇園新地の婦女職工引立会社

いう名を冠してはいたが、その性格は「組中の同志の出勤を基立金として結社し、預金は月一分の利息、貸し付けは月一分半の利息をとる金融会社のようなもの」であった（辻　一九七七）。したがって、当時の祇園新地という芸娼妓営業地の遊所女紅場は、立地上の条件から属する町組、ひいてはそれを基盤として成立した区が主体となって設立、運営された組織であったと考えられる。

祇園新地における速やかな遊所女紅場の設立には、先にあげたお茶屋「一力」の主人である杉浦治郎右衛門の貢献が大きい。彼は一八七〇（明治三）年に私費を投じて祇園神幸道に療病館を設置した。これは娼妓らを対象にした梅毒の検査施設であり、後に府立療病院の所管となっている。京都府が建仁寺福聚院に公設の梅毒治療施設である駆黴院を設立するのは一八七六（明治九）年のことであり、祇園新地は一芸娼妓営業地でありながら、府にさきがけて独自の梅毒対策を行ったことになる（田中　一九四二）。

この杉浦治郎右衛門は、遊所女紅場の用地獲得にも関わっている。遊所女紅場の設立申請に先立ち、副区長とともに京都府に「祇園町通南側裏地建仁寺持藪地」の払下げ

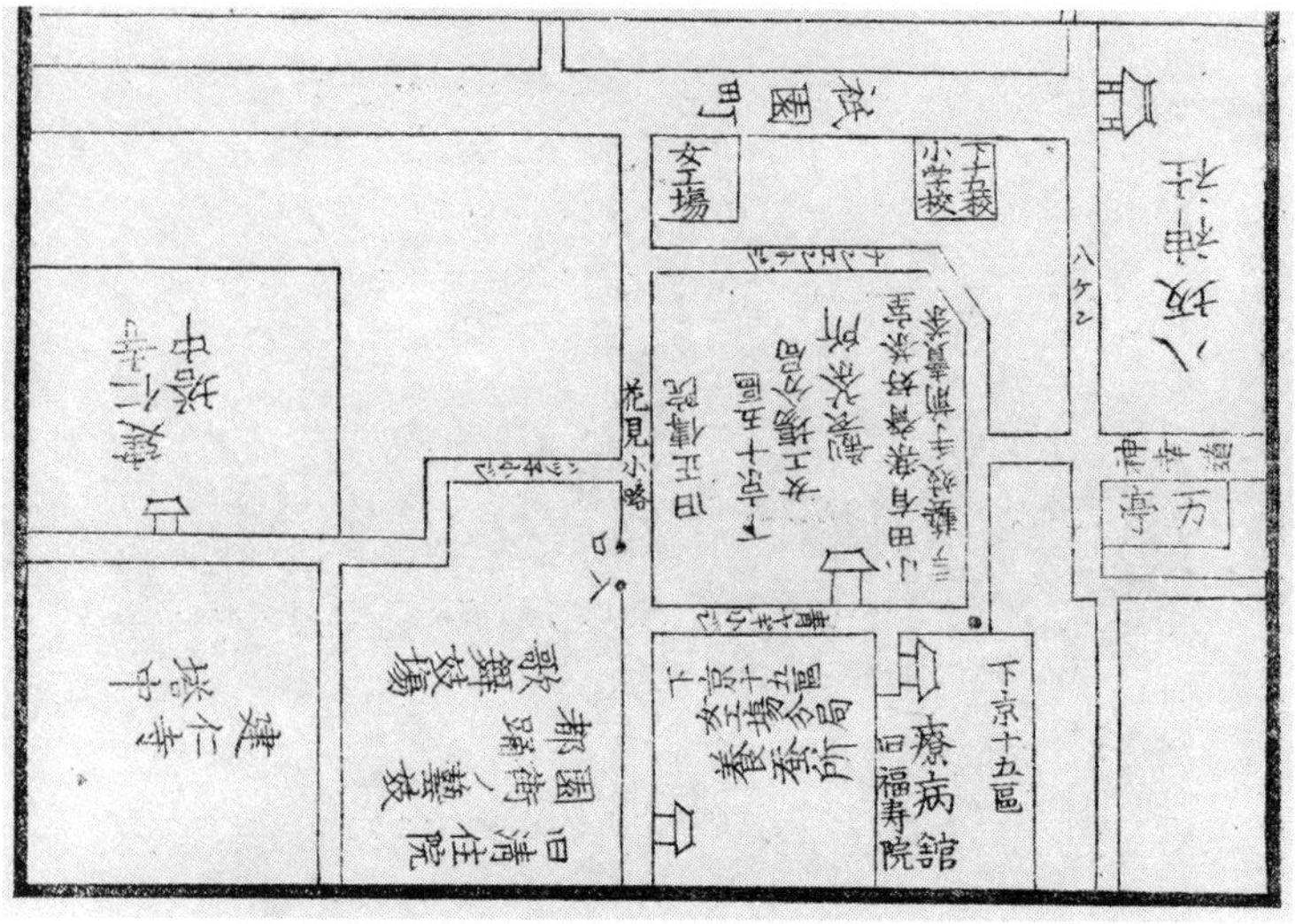

図2　1873（明治6）年の四条通以南周辺
遊所女紅場の設立にともなう四条通以南の開発を記録した新聞記事より抜粋。四条通沿い、「下十五校小学校」（旧京都市立弥栄中学校）の西側、現在のお茶屋「一力」の店舗がある地点に「女工場」の文字が見えるほか、「下京十五区女工場分局」として建仁寺の旧塔頭を転用した製茶所・養蚕所・「歌舞伎場」が書きこまれている。また新たに整備された花見小路とその周辺にある東西にのびる南園小路・初音小路・青柳小路が確認できる。

を願い出て、許可を受けた（「共有権確認請求訴状付属書写甲第一号証　奉願口上書」京都府立総合資料館所蔵京都府庁文書『第三課 明治三四年一月 私立学校一件』）。この地所は、四条通以南に位置する建仁寺が、寺社領上知令（明治四年布告。寺社の所有する地所を取り上げ、官有地とした法令）によって没収された地所に、民授産所用地として京都府に寄付した地所を足した計一四一七五坪である。これに加えて、下京第一五区には、一八七三（明治六）年には京都府から建仁寺塔頭の清住院・正伝院・福寿院・大仲院、そして六波羅蜜寺の末寺である蓮乗院・蓮華光院が払い下げられ、同地の地券を交付されている。

　それでは、これらの地所はその後の遊所女紅場の活動にどのように利用されたのだろうか。一八七三（明治六）年三月の第二回京都博覧会に際しては、都踊（現在の都をどり、芸妓たちによる舞踊公演）の会場として旧清住院が転用された。この都踊の開演に合わせて、四条通以南には花見小路・南園小路・初音小路・青柳小路が新たに整備されている（図2参照）。このうち四条通から建仁寺北門に通じる花見小路には桜並木が植樹された。また芸娼妓の実習に用いる製茶所や養蚕場が設けられたほか、合計三二戸の借家が建設された。この建設を担当した大工は、杉浦治郎右衛門と姻戚関係にある人物であった（松田二〇一〇、二〇一四）。

このように、遊所女紅場による獲得および開発によって、四条通以南の様相は大きく変わった。とりわけ同地の遊所女紅場の設立とその周辺の地所開発は、当時の区長をつとめた地域の有力者にしてお茶屋営業者である杉浦治郎右衛門の主導によって推し進められたのである（図2参照）。

学区から組合へ――財団法人化の機運

つづく本項では、祇園新地における遊所女紅場の展開を概観したうえで、杉浦治郎右衛門らの尽力で獲得された遊所女紅場の土地と、その所有権が確立されていく過程について詳しく述べる。具体的には、当地における遊所女紅場を管理する貸座敷営業者を中心とした芸娼妓の関連業の営業者らの同業者組合と、この組合が主導して行われた財団法人化の過程に注目したい（表2参照）。

祇園新地に設立された下京第十五区女紅場は、一八七九（明治一二）年の町組再編により下京区第十五組女紅場へと名称を変えているが、一八八一（明治一四）年には八坂女紅場と改称している。これは祇園新地の営業者のうち、四条通をはさんで北に位置する膳所裏《ぜぜうら》地域の営業者が、分離独立して新たに組合を組織したためである。彼らの組合の機関として美磨《みま》女紅場が設立されたため、下京区第十五組女紅場は差別化のために八坂女紅場を名乗った（「共有権確認請求訴状付属書写甲第一号証　奉願口上書」京都府立総合資料館所蔵京都府庁文書『第三課 明治三四年一月 私立学校一件』）。これ以後、八坂女紅場に所属する営業者らの営業圏を指して祇園甲部と称するようになったのである。対し

表 2　八坂女紅場の関連年表

番号	年月	内容
1	1872（明治 5）年 10 月	**下京第十五区（祇園新地）、府知事に「婦女職工引立会社取立願書」提出。**
2	同年 11 月	京都府、婦女職工引立会社の設立認可。町組内の遊女・芸者の納税の半分を助費金として定める。
3	1873（明治 6）年 2 月	下京第十六区（島原）婦女職工引立会社開業、日本初の遊所女紅場誕生。下京区第十五区（祇園新地）、京都府から一万八五一三坪の払い下げを受ける。
4	同年 3 月	下京第十五区婦女職工引立会社設立。京都府下の他遊所地域にも設立。
5	1874（明治 7）年 2 月	府下の婦女職工引立会社を**遊所女紅場**と改称。
6	1881（明治 14）年 12 月	下京第十五組女紅場、美磨女紅場の独立により八坂女紅場を名乗る。八坂女紅場、京都府に駆黴院用地として花見小路の四四〇〇坪を寄附。
7	1902（明治 35）年	**財団法人京都八坂女紅場、内務大臣により財団法人化申請の認可を受けて成立。**
8	1911（明治 44）年	**財団法人八坂女紅場、八坂病院移転計画にともない病院の跡地四三〇〇坪購入。**
9	1913（大正 2）年	八坂病院跡地に歌舞練場を竣工。この年より歌舞練場にて都踊を開催。
10	1914（大正 3）年	京都府、府令第六三号「私立学校令」施行細則公布。八坂女紅場を学齢児童の就学施設として認可。
11	1934（昭和 9）年	財団法人八坂女紅場、京都府知事より私立学校指定を受ける。
12	1945（昭和 20）年	私立八坂青年学校の設置許可。のち八坂技芸実践女学校に改称。

13	1951（昭和26）年	前年の法律第二七〇号「私立学校法」施行を受けて、**財団法人京都八坂女紅場解散、学校法人八坂女紅場学園に再編成**。京都八坂女子技芸専修学校を設置。のちに祇園女子技芸学校に改称。

（京都府勧業課　1872、京都府立総合資料館　1872、京都府　1974）より作成

て、美馬女紅場に所属する営業者らは彼らの組合を指して祇園乙部と名乗った。現在の祇園東の前身である。

祇園甲部は府令に則り、一八八六（明治一九）年の時点で五業組合規約を定めている（「祇園新地甲部五業組合規約」、京都府立総合資料館所蔵京都府庁文書『第三課 明治三四年一月 私立学校一件』）。その後は更なる改称を経て、一九〇〇（明治三〇）年時点では祇園新地甲部五業組合となった。

ここでいう「五業」とは、先述の「貸座敷」、小方屋（置屋、奉公人として芸妓あるいは娼妓を抱える業種）、引手茶屋（芸娼妓を揚げない遊興に利用するお茶屋）、芸娼妓の親元と抱主を仲介する紹介人、娼妓の五種類の業種を指す。以下ではこの組合の規約から、組合組織における八坂女紅場の位置づけについて検討する。

組合規約によれば、祇園新地甲部五業組合は所属する営業者の営業方法の統制、区域内の営業者が納める税金の徴収、娼妓の梅毒検査、そして共有財産の管理などの業務を担当する組織であると規定されている。八坂女紅場は組合の機関であり、同組合に所属する芸娼妓の教育を司る施設である。この当時、八坂女紅場の教授科目は、初等普通学、茶道・生花および女礼式、裁縫・手工、歌舞音曲であった。初等教育や歌舞音曲が教授科目に盛り込まれたことから、八坂女紅場は芸娼妓の授産のみならず、教育と次世代の育成のための施設としての性格を備えつつあったと考えられる。

とりわけ重要なのは、明治初年に獲得した祇園町南側における地所の所有者の名義が、組合ではなく八坂女紅場であると記載されている点である。この名義は八坂女紅場の経費維持のために採用されたものであり、それゆえ八坂女紅場の所有地は何人にも分配することができない

「不分財産」[*4]であると定められていた。組合規約には、組合員の資格をもつ者はこの土地の管理に関わる権利を有するという条項もある。すなわち、八坂女紅場の所有地は、組合に所属する営業者によって共同管理されていたのである。

それでは、当時の八坂女紅場はどのように運営されていたのだろうか。組合規約によれば、八坂女紅場の「不分財産」の管理方針は場長と三〇名の協議員からなる協議員会によって議決された。場長は区域内の男性営業者に限られていたが、協議員については一定の要件（満一年以上営業を続け、かつ組合区域内で不動産を所有する満二五歳以上の者）を満たした女性営業者の中から公選されるとある。

以上のように、当時の祇園甲部においては、八坂女紅場が所有する不動産は区域内に居住する営業者の共有物であるという意識があったことを確認できる。明治二八（一八九八）年の民法施行によって不動産の所有権という概念が登場すると、同地の組合は八坂女紅場の財団法人化に向けて動きだす。その目的は、八坂女紅場に法人格を付与し、所有地の権利主体として確立することにあった。

おわりに

八坂女紅場の変容とそのキーパーソンたち

ここまでの論点を整理しよう。明治初年、京都府の芸娼妓営業地の統制は町組を単位として行われ、遊所女紅場も町組単位で設立された。なかでも下京第十五区の遊所女紅場では、運営費用が町組の資金で賄われた点、区長らによって運営された点が重要である。同区の特徴は、女紅場の用地として四条通以南に地所を購入し、大規模な開発と借家・借地の経営を行った点にあった。

これまで述べてきた通り、明治中期に同業者組合を単位とした貸座敷営業免許地の統制の仕組みが整えられると、免許地ごとに独自の組合規約が設けられた。この仕組みは、明治三三年（一九〇〇）年に娼妓取締規則が公布されたあとも継続する。そのなかで組合の機関である八坂女紅場の所有地は、組合に所属する営業者らの共有管理の対象とされ、所有者の名義は組合ではなく女紅場とされた。そのため、祇園甲部の同業者組合は、八坂女紅場が所有する地所の権利を、財団法人化によって確立することを目指した。しかしながら、八坂女紅場の財団法人化が実現するまでには数年の歳月を要した。これは、八坂女紅場に帰属する地所の所有権をめぐる対立が発生した為である。

一九八九（明治二二）年一二月九日、建仁寺住職・同信徒総代ほか三名が、同年の国有土地森林原野下戻法[*5]にもとづき、京都府に対して祇園町南側の地所の返還を求める申請を行った。建仁寺側の主張は、地所の所有者である八坂女紅場は「人格を具備せずして不動産を所有し得べきものにあらず」として、地所の所有権は依然として国家にある、というものであった。この申請は翌一九〇〇（明治三三）年に内務大臣に受理されたため、彼らは京都区裁判所に土地所有権の仮登記を申請し、棄却さた。続く京都地方裁判所においても、争点となった地所の土地台帳に女紅場が所有者として登録されていることを根拠に、建仁寺による抗告は一九〇〇（明治三三）年七月に棄却された。建仁寺側はさらに大阪控訴院に対して抗告を行ったが、やはり棄却されている（「建仁寺の敗訴」「八坂女紅場所有地の紛争顛末（十六）」「建仁寺再抗告の棄却」『大阪朝日新聞京都附録』明治三三年七月七日、八月六日、九月二五日）。

祇園甲部の組合は、建仁寺による異議申立てのなかで、一九〇〇（明治三三）年七月三一日に組合正取締役を務める貸座敷営業者、穂北孝次を申請者として内務大大臣に財団法人化を申請した。同年一〇月一〇日に提出された財団法人八坂女紅場設立の申請書には、この法人が所有する寄付財産の目録が付されているが、その内訳には前述した明治女紅場が所有する建家が含まれていた（「財団法人八阪女紅場設立申請書」別紙「財産目録」・「就業者証明願」、京都府立総合資料館所蔵京都府庁文書『第三課 明治三四年一月 私立学校一件』）。

しかしながらこの申請は、文部省の参事官会議において、芸娼妓に教育をほどこす組織を財団法人として公的に認めることは不適切ではないかという議論を呼び、不認可に終わった（「財団法人の申請認可されず」『大阪朝日新聞京都附録』明治三三年九月一五日）。そこで祇園甲部の組合は、一九〇〇（明治三三）年一〇月に寄附行為の草案を新たに編成し、再び財団法人化を申請した。

この再申請に際して生じたのが、祇園乙部の同業者組合による地所の共有権確認訴訟だ。この訴訟は乙部組合取締役の小山友次郎らを代表とするものである。小山らは同年一一月二日に京都地方裁判所に八坂女紅場の所有地にかんする共有権確認の請求を提訴した。その後、彼らの代理人は上申書と付属書類の文部省への進達を京都府知事高崎親章《たかさきちかあき》に求めている（「共有権確認請求訴状」京都府立総合資料館所蔵京都府庁文書『第三課 明治三四年一月 私立学校一件』）。甲部の組合はこの一件を受けて文部省に反証を試みたが、結果的に二度目の申請も翌三四年一月に不認可となった。

これらの財団法人化の障害となった対立を調停に導いたのが、当時の京都市長であった内貴甚三郎である。一九〇一（明治三四）年九月に調停委員をつとめた内貴甚三郎の立ち会いのもとで、乙部組合（当時は祇園新地乙部貸座敷組合、京都府令第一〇〇号貸座敷取締規則によって祇園新地乙部五業組合より改称）との間で私証書による調停がなされている。祇園甲部から乙部に対して一二、七〇〇円を支払う代償として、乙部は地所の所有権が甲部にあると認めた。同三四年一〇月には尾本公証役場で調停契約書が取り交わされている。同じく建仁寺についても、内貴市長の仲介で同三四年一二月に示談が成立した。建仁寺は甲部から二〇〇〇円を受け取る代償として、土地返還申請を取り下げたのである。

一九〇二（明治三五）年二月、八坂女紅場の所有地をめぐる二つの運動が収束したのち、祇園甲部の組合は三度目の財団法人化申請を行った。この際には過去二度の失敗を経て修正された寄附行為が併せて提出されている。同文中において、八坂女紅場は財団法人化の目的として「祇園新地甲部貸座敷組合の普通婦女及芸娼妓」に「生活に必要なる技芸」を授け「自立の職業を得せしむ」事を掲げ、初等教育に相当する学科目と芸能科目の二種類のカリキュラムが組まれた（「京都八坂女紅場財団法人寄附行為並ニ処務細則」京都府立総合資料館所蔵『京都府庁文書』）。すなわち、この時点では八坂女紅場の性格は、現在の学校法人に近いものであったと推測できる。[*6]

甲部の役員を中心とした財団法人化運動のキーパーソンたちの努力が実ったのは、一九〇二（明治三五）年七月のことである。八坂女紅場は土地所有権保存登記申請と建物所有権保存登記申請を経て、正式に法人格を獲得し「財団法人京都八坂女紅場」となった。財団法人となった八坂女紅場は、太平洋戦争を経て一九五一（昭和二六）年の私立学校法（法律第二七〇号）施行にともない解散し、「学校法人八坂女紅場学園」に再編成され、現在に至っている。

名前のない実力者の痕跡――女性戸主の存在

八坂女紅場の財団法人化をめぐる一連の対立からうかがえるのは、本来はひとつの花街であり、地理的にも隣接している祇園甲部・乙部間では、営業区域や所属を越境する営業者間の関係性が持続していたという点だ。このような日常的な人的交流は、祇園新地甲部‐乙部間で生じた法的交渉による被告‐原告関係の設定によって浮き彫りになった。こうした対立関係は、組合の外部だけではなく内部にも存在した。祇園甲部の営業者の中には、「其管理者の手心にて随分勝手な処分も出来るべし」との推測から、同業者組合を統括する取締役穂北孝次への不満、ひいては財産の共同所有という体制そのものへの見直しの声を上げる者も出たのである（「八坂女紅場所有地の紛争顛末（十）」『大阪朝日新聞京都附録』明治三三年七月二七日）。このような状況のなかで、祇園甲部の組合は所属する営業者を集めて、今後の対応について統一した見解をとりまとめる必要に迫られていた。

この時期に生じた祇園甲部の組合による内外に向けた活動からは、組合に籍を置いていた人々のミクロな営みの一端を垣間見ることができる。ここでは組合に属する営業者らが乙部との対立解消にむけて合意を形成するに至るまでの過程に注目し、彼らの権力関係を読み解いてみよう。

祇園甲部の組合議員会は、全組合員のうち、まずは「男性戸主営業者」[*7]を歌舞練場に召集し、乙部からの訴訟への対策を協議している（「祇園新地甲乙両部紛議彙報」『大阪朝日新聞京都附録』明治三三年一一月八日）。対して、女性の戸主営業者は男性とは別日に召集され、男性戸主が決定しとりまとめた事項について協議した。ただし女性の戸主営業者のなかでも約三〇名の八坂女紅場協議員および女紅場婦人世話係と、それ以外の者は区別され、それぞれ別日に協議の場が設定された。これらの協議の結果、甲部の組合員らの間で、乙部による訴訟を回避し、和解を図ることが望ましいとの統一的な見解が採択された。更に、乙部との法的交渉にあたる被告人総代として、取締役穂北孝次、市原與七、組合議長梅野半兵衛、同副議長佐々木寅次郎、八木清助の五名が組合員の中から選出されている（「祇園新地の大集会」『大阪朝日新聞京都附録』明治三三年一一月一〇日）。このように、祇園甲部の同業者組合は、協議にあたり、組合員のうち戸主のみを組合議員会に招いている。すなわち、同業者組合の運営に意見することができたのは、不動産を所有する戸主のみであったと言えるだろう。また組合員らの招集プロセスにおいては、当時の戸主らが、男性戸主、八坂女紅場での役職を通じて組合の運営に参加している女性戸主、役職をもたない女性戸主という三種に分類された。したがって、組合運営への参与の度合いもこの分類に準じていたと推測できるのだ。

乙部に対する動向の分析からは、公的な場において組合の対外交渉を担ったのは、あくまでも男性経営者であったことがわかる。男性経営者は組合内部においても、取締役をはじめとする組合の重要な役職を占め、組織としての行動指針を決定していた。しかしながら、女性経営者のなかでも戸主の立場にある者は八坂女紅場の協議員として役職を得ていた点、さらにその意向を反映させるための機会が設けられていた点は無視することができない。表立って訴訟に登場することはないものの、女性経営者には確かに組合の動きに関与していたのだ。

このような女性経営者の運営への参与が可能となった背景には、当時の祇園甲部における営業者の男女構成比があると筆者は考える。第一回目の法人化申請の時点で提出された「就業者証明願」を参照すると、一九〇〇（明治三三）年の祇園甲部にはのべ四三七名の営業者が所属しており、その内訳は男性一〇三名に対して女性は三三四名にのぼる（「財団法人八阪女紅場設立申請書」別紙「就業者証明願」、京都府立総合資料館所蔵京都府庁文書『第三課 明治三四年一月 私立学校一件』）。ただし、この中には同姓同名の営業者が含まれる。これはこの史料が戸籍（この時点では住所を指す）をもとに営業者を列挙しているために、複数の持家を抱えていたとみられる者が重複して数えられているためである。

こうした条件に該当する営業者は四名おり、その全てが女性である。このうち石川ミカの場合は、貸座敷業と小方業を営んでいた。これは現在の祇園甲部でも見られるような、お茶屋と置屋を兼業する事例であると推測できる。対して山田マツは三ヵ所で名前を発見できる。すべての住所で貸座敷業を営んでいたが、うち一ヵ所は八坂女紅場が所有する建家と住所が一致する。このため当該の住所は小規模な借家であったと考えられる。鈴木キシは別住所の二か所にて小方業を営んでいた。他方、鈴木アイは小方業と貸座敷業を兼業している。当時の新聞記事には、先にあげた師弟で原告‐被告の関係に陥った事例として、師匠である八坂女紅場の舞教師で、乙部の小方業者高橋八重に訴えられる形になった甲部で小方業を営む「鈴木小三」という芸妓が登場する（『大阪朝日新聞京都附録』明治三三年一一月七日「祇園新地甲乙両部訴訟彙報」『大阪朝日新聞京都附録』明治三三年八月二五日「舞の研究会」）。ともに鈴木姓のために判別がつかないが、営業者名簿のうち小方業を営む鈴木姓の女性はこの二人のみであるため、両者のうちいずれかがこの芸妓「小三」である可能性が高い。彼女は自らが小方業を営む自前（ここでは自営業者の意）の芸妓であった。

「就業者証明願」によれば、芸妓「小三」のような自前の小方業者は一三二名に上る。[*8]すなわち、明治三〇年代の祇園町には、共に「貸座敷」という法的用語に集約された遊女屋、お茶屋や、年期奉公契約を元に芸妓を育成する小方屋をはじめ、芸娼妓に依拠した業種が多く集積しており、これらの営業者には多くの女性が含まれていたのだ。

それでは、祇園町におけるこのような状況はいつ成立したのだろうか。女性史学者の曽根ひろみは、近世の丹後宮津に存在した遊所、東新地における「酌取女」と呼ばれた芸者の大半を京出身の者が占めていたことを指摘し、京都の置屋営業者を養い親とする少女たちが、置屋にて三味線、舞踊、唄などの遊芸を仕込まれた後に宮津へ供給されていたと分析している（曽根　二〇〇三：九五－一〇一）。こうした芸者の中には、祇園新地を出身とする者が複数存在した。つまり、幕末期の祇園新地では、「擬制」的な親子関係にもとづいて奉公人として芸者を育成・輩出する置屋（小方屋）が成立していた。曽根の分析によれば、芸者の「親」たる彼女らの抱主に女性の名前を確認することができる。すなわち、女性が戸主として一家を創立し、小方屋や貸座敷を営むことを可能にした素地は、近世にまでさかのぼることができると言えよう。

以上のように、本稿では祇園甲部の遊所女紅場とその財団法人申請運動の詳細な分析を通じて、現在の祇園甲部を支える土地の共同所有と管理体制の基礎が築かれた明治三〇年代初頭における同業者組合の様相、とりわけ女性営業者の果たした役割を明らかにした。乙部の訴訟をめぐる協議の場に女性営業者が招かれていたという事実は、同業者組合を運営するにあたり、多数をしめる彼女たちが無視できない存在であったことを示している。

花街という特異な場において、公的な対外交渉の場には登場しない女性営業者たちはしかし、戸主としての権利にもとづき組合運営に参与した。当時の祇園甲部では公的な役職に就くことが許されていなかった女性営業者も、花街の日常的なネットワークにおいては重要な立場にあったのである。またその権威の基盤となったのが、彼女たちが所有する地所であったことは注目に値する。

これらの史料群に登場する女性を含む「貸座敷」営業者・小方業者らの個人所有地の分析と、これにもとづく地理的な分布図の作成については、別の機会に詳細な検討を行いたい。

本稿は、平成二四年度日本学術振興会科学研究費補助金（特別研究員奨励費ＤＣ１）、および平成二七年度日本学術振興会科学研究費補助金（特別研究員奨励費ＰＤ）の交付を受けて行われた研究成果の一部である。厚く御礼を申し上げます。


【注】

＊1　加藤政洋は貸座敷を「娼妓が寄寓し座敷を借りることを建前にして営業する店」と定義している（加藤　二〇〇五：一）。警視庁および各府県の警察の許可を得て性売買の場を提供する業態であり、その取り締まりの方針は府県によって異なる。加藤は貸座敷の営業を許可された地域を遊廓と呼んでいる（加藤　二〇〇五）。

＊2　今日の花街の実態は、加藤が同書で分析の対象としていた明治期から昭和前期の花街とは大きく異なる。芸妓と、芸妓に関連する業種の営業形態は、娼妓取締規則（一九〇〇年一〇月二日、内務省令第四四号）や売春防止法（一九五六年五月二四日、法律第一一八号）などの国家という位相で制定された法制度や、各府県による条例、そして営業者たちがおかれたミクロな利害関係によって大きく変動してきた。花街の現在は、こうした通時的な変化の延長線上に形成

されたものである。
＊3　この名前は杉浦家の当主が代々名乗る名前であり、この時点では九代目為充（一八二〇―一八九五）を指す。
＊4　明治二八（一八九八）年の民法施行には、財産取得編第三節売買第四節に、「不分財産」という概念が登場している。
＊5　法律第九九号、一九七一（明治四）年の寺社領上地令によって上知された寺社の境内地のうち国有地について下げ戻すことを認めた。
＊6　この時点ですでに一八八九（明治三二）年の勅令第三五九号（私立学校令）が施行されていたものの、私立学校の制定者を法人格として規定した法律第二七〇号（私立学校法）は制定されていない。当時は学校法人という概念は存在していなかった（文部省　一九七二、八二四）。
＊7　ここでいう戸主とは、旧民法（明治三一年施行）における法律第一二号戸籍法において定められた家の統率者であり、居住指定や家族入籍などの戸主権とよばれる権利を有する者である。旧民法においては、当該の家の戸主が死亡した際には、一人の相続人がその身分・財産を相続した（家督相続）（二宮　二〇〇七：一二）。一般的に長男が財産と戸主の地位継承していた。
＊8　ただしこの時点の取り締まりの上では、芸妓を抱える小方業者と娼妓を抱える業者は区別されていないため、この一三二名のなかには芸妓置屋のみならず遊女を抱える置屋も含まれていたと考えられる。

【参考文献】

明田鉄男　一九九〇　『日本花街史』雄山閣出版。
猪熊兼繁（補・猪熊兼勝）　一九九二　「都踊の歴史とその特質」『祇園・舞ごよみ』溝縁ひろし、二〇四―一五、京都書院。
今西一　二〇〇七　『遊女の社会史――島原・吉原の歴史から植民地「公娼」制まで』有志舎。
大日方純夫　一九八九　「日本近代国家の成立と売娼問題――東京府下の成立と売娼問題」『東京都立商科短期大学研究論叢』三九　一～三一。
加藤政洋　二〇〇五　『花街――異空間の都市史』朝日選書。
――　二〇〇九『京の花街ものがたり』角川学芸出版。
京都府　一九七四　『京都府誌 下（復刻版）』名著出版。

京都府勧業課　一八七二　『京都府下遊廓由緒』（再録：一九八六『新撰京都叢書』新撰京都叢書刊行会（編）、一〇三-六一、臨川書店）。
京都府総合資料館　一九七一　『京都府百年の年表四 社会編』京都府。
京都町触集成研究会（編）　一九八七　『京都町触集成第一三巻』岩波書店。
曽根ひろみ　二〇〇三　『娼婦と近世社会』吉川弘文館。
高村直助　一九九六　『会社の誕生』吉川弘文館。
田中緑紅編　一九六三　『京の舞踊』京を語る会。
辻ミチ子　一九七七　『町組と小学校』角川書店。
松沢裕作　二〇一三　『町村合併から生まれた日本近代―明治の経験』。講談社叢書メチエ。
松田有紀子　二〇一〇　「「花街らしさ」の基盤としての土地所有―下京区第十五区婦女職工引立会社の成立から」、立命館大学大学院先端総合学術研究科紀要『Core Ethics』六　四〇一-一二。
―――二〇一四「京都―祇園の遊所女紅場―」佐賀朝・吉田伸之（編）『シリーズ遊廓社会二　近世から近代へ』、吉川弘文館、一三一-五一。
矢守一彦、大塚隆　一九七七　『日本の古地図一〇　京都幕末維新』講談社。
渡辺公三　二〇〇三　『現代思想の冒険者たち Select　レヴィ＝ストロース―構造』講談社。

【その他資料】

布達第二四六号、明治五年一〇月（京都府立総合資料館所蔵、『京都府布令書』）。

甲第一五八号、明治一五年八月一〇日（京都府立総合資料館所蔵、『京都府布令書』）。

「女紅場事件」、（京都府立総合資料館所蔵、『京都府史政治部学政類第三』）。

「共有権確認請求訴状付属書写甲第一号証　奉願口上書」（京都府立総合資料館所蔵、京都府庁文書『第三課 明治三四年一月 私立学校一件』）。

「祇園新地甲部五業組合規約」（京都府立総合資料館所蔵、京都府庁文書『第三課 明治三四年一月 私立学校一件』）。

「財団法人八阪女紅場設立申請書」別紙「財産目録」（京都府立総合資料館所蔵、京都府庁文書『第三課 明治三四年一月私立学校一件』）。

「共有権確認請求訴状」（京都府立総合資料館所蔵、京都府庁文書『第三課 明治三四年一月私立学校一件』）。

「京都八坂女紅場財団法人寄附行為並ニ処務細則」（京都府立総合資料館所蔵『京都府庁文書』）。

「財団法人八阪女紅場設立申請書」別紙「就業者証明願」（京都府立総合資料館所蔵、京都府庁文書『第三課 明治三四年一月 私立学校一件』）

「建仁寺の敗訴」『大阪朝日新聞京都附録』明治三三年七月七日、朝日新聞社。

「八坂女紅場所有地の紛争顛末（十六）」『大阪朝日新聞京都附録』明治三三年八月六日、朝日新聞社。

「建仁寺再抗告の棄却」『大阪朝日新聞京都附録』明治三三年九月二五日、朝日新聞社。

「八坂女紅場所有地の紛争顛末（一〇）」『大阪朝日新聞京都附録』明治三三年七月二七日、朝日新聞社。

「財団法人の申請認可されず」『大阪朝日新聞京都附録』明治三三年九月一五日、朝日新聞社。

「祇園新地の大集会」『大阪朝日新聞京都附録』明治三三年一一月一〇日、朝日新聞社。

「祇園新地甲乙両部訴訟彙報」『大阪朝日新聞京都附録』、明治三三年一一月七日、朝日新聞社。

「祇園新地甲乙両部紛議彙報」『大阪朝日新聞京都附録』、明治三三年一一月八日、朝日新聞社。

「舞の研究会」『大阪朝日新聞京都附録』明治三三年八月二五日、朝日新聞社。


【図版出典一覧】

図1　京都府立京都学・暦彩館「京の記憶アーカイブ」内、旧一号書庫写真資料「祇園新地婦女職工引立会社」より転載。
図2　京都府立京都学・歴彩館所蔵、『京都新聞』明治六年、第七四号、西京出版社、六頁より。

第一一章　巻き込まれてゆくことからみえる在日フィリピン人移住者たちの社会関係

永田貴聖

はじめに

本論の目的

一五二一年、フェルナン・デ・マガリャンイス[*1]がスペイン艦隊を率いて到着した諸島は、後に「フィリピン」と名づけられた。フィリピンは、約三八〇年におよぶスペインからの支配、一八九八年からは約四〇年間におよぶアメリカ合衆国による統治、さらに、一九四一年から四五年までは日本による占領という、じつに四〇〇年を超える海外勢力からの侵略と支配を経験してきた。そして、現在では、世界有数の移民・移住労働者送り出し国であり、約二〇万人ものフィリピン人が日本に暮らしている。

本論では、フィリピン人移住者が一定程度居住する国・地域において、集住地域がなく、散在しながらも、カトリック教会などを基盤としてフィリピン人グループを組織し、移住先社会のさまざまな人びとを巻き込みながら「フィリピン人」の社会関係を拡大していることに注目する。[*2]すでにこれまでの研究において明らかなように、在日フィリピン人が形成する「フィリピン人」を基盤とする関係は、日常をともに生活するわけではないがゆえに、「フィリピン人」だけではなく、さまざまな人びとを含んでいる（永田　二〇一一、阿部　二〇一一）。このような社会関係を明らかにするために、筆者はフィリピン人たちが集まるさまざまな活動に関与している。本論では、K市にあるフィリピン人コミュニティを中心とする社会関係に巻き込まれながら行ったフィールドワークから明らかになるフィリピン人移住者たちの社会関係の一部を紹介する。

巻き込まれる文化人類学

一九八六年、クリフォードとマーカスが編集した『文化を書く』が刊行された。ここでは文化人類学者が民族誌を書き、他者を一方的に解釈する権力性に潜む暴力や虚構が批判された（Clifford, Marcus 1986）。だが、マーカスは単に民族誌を書く側の権力性だけを批判したわけではない。松田が言及するように、周縁化されたローカル社会と世界銀行のようなグローバル・エージェントを結びつけるネットワークを射程に入れた「マルチサイティッド・エスノグラフィー（Multi-sited ethnography）（Marcus 1998: 231）」の可能性が提案された（松田　二〇〇九）。本論では、この提案がどの程度文化人類学の中で、影響したのかすべてを議論することはできない。だが、少なくとも日本の文化人類学において、これ以降、新しい試みが少なからず登場している。九〇年以降、人類学者がインフォーマントの関係の一部になり、積極的に社会改良や社会問題の改善に取り組む応用人類学が注目された（山下　二〇一〇、二〇一四）。米国では、八〇年以降、ボローフスキによって提唱されてきた公共人類学が脚光を浴び始めている。それは、「役に立つ」人類学としての応用人類学の枠組みを超え、教育研究機関の大学内だけではなく、広く国民国家や社会全体の枠組みにおいて人類学の在り様や存在意義について議論するものであった（Borofsky 2011）。ボローフスキは、人類学は分野内での研究対象、手法が広範囲で自由度が非常に高かったために、九〇年代以降に重視されることになる学際的領域研究から遅れをとったことを指摘している。さらに、そのことが大学内での教育内容改革、社会との関わりやインフォーマントが所属する社会の諸問題を解決するという認識の不足、また、人類学者が属する先進諸国から、インフォーマントが所属する社会への文化的破壊や同化の強要を見過ごしてきたと論じている（Borofsky 2011）。その上で、公共人類学は、国民国家や国際社会、地域社会の枠組みの中で人類学の役割を再検討しようとしている。

このような「公共人類学」の流れにどの程度関連し、連続性があるのか測ることはできないが、木村は、一九九九年、トルコにおいて発生し、多くの死傷者を出した二つの地震以降、草の根ボランティア、市民団体、行政、学術研究などが連携し、それぞれが巻き込みあい防災や地震への復興や知識啓蒙活動が行われる実践を「「どっちつかず」から生み出される公共性」（木村　二〇一三：二五〇）と評している。また、木村自身、トルコでの震災・防災研究を行っていることが、二〇一一年に発生した東日本大震災以降、岩手県大船渡市での復興活動に関与することを導いたと強調している。これは文化人類学者が自らフィールドや調査対象の関係に「巻き込まれる」ことを意識した動きである。

さらに、清水は、自身がフィリピン北部ルソン・コルディレラ山地のイフガオ州ハパオ村によって展開されている草の根の植林運動と社会開発に関わった研究を「現地の状況や運動に巻き込まれてゆかざるをえない人類学（あるいは進んでコミットしてゆく人類学）の可能性」（清水　二〇一三：一九）と考えている。清水は長年の友人であり、ハパオ村において、草の根の運動をすすめるリーダーのひとりである映像作家キッドラッド・タヒミックの要請を受ける形で、日本での連携活動を担ってきた。ハパオ村は、固有の文化や自然環境を守ろうという運動を展開する一方で、村からは多くの人びとが海外に出稼ぎとして移住しているなどグローバル化の波が押し寄せている。また、リーダーのひとりであるタヒミック自身がアメリカ合衆国で高等教育を受け、アメリカに染めあげられていることを自覚しながらも、運動の協力を海外に呼びかけている。このことはまさにグローバルな同時代的な動きであると考えられる。清水はこのような「巻き込まれる」民族誌のあり方を「グローバル化時代とは、異なる場所で異なる文化と歴史経路に支えられて今を生きる彼らと私たちとが、同時代人として深く結びつけられ」(清水 二〇一三：一九)ることを示すものとして議論している。

しかし、文化人類学者は初期のころから、民族誌によって、自身とは異なる社会の文化を表象している裏側で、民族誌や論文では記述することなく、自身が帰属する社会に関与する営みを実践してきた。渡辺は、フランス人類学の祖のひとりであるマルセル・モースが行っていた社会主義運動や(渡辺 二〇〇九a)、ブラジルに渡航する以前の若き日のレヴィ＝ストロースが社会主義学生運動を担っており、そのことがその後の神話研究に結びついたことについて検討している(渡辺 二〇〇九b)。また、後年、レヴィ＝ストロースがナチズムの経験、文化相対主義、そして反人種主義などの動機からユネスコ社会科学国際委員会事務局長を務めていることを紹介している(渡辺 二〇〇九b)。渡辺が論じたモースやレヴィ＝ストロースの研究と社会活動の隙間をつなぐ作業は、彼らの民族誌や学術的な論文、著書には決して記述されなかったものの、文化人類学者自身が帰属する社会と民族誌に記述された異なる世界を結びつける役割を果たしたと言ってよいだろう。

はたして、筆者は在日フィリピン人たちの関係に、「進んでコミット」したのか、「巻き込まれて」いったのかよくわからない。さらに、文化人類学の研究をするためにフィリピン人たちと関わったのかどうかもよくわからない。ただ関わったという事実だけが残っているにすぎない。また、渡辺が取り上げた文化人類学の偉人たちのように、民族誌に記述された異なる世界と文化人類学者自身が帰属する社会を、あえて記述しない方法で結びつけるほどの粋の良さも才能もない。本論では、筆者がフィリピン人からの相談が多い外国人支援グループに関わることに始まり、同じ場所で「今を生きる彼らと私たちとが同時代人として深く結びつけられ(清水 二〇一三：一九)」る機会を模索しようとしてきた産物である。本論はその産物として、在日フィリピン人たちが「フィリピン」を前面に押し出しつつもフィリピン人以外の人びとと社会関係を構築する過程を記述する。

在日フィリピン人移住者を中心とする社会関係形成

本論では、K市にあるカトリック教会を基盤に組織された結成約三〇年になるフィリピン人Pコミュニティを中心に考察している。筆者が行ってきたPコミュニティへの関与、複数のK市在住フィリピン人たちとの関わりから、他の組織や個人との新たな関係形成を中心にして焦点を当てている。さらに、その周囲にも広がる社会関係を視野に入れている。

フィリピンは、二〇一二年一二月時点で、国外に、永住、定住、一時滞在の総計一〇〇〇万人を超える世界有数の移民移住労働者送り出し国である。*3 海外に移動・移住したフィリピン人たちは、人口の約九〇%が信仰するカトリック教会という場において、フィリピン人コミュニティを作り、フィリピン人の間にある多様な言語、経済格差などの違いを留保しつつ、「フィリピン人」であることを共通項とする社会関係を形成している（Okamura 1998）。フィリピン国外におけるフィリピン人コミュニティを中心とする「フィリピン人」の社会関係は移住国や地域によって多様である（Okamura 1998; Mateo 2000　鈴木　一九九八、マテオ　一九九八、長坂　二〇〇五）。時には、カトリック信仰と結びつけられる形で（Okamura 1998; Lopez 2012; Tondo 2014）、家族関係の継続や、頻繁な往来などによるフィリピンとの継続する絆を強調する形で（Espiritu 2008）、「フィリピン人」であるというネイション意識を海外において再生産する役割を果たしていると考えられる。

日本は歌手やダンサー、そして、ホステスなどに従事する女性をフィリピンから受け入れてきた。その後、女性たちのかなりの数が国際結婚を経て、日本に定住している。日本は、他のフィリピン人出稼ぎ労働者が多い地域と比較しても、顕著に女性の割合が高い。また、現在でも多くの女性たちが長きにわたって日本に暮らしている。日本人男性との国際結婚により定住化したフィリピン人女性たちは、「フィリピン人」同士の関係を形成するために信仰の場であるカトリック教会においてつぎつぎとフィリピン人グループを組織した。

本論では、K市のフィリピン人Pコミュニティの動向に注目している。なかでも、二〇〇一年頃から現在の動きに焦点が当てられている。八〇年代以降、世界的にフィリピン人の女性移住労働者が増加する中において、構成メンバーの大多数が国際結婚移住女性であるという特徴を備えた日本全国各地にできたフィリピン人コミュニティの一つである。特に、二〇一二年、Pコミュニティが在日コリアンと被差別部落民の混住地域H地区にあるカトリック系社会福祉法人よって運営されている地域多文化交流ネットワークサロンの登録団体となり、新たな活動拠点を得る前後の動向が考察されている。この時期、Pコミュニティでは、長年リーダーを務めた五〇代（当時）の女性Aさんが病気のために、引退を余儀なくされ、リーダーが頻繁に入れ替わる時期であった。筆者はその時期にコミュニティの主要なメンバーたちと関わった。また、Pコミュニティが地域多文化交流ネットワークサロンを新たな活動拠点とするきっかけとなったのは、筆者の大学院の同僚であり、すでに別の調査のために施設において非常勤職員を担っていた地域社会学者Yの存在であった。Yからの提案をうけ、Pコミュニティの人びとを仲介したことに始まっている。現在では、Pコミュニティだけではなく、その他の目的別のフィリピン人グループも施設を活動拠点とするようになった。

一　調査の始まり

K市在住フィリピン人たちとの関わり

一九九九年頃、筆者は在日外国人問題の理解をより深めるためと自身の人間関係作りという理由から、K市にあるキリスト教系女性団体内の外国人支援グループにボランティアとして参加し始めた。K市では、このグループは外国人支援を行う中では古参のグループとして知られている。結成の発端となった出来事の一つは歓楽街で働いていたフィリピン人女性を保護したことであった。その女性は就労先が用意した劣悪な生活環境と過酷でひどい扱いの労働環境から逃れてきたのだった。その後、電話相談活動を開始するにあたって、フィリピンの大学院においてソーシャルワークを学んでいた専従スタッフが働き始めた。そのこともあり、現在においても、フィリピン人女性からの相談が多く寄せられている。こちらのグループはタガログ語と英語を主に使って、離婚や、ドメスティック・バイオレンス、資格外活動や超過滞在状態から生じる問題、外国人女性が日本において子育てをしていく上での悩みなどの相談に主に電話で対応していた。筆者はそのグループでは電話相談を担当するのではなく、当時、増加しつつあった母子家庭の子育て問題に対応するために始められた「家庭教師派遣ボランティア」として活動を行なうことになった。そこで隔週の頻度で通うようになったのがフィリピン人女性とその子どもたちの母子家庭であった。その家庭の食卓には、女性が作るアドボ（豚と鳥の酢としょう油の煮込み）、やティノーラ・マノッグ（鳥のニンニクとショウガのスープ）などのフィリピン料理が並び、居間には、国民の大半がカトリック教徒であることを象徴するように、フィリピンからのお土産で購入したという刺繍づくりの最後の晩餐の模写や聖母マリア像、サント・ニーニョ像[*4]が飾られていた。また、周囲の日本人家庭とも近所づきあいがあり、こどもたち同士も仲良く遊んでいた。

K市のフィリピン人コミュニティと関わり始めたのは、家庭教師ボランティア先のフィリピン人女性が、偶然に、訪問してきた同郷の女性Hさんを紹介してくれたことがきっかけである。筆者はHさんから教区の主管教会・カテドラルでのイースターに来るように誘いを受けた。そこで、当時、フィリピン人コミュニティでコーディネーターの役割をしていたフィリピン人シスターMと出会った。K教区では、当時、多くのフィリピン人が集まる英語ミサが筆者の自宅から徒歩五分の場所で開かれていた。シスターはそこに隣接する寄宿舎で生活していた。その後、毎週日曜日、Pコミュニティが取り仕切り、平均五〇〜一〇〇名程度のフィリピン人たちが集まる英語ミサや、ミサの後に聖堂に隣接している会館で開かれていたコミュニティのティーパーティーやイベントに通うようになった。

二〇〇一年四月、筆者は大学院に進学し、研究テーマとして本格的に在日フィリピン人の社会関係について調査を開始した。自身の興味関心ではじめた活動はここから文化人類学のフィールドワークに転換することとなった。一年間、語学の習得などのためフィリピン大学ディリマン校での留学を経て帰国後、二〇〇三年頃からは、歓楽街のクラブやバーで就労するフィリピン人の状況を把握するために、その関連の地域にあり、バーやクラブで働く人びとが集まるフィリピン料理店に頻繁に行き、情報を収集し始めた。バーやクラブで働くフィリピン人の中には、Pコミュニティに深く関わる人たちもいれば、一定の距離を置く人たちもいた。

K市の状況を含めたフィリピン人移住者の動向

ここでは、法務省入国管理局が発表する出入国管理統計と在留外国人統計から[*5]、近年のフィリピン人の入国者数と登録者数の特徴と変化、さらに、K市に在住するフィリピン人の規模、特徴について説明する[*6]。

日本におけるフィリピン人の特徴は登録者総数約二〇万人のうち女性が約一六万人を占めることから明らかなように、女性の割合が圧倒的に多いことである[*7]。これは、八〇年代以降、日本が歌手やダンサーなどの芸能活動従事労働者に発給する「興行」在住資格を、「フィリピン・パブ」と呼ばれるエンターテイメント空間においてホステスとして働く女性契約労働者に発給し、増加したのが発端だと考えられている。多くの研究者たちはこの一部が客であった日本人男性との国際結婚により、日本に定住したと論じている（阿部　二〇一一、佐竹・ダアノイ　二〇〇

六、バレスカス　一九九四）。

その後、二〇〇三年、日本政府が「興行」在留資格の発給を厳格化したことにより、フィリピン人女性エンターテイナーは激減した。[*8] それとほぼ同じ時期、すでに日本に定住しているフィリピン人女性の外国人登録者数にも若干の変化が起こっている。

二〇〇四年に起こった大きな特徴は、フィリピン人登録者数を在住資格別からみると「永住者」ビザでの人数が、それまで最も多かった「日本人の配偶者等」ビザでの人数を上回ったことである。[*9] その後、新規の国際結婚を含めて、「日本人の配偶者等」ビザにより在住するフィリピン人は減少しつつある。「永住者」ビザの大半が「日本人の配偶者等」ビザから「永住者」ビザに変更した日本人と国際結婚をしたフィリピン人女性たちであると考えられる。[*10] このことは、国際結婚後、多くのフィリピン人女性たちが長期間、日本に居住し、今後も居住し続けることをあらわしている。

八〇年代以降、世界中に散在するフィリピン人移住労働者の「女性化」の傾向は顕著になっていた（小ヶ谷　二〇一六）。日本におけるフィリピン人移住者には他の地域ではみられない特徴的な部分がある。それは移住労働者だった女性たちのかなりの数が滞在先の男性たちと国際結婚し、定住するようになったということである。

また、日本人との結婚後、離婚もしくは死別したフィリピン人、在日ブラジル人及びラテンアメリカ諸国籍の多くの人びとと同様に、日本人と何らかの家族関係を持つ人びとが取得できる「定住者」ビザでの登録者が徐々に増加しつつある。[*11] これは、フィリピンに住む日系の人びとが、「定住者」ビザを取得し、来日する数が増加していることをあらわしている。これらの人びとはフィリピンにある国際人材派遣業者を通じてビザを取得し、介護施設や食品工場などの就業先を紹介される場合が多い。そのため、二〇〇四年以降もフィリピン人登録者数は減少していない。むしろ、在留期間の延長や資格変更ができない「興行」ビザよりも、就労制限のないこれらのビザでの定住が増加しつつある。そして最近では、これら新規に来日する人びとや、在日フィリピン人の生活保護受給世帯が増加することや、一五歳～一九歳の若年層の一割程度という就学率の低さなどの問題が指摘されつつある[*12]（高畑二〇一二、永田二〇一六b、読売新聞大阪朝刊　二〇〇八年七月二七日版）。さらに、先述した国際人材派遣業者を通じて、日本での職を得たフィリピン人の母親は多くが介護施設などに併設している間取りが狭い宿舎に居住し、低賃金で働いている場合が多く、母子ともに貧困化する危険性をはらんでいる。[*13]

次にK市在住フィリピン人の状況について説明したい。二〇一二年一二月時点全外国人登録者数が四万七七五人中、フィリピン人は八九〇人と、他の日本と主要都市や、日本の全外国人登録者数二〇四万九千一二三人のうちフィリピン人が二〇万六七六九人であることを考えても、[*14]割合的にも規模的にも決して大きいわけではない。しかし、次のようないくつかの特徴がある。

① 多くが日本人と国際結婚した女性たちであると考えられる。[*15]
② 八〇年代から活動しているカトリック教会を基盤とするフィリピン人Pコミュニティがある。
③ 数は決して多くないがフィリピン人留学生が同国人間の親睦サークルを作るなど、活動が盛んである。[*16]また、フィリピン人Pコミュニティとともに活動を行うことが多い。
④ 就業が可能な歓楽街がある。
⑤ 国際人材派遣会社を通じて新規に来日し、介護施設などで働くフィリピン人女性とその子が存在している。

また、K市は人口約一五〇万人の山に囲まれた盆地に有名大学が集中する学術都市である。[*17]そのため、日本人フィリピン地域研究者、フィリピン人留学生、在日フィリピン人が関係を形成しやすい状況にある。[*18]また、この様な関係が形成された要因として、数名のキーパーソンがいる。例えば、大学院生であったNさんである。彼女は、二〇〇三年から二〇一一年にかけて、先述の外国人支援団体、フィリピン人留学生グループ、Pコミュニティの主要メンバーとして活動していた。Nさんは学位取得後、外国人医療支援NGOの専従として働いていた。また、Nさんは日本語での読み書き、会話が可能であった。そのため、Pコミュニティが行政等によって開催される関連イベントに参加する際、企画について担当者と相談するなど仲介役を担っていた。Nさんが来日以前からも日本人フィリピン地域研究者、フィリピン人留学生、在日フィリピン人、その他、府市の国際交流関連団体との関わりはあったが、Nさんが来日して以降、より親密になった。[*19]

フィリピン人Pコミュニティ

次に、フィリピン人Pコミュニティの組織形態、グループ内の様相や社会関係について、説明する。一九八五年、当時フィリピン人のための礼拝が行われておらず、K司教区のカテドラル教会に隣接するカトリック系の幼稚園にてフィリピン人向けの英語ミサが行われるようになった。その後、長年Pコミュニティでリーダー的な存在であったKさんが中心となり、自助グループが作られた。グループの主な活動は、日本での信仰活動、フィリピン人同士の相互扶助、日本人信徒との交流、K市に住む深刻な状況に置かれているフィリピン人女性エンターテイナー、家庭内暴力などに遭っている既婚女性を支援することなどである。[*20] これがPコミュニティの始まりである。司教区や教会の信徒委員会の構成員ではないが、フランシスコ会のオランダ人神父が英語ミサをとりまとめている。また、八九年以降、やはりフランシスコ会の一人から二人のフィリピン人シスターが二、三年おきに交代しながら、Pコミュニティの支援のために来日している。

二〇〇〇年K司教区司教と一九名の代表が、フィリピン人信徒が直面する生活上、信仰上の様々な問題を話し合うための会議を行った。その後、自助グループの組織化が行われるようになった。[*21]Pコミュニティでは、年に一度総会が開かれ、少額の年会費を支払うと、正式なメンバーシップを得て、[*22]コーディネーターとコミッティーメンバーを選出するための選挙権を得る。二〇一二年時点で約一二〇名の登録会員がいる。そして、同年には、英語ミサがカテドラル教会からS教会に移されて行われるようになった。同時に、教会内にプレハブのPコミュニティの事務所が設けられた。この近隣のカトリック関連施設にフィリピン人シスターが寄宿している。しかし、二〇〇七年に事務所が閉鎖され、英語ミサは再びカテドラルの教会に移された。

Pコミュニティは、コミッティーメンバーの下に、主に三つのコミッティーが設けられている。信仰部、社会文化部、社会活動部である。他に主にイベントなどを開催する場合に準備や運搬などを行う運搬係、青年グループがある。信仰部では主にカトリック信仰についての活動が行われている。英語ミサの準備、黙想会、祈りの会、水曜ノベナ（Novena）、五月花祭り（Flores de Mayo）などである。社会文化部では、フィリピン人や日本人向けに、フィリピン独立記念日、復活祭、カラオケ大会、[*23]クリスマス親睦会や文化イベントが行われている。社会活動部では、フィリピン人シスターや外国人支援団体などでもボランティア相談員をしているメンバーが中心となって病院での通訳、夫の暴力などに起因する離婚、社会的孤立など、フィリピン人が直面する様々な問題の相談を受け付けている。先述した外国人支援団体とは密接に連絡を取り合い、時には、行政書士や弁護士などと協力して問題解決に当たることが多い。青年グループは、主に日比二世同士の交流イベントを行ってきた。また、二〇一一年から、月に一度、新規来日フィリピン人児童生徒向けの学習会「たけのこ会」を開催している。学習会運営には、日本人の父親とフィリピン人を母親に持つ、日本育ちの女性が大きな役割を果たしている。

S教会を拠点としていた二〇〇七年頃まで、総会、復活祭、五月花祭り、フィリピン独立記念日（六月一二日）、カラオケ大会、クリスマス、その他、青年を対象にしたワークショップ、コミッティーメンバーを対象にした研修ワークショップなどが行われてきた。当時は、S教会が拠点となり、フィリピン人シスターMや、Kさんの後、Aさんが二〇〇五～二〇〇六年にコーディネーターを務めた。Aさんは日本人女性を妻に持ち、フィリピン国内で地域住民支援組織の運営を経験したことがあり、非常に精力的に活動を行っていた。

しかし、二〇〇七年のカテドラル教会移転を機に、活動が停滞することになる。大きな原因としては、Aさんが他府県の大学院に進学するためにコーディネーターを辞めたこと、それまでほとんど問題にならなかった場所の確保が難しくなったことである。カテドラルの教会は日本人信徒の様々なグループが活動をしており、施設が使えないという状況が起こるようになった。また、英語ミサの後に行われていたティーパーティーも場所の確保が難しくなった。それでも、総会、復活祭、フィリピン独立記念日（六月一二日）、クリスマスなどの大きなイベントや、支援活動などは継続してきた。二〇一〇年四月には二五周年記念イベントを開催し、約二〇〇名の人びとが集まった。

しかし、このイベントを機に、結成時からのリーダーであったKさんが健康上の理由から事実上「引退」することとなった。しばらくの間、数名の主要メンバーが暫定的に共同コーディネーターを務め、活動を行っていた。二〇一一年に、Kさんが推薦し、新しいコーディネーターEさんが総会で選ばれ、再び活動が活発となった。二〇一四年三月、コーディネーターは、EさんからBさんに交代した。

Pコミュニティに集まる人びとと変化

筆者が関わりはじめた二〇〇一年以降、既婚した女性たちや、離婚を経験したフィリピン人女性たちが大半を占めていた。また、K市内の歓楽街でナイトクラブやラウンジを経営しているか、店を取り仕切っているフィリピン人女性たちも非常に多かった。当時のコミッティーメンバーの大半が既婚女性か、ラウンジ関係の経営者やマネージャーであった。その他、少ない割合で、夫である日本人男性や、日本生まれの日比二世たちがいた。しかし、先述したNさんがPコミュニティに関わるようになり、それまでは母国のフィリピンでは階層の違いから距離があったフィリピン人留学生が英語ミサに来るようになり、クリスマスパーティーや独立記念日のイベントで既婚女性と一緒に司会を務めるなど、立場の違いを超えた関係が徐々に構築されるようになってきた。また、二〇〇一年頃には、コーディネーターであったKさんがフィリピンに興味のある日本人大学生を英語ミサやティーパーティーに招待するようになり、日本人の若者がPコミュニティに頻繁に出入りするようになった。しかし、「興行」ビザが厳格化されて以降、フィリピン人エンターテイナーを経験した既婚女性の数が減ったようにもみえる。さらに、ここ数年は、技能実習生のフィリピン人男性の姿もよくみかける。だが、三〇代付近の既婚女性や、就労をしている技能実習生たちはコミッティーメンバーにはならない。これらの人びとはあくまでも英語ミサに来るか、独立記念日、クリスマスなどのイベントに参加するだけの関わりである。

コミッティーメンバーに限定してみても、ここ数年、積極的にPコミュニティと関わっているメンバーは、歓楽街で店を取り仕切る女性、院生レベルのフィリピン人留学生、離婚しシングルマザーとして子育てをしながら、外国人支援NGOなどで通訳を手伝っている女性、日本人夫がエリート商社マンの女性、夫とにも複数の飲食店を経営している女性、主婦、離婚後生活保護を受けながら生活している女性など様々である。また、プロテスタント教会の信徒である人もメンバーにはいる。個々の関係については、ものすごく親密かというとそういうわけでもない。互いの私生活や仕事にはあまり介入せず、あくまでも「フィリピン人」に基づく関係を継続するということを目的として集まっている。実際、あるコミッティーメンバーは別のメンバーの日本人夫とは全く面識がない場合や、仕事もはっきり知らない場合などが多い。クリスマスのイベントを準備する過程でミーティングなどを重ね、コミュニティの運営を通じて、関係を構築していくという側面がある。また、意見や考え方の違いから衝突することや、担当した作業を行えなかった場合などにそのメンバーに対する批判などが起こることもある。しかし、その点もミーティングで話し合い、衝突している双方の言い分や意見を聞いたうえで、次の活動を進めるという視点に立ち、目に見える形で「和解」の握手、抱擁なども行い、「終わったこと」として決着をつけている。この様なミーティング時には、普段はほとんどミーティングに参加しない、ある程度タガログ語が理解できる、コミッティーメンバーの日本人夫や筆者など、フィリピン人ではないが関わりがある人が参加する。また、普段のミーティングではそれほど発言しないが、イベント時に料理などの準備をするなど、裏方の仕事を着実に行う人望のある人が積極的に発言し、次に進むようにしている。

また、コミュニティ内は、私生活などで友人付き合いを行う複数のバルカーダが「フィリピン人」という共通項を基に集まっているようにみえる。バルカーダは、出身地や言語が同じ集まりもあれば、偶然に家が近所である、年齢が近い、性格や価値観、金銭感覚が合うなど、何か特定のものを基準として関係が成り立っているわけではない。関係群ごとに、集まる基盤は多様である。地域主義が強いフィリピン人が集まる場合に出身地ごとの集まりが影響を及ぼすことがある。例えば、Pコミュニティでは、レイテ島出身のKさんが長年リーダー的な存在であったため、タガログ語圏ではない出身者のことも考慮して、イベントの挨拶などでは英語が主に使われてきた。[*24] また、Kさんが推薦した、のちにコーディネーターとなる、Eさんはレイテ島付近の出身である。

このような緩やかな関係が「フィリピン人」であるということで結びつく、それがフィリピン人コミュニティであるといえるだろう。それをよく理解できるのが独立記念日、クリスマスなどの大掛かりな企画である。このような企画は、多くの食べ物を用意する必要や、歌や踊りなどの手配、ラッフルくじの景品の準備など多大な労力を必要とする。このようなイベントの準備において、普段、バラバラの人びとが「フィリピン人」という共通項をもとに集まり、集団としての意識を形成する。また、行政の国際交流企画などにフィリピン食材・物品の販売ブースを出すこと、歌や踊りを披露するなどして、「フィリピン人」同士の親交を深める機会となっている。そして、その機会やイベントが終われば人びとはそれぞれの日常生活に戻るのである。

二　新しい関係

社会福祉法人Kとの関わり

二〇〇七年以降、Pコミュニティは拠点を失い、イベントなどを行う場所の問題を解消できずにいた。このことは、コミュニティの活動を円滑に行う上で問題にもなっていた。しかし、その後、コミュニティは地域多文化交流ネットワークサロン（以下、サロン）の登録団体となり、活動の拠点を得ることになる。長年、カトリック系の社会福祉法人Kは在日コリアンと被差別部落の混住地域であるK市のH地区において様々な社会活動を展開している。現在、そこはサロンを市から委託され、運営している。経緯は、二〇一一年末、筆者と同じ研究科出身で、当時、サロンの非常勤職員だった地域社会学者Yが、Pコミュニティにもサロンの登録団体になってほしいと打診してきたことであった。その前年から、社会福祉法人Kはサロン事業を開始していた。筆者は当時のコミッティーメンバーの一人に相談し、ともにサロンの所長を交えて、打ち合わせすることになった。その後、登録団体が貸室などの施設を無料で利用できることや、施設はサロンだけではなく、カトリック系社会福祉法人としての活動、児童館などを併設していることが説明された。施設を使用するかどうかについて、コミッティーメンバーにミーティングで話し合ってもらうことにした。その後、二〇一二年二月にコミッティーメンバーが全員で施設を見学することになり、三月にサロンの登録団体となった。

この施設は、一九五九年、カトリック教会K司教区の外国人神父が、同和地区でもあり、在日コリアン住民の割合も多い地域であるK市H地区の生活環境向上のため「共助組合」を結成したことに始まる。「共助組合」とはキリスト教主義に基づいた、聖書の「コアノイア」、「交わり」という意味に基礎を置く、一九世紀の南ドイツを起源している社会運動であると考えられている。当時、施設は、地域に住むこどもたちへの補助学習や給食支援などの活動を皮切りに、生活物資の購買、小資金の融資、診療サービスなどを行っていた。また、一九六七年に、隣接するK保育園が開園した。一九七三年には、現在の児童館の前身である児童センターが開設された。この施設はカトリック信徒・関係者や地元の若年者層を中心にさまざまな活動を展開している。また、近隣の地域で行われている在日コリアンを中心とする地域の民衆文化活動Hとも深く関係している。

現在のH地区は、従来から続いてきた貧困と深刻な高齢化に直面している。二〇〇八年に同和事業が終了して以降も、H地区内には多くの単身高齢者世帯、住民の半数を超えるといわれている生活保護受給者がおり、そこに人口の三割近い在日コリアン住民が居住している。住民自体は生活能力の差異、高齢者、部落、在日外国人、障害者など様々な立場があり、分断もあると考えられている(山本 二〇一二)。

二〇〇八年以降、K市の同和地区の地域支援事業に代わる形として、福祉法人Kと関連事情である老人デイサービス事業を引き継ぐ形で、市の指定管理者事業として、サロン、高齢者向けの地域福祉センターが開設された。それに伴い、施設が建て替えられた。

現在、サロンの事業として、毎月、料理教室が開かれ、地域福祉センターの事業として、一日平均五〇食近くの配食サービス、関連事業として、低価格のランチルームが開設されている。その他、老人と保育園児が交流する異世代広場、映画会などが開催されている。サロンでは主に登録団体が無料で施設の部屋を借りることができ、関連の企画が実施されている。二〇一二年一一月時点で三九の団体が登録している。登録団体には外国人支援団体や留学生グループが多い。

以降から現在まで

Pコミュニティが登録団体となって以降、企画をカテドラル教会と併用して行うようになった。二〇一二年、サロンでは、四月出入国管理法改定のためのセミナー（教区フィリピン人コミュニティ・コアグループとの共催）、五月ファイナンシャル・セミナー（フィリピン政府海外フィリピン人委員会の後援）、六月独立記念日、七月カラオケコンテストUTAWI、一二月クリスマスパーティー、月一回新規来日フィリピン人のこどもを対象にしたなど主に非宗教的行事が開催されている。一方、教会では、月に一回のコミッティーミーティング、五月花祭り、六月イースター、など信仰に深く関連する行事が行われている。

また、サロンと社会福祉法人Kの主催行事に多くのPコミュニティメンバーが参加するようになった。二〇一二年、料理教室（講師担当）、ランチルームでのボランティアやフィリピン料理メニューの登場、春祭り、夏祭り（地域との連携によるもので付近の公園で開催）の出店手伝い、歌やダンスなどの披露、サロンのクリスマスパーティーなどである。二〇一三年二月には、筆者が企画を担当し、Pコミュニティの活動紹介を地域の人びとに行うためのイベントが行われた。*[25] また、サロンで開講されている日本語教室は受講生の多くがサロンを利用するフィリピン人女性たちである。

この様に、サロンとの関わりが密接なったきっかけは、二〇一二―一三年のコミッティーメンバーのうち二名がこの地域に居住し、こどもが通う公立学校内での関わりを通じて地域事情をよく理解していたことである。彼女たちはサロンのバザーや春・夏祭りなどに実際に訪れたことがあり、雰囲気をよく知っていた。また、カトリック系の社会福祉法人であり、英語ミサを担当するオランダ人神父がこの社会福祉法人の活動をよく理解し、好意的であったことなどが考えられる。また、サロンの職員もフィリピン人たちの利用が増えたことに関して、好印象を抱いている。ある職員は以下のように語っている。

たとえば、春祭りの前に、Pコミュニティの人たちが集まって、バンブーダンス?ですか?　練習に来るわけなんですよ。最初は興味津々でみていたんですが、最近はだんだんそれが当たり前になってきて、普通の光景になってきますよ。[*26]

また、昼食を食べにランチルームに来る地域の老人たちも、顔見知りになったフィリピン人女性たちに気楽に声をかけたりする姿をみかけるようになった。

ある職員は

正直、人間関係的なマンネリ化があったので、新しい人たちが来たというのは大いに刺激になっているのではないですかね。実際、夏祭り、以前は、出店出すにしてもなかなかお年寄りばかりで、けっこう大変でしたが、そこに三〇代とか四〇代の若いフィリピン人のみなさんが大勢手伝いに来る。そりゃ助かりますよ。[*27]

と、好意的な印象を述べている。しかし、すべてが理解されているわけではない。Pコミュニティのメンバー数名の話の要点をまとめると、教会でイベントを行うことに強い意味合いを感じている人びとも多く、また、集まる場所が自宅から遠くなった人も実際には多い。こういう人びとは、H地区のサロンが拠点になったことに不満を感じている。また、H地区の付近に居住するメンバーが、結果として、活動の中心を担うことになり、コミュニティに貢献したという「名誉」を与えられてしまうことへの嫉妬もある。そのため、コミッティーでは月に一回のミーティングはカテドラル教会施設で行うことや、サロンも母体はカトリック系の施設であり、信仰の理念に基づいていることを説明すること、二〇一二年時のクリスマスパーティーに際には道案内を丁寧に対応するなど理解を得るため多くの注意を払っている。

さらに、H地区に拠点を得たことで、見えてきた現状も多い。H地区付近にある公共団地に住むフィリピン人が意外に多いことや、サロンの職員や所長に寄せられる生活相談も増加しつつある。現在、サロンでは、このような相談にも応じる体制を作る必要があると考えている。そして、地域に住むフィリピン人と在日コリアンが近所付き合いなどを通じて、交流していたことなどもわかってきた。例えば、サロンのイベントに頻繁に参加する付近の公共団地に住むフィリピン人女性は次のように言う。

この地域に在日コリアンの人が多いのは知っていたけど、なぜ、多いかはあまり考えたことがなかった。また、ほかの地域と比べたら、経済的にきつい人が多いのも知っていた。だけど、結婚したころは、団地の隣に住んでいるおばあさんにすごく親切にしてもらい、とてもお世話になった。後で聞くと在日の人だった。そういうフィリピン人はけっこう多い。ここの活動を聞いて、はじめてコリアンの歴史みたいなのがわかった。[*28]

活動の変化

また、サロンの登録団体となった二〇一二年以降活動の中身も徐々に変化しつつある。それは、先述したように、フィリピン民放局や、フィリピン政府機関との共同企画である。また、フィリピン総領事館を中心とする近畿圏のフィリピン人コミュニティ・ネットワーク[*29]のイベントや、スポーツ・フェスティバル、会議に参加するようになった。コミュニティに関わった人びとにはこの様な企画は「フィリピン人」としてのネットワークを拡大することを実感し、有意義であると考えている。しかし、一方、コミッティーメンバーの負担の増大にもつながっている。たとえば、民放局や政府機関との共同企画では、コミュニティにある程度の資金が託されることになり、金銭の管理、会計報告などが求められるようになる。また、組織化すれば、規約などの作成が必要になる。現在、そのような事務作業をどの程度まで担う必要があるのかが課題となっている。実際、この様な作業は、外国人であるフィリピン人だけ担うには難しい部分もあり、筆者やサロンの関係者なども含めた日本人のコミットが必要となってくる。

さらに、Pコミュニティに限定されたことではなく、フィリピン人コミュニティが主催する独立記念日やクリスマス、また、サロンとの共同企画には、フィリピンへの海外送金顧客獲得のための企業が協賛となる。それらは、フィリピン系銀行の日本事務所、世界有数の海外送金請負銀行、さらに国際電話のプリペイドカードや、送金を扱う日本のコンビニエンスストアーである。そして、これらの協賛を仲介する中小の広告代理店が必ずコミュニティに営業活動を行う。この様になるともはやPコミュニティはカトリック教会を基盤としながらも、様々な社会関係をつなげる仲介的な役割を担うことになる。

「フィリピン」を取りまく人びとの関係

フィリピン人の関係には、フィリピン人だけではなく、関係に介在する多くの人びとが存在する（永田 二〇一一）。その関係はもはや「フィリピン人」だけの関係ではなく、「フィリピン」を取りまくさまざまな人びとの関係である。既に述べているように、英語ミサやコミュニティのイベントでは、多くの日本人の夫の姿をみかける。夫たちの大半は、フィリピン人コミュニティにはあまり関わらず、ミサなどに同行する程度である。しかし、コミッティーメンバーの一部の夫たちは、親子そろって、英語ミサに来る場合や、イベント時には運搬作業を積極的に手伝っている。Pコミュニティでは、日本人男性が運営の主導権の握るようなことはなく、ミーティングにもほとんど参加しない。また、一部の二世たちの中には、フィリピンの大学や語学学校に留学する人も現れつつある。

K市内には、多くの大学が存在し、研究者、学生が集まっている。この中には、フィリピン人留学生や研究者、また、フィリピンに関連する研究に取り組む日本人や、興味を持つ大学生が多くいる。[*30] しかし、筆者が調査を開始した二〇〇一年頃は、学術関係者や、学生たちとK市在住フィリピン人やPコミュニティとの関係はそれほど活発でもなかった。きっかけになったのは、Nさんやその周囲の留学生たちが積極的にPコミュニティの活動や英語ミサに参加したことである。留学生たちは、日本人の学生、フィリピン地域研究の若手研究者をつなぐ存在なり、興味を持った人たちが英語ミサやイベントに来るようになった。例えば、あるフィリピン人の客員教授が報告した研究会のあとの打ち上げにPコミュニティで頻繁に会う人が来るということも多々あった。また、二〇〇五年前後のコーディネーターだったKさん、Aさんが日本人学生をフィリピンにある実家に招待することや、一定期間、ボランティアとして関わることをすすめたことがあり、学生たちは、断続的ではあるが、関係するようになった。

さらに、コミュニティのメンバーは来日経験が異なる新規に来日したフィリピン人たちの存在も認識している。国際人材派遣業者を通じて、来日した、介護職に従事するフィリピン人親子たちの存在である。K市においても、小規模ではあるがこの様な人びとが来日し定住していることが明らかになりつつある。介護施設が学区内にある公小中立学校では、こどもたちの教育が大きな問題になる。親の都合で、突然、来日するこどもたちは日本語ができない。また、学校も受け入れた以上、対応しないわけにはいかない。二〇一一年七月頃から、K市教育委員会の職員から要請を受けた国立大学の移住労働問題を専門とする教員を通じて、フィリピン地域研究者が集まり、公立小学校の日本語教室での支援を行っている。また、この研究者集団は、学校の教員の要望に応じて、学校の日本人児童たちがフィリピンへの理解を深めるために、Pコミュニティのメンバーを多文化理解授業の講師として紹介することや、こどもたちにサロンで開催されている「たけのこ会」を紹介し、ごく数名ではあるが、参加するようになった。コミッティーメンバーたちの大半は、自分たちとは異なる経路であるが、移住労働者として来日した人びとと現状ではあまりつながりがないものの、「フィリピン人」同士による関係を構築することを模索している。一部のメンバーは、学校が主催するフィリピン人の親向けの日本の学校のPTA活動や、自治会活動についてのワークショップにおいて、講師を担当した。講師となった女性は自身の役員経験を交えて説明することや、学校教科書の要約・翻訳などの作業にも関わっている。さらに、現在では、頻繁にサロンを利用する女性たち数名が母語指導員や通訳として、市の教育委員会や国際交流協会から非常勤として雇用されている。彼女たちは新規に来日したこどもが多い小中学校などで補助指導や、父母教員面談の通訳などを担っている。介護職として働くフィリピン人の親たちは、日曜日に仕事のシフトに入っていることがあり、カテドラルの教会やサロンのイベントに来ることができない場合が多く、今後、この様な人びととの関わりがどのようなものになるのか考察し続ける必要があるだろう。

結論　緩やかな関係の中心としてのフィリピン人コミュニティ

フィリピン人Pコミュニティからみえる社会関係は、周囲や集まる人びとが共に居住し、常に時間を共有するような関係ではなく、密接な一部の人びと同士の関係を除いては、相互の介入も限られたものである。それは、「フィリピン人」であることや、「フィリピン」に関連するという限定されたシンボルのような概念を基盤に結びついている限定的で緩やかな関係である。そして、限定的で緩やかであるからこそ、「関係する」という意思があれば、関わることができるし、意思がなければ離れることもできる。

一部の文化人類学においてこの様な関係への分析が注目されつつある。現代の社会関係が日々流動的に変化し、ある存在が日常的に液状のように現れ、消える状況において、移民コミュニティの社会関係のような流動的で境界線が見えにくい集団が存在する。日常的に起こる離合集散に焦点を当てるには、基本的に「関わりが絶たれた状態」、「付随的不確実性」からなる関係に注目する必要がある。アミットとラポートは移民コミュニティを「アソシエーション（association）」という固定的な関係としてみるのではなく、緩やかに離合集散する「コンソシエーション（consociation）」としてみることを論じている（Amit& Rapport 2012）。

この議論はすべてのコミュニティや社会関係研究に対して有効ではない。しかし、日常的に共同生活を行うわけではない選択的な関係や、関係の広がりを記述する視点としては有効である。特に、集住しているわけではなく、日頃はマジョリティに囲まれながら生活し、週末や特定の時間や場所など、限られた機会に作られる関係やそのような関係に派生してできるつながりである。これまでのフィリピン人移住者に焦点を当ててきた研究から概観すると、マテオが調査した東京のフィリピン人コミュニティや（マテオ　一九九八　Mateo 2000）、長坂がパリで調査した週末の一部の地下鉄沿線にできるフィリピン食材などが置いてある商店群やその周辺に同じ「フィリピン人」である人びとと会うことを求めて集まる関係などである（長坂　二〇〇五）。また、小林が取り上げた、あるフィリピン人女性が移住先の東京に「サリサリストア」と呼ばれるフィリピン雑貨店を開いた事例である（小林　二〇〇八）。そこにはフィリピン人だけではなく、パブで働く女性たちの同伴客の日本人、フィリピンでの社会開発に興味を持つ大学生のゼミ集団などが集まる。そして、そこに集まった人びとの中には自発的にフィリピン人へのビザや法律問題への支援活動を始めた人びともいる。

本論やこれらフィリピン人移住者研究には必ずフィリピン人以外の人びとが多く登場する。さまざまな人びとがあることをきっかけに群がり、関係を形成する。フィリピン人移住者だけではなく、本来、集住地域がないなど、日常的に共同生活を行うわけではない移民の関係とは、本論において焦点を当てた「フィリピン人」を中心としながらも「フィリピン」を取り巻くさまざまな人びとによって形成されるような関係なのかもしれない。ベルは文化人類学におけるこれまでの移民研究が「エスニック・アイデンティティ＝社会集団」という疑似‐国民国家的な世界観にとらわれ、学者がある特定の出自や国民国家に帰属する人びととの関係のみを抽出していることを指摘している（ベル　二〇一六）。さらに、自身が運動に深く関与しながら、多国籍な移住労働者が働く韓国安山市のカンボジア人労働者運動団体が形成される過程に注目し、韓国人の支援者だけではなく、カンボジア人以外の複数国の労働者たちが協働することを記述した（ベル　二〇一六）。

このような関係の断片をみようとするには、やはり「巻き込まれる」必要がある。だが、その「巻き込まれる」ことが文化人類学のフィールドワークの一環というよりも、文化人類学者とフィリピン人たちの関係が交差したところを偶然に記述しているにすぎない。本論では、この様な関係への考察を一過性のものと考えるのではなく、関係がさらに多くの周囲の人びとを包摂しながら継続し、広がっていくものであると解釈する。

【注】

＊1　母語であるポルトガル語ではFernão de Magalhãesとなる。また英語表記では、Ferdinand Magellan（フェルディナンド・マゼラン）となる。

＊2　永田（二〇一六ａ）は、韓国ソウル特別市にあるフィリピン人国際結婚移民女性、留学生、韓国の支援活動などの活動が連動して形成されたフィリピン人の社会関係について検討している。小ヶ谷（二〇一六）はシンガポールや香港

のフィリピン人労働者の連帯について検討している。さらに、Tondo（二〇一四）は近年、フィリピン人移住労働者が増加しているマレーシア・クアラルンプールにおけるカトリック教会を基盤としたフィリピン人の信仰が海外での生活を精神的に支えるとともに「フィリピン人」の結びつきの強化にもつながっていることを検討している。これらはいずれも一九八〇年代以降にフィリピン人移民・移住労働者が増加した新興のフィリピン人移住者受け入れ先であり、日常散在しているフィリピン人が限定された時間や場所に集まる機会を構築していることに注目している。

＊3　フィリピン側の統計によると、定住 四九二万五千七九七人、一時滞在 四二二万一〇四一人、非正規 一三四万二七九〇人、合計 一〇四八万九六二八人となっている（Commission on Filipinos Overseas STOCK ESTIMATE OF OVERSEAS FILIPINOS As of December 2012 http://www.cfo.gov.ph/images/stories/pdf/StockEstimate2012.pdf 二〇一六年九月二三日閲覧）。

＊4　サント・ニーニョはスペイン語で「聖なる子ども」を、カトリック用語では「幼きイエズス」意味する。サント・ニーニョはフィリピンのカトリック布教のシンボル的存在である。一五二一年四月にマゼラン遠征隊に同行していた修道士がセブ島住民八〇〇名に洗礼をほどこし、カトリックに集団改宗させ、その場で改宗したセブの王妃にサント・ニーニョ像を贈ったという話に由来している（寺田　一九九四）。現在、フィリピンでは、街中、家の中などさまざまな場所にサント・ニーニョ像や人形が飾られている。

＊5　出入国管理統計と在留外国人統計については、二〇〇六年以降は http://www.moj.go.jp/（二〇一四年八月二五日閲覧）から調べることができる。それ以前に関しては、『出入国管理統計年報』、『在留外国人統計年報』（いずれも法務省刊行）からのデータである。

＊6　出入国管理統計は入国時の在留資格ごとの入国数の統計であり、在留外国人統計は三か月以上滞在する在留資格別の登録者数である。

＊7　二〇一二年一二月時点でのフィリピン国籍外国人登録者数は総数二〇万六七六九人、うち男性四万七二六八人、女性が一五万九五〇一人である（＊5の統計参照）。

＊8　二〇〇五年フィリピン人興行在留資格入国者数が四万八千一四二人だったが、翌二〇〇六年には八六七三人に激減した（＊5の統計参照）。

＊9　二〇〇四年フィリピン人永住資格四万七千四〇七人、日本人の配偶者等四万三千八一七人となった。二〇一二年には、永住一〇万六千三九七人、日本人の配偶者等三万三千一二二人である（＊5の統計参照）。

＊10　フィリピン人女性の加齢化を指摘している（川村　二〇一三）。

＊11　二〇一二年一二月時点で四万七〇七人であり、二〇〇六年から約一万人増加した。

＊12　参照の読売新聞によるとK市でのフィリピン人生活保護受給世帯数は一九九六年一三二件に対して、二〇〇六年には一八倍の二三九九件になったと指摘している。また、先述した筆者が参加していた外国人支援団体では、特に母子家庭の生活保護申請の支援なども行っている。

＊13　人材派遣業者から渡航費用を借りて来日している場合がほとんどである（二〇一〇年三月フィリピン調査時の関係者へのインタビューから）。

＊14　国籍（地域）別の外国人登録者数は、二〇一二年時点で一位韓国・朝鮮、二位中国、三位がフィリピン、四位ブラジルとなっている。ブラジル国籍者は、以前三位であったが、二〇〇八年に起こったリーマン・ショックによる経済不況後減少傾向にあり、二〇一二年に登録国籍者数が四位になった（＊5の統計参照）。

＊15　二〇一二年一二月時点でのK府のフィリピン人登録者一九〇六人のうち男性は二八二人、女性一六二四人と圧倒的女性が多い（＊5の統計参照）。

＊16　K市内の大学で学ぶ留学生、若手研究者を中心とする親睦会がある。

＊17　文部科学省　学校基本調査　http://www.e-stat.go.jp/SG1/estat/List.do?bid=000001049739&cycode=0（二〇一四年八月一九日閲覧）によると、K市があるK府は、大学数三三、学生数一六万二九七一人、教員数九六八一人、大学院生数一万七五〇三人である。東京都が大学数一三八、学生数七三万九一三二人、教員数四万九〇九三人、大学院生数六万九六二八人となっており、人口規模から考えるとK府はかなり多い数である。ちなみに二〇一二年の人口規模は、K府が約二六二万五千人、東京都が約一三二三万人である（総務省統計局、人口推計　http://www.stat.go.jp/data/jinsui/2012np/　二〇一四年八月一九日閲覧）。

＊18　例えば、二〇〇八年、二〇一二年、全国のフィリピン地域研究者が集まり、若手を中心に学術報告が行われるフィリピン研究会全国フォーラムがK市において開催されている。この時、懇親会の料理を二〇〇八年はPコミュニティのメンバーであり、繁華街でフィリピン料理デリバリー業を行っているフィリピン人女性に委託した。また、二〇一二年はPコミュニティの協力で料理の提供を受け、懇親会冒頭では、関係者が挨拶を行っている。

＊19　現在は、一旦帰国後、ドイツ人配偶者との結婚によりドイツに移住している。

＊20　二〇〇五年に作成された英語版パンフレットにもこのことが言及されている。

＊21　K司教区は周辺の三県を含む、四府県から構成されている。一二のカトリック教会を拠点として活動するフィリピン人コミュニティが含まれており、二〇一三年九月には、司教と今後のカトリック教会内でのフィリピン人コミュニティのあり方などに関する話し合いが行われた。この連合体は、教区フィリピン人コミュニティ・コアグループ（Diocese Filipino Community Core Group）という名称である。この時には内部資料として、主に二〇〇〇年以降のこれらのフィリピン人コミュニティの活動内容についてまとめられた文書が作成された。

＊22　メンバーシップ要件は、フィリピン人の親を持つ場合とされている。もしくは、フィリピン人の配偶者を持つ場合とされている。しかし、その要件からすると筆者はその資格を満たしていないことになる。

＊23　Ｕｔａｗｉと呼ばれる「歌う」という意味の日本語とタガログ語の造語をタイトルにしたフィリピン民放局主催の企画である。日本国内のフィリピン人コミュニティにおいて開催され、全国大会がある。

＊24　特に、一九八〇年代ごろに地方から来日した人びとの多くが日本でタガログ語を習得したと話している。

＊25　Ｐコミュニティとサロンが共同で企画された。

＊26　二〇一三年一月一二日フィールドノートから。

＊27　二〇一三年一月一二日フィールドノートから。

＊28　二〇一二年一一月八日フィールドノートから。

＊29　二〇一〇年から本格的に連携を強化しようとしている。

＊30　例えば、K市内にある某私立大学では、フィリピン地域に関連する学科がなく、専門の教員がいない。また、外国語としてフィリピン語やタガログ語の科目がないにも関わらず、フィリピンの貧困層への生計プロジェクトなどを支援するサークルが五つ以上ある。メンバーはいずれも二〇～三〇人とかなりの大所帯である。これらの若者は毎年、フィリピンにある支援先の地域に「スタディーツアー」を実施している。

【参考文献】

阿部亮吾　二〇一一『エスニシティの地理学――移民エスニック空間を問う』古今書院。
エリクセン、トーマス・ハイランド　二〇〇六『エスニシティとナショナリズム』鈴木清史訳、明石書店。
小ヶ谷千穂　二〇一六『移動を生きる――フィリピン移住女性と複数のモビリティ』有信堂高文社。

川村千鶴子　二〇一三『統計データで読み解く移動する人びとと日本社会——ライフサイクルの視点から情報分析を学ぶ（ディスカッション：多文化共生社会を考える）』ナカニシヤ出版。
木村周平　二〇一三『震災の公共人類学——揺れとともに生きるトルコの人びと』世界思想社。
小林孝広　二〇〇八「東京郊外の在日フィリピン・サリサリストア」『アジア遊学』一一七、一二二―一二九、勉誠出版。
佐竹眞明、ダアノイ、メアリー・アジェリン　二〇〇六『フィリピン‐日本国際結婚——移住と多文化共生——』めこん。
清水展　二〇一三『草の根グローバリゼーション——世界遺産棚田村の文化実践と生活戦略』京都大学出版会。
鈴木伸枝　一九九八「首都圏在住フィリピン人既婚女性に関する一考察：表象と主体性構築過程の超国民論からの分析」『ジェンダー研究（お茶の水女子大学ジェンダー研究センター年報）』一、九七―一一二、お茶の水女子大学ジェンダー研究センター。
長坂格　二〇〇五「パリのフィリピン人」『アジア遊学』八一、一八〇―九二、勉誠出版。
永田貴聖　二〇一一『トランスナショナル・フィリピン人の民族誌』ナカニシヤ出版。
——　二〇一六a「日本・韓国のフィリピン人たちによる複数の国家・国民とかかわる実践」『「国家」を超えるとは——民族・ジェンダー・宗教』黒木雅子・李恩子編　一五一―九九、新幹社。
——　二〇一六b「日比二世一〇万人時代——二つのルーツを活かす」『フィリピンを知るための六四章』大野拓司・鈴木伸隆・日下渉編著、三七〇―七四、明石書店
バレスカス、マリア・R・P　一九九四『フィリピン女性エンターテイナーの世界』津田守監訳　明石書店。
ベル裕紀　二〇一六「通り過ぎること、埋め込まれること——韓国・安山市におけるカンボジア人移住労働者団体の設立過程を事例として」『年報人類学研究』六、一〇四―三一。
マテオ、イーバラ・C　一九九九『折りたたみイスの共同体』北村正之訳　星雲社。
寺田勇文　一九九四「カトリシズム——踊るサント・ニーニョ」『アジア読本　フィリピン』宮本勝・寺田勇文編、一三〇―三七、河出書房新社。
山下晋司　二〇一〇「二〇五〇年の日本——フィリピーナの夢をめぐる人類学的想像力」『文化人類学』七五（三）、三二七―四六。
——編　二〇一四『公共人類学』東京大学出版会.
山本崇記　二〇一二「都市下層における住民の主体形成の論理と構造—同和地区／スラムという分断にみる地域社会のリアリティ」『社会学評論』二四九、二―一八。
松田素二　二〇〇九『日常人類学宣言！——生活世界の深層へ／から』世界思想社。

渡辺公三　二〇〇九a　『身体・歴史・人類学Ⅱ　西欧の眼』言叢社。
渡辺公三　二〇〇九b　『闘うレヴィ＝ストロース』平凡社。
Amit, Vered. & Rapport, Nigel　2012 *Community, Cosmopolitanism, and the Problem Of Human Commonality*. Pluto Press. Kindle Version
Borofsky, Robert　2011 *Why a Public Anthropology?* Center for a Public Anthropology. Kindle Version
Clifford, J. and G. E. Marcus (eds.)　1986（1996）*Writing Culture: the poetics and politics of ethnography*. University of California Press.（クリフォード、マーカス編『文化を書く』春日直樹他訳、紀伊国屋書店）
Espiritu, Yen Le　2008 *Home Bound: Filipino American Lives across Cultures, Communities, and Countries*. Ateneo de Manila University Press.
Lopez, Mario Ivan.　2012 Progressive Entanglements Religious Intimacy in Japanese–Filipino Marriages. *Philippine Studies: Historical and Ethnographic Viewpoints* 60(2): 261–290.
Marcus, George E.　1998 *Ethnography through Thick and Thin*. U.S.A., Princeton University Press.
Mateo, Ibarra.　2000 The Church's Nonreligious Roles Among Filipino Catholic Migrants in Tokyo. In *Old Ties and new solidarities: studies on Filipino communities*. C. J-H. Macdonald& G.M. Pesigan.(eds.), pp.192-205, Quezon City, Philippines, Ateneo de Manila University Press.
Okamura, Jonathan.　1998 *Imaging the filipino American Diaspora:Transnational Relations, Identities, and Communities*. Garland Publishing.
Tondo, Josefina S. C.　2014 Sacred Enchantment, Transnational Lives, and Diasporic Identity: Filipina Domestic Workers as St. John Catholic Cathedral In Kuala Lumpur. *Philippine Studies: Historical and Ethnographic Viewpoints* 62(3-4):445-470.

【その他資料】


読売新聞、大阪朝刊二〇〇八年七月二七日版。

『在留外国人統計年報』平成一七（二〇〇四）年・平成一八（二〇〇七）年・平成一九（二〇〇七）年版、法務省。

『出入国管理統計年報』平成一七（二〇〇四）年・平成一八（二〇〇七）年・平成一九（二〇〇七）年版、法務省。

第一二章　蝋と金――エチオピアの楽師アズマリが奏でるイメージの世界

川瀬　慈

はじめに

神様は機織り職人
神様の機織りは下手である
織るにつれてほどけていく

酒場の喧騒とタバコの煙のなか、アズマリの男性は椅子にどっしりと腰掛け、弦楽器マシンコを奏でながら歌う。眉間にしわをよせ、虚空をじっと見据え、客などおかまいなしに淡々と歌い上げる。アズマリは、エチオピア北部の地域社会のなかで音楽芸能をなりわいにする職能者である。彼らは、目の前の人物の服装や身体的特徴等を歌い上げるほめ歌を得意とし、あの手この手を使って、相手をよい気分にさせていく。いわば道化やコメディアンのような存在としても知られるのだが、神にささげる歌を意味する、ゼラセンニャという特定の歌を歌うときだけは、なぜか様子が異なるようだ。アズマリは演奏を始める際、それが酒場であれ、結婚式の宴の席であれ、この、ゼラセンニャを歌う。その歌を歌い終えると、われに返ったように、客のほうを向き、男女の恋愛やエチオピア北部の史跡や景観に根ざした伝承歌を歌う。また時にはラジオやテレビ、インターネットで聴かれるようなポップソングをもマシンコの演奏にあわせて器用に歌う。そして徐々にテンポを上げ、場面対応的で、即興的なほめ歌をはさみ、その場を盛り上げ、笑いの渦を巻き起こしていく。

私は二〇〇一年から、エチオピア北部の都市ゴンダールに通い、アズマリの音楽活動に関する人類学的な調査を行ってきた。アズマリを紹介する際、そのパフォーマンスの現場における、ほとんどアクロバティックという言葉で表現可能な、即興性に支えられたオーディエンスとのやりとりについて、本来ならば詳述を避けることができないであろう。それは、集団の活動の根幹ともいえる部分であり、エチオピア地域社会の人々がアズマリに求める要素ともいえる。また、アズマリの血縁的な紐帯を軸にしたネットワークの動態や、隠語を駆使した活動戦略等、集団を特徴付ける社会的な機能について踏み込まないのは多少後ろめたい気もする。しかし、それらを細部にいたるまで議論するのは別の機会に譲りたい。本稿では、アズマリのゼラセンニャという歌にみうけられる、セムナワルク(アムハラ語で〝蝋と金〟)とよばれる歌いまわしを紹介し分析する。蝋と金とは、歌詞の表面的な意味が蝋のように溶け、金、すなわち歌の中に隠された意味が現れることを指す。歌の聴き手は、蝋と金において、単に字義通り、歌詞を受け取るのではなく、自らの頭の中で、修辞上のトリックを用いて、歌詞が包含するイメージを導き出すことが求められるのである。それはある特定の人物から伝達される理路整然とした、あるいは首尾一貫したメッセージの類ではない。多義的な解釈を許容するイメージの世界なのである。聴き手は、この歌のなかの金を掘り出す経験を通して、多様で広大な広がりを持つイメージの世界にダイブすることが求められる。本稿は、ゼラセンニャにみうけられる蝋と金の分析を通じて、アズマリの歌やその役割について新たな視座を提供することをこころみたい。まずはアズマリという集団について、その歴史的な役割の変遷について俯瞰しつつ、足早に紹介する。

一　高原の楽師

ヤギの皮を張った共鳴胴と馬の尾の弦からなる擦弦楽器マシンコのメロディにあわせて歌うアズマリの姿は、エチオピア高原の風物詩ともいえる。北部の都市ゴンダール周辺にはアズマリの村が点在する。演奏する機会に恵まれた場所を他のアズマリから聞きつけ、あるいは親族のコミュニティが存在する都市をめざし、アズマリの多くがエチオピア全土へ音楽活動に旅立っていく。アズマリは、結婚式、洗礼式や家屋の新築祝いなどの祝祭儀礼の場や酒場などの娯楽の場で歌う。そのほかにも、エチオピア北部の主要な宗教であるキリスト教エチオピア正教会の各種行事において演奏を行う。さらに、多くの人々から邪教として忌み嫌われる憑依儀礼の場面においては、精霊を各地から呼び寄せるために演奏を行う。アズマリのパフォーマンスは、非常に多様な社会的状況において要請されており、エチオピア全土に分布するアムハラ人の社会において特に重要な役割を担っている。

アズマリは、場面対応的で即興性に富んだ歌いまわしによって、聴衆を褒め称えてよい気分にさせていく。アズマリは、歌を通して意見を述べるのみならず、聴き手たちの意見も代弁する。ここでの〝代弁〟の具体的な意味は、アズマリが演奏する場面を観察していると、アズマリ演奏をはじめて目の当たりにする者にでも容易にわかる。聴き手からアズマリへ向かってさかんに即興詩が投げかけられ、アズマリはそっくりそのままその詩を反復し、他の聴衆に聴かせるのである。時には聴衆どうしの口論までが、アズマリを介してなされる場合もある。フッカラと呼ばれる軍人や男性が行なう、己の強さの自慢や誇示をモチーフとする詩が、聴衆から投げかけられることもある。

以上のように、アズマリのパフォーマンスは、アズマリと聴衆による豊かな相互行為の上に成り立っているのである。アズマリとして生きる日常は決して楽ではない。アズマリは世間からは鍛冶、皮なめし、壺作り、機織りなどを専業とする、モヤテンニャ（手に職を持つ者）という範疇に入れられ、蔑視されるのである。モヤテンニャとの通婚は一般的に忌避される。それどころか、日常会話において、アズマリという語は物乞いや意味のないことをぺらぺらしゃべる者を指し、人を中傷するときに使われたりもする。

二　さまざまな役割

近代のエチオピア社会の変遷における、アズマリのさまざまな役割について俯瞰したい。歴史学者による著述には、アズマリが権力と深い結び付きがあったことが示されている。ゴンダール王朝による封建体制が崩れた直後に訪れる一八世紀の群雄割拠の時代は、地方の諸侯たちが乱立し領地争いを繰り広げた。この時代にはアズマリは諸侯の庇護下にあり、諸侯をほめ称えたり、気分を高揚させたり、あるいは戦場で戦士を鼓舞したりするために歌った（Bolay 1999a; 1999b; Gebreselassie 1986）。なかにはパトロンである諸侯に気にいられ、貴族や戦士に与えられる階級称号を授かるアズマリもいた。一九世紀後半のメネリク二世の統治期においては、税の徴収係として活躍したアズマリが存在したことが明らかになっている（Gebreselassie 1986: 162）。イタリア軍は、一九三五年にエチオピアに侵攻し、翌年には、毒ガスを広域に散布し、兵士と市民の区別なく虐殺を行い、同年ハイレセラシエ皇帝は英国に亡命した。直後、イタリアの当時の皇帝ヴィットーリオ・エマヌエーレ三世が東アフリカ帝国の皇帝に就任する。エチオピアがイタリア軍の統治下にあったこの期間、ファシストによる軍政に対抗するため歌を通して人々を扇動したアズマリが存在した。その多くがイタリア軍によって捕えられ処刑されたが、イタリア軍を称賛する内容の歌を強制されたアズマリの存在も報告されている（Falceto 2001: 44-47, Powne 1968: 67）。一九三九年には、エチオピアを統治していたイタリア軍の大佐、ジョバンニ・シレッティ大佐によるエチオピアの伝統音楽の調査が行われ、約二四八曲が録音されたが、この録音にはマシンコを弾き語るアズマリも含まれている。たとえばアズマリの歌の録音の中にはイタリアの軍用機を、エチオピア正教の主要な聖人の一人、ガブリエルが乗ったとされる馬にたとえて賛辞を贈ったり、ヴィットーリオ・エマヌエーレ三世をあからさまに褒めたたえる歌まで聴くことができる。また、社会主義政権時代（一九七四―一九九一）には、政権のスローガンをエチオピアの諸民族の言葉で歌うアズマリが頻繁にラジオに出演したこともあった（Shelemay 1994: 126）。アズマリは、権力者の庇護のもと、体制維持に貢献するために音楽活動を行うとともに、時には庶民の代弁者となって支配者に抵抗するための音楽活動も行ってきたのである。そのようななか、近年アズマリのなかから、エチオピアのポピュラー音楽シーンで活躍するような歌手や、欧米のプロデューサーとの出会いを通し、海外ツアーや、ワールドミュージックシーンでの活動を経験する歌手も飛躍的に増えている。エチオピア移民を多く抱える北米や欧州を拠点に活動するアズマリもでてきた。同時にユネスコやエチオピアの研究機関が、アズマリの音楽文化を保護すべき無形文化としてとらえようとしていることも見過ごせない。地域社会の音楽を担ってきたアズマリが、外部から激しく揺り動かされ、職能者からアーティストへと変化していく過程にあるとも考えられる。

三　アズマリの歌と蝋と金

アズマリの歌の醍醐味は、その聴き手との豊かな相互行為からなるパフォーマンスである。アズマリにとって最も重要なのは、目の前の聴き手に対して褒め歌を歌い、それに対し、報酬シェレマットの紙幣を額に受け取ることである。歌いかける相手の名前や宗教、さらには職業までをも同席した客たちからあらかじめ聞き取り、そこで得られた情報を積極的に歌に反映させていく。さらには、相手の身体的特徴をおもしろおかしく誇張気味に歌い、その場を笑いの渦に巻き込んでいく。その姿はほとんどコメディアンという言葉がふさわしい時もある。

しかし、このアズマリが一切、聴き手を意識せず、虚空をながめて歌う時がある。それが冒頭にも述べた、ゼラセンニャと呼ばれる特定のレパートリーだ。ここでは、蝋と金について詳しく解説したい。蝋は、歌詞上で字義通りに理解される特定の単語や節、ひとまとまりの段落を意味する。一方金は、蝋が徐々に溶けることによってあられ出る歌詩の本意を指す。蝋と金の表現法としての特質は、聴き手が金として歌の中に包含されているイメージを、蝋がとけるごとく、少々の時間を置いて理解することにある。「蝋と金」は、アズマリのレパートリーのなかでも最も古くから伝承されてきた歌とされるゼラセンニャの中に顕著にみられる。蝋と金はそれぞれの詩のまとまりの最終行にみられるといった規則性がある。ゼラセンニャは、演奏機会がどのような場であれ、演奏を始める際に男性アズマリの独唱によって歌われるレパートリーである。曲に一定の拍子はなく、いわゆる語りに近い。この歌は神への賛辞をあらわす導入部に始まり、その後二行から八行に渡る、意味内容が完結する短い詩が連なっていく。ゼラセンニャには、二行ごとにみられるベトゥメタ（韻を打つ）や、三行以上押韻が続くベトゥダッファ（韻があふれる）が交互に織り込まれ、曲全体に昂揚感が与えられている。

ここでは、「金」を導き出すための具体的な修辞上のトリックをゼラセンニャから部分的に抜粋した詩を事例に説明する。まず、語句を、似た発音の語句と入れ替え、金、すなわち隠されたイメージの世界を導きだす事例を紹介したい。

ተዛለይ የለች ሸክላ ሰሪ
むこうのほうに壷づくりの女性がいる

ደሃ ነች አሉኝ ጦም አደሪ
彼女は貧しく餓えている
ማን በነገራት ጥበበን
誰が彼女に告げようか
ገል አፈር መሆኑን
粘土が壺に適していると

ここでは四行目の粘土に蝋と金がみうけられる。隠された意味を導くには、粘土 ገል の発音を変化させ ገላ /gäla を ገላ /gäla（名詞：身体）とする。አፈር /afär は大地、土壌、泥といった意味でもうけとれるので「人の体はいずれは大地に帰っていく」というイメージが導き出せる。

በቅሎ ገዛች ከጎጃም
ゴッジャムでラバを買った
አጭሬ አደለች ረዥም
ラバは大きくもなく小さくもない
ጎንደሬ አምጣች ብሸጣት
ゴンダールに運び売ることを考えていたが
ሰሜን ወሰደው አጠፋት
スィメンで消えてしまった

ゴッジャム、ゴンダール、スィメンはそれぞれエチオピア北部の地名である。歌詞の表面上を見る限りは、売る予定であったロバを無くしただけのたわいもない話に聞こえる。しかしここで一つの単語の発音を少し変えるだけで、金が導き出される。ስሜን/səmenə を似た発音の ስም/səmə（直訳：名前）と入れ替える。すると「ስም /səmə（名前）が消えてしまった」となる。アムハラ語において「名前が消える」は、「名誉が汚れる」や「盛んであった権威や名声がすたれる」ことを意味する慣用句である。この詩によって「名誉が汚れる」というイメージが導かれる。しかしながら、これがいつの時代の誰のことを指しているかは定かではない。

次に一つの単語を異なる二つの単語に分離させ、金を導き出す事例を紹介する。

የዚሬ ዘመንኛ ገበሬ
近頃の農民達は
ምድሬ እያውቅም አለክ ዛሬ
農地に関してなにも知らない
ቆንጆ ነው ብለህ እንዳትሄደው
ここは砂利混じりの土だと言って通り過ぎてはいけない
[አረሰው] አፈሩ ነው
耕せ！　ここは 土であるから

ここでは、耕せ！に、蝋と金がある。命令文 አረሰው/'äräsäwə「耕せ」を አረ/'ärä（感嘆詞：え!·あれ!）と、

ሰው /säw（名詞：人）というに分ける。あれ！人は土である。「人は（いずれは）土になっていく」という大意が導き出されるのである。
次は逆に、異なる二つの単語を接合させることによって、一つの新たな語を導き出す事例である。

መፈክም እገሬ ነው ጎንደር
ゴンダールは祝福された場所
ቤተክርስቲያን ስም ለማደር
人々は教会の活動に日々を費やす
እዩቀርግምእን ዳኝነት
裁きは避けることができない
ከተማ ሰው መግባት
町の人が入ってくる

この場合、一見すると、詩の内容に統一感がなく意味がわかりにくい。しかしながら、ከተማ/kätäma ሰው /säw（ከተማ 形容詞：町の、都会の、ሰው 名詞：人）を、ከተማሰው/ kätämasäw とつなぐと「死者を葬る／土の中に埋める」という意味の動詞になり、三行目の「裁きは避けることができない」に対応する。したがって「人が土の中に入れば（死ねば）、裁きを避けることができない」という死後の世界に対する観念が伺える。次に語を切り離し、新たな語を部分的に付け加える事例をみてみたい。

ደምበጫ ቢደርስ የመሸብኝ
デンベチャについたとき、あたりはもう真っ暗であった
ገና ዳሞት አለበኝ
ダモトゥにはまだ到着しない

デンベチャもダモトゥもそれぞれアムハラ州の地名である。デンベチャにやっと着いたが、今日中に急いで目的地であるダモトゥに到着せねば完全に日が暮れてしまう、という焦りが感じられる内容である。ここでは、ダモトゥ ዳሞት /damətə を ዳ /da と ሞት /mətə と切り離し、ዳ /da の接頭に ዕ /ʾə を加える。すると ዕዳ /ʾəda（名詞：義務、負債）・ሞት /mətə（名詞：死）という別々の二単語が生成され、「死という義務がわれわれには残されている」、あるいは「死を乗り越えなければならない」という意味が導き出される。以下もダモトゥに着目し、語を切り離し、新たな語を部分的に付け加える事例である。

ከጎጃም ዳሞት ማን ይበልጣል በስፋት
ゴッジャムとダモットではどちらの面積が広いだろう
መብለጡንማ ጎጃም ነው ትልቁ ዳሞት ነው
ゴッジャムのほうが面積は広いけど（本当に）大きいのはダモット

この詩の場合も、前出の事例と同じ方法で金を導く。ダモトゥ ዳሞት /damətə を ዕዳ /ʾəda（名詞：義務、負債）と ሞት /mətə（名詞：死）と分ける。すると「死は人にとって大きな義務である」というイメージが導かれる。

以下はこれまでの事例とは異なり、詩のまとまり全体を象徴する内容を読みとる事例である。

ወልዱን　ዕግዝአብሄሪ　ሸማኔነህ　እሉ
神様は機織職人
የጉተ　ሸማኔ　ኖት　ምኑ　ይነፋቃል
しかしながら　神様の機織りは下手である
በኋላ　እየሰራህ　የፊተኛው የሊቃል
前方で織ってゆくにつれ手前でほどけていく

これは全体が蝋ともいえる。機織りを〝神による人の創造〟に喩えている。神はどんどん人を創り出していく（織り上げていく）が、同時に、以前創られた人々はどんどん亡くなっていく（ほどけていく）。人に必ず死ぬ運命を与える、神に対する諷刺と受け取ることができる。また同時に、人が、神によって死という定めを与えられることへの諦観をうかがうこともできる。

以下も詩のまとまり全体を象徴する内容を読みとる事例である。

የባቶቻቺን ውሃ ዋና
我々の父達が泳ぐときは
ላይ በላይ ነበረ በወላ
水面上を泳いだ

የዛሬ ልጆች ይበልጣሉ
今日の子供たちは父の世代より優っている
ውስጥ ውስጥ ውስጡን ይዋኛሉ
内側 内側 内側 を泳いでいく

内側ውስጥ/wesɨtはアムハラ人に「秘密を隠す」、或いは「智識深さ」を想起させる。よって、「今時の子らは物事を隠して打ち明けない」もしくは「今時の子のほうが昔の人よりも賢い」と、金が多義的に解釈できる。

アズマリの演奏中、聴衆には「蝋」のパートを注意深く聴き取ったうえで、「金」を導き出すための以上に挙げたような修辞上の作業が必要である。しかしながら実際には、現地のアムハラ人にとって、非常に難解な蝋と金を有した歌詞もしばしばみうけられる。そのため、聴衆の「金」への理解が常に確約されているとは言い難い。以上の事例が指し示すように「金」が包含するイメージは抽象的で、多義的に解釈可能である。ゼラセンニャを聴きながら、死という誰もが免れえない運命について思いをはせ、それを司るとされる神への畏敬の念がこみあげて、涙を流す者もいる。

「蝋と金」は、一三人のアズマリによって演奏された一三曲から計約三八種類採集した。ゼラセンニャの曲の長さは様々で、三分の短いものから二〇分を超えるものまである。アズマリのなかには、共通の詩を共有するものもいたが、一曲のなかの詩の内容、順序が全て一致する例はなかった。「金」のモチーフには、大別して死生観（一六種類）、神への感謝の念（一種類）、権力批判（二種類）、神に対して恩恵を請う（四種類）、自身の不幸を嘆く（四種類）、その他（十一種類）がみうけられた。

むすび

なぜ、「蝋と金」という独自の表現法が生まれたのか。たとえばフランスの歴史家のアン・ボレイ（Bolay 1999b）は、エチオピアの封建社会の諸侯たちとアズマリの密接な関わりが蝋と金を生み出し育んできたと述べる。すなわち、蝋と金が、被支配者から権力者や国家体制などの支配勢力に対して、対抗的なメッセージを伝達する媒体として機能してきたというのだ。アズマリは、時の権力者をほめ称えるのみならず、この蝋と金によって彼らを婉曲的に揶揄し、攻撃してきたというのである。しかし、本稿で分析した通り、現在のアズマリの歌にみられる蝋と金は、死生観などの観念的なモチーフが大半であり、必ずしも被支配者と支配者という対立構造が明確にみられるわけではない。むしろ、エチオピア北部のアムハラ社会の死生観や無常観につながるイメージを長い歴史のなかで蓄積してきた可能性があり、蝋と金の分析に関しては、その起源も含めて、北部の主要な宗教であるキリスト教エチオピア正教会の宗教教義とのつながりのなかで、今後さらに調査と分析をすすめていく必要がある。

アズマリはエチオピアの社会の中で親しまれると同時に、蔑まれながらもさまざまな役割を担ってきた。人々との豊かなやりとりを中心とするパフォーマンスを展開させる、コミカルな歌手としてエチオピア国内外に広く知られてきた。そんなアズマリが、生と死をめぐるイメージの深遠に人々を誘う。我々が慣れ親しむ姿とは、また異なるアズマリの姿や役割がこの蝋と金を通して浮かび上がってくるのではないだろうか。

※本稿は『国立民族学博物館研究報告』四一巻一号（二〇一六）収録の研究ノート「エチオピアの音楽職能集団ア

ズマリの職能機能についての考察」の一部を抜粋し加筆修正したものである。

【参考文献】

Bolay, A　1999a　The Role of Music, Expressions of Faith, Expressions of Power. *Musical Instruments of Ethiopia, Catalogue, Collection of the Ethiopian Museum of the Institute of Ethiopian Studies*, pp.10–11. Addis Ababa: Centre Français des Études Éthiopiennes.

——　1999b　The Azmari: The Burlesque Middleman of Ethiopian Society. *Musical Instruments of Ethiopia, Catalogue, Collection of the Ethiopian Museum of the Institute of Ethiopian Studies*, pp.16–17. Addis Ababa: Centre Français des Études Éthiopiennes.

Falceto, F　2001　*Abyssinie Swing: A Pictorial History of Modern Ethiopian Music. images de la musique éthiopienne modern*. Addis Ababa: Shama Books.

Gebreselassie, T　1986　A brief survey study of the Azmaris in Addis Ababa. In *Proceedings of the International Symposium on the Centenary of Addis Ababa*, A. Zekaria, B. Zewdie and T. Beyene (eds.), Vol 2. pp.161-172, Addis Ababa: Institute of Ethiopian Studies, Addis Ababa University.

Powne, M　1968　*Ethiopian Music: An Introduction: A Survey of Ecclesiastical and Secular Ethiopian Music and Instruments*. London: Oxford University Press.

Shelemay, K. K　1994　*A Song of Longing: An Ethiopian Journey*. Urbana: University of Illinois Press.

第一三章　力の翻訳——人類学と初期社会主義

真島一郎

はじめに——翻訳と「力」

文脈によって「力《ちから》」と訳すことが可能な西欧由来の諸概念——フランス語でいえばforce, pouvoir, puissance, énergie, vigueur, capacité, effort, effet 等々——は、仔細に調べればいったいどれほどの数にのぼるだろうか。古来の生気論や、認識論、古典力学などにそれぞれ由来する語彙群が雑然と集合したこの意味論的な場の周囲には、さらに、文脈に応じて「力」の接尾辞を添えて訳される——「凝集／力 cohésion」、「影響／力 influence」、「想像／力 imagination」のような——名詞群が取り巻いているだろう。

こうした概念群の布置をイメージできるのは、むろんわたしが東アジアの翻訳者だからである。言語と言語のはざまで——西欧の諸言語にくわえて漢語の文字体系も古くから流入してきた東アジアの辺境で——関連する概念を照合する作業からは、「力」にまつわる特異な分光現象を確認することもできるだろう。たとえば、名詞«violence»は、日本語に訳せばただ「暴」となってもよいはずだが、この語にかぎっては、文脈しだいで「力」の接尾辞が翻訳を補うことがあるどころか、「激しさ」のような和語で意味を開かないかぎりは「暴力」こそが通例の訳語となる。西欧での語源を異にした二つの概念«force / violence»が、「社会」のような人間の集合体に生起する何ごとかの喩として、じつはどれほどダイレクトな節合《アルティキュラシオン》＝分節の関係にあったのか。またそれだけに、両概念の境界画定が、いかにそのつどの統治実践の一部を形づくってきたのか。「力 force」と「暴力 violence」の双方に「力」という同一の漢語をあてることで、両者の節合＝分節関係をあっさり可視化していく東アジアの翻訳言語においてほど、力と社会の連関をめぐるこうした問いが露呈する場は、意外に少ないのかもしれない。

社会の内部に想像される何らかの運動や趨勢――日本語でいう「力」――を指示するために、語源の異なる相当数の概念が動員される。しかも、一定の概念群については、日本語への翻訳にさいして通常の訳語に「力」の一語を上乗せしないかぎり、文脈に照らして何らかの欠如が感じられる。「暴力」の事例にいたっては、「力」を除いた翻訳が思考不能となるほどに、欠如の語感は決定的となる。ある概念をひとつの言語からべつの言語へうつすさいに、概念の過剰と語感の欠損をめぐってこのように不規則な現象があいついで生ずるとすれば、それは翻訳元の言語または思想史の内部で、本来は言語化しえない何ごとかの周囲に一種の形而上学が築きあげられてきたことの証しではないだろうか。

一　人類学的思考と「力」

渡辺公三が人類学的思考の源流をたどりながら、「近代市民社会の暗夜の斜面」をひたすら降りていくその先に垣間見たのも、この社会という力の形而上学に繋がれた何ごとかであったのかもしれない。

［…］市民社会と、その中に産み落とされた人類学［…］（渡辺 二〇〇九a：一〇）。

問いとしてひとたび開けば後戻りが利かなくなりそうなこのひとことを、渡辺が例によってさりげなく文中に記すのは、一九八九年の卓抜なマルセル・モース論においてであった。独自の社会主義をめざす実践と民族学の探究とが、たがいを強化しあう思考の砦としてモースのうちでいかに通いあい、その先にいかなる「市民社会」が構想されていたのか。そうした問いの延長で渡辺は、「モースが私たちと同時代人でありうる」こと、「モースの現代性」を展望していた。[*1]

われわれの同時代人としてモースが投げかける根源的な問いの内実は、その後二〇〇〇年に発表されたモース論（渡辺 二〇〇九b）で、ある厚みを与えられた。このときモースの思考の推移を一九三〇年代から順にさかのぼって跡づける渡辺は、『贈与論』が発表された一九二〇年代半ばをめぐる部分で、これとほぼ同時期に執筆された未完の著作「ナシオン」に注目する。そして、贈与とナシオンのいずれかに視点を固定することなく、その双方がモースというテクストのうちで反復的に縫いあわされていく分節＝接合のパターンを見渡しながら、間テクスト的な連関の深部で双方の主題を交差させようと試みるだろう。たとえばそこでは、「主体」の逆説をめぐってナシオンと贈与が繋がれる。ナシオンは、自己の固有性へと閉じていく傾向をもちながら、他方では他者（他のナシオン）と相互に交通を深めてこそ成り立つ存在である点をモースは指摘していた。さらに、交通を「交換」一般の次元に――このときの交換こそ、マルクス以後の「交通 Verkehr」にあたるだろう――置きかえても、逆説は反復される。交換がつねに自己の一部を譲渡する営みならば、交換によって他者との関係にしばられつつも自己の固有性を保とうとする人間、ないしは近代における人間の存在様式としての「市民」も、ナシオンと同様の理由からつねに逆説を孕むことになるからだ。

［…］「贈与」の行為に典型的に表れる義務と自由の相関［…］拘束性と自発性の相関によって作られる人間の現実を謎と呼べるならば、その謎を謎として解くための捷径は、人間にとって拘束性と自発性を同時に課す、社会という源泉の力が何であるかを解明することだとモースは考えていた［…］（渡辺　二〇〇九b：三四三、傍点引用者）。

人類学的思考にとり、ならば「力」とはなにか。「社会という源泉の力」は、いかなる史的発端を経たすえに、人類学の問いとして輪郭をなしたのか。

知られるように、デュルケムとモースが生きた世紀転換期のフランス第三共和国は、階級的制約をおびた旧来の「市民社会」に、膨張する産業労働者層をいかに穏便なしかたで参入させるかという課題に直面していた。難局から抜けだすには、ふたつの方途があった。ひとつには、今後広範に拡張されるべき「市民社会」内部の経済的平準化をうながす目的で、市民的空間の外部に「植民地」という法外な──「植民地法」上は合法な──労働空間を創設し、その空間で生きる「非市民＝植民地臣民」の労働力から、本国市民社会の平準化に要する財源の補充がめざされた。またひとつには、市民個々人の生の存続を集合的に保障する「リスクの社会化」を基礎として、労働権と所有権の解消不能な対立に代わる狭義の「社会的なもの」の向上、すなわち万人のリスクを低減すると同時に各人のチャンスを増進させるメカニスムの構築が、法権利の次元でめざされた（Donzelot 1994: 125-40）。

「社会的なもの」の制度化を支える「連帯」の理念を確立したのが一方のデュルケムだったとすれば、その甥モースもまた、共和国における所得再分配の新たな方途、すなわち市場内部の個人を宛先とした自由主義流の発想とは異なる「社会化」のヒントを、非西洋の伝統社会に固有なモラルのうちで探っていた。伝統社会で諸個体の生を強力に結びつけてきた社会的凝集力の基盤をなす特殊な語彙が、西洋人には聞き慣れない口承言語のうちから取り出される。たんなる語彙の翻訳という以上に、集合的な生の様式そのものをポリリンガルに翻訳しつつ想像する作業が、モースのテクスト内部で進行する。

「社会の再組織化」という一九世紀来の思想的課題が、「社会的なもの」の発明を経由しながら間接賃金の保障による社会共和国の法整備へと転じていく過程に、人類学的思考の発端を画す重要な部分が併走していたとすれば、つまるところ、二〇世紀転換期における市民社会の拡張プロセスに、人類学はいわば二重のしかたで関与していたことになろう。「人類学は植民地帝国の事業に手を染めてきた」というポストコロニアルな回顧のしかたも、その意味では事の表層をなぞるものでしかなくなるだろう。少なくともフランス民族学は、植民地という同時代のフィールドに足をはこぶ以前から、租税の反対給付を争点とした二〇世紀型福祉国家の論議への介入を試みていたとみなすほうが、この学にかんするより正確な回顧のしかたとなるからだ。

いや、人類学的思考にとり「力」とは何であったかを問うには、時代をさらに遡る必要があるかもしれない。フランス第一共和政期における人類観察者協会（Société des observateurs de l'homme）、なかでもジョゼフ＝マリー・ド・ジェランド（Joseph-Marie de Gérando, 1772-1842）の業績は、デュルケムとモースの視界から奇妙なほど脱落したのち、ようやく二〇世紀後半から、フランス人類学の先駆として再認識されはじめた（Stocking 1964, Copains & Jamin (eds.) 1994）。忘却の原因と再評価の理由はいずれも、ジェランドが一八〇〇年という突出して早い時点で、同時代の探検家向けに「野蛮社会」調査の手引を作成していた事実にある（Gérando 1800）。

ただし、同時にジェランドという書き手は、復古王政から七月王政期にかけて「博愛」――旧来の「慈善」とは異なる「新しい慈善」――の必要を訴えた社会経済学サイドの論客として知られた人物であり、かれはこの領域でも、調査手引書を作成していた。社会調査がフランスで制度化される二〇世紀初頭にいたるまで方法論上の影響を及ぼしつづけた大著、『貧民訪問員』（Gérando 1989［1824］）である。[*2] 一九世紀前半の博愛主義にとり重要なのは、もはや旧来の慈善思想で重視された物質的給付でなく、貧窮諸階級のモラル向上をねらった柔軟な精神的介入、すなわち貧民家庭の訪問員による日々の「配慮、励まし、助言」にあった。各家庭の経済状況をモラルの状況とじかに関連づけながら対処するうえで、訪問先の貧民家庭では、「怠惰」に代わる「勤勉」や「自律」のほか、将来起きうるリスクの「予見 prévoyance」とそのための「貯蓄」が勧奨された。そうしてかれらが、いずれは名実ともに市民社会の新たな一員となること、つまりは財の所有者、消費者、納税者となることがめざされた。そのさい注目されるのは、「真の貧困」と「偽りの貧困」を峻別できるように、実地調査では訪問先の人びとの生活にとけこむ努力が、また日常生活の注意深い参与観察をつうじて最大限の情報を獲得する努力が要請された点である。やがて大正期の日本に方面委員として移入される制度の方法論さながらに、[*3] あるいは調査対象の「真偽」への執着まで含めたあらゆる点でかつての人類学者さながらに。

起源においてフィールドワークとは、ソーシャルワークであったこと。「危険な階級」の形容を持ち出すまでもなく、ありうべき市民社会の埒外でこのとき「原住民 indigène」と「貧窮民 indigence」を繋いでいたのは、統制されるべき対象として喩とともに想像され実体化された他者の集合的な力、いわば広義の「社会的なもの」の力にほかならない。同時にそこは、一九世紀後半以降における人類学的思考の新たな介入をつうじ、渡辺（二〇〇三）のいう「同一性／同一化」の権力効果が作用し、暴力が行使されてきた場でもある。[*4] とりわけそこは、「真の貧困」と「偽りの貧困」の選別基準を労働そのものに遡及させつつ「失職者」と「浮浪者」の範疇を区分したうえで、事実上は前者に属する貧窮民を可能なかぎり後者の範疇と同等視していく搾取の規律権力ないしは「同一性」の暴力——たとえば労働者指紋の、あるいは「旅する狂気」の（渡辺 二〇〇三：断章五、第一二章）——が遍在していた空間だった。暴力が一方的に行使されてきた場で瞬時に発動しかねない集合的な対抗暴力にたいしては、その徴候を「フィールド」で未然に察知して適切に水路づけていく現地訪問者の「参与観察」が不可欠となる。たとえば先のジェランドが、「労働者同士の交流」を「共済組合」の結成へと発展させ、そうすることで社会的なものの力を制度の内部で水路づけ、整序し回収することを奨励していたように（田中　二〇〇六：一二五）。

ただし、人類学的思考のこうした祖型をべつの視点から眺めれば、「原住民」と「貧窮民」の生を連続的に表象することで、市民社会の外部に何らかの集合的な「力」を想像してきた過去があるからこそ、逆にその起源の思考は、二〇世紀転換期にいたって社会主義的思考への転轍をとげえたことにもなるだろう。「社会問題」の尖鋭化に対処するために、社会そのものをめぐる学の基本理念が定礎されつつあった当時のフランスでは、社会学と民族学の境界ばかりか、社会学と社会主義の境界線さえいまだ不分明な状況にあった。同時に、モースをふくめた当時のフランス社会学派にとって、それなりにリアルな可能性のひとつとして思考の参照軸になっていた「革命」とは、一八世紀の市民革命というより、むろん二月革命（とその再演としてのパリ・コミューン）を意味していた。したがってそこからは、フランス初期社会主義の名で総称される諸思潮を、新たな学の定立にさいして再検討する作業がおのずと導かれてくる。自己の「科学性」を標榜するマルクスの手で排斥された社会主義の諸潮流から、いま継承すべき「社会的」理念とは何であり、また、労働全体の組織化というドラスティックな処方箋とは袂を分かつ「社会主義」者は、共和政体のもとでいかなる社会結合の様態を構想すべきか。原理的にはナシオンの枠内に限定されていたとはいえ、「社会という源泉の力」をめぐるこれらの問いの近傍に身を置く点で、モースはまぎれもなく初期社会主義の継承者だった。

ところで、「モースの現代性」を問い、かれが「私たちと同時代人でありうる」可能性をさぐるには、当の「私たち」の過去、たとえば「社会という源泉の力」にむかう探究が東アジアにおける近代のとば口で社会主義思想といかに連絡し、またその結果としていかなる語彙をみずからの周囲に引き寄せていたかを、「力」の翻訳問題として顧みる作業が必要だろう。そのためのささやかな助走として以下の本稿でとりあげるのは、日本初期社会主義にかんする若干の事例である。[*5] モースの思想を端緒とした考察の試みであるとはいえ、日本とフランスの「初期社会主義」を単純に同一視するつもりはむろん本稿にない。フランス語圏の読書界に近年、クリスティーヌ・レヴィを中心として、中江兆民の『三酔人経綸問答』(Nakae 2008)や『一年有半／続一年有半』(Nakae 2011)、幸徳秋水の『帝国主義』(Kôtoku 2008、レヴィ 二〇〇八)、あるいは『青鞜』の思想(Lévy & Lefèvre (eds.) 2017)が精力的に紹介されているように、この国の初期社会主義を「日本思想史」の閉域に囲いこむことなく、「力の翻訳」の一事例としてあつかうことが当面の目的である。近代国民国家システムの受容・移植という壮大な翻訳事業を、法・行政関連の語彙レベルから主権国家という集合的主体の同一性をめぐる想像力のレベルにいたるまで、幾重にも背負うことになった「維新」以後の近代日本にあって、「社会という源泉の力」を、人類学者ならぬ帝国内部の社会主義者がいかに翻訳していたかを以下、覚書風に記してみたい。

二　社会と「生命」——大正期

西欧諸国の初期社会主義とおなじく、日本初期社会主義というときの「初期」は、一面でマルクス「以前」の含意をおびつつも、理論「水準」のような価値判断や現実の年代区分からある程度まで解かれた、思想としての根源的な特質や可能性をしめす表現である(梅森 二〇〇八)。他方で、こうした基本了解を共有しつつも、思潮の全体をあえて現実の年代幅に対応させようとする方法上の議論では、複数の見解が表明されてきた(山泉他 一九八六)。このうち、年代を比較的狭くとる規定(橋本 一九八五)は、日清戦争後の産業資本確立期から社会民主党(一九〇一年)・平民社(〇三年)の結成をへて大逆事件(一〇—一一年)にいたる明治社会主義を日本初期社会主義とみなす。[*6] 逆に、日本における社会主義思想の受容＝翻訳過程を重視した最も広い年代幅で「初期」をとらえた場合、それは

«society / société» の訳語として日本語に「社会」の新語が登場する明治初年以降、[*7]大逆事件を経て、時代の急激な終焉を画す第一次日本共産党の成立とコミンテルン加盟（二二年）および大杉栄虐殺（二三年）にいたるまでの事象の継起を包括した理解となる。

大正期を含みこんだ初期社会主義の理解にあってひとつの鍵となるのは、日本近代における「社会の発見」（飯田　一九九七）、すなわち一九二〇年前後に生じた二重のパラダイムシフトである。それは、一方では吉野作造をはじめとした大正知識人による「社会の発見（＝主題化）」を、[*8]もう一方では国家による「社会の発見（＝政治化）」を共示していた。政府内務省に「社会課」が設置され（二〇年に「社会局」へ改組）、旧来の「慈善救済」事業が、方面委員制度の普及を盛り込んだ「社会」事業の名に変わるのは一九一九年である（石田　一九八九：二六二－六三）。国家にたいする異議申立の主体として登場した「民衆」に対する、それはなかば緊急の防御策だった。[*9]田中正造や横山源之助といった固有名とともに語られる「社会問題」は日清戦争後から顕在化していたが、とくに日露戦争後は、非講和運動の日比谷焼打事件（一九〇五年）を皮切に、大逆事件のフレームアップをへて全国規模の米騒動（一八年）へといたる、前例のない「社会の危機」に国家は直面する。

国家にとりそれまで「社会」は、要救護者の保護請求権も生存権も――法的には第二次大戦後にいたるまで――否定された空間であり、代わりに家父長制と「隣保相扶の途」がパターナリスティックに説かれる教化と懐柔の空間をなしていた。国民としての権利を否認したまま、「恩典」という名の慈恵的救護をほどこすだけだったこの国では、じっさい「社会」や「共和」の翻訳語を口にすることさえ、かねて国体侵犯の禁忌として避けられてきた。[*10]とはいえ、「社会の発見」に先立つ明治期であれ、公共の場で「社会」を語る者が皆無だったわけでもない。日清戦争後から激化していく社会問題への対応を争点とした言説には、明治から大正をつらぬいて二つの潮流があり、それぞれが非－共和国としての帝国日本における共和政体の翻訳センターとして作用していたと仮定してみよう。

このうち第一のものは、「恩賜」の視線にある程度までみずからを同化させつつ、国家の穏便な社会介入に秩序の源泉をさぐる流れであり、明治期の社会政策学会（一八九七年結成）を嚆矢とする。ドイツ社会政策学会（一八七二年結成）の組織と思想をいわば直訳した存在として、講壇社会主義の立場から階級協調の途をさぐったこの学術団体は、[*11]だが「社会の発見」の時をへた一九二四年以降、自然消滅する。

代わって昭和初年にかけて、内務省の社会事業を支える思想的支柱のひとつとなっていくのは、フランスから導入された「社会連帯 solidarité sociale」の思想だった。デュルケムの連帯理論を発展させるかたちでブルジョワ（Léon Bourgeois 1851-1925）やデュギー（Léon Duguit 1859-1928）がそれぞれ国政原理、公法の領域で発展させたこの思想は、自由主義と社会主義の双方から距離をおき、連帯の体現物である社会立法を介した国家介入を推奨する点で、ドイツ講壇社会主義が策定した政策指針に近い実質をもつ。両者を比べた場合、フランスの理論がドイツとちがって個人に対する国家の優位を認めないという傾向をそなえる点は、たしかに当時の論壇でも指摘されていたし、[*12]以後の日本では社会主導型のフランス的特色が脱落したまま連帯思想が受容された結果、それが明治期以来の国家有機体観と癒着しやすくなったとの指摘もある（石田　一九八九：二七〇-七三）。とはいえ、「社会の発見」以前の吉野作造がブルジョワやデュギーをもっぱら「国家主義」の新思想として鋭く把握していたように（飯田　一九九七：一七一-七二、二〇七）、フランスの社会連帯論それ自体も——始祖デュルケムをふくめ——、社会という場を国家から自立させるような規範には基づいていなかった（真島　二〇〇六）。

共和政体の翻訳論として日本とフランスのあいだに奇妙な符合が生ずるのは、まさしくこの点においてである。一方の日本において、西欧の《democracy / démocratie》を「民主主義」でなく「民本主義」と翻訳せざるをえなかった大正デモクラットの思想的課題とは、「民衆」が抬頭する時代のただなかで「国体（天皇主権）」と両立するデモクラシーの姿を模索するという、原理的には解決不能にちかい難題だった。そのためには、国民主権の水路に沿っていずれ政治化せずにいない「主権」の問題系を、デモクラシーをめぐる議論の総体からあらかじめ切除しておく必要があった。この場合、民衆がもはや主権者ではない「国民」として包摂される空間こそが「社会」となり、そこは剥きだしの主権的権力ではない規律権力の場として――たとえば吉野作造にとっては、国民が「理想的な人格」へと陶冶される場として――構想された（芹沢 二〇〇四）。他方で、東アジアの帝国ならぬ同時代のフランス第三共和国においても、社会の場で際限なく生ずる騒擾と革命の脅威に抗するために、国民の誰もが主張しかねない「主権」の問題系を国政全般の論議からあらかじめ切断したうえで、主権的権力に代わる統治を社会の場に作動させるための理論的支柱がさぐられた。それが、共和国の公式イデオロギーと化したデュルケム社会学の派生系、社会連帯論にほかならない。つまり、このとき争点となっていたのは、具体的な政体の異同をとわないレベルで発生する国家‐社会関係の問い、いいかえれば主権の所在を国民に忘却させる規律装置を作動させたうえではじめて成り立つ「力」の整序の問いであり、このモデルの下では、ドイツ講壇社会主義もフランス社会連帯論も大正期日本の民本主義も、ある程度まで相互に置換可能な関係にあったとさえいってよい。

これに対し、近代共和政体の第二の翻訳センターとして、帝国に整序されざる力の所在をさぐった初期社会主義の言説空間が、明治期以来、細々と存続していた。先にもふれたとおり、ここでいう翻訳がつねに多層的に進行していた点にまず注目しよう。たとえば、大正アナキズムを代表する大杉栄（一八八五―一九二三）は、近代共和政体のシステムに関わる――ないしは対抗的にであれシステムに附帯する――理念を翻訳するという以前に、なによりまず狭義の翻訳家として旺盛に活動していた。[*13] もとより「一犯一語」[*14]の人として知られる大杉の仕事には、個別の訳書とならんで、みずから「無断合作」と称する翻案論文のたぐいが数多くあった。[*15] そのためかれは、思想家というより独創性にとぼしい一翻訳家にすぎないとの批判にも遭ってきたが、共和政体レベルの翻訳と連動した大杉の思想形成にとり、狭義の翻訳実践こそが基盤を提供していたことはいうまでもない。

「国家の発見」とともに幕をあげた明治期のナショナリズムが、日清・日露をへたのちに解体を兆しながらそのまま大正期の「社会の発見」へとなだれこんでいく過程で、論壇では「生活／生存／生命／人生」といったことばが、頻繁に使われはじめた（飯田　一九九七：二〇五-〇六）。一九世紀以後のヨーロッパおよびロシアで広範に展開した「生の哲学」ないし生命主義を摂取するかたちで日本の文学・思想界に開花した、いわゆる「大正生命主義」（鈴木編　一九九五、鈴木　一九九六）の思潮である。論集『生の闘争』でデビューした大杉も、確実にその一角をしめる思想家だった。ただし、観念としての生を論じがちな日本の論者たちのなかで大杉が際だっていたのは、かれの生命論が多分に自然科学志向であり、生物学と進化論にかんする外来の知を貪欲に吸収していた点である。「自然科学者、進化論者としての大杉」（大沢　一九七一：一四九）の姿は、訳業にも直接反映している（表1）。大杉が、ダーウィン『種の起原』とファーブル『昆虫記』の翻訳を手がけたことは周知のとおりだが、社会進化論の枠組をふまえながら民族学の知も取り入れたルトゥルノー『男女関係の進化』や、クロポトキン『相互扶助論』の翻訳をその延長線上に位置づけることも可能だろう。じっさい大杉は、獄中での読書をつうじ、生物学と人類学双方の知を基盤とした「大杉社会学」（大沢　一九七一：六〇-六二）とでも呼ぶべき包括的な社会理論の構想をはるかに抱いていた。[*16] ことに「動物の相互扶助」にはじまり「近代社会の相互扶助」までを総覧的に考察するクロポトキンの『相互扶助論』は、大杉社会学にとりひとつの範型として作用していたと想像することもできるだろう。あるいはまた、王侯貴族から貧民にいたるまで「有らゆる種類の人々と接触」した地理学者としての経験と科学的「観察」眼があればこそ、クロポトキンの思想は開花したのだと評価するときの大杉に（日高　一九九二：三一一）、「大杉民族誌学」の片鱗を垣間見ることとさえ、わたしたちには可能かもしれない。

日本の思想界で明治末年から大正期にかけて流行したニーチェやベルクソンには、大杉も少なからず影響をうけていた。未生に終わった大杉社会学の概要を、この点にも留意しながら想像することが許されるなら、そこに

表1　翻訳家としての大杉栄

1908	ムーア著『万物の同根一族』有楽社。［進化論の通俗講話。抄訳］ Howard Moore, 1906, *The Universal Kinship*. London: G Bell.
1909	クロポトキン著『青年に訴ふ』革命社。［全訳。1922年の労働運動社版改訳もあり］ Peter Kropotkin, 1899, *An Appeal To The Young*. Chicago: Charles H. Kerr & Co.
1914-15	ダーウィン著『種の起源』新潮社。［全訳］ Charles Darwin, 1859, *On the Origin of Species by Means of Natural Selection or the Preservation of Favoured Races in the Struggle for Life*. London: J. Murray.
1914	ル・ボン著『物質非不滅論』実業之世界社。［ル・ボン下記二著の抄訳］ Gustave Le Bon, 1908, *La naissance et l'Evanouissement de la Matière*. Paris: Mercure de France. Gustave Le Bon, 1906, *L'évolution de la matière*. Paris: Ernest Flammarion.
1916	ルトゥルノー著『男女関係の進化』春陽堂。［全訳］ Charles Letourneau, 1888, *L'Evolution du Mariage et de la Famille*. Paris : Vigot Frères.
1917	ロラン著『民衆芸術論――新劇美学論』阿蘭陀書房。 Romain Rolland, 1903, *Le Théâtre du peuple: essai d'un théâtre nouveau*. Paris: Hachette
1917	クロポトキン著『相互扶助論――進化の一要素』春陽堂。［全訳］ Peter Kropotkin, 1902, *Mutual aid : a factor of evolution*. London : Heinemann.
1920	クロポトキン著『革命家の思出――クロポトキン自叙伝』春陽堂。［全訳］ Peter Kropotkin, 1899, *Memoirs of a Revolutionist*. Boston : Houghton Mifflin Co.
1921	ムーア著『人間の正体』三徳社。［既訳『万物の同根一族』に原著の後半部分を追加したもの。高津正道の協力］
1922	ファーブル著『昆虫記（1）』叢文閣。［ファーブル『昆虫記』全一〇巻中第一巻の翻訳］ Jean-Henri Fabre, 1924-1925, *Souvenirs entomologiques: études sur l'instinct et les mœurs des insectes (Edition définitive illustrée)*. Paris : Delagrave.
1923	ファーブル著『科学の不思議』アルス。［伊藤野枝との共訳］ Jean-Henri Fabre, 1917, *The story-book of science*. New York : The Century Co.
1926	クロポトキン著『革命の研究』労働運動社。 Peter Kropotkin, 1892, *Revolutionary Studies*. London :Office of "the Commonweal".

出典：山泉（2002）をもとに引用者編集。名義のみの「訳書」や翻案論文は除外。原著者名のカナ表記は当時の表記に従っていない。

D. ソレルへの揺らぎ

「僕は、このベルグソンの心理学説にも、またソレルの社会学説にも、負うところははなはだ多いとともに、決してその全部に敬服するものではない［…］あまりに極端に走った方法と結論とには、むしろ多少の悪感をすらも抱く［…］ソレルのいわゆる神話であるサンジカリズムの運動方法は、彼等にとっては、多年の間幾多の犠牲を払いつつ血と骨とをもって築きあげた、なまなましい現実である［…］この信頼や確信には、神話というがごとき、なんらの神秘的要素をも要しないのである［…］彼等はその運動方法について、神話というがごとき名目の下に、かつてその討論を避けたことはない」（「ベルグソンとソレル」）

「けれども僕はまた、ソレルの社会主義史上における大功績を記さずに、この一篇を終ることはできない［…］彼にとっては、社会主義は必然ではなく、ただ可能もしは蓋然にすぎなかった。そして彼は、その神話説においてみられるごとく、従来のマルクス派社会主義者のほとんどすてて顧みなかった、主観の価値を力説した」（「ベルグソンとソレル」）

出典：「生の創造」、「生の拡充」「正義を求める心」「正気の狂人」は、『大杉栄評論集』（大杉　一九九六）所収。「個人主義者と政治運動」、「ベルグソンとソレル」は、『労働運動論集』（大杉　一九七〇）所収。「生の道徳 ジャン・マリ・ギュイヨー」は、『社会的個人主義』（大杉　一九八八）所収。

は第一に、進化論の内的矛盾にかかわる問題系、すなわち「生存競争-闘争」にむかう本能と、（蟻や蜜蜂の集合生活にみられるような）「相互扶助-協同 cooperation」にむかう本能との相剋をあつかう主題群が展開しただろう。第二には、ファーブルが『昆虫記』で描いたような、統制に縛られた「群れ」と独創的な「個体」との交渉をめぐる主題も展開していたにちがいない。そしてこれらをふまえて大杉社会学が最終的に提示したはずの問いこそ、ベルクソンやソレルの思考を参照軸とした、「力」と「生命」の相互連関にまつわる問題系であったはずだ（表2）。

大杉は、個体と集団いずれのレベルで生を考えるときにも、力ということばを頻繁に——ときには「力学上の法則」にさえ言及しつつ——書き添える傾向があった。[*17] また、生命とじかに結びついた力の発現を肯定できるような、新しい「道徳」の創造をかれは訴える。当時「生の哲学」として流行していたギュイヨーの「義務も制裁もなき道徳 une morale sans obligation ni sanction」（一九五四）からおのずと生成する協同の力、自由連合の力が言及されるのも、その主張の一環としてである。さらに大杉は、ソレルを論ずる段になって、サンディカリスムの力から結晶する「道徳」とともに「神話」の問いにも到りついていた。ただし、ソレ

表2　大杉栄と「力」

A．生と力

「[…] 生の創造という近似の流行語を、多少社会学的意味に解釈［すること…]」(「生の創造」)

「生という事、生の拡充という事は、いうまでもなく近代思想の基調である［…］個人の生［…］の神髄はすなわち自我である。そして自我とは要するに一種の力である。力学上の力の法則に従う一種の力である」(「生の拡充」)

B．道徳と力

「道徳とは、本然的にいえば、この生命必須の力の肯定である。自己に対するおよび他人に対するこの生活本能の尊重である。そしてこの尊重が、動物および人間の社会生活の根底であり[…]」(「正義を求める心」)

「センディカリスムは言う。社会主義は定命的成行 le devenir fatal ではない。任意的組成 la formation volontaire である［…］新しき道徳は現在の社会の中に創られねばならぬ［…］旧組織の中における新しき精神的力の発達［…]」(「生の創造」)

「僕の政治的理想は［…］各個人が相課することなくして相合意する、そしてこの個人より成る各団体も同じく相課することなく相合意する、個人も団体もまったく自治の連合制度である。そしてこの理想は［…］われわれの日常生活における個人と個人との関係および種々なる団体と団体との関係の間にすでに実現されて［…］(「個人主義者と政治運動」、cf. 大杉「生の道徳ジャン・マリ・ギュイヨー」)

C．ソレル──力・道徳・神話

「ラガルデルは幾度かくり返して、サンジカリズムが［…］労働者自身によって造りあげられたものであることを説いている。ソレルもまた［…］彼自身が労働者から学んだことの多いことを述べている。彼等は実に、労働者の代弁者とすらも言える資格はない［…］労働運動の中に、社会主義思想を修正せしむるにたるまったく独創的なある力を見出して、それについての彼等の思想を発表したにすぎないのだ」(「ベルグソンとソレル」)

「[…ソレルによれば］神話は、労働者の胸にもっとも高尚なる、もっとも深遠なる、かつもっとも活動的なる情操を抱かしめ、もって新社会の道徳の萌芽をはぐくむものである」(「ベルグソンとソレル」)

「自己の生の拡充のために一切の権威と障礙とに叛逆し、突進して行く者のこの努力とこの行為［…］ここに一ストライキが起るとする。僕はこのストライキを以て、ベルグソンのいわゆる「われわれが或る重大な決心を為すべく選んだわれわれの生涯の瞬間、その類において唯一なる瞬間」としたいのだ［…］本当に労働者が重大な決心を要するストライキだ［…］維持金も何もなしに、短い時間の間に、労働者のエナージーをエキステンシフでなくインテンシフに集中した、本当に労働者が重大な決心を要する、正気の狂人ストライキだ」(「正気の狂人」)

ル独自の表現でいう「神話」が、同じくかれ独自の用語「暴力」とあわせてしばしば誤解にさらされてきたように、「主観の価値を力説した」ソレルを高く評価する大杉でさえ、神話などという神秘的要素はサンディカリスムの生々しい現実にはそぐわないとしてこれを一蹴する。労働の現場《アトリエ》における直接行動の力、語りの対象ならぬ実践の対象としての力を根拠づける「道徳」の異名こそがソレルの「神話」であり、その意味では大杉社会学の構想自体が、じつはソレルのいう神話のひとつにもなりうることを大杉は認めきれぬまま、評価と否認のはざまで揺れていた観がある。

ところで、大正期にこうして直接関連づけられた「生」と「力」の主題は、大杉栄が登場する以前の明治期には、どのような語彙と内容をともないその出現が予告されていたのか。二〇世紀のモースが解明を試みた「社会という源泉の力」は、いかなる翻訳の試みとともに一九世紀の東アジアへ移植されたのか。また、そもそも翻訳は、東アジアと西欧の二極間を映しあうだけのものだったのか。いうところの東アジアとは、単一の極だったのか。

三 「元気」と革命——明治期

明治社会主義の中核拠点として機能した平民社は、一九〇七年に分裂した。このとき左派「直接行動派」として大杉栄と行動をともにする幸徳秋水（一八七一—一九一一）は、獄中での読書と渡米体験をへて、すでに「無政府共産 Anarchist Communism」（クロポトキン 一九六〇：第三章）を標榜している。そのわずか四年後、幸徳処刑直後の講演で、徳冨蘆花が聴衆をまえに「謀叛」と「生」を直接結びつけたように、[*18] 社会という力を「生」と翻訳する大杉栄の時は、このときすでに始まっていたのかもしれない。[*19]

とはいえその一方で、幸徳の師にあたる中江兆民（一八四七—一九〇一）にまで時をさかのぼるなら、たとえば

表3　集合的主体をめぐる「気／元気」［中略・下線はいずれも引用者］

Ⅰ.『三酔人経綸問答』（中江 一九六五：四一、一四七）
民主の制乎、民主の制乎。頭上唯青天有るのみ、脚下唯大地有るのみ。心胸爽然として、意気濶然たり。唯永劫を永しとして、前後幾億々年所なるを知らず
民主制！ 民主制！ 頭のうえにはただ青空、脚のしたにはただ大地、心はさわやか、意気はたからか、始めとか終わりとかの差別がないので、ただ永いといえるだけで、前後なん億年とも知れぬ永遠、まさにそれです

Ⅱ.『社会主義神髄』（幸徳 一九五三：五三－五四、幸徳 一九八四：二三八－二三九）
永久の生命は必ず暗暗裡に進化す［…歴史は］進化代謝の連続なると同時に革命の連続たる也［…］革命は天也、人力に非ざる也［…］其來るや人之を如何ともするなく、其去るや人之を如何ともするなし
永遠の生命は、かならずだれも気がつかないうちに進化している［…］歴史は進化と代謝の連続であると同時に、また革命の連続なのである［…］革命は、天である。人力ではない［…］革命がやってくるとき、人間は、これをどうにもすることができず、革命が立ち去るときは、人間がこれをどうにもすることができない

Ⅲ.『三酔人経綸問答』（中江 一九六五：二四、一三二、Nakae 2008: 65）
［…］拿破崙《ナポレオン》第一が共和國指揮官の職を帯び、革命の旌旗《せいき》を靡かして、維也納《ウインナ》、伯林の間に雄飛するに及び、日耳曼《ゼルマン》の民始て自由の元氣を吸納し、友愛の滋液を咽下《いんか》してより以来、形成一變し［…］
［…］ナポレオン一世が、共和国軍司令官として、革命の旗をひるがえしてウィーン、ベルリンなどに遠征す　るに及んで、ドイツの民衆ははじめて自由の霊気を吸いこみ、博愛の滋養液をのみ下し、それからというもの　情勢ががらりとかわり［…］
［…］lorsque Napoléon Ier, chef des armées révolutionnaires de la République planta le drapeau de la Révolution à Vienne puis à Berlin, le peuple allemand respira pour la première fois l' air revigorant de la liberté, but le doux lait de la fraternité［…］
［cf. revigorer（re-, vigueur）= re ＋ 後期ラテン語 vigorare 強くする← 古典ラテン語 vigor 活力］

Ⅳ.『三酔人経綸問答』（中江 一九六五：六六、一六八－六九、Nakae 2008: 103）
戦《たたかい》は勇を主とし、勇は氣を主とす。両軍将《まさ》に合せんとす。氣は狂するが如く、勇は沸くが如し。是れ別天地なり、是れ新境界なり
戦争は勇気がもとで、勇気は気がもとです。両軍が今や戦いをまじえようとするとき、気は狂わんばかり、勇気は沸きたたんばかり。別世界です、新天地です
La guerre a pour maître le courage, et le courage a pour maître l' esprit combatif. Lorsque deux armées sont sur le point de s'affronter, la combativité se mue en fureur, le courage jaillit de toutes parts. Nous sommes dans un autre univers, dans un monde nouveau.

Ⅴ.「改革時代の老物」（『國民之友』随感随録より）（中江 一九三六：一一〇）
［…］彼老物は必ず言はん［…］世の少年輩をして汝腐儒の指導に従はしめば、國の元気は衰耗し盡きん、汝國家元氣の尊ぶ可きを知らずや［…］

『三酔人経綸問答』（一八八七年）の仮想鼎談において語られる近代民主制の姿が、今日のイメージとはいちじるしく乖離した「永遠性」の表象化をほどこされている点に、ひとはあらためて戸惑うことだろう（表3-Ⅰ）。いや、兆民ばかりか、じつは社会革命を論ずる秋水にしても（表3-Ⅱ）、「永久の生命」なる表現に拠りながら、革命とは天の御業であり、人「力」ではないという一種謎めいた宿命論を表明していた。のちの大杉社会学で前面におしだされる「生」の力など、そこではあらかじめ否認されているかのようである。

こうした問題もふくめ、明治期の社会思想を「力」の翻訳プロセスとして捉えかえすうえで示唆的な論考のひとつに、当時の「元気」という観念に着目した坂本多加雄の幸徳秋水論がある（坂本　二〇〇七b）。現在の日本語では個人の心身の状態についてのみ用いられる「元気」ということばは、『三酔人経綸問答』をはじめとした兆民のテクストからもうかがえるように（表3-Ⅲ、Ⅳ、Ⅴ）、ある時期までは集合的主体に働きかけたり、集合的主体そのものに具わっていたりするような、何らかの「力」の状態を表現するさいにも使われていた。

「元気」の観念は、もともと中国で儒教、老荘、仏教の別をとわず通用してきた「気」の思想に由来する。人間と自然、あるいは生命と物質の双方を成り立たせている根源的なエネルギーとしての「気」のうちでも、天地万物に生命と形体をあたえる気の始元の姿、「原初としての一元の気」こそが、前漢中期以降に概念として成立していた「元気」の本義である。それゆえこの観念を用いることで、個人、社会、国家といった人間界のいずれのレベルにみいだせる「力」についても、共通した表象化が可能になる。じっさい、時代をはるかに下った清朝末には、「社会的諸力」の動向を表現する「気」の用法が顕著となり、それが辛亥革命（一九一一年）にいたるまで、民の「気」とはすなわち国民の「元気」であるという発想のもと、現実の政治社会動向とからめた「民気」「元気」への注視をうながしていた。[*20]

日本に移入されたのも、元来はこうした含意をもつ漢語「元気」であった。坂本によれば、「元気」は、幕末期の排外的な「攘夷」意識をしめす国威発揚の文書に登場したのち、明治民権運動の語彙へと継承されていく。たとえば、民権を「拡張する」「伸張する」のように、気体の膨張を想わせる表現で権利の獲得が語られたのも、「民権」が「気」のイメージに沿って表象されていたためである。また、おなじ「気」のイメージを介して、「民権」の獲得と「国権」の拡張が連続的に把握される傾向もあった。すなわち、民権を獲得することが国民の「元気」恢復に、ひいては国家の対外的富強につながるという主張であり、政府の圧政に逆らえるほど「元気」が横溢した人民からなる国家は、対外戦争の局面でもおのずと強力だという発想である。こうした議論では、「元気」の類語として「気力」や「気概」の「発揮」も強調される。つまるところ、「気」の思想から派生した様々な語彙のうちでも、とくに民権を拡張する「元気」が、ナショナリズムの基底で「武力」に直結する国権拡張＝攘夷の「元気」を共示していたことになるだろう。

おなじく「気」の思想に照らせば、「革命は天也、人力に非ざる也」という先の幸徳のことば（表3-Ⅱ）に、一見して受動的な宿命論の気配が漂っているようにみえる点についても、それなりの留保が伴うことになる。自然、社会・国家、個人のすべてを貫き流れる「元気」の力には、衰退と恢復のプロセスが交替しつつ反復するという、循環的なリズムが想定されていた。したがって、社会の底流で盛衰をくりかえしながら胎動をつづける「元気」が、世界の大勢に生じたリズムの変動局面と合致したときに、集合的な「平民」のエネルギーが受動から能動へと一気に反転して噴出し、革命の「気運」が到来することになる。とはいえ、同時代の「元気」は民権の獲得とともに国権の拡張も含意していたことが、幸徳の思想にあっては問題となった。もとよりかれは、「武力」で国富の実現を謀るような「蛮人の社会学」（幸徳 二〇〇四：五三）を唾棄すべき発想と断じていた人物である。そのかれでさえ、「元気」に内在する暴力性から逃れきれなかった点を坂本は認めながらも、幸徳は当時の民権派のあいだで流通していた「元気」から「武力＝軍事」や「愛国」のニュアンスを入念に取り去ったうえで、これを非戦論の継続や社会主義の実現に欠かせない不屈の——たとえば日比谷焼打事件の——エネルギーとして再解釈しようとしたと結論づける。

この幸徳秋水論をおさめた著作『市場・道徳・秩序』で、坂本多加雄が研究上の基本方針とするのは、安易な近代論的読解との訣別である。明治期の思想家の言説に、「民主主義」「自由主義」「人権」などという「近代的」な政治観を「発見」し、これに高い評価を下したり、至らない点を指摘するといった不毛な作業をつづける代わりに、対象とする思想のうちでも今日の眼からみて自明の論理とはいいがたい部分に着目しながら、従来「近代的」とみなされてきた政治思想の近代性そのものを再考する作業の必要性を坂本は訴える。端的な例でいえば、ルソーの影響を強く受けたからというだけで、中江兆民の思想を「近代的」と称してよいのか。当のルソーが立脚していた、古典古代の政治理想をモデルとする「共和主義」的立場が近代に継承されたという事実からは、逆に、何をもって西欧の近代を規定できるのかという困難とともに、近代それ自体に埋め込まれた近代以前の思考の位置づけが問われてくるはずだと坂本はいう。

これと同様の研究方針のもとで、幸徳秋水の社会主義思想に坂本がみいだすのは、「武士道」を道徳的理念として復活させようとする意志だった。ただし、幸徳の社会主義にひそむそうした「伝統」を探究するのは、かれの思想を「日本的」な孤立事例と判定するためではない。この事例からもやはり浮かびあがるのは、むしろ西欧の社会主義自体に潜んでいた「伝統」的側面であると坂本はいう（坂本　二〇〇七b：二八六）。

たとえば、同じ論考のなかで坂本は、さながら「気」の思想をふまえた幸徳の革命観と照らしあわせるかのように、西欧における「革命 revolution」の原義が天体の周期的回転にあった事実を、読み手に想起させる（坂本　二〇〇七b：二七九-八〇）。東アジアと西欧をつなぐそうした類比のしかた自体は、むろん目新しいものでない。「バクニン、クロポトキン、ルクリュ、マラテスタ、その他どのアナアキストでも、まず巻頭には天文を述べてある」

（大杉　一九七一：二一一）ことに獄中で思い到った大杉栄の一節には、おなじく獄中で『天体による永遠』を書き継いだブランキの名を追加できるだろうし（ブランキ　一九八五）、「Blanqui の夢」をかつて綴った芥川（一九七八：四二〇）に倣って、そこで描かれる宇宙観にどの程度まで宿命論が伏在していたかを、「気」の思想とおなじ理由から詮索する余地もあるだろう。さらにいえば、幸徳の思想に武士道の要素をみる坂本には、もともといかなる思想の研究にさいしても揺るがせにできない基準があったことも確認しておくべきだろう。近代の政治思想には、市場の自己調整能力を基盤とした秩序観と、「道徳」「情誼」「精神主義」といった市場外要素に依拠する秩序観のふたつがあり、両者は本来的に対立するという前提がそれである。秩序をめぐるこの種の対比も、むろん目新しいものではないが、むしろここで問題となるのは、このうち後者の秩序観をもつ「社会主義」には、えてして伝統的価値への郷愁が潜んでおり、そうした秩序観など今日では完全に効力を失ってしまったとみなす、坂本の断定ぶりである。のちに保守派の強硬な論客となっていく坂本自身の政治規範とバイアスを、たとえば幸徳秋水読解の精密な手際からも慎重に切り離していくという厄介な作業が、読み手には求められるだろう。ただ、そうした留保をたとえ要するにせよ、「伝統」を本質的とみなすたぐいの錯認をあらかじめ自己の考察から慎重に排したうえで、これとおなじ理由から「近代」の近代性をも再考に付すという坂本の方法は、やはり重要である。「伝統」も「近代」もあらかじめ枠づけることなく個別の思想にのぞむ姿勢とは、「未開」と「文明」の境界など頓着せずに「社会という源泉の力」を知ろうとしたかつての民族学者兼社会主義者の姿に、多少とも通じるところがあるからだ。あるいはまた、同一の事象に複数の時間性が流入するという思考しがたい事象の全体性をあえて思考しようとする点では、『原初的叛乱者 Primitive Rebels』の史的系譜をまえにホブズボームが「原初的 primitive」の形容で読み手にひらこうとした特異な時間認識も、ここで想起されてくるだろう。[*21] いいかえれば、近代的な段階論を特徴づけるロジックの単純さ、純粋さから距離をおく探究の視線は、おのずと探究対象のうちにさえ、みずからとおなじ程度に混淆した知のありさまを目撃することになるのだろう。

坂本の幸徳論によって、このことを考えてみよう。幸徳が、封建制の再建としてでない道徳としての「武士道」復興を願ったのは、人間が道徳的たりうるにはいかなる社会経済組織を編成すべきかという問いのもとであったと、坂本は指摘する。すなわち、だれもが武士道を平等に実践できるような状態に到達するためにこそ、財は平等に分配されねばならない。だれもが「社会」の一員たることをふまえたうえで、かつての主君が郎党に衣食をあたえたように、いまや「社会」が「万人に衣食を与えるように致さねばならない」のだと（坂本 二〇〇七b：二二二）。再分配の主体を社会全体と見定め、かつ分業の展開をつうじて個人間の相互依存的な結合が強化されていくことの意義を積極的に――つまりマルクスに反して――評価する傾向が幸徳にみられた点まで考慮に入れれば、かれの思想を「日本的」と形容して孤立させるほうが、むしろ困難となるほどである。

幸徳秋水とデュルケムが主著を刊行した年代はほぼ重なっており、読書歴としても、幸徳が社会主義に傾斜するきっかけとなった『社会主義の精髄』の著者シェフレ（Albert Schäffle 1831-1903）は、ドイツ留学期のデュルケムが影響をうけ、書評記事（デュルケーム 一九九三a、一九九三b）をつうじて親交をふかめた当の社会学・経済学者にほかならない。このシェフレを媒介として、必ずしも近代の枠にはおさまらない有機体的社会観に一方では依拠しつつ、だが他方では社会内部で近代が発展させていくにちがいない分業体制の結合をデュルケムと幸徳がともに評価していたことは、思想の影響関係として偶然とはいいがたい。

さらにいえば、フランスの社会連帯主義が日本へ本格的に流入するのが昭和初年以降であったのに対し[*22]、幸徳はそれ以前から、近代の社会分業によって生ずる相互依存的な社会結合をいちはやく、だが依然として「恩恵」と形容していた（坂本 二〇〇七b：二三五）。どれほど自覚を伴っていたかはともかく、ありうべき社会の姿に複数の時間性が混在するようなその発想のスタイルは、なにかしら『贈与論』の論理構制を想わせずにいない。モースがこのテクストを発表した一九二五年時点のフランスは、労働の組織化なり生産関係なりの具体的な様態をさぐる議論が後退するかわりに、社会的なものと経済的なものそれぞれに由来する二種類の合理性を敵対させずに節合する装置としての「国家」論が抬頭する時代、つまりはケインズ到来前夜の時をむかえていた（Donzelot 1994: 157-77）。そうしたなか、モースは『贈与論』という民族学的テクストに、自国フランスの社会保障をめぐる持論まで書き添えてしまう人であったから、盟友アンリ・ユベールにも書面で叱責されてしまうだろう――「きみのいう「人類の岩盤」とやらを、社会保険の発達と関連づけて論じられるだなんて本気で思ってるのかい。このパラグラフで、きみは目下の主題より、ナシオン論の方を考えてしまってるんだ」[*23]。しかも他方でモースは、さながら東アジアの「気」の思想を想わせるかのように、交換における事物と霊魂の相互混入的な事態を依然として語るかれであり[*24]、その意味での「原初」性をつねに人類学的思考の課題としつづけるかれでもあったのだから。

初期社会主義における力の翻訳は、力の背後にひかえる「神話」の存在とその本来的な逆説の内実を照らしだしてもいたことを、本節の最後に付言しておこう。幸徳秋水は、もともと無神論者でありながら、獄中で手にしたルナンのキリスト論（ルナン　一九四一）に触発され、キリストの神話性を否定する遺著『基督抹殺論』（幸徳　一九五四）を処刑二カ月前に脱稿する。書き手の秘めたる真意をめぐり、この遺著は「著作其物が飜訳的なるのみでなく、著作の目的までが飜訳的」（木下　一九七五：三五七）であると看破した木下尚江の見解、とりわけここで二重に織りこまれた「飜訳」の形容を、力の翻訳問題としてはいかに捉えかえすべきなのか[*25]。いや、「飜訳」を通じてキリストと天皇が直結していたと指摘する以上に、この作品が天皇制をふくめた「人間経験のあらゆる分野における「神話」に対する再吟味」（一九八〇：三四三）を促していたとみなすノートヘルファーの読みを、わたしたちはどう受けとめるべきなのか。一九〇六年、サンフランシスコ大震災に現地で遭遇した幸徳秋水は、そこに無政府共産の幻を目撃し、帰国後の社会党演説会ではアーノルド・ロラーの思想を下敷きとした直接行動の必要性を説きはじめる（ロラー　一九六九、幸徳　一九六八ａ）。この場合の「直接行動」とは、議会外行動としての総同盟罷工、つまりはサンディカリスト期のソレルが開示するあの究極の神話、ゼネストを意味していた。[*26] 大正期の大杉栄とは異なり、おそらくはソレルの存在を知らなかった幸徳にあって（ノートヘルファー　一九八〇：三六三）、「神話」の問いはなるほど水面下にとどまっていただろう。とはいえ、『基督抹殺論』の深部において抹殺が夢想されていたかもしれない対象がじっさいこの東アジアで神話の官能性に覆われた存在だったとしても、神話とはまた、日本初期社会主義にとっての「元気」であり「総同盟罷工」でもなかっただろうか。[*27] 幸徳にとってのルナンとは、革命的総罷業の神話を開示する際にソレルが理論構築の上で支えとすることになる、同じルナンでもなかったか（Sorel 1950）。人類学的思考にとり「力」とは何だったのかという問いは、翻って、その同じ思考にとり「神話」とは何だったのかという問いの両義的な――「民権」と国権、あるいは社会体と「國体」の――再来＝想起を、このようなしかたでも用意せずにはいないだろう。

おわりに――逸脱と明証性

『人間の条件』の著者アレントは、人間の終わりなき「生命」過程を支える「労働」が旧来の私的＝経済的領域から「社会」という近代の空間に解き放たれて資本の増殖と同調し、まもなく私的領域と公的領域の双方を浸食しながら人間の活動的生を圧倒的に席捲していく忌まわしい破局の物語を、ある程度まで思想史の変容とも対応させて捉えていた。[*28] 近代の社会的なものに内包された「労働」と「生」の至上性を支える思想として、アレントは近代初期の「労働理論」と後期の「生の哲学」とを、並置しつつ同時に対置する。一九世紀なかばにマルクスが完成させた前者の基本概念「労働」は、当の労働が生産性の増大にともない、自動増殖する生命過程の姿にいっそう酷似していく結果、ニーチェやベルクソンを世紀転換期の嚆矢とする後者の「生命」哲学からは脱落していく。そうして「生命」にあらゆる価値の源泉が見いだされたとき、前時代の「労働」にすら最小限そなわっていた自発性も、社会化された人間からは剥奪されたとアレントは考える（アレント 一九九四：一七四－七六）。

その点、二月革命やパリ・コミューンにおける「人民評議会」の記憶の延長線上に位置する「労働運動」にせよ、あるいは「分業」や「労働の組織化」「連帯」にせよ、社会的なものとの関連でアレントが言及する語彙は、デュルケムとモースがいずれも重要な主題とみなしたものばかりである。他方で、アレントが比較的詳細に跡づけた「生の哲学」の変容過程にしたがえば、デュルケムとモースのあいだにひとがしばしば認める思考の変異についても、ある程度説明がつくようにみえる。フランス社会学派におけるふたりのバトンタッチは、一九世紀階級社会の全面崩壊にともなう歴史の界面としてアレントが特筆する第一次大戦終結前後と、時間面でも内容面でもほぼ合致する。社会的なものの上昇と相即した「労働」から「生命」へ、「階級」から「社会」への重心移動は、『社会分業論』と『社会主義論』から『贈与論』と『供犠論』にむけて生じた間テクスト的な重心移動におおよそ一致する。

社会学から民族学への路線変更、およびメトロポールからコロニーへの視線の移動も意味していたこの転回のもとで、だがモースは、アレントの物語では捉えがたい次元で「生の哲学」が流行する時を生き、連帯的生のかたちに活路をみいだそうとしていた。社会的なものが、経済的なものと政治的なものを両面浸食していく近代の生命過程を、だからおそらくかれは、浸食などとは考えない。活動的生の三領域が概念の閉域をぬけだし、何らかの越境的な「力」へと嵌入しあう集合的生のかたちが想像されていたからこそ、かれのいう全体的社会事象 fait social total を、モースの読者は豊かな運動体として表象してきたのではないだろうか。そもそもモースは、自分にとってソーシャルワークの舞台でもあった「社会」というフィールドに、力を整序すべき埒外の住民など見ていない。かれは、不可視の壁の向こう側に直観される生のかたちを「未開社会」の組織論として囲いこみそれを我有化するかわりに、もっぱら壁の両側で生きる「人間の条件」としての社会を考える民族学者、つまりは語の本来の意味における社会人類学者だった。[*29] 叔父の時代とはちがい、「労働」以上に「生」の主題化がもはや避けがたい時を生きるからこそ、他者の集合的生を主題としたテクスト執筆を、彼は「翻訳者の使命」として自己に課していた形跡がある。アレント流の生の暴走を抑制できそうなもうひとつの生のかたちを翻訳的に想像し、非西洋社会の「力」を現地で呼ばれているままの語彙で受けとめ、いわば他者から「助言され教育される訪問員」となることで、かれはこれを学びとっていたのだった。

なるほど、モースもまた、「他者の同一性について問い続ける人類学者という名のスフィンクス」(渡辺　二〇〇三：一七三)であったことに変わりはないだろう。かれが考察対象とした集合的主体ナシオンをめぐる逆説も、渡辺が説くとおり、同一性批判の光学に照らすことできわめて鋭利な逆説のかたちに変換されることだろう。

[…]デュルケームおよびモースが、人種構成とはまったく異なった原理で nation の構築を考えようとし、その考察のために社会学と人類学を構想していったこと[…]こうして作り出された人類学は、「人種」という基礎カテゴリーではなく「社会」あるいは「文化」という基礎カテゴリーのうえに、あるいは生理的一体性ではなく社会契約の原理のうえに、同一性の思考を組み立て直そうとしたものだということができる[…]それは同一性の思考のありかたとしては根本的な変容だった。と同時に、それが同一性の思考に踏みとどまっていることも確かではないだろうか。そこに「人類学」という分野の根本的な断絶と連続性がある(渡辺　二〇〇三：二七三)。

とはいえ逆説は、思考にとりはたして足枷となるだろうか。「この逆説を人為的に排除するのではなく、豊かな具体性として保持し、展開し、経験的なものとして生きうるものにする方法は何か」(渡辺　二〇〇九b：三四二)。

一九二〇年代のモースの探究からそのような問いも同時に学びとっていた渡辺に倣い、同一性の思考がもたらす逆説のただなかで、不純さを生きることの価値について考えてみよう。

「力の翻訳」に関連した日本初期社会主義の一挿話として、本稿では大正期の「生命」、および明治期の「元気」の語用に目をとめてきた。明治期には中国思想の「気」を集合的な潜勢力の訳語として摂取したという、それ自体興味深い経路をへたのち、とくに「社会の発見」以後の社会主義思想に深い影響をおよぼしたのは「大正生命主義」の隆盛だった。それは明らかに、アレントが「社会的なもの」の席捲と関連づけてみせた「生の哲学」の思潮のはるかな派生系にあたる。[*30] また、主体であることの逆説については、とくに明治期の「元気」が、能動・受動の両義性にとどまらず、好戦的な国家武「力」と異議申立に決起する民衆の抵抗「力」の双方の意味を、本稿のいう「神話」の局面にいたるまで混然とさせている状況がうかがえた。これに対し、大正期の大杉における「生命」や「力」の語用から逆説や両義性の要素が薄れていくのは、ある意味で、力のもつ可能性を評価する論調の純粋さが前面に押し出されたためである。だが力とは、そしてなにより生命の力とは本来、純粋でありうる事態だろうか。

人間の生の展開を「人間の条件」と引き比べたうえで、そこに破局のみを見いだす発想は、そこに恩寵しか見ない発想とおなじく、すでに発想の純粋さという点で、みずからの限界を証していないかと、だからひとまず問うてみてもよいだろう。「社会の秩序は紊乱の中に却て燦然たるものを見る可し」――これは、「美はただ乱調にある。諧調は偽りである」と綴ったアナキストによる警句のヴァリアントでないどころか、自己調整市場の内部における私利追求の自由を顕揚した福沢諭吉の論説タイトルである。社会的なものの「力」にひそむ危うさの源は、だからおそらく、そうしたあれこれの表現やことばそれ自身にはない。力の喩を引く語り手の思想的立場が、文脈によって千変万化なしかたで受けとられる危うさの源は、語り手の思想が弱いからではけっしてなく、いわば語り手にとっての対象が言語で回収するには強すぎるためである。語るに強すぎる対象とはこの場合、ひとがそこに力やモラルの幻を見る、社会的なものの場にほかならない。たとえば「福祉」のように、社会的なものの一側面を切りとった西欧由来の概念が、これとおなじ理由から永久に「合意をえられない概念contested concepts」（石田　一九八九：二三六）になるとすれば、東アジアにおけるその翻訳も、おなじく永久に合意を得られない、係争中の翻訳にとどまるだろう。他者という鏡を介した共和政体の構図そのもの、あるいはその内部における主権の在処を各人の政治規範に応じてさまざまに指し示す、それだけに危うさも多分にひめた翻訳行為としての「力の翻訳」。

だから、その危うい翻訳の場にあえて踏みとどまり、かつて渡辺公三がモースの思想をそう受け継いでいくことを宣言したように、「逆説をゆたかな具体性として展開し、経験的なものとして生きうるものにする方法は何か」と問いつづけていくべきなのだ。社会的なものの力をめぐり、「二元論や二項対立をこえて」思考を安直にひらきうる場など、もとより人間には用意されてこなかったし、いまだに用意されてなどいない。社会的なものが、人間の活動的生にとりつねに二価的な姿をとって現前する以上、自己の思想上の規範を漂白したうえで社会的なものを語ることなどもとよりできないのだし、可能性と不可能性のいずれかを濾過した純粋な論理と透明な規範に沿って社会を語る企ても不毛な結果におわるほかない。想像上の集合的対象がナシオンであれ叛乱するコミューンであれ、同一性の思考からいずれ引き起こされずにはいない力の不純さのただなかで可能性をさぐる思考をなおも止めようとしないこと。規範の境界線に沿って自由と抑圧に切り分けることが不可能な生の不純さとは、人間が個体としてであれ集合体としてであれ、公的領域で「主体」と化す瞬間に発動する自由と抑圧の変奏にほかならない事実を再認識すること。だからモースは、ソレルにもジェランドにも、アナキストにも貧民訪問員にもなろうとはしなかった。他者に助言をあたえるために訪問するぐらいなら、逆に数多の民族誌をつうじて何者かの訪れを感じ、その具体の生をみずから生きなおしてみることに、かれは意識を集中させた――「私は食べる…、私は呪う…、私は感じる…［…］モースは民族誌を一人称で語るというのだ」（渡辺　二〇〇九a：二一〇）。そしてそのとき「同一性の思考」

は、同一化によって位置づけられた存在とはじつは何だったのかをさらに問いつづけようとする想像「力」の発動をあえて禁じなくなるだろう。思考は、みずからのデッドエンドを乗り越えていくだろう。そこから導かれるのは、たとえば初期社会主義で説かれたような「元気」なり「生命の力」なりの明証性ではないだろうか。とはいえ、この場合の明証性もまた、むろん純粋さの異名ではない。日本コミューン思想史の研究者・安永寿延がモースの古典的モノグラフに直観した「人間の条件」における逆説にも似た不純な何ごとかが、『贈与論』における生のこのうえもない明証性と通じていることを、その点でいま、あらためて銘記しておいてもよいだろう。

自分がどんなに飢えていても獲物をそっくりテントにもちかえるほどの、「愛他主義」的共有主義も、「負傷した者や病弱な者は、家族の移動について行けなくなると、見捨てられてしまう」といった非情さと背中合わせなのである［…］モースはこの事実を「奇妙な対照」という言葉で、ややとまどいがちに表現しているが［…］このことをエスキモー社会の未開の貧しさと直結すべきではない［…］一体、人間性は非人間性と背中合わせでなければ存続しえないものなのかどうか。この問いに対する確たる答えを、モースとともに、わたしたちもまだ手にしていない」（安永　一九八一：一一四―一一五）。

人類学的思考にとり、はたして力とは何だったのか。不純さのただなかで変容しつづける同一性をそうして想像する「力」を介し、破局の前夜と呼べそうな今日の世界性にあってもなお、異貌の同時代への扉はひらかれることになるのかもしれない。

【注】

＊1 「[…]モースの人類学はどのような世界、どのような空間で成り立っているのだろうか。モースが私たちと同時代人でありうるとすれば、この彼の世界、彼の生きた空間の構造そのものの現代性が考えられなければならないだろう」（渡辺 二〇〇九a：一〇－一一）。

＊2 ジェランドをめぐる以下の記述は、田中（二〇〇六：第二章第三節）のほか、とくに本稿の問題意識との関連で、ドンズロ（一九九一：第三章、第四章）を参照。シュヴァリエのジェランド論（一九九三：一三三－三七）も参考になる。

＊3 借家人運動をはじめとした大正期大阪の「社会的なもの」をめぐる、酒井隆史（二〇一一：第四章、二〇一三）の優れた考察を参照。

＊4 「犯罪者や異族へ向けられた視線が、反転して市民社会内部の人々に向けられるという言い方は、じつは半分しか正確ではない。犯罪者や異族の同一性の確定が、形質人類学の手法によって行われたということは、彼らをまず身体生理の存在ととらえていた、いいかえれば一種の「人種」概念に似た範疇でとらえていたということである。しかしポール・ブロカに代表される十九世紀の人類学は、フランス市民社会そのものの担い手を「人種」的統一体ととらえようと試みていた。つまり、内部へ向けられていた視線が犯罪者や異族に向けられて、いっそう研ぎ澄まされ、再び内部へ反転したというべきなのだ」（渡辺 二〇〇三：四二四、注一二）。

＊5 本稿は、過去のふたつの講演用原稿を大幅に加筆したものである。ひとつは、二〇一〇年一月に立命館大学で開催された国際カンファレンス『日本における翻訳学の行方 Translation Studies in the Japanese Context』（立命館大学先端総合学術研究科主催）の招待講演にむけた事務局提出済の原稿「力の翻訳——人類学と日本初期社会主義」である。この原稿は、諸事情が重なりわたしが当日のカンファレンスを欠席したため、未公表に終わった。もうひとつは、二〇一二年一一月にガヤトリ・スピヴァクが第二八回京都賞（思想・芸術部門）を受賞したさいに、氏をまじえて開催された記念ワークショップ『二一世紀世界における人文学の可能性——翻訳という営みと言葉の間』（公益財団法人稲盛財団主催）での講演用に執筆した、同名タイトルの読みあげ原稿である。ただし、これらふたつの原稿には含まれていた北条民雄、伊藤野枝、伊藤ルイに関する論述を、本稿では省略した。

＊6 この規定によれば、一九世紀末から二〇世紀初頭にかけての日本で展開した「初期社会主義」は、産業革命発生の年代差にほぼ沿いながら、イギリスではおおむねチャーティスト運動を、フランスやドイツでは一八四八年革命を指標に語られる西欧諸国の「初期社会主義」とのあいだに、約半世紀の隔たりをもつことになる（ex. 河野編 一九七九）。

＊7　明治初期における翻訳語「社会」の生成過程については、齋藤（二〇〇五）、柳父（一九八二）を参照。このうち「東洋――とりわけ日本――文明の底にひそむ社会構造と、西欧世界の基盤との対比と連関とをあきらかにできることばを、最小限拾うだけにした」（齋藤　二〇〇五：四一〇、傍点引用者）との但し書きを末尾に添える斎藤の著作では、「社会」、「個人」とともに「保険」が、さらには「為替処《かわせどころ》」の後裔語としての「銀行」が検討対象に選ばれている。マルセル・モースの着眼点との思いがけない類似もさることながら、非人称の交換や連帯に基礎づけられた近代共和政体の構造にたいする、アルシヴィスト齋藤のきわめて鋭敏な洞察力がうかがえる。くわえて齋藤は、日本のアカデミアに「社会学」の語が定着するのが明治一八年である一方、「個人」の語がその前年に誕生している事実にも関心をよせる（斎藤　二〇〇五：二二九）。その点、明治期の新語「個人」が、「社会」系統の語彙（社会学、社会主義、社会政策など）とのあいだで、単なる概念対立をこえた思想上の対抗関係を潜伏させつつ、スコットランド啓蒙ないし古典派経済学の自由主義を積極的に推奨する福沢諭吉の手で生誕した経緯は、本稿以下との関わりでも見すごしがたい（柳父　一九八〇、坂本　二〇〇七ａ）。

＊8　知識人が「社会の発見」を主題として明示しはじめた時期を一九二〇―二一年頃とみる飯田は、その理由として以下のできごとを挙げる。社会学者杉森孝次郎による論説「社会の発見」の発表（二一年）。吉野作造の同志・福田徳三の東京商科大学における社会政策講義案（二一年）の冒頭が「「社会」の発見」と題されていたこと。さらに、高田保馬がラスキらの多元論的国家観に刺戟されつつ『社会と国家』を書き上げたのが二一年秋だったこと（飯田　一九九七：二〇六－〇七）。

＊9　国家社会主義者・高畠素之が新語「大衆」を発明したのも一九二一年である（有馬　一九九九：二七三－七七）。

＊10　ドイツ皇帝ヴィルヘルム一世の施策を連想させる超政府的な恩典の一例として、シュプロッテは、幸徳秋水処刑直後のタイミングで明治天皇が「お手元金」千五百万円で設立したという慈善団体「済生会」（現・社会福祉法人恩賜財団「済生会」）にふれる（シュプロッテ　二〇〇三：一九三）。なお、翻訳語「社会」の言語的禁忌については、一九世紀末のフランスとおなじく日本でも、「社会学／社会主義」の概念区分がいまだ不分明であったことが背景にある（下出　二〇〇五）。一九三七年に厚生省が設置された時ですら、「保健社会省」の名称案が枢密院に諮られた段階で、「社会」の名称を避けるべく『書経』の一節から「厚生」の語が借用され、これを省名とした経緯がある（石田　一九八三：二〇八）。翻訳語「共和」の禁忌については、たとえば「共和演説事件」が一八九八年に生じた。「［…］内村鑑三氏が勅語の礼拝を拒むや、その教授の職を免ぜられたりき、尾崎行雄氏が共和の二字を口にするや、その大臣の職を免ぜられたり

き。彼ら皆な大不敬をもって罵られき、非愛国者をもって罪せられき。これ明治聖代における日本国民の愛国心の発現なり」（幸徳　二〇〇四：三〇）。

*11　河上肇らとともに社会政策学会に名を連ねていた松岡（柳田）國男は、ドイツ社会政策学の一分野、農業政策学で一九〇〇年に学士号を得ていた。フェビアン主義にも関心をよせる農商務省の官僚だった当時の彼が、国内農村部における農業使用組合の組織化にむけた産業組合普及運動を推進していた事実は（岩本　一九七六、岩本　一九八五）、モースとの比較で興味深い。なお、治安警察法が施行された一九〇〇年、団体名称の「社会政策」が「社会主義」と混同されることをおそれた同学会は、「社会主義」に反対である旨の趣意書を公表する（大河内　一九七二：三九）。

*12　「国家社会主義に於ては、国家は個人に優越せるが故に社会の正義の進歩の為めに個人に向つて干渉を行ひ得るものとなすに反し、社会連帯主義に於ては国家干渉の理由を他に求めて居る。社会連帯の事実から生ずる連帯の義務の制裁、即ち是れである」（増井　一九二四：二五）。

*13　大杉をめぐる以下の記述は一部、次の口頭報告をもとにしている。「大杉栄のソレル理解——生と力は浮遊するか」東京外国語大学AA研共同研究プロジェクト『表象に関する総合的研究』（高知尾仁 代表）、二〇〇八年度第一回研究会、二〇〇八年六月二八日。発表抄録 http://www.aa.tufs.ac.jp/project/represent_20080628_01.pdf。（二〇一六年一〇月一日閲覧）

*14　「元来僕は一犯一語という原則を立てていた。それは一犯ごとに一外国語をやるという意味だ。最初の未決監の時にはエスペラントをやった。つぎの巣鴨ではイタリイ語をやった。二度目の巣鴨ではドイツ語をちっと噛った。こんども未決の時からドイツ語の続きをやっている［…］今までの経験によると、ほぼ三ヶ月目に初歩を終えて、六ヶ月目には字引なしでいい加減本が読める［…］」（大杉　一九七一：二二三）。

*15　だがそれも、大杉ひとりの「文化」ではなかった。たとえば兆民研究者・井田は、「明治以来外国文献を『蒐採』してこれをもとに著作を行なった思想家は、福沢諭吉、加藤弘之、徳富蘇峰をはじめ枚挙にいとまが」ないなかで、著作と翻訳の境界線上に位置する自らのテクスト『理学鉤玄《こうげん》』について、それが純粋な訳書でないことをわざわざ冒頭で言い添える中江兆民の誠実さを特筆する（井田　一九八七：三一六）。

*16　「［…］以前から社会学を自分の専門にしたい希望があった［…］それも今までの社会学のではつまらない［…］まず社会を組織する人間の根本的性質を知るために、生物学の大体に通じたい。つぎに、人間が人間としての社会生活を営んできた経路を知るために、人類学ことに比較人類学に進みたい。そして後に、この二つの科学の上に築かれた社会学に到達してみたい」（大杉　一九七一：二二三-二二四）。

＊17 『群集心理』で知られるル・ボンが物理学者として著した『物質の進化』を大杉が訳出対象に選んだことは（ル・ボン 一九六三）、力の翻訳問題として暗示めいた光彩を放っている。フランス社会学派が社会的凝集力を論ずるさいの「凝集力 cohésion」とは力学のタームでもあるように、人類学はその起点において、一種の力学的動機に裏打ちされながら社会の力を探究していた形跡がある。

＊18 「諸君、幸徳君らは時の政府に謀叛人と見做されて殺された。諸君、謀叛を恐れてはならぬ。謀叛人を恐れてはならぬ。自ら謀叛人となるを恐れてはならぬ［…］我らは生きねばならぬ。生きるために謀叛しなければならぬ［…］繰り返して曰う、諸君、我々は生きねばならぬ、生きるために常に謀叛しなければならぬ、自己に対して、また周囲に対して」（徳冨 一九七六：二三一‐二四）。

＊19 たとえばギュイヨーについても、中江兆民が一八八二年の時点で、すでにその最初期の思想を紹介している（井田 一九八七：二二四‐二九）。

＊20 「気」および「元気」の観念にかんする以上の記述は、坂本（二〇〇七ｂ）の参照文献にもなっている論集、小野沢他編（一九七八）による。とくに清末期の中国については丸山・有田（一九七八）が、また中国における「気」の語義の広がりを力の翻訳論として捉えかえすうえでは、福井（一九七八）が示唆に富む。

＊21 「［…］近代に関するかぎり、そういう運動は、前資本主義社会または不完全資本主義社会をとりあげざるをえない人類学者をべつとすれば、すべての人によって、単に「先駆者たち」または半端な残存者たちとみなされてきた［…］ヨーロッパ中世において、ヴァルダレルリとマフィアのような諸団体、あるいは千年王国的諸運動に出会っても、誰も驚きはしないだろう。だがそれらについての問題点は、それらが、中世におこらないで、一九、二〇世紀におこり、たしかに過去一五〇年が［…］それらを異常におおく生みだした、ということである［…］「素朴な」および「古風な」というような言葉が、われわれを誤解に導くものであってはならない［…］」（ホブズボーム 一九八九：二六‐二九）。

＊22 ブルジョワの社会連帯主義が日本に紹介されはじめた時点では、国権の道徳的強化としての用途を模索される一方で（たとえば概説書にあたる堀田 一九三三の版元は当時の中央報徳会である）、それがクロポトキンの相互扶助やジッドの社会経済学との関連で受容される可能性も、わずかながら開かれていた（ブルジョワ 一九二六、ブルジョワ＋ジッド 一九三二）。

＊23 Fournier 1994: 524 に引用されたモース宛ユベール書簡（一九二五年一二月二一日付）より。

＊24 「［…］モースが、「物質」というカテゴリーそのものの精神史（それは、「因果概念」の精神史ともいえる『呪術論

素描』等の志向とも呼応する）を構想していたと思われること［…］」（渡辺　二〇〇九ａ：注三〇）。

＊25　木下は、「世には基督抹殺論を嘲って飜訳に過ぎないと言ふものがある」と述べたのち、「明治の文明に飜訳で無いものが一つでも在る乎［…］基督抹殺論の著者の短かい一生を考えるに、矢張『飜訳』の一語に尽きて居る。その社会主義も飜訳であった。その無政府主義も飜訳であった。飜訳は其の絶筆抹殺論のみでは無い」とまず断る。そのうえで、幸徳が翻訳した「基督抹殺」の思想は、欧米諸国において「其の時と場所とを問はず、専政権力に対する反抗の合図」や、「政権及び教権に対する根本的破壊」を遍く意味していた点が確認されたのち、本文で引用した一節が続くことになる。この木下の見解なども考慮しながら幸徳の遺志を慎重に推測していく林・隅谷　一九五四では、キリスト教が国粋主義者の排斥対象だったこともあり、既存の権威のうちでもそれのみが当時の幸徳に許された唯一の批判対象になったという森戸辰男の指摘も紹介されている。

＊26　幸徳が英語版から重訳したロラー（Arnold Roller 1878-1956）の著作の原題（Der Sozial Generalstreik）にある「ゼネスト」は、当局の目を逃れるべく翻訳にさいして慎重に外されたうえで秘密出版されたが、けっきょくは発禁処分に終わった。なお、翌〇七年の社会党大会における演説で、同年に勃発した足尾鉱山の蜂起にふれる幸徳が、そこに「直接行動」の真の姿を見出している点は、かれにとっての「総同盟罷工」の広がりを知るうえで注目される（幸徳　一九六八ｂ）。

＊27　「この書は、一応ヨーロッパ諸国の体験にのっとりながらも、情勢が総同盟罷工に有利に展開される場合のみを想定した、いわば論理上のレベルでの展開に終始しているといえる。それ故に、戦術論の欠如した楽観的で機械的な見方という誇りは免れえないだろう。それにもかかわらず、この書は、幸徳の直接行動論の支えになるものであったこと、また大逆事件にまきこまれることになる急進的青年らの心をとらえるものであったこと、さらに総同盟罷工の成功のために非軍備主義とその伝道を重視している点では、初期の大杉栄らにも影響するところ大であったことなどからも、単に幸徳に対してのみでなく、広く日本の社会主義運動に対しても重要な意味をもつものであったといえる」（小松　一九六九：四二六）。

＊28　本稿以下の記述は、別稿（真島　二〇一四）でやや詳細に論じた。

＊29　「市民社会という内部から未開の異国という外部へ旅立つことが人類学の出発点ではない［…］モースが常識的な、未開対文明という対立をいわば「なかったこと」とみなし、世界の新たな測量線を手探りし、それを若い人類学者たちに伝えようとしていること［…］」（渡辺　二〇〇九ａ：一三－一四）。

＊30　思潮の基軸概念が「労働」から「生命」に移行したとするアレントの先の図式との関連でいえば、「生命」主義がヨーロッパから到来する以前、とくに一八九〇年代後半の「社会問題」と「社会改良」の流れから生まれた明治社会主義にとり、「労働それ自身に固有の価値を認めたあとはうかがわれない」（松沢　一九七三：六二）という指摘のあることは注目される。

【参考文献】
芥川龍之介　一九七八　「侏儒の言葉」『芥川龍之介全集第七巻』岩波書店。
有馬学　一九九九　「社会の発見」『「国際化」の中の帝国日本 1905～1924』中央公論新社。
アレント、ハンナ　一九九四　『人間の条件』（志水速雄 訳）ちくま学芸文庫。
飯田泰三　一九九七［一九八〇］「ナショナル・デモクラットと「社会の発見」」『批判精神の航跡――近代日本精神史の一稜線』筑摩書房。
石田雄　一九八三　「近代日本における「社会福祉」関連概念の変遷」『近代日本の政治文化と言語象徴』東京大学出版会。
――　一九八九　「福祉観念の比較政治文化的特質」『日本の政治と言葉（上）――「自由」と「福祉」』東京大学出版会。
井田進也　一九八七　「中江兆民の翻訳・訳語について」『中江兆民のフランス』岩波書店。
岩本由輝　一九七六　『柳田國男の農政学』御茶の水書房。
――　一九八五　『論争する柳田國男――農政学から民俗学への視座』御茶の水書房。
梅森直之　二〇〇八　「前史としての社会主義から根源的な社会主義へ――『初期社会主義研究』の二〇年によせて」『初期社会主義研究』二一。
大河内一男　一九七二　『幸徳秋水と片山潜』講談社現代新書。
大沢正道　一九七一　『大杉栄研究』法政大学出版局。
大杉栄　一九七〇　『労働運動論集』現代思潮社。
――　一九七一　『自叙伝・日本脱出記』岩波文庫。
――　一九八八　『社会的個人主義（大杉栄・伊藤野枝選集第3巻）』黒色戦線社。

――　一九九六『大杉栄評論集』岩波文庫。

小野沢精一・福永光司・山井湧 編　一九七八『気の思想――中国における自然観と人間観の展開』東京大学出版会。

河野健二編　一九七九『資料フランス初期社会主義』平凡社。

木下尚江　一九七五「野人語 第一」『近代日本思想大系一〇　木下尚江集』筑摩書房。

ギュイヨー、ジャン＝マリー　一九五四『義務も制裁もなき道徳』（長谷川進 訳）岩波文庫。

クロポトキン、ピョートル　一九六〇『麺麭の略取』（幸徳秋水 訳）岩波文庫。

幸徳秋水／伝次郎　一九五三『社会主義神髄』岩波文庫。

――　一九五四『基督抹殺論』岩波文庫。

――　一九六八a「世界革命運動の潮流」『幸徳秋水全集 第六巻』明治文献資料刊行会。

――　一九六八b「日本社会党大会に於ける幸徳秋水氏の演説」『幸徳秋水全集 第六巻』明治文文献資料刊行会。

――　一九八四『日本の名著44　幸徳秋水』（伊藤整 責任編集、神崎清 訳）中央公論社。

――　二〇〇四『帝国主義』岩波文庫。

小松隆二　一九六九「解説『経済組織の未来』他――幸徳秋水とアナキズム」『幸徳秋水全集 第七巻』明治文献資料刊行会。

齋藤毅　二〇〇五『明治のことば――文明開化と日本語』講談社学術文庫。

酒井隆史　二〇一一『通天閣――新・日本資本主義発達史』青土社。

――　二〇一三「日本における社会的なものをめぐる抗争」市野川容孝・宇城輝人 編『社会的なもののために』ナカニシヤ出版。

坂本多加雄　二〇〇七a『市場・道徳・秩序』ちくま学芸文庫。

――　二〇〇七b「幸徳秋水における伝統と革命」『市場・道徳・秩序』ちくま学芸文庫。

下出隼吉　二〇〇五［一九二八］「社会学の揺籃時代――当時の片山潜氏の傾向」『明治社会学史資料』いなほ書房。

シュヴァリエ、ルイ　一九九三『労働階級と危険な階級――19世紀前半のパリ』（喜安朗 訳）みすず書房。

シュプロッテ、マイク・ヘンドリク　二〇〇三「ドイツ帝国から見た明治時代の初期社会主義運動発達史」（栗原康 訳）『初期社会主義研究』一六。

鈴木貞美 編　一九九五『大正生命主義と現代』河出書房新社。

鈴木貞美　一九九六『「生命」で読む日本近代——大正生命主義の誕生と展開』日本放送出版協会。
芹沢一也　二〇〇四「社会的な権力に対抗する〈生〉——大正期アナーキズムの可能性をめぐって」『現代思想』三二（六）。
田中拓道　二〇〇六『貧困と共和国——社会的連帯の誕生』人文書院。
デュルケーム、エミール　一九九三a「シェフレ『社会体の構造と生活』（一八八五年）」『デュルケーム ドイツ論集』（小関藤一郎・山下雅之訳）行路社。
　一九九三b「シェフレ『経済学要綱』（一八八八年）」『デュルケーム ドイツ論集』（小関藤一郎・山下雅之訳）行路社。
徳冨蘆花／健次郎　一九七六『謀叛論』岩波文庫。
ドンズロ、ジャック　一九九一『家族に介入する社会——近代家族と国家の管理装置』（宇波彰訳）新曜社。
中江兆民／篤介　一九三六『兆民選集』岩波文庫。
　一九六五『三酔人経綸問答』（桑原武夫・島田虔次訳）岩波文庫。
ノートヘルファー、フレッド・G　一九八〇『幸徳秋水——日本の急進主義者の肖像』（竹山護夫訳）福村出版。
橋本哲哉　一九八五「民衆運動と初期社会主義」歴史学研究会・日本史研究会編『講座日本歴史8　近代2』東京大学出版会。
林茂・隅谷三喜男　一九五四「解題」幸徳秋水『基督抹殺論』岩波文庫。
日高昭二　一九九二「クロポトキン——その予言と現在」『文藝』三一（三）。
福井文雄　一九七八「西洋文献における「気」の訳語」小野沢精一・福永光司・山井湧編『気の思想——中国における自然観と人間観の展開』東京大学出版会。
ブランキ、オーギュスト　一九八五『天体による永遠』（浜本正文訳）雁思社。
ブルジョワ、レオン　一九二六『レオン・ブルジョワ氏論文集 ソリダリテその他』（桃井京次訳）国際連盟協会。
ブルジョワ、レオン＋シャルル・ジッド　一九三二『社会連帯責任主義』（松浦要訳）日本評論社。
堀田健男　一九三三『社会連帯責任主義とは何か』中央報徳会。
ホブズボーム、E・J　一九八九『素朴な反逆者たち——思想の社会史』（水田洋・安川悦子・堀田誠三訳）社会思想社。
真島一郎　二〇〇六「中間集団論——社会的なるものの起点から回帰へ」『文化人類学』七一（一）。
　二〇一四「いのちの翻訳——社会人類学のために」『立命館言語文化研究』二六（二）。

増井幸雄　一九二四「社会連帯主義に於ける国家的干渉の根拠」『社会政策時報』四六。
松沢弘陽　一九七三『日本社会主義の思想』筑摩書房。
丸山松幸・有田和夫　一九七八「近代革新思想における気の概念――清末から五四まで」小野沢精一・福永光司・山井湧編『気の思想――中国における自然観と人間観の展開』東京大学出版会。
安永寿延　一九八一「解説」マルセル・モース『エスキモー社会』（宮本卓也 訳）未来社。
柳父章　一九八〇「福沢諭吉における“individual”の翻訳」『文学』四八（一二）。
――――　一九八二『翻訳語成立事情』岩波新書。
山泉進　二〇〇二「大杉栄著書目録（稿）」『初期社会主義研究』一五。
山泉進・岡野幸江・成田龍一・堀切利高・荻野富士夫・岡崎一・後藤彰信　一九八六「報告と討論＝初期社会主義研究の現状と課題」『初期社会主義研究』一。
ルナン、エルネスト　一九四一『イエス傳』（津田穣 訳）岩波文庫。
ル・ボン、ギュスターヴ　一九六三「物質非不滅論」（大杉栄 編訳）『定本 大杉栄全集 第七巻』世界文庫。
レヴィ、クリスティン　二〇〇八「幸徳秋水『帝国主義』のフランス語訳によせて」『初期社会主義研究』二一。
ロラー、アーノルド　一九六九「経済組織の未来」（幸徳秋水 訳）『幸徳秋水全集 第七巻』明治文献資料刊行会。
渡辺公三　二〇〇三『司法的同一性の誕生――市民社会における個体識別と登録』言叢社。
――――　二〇〇九a［一九八九］「マルセル・モースの人類学――再び見いだされた父」『身体・歴史・人類学Ⅱ 西欧の眼』言叢社。
――――　二〇〇九b［二〇〇〇］「マルセル・モースにおける現実と超現実――シュールレアリズムへ向けた人類学からのいくつかの断片」『身体・歴史・人類学Ⅱ 西欧の眼』言叢社。
Copains, Jean & Jean Jamin (eds.)　1994 *Aux origines de l'anthropologie française : les mémoires de la Société des observateurs de l'homme en l'an VIII*. Paris : Editions Jean-Michel Place.
Donzelot, Jacques　1994 *L'invention du social : Essai sur le déclin des passions politiques*. Paris : Editions du Seuil.
Fournier, Marcel　1994 *Marcel Mauss*. Paris : Fayard.
Gérando, Joseph-Marie (de)　1800 *Considérations sur les diverses méthodes à suivre dans l'observation des peuples sauvages*. Paris : Société des observateurs de l'homme.

——— 1989 [1824] *Le visiteur du pauvre*. Paris: Jean-Michel Place.

Kôtoku Shûsui 2008 *L'impérialisme, le spectre du vingtième siècle*. traduit, présenté et annoté par Christine Lévy, Paris : CNRS Editions.

Lévy, Christine & Brigitte Lefèvre (eds.) 2017 *Parcours féministes dans la littérature et dans la société japonaise de 1910 à 1930: De Seitô aux modèles de politique sociale*. Paris : L'Harmattan.

Nakae Chômin 2008 *Dialogues politiques entre trois ivrognes*. traduits, présentés et annotés par Lévy, C. et E. Dufourmont, Paris : CNRS Editions.

——— 2011 *Un an et demi; Un an et demi, suite*. traduits, présentés et annotés par E. Dufourmont, R. Jourdan et C. Lévy, Paris: Les Belles Lettres.

Sorel, Georges 1950 *Réflexions sur la violence (11e édition)*. Paris : Librairie Marcel Rivière et Cie.

Stocking, George W 1964 French Anthropology in 1800, *Isis*, 55(2) : 134-50.

第一四章　国連による平和構築の失敗――コンゴ民主共和国における軍事行動の限界

澤田昌人

はじめに――なぜ「コンゴ民主共和国」を注視し続けるのか

一九九七年五月、ザイール共和国（以下、「ザイール」と呼ぶ。現在の「コンゴ民主共和国」）は、ルワンダ軍やウガンダ軍、およびそれらに支援された反政府武装勢力によってあっけなく崩壊した。一九九二年頃からザイール国内の治安は急速に悪化し、ザイールで調査していた日本人研究者たちの多くは不本意ながら別の国へと調査対象を変えざるをえなかった。そしてザイールの崩壊によって、元のフィールドに戻ることは当面不可能になったのであった。

私も含めて人類学徒はフィールドでの研究テーマに没頭することが重要で、その国の政治経済情勢を見聞することはあってもテーマとしてそれに取り組むことは稀であろう。ザイール崩壊の時も、当時の研究者たちはすぐに別の国のフィールドで自らのテーマに注力し始めたのであった。一旦フィールドを変えると、ザイールの現状と将来への関心は急速に失われるものである。

しかしながら、ザイールの崩壊が自らに与えた衝撃を文字にした日本の人類学者が一人いる。渡辺公三である。彼はこう述べている。

一九九六年の年末から九七年五月のモブツ体制崩壊にいたる、ザイールにおける激しい政治動向を予想できたものは少ないであろう。［…］そうした現実の意外な展開は、それまで私たちの多くが漠然と思い描いていたアフリカ理解の構図をあらためて検討しなおすことをさそわずにはいなかった（渡辺　二〇〇九：四五）。

つまりアフリカニストでありながら、アフリカ理解が不十分であったことを率直に認めているのである。さらに、ある報告書ではこのようにも述べている。

一九八四年以降何年間か断続的におこなった人類学的調査のための現地生活で、モブツ体制下での人々の生活の基盤が壊滅的な状況にあることを眼のあたりにしながら、この理不尽な体制がまだ生き延びうると判断した現実感覚を再点検しなければならないと思われた（渡辺　一九九七：一一八）。

現地で過ごしながら現実を見ていない人類学者のこれほど真摯な反省をそれまでにも読んだことはないし、その後も知らない。彼の反省はまさしく私の反省でもあり、この国の人々の行く末を見続け、考え続けながら自らの現実感覚を構築しようとする私の出発点になっている。

その試みの一つとして、コンゴ民主共和国（以下、「コンゴ」と呼ぶ）を援助するはずの国際社会、特に国連の活動が失敗しつつある現状を報告し、その背景を考察しようと思う。

一　失敗しつつある国連の軍事行動

一九九九年一一月よりコンゴで行われている国連平和維持活動は、袋小路に入りつつある。強力な火力を与えられた「介入旅団（Force Intervention Brigade）」が投入されても、武装勢力の武装解除と市民の保護を実現できていないことが、その端的な証明である。

国連平和維持部隊（以下、国連軍と呼ぶ）が期待された効果をもたらしていない原因として、コンゴ政府と国連との間のさまざまな問題、例えば人権侵害の経歴を持つコンゴ軍人の昇格に対して国連が非難したために、コンゴ政府軍と国連軍との協力が中断されたことや、国連軍の一部が国連本部の意向に従わないことなどを挙げることができる（Lagrange and Vircoulon 2016: 11）。

しかし国連がコンゴで直面している問題は、コンゴ政府や国際社会との関係を調整することだけで解決できるものではない。介入旅団を含む国連軍およびその支援を受けたコンゴ政府軍による軍事行動だけでは、上述の目的を達成することはできない理由があるからである。

本稿では、平和維持活動が次第に軍事的行動に重きをおくようになっていった過程を、いくつかの和平合意や協定を紹介しながら説明する。次に軍事行動の例として、国連軍およびコンゴ政府軍によるＡＤＦ（Allied Democratic Forces）掃討作戦の成果と現状を紹介する。そして対ＡＤＦ作戦がもたらしたと考えられる悪影響を紹介する。最後に、武装勢力の武装解除を目的とした軍事行動が、その目的も達成できないうちに新たな問題を生み出してしまう原因についても考察を試みる。

二　コンゴ安定化への取り組み

ルサカ停戦合意からプレトリア和平協定まで

一九九八年八月、反政府武装勢力を支援しつつルワンダ軍、ウガンダ軍がコンゴに侵攻することによってコンゴ戦争が始まった。コンゴ政府軍もアンゴラ軍、ジンバブウェ軍などの支援を受けて防戦し、一時は周辺諸国の多くが敵味方に別れてコンゴ領内で対峙するという、アフリカ大陸において前代未聞の事態に至った。その結果、どちらかが軍事的に勝利を収めることは困難になり、一九九九年七月ザンビアの首都ルサカにおいて停戦合意が成立した。この合意ではルワンダ軍やウガンダ軍に支援された反政府武装勢力は政府軍と統合されることになっていたが、当時コンゴ国内にいたその他の九つの武装勢力に関しては、追跡捕捉して武装解除することになっていた（UN 1999: 21-22）。

これら九つの武装勢力は、ウガンダ、ルワンダ、ブルンジ、アンゴラの反政府武装勢力でありながらコンゴ国内に拠点を持っていた。本稿で注目するＡＤＦもこれらに含まれていた。政府や軍をこれから新しく作っていく交渉に、外国で生まれた武装勢力を含めないことは当然であるばかりでなく、新しいコンゴ政府軍以外の武装勢力が国内に残留することを認めないのも当然である。

このルサカ停戦合意に基づいて、同年一一月に国連平和維持部隊として「国連コンゴ民主共和国ミッション(Mission de l'Organisation des Nations Unies en République démocratique du Congo: MONUC)」が創設された。ＭＯＮＵＣは徐々に規模を拡大していったが停戦はしばしば破られた。さらに反政府武装勢力の分裂や創設が繰り返され、また政府の支援を受けた反「反政府武装勢力」も多数誕生した。反政府武装勢力どうしの衝突も激化し、さらには反コンゴ政府で協力していたはずのルワンダ軍とウガンダ軍がコンゴ中部の都市キサンガニ（図1）で直接戦火を交えるという混乱した事態に陥った。厭戦気分が広がり、和平への機運が盛り上がっていった。ルサカ停戦合意から三年以上たった二〇〇二年一二月、長い交渉のすえ南アフリカのプレトリアで和平協定が結ばれた。プレトリア和平協定は、新しく設けられる暫定政府と議会において政府側および各武装勢力などが占めるポストの割合や、司法や軍の組織などを定めており、二年以内に議会選挙、さらに大統領選挙による大統領の選出を目的としていた。プレトリア和平協定では、ルサカ停戦合意に含まれていたＡＤＦなどの武装解除については触れられていない（GLOBAL AND INCLUSIVE AGREEMENT ON TRANSITION IN THE DEMOCRATIC REPUBLIC OF THE CONGO 2002）。これはプレトリア和平協定の主目的が内戦当事者間の権力分配にあったからである。この協定が結ばれるまでの交渉過程を検討しても、大統領府の役職および議会の議席配分が交渉の中心であり、国内の治安についての関心は乏しかった（澤田 二〇一三）。

プレトリア和平協定から「フレームワーク」まで

プレトリア和平協定以降、コンゴは紛争終結後（post-conflict）状態として認識されるようになり、国際社会の関心は紛争解決からインフラ整備などの開発援助へと移っていった（Autesserre 2010: 65-68）。しかし実際はコンゴ東部において小規模な紛争は継続していたし、二〇〇四年には南キヴ州州都のブカヴ（図1）が攻撃されるなどしばしば大規模な衝突が起きていた。

コンゴ東部における紛争の規模は次第に大きくなり、ついにプレトリア和平協定では紛争を終結させられないことが明らかになった。二〇一二年一一月、「三月二三日運動」（Mouvement du 23 mars: M23）と称する反政府武装勢力がコンゴ政府軍を駆逐して北キヴ州の州都ゴマ（図1）を一時占領したのである。二〇一〇年にＭＯＮＵＣ

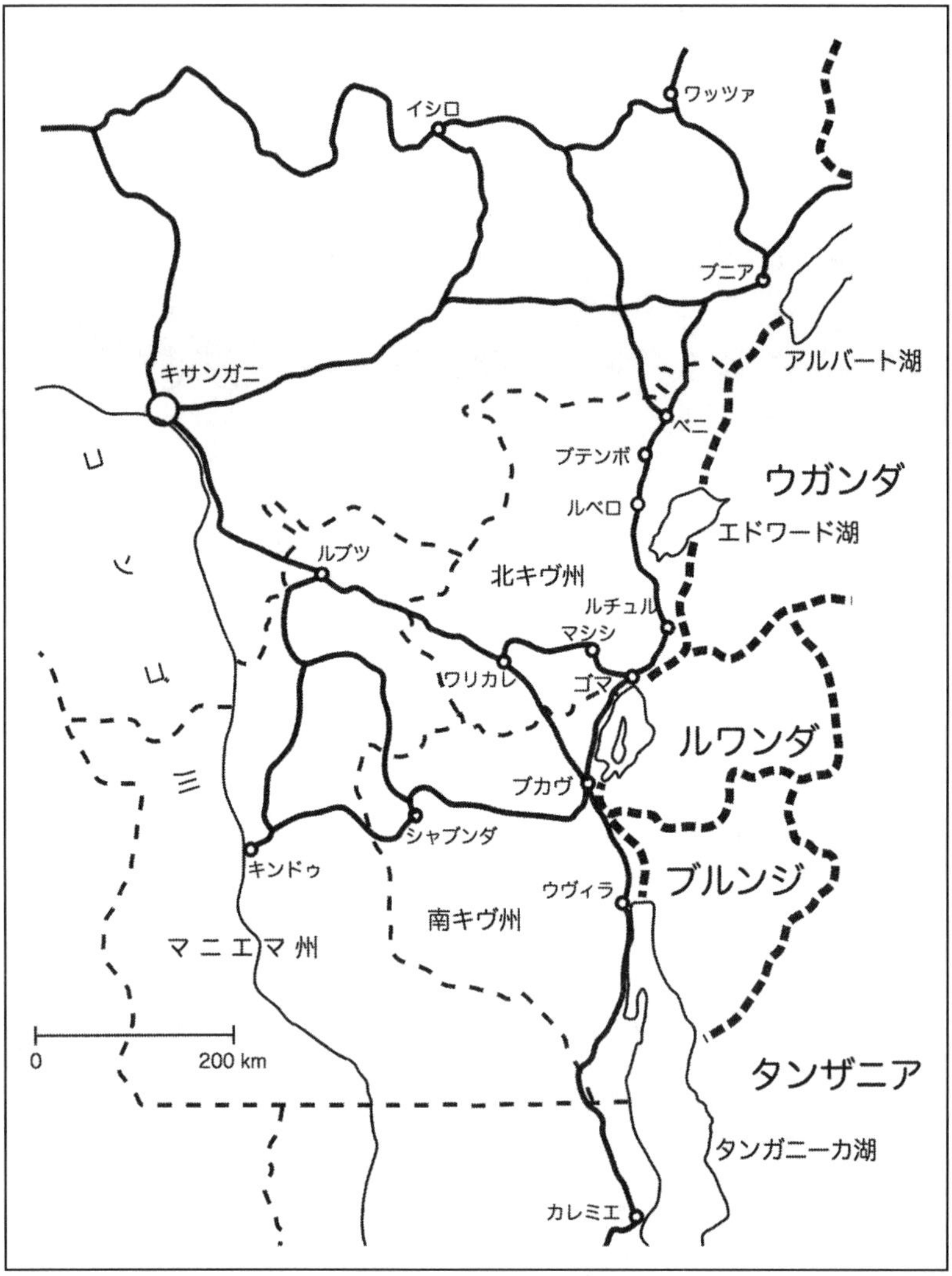
ワッツァ
イシロ
ブニア
アルバート湖
キサンガニ
ベニ
ブテンボ
ウガンダ
ルベロ
エドワード湖
ルブツ
北キヴ州
ルチュル
マシシ
ワリカレ
ゴマ
ルワンダ
ブカヴ
シャブンダ
キンドゥ
ブルンジ
ウヴィラ
南キヴ州
マニエマ州
0
200 km
タンザニア
タンガニーカ湖
カレミエ

図1

から任務を引き継いだ「国連コンゴ民主共和国安定化ミッション」(Mission de l'Organisation des Nations Unies pour la stabilisation en République démocratique du Congo: MONUSCO)はゴマに駐屯していたが防衛することはできなかった。

この事態を受けてコンゴにおける反政府武装勢力を一掃し、確固とした安定をもたらすために「コンゴ民主共和国とその周辺地域のための、平和、安全保障、協力に関する枠組(Peace, Security and Cooperation Framework for the Democratic Republic of the Congo and the Region、以下「フレームワーク」と呼ぶ)が翌年の二月に発表された。「フレームワーク」にはコンゴを含む周辺一一カ国と、国連、アフリカ連合他計四つの国際機関が署名している。コンゴ政府と国内の各勢力のみが合意したプレトリア和平協定や、コンゴ政府を含む六カ国の署名と、証人としてザンビアおよび国連など三つの国際機関が署名したルサカ停戦合意に比べて「フレームワーク」の重要性は際立っている(Peace, Security and Cooperation Framework for the Democratic Republic of the Congo and the region 2013)。

「フレームワーク」の締結を受けて、国連安全保障理事会は三月に決議二〇九八を採択した。この決議によってMONUSCOに前例のない強力な火力と機動性を備えた介入旅団が配備されることになった。介入旅団の強力な火力と機動性によって、これまで武装解除が難しかったM23やADFなどを強制的に武装解除することが目的であった(UN 2013)。この年の七月頃からコンゴ政府軍は介入旅団の支援を受けてM23への攻撃を開始した。介入旅団が持つ攻撃ヘリコプターも投入され、M23は一一月には最後の拠点を失い、隣国のルワンダ、ウガンダへと敗走した(Le Monde 2013)。

「フレームワーク」と決議二〇九八は、ルサカ停戦合意とプレトリア和平協定でも実現できなかったコンゴ東部における武装勢力の排除に向けて、その最大の障害であると目されたM23の駆逐に成功した。次の標的としていくつかの武装勢力と並んでADFが挙げられた(AFP 2013)。そしてまずADFへの攻撃が開始されたのである。M23の敗走から二ヵ月後の二〇一四年一月のことであった。

三　ＡＤＦ武装解除の失敗

コンゴ国内に根付くＡＤＦ

ＡＤＦは、隣国ウガンダにおけるムスリムの一グループが結成した反ウガンダ政府武装勢力である。彼らはウガンダ政府軍の激しい攻撃を受けてコンゴ領内に逃れ、二〇〇一年頃からはウガンダへは侵攻せず主にコンゴ領内のベニ（図１）周辺で活動し、徐々に勢力を拡大していった（澤田　二〇一四：八二）。

コンゴにおいてＡＤＦは規模や支配地域を拡大しただけではなく、コンゴ東部の地域社会に様々な形で参加するようになった。ベニなどコンゴ東部の地方都市を彼らがしばしば訪れていたことは住民に目撃されている（Hellyer 2013）。また彼らは、地元の保健センターに勤める支持者から医療サービスを受けることもできたし、また地元の首長が彼らに代わって（ＡＤＦの収入となる）税金を徴収していたとも言われている（Romkema 2007: 68）。

ＡＤＦは、武装組織としてだけではなく、様々な経済活動を行う企業体としての性格も持っていた。彼らは、木材の伐採に従事するほか、米、キャッサバ、バナナ、コーヒーのプランテーションを経営していたし、そこではＡＤＦメンバーではない一般のコンゴ人も働いていたという（Romkema 2007: 68）。またいくつかの小規模な金鉱を経営していたとされ、そこでは鉱夫から定期的に徴税していたという（UN 2011: para.59）。さらに彼らは多数のオートバイ、トラックを所有しており、それを用いてタクシー業、運送業を営んでいるとされていた（UN 2011: para.63）。ベニなどの地方都市や町には彼らの所有する商店があり、車の部品、食料品、医薬品などを扱っていた（UN 2011: para.63; Titeca and Vlassenroot 2012: 163）。これらの作物を売ったり、品物を仕入れたりするためにＡＤＦはウガンダとの国境を越えて密貿易を行っていた（Titeca and Vlassenroot 2012: 163）。

これらの事実が明らかにしていることは、ＡＤＦはこの地域の有力な経済的主体として活動しており、地域の有力者や住民と密接な関係を築いている、つまり地域共同体の中に確固とした地位を得ていたということである。コンゴ政府軍のある情報将校によれば、「ＡＤＦはこの地域の住民の半数近くの支持を受けている」という（UN 2011: para.63）。この発言がＡＤＦを敵とする政府軍の将校によるものであることに留意すれば、実際には住民の過半が政府軍よりもＡＤＦを支持していたと考えられる。

このような状況の中で二〇〇五年から二〇〇七年にかけて、また二〇一〇年から二〇一一年にかけて、コンゴ政府軍や国連軍によってＡＤＦへの攻撃が行われたが、結局彼らを武装解除することはできなかった。彼らが軍事組織としてだけではなく、地域共同体に組み込まれたコングロマリットとしても存在していることを考えれば、軍事行動だけでは彼らを捕捉し武装解除することが困難なことは理解できよう。

しかし上述のように二〇一四年一月から、今度はさらに強力な軍事力でＡＤＦを攻撃する作戦が開始されたのであった。

対ＡＤＦ作戦とその成果

この作戦はコンゴ政府軍が主体となって行われたが、ＭＯＮＵＳＣＯの介入旅団も支援を行った。二〇一四年三月にはＡＤＦの主な拠点はすべて制圧されたと伝えられ、生き残ったＡＤＦは山岳地帯に逃げコンゴ政府軍の追撃を受けていると報じられた（Radio Okapi 2014a）。六月に発表された国連の報告書によれば、一月からの作戦で政府軍側は二一七名が死亡し四一六名が負傷したとのことである（UN 2014: para.10）。このように多大の犠牲を払った対ＡＤＦ作戦であるが、二〇一五年になっても「ＡＤＦの勢力は衰えたものの、その指揮命令系統は保たれているようだ」と報告されている（UN 2015b: para.9）。さらに二〇一五年末から二〇一六年にかけて、ＭＯＮＵＳＣＯはコンゴ政府軍を支援して攻撃目標の発見にドローンを使用したり、攻撃ヘリコプターを投入してADFの拠点を攻撃したりしたが、ADFは未だに活発であると報告されている（UN 2016a: para.22-24）。この間、二〇一五年四月にはADFの最高指導者であるジャミル・ムクル（Jamil Mukulu）がタンザニアで発見されて逮捕されたが、コンゴ東部におけるADFが武装解除に応じる気配はなかった。

つまりコンゴ政府軍と、MONUSCOとりわけその介入旅団が行ってきた対ADF作戦は、現在にいたるまでその目的であったADFの武装解除に成功していないのである。またADFのこの地域におけるプレゼンスが低下しコンゴ政府軍の支配地域が拡大するにつれ、新たな問題が生じてきた。ベニ周辺の町や村において住民を殺戮する事件が頻発したのである。

四　ベニ周辺での殺戮

ADFによる犯行か？

ADFによる抵抗が少なくなりその衰退が確かなものに思われ出した二〇一四年一〇月、ベニ周辺の町や村で一般の住民がナタや斧で殺害されるという事件が立て続けに起きた。わかっているだけでも一〇月には一二回、計一一二人が殺害されている。コンゴ・リサーチ・グループ（Congo Research Group: CRG）によれば同様の事件はその後しばしば発生し、二〇一五年末までに殺された住民は少なくとも五五〇人におよんでいる（CRG 2016: 5）。ベニ・ルベロ・オンライン（Beni Lubero Online: BLO）というサイトにアップされた写真によれば、首や手足を切断され、あるいは腹を裂かれ内臓を引き出され、あるいは頭に斧を打ち込まれ、あるいはそれらを組み合わせるという殺され方であったようだ。時には人間の形をとどめないほどの肉塊になるまで切り刻むという凄惨な殺し方であった。

当初からこの犯人はADFの生き残りであると報じられていた。コンゴ政府軍とMONUSCOが対ADF作戦を始め、それまでADFと共存してきたはずの住民がADFの情報をコンゴ政府軍などに伝えた、つまりADFを裏切ったことに対する報復だと推測されたのである(Radio Okapi 2014b)。国連も少なくとも当初は、ADFの仕業であると考えていた(UN 2015c: 8-9)。しかしADF犯人説は、コンゴ政府軍とMONUSCOが対ADF作戦を遂行中であるという文脈の中で、いわば状況証拠をもとに作られた仮説であって、確固とした根拠を持つ説ではなかった。

ADF犯人説では説明しにくい不可解な犯行状況も早い段階で伝えられていた。犯人たちは、ガンダ語(隣国ウガンダで広く用いられている言語)、ルワンダ語(主に隣国のルワンダや、コンゴのルワンダ系住民によって用いられている言語)、リンガラ語(コンゴの共通語の一つであるが、この地域の人々はふだんは用いない言語。ただしコンゴ政府軍の兵士はこの言語を常用している)、およびルワンダ風の訛りのあるスワヒリ語(コンゴ東部のみならず東アフリカで広く用いられている共通語。この地域の人々も常用しているが、ルワンダ風の訛りはない)を話していたとの証言があったのだ(BLO 2014)。

ADFはもともとウガンダで結成されメンバーの中心はウガンダ人であるから、ガンダ語を話していたことはADF犯人説と矛盾はしない。しかし、一般のウガンダ人はリンガラ語を話さないので、ADFのコンゴ人メンバーにリンガラ語を用いる者がいると想定せざるを得ないのだが、これは考えにくいことである。なぜならADFのコンゴ人メンバーのほとんどがベニ周辺地域の出身であり、ここではリンガラ語は常用されていない。この辺りでリンガラ語を常用する者がいるとすれば、それはほぼコンゴ政府軍兵士に限られるのである。

さらに不可解なことは、犯人たちがルワンダ語とルワンダ訛りのスワヒリ語を使用していたとの証言である。ルワンダ語はウガンダ人のみならずベニ周辺の人々にも用いられておらず、この言語の話者がルワンダ人か、ルワンダ系コンゴ人であることを強く示唆している。スワヒリ語にルワンダ訛りがあったという証言もこの推測を支持している。もともとベニ周辺にルワンダ系コンゴ人はほとんど住んでいないので、ADFのメンバーにルワンダ系コンゴ人が含まれる可能性は低い。つまり、ルワンダ語やルワンダ訛りのスワヒリ語を話す犯人たちは、ADFでもベニ周辺の住民でもなく、他地域からやってきて地元の住民を殺害しているという可能性があるのである。

ADF以外による犯行の可能性

このように犯人たちが使用した言語から推測する限りその出自は多様であるらしい。ADFからのある脱走者によれば、ADFの幹部は「他にも殺戮を行っている連中がいるようだが、誰だか分からない」と語っていたという。そして「まあいいさ。こうやってコンゴ人たちは混乱していくのさ」とも言ったという（CRG 2016: 14）。この証言を信用するならば、ADFとその他の殺人者たちは別々に行動しているということになる。その場合、ADFによる復讐という動機だけで一連の殺戮全てを説明出来るとは考えられないのである。

国連もコンゴ政府もADFを犯人として非難し続けてきたのだが、実際にはコンゴ政府軍兵士も殺戮に加担していたようだ。国連の報告書は、対ADF作戦のために配備されているコンゴ政府軍兵士の一部が住民の殺戮を行っていたと述べ、おそらくADFと古くからつながりを持つ兵士が、ADFとの協力のもとに行ったと推定している（UN 2015c: 8-9）。CRGは、二〇一五年二月から三月にかけてベニの北東で行われた殺戮の犯人の中に、付近に駐屯していた第一〇〇六連隊の兵士たちが含まれていたとの証言を得ている（CRG 2016: 19）。兵士の中には、一人の首を切り落とすたびに二五〇ドルの報酬を受け取る者もいたという（CRG 2016: 20）。また二〇一四年一〇月八日、一連の殺戮が始まったばかりの頃に起きた事件で大怪我を負いながらも生き残った者が、「見覚えのあるコンゴ政府軍将校とその護衛たちが住民たちを殺した」と証言している（CRG 2016: 20）。ある者は「ADFなら見ればわかるんだ。連中との付き合いは長いんだぜ。だから、殺しの犯人たちはＡＤＦじゃあないとわかっているんだ」とまで述べている（CRG 2016: 22）。

コンゴ政府軍のある少尉は次のように証言している。「ＡＤＦのグループが住民を殺したことは確かだと思う。しかしそんなにたくさん殺したわけじゃない。それから地元の武装勢力から脱走した連中も住民を殺したな。だがたくさん殺したのは、政府軍の連隊の連中、特に我が第八〇八連隊の連中だ」（CRG 2016: 22）。しかしコンゴ政府軍兵士に殺戮の指示を出したのが誰なのか、現在も分かっていない（CRG 2016: 23）。

住民を殺戮しているグループは他にもいるようだ。プレトリア和平協定によって暫定政権にも参加した当時の反政府武装勢力「コンゴ民主主義連合キサンガニ派・解放運動グループ」（Rassemblement congolais pour la démocratie/Kisangani, Mouvement de Libération: RCD/K-ML）の軍事部門「コンゴ愛国軍」（Armée patriotique du Congo: APC）の元メンバーたちも暗躍しているらしい。ＡＰＣのメンバーはほとんどがベニ周辺の主要民族ナンデ人であった。元ＡＰＣメンバーの証言によれば、少なくとも初期の殺戮はＡＤＦや元ＡＰＣ、およびＡＰＣと関係のあったＭ23の元メンバーらが共同して行ったものだという（CRG 2016: 27）。Ｍ23の構成員はほとんどがルワンダ語を話すことができたことに留意すれば、この証言はルワンダ語の使用に関するこれまでの証言と矛盾しない。

殺戮の目的は何か？

ＡＤＦはその主張を公式に表明することがない。ネット上のサイトも持たず、ソーシャルメディアも用いていないので、彼らの目的を確かめることは容易ではない。しかし、一部の証言を信じれば、これらの殺戮がＡＤＦ以外の人員を含んだ大きな計画の一部である可能性も考えられる。

元ＡＰＣメンバーの一人は、かつての戦友から殺戮に参加する誘いを受けた際、ウガンダとルワンダはコンゴと決着をつける決心をしたのだと伝えられたという。集合場所で彼は、他の元ＡＰＣメンバーとルワンダ語を話す見知らぬ人々と合流した（CRG 2016: 27）。そして殺戮の目的は地元住民を追い出してベニ周辺に「後方支援基地」を設けることであったというのである。それを足がかりにより大きな都市を攻略するつもりであるという（CRG 2016: 27）。この証言に関して、国連も含めて他のソースによる言及は見あたらない。またこの証言が真実だったとしても、この殺戮の実行を指示している者に関する証言は得られていない。

このように断片的な証言や状況証拠の数々から漠然と浮かび上がってくるのは、ＡＤＦだけではなくコンゴ政府軍の一部、すでに活動をやめたはずの元ＡＰＣ、コンゴ政府軍と介入旅団によって撃破されルワンダとウガンダに逃れたはずのＭ23が結びついて、住民を殺戮しているという構図である。北キヴ州知事のジュリアン・パルクは、ウガンダとルワンダが共謀してコンゴ東部一帯を支配しようとしていると非難しているが（Kongo Times! 2015）、彼の主張はこれらの証言から導かれる印象をもとにしているのであろう。

ベニ周辺における一連の殺戮に関して最も重大な問題は、コンゴ政府もＭＯＮＵＳＣＯもこの不可解な状況を調査することもせず、主としてＡＤＦに対する軍事行動によって解決しようとしていることである。二〇一四年一〇月に殺戮がはじまって二年以上経過しても、いまだにＭＯＮＵＳＣＯは「ＡＤＦとその仲間たちが」住民を殺戮したとし、コンゴ政府軍と協力してＡＤＦの拠点を攻撃したと述べるのみで殺戮の背景には踏み込んでいない（UN 2016a: paras. 23-24; 31-32）。コンゴ政府とＭＯＮＵＳＣＯは事態をあまりにも軽く見ていると非難されるのも当然であろう（CRG 2016: 33）。

五　くすぶる民族対立

ナンデ人に対する「ジェノサイド」という見解

ベニ周辺には、南方のブテンボ、ルベロ（図1）周辺の人口稠密地帯から耕作地を求めてナンデ人が多く移住し、もともと住んでいたブバ人、タリンガ人などと共存しているが、今やナンデ人が多数派の地位を占めているという（CRG 2016: 10）。したがって、ベニ周辺で殺された住民の多くがナンデ人であったことは想像できるが、報道や調査報告書の中で被害者の民族構成は全く触れられていない。民族対立を招きかねない微妙な問題だからであろうか。

しかしＢＬＯのサイトでは、殺戮の対象はナンデ人に絞られていて計画的なジェノサイドであると主張されているのである（BLO 2015a）。ＢＬＯによれば、この地域に展開するコンゴ政府軍や警察の司令官はすべてルワンダ系民族であって、彼らがＡＤＦと共同してナンデ人を殺戮しこの地域を占領しようとしているのだという。治安機関の司令官や被害者の民族構成を別のニュース・ソースで確認できないので、この記事の真偽を確かめることはできない。ＢＬＯの主張とは異なり殺戮対象の選別は行われていない、つまりナンデ人だけが殺戮されているわけではない、と指摘するジャーナリストもいる（Hellyer 2015）。それでも酷い殺され方をした遺体の写真とともに、ナンデ人に対するルワンダ系民族によるジェノサイドが主張されると、それは以前からくすぶっていた民族間の潜在的な対立と共鳴しかねないのである。

ナンデ人とルワンダ系コンゴ人の対立

ナンデ人とバニャルワンダ（ルワンダ系コンゴ人のことで、大きく分けてフツ人とツチ人の二つの「民族」からなる。「バ」は「人の複数形」を示す接頭辞なので、本稿では「バニャルワンダ人」とせず単に「バニャルワンダ」と表記する）との政治的、経済的な対立の起源は、少なくともザイール時代にまで遡る。ザイール時代の末期であった一九九三年、ザイールの東部や南部で民族間の紛争が頻発する状況の中、ナンデ人であった北キヴ州の当時の知事はザイールの治安部隊に対して次のように要求した。すなわち治安部隊はナンデ人やその他の民族を支援して、ルワンダから移住してきたバニャルワンダを「排除し殲滅」すべきである、と述べたのであった（Raeymaekers 2007: 100）。

一九九八年のコンゴ戦争勃発以降、北キヴ州はバニャルワンダ、特にツチ人を中心とする反政府武装勢力の支配地域に入った。彼らが任命した北キヴ州知事は、ナンデ人が多く住むベニ、ルベロ周辺での徴税権をナンデ人から取り上げていった。そのため北キヴ州において政治的に弱い立場となったナンデ人たちは互いに連帯するようになり、「捕食者」であるバニャルワンダ、とりわけツチ人と政治的に対立するようになった（Raeymaekers 2007: 145）。これまで両者の間の大きな紛争は知られていないが、敵対的な関係は現在にいたるまで続いている。

ナンデ人とバニャルワンダとの対立は、最近では特にフツ人との対立が顕著になってきた。二〇一三年にはルベロ周辺でのフツ人に対する暴力が増え、フツ人の中には身の安全と仕事を求めて北キヴ州を通り抜けて北方のイトゥリ州にまで移住する者が出てきた。避難行の途中ベニで殺されたフツ人もいたという（Hellyer 2015）。

他方BLOは、ベニ周辺以外でもナンデ人に対する殺戮が計画されていると警告した。それによればルベロ南方のカニャバヨンガ周辺において、ナンデ人に対する攻撃が準備されているというのである（BLO 2015b）。殺戮を計画しているのが誰であるかこの記事自体は何も語っていないが、BLOによる一連の報道を考慮すればバニャルワンダ、特にフツ人による計画であると読者は考えるであろう。BLOは例えば、「避難するフツ人は、ナンデ人が頻繁に殺戮されている地域をトラックやタクシーに乗り、あるいは歩いて通過しているのだが、なぜ彼らだけが攻撃されないのであろうか」、とか「殺戮を恐れて人々が逃げ無人となった地域になぜフツ人が向かうのか」、と反語的に問うている（BLO 2015c）。ＢＬＯを読むナンデ人は「フツ人が殺されないのは殺戮を実行している連中と協力関係にあるからかもしれない。そしてナンデ人が殺されて逃げ出した土地をフツ人が奪おうとしているのではないか。もしかしたら、ベニ周辺での殺戮はフツ人が土地を奪うためなのではないか」と考えるかもしれない。

根拠に乏しいこの扇動的な記事は、古くからあるナンデ人とバニャルワンダの間の対立をさらに悪化させる可能性を持っている。対ＡＤＦ作戦が、ＡＤＦの軍事力を削いだことは間違いないが、地域の治安と経済を混乱させ、それにともなって古くからの問題を、新たなそして厄介な形で生き返らせてしまいつつある。

六　政府や国連の対応は十分か

ベニ周辺での殺戮が始まって間もなく、コンゴ下院の調査団が派遣され二〇一四年一一月に報告書が発表された。報告書では、殺戮を知らせる通報に対してコンゴ政府軍の対応が遅すぎたこと、そのために地元の人々とコンゴ政府関係者との信頼が失われていることなどを指摘し、早急な改善を求めている。また、ルベロ南方からの移住民と地元住民が平和的に共存するための協議を提案している（Rapport de la mission parlementaire à Beni 2014）。短い報告書ではあるが、主要な問題を一通り指摘している優れたものである。しかし、この報告書に基づいて政府の対応が取られた形跡はなく、殺戮が続いてきたことはすでに述べた通りである。

報告書から一年以上経過して、ベニ、ルベロなどナンデ人の多い地域から選出された下院議員二〇名が連名で、国連事務総長宛の書簡を送ったことが報じられた（BLO 2016）。二〇一六年二月一八日付けのこの書簡の中で議員らは「ナンデ人に対するジェノサイドがすでに進行中である」と訴えている。おそらく議員たちは、コンゴ政府による対応の遅れにしびれを切らして国連へ訴えたのであろう。

国連の報告書は、二〇一六年五月になって初めて詳細にベニ周辺での殺戮を取り上げた。この報告書ではADFや地元の武装勢力、コンゴ政府軍の一部が犯人として指摘されており、コンゴ政府に捜査を促している（UN 2016b, paras. 185-213: 238）。コンゴ政府も、国軍兵士による殺戮への関与について捜査することを約束した（UN 2016c）。

二〇一六年七月現在、コンゴでは本来であれば今年行われるはずの大統領選挙に関するニュースで持ちきりであり、ベニ周辺での殺戮やナンデ人とバニャルワンダとの対立に関する報道は下火になっている。しかし頻度こそ低下したものの、ベニ周辺では住民への殺戮が続いている。コンゴ政府や国連の語っていることが、現場では実行されていないのではないだろうか。

二〇一六年五月三日の夕方にも四人の子供を含む男女一九人が殺される事件があった。現場は、MONUSCOのネパール人部隊の基地からわずか三〇〇メートルしか離れていなかった。住民から前もって通報があったにもかかわらず、コンゴ政府軍も、MONUSCOも殺戮を防ぐための十分な行動を取らなかったという（Le Monde 2016）。あるネパール兵は戦略の欠如を嘆いている。「戦いで第一にすべきことは誰が敵なのかを知ることだ。ところがここでは誰も敵を明らかにしようとしないのだ」（Le Monde 2016）。MONUSCOは後日犯行現場に出向いたが、殺戮の経緯や犯人の身元に関する情報収集は行われず、証拠も無しに「ADFの仕業」だと決めつけていると報じられている（Le Monde 2016）。ル・モンドの記事を信用すれば、コンゴ政府軍もMONUSCOも当事者能力を持っていないのではないかという疑問を感じざるをえない。

二年以上におよぶ対ADF作戦にもかかわらず、ADFを武装解除して治安を回復するという目的は未だに達成されていない。確かにADFの勢力は衰えたかもしれないが、すでに指摘したように彼らがコンゴ国内に政治的、経済的なネットワークを持ちいわば「根付いている」以上、軍事行動のみによってその組織を解体することはほぼ不可能であろう。その上、コンゴ政府軍もMONUSCOも治安を維持し住民を保護する能力を持たず、住民から信頼されてもいない。それでもまだADFに対して軍事行動のみの対応がとられ続けているのはなぜだろうか。その理由として考えられることを二点指摘しておきたい。

七　なぜ軍事行動にこだわるのか

変更されない方針

一九九九年七月のルサカ停戦合意において、ADFが武装解除の対象となっていたことはすでに述べた。他の八つの武装勢力も武装解除の対象として挙げられていた。ADFと合わせて九つの武装勢力はいずれも隣接する国で結成された反政府武装勢力であり、その拠点がコンゴ国内にあった組織である。

その後ルサカ停戦合意は守られないまま戦闘が続き、コンゴ国内を起源とする反政府武装勢力は四分五裂して数が急速に増えていった。二〇〇二年一二月のプレトリア和平協定では、国内起源の武装勢力は五つとなりいずれも暫定政府や議会、国軍に参加することになった。その後二〇一三年の国連決議二〇九八では、ADFなど外国起源の武装勢力が武装解除の主たる対象であることが改めて確認された。これはルサカ停戦合意での方針を引き継いだものであるといえよう。

かつての反政府武装勢力を糾合した新しい政府が誕生しても、コンゴ東部では様々な武装勢力が結成され続けた。いくつかは投降したり解散したりしたが、別のグループが新たに結成されコンゴ政府軍と対立したり、あるいは他の武装勢力と対立したりするという複雑な状況が続いてきた。コンゴ東部の武装勢力に詳しいヴォーゲルは、南北キヴ州で二〇一三年冬に三〇の、二〇一四年冬に三四もの武装勢力を数えているが、二〇一五年冬にその数は七〇にも達している（Vogel 2015）。この数にはADFも含まれているが、若干の例外を除けばほとんどがコンゴ国内で生まれた武装勢力であり、彼らの支配地域を合わせると、ADFや他の外国起源の武装勢力の支配地域を合わせたよりもはるかに広いのである（Vogel 2015）。つまりルサカ停戦合意から一〇数年を経て、ADFはいまや武装解除すべき勢力の一部にしか過ぎなくなったのである。

一九九〇年代、ADFがコンゴ領内に拠点を構えるようになった頃は、そのメンバーの大多数はウガンダ出身であった。ところがコンゴ国内に根を下ろして約二〇年経過したことで、メンバーの出身国に変化が生じた。ADFのメンバーはウガンダ人が最も多いが、二番目に多いのがコンゴ人であり、メンバーをリクルートするためのネットワークはウガンダのみならずコンゴ東部に広く張り巡らされているという（UN 2015a: para. 16-17）。つまりメンバー構成から見ても、地元との経済的に密接な関係から見ても、ADFはコンゴ起源の武装勢力としての性格を帯びつつあり、ウガンダに戻って政権を奪取することが唯一の目的であるとは言い切れなくなっているのではないだろうか。

一九九九年のルサカ停戦合意で示されたADFに対する方針を変更して、コンゴ国内で生まれた武装勢力への対処と同列に考える必要がある。つまり軍事手段のみに頼らない、政治的な解決も検討する必要があるだろう。

実情の理解は充分か？

それではなぜコンゴ政府や、MONUSCOはルサカ停戦合意での方針をこれまで変更しようとしなかったのだろうか。理由の一つとして考えられることは、MONUSCOや国際NGOなど、平和維持活動に関与する人員が現地の事情に詳しくない、ということがある。現地に駐在する彼らは日常的に現地の事情に触れ理解を深めていると思われがちだ。しかし平和維持活動関係者に求められる知識は「技術的な専門性」であり、例えば紛争解決、開発、人道援助、プロジェクトマネジメント、財政、農業工学といった分野の専門性が評価される。逆に赴任する国の歴史や文化、社会に詳しいその国の「専門家」は関係者の間では高い評価を受けていないという（Autesserre 2014: 69-70）。稀な例外を除いて、現地の言語に習熟することは重要だと考えられていない（Autesserre 2014: 33）。したがって赴任する前にその国に関する十分な知識を持っているものはほとんどいない（Autesserre 2014: 73）。それどころか特定の国に深い知識を持ち「その国の人（native）」になっていると評価されてしまうと、他の地域に異動できなくなり、結果的に組織の中で昇進できなくなってしまうというのである（Autesserre 2014: 74）。

オトセールは、平和維持部隊の兵士が現地の言語を使用できないために情報収集をほとんど行っていないと指摘している。かろうじて同行する通訳が現地住民とコミュニケーションをとることができるが、兵士の英語力も低いので通訳に対して収集すべき情報を指示できないどころか、通訳と兵士とのコミュニケーションそのものが困難であると述べている（Autesserre 2014: 121）。前述のル・モンドの記事で指摘されていた十分な情報収集の欠如は、兵士たちの怠慢のみが原因なのではなく、国連による平和維持活動の制度的な問題を反映するものであったのである。

国際NGOの経験を持つオトセールが膨大なインタビューと観察をもとに描いた、国連も含む平和維持活動関係者の日常生活は、仕事以外では現地人とほとんど交流せず、同業者だけで集まり食事をするといった閉鎖的な世界で完結している。その国の歴史、文化、政治などに関する知識は、同業者同士の間でやり取りされる口コミやメールによって得られており、歴史学者や人類学者、政治学者によるその国に関する文献はほとんど読まれていない（Autesserre 2014: 70-78; 161-182）。そもそも彼らは、日常業務に関するレポートを書くことに追われて事務所から外に出ることもままならないのであって、現地事情の調査はもとより関連資料に目を通すことさえ難しいのだ（Autesserre 2014: 238）。

このような現地の実情に関する知識の乏しさは、ADFの実態やベニ周辺での殺戮に関する理解の乏しさにつながっているのではないだろうか。そう考えると、コンゴでの定着以降ＡＤＦの実態が変化しているにもかかわらず、ルサカ停戦合意以来の伝統的な解決策として軍事行動に固執する理由もある程度理解できる。問題はＭＯＮＵＳＣＯをはじめとする平和維持活動関係者の不勉強や認識不足にあるだけではないだろう。より深刻な問題は、平和をもたらし維持しようという善意の人びと、すなわち現地の住民や地域研究者や平和維持活動関係者が協力して行動することができていない仕組みにある。その結果予想外の問題が起こった場合に、それに適切に対処できない場合のあることを本稿では示した。この仕組みをどのように改善していくのかが、これからの平和維持活動を検討する際に重要な論点として取り上げられるべきであろう。

【参考文献】

澤田昌人　二〇一三「コンゴ戦争の和平交渉における停滞と他国からの政治的影響――「国民間対話」におけるサン・シティ合意の成立と崩壊」『京都精華大学紀要』四三号、一一三－三二。
――　二〇一四「コンゴ民主共和国における武装勢力掃討は成功するか？――対ＡＤＦ作戦の難しさ」『アフリカレポート』五二：七八－八七。
渡辺公三　一九九七「補章　年表・ザイール・モブツ体制の成立と崩壊」『アフリカ諸国の「国家建設」と課題』財団法人日本国際問題研究所、一一八－二七。

——　二〇〇九　「ザイールの崩壊からコンゴ民主共和国へ——『国家建設』は追求されたのか」『身体・歴史・人類学Ⅱ　西欧の眼』言叢社、四五－六二。
AFP (L'Agence France-Presse)　2013 RDC: l'armée congolaise va s'attaquer 'incessament'aux rebelles rwandais FDLR (ministre). 5 novembre.
Autesserre, Séverine　2010　*The Trouble with the Congo: Local Violence and the Failure of International Peacebuilding*. Cambridge University Press.
——　2014　*Peaceland: Conflict Resolution and the Everyday Politics of International Intervention*. Cambridge University Press.
BLO (Beni Lubero Online)　2014　Génocide à Beni : Encore près de 120 personnes massacrées près de Mavivi. 22 novembre.（http://benilubero.com/genocide-a-beni-encore-pres-de-120-personnes-massacrees-pres-de-mavivi/　二〇一六年四月八日閲覧）
BLO (Beni Lubero Online)　2015a　Les Massacres des Yira: Une oeuvre du regime de Kinshasa. 21 avril.（http://benilubero.com/les-massacres-des-yira-une-oeuvre-du-regime-de-kinshasa/　二〇一六年四月一一日閲覧）
——　2015b Lubero: Alerte sur l'imminence des massacres des Nande à Kanyabayonga. 31 août.（http://benilubero.com/lubero-alerte-sur-limminence-des-massacres-des-nande-a-kanyabayonga/　二〇一六年四月一三日閲覧）
——　2015c Mensonge dangereux d' un article de Radio Okapi du 2 septembre 2015. 4 septembre.（http://benilubero.com/mensonge-dangereux-dun-article-de-radio-okapi-du-2-septembre-2015/　二〇一六年四月一三日閲覧）
——　2016　Enfin, le caucus des élus Yira rejoignent www.benilubero.com et le Kyaghanda Yira pour qualifier les massacres en cours de Génocide de l' ethnie Yira (Nande). 7 mars.（http://benilubero.com/enfin-le-caucus-des-elus-yira-rejoignent-www-benilubero-com-et-le-kyaghanda-yira-pour-qualifier-les-massacres-en-cours-de-genocide-de-lethnie-yira-nande/　二〇一六年四月二一日閲覧）
CRG（Congo Research Group）　2016 *Qui sont les tueurs de Beni?*　(http://congoresearchgroup.org/wp-content/uploads/2016/03/Rapport-Beni-GEC-21-mars.pdf　二〇一六年四月八日閲覧）
GLOBAL AND INCLUSIVE AGREEMENT ON TRANSITION IN THE DEMOCRATIC REPUBLIC OF THE CONGO. 2002 (Signed in Pretoria on 16 December 2002).（http://www.ucdp.uu.se/gpdatabase/peace/DRC%2020021216.pdf　二

〇一六年四月三日閲覧)

Hellyer, Caroline　2013　Uganda's heart of darkness: The Congolese army defeated the M23 fighters but their next target, Ugandan group ADF-NALU is a different challenge. Al Jazeera. 24 December.（http://www.aljazeera.com/indepth/features/2013/12/uganda-heart-darkness-20131217813215103 30.html　二〇一六年四月六日閲覧)

——— 2015　Beni Massacres and Some Thoughts on the ADF.（http://digitaldjeli.com/2015/beni-massacres-and-some-thoughts-on-the-adf/　二〇一七年三月九日閲覧)

Kongo Times!　2015　En Ouganda, la reconstitution de l'ex-M23 se confirme et se précise. 2 mai.（http://afrique.kongotimes.info/rdc/echos_provinces/9289-ouganda-reconstitution-ex-m23-confirme-precise-julien-paluku-avait-reunions-secretes-pour-mcrc.html　二〇一六年四月一二日閲覧)

Lagrange, Marc-André and Thierry Vircoulon　2016 Réflexions sur 17 ans de présence de l'ONU en République démocratique du Congo. *Notes de l'Ifri*, avril 2016.

Le Monde　2013　RDC: premier bilan des combats avec le M23. 26 novembre.

——— 2016　Au Congo, l'incroyable impuissance des soldats de l'ONU devant les massacres de villageois. 2 juillet.

Peace, Security and Cooperation Framework for the Democratic Republic of the Congo and the region　2013 (Done at Addis Ababa on 24 February 2013).（https://www.un.org/wcm/webdav/site/undpa/shared/undpa/pdf/PSC%20Framework%20-%20Signed.pdf　二〇一六年七月二六日閲覧)

Radio Okapi　2014a　Beni: l'armée contrôle Makovoya 3, dernier bastion des rebelles ADF. 10 mars.

——— 2014b　Nord-Kivu: 4 morts et 7 personnes enlevées dans une attaque des ADF à Beni. 6 octobre.

Raeymaekers, Timothy　2007　The Power of Protection: Governance and Transborder Trade on the Congo-Ugandan Frontier. Dissertation presented in fulfillment of the requirements for a Ph.D. degree in Political and Social Sciences, Option Political Sciences, Ghent University.

Rapport de la mission parlementaire à Beni.　2014（http://www.ambardc.eu/index.php?option=com_content&view=article&id=737%3Adocument-rapport-de-la-mission-parlementaire-a-beni&catid=41%3Atop-headlines&Itemid=1　二〇一六年七月一二日閲覧)

Romkema, Hans　2007　Opportunities and Constraints for the Disarmament & Repatriation of Foreign Armed Groups in the Democratic Republic of Congo: The Case of the FDLR, FNL, and ADF/NALU. Multi-country Demobilization and Reintegration Program. Washington, D.C. （https://www.wilsoncenter.org/publication/opportunities-and-constraints-for-the-disarmament-and-repatriation-foreign-armed-groups　二〇一六年四月六日閲覧）

Titeka, Kristof and Koen Vlassenroot　2012. Rebels without borders in Rwenzori borderland?: A biography of the Allied Democratic Forces. *Journal of Eastern African Studies* 6(1): 157-176.

UN (United Nations)　1999. S/1999/815 (23 July 1999).

――――　2011　Final report of the Group of Experts on the DRC submitted in accordance with paragraph 5 of Security Council resolution 1952 (2010). (S/2011/738).

――――　2013　S/RES/2098(2013) (28 March 2013).

――――　2014 Midterm report of the Group of Experts submitted in accordance with paragraph 5 of Security Council resolution 2136 (2014). (S/2014/428).

――――　2015a　Final report of the Group of Experts on the Democratic Republic of the Congo. (S/2015/19).

――――　2015b　Midterm report of the Group of Experts submitted in accordance with paragraph 7 of Security Council resolution 2198 (2015). (S/2015/797).

――――　2015c　Report of the United Nations Joint Human Rights Office on International Humanitarian Law Violations Committed by Allied Democratic Forces (ADF) Combatants in the Terrirory of Beni, North Kivu Province, between 1 October and 31 December 2014. （http://www.ohchr.org/Documents/Countries/CD/ReportMonusco_OHCHR_May2015_EN.pdf　二〇一六年四月八日閲覧）

――――　2016a　Report of the Secretary-General on the United Nations Organization Stabilization Mission in the Democratic Republic of the Congo. (S/2016/233).

――――　2016b　Final report of Experts on the Democratic Republic of the Congo. (S/2016/466).

――――　2016c　Letter dated 15 June 2016 from the Permanent Representative of the Democratic Republic of the Congo to the United Nations addressed to the President of the Security Council. (S/2016/542).

Vogel, Christoph　2015 Armed Groups in North and South Kivu. （https://christophvogel.net/congo/mapping/　二〇一六年四月二三日閲覧）

第一五章　国家に抗する社会における鰥夫と子供

小泉義之

一　独身男と生殖未来主義

クワインは、「経験主義の二つのドグマ」において、「事実に基づく真理」としての総合的真理と、「事実問題とは独立に意味に基づく真理」としての分析的真理は、根本的に分離しているとするドグマを退けている。分析的真理のうち非論理的真理に対して、クワインは例文「独身男は誰も結婚していない（No bachelor is married）」を提示している。[*1]

クワイン自身による議論は別として、この例文が文意や語義にのみ基づいて分析的に真であるなどと言うことができないのは自明であろう。そもそも英単語 bachelor が少なくとも二義的であるし、それに対応する日本単語「鰥（夫）」はその語音「ヤモメ」に引き戻すなら明らかに多義的であるから、例文の文意を定めるには、どうしても当該の語彙や文章の使用の文脈を考慮に入れざるをえず、その限りで「事実問題」に依拠せざるをえないから、この例文は総合的に真偽を問われるものであると言わざるをえない。この点は、次のように例解することもできる。

すなわち、「結婚」の語義について、法によって定められるものと習俗によって了解されてきたものを区別するなら、「（習俗の領域では）独身男たちのカップルが、（法の領域では）結婚している」という文が成立する。このとき、「ある独身男」は（習俗の領域では）「結婚していない」が（法の領域では）「結婚している」ことになり、クワインの例文は、その意味に基づき全議論領域で成立するようなものではなくなり、やはり総合的に真偽を問われるものであることが明らかになる。独身男と結婚の関係は「経験主義」的にも単純ではないのである。同じことは、独身男と生殖の関係についても言えるであろう。

　リー・エーデルマンは、『無‐未来——クィア理論と死の欲動』において、「生殖未来主義」に対する批判を展開している。[*2] 近年、その立場を問わず、子どもを生み育てることは絶対的な善であると見なされるようになっている。そして、生殖が何を再生産することになるのかという論点については、現状の社会体制の再生産といったかつての問題設定は忘れ去られ、人類そのものの絶滅という絶対的な悪を招来しないために、類的存在としての人間の共同体を維持する営みであると見なされるようになっている。さらに、おのれの死後の未来は、新生児が生まれ育つことに等しいと見なされ、新生児は端的に未来の代名詞となる。おのれの死後の未来についての想像は概して宗教的で神秘的な様相を帯びがちであるから、新生児は「人の子、神の子」の様相を帯びることにもなる。この「生殖未来主義」に対して、エーデルマンは敢然と異議を唱えていく。

> クィアネスは、「子どものために闘う」ことのない者の立場を名づけている。生殖未来主義に絶対的価値を付与する政策全般を支えるコンセンサスの外の立場を名づけているのである。[*3]

エーデルマンは、このクィア的な異議申し立ては、未来を無とすることを目指すかのような自滅性を含意するので実際的には「不可能な企て」であると認めてしまうが、それでも「文化的なテクスト」の研究においてその不可能な政治を何としてでも行使しようとする。そして、興味深いことに、その際にエーデルマンが手がかりとするのは、保守派の言説と、独身男を子どもと対峙させるテクスト群である。前者については、同性婚に対して断固として反対する保守派を念頭に置いて、次のように論じられている。

保守派は、クィアのラディカルな潜在力を認めている。保守派は、リベラル以上に、クィアのラディカルな脅威について十分に語っているのである。リベラリズムは社会の仕組みが際限なく可塑的であるという信念に保守的に固執しているが、これに対し、保守派は社会の仕組みが総体的に破綻することを予防的に想像しているのである。[*4]

エーデルマンにとって、クィアについて明察を有しているのは、リベラルではなく保守派である。さらに言うなら、エーデルマンは、異性婚して生殖して育児にあたることだけなく、同性婚を通しても生殖や育児に間接的に関与しようとすることを「自然」と見なし始めているコンセンサスに対して、クィアは保守派が批難するまさにその意味において「自然に反する罪」であると主張しようとしているのである。この論脈で、エーデルマンは、未来を担うと目される無垢な子どもが、「非婚の男に対する象徴的な抵抗」を繰り広げることを主題とする一連の文化テクスト、すなわち、『ハリー・ポッター』『クリスマス・キャロル』『ピーター・パン』などを批判的に取り上げている。そして、私の見るところ、ピエール・クラストルの『グアヤキ年代記』も、「集団の調和にとって最も危険な独身男[*5]」をめぐって、そのようなテクストとして構成されているのである。

二　権力と規範

ピエール・クラストルは、『グアヤキ年代記』と『国家に抗する社会』の出版後の一九七四年に、雑誌『反‐神話』第九号で、編集者と対談を行っている。[*6] 初めに、クラストルは、『国家に抗する社会』の基本的な発想について、次のように語っている。

原始社会が国家なき社会であるのは、それが国家を拒否する社会、国家に抗する社会であるからだ。原始社会における国家の不在は、欠如ではない。原始社会に国家が存在しないのは、原始社会が人類の幼年期にあたるからでも、原始社会が未完であるからでも、原始社会がさほど大きくないからでも、原始社会が成年期に到っていないからでもなく、まさに原始社会が広義の国家を、国家の最小形態としての権力関係を拒否しているからである。[*7]

クラストルによるなら、原始社会は権力関係を拒否することによって、最小国家も来たるべき大国家も祓い除けているということになるが、では、その権力関係はどのように解されているのだろうか。クラストルの権力観は、きわめて素朴である。クラストルにとって、権力関係とは「命令と服従の関係」である。だから、命令者と服従者の分割さえ拒否することができるなら、国家に抗しているということになる。クラストルが、支配‐服従関係の起源について語るところを引いておこう。

疎外された労働が国家を生み出したのではない。まさに反対であろう。権力から、権力の保持から出発して、疎外された労働は生み出される。疎外された労働とは何か。「私は私のために労働するのではなく、他人のために労働する」ということ、あるいはむしろ、「私は私のために少し労働し、他人のために沢山労働する」ということである。権力を持つ者は、他人に対して「あなたは私のために労働せよ」と語ることができる。そのとき、疎外された労働が出現する。疎外された労働の最初の形態、最も普遍的な形態は、税を支払う責務である。［…］どうして国家はあるのか。あるとき、彼方此方で、あるタイプの個人や集団が、「われわれは権力を持っており、あなたたちは服従せよ」と語るからである。しかし、その場合、二つの可能性がある。この語りを耳にする者が、「然り、その通り、あなたは権力を持ち、人々は服従することになろう」と語るか、あるいは、「否、否、あなたに権力はない。その証拠に、人々はあなたに服従しないであろう」と語るかである。そして、一方は他方を、狂人扱いして、殺すことになるだろう。人々は服従するか服従しないかのどちらかになる。[*8]

この起源譚によるなら、一定の個人または集団が貢納を要求し、それに他人が服従するとき、詳しくは、他人がその自己労働による生産物の多くを納税義務として貢納することに同意するとき、権力関係が芽生え国家が始まるわけであるが、その始点に到るには、服従義務を当然視する人々が、服従を責務とも何とも思わぬ人々を皆殺しにしておく必要がある。[*9]

では、国家に抗する社会では、どうして人々は労働するのであろうか。自己のために、であろうか。家族は他人ではないとして、その拡大された自己のために、であろうか。しかし、何らかの共同性を維持するには、自己のために労働するだけでは足りないことは明らかである。では、どうして人々は労働するのか。[*10] クラストルの起源譚をめぐっては、さらに深刻な問いが浮かび上がってくる。国家に抗する社会では、その社会を維持するためにであるかのように、人々は子どもを生んで育てている。では、どうして人々は異性愛関係を結び生殖して育児にあたる仕方で労働するのであろうか。クラストルの筆法によるなら、こうした人間の再生産労働の担い手は、異性愛や生殖を退け家族形成にも組みしない人間を「狂人扱い」するはずである。そこに権力関係はないのか。それについて、次のように質問が出されている。

君の言うところでは、原始社会と非原始社会の区分の基礎には、分割か非分割かということがある。しかし、富者／貧者の分割、搾取者／被搾取者の分割が例えばグアヤキには存在しないとしても、別のタイプの分割が存在するのではないか。もちろん、男／女の分割だけではなかろう。正常者／逸脱者の分割がある。例えば、『グアヤキ年代記』で、君は、二人の男色者（pédéraste）を取り上げていた。[*11] その一人は規範に適応しているが、もう一人はそうしていない。後者の男に自分の立場は異常であると感じさせているからには、彼には権力が行使されているが、それはいかなる権力なのか。[*12]

クラストルは、次のように答えている。

そのお人好し（un bonhomme）は、狩人ではない。ほとんど無きに等しい、取るに足りぬ者である。だから、奴（le type）に選択肢はほとんどない。狩人でないからには、事実上、彼はもはや男ではない。別の側に行くための通路はとても狭い。言いかえるなら、社会の別の部門、女の世界である部門への通路は狭いのである。しかし、それについて権力の用語で語ることができるのか私にはわからない。いずれにせよ、それは、現在まで語られてきた意味での権力、政治的な本性の権力ではない。[*13]

質問者は納得しない。問いが畳みかけられる。

強制的ではない権力というのか。しかし、お人好しに対して結集するような権力を見つけられないというなら、君は、それは権力なき社会であると語る破目にならないのか。［…］しかし、個人が随意の仕方で振る舞えないようにする分割や社会的排斥があれば、やはり権力は存在する。例えば、婚姻関係において、妻が第二の配偶者を持つことを拒む奴は、集団に戻るにも一定の時間を要している。そのとき、振る舞いの規範があるからには、やはり権力が存在するのではないか。*14

クラストルは、この質問を受けて、権力と規範を区別しようとする。しかも、社会全体の規範を権力から区別しようとする。

それは社会全体によって支えられている規範である。特定の集団によって社会の総体に押し付けられた規範ではない。それは、社会そのものの規範である。それを通して社会が自己を維持する規範である。全員が尊重している規範である。誰かによって押し付けられているのではない。原始社会における規範、禁則などは、われわれにおける法律のようなものだ。人はいつでも多少の妥協はしているものだ。しかし、結局、それは、社会の特定集団が社会の残りに押し付ける規範ではない。社会そのものの規範だ。権力の問題ではないのだ。誰の権力なのか、誰に対する権力なのかというが、それは、統一的全体として捉えられる社会の権力である。その社会は分割されていないからだ。全体としての社会による、社会を構成する諸個人に対する権力である。*15

その後、幾つかの質疑応答がなされるが、[*16] ここで注目しておきたいのは、規範の領域とされる親族の役割として、セキュリティがあげられていくことである。クラストルによるなら、親族には血縁者だけではなく縁者や義兄弟も含まれるが、そのような親族とは、「社会保険と呼ばれうるようなものを定めるネットワーク」、「国家に属することのない社会保障」である。[*17] だからということで、親族の規範は、権力関係ではないと言いたげなのである。また、非異性愛者もそのネットワークの周縁で生き延びているからには、そこに権力関係は存在しないと言いたげなのである。[*18] はたして、それでよいのか。

三　二人の独身男

クラストルは、『国家に抗する社会』に所収の「弓と籠」において、グアヤキでは、弓と籠の区分が、男と女の厳然たる分割を象徴することを確認した上で、しかしながら、「グアヤキには、籠を持つ二人の男がいた」と報告している。その二人の男は、「パネ（狩猟におけるつきのなさ）」に陥ったのである。

男が狩人としての役目を果たせなくなって、この真の呪いの被害者となるとき、そのことによって男は、彼自身の本性を失い、彼の実質は逃れ去ってしまう。こうして不用となった弓を捨てることを強いられ、彼は男らしさを放棄し、悲劇的にも諦念をもって、籠を負うしか残された方途はなくなる。グアヤキの厳しい法に、逃れる余地は残されていない。［…］狩人として自己実現しなくなった個人は、同時に男であることもやめる。弓から籠へ移ることによって、隠喩的に、彼は女になる（il devient une femme）。実際、男と弓の結合が断たれるときは、その補完的な反対である女と籠の結合へと変換せずに済ますことはできないのである。[*19]

その一人、チャチュブタワチュギ（Chachubutawachugi）は、おそらく狩りの「技の無能」のためにパネであったので弓を持たなくなったものの、依然として素手でアルマジロやハナグマを捕えてもいる。妻に先立たれて「鰥夫（veuf）」となったが、パネであったがために、彼を「第二の夫」として迎え入れる女もいない。そして、ある女から籠を譲り受け、それを抱えて、女たちと採集へ出かけている。チャチュブタワチュギは、「少なくとも部分的に男の資格を失い、籠によって象徴される領域に入っている」。もう一人、クレンベギ（Krembégi）は、おそらく少年期からパネであったために狩人になることを放棄している。そして、籠を自らの手で作成して所有し、装飾品についても女以上に器用に作成しながら、女たちと一緒に暮らしている。彼は「男色者（sodomiste）」でもある。クラストルは、こう記載している。

クレンベギは、自分にとって自然な場が女の世界であると考えていた。クレンベギは、パネであるからこそ、同性愛者（homosexual）であった。おそらく、彼の狩猟でのつきのなさは、彼がそもそも無意識の倒錯者（inverti）だったためにもたらされたのかもしれない。いずれにせよ、彼の仲間の打ち明けたところでは、彼に弓を使う能力がないと判明したとき、彼の同性愛は公のもの、すなわち社会的に認知されたものとなった。[*20]

そしてクラストルは、その叙述において、クレンベギに対しては非業の死を割り当て、[*21]チャチュブタワチュギに対しては「悲しい境遇（triste sort）」を割り当てて、後者の困難な状況についてこう書いている。[*22]

異常者（anormal）は、ある観点からすれば、クレンベギではなく、チャチュブタワチュギである。嘲弄の裏にときおり窺える彼に対するグアヤキの隠微な攻撃性もおそらくそこから来ているのだろう。また彼が体験する心理的な困難、見捨てられたという鋭い感覚もそこから来ているのだろう。男と籠の不条理な結合を維持するのはそれほど難しいのである。チャチュブタワチュギは、悲愴なまでに、狩人であることなく男であり続けようとした。彼は正常な状態では分離されている二つの領域の接点であるために、物笑いと嘲りの対象となったのである。*23

ところで、男に命じられている役割、すなわち、弓を持つ狩人であること、狩猟の成果の分配規則に服従して共同体を維持すること、結婚して家族を構えて子どもを生み育てて共同体を再生産することを放棄しながら、それでも、女になることなく男であろうとすること、そのことが「社会的に認知されるもの」となる契機として、クラストルは、その独身男が儀礼的に生殖に関与することを重視していた。『グアヤキ年代記』は、まさにそのエピソードで始まっていた。

ピチュギを取り囲んで一種の防御の輪を作っている者たちのなかで、とりわけ二人の人物が決定的な役割を果たすことになる。クロミ・チャンピラン（充血した目をした幼児）は、いま最初の叫び声をあげたところで、まだ地面に横たわっている。一人の男がひざまずいた。手に一片の長い竹を持っている。それはグアヤキのナイフで、驚くほど切れ味が鋭く危険なものである。的確ですばやいいくつかの動きで、この祭司はへその緒を切り、そしてそれを結わえた。これで母親と切り離された。すぐ傍らの地面には大きなダイチュが置かれている。これは竹の薄片で編まれた卵形をした容器で、外側の全体には蜜蠟が塗られていて、液体が洩れることはない。そこに冷たい水が満たされている。男は手のひらに水を少し取り、子どもを洗い始めた。小さな体のあらゆるところに水を注ぎ、優しく、しかも同時に力強い身振りで、体を汚している漿液をぬぐいとった。そしてまもなく身づくろいは終った。[*24]

『グアヤキ年代記』はしばらくその名を明かさないのだが、この二人目の男が、実はチャチュブタワチュギである。そして、彼は、新生児のジュワレ（代父）の役を担っている。

女性は赤ん坊を支え続け、いまでは赤ん坊の体は温かくなっている。そのときジュワレ、先ほど水浴を行なった男が、新たに作業を始めた。強く力を入れて赤ん坊の頭にマッサージを施し始めたのである。右手の大きく開いた手のひらで赤ん坊の頭蓋を強く押す。[*25]

そして、クラストルは、新生児誕生のときの儀礼として、女たちの歌について記載した後で、夜になって、それがジュワレとしてなすべき儀礼であるかどうか定かにしないまま、言いかえるなら、それが女たちの歌であるのか男たちの歌であるかを曖昧にしたまま、チャチュブタワチュギが独りで歌う場面を叙述している。[*26]

数時間後、まだ真夜中に、私は馴染みの物音で目覚めた。男が一人歌っているのだ。チャチュブタワチュギ――分厚い髭をたくわえた〈大きなアメリカ猪〉――である。彼はひざまずき、しゃがみこんで、自分の声に強く力を込めて歌い、闇に挑んでいるように見えた。[…]チャチュブタワチュギは、前夜からすぐれた役割を演じてきた。彼は子どものジュワレであったし、午後には清めを行なった二人の男の一方だったからである。いまや彼は独りで歌いながら見張っているのである。ところで、彼の歌はまさに挑戦である。夜の住人たち、とりわけクレイ［死をもたらす幽霊］に対する勝利の挑戦である。クレイの使命は新生児を絞殺することである。だがクレイはいま近づくことができない。なぜなら儀礼によって赤ん坊はクレイの力の及ばないところに置かれているからである。したがって歌は子どものまわりに防御の壁を打ち立てているのである。声の音は幽霊たちをたじろがせ、彼らを暗闇のなかに追い返す。[…]チャチュブタワチュギは、何時間も絶え間なく空と大地に向かって絶叫し、夜の闇はその叫びを反響させていた。——死すべき者たちは、神々のまなざしのもとで、生存する権利をもう一度勝ち取ったのである、と。[*27]

独身男は、新生児の「生存する権利」を勝ち取ることを通して、おのれの「生存の権利」を勝ち取っているかのようなのである。クラストルは、「弓と籠」においては、通常の男たちの歌は「社会的人間から自らを分離する運動」を表現するとしているが、[*28]それに対して、『グアヤキ年代記』においては、新生児による「非婚の男に対する象徴的な抵抗」に対しておのれを社会へ参入させんとする独身男の「悲しい」闘争を描いているのである。

【注】

*1　W・V・O・クワイン『論理的観点から』飯田隆訳、勁草書房、一九九二年：Willard van Orman Quine, *From a Logical Point of View* (Harvard University Press, 1953)。

*2　Lee Edelman, *No Future: Queer Theory and the Death Drive* (Duke University Press, 2004).「生殖未来主義」の原語は

reproductive futurism であるが、これは「再生産未来主義」とも訳しうる。また、-ism が「症」の語義を持つことを考慮するなら、「生殖＝再生産をめぐる未来症候群」と解することができる。

＊3　Edelman *No Future*, p. 3.

＊4　Edelman *No Future*, p. 14.

＊5　ピエール・クラストル『国家に抗する社会——政治人類学研究』渡辺公三訳、水声社、一九八七年、一四一頁：Pierre Clastres, *La société contre l'État* (Minuit, 1974 / La Collection Reprise, 2011), p. 100.

＊6　次に所収されている。Pierre Clastres, « Entretien avec *l'Anti-mythes* », dans Miguel Abensour et Amme Kuplec dir. *Cahier Pierre Clastres* (Sens & Tonka, 2011), pp. 13-40.

＊7　Clastres « Entretien avec *l'Anti-mythes* », p. 13.

＊8　Clastres « Entretien avec *l'Anti-mythes* », p. 16.

＊9　ジル・ドゥルーズ／フェリックス・ガタリなどの理解するところとは違って、クラストルにおいて「国家に抗する」機構は複数ある。あるいは、クラストルの見解は揺れている。Pierre Clastres, « Les Sauvages sont-ils heureux ? », et « La civilisation guayaki : archaïsme ou régression ? », dans Miguel Abensour et Amme Kuplec dir. *Cahier Pierre Clastres* (Sens & Tonka, 2011). とくに、ここでのクラストルは、自ら明らかにした「退行」、すなわち、準‐国家化する集団から逃れるために農業を放棄して「退行」する選択のことをあげておらず不十分である。この論点については、次のものも参照せよ。ジェームズ・C・スコット『ゾミア——脱国家の世界史』佐藤仁監訳、みすず書房、二〇一三年：James C. Scott, *The Art of Not Being Governed: An Anarchist History of Upland Southeast Asia* (Yale University Press, 2009)、小川了『可能性としての国家誌——現代アフリカ国家の人と宗教』世界思想社、一九九八年。また、Hélène Clastres, *La terre san mal : le prophétisme tupi-guarani* (Seuil, 1975).

＊10　政治人類学の基本論点であるが、共同体を超越する次元に関与する首長や戦士やシャーマンの権力と労働の評価も問題となる。古典的なものとして次をあげておく。Georges Balandier, *Anthropologie politique* (PUF : Quadrige, 1967 / 2013).

＊11　二人ではなく一人であり、これは質問者の誤認である。

＊12　Clastres « Entretien avec *l'Anti-mythes* », p. 18.

＊13　Clastres « Entretien avec *l'Anti-mythes* », p. 18.

＊14　Clastres « Entretien avec *l'Anti-mythes* », pp. 18-19.

＊15　Clastres « Entretien avec *l'Anti-mythes* », p. 19. これに続き、クラストルは国家権力と家長権力を区別していく。これは当時の論争に関わっており、クラストルの見解は原始社会研究に由来するとは言えないであろう。

＊16　Clastres « Entretien avec *l'Anti-mythes* », pp. 19-21. 質問者は、原始社会に男の空間と女の空間の分割が存在することについて問うているが、それに対し、クラストルは、その空間分割は規範的であるだけでなく正常であると応じている。クラストルにあっては、規範は正常性へと滑り込んでいく。また、質問者は、魔法使いやシャーマンについて、そこに権力関係はないのかと問うているが、クラストルはその問いには反応していない。

＊17　Clastres « Entretien avec *l'Anti-mythes* », p. 22.

＊18　クラストルは、大筋では原始社会を平等なデモクラシー社会と捉えている。次を見よ。Claude Lefort, « L'œuvre de Clastres », dans Miguel Abensour dir., *L'esprit des lois sauvages : Pierre Clastres ou une nouvelle anthlopologie politique* (Seuil, 1987), et Samuel Moyn, "Of Savagery and Civil Society: Pierre Clastres and the Transformation of French Political Thought," *Modern Intellectual History*, 1-1, 2004.

＊19　『国家に抗する社会』、一三〇－一三一頁（pp. 92-9）。

＊20　『国家に抗する社会』、一三二頁（p. 94）。

＊21　クレンベギについては、次の専論がある。Matteo Meschiari, "Life of Krembegi according to Pierre Clastres," Gabriella D'Agostino et al., dir., *Histoires de vie, témoinages, autobiographies de terrain* (Lit Verlag, 2010).

＊22　『国家に抗する社会』、一三一頁 (p. 93)。

＊23　『国家に抗する社会』、一三四頁 (p. 95)。

＊24　ピエール・クラストル『グアヤキ年代記――遊動狩人アチェの世界』毬藻充訳、現代企画室、二〇〇七年、一〇－一一頁：Pierre Clastres, *Chronique des Indiens Guayaki : Ce que savent les Aché, chasseurs nomades du Paraguay* (Plon, 1972), p. 13.

＊25　『グアヤキ年代記』、一四頁 (p. 16)。子どもの側からのジュワレの意味については、Pierre Clastres et Lucien Sebag, « Cannibalisme et mort chez les Guayakis (Achén) », *Gradhiva* [En ligne] 2, 2005.

＊26　「弓と籠」では、「チャチュブタワチュギは子どもの誕生といった自分も直接に関わりを持つ儀式のとき以外には歌わない」とある。『国家に抗する社会』、二九〇頁 (p. 97)。

＊27　『グアヤキ年代記』、五〇－五二 (pp. 41-42)。

＊28 『国家に抗する社会』、一五〇頁（p. 107）。

【参考文献】

小川了　一九九八　『可能性としての国家誌——現代アフリカ国家の人と宗教』世界思想社。

Balandier, Georges　1967 (2013)　*Anthropologie politique*. PUF / Quadrige.（『政治人類学』中原喜一郎訳、合同出版）

Clastres, Hélène　1975　*La terre san mal : le prophétisme tupi-guarani*. Seuil.

Clastres, Pierre　1972 (2007)　*Chronique des Indiens Guayaki : Ce que savent les Aché, chasseurs nomades du Paraguay*. Plon.（『グアヤキ年代記——遊動狩人アチェの世界』（毬藻充訳、現代企画室）

———　1974 (2011)　*La société contre l'État*. Minuit / La Collection Reprise.（『国家に抗する社会——政治人類学研究』渡辺公三訳、水声社）

———　2011　Entretien avec *l'Anti-mythes*. In *Cahier Pierre Clastres*. Miguel Abensour et Amme Kuplec (eds.), Sens & Tonka.

———　2011　Les Sauvages sont-ils heureux? In *Cahier Pierre Clastres*. Miguel Abensour et Amme Kuplec (eds.), Sens & Tonka.

———　2011　La civilisation guayaki : archaïsme ou régression ? In *Cahier Pierre Clastres*. Miguel Abensour et Amme Kuplec (eds.), Sens&Tonka.

Clastres, Pierre et Lucien Sebag　2005　Cannibalisme et mort chez les Guayakis (Achén). *Gradhiva*. [En ligne].

Edelman, Lee　2004　*No Future: Queer Theory and the Death Drive*. Duke University Press.

Lefort, Claude　1987　L'œuvre de Clastres. In *L'esprit des lois sauvages : Pierre Clastres ou une nouvelle anthlopologie politique*. Miguel Abensour (ed.), Seuil.

Meschiari, Matteo　2010 Life of Krembegi according to Pierre Clastres. In *Histoires de vie, témoinages, autobiographies de terrain*. Gabriella D, Agostino et al. (eds), Lit.

Moyn, Samuel　2004　Of Savagery and Civil Society: Pierre Clastres and the Transformation of French Political Thought.

Modern Intellectual History 1(1).

Scott, James C.　2009 (2013) *The Art of Not Being Governed: An Anarchist History of Upland Southeast Asia*. Yale University Press.（『ゾミア――脱国家の世界史』佐藤仁監訳、みすず書房）

Quine, Willard van Orman　1953 (1992) *From a Logical Point of View*. Harvard University Press.（『論理的観点から』飯田隆訳、勁草書房）

第四部　レヴィ＝ストロースをめぐって

第一六章　動物‐論理の発見——隷従・憎悪に抗する思考としての構造人類学

近藤　宏

はじめに

レヴィ＝ストロースの人類学は、多様な相貌を見せる。同時代の社会に対する展望のもとで学問を実践する姿も、そのひとつであろう（小泉　二〇〇八）。また近年の研究によって、青年期の政治活動やその後のユネスコでの社会活動を通した社会思想が注目されるようになっている（渡辺　二〇〇九　Stoczkowski 2008）。本章ではその研究成果が明らかにした政治・社会活動の実態と議論をうけて、特定の時期に焦点をあて、レヴィ＝ストロースの人類学を社会活動との関連から考察したい。関心は、アメリカ大陸先住民の神話を徹底的に解読する人類学の試みが同時代世界への展望といかに結びついていたのかを理解することにあるが、直接『神話論理』を取り上げる代りに、神話研究以外にもさまざまな主題を論じていた一九五〇年代の取り組みを中心に考察する。この時期はレヴィ＝ストロースの個人史において、人類学の方法を洗練させ、主題を神話へと定めていくほか、ユネスコでも活動する、「模索の時代」である（渡辺二〇〇九：一四六‐九五）。そこで、『神話論理』の「プレリュード」と本人が事後的に振り返った『野生の思考』を（レヴィ＝ストロース・エリボン　一九九一：一三五）、その模索の出口として位置づけよう。そこまでに至る歩みを振り返ることで、神話を考えることに織り込まれた問題系のひとつを描きだし、先の問いへの回答としたい。

レヴィ＝ストロースのユネスコ活動でもっとも知られているのは、『人種と歴史』であろう。この論文は戦後にユネスコが推し進めた反人種主義活動の一環として刊行された「近代科学にとっての人種問題」シリーズの一冊として、一九五二年に発表された。ただユネスコ活動へのコミットのはじまりは、それよりも少し遡る。一九四九年一二月には、「人種に関する専門家会議」にフランス代表として参加している。一九五〇年八月から一〇月にかけては、「パキスタンにおける社会科学教育の現状」を調査するために、東西パキスタン、およびインドに滞在した（渡辺　二〇〇九：一六七-一六八）。この滞在は『悲しき熱帯』を構成する、重要な経験のひとつとなった（Debaene 2008a）。『人種と歴史』発表以後も、ユネスコの社会科学国際会議に設立準備からコミットし、設立後には事務官に着任した。その期間、ユネスコが刊行する雑誌『クーリエ・ド・ユネスコ』に寄稿を続けるほか、学際的な集会を運営し社会科学との関係における民族学・人類学の特性や同時代社会における人類学の意義についても議論を展開した。一九六一年にその職を辞任した後も、社会科学国際会議での報告などのかたちで、その活動へのコミットは続いた。

一　救済論としての人類学

ユネスコでの活動に注目したストツコヴスキーは、レヴィ＝ストロースの人類学を社会・政治活動との関連から検討するにあたり、救済論の概念を拡張し用いた。悪に関する議論とその悪の存在論的性質によって規定される救済の方法を論じるのが救済論であるが、レヴィ＝ストロースの思想において悪と同定されるのは、人間が引き起こす事態である。異質なものへの憎悪や軽信、人種主義、植民地主義、強制収容所、隷従といった形態で表出するその悪は、「人間による人間の体系的な価値剥奪」[*1]（*TT*: 139-140 /I. 二五〇）に結びついている。ストッコヴスキーによれば、レヴィ＝ストロースにとっての悪は、「悪性の人間主義（humanisme pernicieux）」に由来するもので、西洋の知的・文化的・宗教的伝統に深く関連している（Stoczkowski 2008: 94）。もっとも後に見るように、レヴィ＝ストロースが悪の表出を見たのは、西洋世界には限られなかった。

人間の文明は絶えずエントロピーを生み出すとさえ論じるレヴィ＝ストロースの思想には人間に対するペシミズムが満ちており、一見すると救済とは無縁であるように思われる（cf. *TT*: 443-444 /II. 四二五－二六）。救済論の枠組みを立てることによってストッコヴスキーが狙ったのは、それとは異なるレヴィ＝ストロースの思想を描くことである。つまり悪から人間を救済する道筋を模索するという点で、社会改良を志していた青年レヴィ＝ストロースの直接的な延長に、人類学者レヴィ＝ストロースを位置付けたのである。

ストッコヴスキーも参照する『悲しき熱帯』の一節には、自らさまざまな悪の形態を生み出すにせよ、それに抗することのできる人間への信頼が表明されている。

> 生きられる社会をつくるという一つの仕事にしか人間の努力が向けられていなかったとすれば、遠い祖先を動かした力は、われわれのうちにも相変わらず存在している。何も手は打たれていない。ゆえに、われわれには、すべてをまた始めることが可能だ。かつて為されたがうまくいかなかったものはつくりなおすことができる（*TT*: 421 /II. 三八七）。

同じように、自らを作り直すことができる力に寄せる信頼は、『野生の思考』においてサルトルに批判を向けるときにも表明される。悪が人間によって生み出されるとしても、それに相対するために自らを「永続的」に作り替えることのできる理性、「絶えず延長し改善してゆく」理性を人間は持っている（*PS*: 823/二九五－九六）。レヴィ＝ストロースはそう確信している。この点を踏まえてストッコヴスキーは、悪の存在を容認し耐えるのではなくそれに立ち向かう救済策を考えることが、レヴィ＝ストロースの構想する人類学の核にあるのを描き出したのである。

人間による人間の価値剥奪に抗する人類学。それは「制限も制約もない人間主義」（*LS* 1961）、「全面的な人間主義（humanisme generalisé）」（*LS* 1956a: 322）を確立するための学知である。レヴィ＝ストロースによれば、民族学は西洋の知的伝統である「人文主義（humanisme）」の延長にある。他者を通すことによってしか自らを知りえないという知的な態度、異郷化作用をもって自らを知ろうとした点で、中世におけるギリシャローマ時代の発見、ルネッサンスにおけるラテン世界の発見も民族学の先駆けである。また一八世紀には、人文主義はその地理的範囲を拡張していった。そして現代民族学は、「未開社会」と呼ばれてきた文明を考察することで、「人文主義を第三段階に導いている」（*LS* 1956a: 320）。

この限りでは、第三の人文主義は旧来のそれを地理的に拡張しただけでしかないように思われる。しかしこの「人文主義」は、別の面で旧来のそれとは決定的に異なる。

古典的な人文主義は、対象が限られていただけではなく、特権階級を形成する受益者にも限られていた。一九世紀の異国情緒の人文主義は、それを支える役割を果たしていた産業と商業的利潤に結びついており、そこにこそ自らが存することに気づいた。（この二つの人文主義の後で）、民族学は、われわれの惑星と言われるようになった有限の世界のために、二重の意味で普遍的である人間主義の到来を告げている。

最も謙虚かつ最も誤解されてきた諸社会のなかに発想の源を探す民族学は、人類と縁を切ってしまっては、人間的ではいられないだろうと主張する。さらに、特権階級のために作られ、そして、特権的な文明から出発していた先行する人文主義とは対立する、民主的な人文主義を確立する。そして、人類に関する知に資するために、あらゆる科学から借用された方法と技法を用いることで、人類と自然の和解を呼び掛けているのである。それも、全面的な人間主義において（*LS* 1956a: 322）。

旧来の「人文主義」とは異なる、制限も留保もない人間主義の確立こそが人類学の課題である。その時その知は、特権階級の形成とは手を切らなければならない。なぜなら後にみるように、特定の人間だけに資する知を動員した社会の体制には、悪性の人間主義が潜んでいるからである。人類学はそれに抗するために、前身となる人文主義から脱却しなければならない。そして、人類すべてを視野に入れた人間主義を確立しなければならない。マニグリエは、この人文主義論を人類学的実践としての比較方法と結び合わせながら、レヴィ＝ストロースの人類学には「果てのない人間主義」の運動が備わっていると論じた。[*2] その人類学においては「人は何を為すことができるのかまだわかっていない」という態度が基調となる（Maniglier 2000: 241）。ケックも、「全面的な人間性」とは、「アプリオリに表明されうる」ものではなく、「経験的には終わりのない探求の終点」であると指摘する[*3]（Keck 2004: 139-140）。

これらが描くレヴィ＝ストロースの姿と救済論の枠組みを踏まえながら、ストッコヴスキーとは異なる観点から、レヴィ＝ストロースの人類学的実践を考察したい。というのも、ストッコヴスキーによって描かれるレヴィ＝ストロースの思想には、神話研究への接続を読み取りがたいためである。[*4] そこで以下では、民族学的な問題系に属する議論を人間の悪をめぐる議論と関係づけながら、「模索の時代」の取り組みについて考察しよう。前半でレヴィ＝ストロースによる人間の悪の議論を取り上げ、後半でいかに民族学的な議論がそれに対する救済の模索でもあったのかを描くことにしたい。

二　二つの人種論

まず目を向けるのはユネスコ活動を代表する『人種と歴史』であるが、その異説といえる「人種と文化」も共に考えなければならないだろう。前者は一九五二年に、後者は一九七一年に発表された。二つの文章を隔てる二〇年ほどの期間に、レヴィ＝ストロースが神話研究に着手し『神話論理』を完成させている。そしてこの二つの人種論には、本論の関心において見逃すことのできない違いがある。そのことを考えるためにまず、二つの人種論は内容と受容の面で対照的であったことをまずは振り返ることにしよう。ただし本論でとりわけ注目する違いとは、その対照性ではない。その対照性は、むしろストッコヴスキーの言うように同じ問題の別の顔であったことを併せて確認しながら、二つの人種論の内容を振り返るとしよう。

『人種と歴史』は、一九五二年に冊子として刊行されている。一方「人種と文化」は一九七一年に発表された講演原稿で、よりアクセスのしやすいかたちで刊行されたのは一九八三年、第三冊目の論文集『はるかなる視線』の第一章に収められたときである。[*5]

『人種と歴史』では二つの点で人種主義が批判された。人種の観念を疑似科学的と特徴づけること、そして人種主義を支えている進歩に対する考え方、すなわちあらゆる社会・文化的差異を単線的な発展の経路に位置づける進歩の考えを、相対主義的な進歩の観念で置き換えることである。文化相対主義と両立する進歩の観念を明晰かつ論理的に示したこの議論は、反人種主義を推進するユネスコの目的にも合致したものとして受け止められ好ましい評判を得た。

一方、「人種と文化」への反応は対照的である。講演の段階でユネスコの事務総長が「スキャンダル」だと評したこともあったが、その一二年後の『はるかなる視線』の刊行後にも同時代フランスの知識人たちから批判が寄せられた。『はるかなる視線』が刊行された一九八三年は、フランス国内において排外主義を主張する政党、国民戦線がドゥルーの選挙にて勝利をおさめた年でもあり、[*6] この社会の動向が批判を呼ぶ一因になった。なぜなら「人種と文化」の議論に排外主義との親近性を読み取ることが不可能ではなく、実際にその一部が「ヌーヴェル・ドロワット」の主要なイデオローグの一人であるアラン・ド・ベノワトによって即座に採用された」ためである(Stoczkowski 2008: 53)。

では、そのように理解された「人種と文化」の議論はいかなるものなのだろうか。これは、『人種と歴史』とのコントラストに目を向けると理解しやすい。『人種と歴史』にて進歩の観念が批判されたのも、人種の観念が疑似科学的であると指摘したところで、人間の集団の間の差異を単一の基準ではかられる優劣に置き換える観点は保持されるためである。こうした進歩の観念に対置されるのが文化相対主義である。通常の意味では、異なる文化にそれぞれ独自の価値観や技術的志向が内在するのを認め、文化のあいだの優劣を否定する立場である。ここでは文化は、進歩の問題から切り離される。レヴィ＝ストロースは、この文化相対主義を部分的に引き継ぎながら、それとは矛盾しない進歩の考えを論じた。なぜなら進歩に相当する文化の変化は実在するためである。

進歩は、列車の窓から見える動くものに似ている。電車に乗っている乗客の目には、同じ方向に向けてより速く動いている電車はいっそう速く前進しているように見え、反対方向に向けて動いている電車は後退しているように見えるように、文化の「進歩」においても観察者が属する文化の変化の向きこそが、異文化という対象の現れを決めている(*RH*: 397-398/37-39)。このように進歩の問題のうちに認識論的に把握すべき部分があるのを示しながら、いかに各文化にて進歩が生じうるのかを、土器つくりを例に挙げながら、賭博になぞらえて論じた。つまり、技術的進展とは様々な条件がうまく組み合わさる偶然に依存するものと位置付けられる（*RH*: 406-412/ 五一－六〇）。この意味で、技術的進歩は適切な組み合わせを発見するという賭けである。新たな組み合わせを見出すには多様な要素が必要となり、異なる文化との関係は新しい要素をもたらす。つまり進歩は、文化間の提携により可能になる。そしてあらゆる文化は技術的革新を遂げつつ存続しており、単独には存在しえない。従来の相対主義の立場では見失われやすい異文化との関係が、このように、文化の存続と進歩に不可欠な提携として位置付けられていたのである。

対して、「人種と文化」では一見する限りでは正反対に思われることが、結論部に記された。

地理的な距離や言語・文化上の障害によって隔てられてきた集団が次第に融合してしまうことは、何十万年ものあいだ恒久的に隔離され、生物学的にも文化的にも各々異なった進化を遂げ続ける小集団のなかで暮らしてきた、ヒトの世界の終焉を意味する（*RC*: 47/ 五五）。

他を享受し他と融合し、他と同一化して異なり続けることはできない。他との完璧なコミュニケーションは、遅かれ早かれ、他者のそして自分の創造の独創性を殺す。創造活動が盛んだった時代は、コミュニケーションが、離れた相手に刺激を与える程度に発達した時代であり、それがあまりに頻繁で迅速になり、個人にとっても集団にとってもなくてはならない障害が減って、交流が容易になり、相互の多様性を相殺してしまうことがなかった時代である（*RC*: 47/ 五六）。

二つの議論のあいだでは、異文化間関係について決定的に異なる見解が表明されている。そして交流より分断に価値が置かれていることに、排外主義との親和性が読み取られていたのである。『はるかなる視線』の刊行後によせられた批判には、二つの論の違いのうちに、思想の変化を読み取るものもあった。

あらゆる文明が同じように複雑で人間の思考にとって不可欠なものである（クロード・レヴィ＝ストロース『人種と歴史』）、と論じることによって名を挙げていた人類学の大家が、今や本人が望んでいようといまいと、文化の混合や文化的距離の除去は、人間的知性の死に値し、生物学的生存を保証しているとされる調節機能を危機に陥れさえする（『人種と文化』）とかいう考えに加担しているのである（バリバール 二〇一四、三五）。

バリバールのこの議論にて、レヴィ＝ストロースが加担したとされた「考え」とは、国民戦線などに代表される、フランス極右勢力の排外主義である。バリバールはそれを「差異主義的人種主義」、人種の観念を用いることなく文化的差異を根拠とする新たな人種主義の形態として分析した。ただストッコヴスキーも指摘するように、バリバールが批判したのと同じ態度を、国民戦線がフランス社会において結成される前にすでに発表されていた「人種と文化」でレヴィ＝ストロースも批判していたことは、忘れるべきではないだろう。

文化的進化が有機的進化に依存するというある集団の誤った見解が、人種主義的な偏見の基本的な原因になるというのは、それほど確かなことだろうか。このような見解は、隷属させようとする意志と力関係からくる、より現実的な対立の、イデオロギー的なカモフラージュに過ぎないのではないだろうか。［…］今日、世界の随所に現れているヒッピーなどのマイノリティーの共同体は、人種としてヒト集団の大勢と異なっているのではなく、生活様式、倫理観、姿形、衣服によって異なっている。大多数の人がこの種の共同体に対して抱く嫌悪感、ときよって敵対心は、人種的憎悪と本質的に異なっているのか（*RC*: 43-44/ 三〇－三一）。

緊張の高まりによって、人種主義的な憎悪は、明日にも打ちたてられそうな激しい不寛容の体制の貧困なイメージに過ぎなくなり、もはや民族的差異を口実とすることもなくなるのである。今日の危機、そしてさらに恐るべき明日の危機を未然に防ぐには、危機の原因が無知や偏見といった単純なものよりもはるかに根深いことを明確に認識しなければならない（*RC*: 48/三五）。

「新しい人種主義」と同型の態度は一九七〇年代にすでに、生活様式が異なるだけの「マイノリティー」に向けられていた。この問題の本質は、差異が見られる領域ではない。「異質な集団を隷属させようとする意志」とそれと手を結ぶ憎悪こそが問題であり、「恐るべき明日の危機」までもがそこに含まれている（多様な憎悪の発露に直面しているわれわれは、ここに予告された「明日」を今日生きているのだろうか）。同じ文章においてこう論じられる以上、排外主義的なナショナリストのイデオローグの姿にレヴィ＝ストロースの議論を収斂させることは、レヴィ＝ストロースの考えを捉えるには素朴に過ぎる。[*7] レヴィ＝ストロースが文化間の過度な交流に抱く危惧が、国民国家的な同一性に対する脅威とは無関係であることは、そのきっかけとなった出来事を踏まえれば明らかである。問題となる出来事とは『悲しき熱帯』に記されている、ナショナリズムに直面した経験である。それも、フランスからアメリカ合衆国へ向かう亡命の過程で立ち寄ることになった、フォール・ド・フランスにおいて兵士たちが体現していた、危機を生き延びようとする意志さえも否定する珍妙なものである。

半ズボンをはき、鉄兜をかぶり、銃を手にした兵士の一団は船長室に陣どって、私たちを一人一人前に呼び出して上陸にあたっての尋問を始めたが、彼らは尋問することよりもむしろののしることに夢中で、私たちはただそれを傾聴していればよかった。フランス人でないものは、敵扱いされることになった。フランス人については、彼らは乱暴に、お前たちはフランス人でないと言い、故国を卑劣にも見捨てたと言って私たちが旅立ってきたことを非難した（*TT*: 16 /I. 二七）。

ただこれは、一度限りの経験ではなかった。

私は過ぎ去ったばかりの、苦痛に満ちた出来事の数々を心に想い浮かべ、それらを同じ型の他の経験に結び合わせることはできないかと考えてみた。なぜなら、多くの場合平穏だった生活の後に冒険に投げ込まれた私の仲間たちにとって、この悪意と愚かしさのごたまぜは、未聞の、他に類のない例外的な現象であったろうからである。それは、歴史上まだ決して起こったことのないような国際的な規模での破局の、私の仲間や彼らの獄吏一人一人の投射であった。しかし少しは世間を見、それに先立つ数年間、およそ異常な状況に身を置いていた私にとって、この種の経験は全く新奇なものではなかった。私は、緩慢にではあったが次第にはっきりと、それが、いつのまにか地面から染み出る水のように人類——その数にも、自己の問題の日ごとに増して行く複雑さにも飽和している人類——からあふれ出始めているものであることを知った。あたかも、人類の表皮が、コミュニケーションの過度の高まりによって増大した、物的、知的交流に基づく摩擦のために炎症を起こした化膿であった。［…］この伝染病は、地球上から決して完全には消滅せず、ある場所で衰えれば他のどこかで蘇生するはずであった。これら愚かしく、憎悪と軽信に満ちた現象のすべては、社会集団が互いの距離を失った時、膿のように滲出するものらしい（*TT*: 17 /I. 三〇 - 三一）。

この最後の一文は「人種と文化」に直接的に通じている。『悲しき熱帯』が『人種と歴史』と同時期に書かれている以上、二つの人種論から思想の変化を論証するのは難しいだろう。むしろ、議論の大筋を見ると、人間による悪を人間集団の「差異の適正条件」という問題系と結びつける点で、『人種と歴史』と「人種と文化」は一致する。これらのことからストツコヴスキーも言うように、二つの人種論は、悪にして通底する考えに基づく、二つの異説として受け止めるほうが、レヴィ＝ストロース自身の思想に即しているのは明らかである（Stoczkowski 2008:107-08）。

とはいえ、この二つの論を全面的に一致するものと考えるわけにもいかない。このことを、ここから考えていくことにしよう。ただそのために、まずは一貫性の見られる議論を確認しておきたい。二つの論に共有されている考えとは、創造は差異の組み合わせによって可能になるということである。『人種と歴史』ではそれを維持する必要性が肯定的に、「人種と文化」ではそれが脅かされている事態が否定的に語られる。「人種と文化」において危惧されていた「完全なコミュニケーション」、すなわち他者との同質化については、『人種と歴史』においても、文化の提携において避けがたいが「世界を脅かしている」と位置付けられている（*RH*: 420 / 七二－七三）。

さて『人種と歴史』においては、この同質化を避けるための「救済手段」が人類史においていくつか取られてきた、ということが論じられている。ひとつは、社会のなかに不平等を生み出し示差的距離をつくることである。経済的には搾取や収奪を可能にするこの条件は、新石器時代の社会的分化に始まり、「古代オリエントにおける巨大な都市集中の発生、諸国家、カースト、階級」、産業革命と続きそこで「プロレタリアートの出現を条件とし、人間労働の搾取の、新しいより巧妙な諸形態」に至る。もうひとつは「自ら進んでか強制されてか、新しいパートナーとの提携を導入すること」で、第一のものに条件づけられている。第一のものは「資本主義」、第二のものは「帝国主義ないし植民地主義」と呼ばれる体制である。これらはいずれも、人間が「生物学的、文化的に生存し続けるのに依存する」、「永続的な不均衡[*8]」のとる形態であった（*RH*: 418-420/六九－七二）。

ここでレヴィ＝ストロースが言わんとするのは、人類は単一ではなくそのあいだに示差的距離つまり差異が必要であり、ない場合にはそれを無理やりにでも生み出そうとする、ということである。そしてこれから見るように、そこで挙げられた「救済手段」は、いずれも悪性の人間主義にも深く関連している。この点に注意を向けると、従来、人種主義に対する鋭敏な批判ゆえに好意的に読まれてきた『人種と歴史』は、実のところ、悪性の人間主義に至るほかない人間の進歩の道筋を描いているようにも思われる。すなわち、進歩や生存には文化の提携が欠かせない。だがその提携自体には、誰かが生きがたくなる世界を生み出すいくつもの道筋が内包されている、ということである。悪に抗する見立ては、そこでは切り開かれてはいない。

さて「人種と文化」においても、悪性の人間主義から手を切ることは非常に困難であることはこの文章を閉じる一文にはっきりと記されている。

［「恐るべき明日の危機」を防ぐのに］われわれが望みを託せるのは歴史の流れが変わることであるが、その変化の実現は、思想の流れを変え、進歩させることよりもはるかに困難である（*RC*: 48/三五）。

人間の行く末に対する悲観がここに記されているように思われるが、その一方で、「救済手段」につながるかもしれない課題も、「人種と文化」において明確にされている。それは、自然との関係を再考することである（「ヒトと他の生物種間の関係である。ヒト以外の生物種についての問題解決に取り組まない限り、ヒトについての問題解決はあり得ない」*RC*: 45/三二）。つまりは、「人種と文化」では、悪に抗する手段を確立することが極めて困難であることは強く意識されているが、『人種と歴史』にはなかった救済手段のための見立てが示されるようになっている。

二つの人種論を隔てる二〇年という期間は、「模索の時代」を経て『神話論理』を完成させる期間でもある。それゆえに、この二つの人種論の相違は、その歩みのなかで獲得されていった同時代社会や人間に対する理解と関連していると見立てることができよう。そしてその違いのうちに、本稿の問いをレヴィ＝ストロースのテクストに即したかたちに変える手がかりがある。

三　悪の諸形態

二つの人種論の間には、もう一つの変化を見ることができる。それは悪の表出形態に対する診断である。この点を考えるために、まず、悪の二つの表出形態に関する議論を取り上げよう。「植民地主義–資本主義」と「自民族中心主義」である。

先にみたように、『人種と歴史』においては、人類の同質化に対する「救済手段」として、植民地主義と資本主義が挙げられていた。しかし、レヴィ＝ストロースが差異を維持するその二つの体制を正当化しているとは考え難い。なぜならこれらの体制は第二次大戦を駆動した直接的な要因と見立てられているからである。ストッコウスキーによると、レヴィ＝ストロースは一九四二年にナチスに対するフランスの敗北の理由を診断するようなメモを残していた。八ページほどあるそのメモでは、大戦、植民地主義、資本主義の関係が要約されている。[*9] 渡辺による訳を参照しよう。

全体主義の運動の歴史的展開は、時間的には二〇年足らず、空間的にはヨーロッパの舞台に縮小されたかたちで、ヨーロッパ自身が一世紀半のあいだ世界全体で演じてきた劇を再演したものである。ヨーロッパは世界を、原材料の供給者と工業製品の消費者に還元しようとした。そしてファシズムは、ヨーロッパが保持しようと欲した工業への独占権を奪取し、ドイツに対置されたヨーロッパを農業に専念させようとした。何倍もの力で凄惨さが増幅される、より狭苦しい劇場で、支配民族（Herrenvolk）は白人種に対して、後者が有色人種にたいしておずおずとさせようとした役割を演じさせようとした。ドイツは東ヨーロッパで、かつてより大がかりに構築された植民地支配のモデルの夢を実現しようとしたのである（渡辺　二〇〇九：九九からの重引）。

渡辺はこの議論を直接的に引き継いでいる別の文章があることを指摘している（二〇〇九：一七七）。一九六一年にユネスコ主催による「工業化の社会的前提に関する円卓会議」において行われた、「社会経済的発展と文化的不連続性」と題された報告である。ここでは、いわゆる「未開社会」が経済発展に対して抵抗する理由が論じられる一方、植民地主義と資本主義の関係は次のように結論づけられている。再び、渡辺による訳を参照したい。

植民地支配は論理的・歴史的に資本主義に先行すること、そして資本主義体制は、それにさきだって西欧の人間が土着の人間を扱ったやり方で西欧の人間を扱うことにある、と結論される。マルクスにとって資本家と労働者の関係は植民者と被植民者の関係の一特殊例にほかならない。〔…〕このテーゼは『資本論』（第一部、第三巻、第三一章）にきわめて明確に描かれている。資本主義の起源は、アメリカの金銀産地の発見に、次いで現地住民の奴隷化に、次いで東インドの制服と略奪に、次いでアフリカを「黒人狩りのための一種の商業的飼育場に転化すること」に求められる（*LS* 1963: 367-368/ 渡辺　二〇〇九：一七八からの重引）。

同質化に抗する手段でもある植民地主義 - 資本主義は、「植民者による被植民者の関係」、すなわち収奪に人間関係を変質させる。それは時に人間の動物化にも発展する。ヨーロッパという制限された空間においてその体制もたらされると、その圧力が何倍にも増幅し、大戦、さらに強制収容所が可能になっていった。この見立てがある以上、『人種と歴史』は、同質化が進む過程では人間による人間の価値剥奪を作動させる体制が成立しがちであると論じている、と理解するほかない。そして、人間の動物化はここでは、悪性の人間主義のしるしである。

六三年の論文に示された「植民地主義」に続く「資本主義」が、『人種と歴史』や『悲しき熱帯』における資本主義と同等であるのか、幾分不明瞭ではある（『人種と歴史』では、資本主義の起源は、石器革命以降の分業に求められている。『悲しき熱帯』では「ブルジョア文明」の系譜が、モヘンジョダロを経て、西欧を経由しアメリカ大陸へと広がるものとして描かれている ***TT***: 118-119 / I. 二一三－一四）。ただ系譜がどちらの場合であっても、搾取や収奪の関係が醸成される体制が問題視されていることは変わらない。

もっともこの関係は、西欧を経由した「ブルジョア文明」からは遠いところにあるように思われる、植民地期初期ブラジルのインディオにも見ることはできた。ムバヤ族という集団は、文化・言語上異なる近隣の集団に対して、保護する代償として農作物を貢物として受け取るかたちで、隷属させていた。「一六世紀のあるドイツ人は、この関係を、当時中央ヨーロッパに存在していた封建領主と農奴の関係になぞらえている」（*TT*: 168/I. 三一二）。またムバヤ族は異集団を隷属させるだけではなく内的にも三つの階級からなる「カースト制」を発展させていた。この、南米の中世ヨーロッパとも呼ぶべき集団の神話は、レヴィ＝ストロースに教訓をもたらした。

この神話は、隷従の度合いというものは、その社会の完結度に応じて決まるという、後に東洋への旅行が私に銘記させた事実を、最も簡明に表している。その神話は次のようなものである。最高の存在であるゴノエンホディが人間を創造しようと決めた時、彼はまず大地からグアナ族を、次いでほかの部族を引き出した。それぞれの分担として、彼はグアナ族には農業を、ほかの部族には狩猟を与えた。そのとき、先住民の万神殿にいた別の神、「欺す神」は、ムバヤ族が穴の奥に忘れられていることに気づき、彼らをそこから出させた。しかし彼らには何も残されていなかったので、彼らはまだ残っていた唯一の役、他の部族を抑圧し搾取するという役の権利を手に入れた（*TT*: 168/ I. 三一八－一九）。

社会の完結度とは、分業をはじめとする、集団間の差異の組み合わせの程度であろうか。ここにあるように、分業があるところでは、生きていくための役割を分担する他集団を自らのために動かすことができなければいけない。そうした社会における関係のすべてが主従関係になるわけではないが、分業は隷属を可能にする条件となる。このように隷属は悪と結びつく関係性として理解されており、その関係は西洋のみならず、南米にも「東洋」にもみられていた。この「東洋への旅行」とは、熱帯アジアでの滞在である。

「自民族中心主義」は、二つの人種論でより直接的に取り上げられている。とりわけ『人種と歴史』では、他者に対して抱かれる軽信のひとつ（「野蛮人とは、野蛮状態を信ずる人間のことに他ならない」（*RH*: 384/ 一八））として批判されている。ところがそれぞれの論を見比べると、同じ現象に対する評価の違いを確認できる。

『人種と歴史』の自民族中心主義とは、文化や文明的状態を自集団のみに認め、他者を「文化の外、すなわち自然のなか」に配置することである。それらの一例である西欧における未開という語は「鳥の鳴き声の不分明、不分節」に関連するもので、野蛮は「人類文化に対立する動物生活」を想像させる。こうした考え自体はいわゆる「未開社会」にもよく見られ、他部族を「つまらぬ人」「悪い人」「地上の猿」「しらみの卵」と呼ぶことで「人間の徳性」を持ちえない存在だと論じる（*RH*: 383-384/ 一六－二〇）。これらは、人間を自然や動物の相のもとにみる、人間による人間の価値剥奪の一形態なのである。

しかし「人種と文化」では、同じ現象が別様に位置付けられている。

ときに個々の文化はその文化だけが本物で、存在に価するると自己主張している。そしてほかの文化を無視し、それが文化であることを否定しさえする。私たちが未開人と呼ぶ民族の大半は、自らの呼称として、真、善、最良、または端的にヒトなどの意味を持つ名称を用い、他民族については、大地の猿とかしらみの卵といった人間の条件を否定するような形容語を用いている。おそらく、文化と文化のあいだには、敵対、戦争という状態もあったろうが、それは損害に対する復讐であり、いけにえを生け捕るためであり、女や財産を奪うためであった。このような慣習は私たちの倫理にはもとるが、他の文化を決定的に破壊することはないし、他の文化の隷属をまねくこともほとんどない（*RC*: 26/八－九）。

こちらでは、異なる集団を動物の相のもとに見ること自体は反駁される必要はなく、むしろ相対主義的な観点において許容可能である。動物になぞらえることで異集団を無視することは対話可能な存在であると認めることとの反転であり、文化的多様性を肯定的に認めるか否定的な相におくかの違いでしかない。しかし状況が決定的に変質することがある。それは集団間に「力関係に基づく優越感が生」じ「文化的多様性のあいだに不平等が認識されるとき」のこと、つまり隷属が生じるときである（*RC*: 27/九）。

このように「人種と文化」においては、隷属は依然として問題であり続ける一方、他者を動物になぞらえること自体は悪の表出形態として診断されてはいない。つまり、自民族中心主義の観念が分解されることで、隷属こそがそこに働く決定的な問題と理解されるようになっている。その隷属は憎悪を生み出すものでもある。では、かつては自民族中心主義を特徴づけていた他者を動物に重ね合わせることは、いかにして隷属から分節され、悪性の人間主義でないと診断されるようになったのだろうか。このように問うことで、この二つの人種論の間に位置する神話研究に織り込まれた問題意識を明らかにすることができよう。

四　熱帯アジアにおける悪の表出とヨーロッパ

悪の表出において決定的である隷属をめぐる考察は、ユネスコ活動と結びついている。その一環で赴いた、熱帯アジア（東西パキスタン、インド）での滞在は、隷従の理解に決定的な経験でもあった。その経験に基づく文章が織り交ぜられた『悲しき熱帯』では、隷従の問題が考察されている。そこでは、ナショナリズム同様、隷従も悪性の人間主義が一人一人に投射された経験であることが、その滞在を通して見出されている。

プレイヤード版著作集の付録によれば、レヴィ＝ストロースの熱帯アジアの滞在は、中期旅行のような仕方で複数の大都市に滞在するものだった。訪問先には、西パキスタンのカラチや東パキスタンのダッカのほか、デリーやカルカッタなどのインドの大都市も含まれていた（Debaene 2008b）。『悲しき熱帯』では、カルカッタに滞在中に客引きや物乞いに出くわした経験を皮切りに、熱帯アジアの社会における人間関係についての次のような考察が展開される（*TT*: 123-131/I. 二二四–三七）。

持っていない物を売ろうとする物売りや知らないところに連れていけるという人力車夫などにあふれているカルカッタを訪れるヨーロッパ人は、その人々に対して、「苛立ったり」「笑ったり」したくなるかもしれないが、彼らを「嘲るのは罪」である。なぜならその背景には飢えがあり、それが「人の群れを田舎から追い立て、数年のうちにカルカッタの住民を二百万人から五百万人にし、離郷者たちを駅という袋小路に詰め込」み（*TT*: 123/I. 二二三）、人をそのようにふるまうよう仕向けているからである。

そうであるとはいえ、物乞いや客引きとの関わりあいは、ヨーロッパ人にとって「人間関係の観念の絶えまない否認であるように」思われる経験であることは変わらない（「彼らの人力車に乗り込み、彼らにひかれるが儘にならざるを得ないという一抹の不安を抱きながら、どうして彼らを獣扱いせずにいられるだろうか」（*TT*: 124/I. 二二四））。これほどまでに人間関係が不可解であるのは、ヨーロッパで見られるように階級間の対立が「闘争や緊張」のかたちをとらず、「緊張していたかもしれない一切のものはとうの昔に壊れてしまっ」ているからである（*TT*: 125/I. 二二七）。ここでは、物を乞われる人物は、物を乞う人物によって、「もっと威光に満ち、もっと強力であれ」と望まれる存在になる。絶対的な力の不均衡の想像に基づいて築かれたのが、この地域に表出する関係であり、権力や威光の在り方なのである。

アジア的といわれる残酷さの源は、なんと明らかなことであろう。火焙りの薪、様々な処刑、拷問、不治の傷を負わせるために考案された外科用機具《アルム》――それらは、下賤な者が何者かであろうとしてあなたを何者かに仕立て、その逆も行われる、そうした卑しい関係を粉飾している、残忍な相互作用から生まれているのではないだろうか？　豪奢の過剰と悲惨の過剰とのあいだの隔たりは、人間的な次元を打ち壊してしまっている（*TT*: 126/I. 二二七）。

アジア的な権力関係に一時的にでも身を置くヨーロッパ人は「何の用でもする召使のかなりの人数に取り巻かれることになってしまう」。しかし、その召使も、自分に対して奉仕すべきさらに下位に位置付けられる人物を要請する。そこに働いているのは、「自分より下の者を見つけるか拵えるかできさえすれば、各人が誰かに対して、自分を主人に仕立てようという気を起させる伝統文化」であり、端的に言えば、「隷従の習癖」である（*TT*: 128/ I. 二三一－三二）。

「人間的な次元」が瓦解するほどに隷従の習癖が極端になった原因を、レヴィ＝ストロースはいくつか検討している。インドを特徴づけるカースト制度もその一つだが、カースト制度自体はそもそもひとつの問題に対する解法でもあった。その問題とは人口稠密状態、極端な人口圧に、インドは「およそ三千年も前に直面」していた。そこで取られた救済手段がカースト制度、「量を質に変換する方法」であった。社会を分化し、それらが「並び合って生きてゆくことができるように」するための体制である（*TT*: 139/I. 二四九－五〇）。

高い人口圧。これはレヴィ＝ストロースにとって、熱帯アメリカと決定的な対照性を成す、熱帯アジアの特徴である。両者はともに貧しいが、後者は空間に対する人口が少なく、それゆえにその貧しさが資源的なゆとりによって補われている。対して後者は貧しく人口稠密であるために、貧困の問題がより増幅されている（*TT*: 121-122/I. 二一九－二〇）。数が多いこと自体が圧力であり、そこに悪を現勢させる危険が宿る。

豊かだがあまりに人口稠密な社会は、小麦粉に寄生するある種の虫が、その毒素のために、食料が不足する前に、互いに離れた儘で滅ぼし合う事があり得るように、自らを毒することにならないとも限らないのである（*TT*: 138/I. 二四八）。

人間が自らの地理的・社会的・知的空間の中で窮屈に感じ始めたとき、ひとつの単純な解決策が人間を誘惑する恐れがある。その解決策は、人間という種の一部に人間性を認めないということに存している（*TT*: 139/I. 二五〇－五一）。

人口圧の増加は過剰な交流と同じ仕方で、悪を産出し、増幅する。その一例を、「ブルジョア文明」がつくりだす「近代的で効用重視の生活様式」によって表出する悪に関する議論に確認できる。レヴィ＝ストロースによれば、当時のアジアの街には、その生活様式を体現する建造物がいくつか見られた。ヨーロッパの未来の姿を垣間見させる「労務者街」や「低所得者用集団住宅」のほか、入れ替わり立ち代わり来る人間に対応しようと、「簡単に消毒ができるようにという配慮」に基づいて設計されたパキスタンで宿泊したホテル（*TT*: 116/I. 二一〇）、そして、そのホテルのイメージに直接重なる、デリーの巡礼者用宿泊施設である。

男性用女性用に分かれた、ざっと屋根を付けただけのセメントづくりの長い建物で、寝床になるやはりセメントづくりの大が周囲にめぐらされている「簡易宿舎」であった。人は自慢顔で、私に排水溝や給水口を見せた。ひとたび人間という荷が目を覚まし、下疳や腫物、膿や傷の平癒を祈ってひれ伏すために送り出されるや否や、何本ものホースがざぶざぶと水を流し、すべては洗われる。かくてさっぱりとなったこの大俎板は、新しい着荷を受け入れる準備が整ったというわけなのである。いまだかつておそらく強制収容所をのぞけば、これほどまでに、人間が肉屋の肉と同一視されたことはなかったのではなかろうか（*TT*: 116/I. 二一〇－二一一）。

強制収容所に準ずるほど「効用重視」の様式を体現するこれら施設は、「人間の生の営みを排泄という機能を果たすことだけに限ってしまう考え方」によってデザインされているという点で、かつてフランスで見学した家畜施設の記憶に重なる。

或る日私は、鵞鳥の強制肥育のために特別につくられた小屋を見せてもらったことがある。鵞鳥の一羽一羽は狭い仕切りの中に閉じ込められ、ただ消化管に過ぎないといった状態に置かれていた。ここ［先の宿泊施設］でも全く同じことだった（*TT*: 117/I. 二一一–二一二）。

「効用重視の生活様式」をつくる「ブルジョア文明」は人間を量としてあつかうことができる。さらには、人間を動物のように扱い人間からその人間的な価値を奪うまでに至る力が宿ることがある。その事実を、これらの施設は体現してしまっている（そしてヨーロッパはすでにこの点においては瞬間的にかつてアジアを追い抜いてさえいた）。人口稠密状態はさらに、カースト制度を決定的に変質させてしまっていたのだった。

循環過程の極限にまで推し進められた分解が、かつては数億の人間を組織された枠組みの中に納めていた構造を、破壊してしまっているのである。今日では、これらの人々は、歴史が生み出した虚空の中に放たれ、怖れや苦しみや飢えといった最も基本的な動機によって、あらゆる方向に突き動かされている（*TT*: 132/I. 二三九）。

あまりに多くの人口を抱えすぎたことによって、その思想家たちの天才にもかかわらず、ひとつの社会が隷従というものを分泌しながらでなければ存続できなくなったのである（*TT*: 139/I. 二五〇）。

もっとも、その構造には、失敗の可能性があらかじめ内包されていた。

私が言おうとしているのは、異なっているが故に平等であり続ける、つまり、同じ基準では測り得ないという意味で平等であり続けるという状態に、歴史の流れの中でカーストが到達できなかったということであり、カーストの中に等質性という、比較を可能にし、それゆえヒエラルキーが生まれるのを可能にする、あの人を裏切る薬の一匙が盛り込まれていたということなのである。なぜなら人間が、いずれも人間として、だが違ったものとして、互いに認知し合いながら共存することに成功できるとすれば、人間は同じことを、人間性という比較可能な一目盛りを互いに拒みあうことによって、それゆえ従属関係の中に自分たちを位置づけることによっても、達成できるからである（*TT*: 139/I. 二五〇）。

熱帯アジアにみられる、隷従を分泌し続けるに至った社会とは、量を質に置き換え損ねた社会であり、人間性を否認することによって人間集団の間に質的差異を生み出すことを許容した社会である。数の圧力により隷従は増幅され、その関係性に位置する人間は、本来的にはありえないほどに強大で、あらゆることが可能だと想像されるまでの力を得てしまうことがある。同時に、ある人間にそれほど強大な力を見るほかないような人間の位置も、創出される。社会的体系が数の圧力に屈した姿は、ヨーロッパから遠く離れた特定の地理的空間に閉ざされる現実ではなかった。むしろヨーロッパに既にとり憑いている悪夢のような現実である。なぜなら、このアジアは多くの点でヨーロッパにつながっているからである。

アジアと熱帯アメリカの対比が、政治・経済上とりうる対策のかなたに提起する問題は、依然、限られた空間における人間の増加の問題である。この点でヨーロッパが二つの世界の中間的位置を占めているということを、どうして忘れられよう（*TT*: 139/I. 二四九）。

人口学的な視座によって、アジアはヨーロッパの先行状態となる。（「ほかの一切の問題とは無関係に、人口の絶対値が直接そしてすぐに影響するような、集団の形式的特性は存在しないものだろうか?」(*LS* 1952b: 322/三二一)。さらにそのアジアの姿は、ありうる未来のヨーロッパの姿だけではなく、昨日のヨーロッパの悲劇も呼び起こす。

ヨーロッパが二〇年来、その舞台になってきた一連の出来事——それはヨーロッパの人口が二倍になった過去一世紀を要約している——は、私にはもはや一民族、一政策、一集団の錯誤の結果とは思えないのである。私はそこに、むしろ終末世界へ向かうひとつの進化の予兆を見る。その進化は、南アジアが一〇〇〇年か二〇〇〇年、われわれより早く経験したものであり、われわれもよほどの決意をしない限り、恐らくそこから逃れられないだろうと思われるものである。なぜなら、この人間による人間の体系的な価値剥奪は蔓延しつつあるからだ(*TT*: 139-140/I. 二五〇)。

そしてアジアをそのようにしていた決定的な要因は、ヨーロッパにあった。アジアの都市における人口稠密を生み出していたのは、飢え、すなわち貧困であったが、地方経済の解体を促進したのは植民地経済であり、世界経済である。ヨーロッパ(と日本)のみが実現しえた悪、植民地主義が、ほかの場所に異なる形態の悪を表出させていた。

つい一世紀前になるかどうかという頃にも、彼ら[ベンガル地方の住民]の死骸が田野を覆ったことがあった。大部分が機織りだった彼らは、植民地支配者がマンチェスターに綿織物市場を開こうとして、彼らに先祖伝来の職を行うことを禁じたために、飢えと死に追いやられたのだった。今日では、一年の半分は水浸しになるとはいえ、耕作可能な土地は隅々まで黄麻の栽培に当てられているが、この黄麻は水に浸したあと、ナラヤンガンジとカルカッタの工場に送られ、あるいはヨーロッパやアメリカに直送されさえする（*TT*: 136/I. 二四五）。

ここでは［ベンガル地方］、中世の住民が、工場制手工業の時代のただなかに一足飛びに追いやられ、世界市場に餌食として投げ与えられたのだった。出発点から到達点まで、この住民は疎外の体制で生きてきた。原料は、イギリスやイタリアから輸入される紡績用の糸を使うデムラの機織りたちにとっては完全に、ランガルブルドの細工師――彼らの貝は地方産だが、加工に不可欠の化学薬品や厚紙や金属の簿片などはそうではない――にとっては、一部分、外国製のものである。そしてどこでも、製品は外国の規格によって形を決められる。［…］青々とした田園とからぶき小屋が岸に並ぶ穏やかな運河とがつくりだす風景のなかに、製造工場のぞっとするような姿が、透し絵のように浮かんでいる。あたかも、歴史と経済の進化が、その最も悲劇的な諸相――中世の貧窮と疫病、産業時代初期に行われたような狂暴な搾取、現代資本主義が引き起こす失業や投機――を、この哀れな被害者たちの犠牲において固定させ、重ね合わせるのかに成功したかのように（*TT*: 137-138/I. 二四七）。

アジアの状況はヨーロッパの昨日の姿や明日の姿に重なるだけでなく、その状況に対する負い目も想起させる（「ヨーロッパは、アジアが自らに対して、物質的にも精神的にも債権を有するのを認めなければならない」（*LS* 1952a））。ならばこのアジアの姿もまた、旅が最初に見せる、自らの顔に投げつけられた自身の「汚物」ではなかったのか（*TT*: 26/I. 四七）。

人間による人間の価値剥奪がはびこる一九五〇年当時の熱帯アジアの姿は、かつての、いまの、これからのヨーロッパの姿と重なり反響しあう。その現実もまた、レヴィ＝ストロースの人類学にとって欠くことのできない熱帯の一面である。ヨーロッパはアジアに対して道徳的な負債があり（*LS* 1952a）、「政治的な抑圧と経済的搾取は、その犠牲者の間に釈明の種を探しに行く権利を持ってはいない」のだから（*TT*: 434-435/II. 四一一）、そして、民族学者とは贖罪を試みる存在であるべきなのだから（*TT*: 417/II. 三八〇）、その現実の形成に寄与してしまった文明に属する彼が、その問題を引き受け、自らの文明をも再考しながら救済手段を考えなければならない。その過程において、アジアの現実のなかでもアジア的なものは、「汚物」のなかから救い出さなければならない。レヴィ＝ストロースの五〇年代の人類学はそのような探求だったのではないか。

五　人口の問題

ここまでレヴィ＝ストロースによる悪の議論を確認してきた。悪は体制の水準において確認されるだけではなく、憎悪や軽信、人間の動物化、隷従など人間のあいだの差異を想像するその仕方をも巻き込む。その想像は、一人一人にとりつきながら、社会をかたちづくってゆく。そして差異に対するそうした想像の形成には、人口の問題が深くかかわっている。悪がこう理解されるのであれば、どのような救済が可能なのだろうか。その探求は、民族誌的主題を通して、どうなされていったのだろうか。

熱帯アジアの議論では、悪の傍らに人口圧がある。レヴィ＝ストロースが深刻に受け止めた人口増加の問題は戦後、国際的にも大きな社会問題として位置付けられており、国連諸機関の関心を引く問題であった。独立したばかりの国々における人口増加も、懸念事項であった（Stoczkowski 2008: 218-221）。レヴィ＝ストロースも『悲しき熱帯』においてベンガル地方の飢えと貧困を考察する際に、独立による市場の縮小にも目を向けている（*TT*: 137/I. 二四六）。レヴィ＝ストロース自身、ユネスコの国際社会科学委員会の研究課題を選定する期間（一九五二年一〇月―一九五三年）において、国連の人口委員会のフランス代表を務めた人口学者アルフレッド・ソービーの著作にも言及しながら、この問題の重要性を主張した。法学、経済学、政治学、社会学、社会人類学、心理学も含めた人口問題について学際的な研究を進める必要性が提示された（Stoczkowski 2008: 224-30）。一九五三年四月にその計画が承認されると、同年一二月には計画について新たな文章をレヴィ＝ストロースは持ち込んだ。そこでは、生物学者によって昆虫の身体のサイズに認められている、限界となる寸法（dimension critique）に類似する閾を人間社会にも認められないかどうか、という提案もなされた（Stoczkowski 2008: 232）。

ユネスコの活動を通じて取り組んでいた人口問題はレヴィ＝ストロースにとって、その人類学的な視座とも関連している。一九五〇年代当時に書かれた文章では、民族学／人類学は「未開社会」を対象とすることがしばしば表明される。例えば一九五四年発表の「未開？」と題された文章では、「未開社会」の第一の特徴が「数の上」の問題であると言い、数百万人を超える規模にある文明圏とは決定的に異なることが指摘されている（*LS* 1954a）。ほかにも、人間社会の特徴をその大きさによって規定するかのように、先の限界となる寸法に類似する基準を「真正性の水準」として論ずることもあった[*10]（*LS* 1954b）。

構造主義的な方法論を示すタイトルの論文、「民族学における構造の概念」（1952b）は、『親族の基本構造』の議論を学際的な人口論として発展させるための試論としての性格を備えている。ユネスコの活動が準備される時期に書かれたものであるが、自らの研究とそれの橋渡しの役目もあったのかもしれない。『親族の基本構造』で婚姻交換周期をモデル化するために群論や代数学などが用いられたことを踏まえ、非数量的な問題である「質的な問題にいっそう重要性をあたえる」構造研究が、その数学の助けを借りて可能になったことがふれられたほか、婚姻を議論するために、新たに二つの方法論的モデルが提唱された。それぞれ「機械モデル」と「統計モデル」と名付けられ、親族の「基本構造」と「複合構造」に対応する。「基本構造」は、親族のカテゴリーによって婚姻相手が指定される体系のことであり、「複合構造」は親族カテゴリーだけで婚姻相手を指定することはできず経済機構や心理機構が婚姻相手を選択するメカニズムを持つ体系である。後者はいわゆる「文明社会」にみられる婚姻のありようで、前者は未開社会をはじめとする小規模な集団にみいだしやすい。この意味で、これら二つのモデルは、人口数の大小と相関している。統計モデルは、処理すべき人口ないし組み合わせが数的に膨大となる社会状況に必要とされる。一方前者が「機械モデル」と呼ばれるのは、有限数のクラスの論理的組み合わせとして、婚姻の規則が描写可能なためである。前者が「行為者の経験的なレヴェルに近い構造」であり、後者が「行為者の経験的なレヴェルを越えた構造」と評されるように(渡辺 二〇〇九:一三九-四〇)、この二つのモデルは、人口数の大小に加えその描写のためにとられる視点の差異によって性格づけられる。

さらにこの二つのモデルを用いて親族構造の研究と人口学的研究を接続する可能性も語られている。

> 隔離集団の絶対的規模は、近親婚の頻度から計算できるという、ダールバーグの証明を基礎とする、何人かのフランスの人類学者の研究。[…] フランスの隔離集団の「平均規模」は、一〇〇〇人以下から二八〇〇人をほんの少しこえるまでのあいだでの変異を示している。[…] この規模は、いわゆる未開社会でも最小の部類に入る社会におけるもののせいぜい一〇倍で、つまり同じ大きさの等級に属しているのである。[…] シュッテルとタバーは、また、最小の隔離集団は、山地のような辺鄙な地方にだけ見出されるのではなく、都市的な大中心地やその近隣にも(そしてむしろ多く)見出されるということを示した。[…] これらのすべては大切な意味を持っている。というのは、民族学者は、これらの研究のおかげで、近代的で複雑な社会の中に、もっとも小さい、民族学者が普通研究する単位と本質の変わっていないような単位を発見する希望をもてるからである。しかしながら、人口学の方法は、民族学の観点から補われなければならない。隔離集団の絶対的な大きさがすべてではない。結婚のサイクルの長さも見定めなければならないだろう(*LS* 1952b: 323-324/三二二)。

ここでは、人口学と民族学とが相補的な関係を築く可能性が語られている。「隔離集団」という人口学がその規模を数的にとらえる集団において、いかなる婚姻サイクルが作動し集団の維持が可能になるかを問うには、統計モデルと機械モデルを組み合わせた研究が必要になるであろう。ほかにも、複合構造の社会においてなされた統計調査の結果を機械モデルに翻訳する可能性、あるいは基本構造の社会にて実施された統計調査の結果から、機械モデルに基づく議論の異説を整理する可能性も示された。

人口問題についての学際的なアプローチを確立することは、社会科学に数学的手法を持ち込むことでもる。その展望が「人間の数学」（1955b）にも示されている。この論考もまた『クーリエ・ド・ユネスコ』に掲載されたもので、その前年にはユネスコの国際社会科学委員会によって、社会科学における数学の利用について集会が開催されていた（Stoczkowski 2008:233-34）。

この論文では数学を用いる際の量的調査と質的調査その対照性が改めて強調され、その行論では人口学的な研究は経済学と並び、量的な研究にカテゴライズされた。さらにこれら量的研究に対しては、データを「抽象化」することで質を見失わせていると批判が向けられた。それに対置されるのが、「新しい数学」で、「厳密性の概念と計量の概念を独立のものとし」、「必然性の働く世界は、必ずしも量の世界と混同されないことをわたしたちに教えてくれる」、「質的数学」である[*11]（*LS* 1955b:28／一一八）。二つのタイプの数学がこのように対置された後、新しい「人間の数学」の課題が数の規模の観点から次のように論じられた。

この数学は断固として、「大きな数量」からくる絶望を回避しようとする――数字の海を漂流していた社会科学は、この筏のうえで死にそうになっていたのである。この数学はもはや、累進的で連続的な進展の単調な曲線を描くことを究極目標にはしない。この数学の領域は、データの莫大な堆積を解析することで発見される偏差の領域ではない。むしろ図表こそが、ある数から他の数への移行がもたらす、「小さな」数と「大きな」変化をめぐるこの研究が提供する領域なのである。イメージでもよいなら、わたしたちは、「二人世帯」が「三人世帯」になる時に生じる構造の変換に比べれば、五〇〇〇万人の人口を持つ国の一〇パーセントの人口増加をめぐる理論的結果にさしてはこだわらないといいたいのである。［…］このような小さな数の名誉回復は、それがいかなるものであれ、近代的思考の土壌にとって、思いがけない帰結をもたらすに違いない（*LS* 1955b: 28-29／一一九）。

質と量との対置、そしてそれを経たうえでの「小さな数」の重要性の提示は、「統計モデル」に対するよりも「機械モデル」によって捉えられる現実の意義を改めて示していないだろうか。というのも、二つのモデルのうちに相補性を見るよりも違いを重視するこの論は、この時期の親族研究の展開と関連しているように思われるからである。

統計モデルと機械モデルを結び合わせる親族研究の方法は、クロウ＝オマハ型と呼ばれる体系の研究を想像させる。クロウ＝オマハ型は基本構造と複合構造の中間に位置するものとして位置付けられていたからである。ところが『親族の基本構造』の直接的な発展形にも思われるクロウ＝オマハ型、そしてその後に来る複合構造の議論は、渡辺によれば、レヴィ＝ストロース自身が十分に展開することなく、次世代の研究者に引き継がれていった（渡辺二〇〇九：一四一）。一九六五年の講演原稿である「親族研究の未来」ではクロウ＝オマハ型は婚姻の組み合わせ数が人口数に対して桁違いに莫大なものになること、それゆえに統計モデルでの処理でさえ困難であることが指摘されている（*LS* 1965: 20／二〇三）。「大きな数字の海」にあるように思われるクロウ＝オマハ型をめぐる研究は、いずれにしても進められなかったのだ。

六　小さい数の復権、あるいは「二と三」

これに対して、小さな数に対して自らが下した解釈を大幅に修正する試みが、「人間の数学」以降に発表されている。「双文組織は実在するか」（*LS* 1956）と題されたその論文を検討するにあたり、まずはそれに関連するレヴィ＝ストロースの取り組みを簡潔に振り返るのが良いだろう。「双文組織は実在するか」は民族学的な主題である双分組織制度に関連するものであるが、双分組織はアメリカに亡命していた頃から関心をよせていたテーマであり、二つの論文を記していた（*LS* 1944a; 1944b）。ひとつは、ロバート・ローウィーによる進化論的双分組織論を批判するもので、ナンビクワラの事例を挙げながら南米全体に広がる双文組織をヴァリエーションのなかでとらえる必要性が訴えられる（1944b）。他方、ボロロの半族制度について短いコメントをした「互酬性とヒエラルキー」では、半族制度自体のうちに従属の関係が入り込む余地があることが示唆される*[12]（*LS* 1944a: 267）。

「双文組織は実在するか」に至るまでに、ボロロの半族制度と従属やヒエラルキーの問題系について、レヴィ＝ストロースはさらに考察を進めている。その成果の一つが、一九五二年の論文（*LS* 1952c）である。ここでは、「結合すると同時に対立する」半族制度が婚姻現象とは結びついておらず、婚姻の観点から見ると社会は三つの内婚集団であり、その間には何らの親族関係もないことが、新たな資料と共に確認された。同じ制度様態は、ボロロに隣接するジェ語族のもとにも見られるように広がりのあるものだった（*LS* 1952c）。社会全体を二分すると同時に結合するかに見える半族制度は実のところ、ヒエラルキー化した三つの集団間の統合原理にはなりえていないと論じたこの論考は、現地社会の組織構成を二種類の「小さな数」から理解するものでもあった（「二元性や社会構造の表面的な対称性の背後に、より基礎的である三分的で非対称的な組織が認められる」（*LS* 1952c:145/一四七）。

一九五二年の論文で提起された南米地域の社会制度に含まれた、南米先住民社会における「二」と「三」の関係については、『悲しき熱帯』でもボロロと（*TT*: 210-221/II. 四七－六二）カデュヴェオ（*TT*: 177-184/I. 三二九－三九）を通して、論じられている。この二つの集団は先のムバヤと結びついている。カデュヴェオはムバヤの「最後の生き残り」（*TT*: 167/I. 三一一）であり、ボロロは「ムバヤに支配されている広大な領域」の境界にあり、そこには「ほとんど同一の社会組織」のかたちが見られる（*TT*: 186/I. 三三六）。

ボロロにおいてヒエラルキー化された三つの集団への分化は、「神話や伝承や踊りや社会的宗教的役割の資本」（*TT*: 216/II. 五六）、装飾品などの所有にみられる。一方、同心円構造をもち東西の軸で村落を二分する村落構造と、半族が別の半族のために為す死霊の葬送などの、「二」にまつわる社会現象は、「三」のヒエラルキーが「社会的凝集」に及ぼす危機をカモフラージュする役割を果たしている（*TT*: 227-239/II. 七二－九〇）。このボロロの姿は、カデュヴェオの顔面装飾に似たものとして位置付けられている。カデュヴェオの装飾は、対称性（二）と非対称性（三）を同時に用いるスタイルによって特徴づけられる。「角ばった幾何学的」な模様と「曲線の多い自由な」様式の二種のモチーフを、四つに分割された領域のうちに、「トランシェ」や「タイエ」のスタイルで斜めに配置することが多い（cf. *TT*: fig.24-25, p.181/ 第一九、二〇図、I. 三三二）。この配置はまさに対称性と非対称性を同時に用いており、ボロロの村落構造の構成と同型を成している。レヴィ＝ストロースはカデュヴェオの社会について直接議論はしないが、その装飾はムバヤ－ボロロの社会構造との相関において理解される（*TT*: 181-184/I. 三三五－三九）。ボロロの議論では明らかだが、この段階では二と三はそれぞれ、異質な原理に結びつく数であり、半族制度と下位集団のヒエラルキー化という異なる社会現象を生み出すものであり、前者は後者をカモフラージュするものであった。

南米の社会制度と結びつく「二」と「三」をめぐるこの議論は、一九五六年の論文で刷新される。この論文では、北米やインドネシアにおける村落構造に関する研究も踏まえて、双分制と三元性の関係が問われた。その導きになったのが、ポール・ラディンによるウィネバコ研究である。その集団では、同じ村落が地位によって異なる仕方で表象される。高位に位置する半族の構成員は直径で二分される構造（直径的構造）によって、低位の半族の構成員は同心円を成すものとして村落を表象する（同心円構造）。この二つの原理は、「二」と「三」の問題系に直結する。というのも、村落‐開墾地‐森の三つの領域を分けるような同心円によって表象される後者は、中心‐周縁の非対称性を本来的に備えているためにヒエラルキー化とも親和的であるからである。一方前者は、一つの軸で分割される円によって表象されるため、双分制と結びつく。

同心円構造と結びつく事例が、トロブリアント諸島やインドネシアなどで数多くみられること、それらは「対立の複雑な体系」（「聖と俗、生のものと火にかけたもの、独身と結婚、男性と女性、中心と周辺といった」（*OD*: 152/一五三））を産出すること、そして、「奇数体系は、それを「中心と隣接の辺との対立」」として扱うことによって、偶数体系に還元」できることが確認される（*OD*: 156/一五六‐五七）。つまり同心円構造には、直径的構造になる可能性が含まれているのである。ボロロやティンビラという南米の諸社会においても、現地人の観点においては直径的構造と同心円的構造が同時に考えられていた。レヴィ＝ストロースはさらに一般的な仕方で議論を進め、同心円的双分制の特徴を「直径的双分組織と三元性を媒介する」ことに見出した。その性質は、直径的構造と同心円的構造を「できるだけ単純な幾何学的表象」から考えることから、より明確になった。前者は直径で二分される円周なので二つの線分で表象可能である。ところが後者は、円周と中心という点からなるため、線分とその外に位置する点の「三つの極に分解される」（*OD*: 168/一六七）。この幾何学化された村落構造の論理から、同心円的双分制の、「二」以上の意味が導かれる。

直径的構造と同心円的構造のあいだには大きな差異がある。前者は静的で、自らを超え出ることのできない双分制である。その変形は、出発点とした双分制をしか生み出すことができない。ところが、同心円的双分制は動的である。それは自分のうちに顕在的ならぬ三分性を含んでいる。もっと正確にいえば、非対称的な三元性から対称的な二元性に達しようとする一切の努力は同心円的双分制を前提としている（*OD*: 168/一六七）。

同心円的双分制の三元的性質はまたべつのことからも出てくる。すなわち、この体系は自足的なものでなく、つねに周囲の環境に関係づけられなければならない。草木を刈り取られた土地（中心の円）と空地（外の円）との対立は第三のものたる藪ないし森林を要求する（*OD*: 168/一六七）。

同心円的双分制にみられる潜在的な「三」の非対称性とは、ヒエラルキーよりも動性に結びつく。その動的な体系は内的な部分の組み合わせによって、完結することはなく外部への開かれを含んでいる。潜在化された「三」にこうした特徴が見出されることで「二」の見直しも図られる。双分組織の「二」とは互酬性のことでもあったが、既存の議論ではその点ばかりが強調され、二のあいだの「不平等性」は考慮されなくなっていた（「互酬性の理論は問題視されていない。今日民族学的思考にとってそれは［…］確固たる基盤の上に立ちつづけている」（*OD*: 179-180/一七七）。同心円的双分制から導かれるのは、均衡として理解される互酬性とは異なる多様な対比の「二」なのであった。

こうして「二」と「三」の組み合わせは、ヒエラルキーと互酬性という原理の共約不可能性やイデオロギー的カモフラージュから、同心円的双分制という自己を越える動性をもつ構造体へと姿を変えて、再発見される。南米の諸社会に限定すれば、これは、ムバヤを介してヨーロッパにまでつながる、隷従－ヒエラルキーの系譜からボロロなどの社会を切り離すことでもある。反対にそこに見出されるのは、明確な輪郭線をもってひとつの単位として切り出しうる対象としての社会のイメージからは遠い、自らの境界を超え出ることのできる体系のあり様である。分析を通してその姿が記述されるのは、実体化可能な単位としての社会から人間同士の関係のみならず自然環境も含めた場を素材に構成される「概念体系」に代わる。[*13] この外部にも開かれた概念体系を対象化しようと試みる最初の例が、『アスディワル武勲誌』である。

七　形式と内容

『アスディワル武勲誌』は、カナダ太平洋岸部の先住民の神話を構造分析したもので、『神話論理』にむけた作業に着手する直前に発表されている。分析の対象になったのは、ツィムシアン族とニスカ族のもとで一九世紀末から二〇世紀初頭にフランツ・ボアズによって採録された、アスディワルという名の超自然的存在を主人公とする物語である。神話以外の社会組織等の記述についても、おおむねボアズの記録に拠っている。

ツィムシアンとニスカは、それぞれ異なる河川流域に居住していた。ニスカは「比較的定住」していたが、ツィムシアンは季節の移り変わりに応じて、冬に滞在する村と、二つの川のあいだを行き来していた。ツィムシアンは、冬の終わりに蓄えていた食糧がつき始めると飢饉を経験することもあった。ちょうどそのころに産卵のために川を遡るキャンドル・フィッシュ、そしてその後に川に来るサケの収獲が重要であった。

レヴィ＝ストロースはツィムシアンの版を基準に分析を進めた。物語は、別々に暮らしていたが同じように飢餓に苦しんでいた母娘が再会するところから始まる。そこに「吉兆の鳥」を意味する名を持つ男がやってくる。娘とのあいだに生まれたアスディワルに、父は狩猟用の必中の弓矢をはじめとする「魔法の道具」を与える。旅に出たアスディワルは、行く先々でこの道具を用いて人々に食糧を与えながら活躍する。だが、最後にはその道具を持たずに狩猟に出ると、石になってしまう。これが物語の大筋である。

レヴィ＝ストロースの分析によればこの物語には、その内容を組織する、地理・技術‐経済・社会学・宇宙論の四つの「シェーマ」が働いており、そのうち最初の二つは現実を正確に反映し第四のものは現実からかけ離れ、第三のものは現実の制度と想像上の制度を組み合わせてできたものと理解できる。それぞれのシェーマのうちでは具体的な要素から対比の網目が構成され、そして「同時的にまたに重なって存在するシェーマに従い」神話の場面が構成されている（*LS* 1958: 193/四三）。技術‐経済的シェーマとは、ツィムシアンの生業経済に、社会学的シェーマは婚姻と結婚後の生活に関連するもので、後者では現実に行われる夫方居住と想像上の制度である妻方居住が対をなしている。

現実の制度と想像上の制度によって構成される社会学的シェーマは、地理的シェーマとのあいだに対応／翻訳関係がある。神話に登場する婚姻後の居住制度には、アスディワルの旅の方向との相関関係が確認できる。つまり、東から西への移動では妻方居住をする村々に出会い、西から東への移動は夫方居住と関連する。ここでレヴィ＝ストロースは、西への移動と東への移動が現地人の思考において等価でなく、後者のみが「唯一現実の方向」である、とする（*LS* 1958: 289/七四）。地理的シェーマに見られる価値づけはさらに、神話の別の相に、そして現地の思考様式に直接結びついている。

西へ移動するときアスディワルは、魔法の道具を用いて飢饉に終止符を打つものとして登場する。対して、東への移動というのは、アスディワルがセイウチたちの地下の国から帰還するときの移動である。このときアスディワルは、セイウチから借りた胃袋である船に乗って水を渡る。つまりここでアスディワルは、セイウチたちの胃の内部にいる水を移動する存在、すなわち食糧である魚と同化している。実際に、ツィムシアンの地域での魚の遡上は、川の流れによって方向が定められているため、東への移動となる。それにもかかわらず東への移動が「現実性」の方向であるならば、ツィムシアンは自らを魚と同一視する側面、「魚を自分たちの立場に置き換える」側面があるからではないのか、とレヴィ＝ストロースは推定する（*LS* 1958: 210/ 七五）。そしてそのことは、漁と調理の際に人々が行う祭礼や調理時の規則において確認できるという。

このような禁止や規則は同じ一つの志向、すなわち魚と人間の関係を直接化させるという志向を翻訳しているように見える。つまり魚を人間であるかのように取り扱うことにより、また少なくとも文化に属する製品の使用を禁止したり、極度に制限したりすることにより、言い換えれば、魚が人間ではないことを示すようなものを否定、または過小評価することにより、直接化しようとするのである（*LS* 1958: 210-211 / 七六）。

魚（サケ）と人間の同一化は、アスディワル以外の神話においても見られる。その物語では、サケの王国を訪れた人間が同盟を成立させ、自らをサケに変えて戻ってくるが、次のような挿話がある。サケの王国にいるとき、いかなる理由があろうともサケ‐人間の食べるものを食べてはならず、反対に、人間の姿をしているように見える魚そのものを食べなければならない。それを守れなかったものは、アスディワルのように、不動状態に陥る。この挿話には、人間と魚の同一化の価値づけが読み解かれる。人間であってもサケを食べるのは適切であるが、サケのように食べるのは、「サケが人間にではなく、人間がサケに同一化する」誤った同一化の形式として思考されている。これは調理時の魚の扱いに示唆される直接化とは異なる（*LS* 1958:210/ 七七‐七八）。

東への移動と西への移動によって語られるのは何なのか。サケであることや人間であることは何によって語られるのか。サケと人間の関係はいかに語られるのか。人間と動物を重ね合わせることで何が語られているのか。これらの問いに対してシェーマ内の対比やシェーマ間の対応を解き明かしながらレヴィ＝ストロースは解を探った。そこでなされていたのは、現地人が用いる対比によって対比の構成を説明することである。その方法を、モースの言う「岩盤に達する」ためのアプローチに比するものだとレヴィ＝ストロースは位置付ける（*LS* 1958: 205/ 六五）。

ここで目を引くのは、この議論がカナダ北西部の先住民社会を取り上げてなされていることである。なぜなら、『アスディワル武勲誌』の発表前に執筆された文章（*LS* 1956c）にて、「ポトラッチ」という用語をめぐり次のことが記されているためである。

アラスカやブリティッシュ・コロンビアにおいてさえ、この搾取は外的要因として働いている。この搾取は、それなしにも存在しうる制度により広い幅を与えているにすぎず、その制度の一般的本性は、他の言葉で規定されるべきなのである（*LS* 1956c: 372/ 三七四–七五）。

これは、「民族学における構造の概念」に寄せられた批判に対する応答となる文章の一節で、レヴィ＝ストロースはここで、ジャン＝フランソワ・ルヴェルを再批判している。レヴィ＝ストロースによれば、ルヴェルはあらゆる人間社会の構造は、「未開社会」もふくめ、「経済的搾取」によって説明可能である、と論じている。その議論に見られるのは、「未開社会の諸範疇がわれわれ自身の社会に適応できる可能性を認めようとしない一方で、われわれの諸範疇を未開社会の研究に適用するよう、ひどく熱心に主張」する知的態度である（*LS* 1956c: 371/ 三七四）。

そのように論敵を批判するのと同時期に準備されていたであろう『アスディワル武勲詩』において、ポトラッチの一般的本性を規定する言葉を、あくまで仮説としてだが、レヴィ＝ストロースは提示している。

従って、この人々にとって存在の唯一の肯定的形態は存在しないことの否定にあると結論しなければならない。［…］ただ、この仮説は、きわめて特殊な形で北西部沿岸の社会を特徴づけているように思われる自己主張の必要性――ポトラッチ、祭、儀式、封建的抗争のかたちをとる――をいつの日か明らかにすることができるであろう、ということだけを指摘しておくにとどめよう（*LS* 1958: 212/ 七七‐七八）。

この仮説自体の妥当性を、ここで検討することはできない。[*14] だが、ポトラッチをさらに広い社会的脈絡のなかに置くことから、あらゆる社会に見られる形式としての搾取とは別のかたちで、その形式も含む具体的な制度を考え直す必要性が見立てられているのは確認できよう。形式的な水準のみによる議論の妥当性が問い直されており、代わりに求められることになったのが、現地の範疇や概念体系への接近である。『アスディワル武勲詩』にて実践されていたのは、その方法の一例である。構成要素の具体性を形式化せずに、要素間に対応関係を確立することによって、現実が何に
よって語られているのか、彼ら自身の翻訳のあり様を探求することが求められたのである。こうした視座について、レヴィ＝ストロースは一九六〇年の論文（*LS* 1960）にて、プロップによるフォルマリズムと構造分析を対置することで明確にしている。

プロップは、口承文芸のうちに二つの部分をつくりだした。ひとつは形式であり、それは形態学研究に適しているために主要な相を構成する。もう一つは恣意的になる内容であり、それゆえにそこには二次的な重要性しか認められない。フォルマリズムと構造主義の差異を要約するのは、まさにこの点であると主張できるのではないか。前者において二つの領域は、絶対的に分離していなければならない。なぜなら、形式のみが知りうるのであり、意味上の価値をなくした残滓が内容であるからである。構造主義にとってはこの対立は存在しない。形式と

内容は同一のものであり、同一の分析を課されるものである。内容の実在性はそれが位置する構造に由来し、また形式と呼ばれるものは、内容を構成する局在的な諸構造を「構造のうちに置く」ものである（LS 1960: 一五八）。

このように表明されるフォルマリズムとの差異は、『親族の基本構造』における代数学の活用とコントラストをなしている。『親族の基本構造』では複雑になる婚姻規則の描写を、アンドレ・ヴェイユからの協力を得て代数学的な記述が試みられた[*15]（cf. LS 1949: 257-265 / 三九五－四〇八）。レヴィ＝ストロースはこの分析を、セクションやクラスの数がわかれば分析者が内容を知らずとも分析可能であるのを示した例と位置付けていた（LS 1955b: 28/ 一一八）。つまり、形式的記述には内容を知る必要はなかったのである。

内容なき形式から内容と一致する形式へと、方法論にとって決定的な変化が生じている。[*16]それは、現実は何によって語られるのか、という問いの重要性の発見によるものといえよう。そしてその点にこだわることから、悪性の人間主義に抗する視座が確立されていった。『野生の思考』は、そう読むことができる。

八　動物（種）を用いる論理

『野生の思考』は『今日のトーテミスム』と組を成す著作で、それまでに人類学の議論において特定の現象を切り出すのに用いられていた概念「トーテミズム」を解体するのが『今日のトーテミズム』であり、それら現実を別のかたちで提示するのが『野生の思考』である。もっとも出口の指摘するように、『野生の思考』は多様な議論から織りなされた著作であり、一つのよみ筋に還元することは難しい（出口 二〇一五）。ただここでは、そこに織り込まれた一つの糸に、『人種と歴史』や『悲しき熱帯』に見られた悪からの救済策の探求があることを示したい。かつてトーテミズムと呼ばれた現実の再発見にはまた、悪の認識の修正とその救済の探求が伴っていたのである。『野生の思考』は、同時の先端に位置していた民族動物学・植物学の成果を参照して構成されている。まず、それらの成果から「未開社会」における自然種の分類体系にみられる論理の特性を取り出すことから、議論は始められる。その後、分類体系についての議論は継続されるが、問われているのは自然を対象とする分類ではない。

マルハントと自然神話学派の過ちは、自然現象を、神話が説明しようとするものであると信じたことであった。実際には自然現象はむしろ、現実――それ自体が自然界でなく論理に属する種類の現実――を神話で説明するための手段である（*PS*: 658/ 一一二）。

つまりレヴィ＝ストロースが問う体系においては、自然は対象ではなく、それを構成する論理の素材である。自然（種）は、別の現実を説明する。説明される「論理に属する種類の現実」とは、人間のあいだに差異を配置するものとしての分類体系、つまりは、自然種によってつくられる社会的体系である。

自然種の分類体系に関する議論がこの著書の基調を成すように冒頭に来るのも、そこに見出しやすい論理的特性が、社会の分類においても作動しているためである。自然の分類体系と社会の分類体系に通じる論理の特性はさまざまに表現されているが、その大きな特徴は質的であること、それによってつくられる体系には動性を備えているということである。質的であるのは動植物種が感性に訴える差異を構成要素とする「感覚の論理」から体系がつくられるためである。ではなぜそこに動性が生じるのか。その答えは単純で、自然に実在する差異である自然種によって体系が構成されるからである。

動物のそれぞれは、ある対応の法則にしたがって、このように部分に分解され、つぎに等価の諸部分が集められ、さらに全部が合わせて、関与する特徴によってまとめられる。［…］範疇から元素へ、元素から種へと移るための分析の歩みは、べつの面で徐々に全体を再構成してゆくことになる、それぞれの種の理念上の解体とでも言えるものに続くのである（*PS*: 714-715/一七五）。

動物、「トーテム」、ないしその種は、いかなる場合にも生物学的実体としてはとらえられていない。有機体であることと――つまり体系であることと――、一つの種の現れであることと――つまり体系の一要素であること――という二重性によって、動物は多種多様な可能性をもつ概念の道具となっている。とりわけ、共時態と通時態、具体と抽象、自然と文化のあいだに位置するいかなる分野をも、脱全体化（detotaliser）し再全体化（retotaliser）するための道具である（*PS*: 716/一七七）。

動物あるいは「種」が思考にもたらすこの分解-再構成の可能性が、体系に無限の動性を生む。

種という概念においては、外延の見地と内包の見地の均衡がとれているのである。ひとつだけを取り出してみれば、種はそれぞれ個体の集まりである。ところがほかの種と対比すれば、それはいくつかの定義が集まってできたひとつの体系である。それだけではない。種を構成する個体の集まりは理論的には無限定で、それら個体の一つ一つは外延において不確定である。なぜなら個体は一つ一つがいろいろな機能の体系である生体であるから。それゆえ種という概念は内的力学をもっている（*PS*: 703/一六二）。

社会的な分類を語る自然種は、単に類と個のあいだの中間にあるために動的なだけではなく、その種自体が多様な質を内包しているから動的なのである。ひとつの種が体系においてほかの種といかなる対比を形成しているのか、いかなる質を体現するのか、という点で演繹的には推定しえないほどの多様性を潜在的に備えている（PS: 620-621/七〇）。それゆえに、種を特定することが、自然種によって語られる差異や体系を理解することに不可欠である。これはクズリを用いる儀礼の分析を通じて強調されている[*17]（PS: 608-615/五六－六四）。この動性は、同心円的双分制とは異なり、形式化された構造に宿るのではなく内容と共に出現する。

では、種を感覚的に把握可能な多様な質の束としても分解し、再構成する論理による体系は、いかに社会学的に有効であるのか。『野生の思考』にはその回答があちこちに記されているが悪性の人間主義と密接にかかわる問題も取り上げられている。例えば、自民族中心主義に抗する思考として、動物種を用いた論理は取り上げられている。

未開社会は人間の範囲を部族集団のなかだけに限り、その外のものは異人、すなわち汚らわしく野蛮な亜人間としか考えないし、極端な場合は有害な獣や亡霊といった非人間と見る場合さえあると言われてきた。それは根拠のない話ではないし、また多くは事実である。しかしながら、トーテム的分類法の本質的機能のひとつはまさにこの集団の閉鎖性を打開して、境界なき人間性に近い観念を差し出すことにあるのが、そこでは無視されている（PS: 734/一九九）。

レヴィ＝ストロースは、西オーストラリアのほか、スー、アルゴンキン、チペアといった北米先住民社会においても、動植物を用いた社会論理によって集団の境界を越えでた関係性の領域が開かれることを確認している。北米の諸社会では違う「部族」でも同じトーテムに属している者は、親族関係を持ち社交的関係を築くことが可能である。さらには、「社会学的な意味だけではなく生物学的な意味で、人間の境界からさえもはみ出して、トーテム名を家畜にまでつけるようになる」（*PS*: 735/ 二〇〇）。種をもとに作られる差異の体系に備わる動性の拡張性が、ここに現れている。かつては「人間による人間の価値剥奪」のひとつの形態でもあった人を動物に重ね合わせることには、全く別の社会学的効果も宿りうることが見出されたのである。「人種と文化」の議論がこの発見を経てのことだったのは明らかだろう。

また、カースト制度も別様に理解されるようになっている。「トーテム的分類体系」をこのように論じる過程で、「カースト」はそれとの論理的な変形の関係にあるものだと位置付けられるようになった。「トーテム的分類体系」とは論理的には「集団1と集団2の違いは動物Aと動物Bの違いのごとし」として把握される。ただそこから派生し、集団1と動物A、集団2と動物Bのあいだに何らかの要素の共有を見るような状態が想定可能であり、民族誌的事実の面でもこれ確認される。この派生段階でも集団間のあいだに外婚制が確立されることが多い。ところがそれぞれの集団のあいだでの多様性が拡充され、女性のあいだに自然種としての差異を見るようになると、今度は、婚姻による連帯は不可能になり、それぞれの集団は切り離された内婚集団に代わる。こうした状態は「トーテミズム」と「カースト」の中間形態だといえる（*PS*: 676-685/ 一三四－四三）。

また、これら二つの制度は「人間のあいだに相補性と協力関係を打ち立てる」体系として、ひとつの変形群に位置付けることが可能である（*PS*: 688/ 一四六）。このときカーストは、「社会的実在性」を備えた職能分化、すなわち「文化的モデル」によって規定された差異を組み合わせる体系として理解されている。「製造物の体系」であるカーストは、自然種によって集団間に差異を配置する「トーテム分類体系」の変形なのである。さらに、その特徴がとりわけ明瞭になるのはインドにおいてのことだとレヴィ＝ストロースは認めるようになっている（*PS*: 686/ 一四四）。このカーストは、『悲しき熱帯』における熱帯アジアの現実から、完全に切り離されたものである。カーストもはや、ヒエラルキーによって構成されるという点で「ブルジョア文明」と「植民地主義」に一致する体制でも、生きがたいほどの隷従と本質的に結びつく制度でもない。

このように、「トーテム的分類体系」が再発見される過程において、かつて悪性の人間主義とともにあった現象や体制も新たな様相のもとで再び見出されるようになった。悪性の人間主義に依然結びついたままなのは、隷従や憎悪と人口増加・人口圧の問題である。とりわけ後者は、「数を質に置き換えることの失敗」として理解されていたが、それに対する救済策が、人口変動と社会論理、社会に関する概念体系との関係を通して『野生の思考』において問われていたのだった。

九　人口に抗する体系

『野生の思考』の議論において注目されてきた問いのひとつは、共時態と通時態、構造と出来事、構造と歴史の関係である。それを問う際の事例のいくつかは、人口変動に関連している。「分類の構造的性質と、それを支える人口の統計的性質との間にいつも軋轢が見られる」（(*PS*: 807/ 二七八) というように、構造の外部にある人口に関する現象は、出来事でもある（「概念体系の運命は、つねに、その後の人口変動次第でどうかわるかわからない」（*PS*: 629/ 七九））。人口変動と「偶発的」な関係を持つ、体系一般の性質について、レヴィ＝ストロースは次のように述べている。

上部構造の弁証法は、言語の弁証法と同じで、まず構成単位を立てなければならない。ただしそれらの単位はあいまいさのないように定義されなければ、すなわち対をなして規定されなければ、構成単位としての役割を果しえない。つぎにこれらの構成単位を用いて体系を作り上げなければならない。その上でこの体系が観念と事実の間を総合する操作媒体として働き、事実を記号に変換するのである（*PS*: 696/一五四）。

こうした体系から分節される社会構造がひとつ論じられているのを確認しておこう。複合構造と基本構造をつなぐ形態としての、クロウ＝オマハ型である。レヴィ＝ストロースは集団間の相互性の確立を論じる過程で、オマハ族について言及した。そこに見られる、社会的禁忌から構成される集団間の差異からは「体系を作り上げることは不可能」である、という。さらにその地域の婚姻規則などに目を向けながら、「クロウ・オマハと呼ばれる体系や現代の西欧社会が、婚姻交換の全体的均衡を確保するために、形式をかえて、また別の面で、用いている方法」は「あらゆる統計論的変動を受け入れようとする傾向」によるものだと評価する（*PS*: 675/一三二）。

クロウ・オマハ型は、「統計論的モデル」において把握可能な規則、社会構造であり、その制度に潜む婚姻可能な組み合わせの数は人口数を、桁違いに上回る。それだけの組み合わせを論理的に可能にする、人口変動に対して高い許容度をもつその社会構造は、「観念と事実の間を総合する操作媒体として」働きうる概念体系ではない。概念体系とクロウ＝オマハ型のこの分節に示されているのは、人口変動・人口増加に対して考えられるべきことは、数の圧力に数で対応する体制の構想ではない、という見たてであろう。

数の変化とも結びつく出来事を前に、「対をなして規定される」構成要素からなる体系を見出さなければならない。ここでの「二」は形態学的に論じられる社会と結びつく互酬性から遠くにある、観念と事実をつなぎ経験を組織化する記号の構成原理である。その水準においてこそ、人口に抗する社会的論理は探求されなければならない。

「トーテム的分類体系」の可塑性についてこの観点から問い直す議論が、『野生の思考』には組み込まれている。例えば、第二章では、次の議論がある。「亀‐鷲‐熊」という三元組織が、亀集団の人口増加と熊集団の人口減少を経ることによって、「鷲‐亀（灰色の亀‐黄色の亀）」という二重の二元組織に移行する。仮説的に推定されるこの移行は、オセージの伝説で展開されている。オセージの伝説では、もともと二元的な集団を組織していたところに新たな集団が合流したところ生じた二元的集団の間の不均衡の是正のために、対比の構成を変化させることで、集団組織構成そのものが変わったことが語られる（PS: 629-631/八〇－八三）。また、プエブロインディアンのもとでは、人口数が大幅に異なる各村落のあいだでも、十二の氏族からなる社会構造が維持されることに見られる。つまりその体系は人口変動に対する持続可能性を備えている。体系の動性を支えるのは、栽培種の多様性を維持する点にも確認できる「対立と弁別の意志」である（PS: 633-637/八四－八八）。いずれの事例においても、体系には人口変動に抗して自己を維持し編成しなおす動性があるのが確認されている。

もうひとつ注目したいのは、「体系と歴史の絶えざる闘争の悲劇的な例」とされた、「オーストラリア原住民の三〇ばかりの部族に属する生き残りの約九百人が、政府の設けた収容所にごちゃまぜにしてほうり込まれた例である」（PS: 725/一八八）。従来の社会的な体系を無視し一か所に多数の人間が集められることになったとき、人々が行ったのは、従来の諸体系のあいだに「対応規則を採用すること」、つまり相互翻訳を行い、「いろいろな部族の構造をうまくひとつに調和」させることであった。その調整の過程では、さまざまな質がつくる対比が体系を再構築するのに役立っている。

オポッサムは一地方を除いてつねにウツル半族に属する。海岸地方では淡水はヤングル半族のものだが、内陸ではウツル半族に属する。原住民たちは「ほとんどつねに、冷たい皮膚はウツルのもので、羽毛はヤングルのものである」と言う。そこで、ウツル半族は水、とかげ、蛙などを保有し、ヤングル半族は、エミウ、あひる、その他の鳥類を持つことになる。ところが、蛙がオポッサムとは反対の半族のものである場合には、別の対立原理に助けを求めることになる。この二つの動物はどちらも枠をとび出して、両者の類似は蛙がオポッサムの「父」

であることからくる、ということになる。母系社会においては、父と息子は反対の半族に属するのである（*PS*: 725/一八八–一八九）。

それまでに人口減少を経たうえで急きょ一か所に収容されるという状態にあって、種によって語られる体系は再び作動することができる。トーテミズム的分類体系は、社会の体系、すなわち「生きられる体系」であるため、社会的な変動、出来事に曝されやすい。だが、それでもその体系には、かたちを変えて自らを再構成する潜勢力が備わっている。

毀損の過程がもし止まったとすれば、現在の融合状態が新しい社会の出発点となり、あらゆる面の調整が行われて新しい包括的体系が造りだされることは、疑問の余地がない（*PS*: 727/一九〇）。

この体系は、人口を前にして分解されてしまうことはなく、その形式だけでも維持される。「構造そのものは出来事に屈するようなときには、構造の形式が生き残ることがあるというのが、トーテミズムの与える大きな教訓である」（*PS*: 807/二七九）。レヴィ＝ストロースは「トーテム的分類体系」を、自らとは偶然的な関係にある人口に対して、その量的変動を質に置き換えつづけることで抗する潜勢力を持つものとして再発見していた。それを可能にするのが、種や動物によって、差異を配分する体系の性質なのである。すなわち、「等質性という、比較を可能にする」質、単一の基準となる質を拒む体系として、「トーテム的分類体系」は位置付けられるようになっていた。「トーテム的分類体系」の探求は、未開社会において動物によって語られていることを通じて、動物を思考の素材とすることによって人は何を為すことができるのかを決定的に考え直すものであった。こうして、「人間による人間の価値剥奪」を体現するかに見えた人を動物になぞらえる想像力それ自体が、非人道的な施設の延長に位置付けられるわけではないことが示された。むしろそこには、他者による全く異なる人間主義が表明されている可能性さえある。悪性の人間主義に至る道筋をあらかじめ論理的に内包することのない体系を生み出すことが人間には可能である、ということが、動物論理によって造られる体系を発見することから、確認されていたのである。

一〇　全面的人間主義にむかう行程としての『神話論理』

最後に、『野生の思考』おいて試みられた悪性の人間主義に抗する方法の探求が、ほかならぬ思考の探求でもあったという点に、改めて目を向けよう。『野生の思考』でレヴィ＝ストロースは、マルクスの用語を借りて民族学の対象を規定する。

私は、マルクスがほんの少し素描をしただけのこの上部構造の理論の確立に貢献したいと思っている。本来の意味での下部構造の研究を発展させるのは、人口学、工学、歴史地理学、民族誌の助けを借りて、歴史学がやっていただきたい。下部構造そのものは私の主要な研究対象ではない。民族学は何より、ある種の心理学なのだから（*PS*: 696/一五四）。

ただここで目をむけたいのは、マルクスとの関係ではない。「人口学」の助けを借りてなされる研究から弁別されるかたちで、民族学の対象が定められている点である。その学問は、「ある種の心理学」、つまり人間精神こそを対象とする学問である。ここに、人口問題とも関連する悪性の人間主義に対する救済の探求の意義を確認できるだろう。「人間による人間の体系的価値剥奪」が蔓延するのは、「地理的・社会的・知的空間においての中で窮屈に感じ始めたとき」と診断されていた。つまり、問われていたのは単に絶対数としての人口数の問題だけではなく、主観的に生きられる経験の水準であり、また「知的空間」の問題でもあった。

人口増加の問題に対して、客観的な数の次元や地理的な問題として解決を考えるのは、どうやっても民族学には不可能である。社会的な解決もまた学問それ自体が直接取り組むには多くの困難があるだろう。しかし、経験的水準、とりわけ知的な水準においてはその限りではない。人間精神の領域を学問の対象に定めることは、この意味において、悪性の人間主義という問題に対する対抗策を探求する領域を確定することとしても理解できる。つまり、一人一人の精神の作用にとり憑くことのある、他者に向けられる憎悪や軽信、さらには隷従の想像力に抗する対策を考えることである。悪性の人間主義とは、「伝染病」でもあるような、人間の間の差異を適切に想像するのをはばむ人間精神の作用なのだから。

『野生の思考』が思考の探求であったのは、差異に対する想像力が憎悪や軽信に侵されることが人間精神の必然ではないことを発見するためであった。しかもそれは、そのことを実践する人の姿を通して、また、機械モデルの水準において、つまり二重の意味で、経験的に可能であると発見されていたのである。ここに、『野生の思考』の大きな教訓のひとつを見ることができよう。すなわち、たとえ一人一人の人間が地球上のさまざまな場所で、伝染病のように人間による人間的な価値の剥奪に取り込まれる傾向が人間精神にあろうとも、それには一致しない経験を生み出すことは、同じ人間精神には可能なはずである、と。

そこで次の問題は、他者のもとにみられたその可能性をどうやって自分たちのもとにも見出すのか、となったのではないだろうか。レヴィ＝ストロースは、『野生の思考』において社会論理、すなわち人間集団の分類体系に限定するかたちで受け止めた論理を、今度は「考えられる」体系である神話において徹底して探求することになる。

「生きられる体系」である限りの「トーテム的分類体系」は他者のものである。なぜなら「慣習的行動」とは「時間的空間的に限定され、かつ生活様式や文明の形態により弁別される、非連続的事実」であるから（*PS*: 695-696/一五四）。あるいはせいぜい、自社会のごく限られた領域にて作動するのが認められるだけである。

「考えられる」体系、概念体系の水準に直接焦点を当て、他者のもとにみられた体系を産出する論理が、自分たちのもとに展開する可能性の探求が『神話論理』の取り組みである。当然それも、機械モデルの水準で試みられなければならない。コレージュ・ド・フランスに着任が決まったレヴィ＝ストロースは、自らがこれから行うことを予告するように、次のように言った。

われわれは人類学者を、むしろ、一連の合理的操作によってひとつの機械を考え、そして組み立てる技師をモデルとして想像いたします。ただ、機械は動かねばなりません。論理的確実性だけでは不十分です。他者の内奥の経験を自分のもとでテストする可能性は、自然科学と人文科学が同様に必要を感じている、あの経験に基づく最終的な満足を獲得するために与えられている手段の一つにすぎません。おそらくは、ひとつの証拠というよりはひとつの保証というべきでありましょう（*LS* 1960: 18/一八四）。

神話的論理が自らのもとでも作動するかを検証するという試みのためにレヴィ＝ストロースは、神話を別の説明原理を用いることなく神話によってのみ説明するという独創的な方法、構造分析を用いたのだった。神話に内在するためにとられたこの方法は、先住民の世界が何によって語られるのかを徹底し探求することであり、他者である人々と自らを出会わせる場を開く、全面的な人間主義に向かう歩みそのものでもあった（cf. 渡辺　二〇〇九：二五三）。それはまた、憎悪や隷従、支配といった「汚物」を生み出し続けるこれまでの自分たちと手を切るために必要な手続きでもあった。

救済論でもある全面的な人間主義へと向かうレヴィ＝ストロースの歩みとは、悪にまみれた人間に対する信頼を確たるものにしようとする歩みのようにも思われる。つまり、知性をうまく展開できれば、たとえ危機の原因が極めて根深くあろうとも、人間の間の差異をもっと豊かに想像し、制限も制約もない人間主義をもって、「生きられる社会」をいつか生み出すことができるはずである、という信頼である。ただしそれには、信ずるに値する人間の姿を、他者と共に再発見する実践が欠かせない。他者の思考を自らのもとに試みることで、他者を再発見し、自己の観点を変えてゆくことで、悪に抗する力を悪の源泉でもある人間精神のうちに見出すことができる。一九五〇年代の構造人類学の展開とは、そのような思想を具体的な民族学上の問いを通して育んでいく過程でもあった。

「人は何を為すことができるのかまだわかっていない」のだから、「われわれには、すべてをまた始めることが可能なのである」。こう確信するレヴィ＝ストロースが、他者に憎悪を向け隷属させようとする想像力に抗する思考を求めて始めたのが、『神話論理』だった。

【注】

＊1　以下レヴィ＝ストロースの文献のみ、煩雑を避けるために以下のとおり例外的な表記をする。参考文献情報は、参照した版の情報であるが、出版年は例外的な表記をしている。文献の初出年に応じて整理するため、初出年順に並んでいるが、参考にした版が別途ある場合はその版の出版年を（　）内に記した。例えば、1949（1967）となる場合、初出年は一九四九年だが参考にした版は一九六七年出版のものである。
　また、執筆年の重なる論文が多いため、以下の主要論文については原語書名の略記と参照ページのみを記す。『人種と歴史』（*RH*）、「人種と文化」（*RC*）、『悲しき熱帯』（*TT*）、『野生の思考』（*PS*）「双分組織は実在するか」（*OD*）。なお『悲しき熱帯』の訳書は二分冊されているため、訳書ページ数の前のローマ数字によって巻数を表す。またそれ以外の著作については、（*LS* 1944a: 22/一五）のかたちで、著者姓の略記、刊行年：参照箇所をフランス語原著／日本語訳書の順に記す。なお引用中の日本語訳文は既刊のものを参照しつつ適宜変更した。

＊2　マニグリエは、ここに参照したのと同じ論文にてレヴィ＝ストロースが第三の人文主義に続くものとしてわずかに記していた、「われわれがその先端のそばにさえいない隠れた人文主義」を、「われわれに固有なときのなかで、発明されるのをやめることのない革新的な人間性の形式の発明に開かれた、来るべき人文主義」、第四の人文主義でありうると示唆した（Maniglier 2000: 240-241）。

＊3　ケックはこの議論が変換（transformation）の概念と結びついていると指摘する。近年のレヴィ＝ストロース論の一つの潮流には、この概念に関する議論がある（Debaene 2013:28-29）。

＊4　著書の参考文献表にも明らかである。一九五〇年代の文献がユネスコ活動に結びつくものを中心に多数参照されているが具体的な民族学的主題を論じたものはほとんどない（Stoczkowski 2008: 337-343）。

＊5　より詳細な経緯については、レヴィ＝ストロースが自ら振り返り説明した『はるかなる視線』のまえがき（*LS* 1983a: 13-16/vi-x）、およびストツコヴスキーを参照のこと（Stoczkowski 2008: 47-49）。

＊6　この選挙結果に対するレヴィ＝ストロースの見解については、一九八三年一〇月二一日のヌーヴェル・オブセルヴァトゥール誌に発表されたインタビューを参照のこと（*LS* 1983b）。

＊7　なお、バリバールの論文は新たにフランス社会に台頭した差別形態を批判するものであり、レヴィ＝ストロース論ではないことは付言しておく。

＊8　この語は後に、アメリカインディアンにおける他者との関係性を表現する際にレヴィ＝ストロースは用いること

になることはよく知られている（*LS* 1991）。さらにヴィヴェイロス・デ・カストロが指摘しているのだが、「永続的不均衡」という語は『親族の基本構造』において、オジ婚を特徴づける際に既に用いられている（Viveiros de Castro 2007b:438）。そちらでは「永続的な不均衡」は、負債の問題と結びついている（*LS* 1949:515-516/ 七二八）。この概念を手掛かりにすることで、いわゆる「構造主義」のイメージとは異なる親族論、神話論、同時代社会論を貫くレヴィ＝ストロースの人類学的思想を取り出すことができないだろうか。なお、ヴィヴェイロス・デ・カストロの論文については、相原健志氏による訳稿を参照させていただいた。記して感謝いたします。

＊9　Stoczkowski (2008: 188) にメモからの引用がある。その文献情報は以下の通り。1942, Memorandum sans titre, texte dactylographié Jacques Maritains's papers. University of Notre Dame, box 17m floder 8, pp,1-8.

＊10　五〇〇人規模の共同体が、間接的なコミュニケーションを必要としない規模の社会として論じられている。この概念に関する更なる議論については、小田（二〇〇八）を参照のこと。

＊11　なお「民族学における構造の概念」が『構造人類学』に収録された際の追記となる文章「第一五章への追記」では、キルヴィッチに反論する際に「人間の数学」のこの箇所が言及されている（*LS* 1956c: 360/ 三六三）

＊12　同じ時期に書かれた「未開芸術」を論じた論文では、階層性と二分する分割表現芸術の関係が探求されている（*LS* 1944-45）。

＊13　『親族の基本構造』と『神話論理』の間に見られるレヴィ＝ストロースの決定的な差異を、社会形態論から記号論への移行と見なすことができるという点については、ヴィヴェイロス・デ・カストロが指摘している（Viveiros de Castro 2007a）。

＊14　ポトラッチに関してボアズの残した資料（Social Organization and Secret Society of Kwakiutl.1895）は、後年ポトラッチ研究が積み重ねられるなかで、例外的な社会状況での記録であったことなどが明らかにされている（立川　二〇一六）。なお、ツィムシアンを対象とする『アスディワル武勲詩』では、この資料は直接参照されてはいない。

＊15　当該ページは、アンドレ・ヴェイユの署名のある部分である。

＊16　構造分析にとって内容が不可欠であることはマニグリエも指摘している。構造分析とは「内容を自ら解釈させるものであり、そこにおける構造とはある内容から別の内容に移動可能にするもの」のことである（Maniglier 2000:235）。

＊17　『野生の思考』におけるクズリの意義については、渡辺（二〇〇九：一八一－一八三）を参照のこと。

【参考文献】

小田亮　二〇〇八　「真正性の水準について」『思想』一〇一六、二九七-三一六。

小泉義之　二〇〇八　「意味の地質学、人類の腫瘍学：『悲しき熱帯』を読む」、『思想』一〇一六、五二-五九。

立川陽仁　二〇一六　「ポトラッチとは、ポトラッチにおける贈与とは」、岸上伸啓編『贈与論再考：人はなぜ他者に与えるのか』臨川書店、七二-九一。

出口顯　二〇一五　『国際養子たちの彷徨うアイデンティティ』、現代書館。

バリバール、エティエンヌ　二〇一四　「新人種主義は存在するか？」須田文明訳、バリバール、エティエンヌ、イマニュエル・ウォーラーステイン『人種・国民・階級：「民族というあいまいなアイデンティティ」』唯学書房、二九-四五。

レヴィ＝ストロース、クロード、ディディエ・エリボン　一九九一　『遠近の回想』竹内信夫訳、みすず書房。

渡辺公三　二〇〇九　『闘うレヴィ＝ストロース』平凡社。

Debaene, Vincent　2008a « Notice : Tristes Tropiques ». in *Oeuvres*. pp. 1675-1721. Gallimard.

——　2008b « Note sur les expéditions ». in *Oeuvres*. pp. 1722-1729. Gallimard.

Maniglier, Patrice　2000 « L'humanisme interminable de Claude Lévi-Strauss ». *Les Temps modernes* 609 : 216-241.

——　2013 « Claude Lévi-Strauss Ajord'hui ». *Europe* 1005-1006 :11-36.

Keck, Frédérick　2004 *Lévi-Strauss et la pensée sauvage*. Presses Universitaires de France.

Lévi-Strauss, Claude 1944a "Reciprocity and Hierarchy." *American Anthropologist* 46(2): 266-268.

——　1944b "On Dual Organization in South America." *America Indígena* 4(1) : 37-47.

——　1944-5(1958) « Le dédoublement de la représentation dans les arts de l'Asie et de l'Amerique ». in *Anthropologie structurale*. pp.269-294. Plon.（＝一九七二「アジアとアメリカの芸術における図像表現の分割性」荒川幾男訳、『構造人類学』みすず書房、二六九-九三）

——　1949(1967) *Les Structures elémentaires de la parenté*. Mouton（＝二〇〇〇『親族の基本構造』福井和美訳、青弓社）

——　1952a « L'Asie possède sur l'Europe un créance matérielle et morale. » *Le Courrier de l'UNESCO* 6 : 10-14.（＝二〇一〇「アジアはヨーロッパに対し物質的かつ精神的な債権を有する」、泉克典訳、『現代思想』三八（一）、九七-一〇

一）

―― 1952b(1958) « La notion de structure en ethnologie » in *Anthropologie structurale*.pp.303-352. Plon.（＝一九七二「民族学における構造の概念」、川田順造訳、『構造人類学』、みすず書房、三〇一－五五）

―― 1952c (1958) « Les structures sociales dans le Brésil central et oriental ». in *Anthropologie structurale*.pp.133-146. Plon.（＝一九七二「中部および東部ブラジルにおける社会構造」生松敬三訳、『構造人類学』みすず書房、一三五－四七）

―― 1952d(1973) « Race et histoire. » in *Anthropologie structurale deux*. pp.377-422. Plon.（＝一九七〇『人種と歴史』、荒川幾男訳、みすず書房）

―― 1954a « Primitif?. » *Le Courrier de l'UNESCO* 8-9: 5-7.

―― 1954b (1958) « Place de l'anthropologie dans le sciences sociales et problèmes posés par son enseignement ». in *Anthropologie structurale*. pp.377-418. Plon.（＝一九七二「社会科学における人類学の位置および人類学の教育が提起する諸問題」川田順造訳、『構造人類学』みすず書房、三〇一－五五）

―― 1955a (2008) « Tristes tropiques », in *OEuvres*. pp.1-445. Gallimard.（＝二〇〇一『悲しき熱帯』川田順造（訳）、中央公論社）

―― 1955b (2004) « Les mathématiques de l'homme ». in *Claude Lévi-Strauss*. Michel Izard (ed.) L'Herne 82 : 25-31.（＝二〇〇八「人間の数学」、泉克典訳、『思想』一〇一六、一一一－二四）

―― 1956a (1973) « Les trois humanismes ». in *Anthropologie structurale deux*. pp.319-322. Plon.

―― 1956b (1958) « Les organisation dualistes exsitantelles? ». in *Anthropologie structurale*. pp.147-180. Plon.（＝一九七二「双分組織は実在するか」、生松敬三訳、『構造人類学』みすず書房、一四八－七九）

―― 1956c (1958) « Postface au chapitre XV ». in *Anthropologie structurale*. pp.353-376. Plon.（＝一九七二「第一五章への追記」川田順造訳、『構造人類学』みすず書房、三五六－八二）

―― 1958(1973) « La geste d'Asdiwal » in *Anthropologie structurale deux*. pp.175-233. Plon.（＝一九九三『アスディワル武勲詩』西澤文昭訳、青土社）

―― 1960a (1973) « La structure et la forme ». in *Anthropologie structurale deux*. pp.139-173. Plon.

―― 1960b (1973) « Le champ de l'anthropologie » in *Anthropologie structurale deux*. pp.11-44. Plon.（＝二〇〇〇「人

類学の課題」『今日のトーテミスム』中澤紀雄訳、みすず書房、一七三－二二七。)
——— 1961 « La cruse moderne de l' antropologie. » *Le Courrier de l'UNESCO*. 14 : 12-17.
——— 1962 (2008) « La pensée sauvage ».in *OEuvres*. pp. 559-872. Gallimard.（＝一九七七『野生の思考』大橋保夫訳、みすず書房)
——— 1963(1973) « Les discontinuités culturelles et le dévelopment économique et social ». in *Anthropologie structurale deux*. pp.365-376. Plon.
——— 1965 "The future of kinship studies." Proceedings of the Royal Anthropological institute of Great Britain and Ireland :13-22.（＝二〇〇八「親族研究の未来」近藤宏訳、『思想』一〇一六、一八七－二〇八)
——— 1971(1983) « Race et culture ». in *Le Regard éloigne*. pp.22-48. Plon.（＝一九八六「人種と文化」『はるかなる視線1』三保元（訳)、みすず書房、二一－三五)
——— 1983a *Le Regard éloigne*. Plon.（＝一九八六『はるかなる視線』三保元訳、みすず書房)
——— 1983b « Aron ? Il possédait tout ce qui me manquait » (propos recueillis par Jean-Paul Enthoven), *Le Nouvel Observateur.*
——— 1991 *La histoire du Lynx*. Plon（＝二〇一六『大山猫の物語』渡辺公三・福田素子・泉克典訳、みすず書房)
Stoczkowski, Wiktor 2008 *Anthropologie rédemptrices: Le monde selon Lévi-Strauss*. Hermann.
Viveiros de Castro, Eduardo 2007a O conceito e sociedade em antropologia. *A inconstância da alma selvagem e outros ensaios de antropologia*. pp.297 -316. COSANCAIFY.
——— 2007b Atualização e contra-efetuação do virtual: o processo do parentesco. *A inconstância da alma selvagem e outros ensaios de antropologia*. pp.403-455. COSANCAIFY.

第一七章　異なるものへの不寛容はいかにして乗り越えられるのか
――レヴィ＝ストロースを手掛かりにして

松田素二

はじめに――膨張する不寛容

現代世界を特徴づけるキーワードはグローバル化だが、国境と文化圏を越えた激しい人口移動は、その必然として「他者への不寛容」を増大させている。異なるものを受容するさいに歴史的にどの社会でも生起してきた、ごく少数の過激な排外主義だけでなく、社会全体が集合的に不寛容性への急激な傾斜を示しているのが現代世界の特徴といえるだろう。こうした集合的不寛容を乗り越えることは可能なのだろうか？　不寛容を乗り越えるための方策はどこに見出すことができるのだろうか？　この問いに答えるための基礎作業として本論は位置づけられる。

現代世界に蔓延する不寛容

現代世界の不寛容さを象徴するのは、ヨーロッパにおける中東やアフリカ、南アジアからの移民に対する排斥だろう（高橋・石田　二〇一六、増田　二〇一六）。二〇一五年、一年間にヨーロッパに流入した移民・難民の数は一〇〇万人を超えた。こうした急激な社会の移民化に直面した社会は、異なった宗教、異なった風俗・慣習、異なった顔立ちに対する不寛容を肥大させていった。その傾向は近代民主主義が誕生し、近代人権思想と平等思想の「先進社会」とみなされている社会においても顕著であった。フランスでは二〇〇四年にすでに公立学校における宗教的表徴の着用を禁じた、いわゆる「反スカーフ法」が制定され、二〇一〇年には公共の場において「ブルカ」や「ニジャブ」を身に着けることが禁止された。二〇一六年には、南仏カンヌの市長は、イスラームの女性を標的にしたビーチにおける「ブルキニ」着用の禁止を宣言した。

こうした異なるものの忌避と排除の感情の拡がりは、それまで一部の「極右」「ネオナチ」としてカリカチュアライズされてきたヨーロッパの民族主義政党の急激な伸張を後押しする原動力となった。フランスの国民戦線は全得票率の二五パーセントを、オーストリア自由党は第一回大統領選挙で三五パーセントを獲得し、ほかにもイギリス独立党、スウェーデン民主党、「ドイツのための選択肢」などの不寛容派が、「民主主義先進国」において社会的に大きな力を得ているのである。

こうした状況は、ヨーロッパだけではない。日本においても在日朝鮮人や中国人に対する暴力的な排外主義を売り物にする団体が登場し、東京や大阪の在日朝鮮人集住地域において、「朝鮮人を日本からたたき出せ」「朝鮮人を東京湾に叩きこめ」などの脅迫的示威行動を日常的に行っている（樋口 二〇一四、安田 二〇一五）。京都の朝鮮学校に対しては、二〇〇九年一二月、校門前で児童・生徒に向かって差別と蔑視をむき出しにした街宣行動をつづけ、朝鮮学校側から刑事・民事の裁判を提訴された。二〇一〇年の京都地裁の判決は、彼らが、「北朝鮮のスパイ養成機関、朝鮮学校を日本から叩き出せ」、「ろくでなしの朝鮮学校を日本から叩き出せ」、「約束というものは人間同士がするものなんですよ。人間と朝鮮人では約束は成立しません」などといった脅迫的人権否定のアピールを大音量で行い子供たちの心を傷つけたことを認め、刑事・民事とも彼らの責任を問うた。二〇一四年には、「在日朝鮮人を劣悪な存在であるとして嫌悪・蔑視」することは認められないとして、最高裁判所は、彼らに対して街頭宣伝の禁止とともに一二二六万円余の損害賠償金の支払いを命じた。

不寛容に対する歯止めは何か

このように現代世界における不寛容性の膨張は、「異なるもの」を襲撃し排除することで自らの居場所を「浄化」し、それによって「秩序」と「安定」を回復しようとする心性と共鳴しながら、今日なお進行しつつある。この排他的で暴力的な傾向は、一九九〇年代以降、新たな社会のあり方として脚光をあび政策化も進められた「多文化主義」への反発・不満とあいまって、それ以前の時代にみられた単純な排外主義・民族主義よりいっそう複雑で強固な、いわば進化した不寛容主義として登場している。この不寛容性の膨張に歯止めをかけることは可能なのだろうか、不寛容性と対峙してそれを乗り越える方向はどこにあるのだろうか。

人間が集まってつくりあげる社会には、異なった次元で多様な差異がみちあふれている。身体的形質や使う言葉、性的志向の差異、着るもの食べるものの違い、信仰する精神の異質性、思想信条の不一致や経済的ポジションの差、などの差異である。こうしたけっして統合・折衷できないような差異を前にして、それを乗り越え相互の寛容性を保証していくには、原理的にいうと二つの方策しかありえない。差異に対する「眼差し」は歴史的に複雑に変容しているし、現代社会における差異もこの複雑な諸力の交錯のなかで生成されていることは間違いないが、こうした差異に対して寛容であろうとする態度の基本は、きわめてシンプルな二つの方策しか存在しないのである。一つは、こうした差異を超越した強力な同一性の原理に依存することであり、もう一つは、こうした差異自体に優先的な価値を付与する新しい多様性の原理を創造することである。

同一性の原理に依存するというのは、個体間でどのような顕著な差異・違いがあるようにみえたとしても、本質的な人間性や生物種としての人類性は同根であり、その限りにおいて知的肉体的な潜在的能力に先天的な差異は存在しないと考えることである。その同じ生物種の表面的差異を誇張して社会的に意味づけることで、「異なる存在」をねつ造し、それに対して寛容性を失った対応をすることは、まったく人為的・意図的な正しくない行為ということになる。「同じ人類」「同じ人間」であるがゆえに、「種としての共通性」と「人間としての普遍的本性」がすべての個体、集合体に備わっている。そのためにどの個体、集合体をとっても「本質的な異質性」を帯びることは不可能であり、排除排斥の対象となる「異物」にはなりえないのである。

一方、こうした同一性、斉一性による寛容性の保証とは反対の極に位置するのが、相互の差異をあるがままに承認して違いを尊重するという多様性優先原理という選択肢である。この原理にたてば、みかけ上、現象上の差異（違い）に対して、それを平準化したり、均質化・標準化したりすることはしない。またそれらを包摂する上位のより一般的で普遍的な集合を想定することもしない。異なる精神、異なる身体、異なる思考と価値は、統合も包摂もされることなくバラバラな独立した存在として認められるからである。

一　不寛容としてのレイシズム——第二次世界大戦後の対処法

ユダヤ人ジェノサイドの衝撃と反省

異なるものへの不寛容への対処には、原理的には同一性による包摂と多様性の絶対的尊重という二つの方策があった。この問題への対処と方策が世界規模で大々的に焦点化したのは、第二次世界大戦直後のことだった。このとき問題となった「異なるものへの不寛容」は、レイシズムの関わるものであった。

第二次大戦終了時に、戦勝国を中心とする国際社会がもっとも対策を急いだ「異なるものへの不寛容」の対象は、黒人に対するレイシズムではなかった。それは、戦時中にナチスドイツが組織的かつ残虐に行ったユダヤ人に対する隔離と抹殺行為であった。なにゆえに特定の人種・民族集団に対して、あれほど徹底的で破滅的な不寛容が生まれたのか、こうした事態が二度と繰り返されないような国際社会の「共通理解」の創出がつよく要請されたのである。

同一性の強調：ユネスコ第一声明

ユダヤ人に対するジェノサイドを可能にした不寛容性に対して、その根拠を否定するために強調されたのは、「同一性の原理」であった。その思潮のエッセンスは、一九四八年、国際連合の第三回総会で採択された「世界人権宣言」第一条に明記されている。「すべての人間は、生まれながらにして自由であり、かつ、尊厳と権利について平等である」。これは人種、民族、宗教、思想の差異にかかわらず、人間の本性の同一性を宣言したものであり。つづく「人間は、理性と良心とを授けられており、互いに同胞の精神をもって行動しなければならない」は、同じ存在である同胞相互のあいだの寛容性を要請するものであった。

こうした普遍的人間性の存在を前提にした「反レイシズム」は、ナチスが台頭し政治権力を掌握した一九三〇年代から欧米社会には（宇城が的確に指摘しているように反ナチズムと二人三脚の論調として）成立していた。[*1] のちに世界人権宣言の基底にある「普遍的人権」概念に疑義を唱えるアメリカ人類学会でさえ、一九三八年の年次大会で行った決議において「人類学は人種的劣位に科学的根拠を与えない」ことを宣言している（ベネディクト 一九九七）。人種のあいだに知的差異は存在しない、なぜなら「人間はみな同じ」だからである。

同一性を信奉する人々のなかから、人間のあいだに差異・区分をもたらし、不寛容性の温床となってきた「人種」概念自体を否定し消去する動きがでてくるのは必然だった。こうして生まれたのがユネスコが一九五〇年に出した反人種主義の声明であった。直後に書き直され新たな声明がだされることから、この声明を第一声明とここでは呼ぶことにするが、第一声明における人種概念放逐の中心人物が、アメリカの形質人類学者アシュリー・モンタギュだった。一九四二年に『人類のもっとも危険な神話』を刊行し「人種に関わるすべての概念は間違っておりナンセンス」と断言したこの気鋭の形質人類学者は、第一声明のなかでも徹頭徹尾、社会構築主義的人種観に貫かれた立場から、「人種は生物学的事実ではなく社会的神話である」ことを強調した。

この第一声明を起草したのはモンタギュを含む専門家八人で、一九四九年一二月の三日間の集中討議でつくりあげた。モンタギュは人種神話の打破を掲げて主導権をとり、草案起草を一任された。第一声明は、彼の著作での主張通り、人種を生物学的、客観的事実ではなく、社会的に構築された神話であるとみなし、人種というタームを廃してエスニック・グループというタームに変更すること、人間の集団（人種）のあいだに知能や性質の差異は存在しないこと、そしてさらに重要な点として、人間は、基本的には普遍的な同胞性（brotherhood）を備えておりそれにもとづく協同（cooperation）を志向する性質を有していることを強調している。[*2]

この最後の強調こそは、同一性の原理にたって「異なるものへの寛容性」を保証しようとする試みの核心である。モンタギュの議論は、たんに同一であるがゆえに相互の寛容性が保証されるというだけにとどまらず、同一性は同胞性にまで高められ、さらに同胞愛によって人間は自ずと相互に協同する性向をもっているとみなすところに大きな特徴がある。この特徴によって、「異なるものへの寛容性」を保証する同一性原理はいっそう強固で持続的となるのである。

第一声明批判と第二声明

しかしこの第一声明の寿命は短かった。批判は主としてモンテギュの同僚である形質人類学と遺伝学からなされた。人種概念の完全否定、普遍的同胞性や協同を志向する性質といった道徳的な価値判断の唐突な登場は、科学的客観性に依拠して、人間集団の遺伝的形質的な多様性と実体性を主張する視点からの批判に晒されることになったのである。ユネスコは批判を受けて第一声明の翌年六月には遺伝学者、自然人類学者を中心に「人種と人種的差異の性質に関する声明」（ここでは第二声明と呼ぶ）を起草した。起草の中心になったのはアメリカ人の発生遺伝学者のレスリー・ダンで、一九四六年に共著で刊行した『遺伝、人種、社会』のなかで人種主義への熱い批判を展開した人物だった。彼らはエスニック・グループという新たなラベルを与えられ、社会的神話とされた「人種」の生物学的実在性を再度承認する代わりに、その人間集団を「個体群」と規定し、種としてのホモサピエンス内部の遺伝子プールのなかの頻度の差異ととらえた。そうすることで、「人種」を根拠とした社会的差別や絶対的に区分された相互のあいだの優劣関係を否定したのである。[*3]

ナチズムが引き起こした「異なるものへの極限化された不寛容性」をもたらしたレイシズムの基盤的な思考を解体しようとする点で、第二声明と第一声明の政治的立ち位置は共通している。しかし、政治的な戦術とは別に、不寛容性に対する原理的な対処は根本的にことなっているといってよい。第一声明の核心としてモンタギュが滑り込ませた、人間性の同一性を際立たせる枠組みとしての「同胞性」や自ずと「協同」しようとする人間の性向は、第二声明では完全に否定され消去されているからである。後者では、人種という人間集団に代わって、個体群の名のもとに近似した遺伝子頻度を示す集合が認知されることで、人間集団の遺伝的形質的多様性（人種の存在）の根拠が再承認されたのである。この多様性の実在を確認したうえで、それを優劣の序列カテゴリーとして絶対化してきたレイシズムを批判するというのが第二声明のロジックだった。

人間性の同一性の強調という試みに対して、第二声明と同様、あるいはそれ以上に反発を示したのは、一九三八年には人種（人間集団）に依拠した差別を厳しく批判したアメリカ人類学会であった。彼らの反発の主要な矛先は、ユネスコが出した第一声明ではなく、人間性の普遍性にもとづいた作成された「世界人権宣言」であった。人類の同一性に基づいて生まれながらの人間の平等を主張するこの宣言は、時代や地域、文化を超越した人間としての普遍的権利（人権）を措定する点で、同一性原理の典型としてあった。徹底した文化相対主義の提唱者であったフランツ・ボアズの弟子や同僚たち（すなわちアメリカ人類学会の主流派たち）は、個別社会の文化的独自性や歴史的個性を超越して設定された、普遍的人権について強い拒否反応を示した。それは、彼らが文化人類学のよって立つパラダイムとして信奉していた文化相対主義の理念とはまさに正反対のものだったからだ。アメリカ文化人類学会は、国際的なナチズムのユダヤ人ジェノサイドへの反省と再発防止の大連合に抗して、普遍的人権概念に対する違和感と疑問を直截に表現した声明を一九四七年に出した。

普遍的人権の発想は、それがいかに自由と民主主義の実現にとって、あるいは個人の自立と人格尊重にとって重要であるにしても、それは、「人類の普遍的権利を唱道することによってマイノリティ文化が侵害される」ことにつながるのであり、「普遍的人権概念は西洋による新たな植民地支配の知的道具に過ぎない」というと断じたのである。彼らがもっとも重視するのは、「異なった人間集団のもつ諸文化の尊重」であり、その異質性と多様性だった。

第二次大戦後、ナチズムのユダヤ人ジェノサイドに大きな衝撃と再発防止の必要を痛感した西欧と北米社会は、国際連合のたちあげにあわせて、異なるものへの不寛容（レイシズム）を乗り越えるためのさまざまな組織や理念・規範づくりに力を注いだ。その過程で反レイシズムのセンターとしての役割を担ったユネスコは、人間性の普遍性を強調する「同一性」の原理と、個別文化や人間集団の異質性と多様性を積極的に肯定しようという「多様性」原理のあいだを振り子のように往還しながら、反レイシズムを唱えてきたのである。

二　多様性への価値づけ

再配分から差異の承認へ：アイデンティティ・ポリティクスの興隆

これまで異質なものへの寛容性を保証する手立てとして、第二次大戦直後に考案され実践されてきた二種類の挑戦をみてきた。すなわち、ヒューマニティ、ホモサピエンスとしての「同一性」に依拠した包摂の力によって、寛容性を涵養しようという挑戦と、個別の文化・集団（個体群）、個人の雑多性、多様性を絶対的に尊重することによって、不寛容さを抑制しようという挑戦だった。しかしながら、この両者が効果的に相互作用したり接合したりすることはなかった。両者は相互に協同することなく、時代によってそれぞれの勢力を変異させながら、今日に至っている。戦後、一九五〇年代から一九八〇年代まで、世界の構造を規定してきたのは、国民国家という単位であり、個々の国民国家を通底する資本家と労働者・農民という世界史的な生産関係であった。こうした構造においては、つねに境界の線引き区分の力が強力に作用し、境界内の差異を極小化し、境界外との差異を極大化することになる。したがって「同じ国民」「同じ階級」の内部は均質化され標準化された帰属意識（アイデンティティ）が生成されるが、「異なる国民」「異なる階級」とのあいだの障壁は乗り越え・移動不可能なほどに高く、その外部にいる人びとは「外人」「非国民」「階級の敵」などのラベリングがなされ、自動的に排除や憎悪の対象とされる。いったんこうした定式化が確立すると、外部のものが境界内にはいってくると、「侵入者」「異物」として襲撃したり抹殺したりすることも正当化されるのである。こうした「境界内」の「身内」に対しては、境界の規律や共通了解事項に違反しない限りで十分な「寛容性」が保証され、「境界外」の「異物」に対しては徹底した不寛容が社会的に承認されてきたのである。

ところが一九八〇年代後半から九〇年代にかけて、こうした境界内にあるさまざまな次元の差異（とそれにもとづく人間の集合）が、「違いの承認」を求めて社会的な声をあげはじめた。それは、たとえば民族的なマイノリティや先住民族であったり、性的なマイノリティや心身に障がいをもつマイノリティであったりした。彼らは、これまで均質的な帰属意識のなかで見えなくされてきた自分たちの姿をそのまま（マジョリティ様式に粉飾することなく）提示し、自分たちの集合的なアイデンティティを公にして、ほかの集団（その区分によるマジョリティであれ別の区分によるマイノリティであれ）との共生共存を求めたのである。

こうした多様なマイノリティがそれぞれの異質性を肯定的に提示し、社会的な承認を求める動きは、世界的な潮流となり、女性に対するアファーマティブ・アクション、先住民の権利回復、少数民族の自治、性的マイノリティへの不利益撤廃、障がい者に対するノーマライゼーションなどといった「多様性の尊重」原理にもとづく制度や施策が世界的に拡張し定着していった。[*4] こうして二〇世紀末から今世紀初頭にかけて、「異なるもの」に対する「寛容性」はそれまでの時代と比べると格段に増大し、「不寛容性」は抑制され制限されたのである。

生物多様性と文化的多様性の登場

一九九〇年代から世界的な思潮となり、知的パラダイムとしてだけでなく、現実政治のなかにも深く定着するようになった多様性尊重への価値づけは、さまざまな領域でフォーマル化され制度化や法制化が進んできた。世界は、「多様性」に向かって大きな構造変化を起こしたのである。こうした構造変化を象徴するキーワードの一つが、生物多様性と文化的多様性だった。

一九八〇年代後半に誕生し、一九九二年六月リオデジャネイロで開催された国連環境開発会議（地球サミット）で国際的に認知された「生物多様性」は、一般的には、種内の多様性、種間の多様性、それに生態系の多様性を含む概念とされる、すなわち「遺伝子」「種」「生態系」という三つの次元における「多様性」を指すとされてきた。[*5]

リオの「地球サミット」以降、国際社会は「生物多様性条約」制定に向けて動きを加速し、早くも一九九三年には発効する。二〇一四年には南スーダンも加盟し、現在の締約国は一九四か国にものぼる。日本は一九九三年に批准したがアメリカ合州国はいまだ批准していない。日本の場合、この条約をうけて二〇〇八年には「生物多様性基本法」が制定された。それは、従来あった、「鳥獣保護法」や「特定外来生物法」などとは異なり、自然と人類社会に対する明快な「理念」のもとで、野生生物、その生息環境、さらには生態系全体をまとめて国家の責任で保全しようとするものだ。このように生物多様性は、いまや国際社会の「キャッチフレーズ」にとどまらず、国家が現実に関与する「国策」となっているのである。そのことを象徴するのが、一九九五年以来推進されてきた「生物多様性国家戦略」である。生物多様性にかかわる思想と価値観は、科学化されるだけでなく、現実の国益と直結されている。

これと同じような傾向は、文化的多様性に関する動きのなかにも見出すことができる。文化的多様性の議論は、一九九〇年代の「多文化主義」の世界的伸張とともに活発化されていった。先述したように「差異の承認」を求めて、さまざまなマイノリティがそれまで支配的だったマジョリティの規範や束縛から逃れて、自らのアイデンティティを主張しはじめたのが一九九〇年代の時代的特徴であった。カナダやオーストラリアにおいては中央政府の政策として取り入れられたし、北欧諸国や西欧諸国、アメリカ合州国などでも多様なタイプの多文化主義政策や制度が導入されていった。日本においても、一九九〇年の「入管法改正」以降、従来の在日韓国・朝鮮人以外に、日系ブラジル人はじめ多くの「ニューカマー外国人」が在留するようになり、地域社会における外国籍住民が常態化しはじめると、「多文化共生」が「行政用語」としても定着し始めた。二〇〇五年には総務省に「多文化共生の推進に関する研究会」が設置され、全国の自治体に「多文化共生推進プラン」の策定が要請された。その結果、二〇一五年には全国の都道府県の九割以上が「プラン」を作成している。

こうした多文化主義の流通とともに、新たに政治的に登場したのが「文化的多様性」政策化への動きであった。ユネスコは二〇〇五年の総会で「文化的多様性条約」を採択した。二〇〇七年に発効したこの条約の締結国は、二〇一五年には一三九カ国にも達している。もっともアメリカと日本はこの条約をいまだ批准していない。この条約は、文化領域までネオリベラルな市場原理主義が貫徹することを回避することで、個別社会がはぐくんできた文化を保護しようということを旗印に掲げて脚光をあびてきた。しかしながら現実のポリティクスのなかでは、文化的多様性という主張は、アメリカやグローバル資本に対するそれぞれの国家内の産業保護の手段になったり、国民国家内のマイノリティの権利に対しては、国家利益（マジョリティ）擁護のための抑制装置となったりする二重基準が目立つようになった。

三　多様性絶対化への反発

保護主義の隠れ蓑としての多様性論

自然界における生物多様性にせよ、人間社会における文化的多様性にせよ、多様性尊重の規範は、いったん「公理化」されるとその中身や根拠を問うことはできなくなると同時に、「正しきこと」「善きこと」という価値づけが絶対化されていく。そのため「多様であること」の肯定と承認は、現代世界を正しく生きるための基本道徳といってよいレベルにまで昇華している。

しかし「多様性の承認と尊重」のこのような急速な正義化は、「多様な」視角からの反発や批判をあびせられるようになった。たとえば、ユネスコが力をいれている文化的多様性条約を例にとると、この文化的多様性という概念がきわめて直截的な政治的道具となっているという批判は根強い。自由貿易を推進する国際的な枠組みとしてGATTのウルグアイラウンドがあるが、そこで自由貿易を制限できるものとして設定されたのが「文化的特例」という概念であり、それは市場の自由な競争原理の適用の例外であるとされたものだ。アメリカ合州国などは、「文化的多様性」こそは「文化的特例」を単純に時代の「流行言葉」に言い換えた保護主義の政治的隠れ蓑に過ぎないと批判する。それは、市場原理主義と自由主義こそがグローバルな基準を満たす汎世界的かつ普遍的な思想であり実践であるという、「同一性」から「多様性」についての定番の批判に基づいている。ただアメリカの場合、こうしたグローバル基準を満たした制度と実践は、多くの場合、たとえばハリウッドの映画産業やポピュラー音楽産業のようにアメリカ合州国という国家の利益と一致しているため、汎世界的普遍的人類共同体の同一性の視点とは程遠い、リアルなナショナルポリティクスに過ぎないという批判はつきまとう。

これに対して、現状の「文化的多様性」は、真の意味での「多様性の尊重」からかい離しているという批判もある。たとえば、ユネスコの「文化的多様性に関する世界宣言」の第四条は、「何者も文化的多様性を口実として、国際法によって保障された人権を侵したり人権を制限したりすることがあってはならない」と明快に述べている。これでは「多様性の尊重」の上位に、人間の同一性に基づいた普遍的人権の尊重や国家が協同して人為的に作り出した「国際法」の遵守を置いていることになる。多様な差異について「正誤」の判断をする上位の存在を措定するのであれば、多様性の尊重はつねにその上位者からの判断と介入を受け入れることになり、基盤原理としてはきわめて脆弱といわざるをえない。

多様性の「公理化」に対しては、異なるものに対する不寛容と日々闘っている現場からの違和感も大きい。たとえば文化的多様性のもつ多面性を、「公理化」することで捨象してしまう危険性についても指摘がなされている。「多面性」というのは、たとえば、ある国家がその支配層の特定利益を守るために、国際社会に対しては文化的多様性の尊重を強調し、国際社会からの介入を拒絶するが、自国社会においてマイノリティの文化的権利を認めず民族語あるいは地域特有の政治システムを抑圧するような状況である。この場合、文化的多様性尊重は、あるときには強権的独裁政権擁護の道具となり、同時によりマイナーな集団に対する抑圧の武器となる。それは、多様性の尊重が、弱者の権利保護につながり、多様性の否定（普遍的同一性の強調）が弱者に対する抑圧に関係するという、定番の理解とは正反対の現実であった。

アメリカ文化人類学会の多様性（相対主義）批判

一九九〇年代以降の多様性の尊重をとりまく状況は、きわめて複雑化している。たとえばある国家の先住民社会が、自分たちが暮らす地域の森林伐採権を政府が多国籍企業へ譲与することに反対している状況をとりあげよう。先住民は、グローバルな人権ＮＧＯの支援を受け、その基準にそった「普遍的正義」の主張を行う。またかつては世界の帝国主義的抑圧システムとして批難されたＩＭＦや世界銀行がネオリベラルなエージェントとして先住民の運動を支持し、政府に対する開発援助のコンディショナリティのなかにグローバルな基準として先住民の権利を含めようとする。このように多様性尊重の対極にある、普遍主義的思考（に基づいた同一性の主張）が、上からの押しつけによるよりも、「異なるものへの寛容性」の保証において現場では高い有効性と実効性をもつことがある。*6

このことを痛感したのは現場でフィールドワークをつづける人類学者たちだった。多様性の尊重を基本とする文化相対主義パラダイムの視点から、「世界人権宣言」に違和感を表明したアメリカ人類学会は、五〇年後の一九九九年、その声明を否定する「人類学と人権に関する宣言」を世に問うた。新しい声明は、多様性の尊重の原理ではなく、普遍的同一性の原理にたった人類学を志向するものだった。まず新声明は、一九四七年声明を「（人類学にとって）大いなる恥辱」として完全に否定し、「学問としての人類学は、世界中の人々もしくは諸民族が有している人間性を十全に実現させる権利について、それを擁護し発展させるために努める」ことを宣言する。すなわち民族の違いを越えて世界中のひとびとが共有している(普遍的な)人間性とそれに付随する権利(人権)に着目し、「いかなる社会もしくは文化であれ、その構成員や非構成員に対して、この権利実現の機会を否定することがあれば、アメリカ人類学会は、権利剥奪に異議を唱え抗議する倫理的な責任を負う」と「同一性」原理を主張するのである(Engle 2001:536-559)。もちろん新声明のなかでも、人間文化の多様性の尊重について触れているものの、同時に、多様性が生成されるさいに生じる、基本的人権の否定を可能にする危険性に警鐘を鳴らしている。現代人類学における多様性尊重の志向は、このようにして「世界人権宣言」をはじめとする普遍的人権尊重の枠内、すなわち「同一性」の枠内で許容される存在に格下げされたのである。

四 多様性と同一性の接合

これまで「異なるもの」に対する不寛容性の増大を抑制し寛容性を涵養するための基本的原理として、「同一性(普遍性)の再認」と「多様性の尊重」という二極が、現実の現場でどのように作用しているのかについて述べてきた。時代の思潮はたしかに「多様性の尊重」へとシフトしているように見える。グローバル化の進展で世界の均質化・標準化が強まれば強まるほど、それに対する各要素のアイデンティティの再活性化とその承認の要請が増大してくる。

二つの原理の関係性

それではこうした両原理が錯綜している状況において、両原理の関係性はどのようなものなのだろうか。つまり「同一性の強調」と「多様性の尊重」という二つの原理は、どのような関係性を切り結んでいるのだろうか？これまで「同一性」と「多様性」の関係は、関係性を切断しどちらか一方を「正」、他方を「誤」とする極端な主張はほとんど見られず、両者を包摂する関係性の提案が主流であった。では普遍的（同一）であることと、個別的（差異）を尊重することはいかにして両立するとされたのだろうか。現代世界で主要に主張されているのは以下の三つのモデルである。

第一は、生物種としてのホモサピエンスであるという「同一性」を不変共通の土台にしてそこから派生する多様性を承認するというもので、一階の基礎部分に「種」としての共通性をおき二階部分に世界各地で歴史的に展開してきた「多様性」を置くという、いわば「二階建てモデル」である。このモデルは、ユネスコが一九五〇年に出した人種に関する「第二声明」の思想に近い。種としての人間（ホモサピエンス）は、人間性に関する普遍的ニーズの希求や共通の精神のメカニズムを備えていると想定され、個別の文化や価値観は、その下部構造の上に成立すると考えられた。たとえばクラックホーンは、こうした人間ならば誰にも組み込まれている普遍的価値として、「仲間を殺すことの禁止」や「近親相姦の禁止」など六項目をあげたし、リントンはそれに「互酬性の尊重」「親としての責任」「子としての義務」などを付加した（Kluckhorn 1962 ; Linton 1954）。

こうした第二次大戦後に誕生した人間の普遍性を志向する思潮に対して、一九八〇年代から九〇年代の「多様性主張」の拡張期に、それらを包摂した新たな「同一性」の論理として登場したのが、「宇宙船地球号モデル」とでもいえる思考であった。宇宙的発想からすると、世界中の人々は地球という共通の環境のなかで共生する存在であり、個別の課題や問題も常に地球を基点として包括的で総合的にとらえる必要があるとされた。このように地球を単一のエコシステムととらえ、そこに存在する多様な生命体は一時的に姿を現しているに過ぎず、その根幹は地球というより巨大な生命体にあるという発想は、地球とそこで活動するすべての生物が相互に関係しあいながらある種の「強大で単一の生命体」を形成しているという「ガイア仮説」へと繋がっている。「宇宙船地球号」も「ガイア仮説」も一九六〇年代に登場した発想だが（ラヴロック　一九八四）、現代世界において再登場したきっかけは、リオデジャネイロの「地球サミット」であった。第一の視点が、「種」としての同一性に焦点を当てたのに対して、この第二の視点は、「地球」という「場」「環境」「生命体」の同一性から異なる存在を「一つ」のものとしてとらえたのである。

しかし「種」的同一性にしても、「地球」的同一性にしても、現実の社会において「異なるもの」に対する暴力の行使や、不寛容な態度、行為、思考が膨張する現象に対して、有効な歯止めとはなりえなかった。これらは壮大で理想的な同一性を提示するものの、不寛容に苦吟するひとびと、差別を自然化しようとするひとびとの日常世界からはあまりに乖離しすぎているからだ。

普遍的人権という絶対審級

こうした問題点を克服するために、二一世紀にはいって成長発展してきた同一性の思考が、「普遍的人権」であり、「戦略的活用」も含めて、現代世界における影響力を拡大してきた。そのことは、たとえば「文化的多様性条約」においても、こうした「多様性」は、「普遍的人権」の侵害にならない範囲内で承認されると明記されているように、多様性の尊重の上位には、普遍的な人間性と表裏一体の普遍的人権が位置づけられていることからもわかる。アフリカ社会の文化的慣習として実践されてきた「女性器切除（ＦＧＭ）」儀礼は、たしかにアフリカの伝統社会に固有の文化ではあるが、普遍的人権の観点からすれば、女性の身体に対する暴力であり、長老男性の年少女性に対する世代的・ジェンダー的支配の道具として「悪い慣習（bad custom）」として否定され、尊重すべき多様性からは除外される。なぜなら多様性が開花する土台は普遍的な人権の枠内に限定されているからである。

このような「普遍性」の承認は、かつて文化相対主義を旗印にした新興野外科学として一世を風靡した文化人類学にとっては、まったく新しい挑戦であった。かつて「世界人権宣言」に対しても、その隠された普遍性の罠に（多様性抑圧の）警鐘を鳴らしたアメリカ文化人類学会も、一九九九年にはその警鐘自体を自己批判して否定するような状況が生まれているのである。[*7]

以上、「同一性（単一性）」と「多様性」の関係性、あるいは接合様式についてみてきたが、「種」にせよ「地球」にせよ「普遍的人権」にせよ、同一性・単一性を保証する枠内での多様性という両者の接合様式は、たしかに両者を併存・共存、相互作用させるうえで、一定の効果を発揮してきた。だがその様式には重大な欠陥があるように思える。たとえば「種」としての同一性のもとでの「遺伝子的（つまり「人種的」）多様性」を承認されたとすると、その多様性は容易にある人為的社会的基準で配列される。配列された多様な要素は、再度容易に序列化されるだろう。すなわち、「種」としての単一性のもとでの多様性をいったん承認してしまうと、それは自然にその内部に優劣の序列を作り出してしまう。それこそは一九世紀から二〇世紀にかけてのレイシズムの出現メカニズムそのものである。

また「宇宙船地球号」などの地球環境の単一性とすべての生物がその同伴者という発想は、ある意味で正論そのものである。しかしながら、「地球環境」の保全のための「オゾン」規制、「二酸化炭素排出」規制、あるいは「熱帯雨林」保護などは、容易に「強者の論理」に転化していく。焼畑を生業とする狩猟採集民あるいは彼らと共生関係にある農耕民・都市民の現場からの主張や、貧しい中で旧式の冷蔵庫を購入してはじめて「文明の利器」を享受したひとびとが生活の現場で表す驚きや喜びを、「強者の論理」はいともかんたんに否定してしまう。なぜなら「みんな同じ「宇宙船地球号」の乗組員」なのだから、地球を痛めつける「悪習」はきっぱりとやめる必要があるからだ。

普遍的人権についても、現場で経験する文化の名前で正当化されてきた、さまざまな理不尽な暴力に抗する唯一無二の有効な手立てである面は否定できない。しかしこうした普遍性は、容易にその敵対物に転化して、普遍性の名のもとに現実の生を抑圧する武器となる事例は枚挙にいとまがない。

五　同一性と多様性の接合者としてのレヴィ＝ストロース

ユネスコ反人種主義声明とレヴィ＝ストロース

「同一性」による包摂と「多様性」の絶対的尊重という二つの原理の接合に関して、重要な示唆を与えてくれるのは、レヴィ＝ストロースだった。レヴィ＝ストロースは第二次大戦後、フランスに戻り一九四八年には人間博物館の副館長に就任し、翌年にはユネスコが組織した「人種に関する専門家会議」に参加して「第一声明」の起草に深く関わった。ユネスコが主導したナチズムへの反省に立った「反人種主義」運動にも積極的に関与し、一九五二年には、ユネスコの求めに応じて『人種と歴史』を刊行、翌年にはユネスコ社会科学国際委員会の事務局長を引き受けている。

「人種を社会的神話」と断言し、「人間同士の協同志向」を強調した、同一性原理の第一声明と、「人種の実在性と多様性（人間集団の遺伝的形質的多様性）」を肯定したうえで、集団間の先天的優劣を否定した、多様性に配慮した第二声明とのあいだで、レヴィ＝ストロースの立ち位置は微妙なものだった。人間集団の多様性を断固擁護する彼は、「ホモサピエンス」としての人類の単一性を強調する第一声明を無条件に支持することはできなかっただろうし、第二声明がぼやかした人種（遺伝的形質的特徴を共有する人間集団）の先天的差異の可能性については認めない立場をとっていたからだ。

すなわちレヴィ＝ストロースは、無意識の（傲慢な）西欧中心主義を批判するという点で第一宣言に近く、人間集団の多様性（の実在）を擁護する点で第二宣言にも近い立場をとっていた。別の言い方をするなら、人類社会がホモサピエンスの単一文化に収斂されていくことを否定する点で第一宣言に批判的であり、社会文化的影響を考慮せず人間集団の多様性を、そのまま遺伝的生物学的差異に還元しようとする姿勢を否定する点で第二宣言にも批判的であった。レヴィ＝ストロースは、『人種と歴史』のなかで、「知的、美学的、社会学的な差異は、生物学的な次元で諸々の人間集団にみられる諸様相のあいだにある差異と、いかなる因果関係によっても結ばれていない」と明快に述べ、人種集団による生物学的差異をきっぱりと否定していた。

しかし重要なことは、彼が同時に、モンタギュ式の「人種は幻」という神話言説が社会的に流通するさいの危うさにも十分気づいていた点にある。レヴィ＝ストロースは、社会の一般通念としての人種の「実在性」を認めている。モンタギュのような形質人類学者が、学問的業界用語を駆使して、人種の社会的構築性をいくら説いたとしても、日常生活において肌の色を理由にして差別をされたり、差別意識を感じたりしている「ふつうの人々」が、かんたんに納得して「人種にもとづく偏見」をすぐさま放棄するなどということはありえないことだ。レヴィ＝ストロースは、この点について「一般の人々に、白や黒の皮膚、真直なあるいは縮れた毛髪をもっていることに知能上、道徳上の意味を付与しないでもらったところで無駄」だと喝破している。そこで彼は、第三の道として、「実際に公衆の心の中で密接に人種の不平等の問題と結びついている人類文化の不平等——ないしは差異——の問題をとりあげなければ、人種の不平等の問題を解決したとはいえない」という立場に立った。これは、先に「同一性」と「多様性」の接合様式を検討したなかで、「種的同一性」「ガイア仮説」などの方向が、ふつうの人々の日常生活感覚からかい離している問題を、何とかして乗り越えようとするレヴィ＝ストロースの姿勢の表明である。

多様性擁護者としてのレヴィ＝ストロース

レヴィ＝ストロースが示した「同一性」と「多様性」の接合様式は、独特のもので、種や地球環境、あるいは普遍的人権などに還元して同一性を確保する「同一性原理」の定番の様式とは明らかに一線を画す一方で、多様性を極限化して相互の共約可能性を否定し不可知論に陥る相対主義や、相互を戦術・戦略的に使用するご都合主義とも一線を画しているからだ。彼は時代と、それを反映するユネスコの反人種主義が、歴史の単一進化に向かうときには、「多様性」尊重の立場から激しくそれに反発した。たとえば一九七〇年代、世界が近代化と産業化に向かうなかでユネスコは、「進歩と調和に向かう世界の（単一）秩序の過程で、科学技術やコミュニケーションの発達によって世界の人々は互いに多様性を認め合いながらよりよい社会を築いていく」という認識のもとで反人種主義の運動を進めていた。レヴィ＝ストロースはこのユネスコの考え方に対して、「人種主義と闘う行動のための国際年」の基調講演のなかで、手厳しい批判を展開した。[*8] 彼はユネスコが主張する「進歩と調和に向かう世界の（単一）秩序」という認識自体が間違いであり、科学技術の発展がもたらす人口の増大（同一性のベクトル）と、文化的な多様性や文化相互の交流（多様性のベクトル）は、じつは、ユネスコが楽観的に想定したように「容易に両立」するものではなく、ときに激しく対立するものだと主張した。こうした状況のなかで、彼は、人口の増大（同一性のベクトル）が文化間の対立と敵意を促進するのであれば、それぞれの文化は他者（異文化）に対して交流を閉ざす権利を留保することができるとまで言い切ったのである。これは当時のユネスコの立場とは到底相容れないものだった。

レヴィ＝ストロース的二原理の接合

構造主義人類学という、社会に存在する無意識の普遍的思考の範型から現実を透写してきたレヴィ＝ストロースは、同時に、多様性を一貫して擁護する文化相対主義的志向の持ち主でもあった。文化相対主義の理論的支柱でもあるフランツ・ボアズと彼の接点はニューヨーク時代にあり、ボアズの死にも立ち会っている（レヴィ＝ストロース＆ディディエ・エリボン　二〇〇八：七八－七九）。彼はボアズの人類学について、「使うのが容易ではないが今までにない豊かさを持っている」と深い共感を示している。その意味で彼の相対主義（それに基づく多様性の擁護）は二〇代から亡くなるまで一貫していたのである。

しかし先に触れたように、レヴィ＝ストロースは「多様性」について、たいていの相対主義者のように「共訳不可能」性に着目するだけではなかった。それを突破し新しい創造のための「連鎖反応」が起こる可能性に注目したのである。この可能性を的確に指摘した渡辺公三によると、たしかにその出会いは「ルーレット」的できわめて稀な確率なのだが、そこでは共訳不可能な異なるもの同士が交錯し「多様な思考が組み合わされて実験」されるというのである（渡辺　二〇〇三：一四二－四三）。これがレヴィ＝ストロース的な文化相対主義のもっとも魅力的な特徴だろう。

では、現代の「同一性（普遍性）」原理の中核に位置する「普遍的人権」について、レヴィ＝ストロースはどのようにとらえていたのだろうか。普遍的人権の思想的出自は、フランス革命やアメリカ独立戦争時に出現した「人間観」と「権利意識」にさかのぼる。しかしレヴィ＝ストロースは、このようにして誕生した「人権」の根拠について、「人間というただ一つの生物種の特権的な本性」に求めるべきではないと明快に述べる。そのうえで、「人権というのはあらゆる生物種に求められる権利の一つの特殊事例に過ぎない」と主張している。そうすることで、この概念の現場性・実践性を守ることができるし、狭い人権概念を越えたより哲学的で歴史的な世界を対象化することができるというのである。

このようにレヴィ＝ストロースが提示した「多様性の擁護」と「同一性の包摂」の接合様式は、多様性と同一性がそれぞれ成長・肥大化することによって、逆に対立する原理を生成する場を創造すること、さらに多様性自体も相互に排他的で自律したまとまりでありながら、稀な確率でルーレットのように相互に組み合わされたり新たな創造体が生成されたりする可能性をもっていること、また同一性を保証する普遍性もまた別のコンテキストに移すと特殊で個別な存在として立ち現れること、といったきわめてユニークな特徴をおびているのであった。

結びに代えて——同一性から類縁性へ

まとめよう。これまで現代世界における「異なるものへの不寛容性」への対処のために、「異なるもの」たちをすべて包摂する「同一性」の原理と、「異なるもの」の多様性の尊重に価値を置く原理の二つの方向性の錯綜した状況を検討してきた。具体的には、第二次大戦後のユダヤ人に対してナチスドイツが示した極端な暴力的不寛容(ジェノサイド)をくり返さないために、国際社会が「反人種主義」のための協同と共闘の思想的基盤を題材にして、この二つの原理の有効性や接合性を検証してきた。そのさい、レヴィ゠ストロースが試みようとした両原理の接合様式に一つの可能性を見出そうというのが本論の提案であった。

最後にレヴィ゠ストロースの接合の試みをさらに一歩進めて考察することで結びとすることにしよう。レヴィ゠ストロースの試みは多面的であったので、どの側面を強調するかによって見える接合様式が異なってくる。たとえばレヴィ゠ストロースと深い親交を結び、多くの著作を美しく平易な言葉に訳して日本に紹介してきた文化人類学者の川田順造は、徹底した多様性擁護主義者としてのレヴィ゠ストロースの志向をもとに、自ら二つの原理を乗り越えるための方策を編み出した。それが川田流の「文化の三角測量」論だ(川田 二〇〇六、二〇〇八)。自文化と異文化のあいだに、自己の視点を相対化するために、もう一つの異文化(彼の場合は、現代世界の知的および現実世界を支配している西欧文化)を置くことで、三点の測量によって相互のポジションを全体のなかで確定できるという発想である。このモデルに従うと、「同一」で「単一」の普遍的世界を構成してから議論を展開することは不要である。個々の社会・文化を基点にすることで、全体世界に連なる図が描けるからだ。

川田のように「多様性」を出発点としてレヴィ＝ストロースの試みをとらえ返す方向とは異なる視角から、この両者の接合についてアプローチする可能性を示唆しているのは、レヴィ＝ストロースの思想の日本における同伴者でありプロデューサーでもある渡辺公三である。渡辺は、「同一性」と「多様性」の志向が、レヴィ＝ストロース自身のなかでも、ナイーブな煩悶をつづけて「両義的」な立ち位置にあるのではと推測している（渡辺　二〇〇三：一四四-四七）。レヴィ＝ストロースがカイヨワとのあいだで「逆しまの幻想」「寝そべったディオゲネス」を相互に発表し情念むき出しの論争をしたことはよく知られているが、[*9]渡辺は、この論争直後に書かれた『悲しき熱帯』のなかの「一杯のラム」の文章中で、「自ら望んで自文化への批判と異文化への親近感との板挟みになろうとする人類学者の両義的位置」について述べている点に注目する。さらに人類学が西欧社会に誕生した理由についても、「それは一つのたいそう強い悔恨が西洋社会を苦しめてきたから」とナイーブに語るレヴィ＝ストロースに着目する渡辺は、「同一性」と「多様性」の裂け目を人類学者が引き受けようとする可能性をみているようにも思われる。

ではどのようにして人類学者はそれを引き受けることができるのだろうか。そのヒントについて、興味深い指摘をしているのはレヴィ＝ストロースとほぼ同世代のメキシコの詩人・作家で、一九九〇年にはノーベル文学賞を受賞したオクタビオ・パスである。彼は、一九六七年に『クロード・レヴィ＝ストロース あるいはアイソーポスの新たな饗宴』を著し、レヴィ＝ストロースの哲学、神話、詩、人類学的思考について批判と称賛を交えた鋭い批評を展開している。

「同一性」と「多様性」の接合という問題に関して、レヴィ＝ストロースの方法のなかに極めて重要な可能性を読み取っているパスは、『悲しき熱帯』をとりあげながら、レヴィ＝ストロースが神話の構造を分析するさいに用いたブリコラージュという方法を成り立たせている原理が「同一性」というよりもむしろ「類縁性」と呼ぶべきものだと指摘している（パス 一九八八：一五、井口 二〇〇八：二七－二八、林 二〇〇二：四三－四四）。この類縁性という発想は、近似した存在を全体の構造を抜きにして繫げていくことで結果として（あるいはその過程として）全体が構成されるという考えに由来している。パスがレヴィ＝ストロースの構造の同一性のなかに、その類縁性を見出したのは、彼自身が個々の存在の個性を確保したうえで（多様性を尊重したうえで）、全体の流れをそれぞれが受容しその流れに加わりながらも、全体からの支配や統制を受けないという、「全体」と「個」の在り方に強い関心を有しているからだ。それゆえにこそパスは、こうした関係性によって全体が構成される芸術実践としての日本の「連歌」に心を惹かれたのである。このような考えをもちながら連歌に着目するのはもちろんパスだけではなかった。全体あるいは構造（共同体）からの統制を嫌悪し、個もしくは多様性を擁護する自由主義者たちは、相互に無縁なメンバーが歌のルールを意識しながら別個に振る舞いながら一つの共同性を構成したとして、連歌を「無縁の公共性」と関連付けて高く評価してきた。[*10]

このように多様性を帯びながら散在する個別の存在をつなげるようにして全体を構成するとき、その全体は「同一性」ではなく「類縁性」によって成立することになる。この「類縁性」で成り立つ世界は、これまで「単一」で「普遍的」な世界の「同一性」によって個別の存在を包摂する構図を描いてきたものとは、まったく異なっている。さらにパスの指摘のなかで重要なことは、個別の存在をつないでいくことで「同一性」ではなく「類縁性」を作り上げるのは、「器用仕事（ブリコラージュ）」によるということだ。個々の多様な存在が「ありあわせの手段」で「そのつど有限でちぐはぐな総体でアレンジ」されることで繫がっていき、類縁的な一つの全体世界の像が結ばれていくのである。

このようにして、レヴィ＝ストロースの試みた「同一性」と「多様性」の接合様式について「類縁性」をもとにその可能性をみることができるようになった。それは現代世界に蔓延する「異なるもの」への不寛容に対して、有効な一手となることができるのだろうか。強権的な上からの同一性の強要あるいは統制と、拡散的で排外主義の温床に容易に転化する多様性の変質という現代世界をむしばむ「難問」に対して、レヴィ＝ストロース的な接合は、解決のための一つの選択肢であるように思われる。二〇世紀の人文学における偉大な古典としてではなく、二一世紀の現場に活きる実践知として、レヴィ＝ストロースの思想は豊饒な可能性を秘めているのである。

【注】

＊1　宇城輝人は、一九三〇年代の反レイシズム運動を理論的に主導したチェコ出身のI・ゾルシャンをとりあげ、彼がユダヤ人の人種的アイデンティティを擁護するシオニストであり、その反レイシズムは、人種概念の否定を導くのではなく、シオニズムであり政治的反ナチズムとしての反レイシズムの性格を強く帯びていたことを鋭く指摘している（宇城　二〇一五：五五－五六）。

＊2　一九四六年に誕生したユネスコが、この時期、反人種主義キャンペーンに力を注ぐのは、第二次大戦におけるナチスドイツの人種理論の根絶という意図があったことは間違いない。ユダヤ人やロマの人々を「劣等人種」として抹殺し、自らを「優等人種」として位置づける人種観を、科学的にも社会的にも払拭するために、多くの専門家が集められた。もっとも重視された点は、人種のあいだに知的な差異があるのか、という点だった。差異を認めてそれを社会的環境要因のせいだとする議論と、遺伝子との関係が想定されるという議論が激しく衝突した。しかし、そもそも人種自体が存

在しない、社会的に構築された幻である、というモンタギュの視点にたてば、結論は容易に出すことができたのだった。ユネスコの社会的期待とモンタギュの「神話としての人種」理論は利害関係がぴったりと適合したのである(松田 二〇一〇：一三五－一三六)。

＊3 第二声明の中心になった遺伝学者たちが提案した、ethnic group に代わる人種集団を指す語は population (個体群)だった。この変化を、人種の本質主義を解体し反レイシズムに可能性を開くと評価するか(宇城 二〇一五：五九)、社会構築主義が否定した人種の実在論に道をひらき遺伝子プールとしての「人種」差別を生み出すものとして危惧するか(松田 二〇一〇：一三七)は今日的評価においても判断が分かれている。

＊4 こうした差異の承認の肥大化に対して、警鐘をならしたのがナンシー・フレーザーだった。フレーザーは、現代世界の主要な政治的目標が、かつて支配的だった社会・経済的富の平等な再分配から、文化的な差異の承認へと移行しているという認識から出発する。伝統的に文化を語ってきた人類学は、当然、前者の「差異の承認」の立場に立って、差異化を押し進めてきた。しかしフレーザーは、現実に日々世界的に拡大する社会的・経済的不平等を前にして、より公平な再配分の実施のために「脱差異化」の実践とも繋がる必要を感じはじめた(Fraser 1995、松田 二〇〇八)。

＊5 生物多様性については、その概念そのものがあいまいな議論が多く、しかもそこに価値判断が介入しているので、何のために生物多様性を保全するのかについても意味の明晰さを欠いているという指摘は少なくない(たとえば鈴木 二〇一〇：一一四－一一七)。

＊6 たとえばニカラグアの先住民小コミュニティが、ニカラグア政府による森林の伐採搬出権の多国籍企業への譲与に対して反対している状況をとりあげよう。先住民は、グローバル正義の代弁者であり自分たちが反対しようとする抑圧システムの一部でもある国際的な法廷で先住民の権利について証言しようとする。そこでは先住民はグローバルな人権NGOの支援を受け、普遍的人権擁護の基準にそった「政治的に正しい」主張を行う。かつては世界の帝国主義的抑圧システムとして批難されたIMFや世界銀行がネオリベラルなエージェントとしてこの先住民の運動を支持し、ニカラグア政府に対する開発援助のコンディショナリティのなかに先住民の人権擁護を含めようとする。こうした錯綜的な状況は、今日では日常的光景となっている(Hale 2006、松田 二〇一三)。

＊7 この一九四七年の声明と一九九九年の宣言という二つの異なる立場は、現代人類学が直面する問題に対する合い異なる二つの回答でもある。普遍的人権に疑問を投げかける一九四七年声明は、現代世界ではすでに時代遅れとなった、自閉したローカル文化を隠れ蓑にした抑圧と暴力の避難所だったのだろうか、あるいは普遍的人権思想に寄り添う一九

九九年宣言は、普遍性を隠れ蓑にした新たな支配と統治の道具なのだろうか。二一世紀の人類学的実践は、このいっけん乱暴で平板な二者択一を読み解くところから出発するのである（松田　二〇一三）。

＊8　「構造主義」によって世界的に名声を得ていたレヴィ＝ストロースを、一九七一年、ユネスコ事務局長が招待してこの反人種主義のための基調講演は行われた。当時、一種の「スキャンダル」にもなったこの出来事のなかで、レヴィ＝ストロースは、これまでのユネスコの反人種主義の理念そのものが誤った方向を向いてきたと手厳しく（当の事務総長の前で）批判した（Stoczkowski 2008、松田　二〇一〇）。

＊9　一九五四年から五五年にかけて、ロジェ・カイヨワは『新フランス評論』誌において「逆しまの幻想」と題したエッセーでレヴィ＝ストロースを辛辣に批判した。ポイントは、レヴィ＝ストロース流の文化相対主義による「野蛮人への共感」と「文明人への批判」に対する憤りであった。こうした「自己卑下の論理」はたんなる「エグゾティシズム」の肥大化に過ぎないと切って捨てたのである。レヴィ＝ストロースはただちに、サルトルが編集長をつとめる『現代』誌に「寝そべったディオゲネス（当時、カイヨワは高級総合雑誌『ディオゲネス』を編集していた）」を掲載して、カイヨワの露骨な「西洋文明優越主義」に対して徹底した反批判を行った（渡辺　二〇〇三：一七四、二〇〇九：一四三－四五）。

＊10　パスの連歌への傾斜については山口昌男が早くから注目していた（山口　一九八六：二〇－二三）。その思想との関連については阿波弓夫の優れた論考がある（阿波　二〇一六）。パスと同様の視点から、連歌という形式と実践を評価した土屋恵一郎は、リベラリズムの信奉者として、特定の集団への帰属意識やアイデンティティを称揚する共同体主義を批判して、「共同体論はいつでも過ちをおかす」とし、その思考がつねに全体主義から自由ではないことを危惧した。全体の構造を想定しそれに従属する共同体の物語づくりの権力を批判する土屋は、こうした統一性を持たない非物語として、相互に無縁の人々が偶然、トポスに集い共通の規則に従いながらその場限りの人工の共同性を形成していくものとして「連歌」に注目したのである（土屋　二〇〇二：二一、松田　二〇〇八）。

【参考文献】

阿波弓夫　二〇一六「日本のパス、もしくはRENGA：日本におけるオクタビオ・パスの思想的影響」『言語と文化：Language and Culture』法政大学　言語・文化センター、七五－八七。

井口正俊　二〇〇八「特性のない絵画――P・ブリューゲルの絵画世界における「没個性化，脱主題化」の諸相（1）」
『西南学院大学国際文化論集』二三（一）一－四二。
宇城輝人　二〇一五「戦後反レイシズムの起源について〈特集〉現代日本社会におけるナショナリズムとヘイト／フォビア）」『フォーラム現代社会学』一四、五四－六三。
川田順造　二〇〇八『文化の三角測量――川田順造講演集』人文書院。
――　二〇〇六「いまなぜ文化の多様性か」『ACCU ニュース』三五六、二－四。
鈴木真　二〇一〇「生物多様性の概念と価値――哲学的分析」『社会と倫理』二四、一一一－四七。
高橋進・石田徹編　二〇一六『「再国民化」に揺らぐヨーロッパ：新たなナショナリズムの隆盛と移民排斥のゆくえ』法律文化社。
土屋恵一郎　二〇〇二『正義論／自由論――寛容の時代へ』岩波現代文庫。
パス、オクタビオ　一九八八『クロード・レヴィ＝ストロース，あるいはアイソポスの新たな饗宴』［原書改訂版］鼓直、木村栄一訳、法政大学出版会。
樋口直人　二〇一四『日本型排外主義――在特会・外国人参政権・東アジア地政学』名古屋大学出版会。
藤野一夫　二〇〇七「「文化多様性」をめぐるポリティクスとアポリア　マイノリティの文化権と文化多様性条約の背景」『文化経済学』五（三）、七－一三。
ベネディクト、ルース　一九九七『人種主義　その批判的考察』筒井清忠、寺岡伸悟、筒井清輝訳、名古屋大学出版会。
林浩平　二〇〇二「「文学理論における「引用」概念の転換をめぐって――宮川淳『引用の織物』の革新性とその意義」『国文学研究』一三六、三九－四九。
増田ユリヤ　二〇一六『揺れる移民大国フランス』ポプラ社。
松田素二　二〇〇八「グローバル化時代における共同体の再想像について」『哲学研究』五八四、一－三五。
――　二〇〇九『日常人類学宣言　生活世界の深層へ／から』世界思想社。
――　二〇一〇「反人種主義という困難――『人種と歴史』を読み直す」『KAWADE 道の手帖　レヴィ＝ストロース　入門のために　神話の彼方へ』河出書房新社、一三五－三九。
――　二〇一三「現代世界における人類学的実践の困難と可能性」『文化人類学』七八（一）、一－二五
安田浩一　二〇一五『ヘイトスピーチ　「愛国者」たちの憎悪と暴力』文春新書。

山口昌男　一九八六　「オクタビオ・パス、連歌、そして文化の翻訳」『國文學――解釈と教材の研究』三一（四）、二〇一三。
ラヴロック、ジェームズ　一九八四　『地球生命圏――ガイアの科学』スワミ・プレム・プラブッダ訳、工作舎。
レヴィ＝ストロース、クロード　一九七〇　『人種と歴史』荒川幾男訳、みすず書房。
―――　一九七六　『野生の思考』大橋保夫訳、みすず書房。
―――　二〇〇一　『悲しき熱帯』（中公クラシックス）川田順造訳、中央公論新社。
レヴィ＝ストロース、クロード＆ディディエ・エリボン　二〇〇八　『遠近の回想 増補新版』竹内信夫訳、みすず書房。
渡辺公三　二〇〇三　『レヴィ＝ストロース（現代思想の冒険者たち）』講談社。
―――　二〇〇九　『闘うレヴィ＝ストロース』（平凡社新書）平凡社。
Engle, K.　2001 From Skepticism to Embrace: Human Rights and the American Anthropological Association from 1947-1999. *Human Rights Quarterly* 23（3）: 536-559.
Fraser, N.　1995 From Redistribution to Recognition? : Dilemmas of Justice in a “Post-Socialist” Age. *The New Left Review* 212: 68-93.
Hale, C. R　2006 Activist Research vs Culture Critique: Indigenous Land Rights and the Contradictions of Politically Engaged Anthropology. *Cultural Anthropology* 21（1）: 96-120.
Linton, R　1954 The Problem of Universal Values. In *Method and Perspective in Anthropology*. pp.145-168. University of Minnesota Press.
Kluckhorn,C　1962 Values and Value-Orientation in the Theory of Action. In *Toward a General Theory of Action* Parsons, T and E.A.Shills,(eds.), pp.388-433 Cambridge: Harvard University Press.
Stoczkowski, W.　2008 Claude Levi-Strauss and UNESCO. *The UNESCO Courrier* 5:5-8.

第一八章　他者とともに生きる――レヴィ＝ストロースあるいは他者性と互酬性[†1]

マルセル・エナフ（渡辺公三訳）

レヴィ＝ストロースの作品全体に貫かれたひとつの問い、親族をめぐる最初の大著の核心にあってひとつの章がまるまるそれにあてられた問いがある。それは『神話論理』[*1]において対位法のように執拗に現れ、アメリカ先住民神話に捧げられた最晩年の著作群に絶え間なく立ち返ってくる。その問いとは互酬性の問いである。それはもう一つの問い、他者性の問いと切り離されることがなく、おそらくは分離不可能である。言い方を換えれば互酬性の関係は自己と非自己の明確な区別という手立てなしには考ええないものであり、この区別は存在論的かつ論理的かつ倫理的な差異として、親族関係の体系、社会的分類装置そしてわれわれが神話と呼んでいる物語の複合的な形態の内部で完璧なしかたで作動している。

ところが彼の作品の一部――ほぼ一九五〇年から六〇年までの時期――では、レヴィ＝ストロースは『親族の基本構造』での主張よりも後退したかのように見える。互酬性と他者性の概念はコミュニケーションの概念に希釈されているかのようだ。そこには当時アメリカ合衆国でゲーム理論、情報理論、そしてサイバネティクスについて公刊された著作を読んだ直接の結果が見て取れると考えられたこともあった。ただし、レヴィ＝ストロース自身はこの影響について議論したこともなければ、気づいてさえいなかったように見える。とはいえ彼自身はこうした方向を追い続けることなく、『今日のトーテミズム』と『野生の思考』（ともに一九六二年刊）の公刊後には、初発の直観が少なくとも暗黙のうちに回復されたことは明らかである。したがって私はまずこの軌跡をあとづけ、とりわけ――特別な招待者として――パースとヴィトゲンシュタインという思想家を招き、デコンブにも寄与をお願いした討論の場において再評価してみたい。そうすることで何が問題なのかいっそうよく理解されることを私は期待したい。レヴィ＝ストロースの立場についての単に衒学的な問いではなく、社会関係を定義するある仕方として、そして他者との関係のある倫理としての問いである。

一　互酬性《レシプロシテ》[†2]と近親相姦の禁止、他者性の意味場

主題の核心に入ろう。そのためには『親族の基本構造』の締めくくりの文章は模範的なものと思われる。以下の文章はよく知られている。

交換法則の裏をかいて失わずして獲得し、分け合わずして享受することのできると信じられた、あのつかの間の瞬間をつかみとり固定することを、今日まで人類は夢見てきた。世界の端と端、時間の二つの極みでシュメールの神話とアンダマンの神話、黄金時代と来世が響き合う。シュメール神話は、諸言語の混淆が語をすべての人の共有物に変えた瞬間に原初の幸福の終わりを置き、アンダマン神話は、女がもはや交換されなくなる天国として

彼岸の至福を描く。いずれの神話も人が自分とのあいだでだけ生きていける甘美な世界、社会的人間には永遠に与えられることのないその幸福感を、過去か未来の違いはあれ、等しくたどり着けない果てへと送り返しているのである（*SEP*: 569-70／邦訳七九六頁）。

これらの言葉は、人類の集団がこぞって、自分たちの仲間内だけで生きるという誘惑を拒むことの緊急性、いかなるあり方であれ他者とともに生きる必要性を受け入れることの緊急性を感知したことを、すべての調査と論証をあげて理解させようという狙いをもった著作の結論として述べられている。そのことは、独自の言語と独特の信仰と儀礼と物語と慣習による地方固有の生活を斥けるものではない。それはより本質的には生命の再生産の社会的形式に、したがって男と女の関係にかかわっており、生命にかかわるかぎりでの性（セクシュアリティ）を意味しており、その生命は単純に集団のなかでは再生産できず、いわばよそから到来するのである。親族関係の体系が狙っているのは本質的にはそういうことなのである。

この要請がレヴィ＝ストロースにとっては一つの定式すなわちインセストの禁止に集約されることは周知のとおりである。この禁止が自然と文化の結節点として、規則としての規則の出現として、すなわち要約すれば制度の生成として提示されるというよく親しまれた論証を想起することはしない。私が提起する問いの視点から本質的だと思われるのは、この禁止を人間集団のあいだの互酬性への要請の基本的な表現として理解することにある。すなわち、

インセスト禁止は、この禁止の拡張された社会的表現である外婚と同様、一つの互酬規則なのである。人がみずからと他人に女を拒むとき、まさにそれによってこの女は供与される。誰に供与されるのか。制度によって特定

される集団のことも、我々西欧社会に見られるごとく、近親者の排除によってのみ境界づけられるだけの、あの無限定でつねにひらかれている共同体のこともある（*SEP*: 60／邦訳一三二頁）。

手短かに言えばこの禁止の第一の狙いは、血族集団に外婚を課すこと、言い換えれば集団にとって第一義的な、集団としての再生産を実現するために別の集団に呼びかけるように強制することにある。したがって、そこには他の集団もまた同じようにするという直接的な確信がもてるという条件のもとで、自集団の女性に接近することの放棄がある。いかなる論理にしたがってか。答えは、人間集団は「婚姻連帯」によって定義される以外には人間集団として存在しえないということにある。親子関係はいわば生命の過程に記入されている。配偶者の選択が同じ論理にしたがってしまうと集団は自らのうちに閉じてしまうだろう。禁止は社会を社会として、血族集団よりも大きな審級として誕生させることと等価であり、社会は婚姻連帯とともに始まる。「われわれ」と「彼ら」の協約として。婚姻連帯は他なるものを一緒にすることであり、一緒にするとは文字通り sym-ballein——sym-bole 象徴——すなわちお互いに協定することなのである。このようにしてレヴィ＝ストロースの、象徴体系の社会的な起源を探求するのではなく、社会の象徴的起源を理解するのだという主張をよりよく理解できるのではないだろうか（*IMM*: xxii）。

ところでこうした婚姻連帯は配偶者の互酬的交換、モースが「贈与論」において明らかにしたかぎりでの儀式的な贈与関係を範例化し聖化する交換によって生起する。レヴィ＝ストロースは親族関係をめぐる自分の著作の着想はすべてモースのテクストからきていると認めている。このことにかかわっては、われわれはこの二人の論者たちとともに、この公的儀礼的で相互的な贈与は他のいくつかの論理のうちの一つに従うタイプを異にする二つの贈与とは深く相異していることを理解しなければならない。その二つとは片務的な恵みの贈与（それは相互的ではなく、公的ではないこともありうる）と連帯の贈与（それは貴重な財ではなく有用な財によって援助することを目的とする）である。儀式的な贈与は何よりもまず二つの集団の相互的な承認を確認する供与《プレスタシオン》であり、関係は競覇的なものであり続け、パートナーたちの権威と名誉が賭けられる。モースが探求したこれらすべての形態のうち、婚姻連帯は――彼はほとんど語らなかったが――じっさいにはもっとも決定的なものである。というのもそこには世代の動向を通じた集団の生命と連続性がかかっているのだから。こうした視点からすればレヴィ＝ストロースが敷衍したように「一方で贈り物の交換・贈与がなされ、他方で同時に女の交換・贈与もなされるなどと言うのはしたがって正しくないだろう。じつに女そのものが贈り物の一つ、互酬贈与の形式のもとでしか獲得できない贈り物のうちでも最高の贈り物にほかならないのだから」（*SEP*: 76／邦訳一五五頁）。さらに著作の末尾ではインセストの禁止は「典型的な贈与規則」（*SEP*: 552／邦訳七七五頁）であると付言している。

だがまず、わたしにとって決定的と思われる論点に注意をむけなければならない。すなわちこの交換が生起するためには他者性の要素が介在しなければならない。この要素はレヴィ＝ストロースが「発現するために他者による刺激を必要とする」唯一の本能である性欲によって顕在化される[*2]（*SEP*: 14／邦訳七五頁）。しかしそれは、問題の関係を性的結合の次元に位置付けることを可能にする初発の条件であるにすぎない。婚姻連帯のみがこの生物学的必要性を社会事象に転位する。そこで女性が果たす中心的役割は、女性が有する生命の継続を可能とする能力と、女性が集団のさなかにあってその集団が自らを脱する可能性を直接に表象しているという事実とによっている。エルキンが研究したオーストラリア先住民における半族の関係とはそのようなものであり、そこには集団における女性の逆説的な地位が顕われている。

唯一の理由は、彼女が他にならなければならない（したがってそうなることができる）のに同であるからで、（反対半族の男たちに供与されることによって）他になれば、自分たちの半族の男たちにとって彼女は、かつてこれらの男たちのパートナーに対して果たしていたのと同じ役割を果たすだけの資格をすぐさま帯びる。食糧祭礼では同じ贈答品が交換されることがあり、kopara の習俗でも、もともと交換によって手に入れられた女たちが、再び交換に差し出されることがあるが、これら贈答品、女たちには、なんらかの生得的性格にではなく、構造内の任意の位置に由来する、他性のしるしさえあればいいのである（*SEP*: 133／邦訳二三四頁）。

さて、禁止の要件と理解されたこうした本質的な他者性は、あらゆる種類の行動、状況、関係つまり手短かに言えば、複数の状況における共示的な意味の広範なネットワークを形成する。レヴィ＝ストロースは、そのことをマレーシアのある森林の住民の例の分析において印象的に証明している。この住民たちにとってある種の重大な過ちは強風と嵐を引き起こす。その一覧はまったく雑多な異種混交とも思われよう。すなわち近親同士の結婚、父親が娘にあるいは母親が息子に近すぎる場所で就寝すること、思慮のないことを語ること、敬意を欠いた言葉を発すること、子供が騒がしく遊ぶこと、特定の動物の鳴きまねをすること、鏡に映った自分の顔を笑いものにすること、猿に人の服を着せてからかうこと。同じ過ちに含まれるこれらすべての行動にどのような関係があるのだろうか。それに答えるには、住民たち自身の答えのいくつかに注意を向けると面白い。たとえば鏡の中の自分自身の像を笑いものにできないのは、像には自己防衛ができないからである。逆に自分を守ることのできる他人は笑いものにしてもよい。服を着せた猿も同様で、その手立てがないのに猿を人間の同類として扱うことになる。虫や鳥の声をまねるのも同じで、彼らの言葉と立場を奪うことになる。大声で話したり叫ぶことは言葉の交換の行き過ぎた使い方である。要するにすべての例において、応答の能力を否定することによって他者の他者性を無視するか、あるいは交換および意思疎通《コミュニケーション》の手段を無駄遣いしているのである。というのも言葉は意思疎通の中立的な媒体であるだけでなく、ひとつの価値を担うものであり、われわれから発したものとして他者に供されたものなのである。そこからレヴィ＝ストロースの結論が導かれる。すなわち「これらすべての禁忌は結局一つの共通分母に帰着する。それらはどれも言語の濫用をなし、この名目のもとにインセスト禁忌、インセストを喚起する諸行為と一緒にくくられるのである。それは女そのものが記号として扱われること、記号としての用途、コミュニケーションとしての用途を女にあてがわないのは記号の濫用になること以外の、何を意味するだろう」（*SEP*: 568／邦訳七九五頁［強調は原著者］）。彼女たちは他者性の記号であり、婚姻連帯の質物《しちもつ》であることをわれわれは理解している。要するに、話すこと、結婚すること、他の人々あるいは他の存在にかかわることは、常に次の事実を問い直すことなのである。すなわち、関係が公正で価値あるものである――濫用と侮蔑を回避する――ためには関係は相互的《レシプロック》であって、人であれ人以外であれあらゆる他者の他者性を承認するものでなければならないという事実を。

レヴィ＝ストロースは他にもこの論理の例をあげている。たとえばポリネシアにおける儀式的な交換では「財は父方近親者集団内部で交換せずに、できるかぎり別の集団、別の村へ移動させよと規定されている。この義務を怠ることはソリ・タナ（sori tana）「自分の籠から食べる」と呼ばれる」（*SEP*: 67-68／邦訳一四五頁）。それはレヴィ＝ストロースが「一種の社会的インセスト」（*SEP*: 68／邦訳一四五頁）と呼ぶものである。ここから「もっとも広義に解されたインセストが他者による他者のための獲得でなく、まさに自分による自分のための獲得であるなら」という表現も生まれる（*SEP*: 561／邦訳七八七頁）。ここで、禁止が外婚制におけるようにまずはただ単に互酬性の積極的な規定であるばかりでなく、他者性の記号を記されたかのように交換の要請の特権的な担い手として認められた――祭礼の時の食べ物（リッチ・フード）のように――特定の財にとりわけ課せられることに興味を持って注意を向けておきたい。このことはあらゆる貴重な財にもあてはまる。それらは直ちに社会的な財と受け止められるのである。すなわちレヴィ＝ストロースの論証によれば、分かち合うべき財つまり他者に供し他者から受け取ることが命ぜられる財なのである。それは相互的な承認の象徴となりうるという点で、実用的な財ではなく、貴重な財である。血族集団内における女性がそうであるように他者性の記号として、これらの財は互酬性の論理にしたがい、単なる生命の再生産を越えた社会の秩序そのものでもある婚姻連帯の秩序に属するものと指定されるのである。このことこそが生命の再生産を制度として定義する。

こうした要請はわれわれの慣習的行為からは消失してしまっただろうか。われわれはこのような互酬性の強い感覚を失ったのだろうか。そうとは思えない、とレヴィ＝ストロースは指摘して、この論理（それがインセストの禁止を説明するにいたる）を理解させるために、ためらうことなく一見取るに足らない同時代の例をあげている。それは彼が南フランスのささやかなレストランで観察した慣習である。昼食のために席に着いた客たちは、テーブルに定食に含まれたワインのガラス容器があるのを見る。すると次のようなことになる。それぞれの客が自分の前に座った客のグラスに自分の容器に入ったワインを注ぎ、相手も同じようにし、そして会話が始まる。奇妙な交換ではある。というのも一見それは何の交換にもなっていないのだから。とはいえ何かしら重要なことが起こったのだ。この身振りによってそれぞれが他を認め関係を結びたいという欲望を表したのだから。なぜワインがこの交換を可能にしたのか。その理由は、生命維持にのみかかわる食物とは異なり、ワインがより他者に対して配慮していること、祝祭的な記号、社会的関係を表現したいという欲望を表現するのにより適した奢侈的なものだからなのである。その欲望とは、互いに無視することもできたはずの知らぬ同士が、地元の儀礼がそうした対面状況の気まずさを克服する機会を提供して互いに関係をもったそうした欲望である。

ワイン交換はまさにこのつかの間の、しかし困難な場面に決着をつけてくれる。それは好意を明示し、相互のおぼつかない気持ちを解消し、並列状態の代わりに交流をもたらすのである。だがワイン交換はそれ以上のものでもある。それは一歩退いた態度を取る権利を持っていた相手を、そこから抜け出るように仕向ける。ワインが供されたならワインを返さなくてはならない、親愛の情には親愛の情で応えなくてはならない……供与を受け入れれば、それによって別の供与、会話の供与が可能になる（*SEP*: 70／邦訳一四七頁）。

二　コミュニケーション理論と対称的交換、あるいは一九五〇年代の一〇年間

同じように強い他者性（それは儀礼的な贈与の関係としての婚姻連帯の関係によって聖別される）の条件を枠組みとしたこのような互酬性の強い概念は、一九五〇年から六〇年にかけてさまざまな誌上に公刊され『構造人類学』（一九五八年刊）に収録されたひとまとまりのテクスト群すべてにおいて、驚くべきしかたで完全に放棄されてしまったかのようである。われわれが関心をもつテクスト群は人類学と言語学の関係をとりあげている。「マルセル・モースの著作集への序論」（一九五〇刊）とともにこれらはレヴィ＝ストロースの構造主義の理論的地位を定めるのに大きな役割を果たした。ここではその議論の詳細に立ち入るのではなく、著者の新たな定式化を明らかなしかたで支配する概念を把握するだけにとどめよう。それはコ、ミ、ュ、ニ、ケ、ー、シ、ョ、ン、の概念であり、あらゆる関係の体系はそのものとして情報の担い手でありしたがってメッセージの担い手であるということになる。そうであるとすればコミュニケーションについて語ることとは、何よりもまずこの情報なるものを、それらがいかなるものであれ発信者と受信者の関係として定義することにほかならない。レヴィ＝ストロースにおけるコミュニケーションの一般理論への言及は一九五〇年の「マルセル・モースの著作集への序論」にすでに登場し、そこにはひとつの研究計画全体が描き出されている。すなわち「社会人類学はいつかともにコミュニケーション現象の広大な科学を構築するために、ますます緊密に言語学と連携し、コミュニケーション現象の研究に数学的推論を適用することで言語学自体が切り

拓いた広大な展望からえられる恩恵に浴すると期待できる」（*IMM*: xxxvii）。この語の使用頻度は『構造人類学』ではより高まり、第一五章の一部をなす一九五二年公刊の「社会静態学あるいはコミュニケーションの構造」と、第三章と第四章への後記となる一九五六年に書かれたテクストの、ともに言語活動と親族関係の関係をあつかう二つのテクストにおいて主に使われている。レヴィ＝ストロースは、このコミュニケーションの概念に、革新されつつある人間の諸科学を「統一する概念」（*AS*: 330／邦訳三二九頁）を見ている。

それはどのような点で統一するというのか。それは、行為主体間の関係と主要な社会的な組織の体系に属する、一見するときわめて異なる三つの分野、すなわち親族関係の分野、経済的交換の分野、言語活動の分野を比較可能なしかたであつかうことを可能にするという点にある。これらはまさに社会科学において、精密科学が達成したタイプの厳密さに接近することができた三つの分科、親族関係の人類学、経済学、言語学である。この方法上の同一性をレヴィ＝ストロースは次のように一般化することもためらわない。「すべての社会でコミュニケーションは、少なくとも三つの水準で展開される。すなわち女性のコミュニケーション、財貨や労力〔サーヴィス〕のコミュニケーション、メッセージのコミュニケーション、である」（*AS*: 326／邦訳三二五頁）。このことは一九五六年にはよりいっそう厳密な形で表されている。

婚姻の規則や親族体系を、一種の言語、すなわち個体および集団どうしのあいだに或る種のコミュニケーションを成立させるための操作の全体、と考えることである。この場合「伝達されるもの」がある集団に属する女性であり、それが氏族なり血統なり家族なりのあいだを循環するという事実は（言語の場合には「伝達されるもの」はある集団に属する語であって、それが個体のあいだを循環するのだが）、二つの場合に考察されている現象の同一性を何ら損なうものではない（*AS*: 69／邦訳六七－六八頁）。

こうしたモデルを提起するにあたってレヴィ＝ストロースは留保をつけてはいる。すなわちそれぞれのタイプは異なった戦略のレヴェルで、固有のリズムで作用するのであり、親族関係のリズムは、どちらかというとリズムの早いメッセージの交換とは対照的にきわめて緩慢である。またいっぽうでは親族関係の装置においては、女性は記号であると同時に価値でもあり何よりも人格であり続ける。——それにもかかわらずこのモデルにおいて支配的な概念は「循環」の概念である。それが財にあてはまり、一般的にはメッセージにあてはまることに反対する人はいないだろう。しかし女性の循環について語ることは、ある意味では婚姻連帯のパートナーが二つの外婚集団であることを忘れることでもある。それは相互的な関係、その都度二つの集団を与え手と受け取り手として拘束するという強度をそなえた関係のなかでそれらが果たす行為主体としての役割を抹消してしまうことになる。女性の譲渡においては集団の自己が賭けられている、言葉の交換において話し手の自己が賭けられているのと同じように。ところが反対に、循環する物と取引するパートナーの中立性の保持が追求される商業的な交換においては、このような自己の拘束が存在する余地はない。この根底的な差異を考慮に入れないことは、婚姻連帯と契約を混同することなのである。

『親族の基本構造』の執筆と『構造人類学』の刊行のあいだに、アメリカ合衆国で公刊された三冊の重要な著作がレヴィ＝ストロースに決定的な影響を与えたのではないかとも問われた。その三冊とはフォン・ノイマンとモルゲンシュテルンの『ゲーム理論』（一九四四）、ウィーナーの『サイバネティクス』（一九四八）、シャノンとウィーバーの『コミュニケーションの数学的理論』（一九四九）である。親族関係の体系に関する統御の仮説の形成においてレヴィ＝ストロースはウィーナーに負うところは全くないことはすでに明らかになっている[*3]（『サイバネティクス』が刊行された時には、親族関係についての著作はすでに完成していた）。また大戦直後に開催された有名なメイシー会議が、認知科学を生み出すことになった概念と理論の洗練に大幅に寄与したことも知られている。[*4] だがレヴィ＝ストロースはこの会議には出席していない。会議に参加したベイトソン、ミード、ヤコブソンを通じてその反響をうけとめたというのがせいぜいのところであろう。さらに付け加えればレヴィ＝ストロースは自分で認めていた以上に、当時のニューヨークの学者の世界のユニークな知的革新の空気の恩恵に浴していた、と付け加えることもできる。しかしわれわれの主題は別のところにある。すなわち、『親族の基本構造』で展開された互酬性へのアプローチがコミュニケーションの概念の採用によってどのように変更されたのかという問いである。[*5]

一九五二年のテクストはこの点について明示的であり、変化の大きさを証している。すなわちレヴィ＝ストロースは経済学理論を人類学と和解させるべき時が来た、というのだ。さらにこうも付け加えている。

モースの革新的な仕事（一九〇四―一九〇五、一九二三―一九二四）から、クラに当てられたマリノフスキーの著作（一九二二）まで、すべての研究は、民族学の理論が明らかにすることのできる規則性のうち、もっとも鮮やかなもののいくつかは、経済事象の分析のおかげで発見されたのだということを示している（*AS*: 327／邦訳三二六頁）。

触れられている著作は「贈与論」と『遠洋航海者』であり、これら二冊の古典はまさに贈与の儀礼的交換が経済的性質をもつものではないことを提起し理論化しているのだ。かてて加えて、レヴィ＝ストロースが婚姻連帯を統制する互酬性の関係を記述することができ、それによってインセストの禁止を説明し、親族関係の場において彼に認められた理論的な突破口を拓きえたのはこれらの著作から着想をえたからであった。新たな一般化したコミュニケーションのモデルにしたがって、これら二冊の著作がまず第一に実用的な財、すなわちすべての経済的財がそうであるように消費を目的とする財貨の循環を記述していると認めることにしようというのであれば、今述べたことはすべて無に帰すことになる。

　このような背反、さらにいえば不整合には驚きを禁じえない。[*6] ところがこうした躊躇いは目新しいものではないと言わなければならない。それは「南アメリカのインディオにおける戦争と交易」[*7] と題された初期の論文にもすでに萌しており、商業的な財と贈与が驚くほど無造作に並列されている。レヴィ＝ストロースはこの論文を『構造人類学』と題した二冊の論集にも『はるかなる視線』にも収録しなかった。この論文がすでに『親族の基本構造』の第五章と『悲しき熱帯』のXXVIII章の二度にわたって使われていることがおそらくその理由であろう。ところがこれらのあいだにはとりわけ意味深長な解釈の変更が見られるのである。

　これらのテクストには、ナンビクワラ族の土地において張り合う二つの遊動バンドが遭遇した時のむずかしさが描かれている。言葉による諍いとさまざまな攻撃的な身振りの後、参加者たちは面と向かった敵対する者に対して、首飾りや他の装身具の価値を讃えながら、それらのものをくれるように、もらえるように相手に呼びかける。その後になってからもっと自由におたがいに財の交換が始められる。それに引き続いて財の交換の全体が平和裡に進むことになる。それをレヴィ＝ストロースは欲得ずくの大掛かりな物々交換として記述している。一九四三年の論文では、分析はしばしば引用される以下の表現に要約された。すなわち「商業的交換は平和裡に解決された戦争であり、戦争は不幸な取引の帰結である」（一三六頁）。ところが一九四九年の『親族の基本構造』で互酬性を取りあげた第五章の最後の二頁でレヴィ＝ストロースはこの一九四三年の分析にふれながら「商業的」という用語を完全にすてて、より広い「取り引き」という用語を採用していることは興味深い。嬉しいことに次の決定的な指摘も付け加えている。「それはまさに互酬贈与であって、営利目的の取り引きではない」[*8][†3] と（*SEP*: 78／邦訳一五八頁）。そして一九五五年の（したがってコミュニケーション理論に支配されていた一〇年間の真中である）『悲しき熱帯』では、彼はおおむね商業の仮説に立ち戻っている。贈与の交換が友好的な商業的交換の前奏となりうると強調することは、たしかに誤りではない。しかし、後者を前者の目的とすることはきわめて問題である。すでにモースがその点を明確に述べていた、すなわち平和を保証するのは贈与の交換である。なぜならそれこそが大事なことを表現する、すなわちあたえられた敬意、確認された権威、保持された名誉を表現するのだ。それは相互的な承認にかかわり、ビジネスにかかわってはいない。

一九五〇年から六〇年にかけての他のテクストにもこうした解釈の揺らぎが見られる。したがって外婚的な婚姻連帯における公的儀礼的相互的贈与の論理をたいへん見事につきとめたレヴィ＝ストロースが、人すなわち結婚による連帯における妻たちではなく、財にかかわるこの論理になると途端に把握できなくなる――はっきりとは把握できない――という印象を避けることができない。『親族の基本構造』の素晴らしい直観は消し飛んでしまっている。同じテーブルの見知らぬ客どうしが容器のワインを交換し合うことで共食する者に変化する互酬性とお互いの承認の讃えるべき教えは、忘れられてしまったかのようだ。問題を別のしかたで捉えなおさねばならないのだろう。

三　贈与、他者性、互酬性あるいはパースとヴィトゲンシュタインの教え

消失した（少なくとも一時的に）のは他者性の条件である。それは互酬性の関係への必然的な条件である。それは二人のパートナーの偶然でもなくまた単に外的でもない関係を意味する。この要請をより的確に理論化し、こうした関係を定義するには、パースが展開したモナド（単一項）とディアッド（二項関係）と区別されるトリアッド（三項関係）の考えがきわめて貴重である。そこでは三つのタイプの命題が問題とされる。

第一のタイプはモナドと呼ばれひとつの質を付与するか、ひとつの地位を定義する（たとえば、壁は白い）。論理的主語（もしくは命題的行為者）は単一である。第二のタイプの関係はディアッドと呼ばれるが、その第一の理

由は二つの論理的主語が含意されるからである（たとえば、「カインはアベルを殺した」）。それは他動詞を前提し、したがって能動から受動への変換を許容し、少なくとも潜在的には意図的なひとつの行為を指示する。パースがトリアッドと呼ぶ第三のタイプの関係では次元の変化が生じ、それは秩序の変化ですらある。すなわち意図性は明示的となり、項の間の関係は（純粋に物理的な関係に対比される）心的なものと称され、意図は行為にかかわり命題には三つの論理的な主語が含まれる（「ピエールはポールに金槌をもってくる」）。その最適な例は直接補語と間接補語の二重の補語を要する。文法研究者が三価の動詞と呼ぶ、発話の動詞（肯定する、告知する、教えるなど）あるいは贈与の動詞（もってくる、付与する、提供する、授ける、授与する、託す、譲る、提案する、賜うなど、これらの動詞は貸す、払う、売るなども含むという点できわめてひろい意味で贈与の動詞）である。

　トリアッドの種別の命題タイプで秩序（パスカル的な意味での）の変換が生じるというのは、ディアッドにさらに一項を加えて構成されるということでは全くないということにある。トリアッドは複数的関係というまったく別の空間を開くのである。すなわちそれは複数項《ポリアッド》の始点にほかならない。ディアッドはまだ事実確認にとどまっている。ところがトリアッドは一挙に項のあいだの目的的関係を指示するのであり、その内部にモナドやディアッドを取り出すことはできない。「ディアッド的な生《ナマ》の事実の記述はトリアッド的な意図の事実の説明をすることはできない」とデコンブは注釈し[*9]、この主題にかかわるラッセルの提起とパースのそれとの雄弁な並行関係を提起している。『意味作用と真実』[*10]でラッセルは（三価動詞が構成可能とする命題などの）複合命題を原子命題に還元することを課題としている。たとえば「AはBという本をCに与える」は二つの単位である「AはBを与える」と「CはBを受け取る」に分解される。——ラッセルはこの定式化が、行為を一切の意図が消えた二つの物理的な事実の加法として提示することに帰結するという意味で「現象論的」なものであると認める。要するにそれは「人々の物との関係を人々の間の関係に言及することなく規定する。それによって、与え手から受け取り手への関係は、物に対する二つの関係の継起から生まれる単純な論理的関係に変えることができる」[*11]。したがってわれわれはラッセルとともにパースの対極に立つことになる。後者にとって表現に住まう意図性は、どのような物質的な記述によっても、どのような生の事実の加法によっても説明できない。「AはBという本をCに与える」は、パースがウエルビー夫人（記号論の先駆者）への手紙に記しているように、

> あなたがどのようなありふれたトリアッド的関係をとりあげても、そこには常に心的な要素が見つかります。生の行為は二の秩序に属しますが、あらゆる心的なものは三を含みます。たとえばAはBをCに与える、に含まれた関係を分析してみてください。じっさい与えるとは何でしょうか。それはAがBを放棄し、次いでCがBを取るという事実にあるのではありません。何かしらの物的な移行が生じることは必要ではないのです。与えるとは、AがCをして法によってBの所有者とするということなのです。いかなる形であれ贈与が問題となりうるためにはそれに先だって、何がしかの法がなければなりません――たとえそれがより強い者の法にすぎないとしても。[*12]

このテクストはあらゆる贈与の関係の基本的な前提条件を表現しているだけでなく、社会関係として理解されるあらゆる関係に内在する論理を明らかにしている点で注目すべきものである。ただし、パースが法について語るとき何を表明しているのか正しく理解する課題が残っている。彼にとってこの法という理念は、すでに明らかにされた次元と切り離せないことはただちに理解されよう。すなわち、贈与の関係とは心的事物であり、つまり意図的なものであり、したがって生の事実に還元不可能で、トリアッドの項のあいだの目的的関係という全体を包み込む要素があるのである。ここでは法とはトリアッドの三つの項のあいだに必然的な連環《リエゾン》があることを意味している。言いかえればここでは二者ずつの対に分離することはできないのである。それぞれの項（それを主語とも行為項と呼

んでもよい）がその位置によって他の二項の媒介となっている。人同士の関係は彼らの物との関係と切り離し得ないのだ。

このことは、同じように必然的な条件を構成するもう一つ別の次元を呼び込む。すなわち他者性の次元である。ここでわれわれはヴィトゲンシュタインを動員することができる。ここでも再びデコンブが、この議論にとって貴重なテクストを想起させてくれる。

> なぜわたくしの右手が左手に金を贈ることができないのか。――わたくしの右手が金を左手へ渡すことはできる。わたくしの右手が贈与証を書き、左手が受領証を書くことはできる。――しかし、それ以上の実際的な所結果は、贈与から生じた結果ではないであろう。[*13]

じっさい、こう問われよう、とヴィトゲンシュタインは続けている。「さて、それ以上何だというのか」（＊13に同じ）。――何も、という以外に答えはないだろう。贈与の関係は現実のそして自律的な人格のあいだ以外では起こりようがない。それが本来的な社会関係である。それは他者の表象に対して生起しようはなく（間主観的関係はそのようでありうる）、現にそこにいる他者に対して生起する。その点においてこそ両手（私の右手が私の左手に与える）関係にかかわるヴィトゲンシュタインの指摘が十全な意味を持ってくるのである。パース的な意味で贈与することは、与え手と受け取り手のあいだの人格的差異を前提としない限り不可能である。わたしは私自身に対しておこなう贈与（あるいはより一般的に供与）の受益者であることはできない。

四　互酬性の法としての交換

ここまで来てわれわれは互酬性の関係と他者性の条件の両方にかかわってレヴィ＝ストロースに立ち返るための豊かな論証手段を手にしたことになる。

第一の問題をとりあげよう。レヴィ＝ストロースはパースのトリアッドに正確に対応する関係のモデルを使おうとしたということができる。[*14] その定式化は「マルセル・モースの著作集への序論」に見出すことができ、それは『親族の基本構造』で提起されたものに呼応している。より明示的な「序論」の方から始めることにしよう。そこでレヴィ＝ストロースは「贈与論」の中心的な問題である、返す義務の問題（よく知られたマオリのハウの理論、すなわち現地の人々の思考において返礼としての贈与の命法の源泉と思われる与えられた物の精霊）をとりあげている。レヴィ＝ストロースはまず、モースが以下のことを理解したと認める。すなわち「交換が、一見するとたがいに異種雑多な多くの社会的活動の共通分母となっている」。「しかし」とレヴィ＝ストロースは続けて「しかしこの交換を、モースは諸事象のなかにうまく見いだせない。経験的な観察は、交換ではなく――彼自身言うとおり――「与え、受け取り、返すという三つの義務」しか提示しない。こうして理論の全体はひとつの構造の存在を要請するが、経験はその断片や分散した部分、むしろ要素しか提供しない」(*IMM*: xxxviii)。モースは言ってみれば欠けている説明の空隙を指差しているのである。レヴィ＝ストロースにとっての回答とは「社会生活を分解した離散的な操作ではなく、交換こそ原初的現象を構成する」（強調はエナフ）というものであった。この定式化はディアド的な事象とトリアッド的な事象との差異にまさに対応する。レヴィ＝ストロースが交換と呼ぶものは、それを構成する契機と要素を統合するものとして一挙に理解される関係の総体であり、「経験はその断片しか提示しない構造」である。オジ関係も同様であり「なぜ母方のおじが親族構造の中に現れるかを説明する必要はない。おじはそこに現れるのではなく、そこに直接に与えられており、その構造の条件をなしているのである」（AS: 57、邦訳五三頁）。交換――婚姻連帯が現実化するそれのような――においてはすべての項を一挙にしかも必然的に、パースのように語るなら法にしたがう関係によって結び付ける構造が問題なのだ。レヴィ＝ストロースにおける交換の概念の根本的な意味はこのようなものであり、それはまず互酬性の関係を規定する（このことが理解されるのは稀である）。この交換の概念によってレヴィ＝ストロースはパースよりも先に進む。与え手／受け取り手／与えられた物がトリアッドを作る、意図という絆を理解することだけが問題なのではない。第二の次元において、差し出されたものを受け入れること、そして何よりも返礼を与えること（同じものを、直ちにではなく）というもう一つ別のタイプの意図性を理解することが問題なのだ。トリアッドが分割不可能であるのと同じように、より複合的な次元においての相互的な運動としての交換も分割不可能である。それは与える、受け取る、返すという三つの契機からなり、その点では二人のパートナーによるゲームに類似の構造をもっている。この問題は義務というものを理解させる点で根本的なものである。ボールを受け取ったらそれを返すのは、それが道徳だからでも、そうしないことが違法だからでもなく、ゲームを続けるためなのである。その点では互酬性は、まずもって一つの規則あるいは規則群の一つの装置を受け入れることに帰着する（マオリのハウ、そして奢侈的な供与の儀礼的な作法の論理がそのようなものであることは異論の余地はない）。ものごとを（パースとヴィトゲンシュタインの文章が可能にする）こうした視点から考えることで、普遍的なものと考えられた交換の「心的構造」が喚起された『親族の基本構造』のよく知られた一節を読み直すことができる。

三つの心的構造があると思われる。一つ目は〈規則としての規則〉への要求。二つ目は、自他の対立を統合できるもっとも直接的な形式として考えられた互酬性の概念。三つ目は〈贈与〉のもつ総合する性格で、それは、二個体の合意のうえで一方から他方になされる価値の移転が彼らをパートナーに変え、なおかつ移転された価値に新しい性質を付加することを言う（*SEP*: 98／邦訳一八七－一八八頁）。

「規則としての規則」によってわれわれは約束事、暗黙の契約の秩序に入り、「互酬性の観念」によってわれわれは一挙にトリアッド的構造に入る。「贈与の総合的特性」によって、われわれは象徴となった財によって保証された承認の秩序に入ることになる。

次にまさに他者性の要件に進むことにしよう。ヴィトゲンシュタインが記述した不可能性——自らに贈与することの不可能性——は、贈与することが必然的に現実の受け取り手つまり他の人格を前提することからきている。ところがこの要件は、制度の平面においては、一つの集団にとって自らの外へ出て、自他の差異が十分に構成された（自己の系とは常に異なった系となる交叉イトコ——その点で平行イトコとは異なる——における差異のように）別の集団と通婚関係をもつことと完全に同型である。血族集団を超えたものとしての社会が制度化されるのは、すでに見たようにこの自己からの脱出によってである。その点において社会は婚姻連帯から始まるのである。インセストの禁止において義務として課された自己からの脱出。こうしてわれわれは議論の始まりに、あらゆる種類の行為、態度すなわち自己の二重化[*15]、自己の閉塞、他者に対する注意の欠如、集団的な財の私的な消費を共示的に示す態度にインセストの共示的な意味が拡散することについて探究した意味の場に再びもどってきた。この他者性の要件は互酬性の条件であるだけいっそう強い。したがってそれは応酬という強い意味での交換の構造の可能性の条件でもある。ところでコミュニケーションのモデルから消えてしまったように思えたのは、この互酬性とそれを構成する他者性である。そこではパートナー間の競覇的な関係は発信者と受信者の技術的な二極の形象に均され中立化されてしまう。これが理論の――あまりに――魅力的な一般化であった。それは幸いなことに研究対象となった民族誌的素材の経験的な豊かさによって疑問に付されることになった。『今日のトーテミズム』と『野生の思考』以後、人と物の分類体系、高度に差異化された諸集団の社会的機能のしかたが、互酬性の諸形態にかんする新たな考察を課すことになる。だが社会生活のさまざまな様式、適切な距離をとることの要請、他者に対する文明化された作法の務め、各自に順番を回すこと、任務の分業を引き受けることをあつかう物語がふんだんに出てくるのはとりわけ『神話論理』においてである。『食卓作法の起源』『蜜から灰へ』ではそうした物語が基調をなしている。それらは同時に、宇宙論と社会秩序と性的差異の肯定と一つのモラルなのである。

蜜と灰をめぐる一連の神話もそうなっている。調理することの二つの比喩的様式が提示され対置される。すなわち一方には、すっかり仕上がった形で見出され、ある意味では自然によって「調理され」狭い意味での人間的な活動あるいは儀礼の媒介なしに、準備なしに消費することのできる蜜がある。そうした点で蜜は危険で誘惑者である。それは手をかけたものに(「文化」に)属するという幻想をあたえつつ、手をかけていないものの(「自然」の)秩序にとどまる。ここからこの自然発生的な、調理していない食べ物に魅惑され、それをがつがつと独りでむさぼる「蜜に狂った娘」の形象が生まれる。その食べ方において彼女は社会的媒介を忘却し、彼女自身が必要な仲立ちなしに食べられてしまうことになる。蜜に対置される煙草は反転した位置を占める。それは「過剰に調理」されなければ、つまりまず乾かし(天日干しされ)最終的には灰にされるという条件のもとでなければ消費されえない、にもかかわらずこの過剰な調理は食べ物を提供することはなく煙をもたらすのみである。そこにはある種の文化の過剰がある。煙草が精霊、不可視の世界に関係する理由はそこにある。要するに蜜は料理以下の位置に、煙草は料理以上の位置にある。これら二つの極のあいだに、神話はあらゆる種類の中間的形象と一連の媒介を考えだし、それがそれだけの数の語りの変異形を生み出す。蜜と煙草が過剰を語る手段として、行動を「コード化」し、ひとつの社会学とひとつのモラルを連節させうる理由はそこにある。こうして自然の事前調理としての蜜は、婚姻連帯を通すことのない結合すなわち制度の管轄下にあるべきものを我田引水し私的に使うことへ誘惑する機会を提供する女である「蜜に狂った娘」の形象と結びつく。となると男に、反対方向すなわち煙草の消費という過剰調理の方に引っ張って、平衡をとりもどす役割が回る。しかしここでは女性の形象が猜疑の対象として指定されているのであってみれば、「他者の記号」でありまたそうであり続けるのが女の役割となり、それによって女は婚姻連帯の媒介者にして賭け金ともなる。その時彼女は両極の媒介を保証する料理の火の主の役割にあって、グリルから鍋まであらゆる様式と、火にかけたものと生のもの、燻製から煮物まですべての状態、すべての結合をみずからのうちに統合する。こうした様式、状態、結合こそ人間に食べ物の源泉たる環境世界との関係を調整し、共に生活を組織し、再生産し、時に祭礼もおこなう他の人々との関係を調整することを可能にするのである。

お分かりいただけたであろう。レヴィ＝ストロースは南北両アメリカ大陸先住民の語りの素材を通じて、親族関係の核心をなしインセストの禁止がまず証している互酬性の要件を再発見したのである。五〇年代から六〇年代までの還元への誘いは、婚姻連帯の関係を情報理論のモデルにしたがったコミュニケーションの構造に還元できる、財や言葉の循環に類似した配偶者の循環に帰着させた。そこでは贈与の競覇的な交換は、利益を生む交換と見まがうものとなっている。この誘惑は最終的には斥けられたように思われる。著者自身はこの再改宗をあからさまに認めたことはないにせよ、研究対象となった事実がそのように決定する役割を果したのである。[*16]

五　結論、他者と生きることあるいは野蛮人の教え

レヴィ＝ストロースが「交換法則の裏をかいて失わずして獲得し、分け合わずして享受する」ことはできないと

想起させている『親族の基本構造』の締めくくりの文章にもどれば、ここでいう法が単なる財の循環の法や交易の法でないことははっきりと理解できる。それは寛容さのリスクの――贈与／対抗贈与に固有な――法であり、互酬性の――次は自分が与える用意がある――法なのである。社会関係は孤立した個人のすれ違いでもないし、単なる制度の論理で統御された集団の成員たちの運動でもない。それはまず、互いに異なり自律したものとして出会い対抗しあう行為主体間の関係である。彼らは構成的な他者性を交渉しあわなければならず、相互的な拘束によってそうすることを自らに強制する能力を有している。

したがってリスクは単に「自らのもとで生きる」というだけのこと、「同一者」に閉塞するということだけではなく、他者とのあいだに設定すべき適切な――近すぎない――距離を知らないことでもあり、過剰な距離によって自らの場所で異邦人となる――遠すぎない――ということでもある。この視点からすると「生きる知恵の規則」と題された『食卓作法の起源』の最後の章には、アメリカ先住民神話が称揚する世界との関係の均整のとれた管理と相互的な文明作法の義務の実例が数多く示されている。この巻は本論冒頭でふれた『親族の基本構造』末尾に応えていると思われる省察によって締めくくられている。われわれ自身の文明に対してきわめて辛辣なこれらの文章は、他者とともに生きるためについに学ばねばならない、切迫した呼びかけとしての価値を帯びている。

神話に内在するモラルは、わたしたちが宣明するモラルとは対極にあることになる。いずれにせよ、このモラルは、わたしたちが大いにもてはやした「地獄とは他人のことだ」という表現が、哲学的な命題というよりは、ひとつの文明についての民族誌的な証言にほかならないことを教えている。［…］それとは反対に「地獄とはわたしたち自身のことだ」と宣言する時、野蛮な人々は、わたしたちにまだ聞く耳のあることを期待したい、ひとつの謙虚さへの教えを示しているのである。さまざまな社会の豊かさと多様性という、記憶をこえた昔からの人類の遺産のもっとも素晴らしい部分を破壊し、さらには数え切れないほどの生命の形態を破壊することに没頭しているこの世紀においては、神話がしているように、正しい人間主義は、自分自身から始めるのではなく、人間の前にまず生命を、生命の前には世界を優先し、自己を愛する以前にまず他の存在に敬意を払う必要がある、というべきではないだろうか（*OMT*：422／邦訳五八八頁）。

レヴィ＝ストロースが「交換法則の裏をかいて失わずして獲得し、分け合わずして享受する」（*SEP*：569／邦訳七九六頁）という誘惑に警戒を呼びかけたとき、この交換という用語にこめていた意味が、今、よく理解できる。それはすなわち、あらゆる存在が共通に織り込まれている関係の中で、統御されているとともに不確実でもあるゲームにおいては、受け取った時には返し、自己以上に他に――人であれ人以外であれ――利するように与えよ、と。

【訳注】

†1　本論は二〇一二年にPUFから刊行されたGuenancia, P.とSylvestre, J.P.編による*Levi-Strauss et ses contemporains*（『レヴィ＝ストロースとその同時代人たち』）という論文集のひとつの章（157-180）である（論文の表題の横にこの注記がある）。

†2 réciprocité という単語は当該主題にかかわる人類学分野での慣習にしたがって「互酬性」と訳してある。ただ贈与交換の文脈で「酬」の字を含むこの語を適用することでより広い「相互性」のニュアンスが弱まることを訳者は少し懸念している。レシプロ・エンジンという表現でピストンの往復運動がシャフトの回転運動に変換される動態が意味されるような力感をこの語は内包していると思うからである。Réciproque という形容詞形で使われている場合には「相互的」と訳しルビを付した。

†3 邦訳を尊重して引用したが原文には「互酬贈与」に相当する単語はなく cadeau つまり「贈り物」とある。逐語訳すれば「それはまさに贈り物であり、商業的行為ではない」というようになろう。

【注】

＊1 本論で引用するレヴィ＝ストロースの著作は以下の略称による。『親族の基本構造』は ***SEP***、「マルセル・モースの著作集への序論」は ***IMM***、『構造人類学』は ***AS***、『食卓作法の起源』は ***OMT*** とする。

＊2 それは「二つの相容れない側面を示す女の矛盾を乗り越える、唯一の手段であった。欲望の対象、つまり性本能を煽る占有の対象である一方、まさにそうであるがゆえに同時に他者の欲望の向けられる主体、すなわち他者と縁組「婚姻連帯」させて他者をつなぎ入れる手段でもあるとの二側面である」（*SEP*: 569／邦訳七九六頁）ということにかかわっている。

＊3 Ronan Le Roux: «Lévi-Strauss, une réception paradoxale de la cybernétique», *L'Homme*, No 169, 2009. を参照。

＊4 Jean-Pierre Dupuy, *Aux Origines des sciences cognitives*, La Découverte, 1994.

＊5 『人類学における構造主義』でのD・スペルベルによる異議申し立てにふれておこう。彼はコードの構造とネットワークの構造という不可欠な区別をするよう提案している。言語活動の規則は語句を創造することができ言語学的コードを統御するが、いっぽう親族関係の規則は婚姻連帯のネットワークの中を循環する女性を生み出すことはできない。

＊6 『エスプリ』（三〇一号、二〇〇四年一月）に掲載された対談で私はレヴィ＝ストロースに直接この問いを聞く機会があった（九三－九六頁）。彼の答えの要点は以下の通り。「交換からコミュニケーションの視点に移行することで、それまでの次元では還元不可能と思われた共役不可能性が消失するより高い抽象度に到達することになる。たとえば貴方

が近著でたいへん強調した、贈与交換と商業的交換の共役不可能性もそうです。そのことは交換の用語で考え、またオーギュスト・コントの用語で「主観的総合」と呼ばれた視点からすればその通りですが、商業交換が贈与交換と同様共通の言葉遣いで表現できるコミュニケーションの視角からはそうではなくなります」（九六頁）。ご覧の通りレヴィ＝ストロースは意見を保持している。

＊7 « Guerre et commerce chez les Indiens d'Amérique du Sud », *Renaissance*, Revue trimestrielle publiée par l'Ecole Libre des Hautes Etudes, New York, Vol. I, fasc. 1-2 : 122-139.

＊8 この著作のごく始めのところで著者は、モースが以下のことを明らかにしたと断言して称賛している。「第一点、未開社会での交換は商取り引きよりもむしろ相互的（互酬）贈与のかたちで現れる。第二点、未開社会において相互的（互酬）贈与は、我々西欧社会でよりはるかに重要な位置を占める。第三点、この原初的交換形式はただたんに、また本質的に経済的性格をもつだけでなく、彼モースが適切にも「全体的社会事象 un 'fait social total'」と呼ぶ事象、社会的・宗教的、呪術的・経済的、功利的・情緒的、法的・道徳的のいずれの意義をも帯びた事象に我々を直面させる」（*SEP* : 61／邦訳一三七頁）。「どこでも均等に発達しているわけではないにせよ、やはり一つの普遍的文化モデルなのである」（*SEP* : 62／邦訳一六二頁）。

＊9 V. Descombes, *Les Institutions du sens*, Paris, Minuit, 1996 : 236.

＊10 B. Russell, *Signification et vérité*, [orig.1940], Paris, trad. Ph. Devaux, Flammarion, 1959.

＊11 V. Descombes, *Les Institutions du sens*. p. 239.

＊12 C.S. Peirce, *Collected Papers*, Harvard, T. VIII, 1958, chap. 8, §331: 225-226. Traduction de Descombes.

＊13 L. Wittgenstein, *Recherches philosophiques*, §268, cité in Descombes. Les Institutions du sens: 241-242.

＊14 『意味の制度』で「贈与論」と題された第一八章の大部分をレヴィ＝ストロースによるモース批判の検討と反論に充てているデコンブがそのことに気づいていないのは奇妙ではある。

＊15 この主題についてフランソワーズ・エリチエが『象徴的機能』（M. Izard et P. Smith, *La Fonction symbolique*, Paris, Gallimard, 1979 : 209-244.）所収の「インセストの象徴体系とその禁止」（Symbolique de l'inceste et sa prohibition）で行った見事な分析について論じるべきではある。

＊16 こうした立場についてレヴィ＝ストロース自身が明確にしなかったことはきわめて残念なことであり数多くの誤解を生んだこと、一九五〇―六〇年代のテクストがそれに先立つ時期と後に続く時期のテクストに投影され、とりわけ交

換という用語そのものを含め恒常的な不整合を生み出したことを指摘せねばならない。

【参考文献】

Descombes, Vincent.　1996 *Les Institutions du sens*, Paris: Minuit.
Dupuy, Jean-Pierre　1994 *Aux Origines des sciences cognitives*, La Découverte.
Izard, Michel et Pierre Smith　1979 *La Fonction symbolique*, Paris, Gallimard.
Levi=Strauss, Claud.　1943 "Guerre et commerce chez les Indiens d'Amérique du Sud", Renaissance, *l'Ecole Libre des Hautes Etudes*, New York, Vol. I, fasc. 1-2: 122-139.（＝一九八六「南米のインディオにおける戦争と交易」原毅彦訳、『GS』4、UPU）
――― *SEP*: 1949(1967) *Les Structures elémentaires de la parenté*. Mouton（＝二〇〇〇『親族の基本構造』福井和美訳、青弓社）
――― *AS*: 1956 *Anthropologie structurale*. Plon.（＝一九七二『構造人類学』生松敬三訳、みすず書房）
――― *IMM*: 1950 "Introdution a l'oeuvre de Marcel Mauss" *Marcell Mauss: Sociologie et Anthropologie*. Presses Universitaires de France.（＝一九七四「マルセル・モースの業績解題」『マルセルモースの世界』清水昭俊・菅野盾樹訳、みすず書房）
――― *OMT*: 1968 *Mythologique 3 L'Origine des manieres de table*, Plon.（＝二〇〇七『食卓作法の起源』渡辺公三・榎本譲・福田素子・小林真紀子訳、みすず書房）
Le Roux, Ronan　2009 Lévi-Strauss, une réception paradoxale de la cybernétique, *L'Homme*, No. 169.
Peirce, Charles Sanders　1958 *Collected Papers*, Harvard, T. VIII, chap. 8, §331: 225-226. Traduction de Descombes.
Russell, Bertrand.　1959 *Signification et vérité*. trad. Ph. Devaux. Paris: Flammarion (=orig. 1940).

第一九章　クロード・レヴィ＝ストロースの陰画的《ネガティーフ》エコロジー[*1]

フレデリック・ケック（泉　克典訳）

レヴィ＝ストロースの政治的思考は、エコロジーに近づけられることもありえた。政治性がもっとも明らかないくつかの言明では、レヴィ＝ストロースはつねに、人間の至上の意志の原理に抗して、人間による自然環境保護を擁護する立場を表明してきたのは確かである。たとえば、「自由についての考察」と題された文章には、「人類の諸権利は、自らの行いが他の種の存在を脅かすまさにその瞬間に消滅する。［…］この地上に現在まだみられる生物種の生きる権利、自由に発展する権利だけは、言うなれば奪うことができない。なぜなら、ある一つの種の消滅は、森羅万象の体系のなかに、自分たちの手では償うことのできない空白を穿つからだ。［…］このところ喧伝されている環境権とは、環境の人間に対する権利であって、人間の環境に対する権利ではない」[*2]とある。レヴィ＝ストロースの思考に定数があるとすれば、文化は自らを取り囲む自然との関係なしで自ら思考することができないがゆえに、人間を「自然の主人であり所有者のようなもの」とするデカルト的な構想はナンセンスであり、また危険なものだという見解である。

ただし、そのエコロジーが自然保護の名のもとでのひとつの文化批判だと理解するとしたら、レヴィ＝ストロースを現代のエコロジー運動と同列に置いてしまうのは間違いだろう。[*3] じっさい、「野生の社会」という彼の言葉づかいに、私たちが遠ざかってしまった自然に近しい社会という神話への回帰を見いだすおそれもあるが、そうなれば、野生の社会の有用性は私たちの社会で今なお作動している論理規則を私たちに示してくれることにあるとするテーゼも手放すことになりかねない。レヴィ＝ストロースにエコロジーの次元についての問いかけがあるとすれば、私たちが以下にいう二重の意味で陰画的エコロジーと呼ぼうとしている枠組みのなかにではないだろうか。まず、環境の擁護は他の政治的モデルをいったん汲みつくしたあとに残るすべてであり（ある意味では、諸モデルの究極的真理を顕在化するあらゆる政治的なものの、写真的な意味における「陰画＝ネガ」である）、また、自然と文化に起こりうる破壊を地としてしか現れない図だからである（したがって現実そのものの「否定的《ネガティーフ》」性質をあらわにする）。環境の擁護はいわば執行猶予の期間に生じる。つまり、抗しがたい消滅が運命づけられたものを、一時的に保護することなのだ。レヴィ＝ストロースの思考の陰鬱なトーンは、どのような破局《カタストロフィスム》の思想をも招来しない。そのトーンは、私たちにできるのは解体しつつあるものを知ることでしかないとする、絶望的ではあるが明晰な現状認識に支えられている。

この陰画的エコロジーは、レヴィ＝ストロースの著作では、『悲しき熱帯』の末尾における仏教への参照として初めて現れた。レヴィ＝ストロースは、アマゾンの野生の社会にこの著作の大半を費やしたあとで、結論として、イスラムと仏教とをそのさなかに比較することができたアジアへの旅に言及している。イスラムは社会的な主意主義と法律上の形式主義とによって、人類の人口増大を合理的に制御しようとする試みとレヴィ＝ストロースの眼には映った――彼によれば、このためにイスラムは、西洋に似かよっており、その論理を極限まで突き詰めている――のに対して、仏教はこのような主意主義的な制御を放棄するとともに、ある瞑想的な賢慮という様相を飾り気なく呈していて、レヴィ゠ストロースはこの対立を、男性的なものと女性的なもののあいだに引かれる対立と類比的なものとみなす。仏教は、社会組織を神ないしは自己といった原理によって基礎づけることを目指さず、ただ真実を知ることだけを追い求め、真実の存在様式は無であると結論するに至る。それゆえつまるところ仏教の知恵は、自らの知が取り組む対象を溶解させると確認する民族学者の結論ときわめて近いところにある。つまり「理解するための一切の努力は、私たちが執着していた対象を打ち壊す。それは、その努力を無に帰するもう一つの努力のためなのだが、それはさらに第三の努力のためであり、以下同様にして、私たちが唯一の持続性ある存在に到達するまで続くのである。それは、意味と意味の不在との区別がそこでは消え失せてしまうような存在であり、われわれがそこから出発したのと同じものなのである。ここに、人間がこれらの真実を発見し、表明してきた二五〇〇年がある。爾来、われわれは何も見出さなかった」[*4]ということだ。民族学の調査はこのとき、仏教の苦行に近接している。つまり、民族学は自らの対象のさまざまな特性に注意を凝らし、それらがもっぱら仮想的なものだという発見に到達し、仮想的なものをそのようなものとして規定する法則の認識を徐々に獲得することで、こうした認識に立って、個人のいかなる行動しようとする意志も廃するまでに至る。レヴィ゠ストロースはここで、西洋において仏教を広く普及させた最初の人であるショーペンハウアーまで遡る伝統を踏襲している。その伝統によれば、人間の意志の対象の持つ幻想的な性質の認識は、この意志を中断せしめ、事物の究極の存在様式としての無なるものを享受することを可能にするという。

ところが仏教は、レヴィ゠ストロースにとって、たんに道徳的叡智の価値を有するのではない。文化や自然に仏教を適用すると、それが向けられた対象の真の認識が可能になる。社会を社会が機能するままに観察するために抽象原理を問うことを止めることで両者がともに「形而上学の問題を人間の行為の問題に還元した」[*5]ということから、レヴィ＝ストロースはきわめて驚くべきしかたで、仏教をマルクス主義と対比する。仏教とマルクス主義に共通するのは、人間の苦悩と人間の幸福への熱望のあいだの経験的な対立から出発する点、そして、超自然という仮説にすがることなく、認識のみによってこの対立を解決しようとする点である。この二つの教説の違いは、マルクス主義が社会的矛盾と革命の予期とに光をあてることで、この対立を社会学的なレベルで解決するのに対し、仏教は対象がもつ幻想的性質の確実性に照らしてこの対立全体が廃される点まで到達することによって、コスモロジーのレベルでそれを解決するところにある。「人類をその第一次的な鎖から解き放そうとするマルクス主義の批判――人間の条件の表面に現れた意味は、人間が自身の考察する対象を拡大するのに同意すれば消滅することを教える――と、解放を完成させる仏教の批判とのあいだには対立も矛盾もない。各々は、もう一方と同じことを異なる水準で行っているのである。［…］信仰と迷信とが、人間のあいだの現実的な諸関係を問題にするときに溶け合ってしまうように、道徳は歴史に譲歩し、流動する形は構造と、創造は無と入れ替わる」[*6]。ここでは、仏教の懐疑主義はマルクス主義の科学主義を癒やすということが言われているのではない。仏教とマルクス主義は二つの似かよった認識の方法で、論理的対立を用いて対象を分析する――二つがともに批判とされるのはそのためだ――とはいえ、レヴィ＝ストロースの見るところ、仏教の優越性は、仏教が文化のレベルだけでなく、自然のレベルというさらに大きなレベルでこの認識を適用するという点に由来する。したがって、レヴィ＝ストロースにとっては、仏教によってこそ、イデオロギーへと逃げてしまうのとは逆に、生産関係をめぐる考察を掘り下げながら、マルクス主義から脱することが可能になると言える。すなわち、彼はマルクスが目星をつけた対立を自然そのもののなかにあらためて見いだしたのであり、そのことはマルクス主義批判の対象を広げることなのである。

レヴィ＝ストロースにとって仏教が、民族学者が観察する諸文化と同じく、分解の不可逆的プロセスのなかで捉えられたものとしての自然それ自体をめぐる瞑想の機会となるのは、このような意味においてである。「世界は人間なしに始まったし、人間なしに終わるだろう。制度、風俗、慣習などそれらの目録を作り、それらを理解すべく私が自分の人生を過ごしてきたものは、ひとつの創造の束の間の開花であり、それらのものは、この創造との関係において人類がそこで自分の役割を演じることを可能にするという意味を除いては、恐らく何の意味も持ってはいない。この役割が人類に独立した一つの位置を示し、あるいは人間の努力——たとえ呪われたものであれ——が普遍的な下降に空しく逆らうことからはほど遠く、人間は、それ自体が一つの機械として立ち現われ、原初の秩序の風解を促し、強力に組織されている物質を、絶えず増大していつかは決定的なものとなるであろう無活力へと、追い遣っているのである。人間は、呼吸し、食物を獲得するようになってから、火の発見を経て原子力や熱核反応機関を発明するまで、人間を再生産する場合を除いて、喜々として無数の構造を分解し、もはや統合の可能性の失せた状態にまで還元してしまう以外、何もしなかった」[*7]。仏教的叡智をめぐる瞑想は、自然についての、そして無秩序に向かう世界における人類の歴史の地位についての観照の機会なのだ。すべてが構造であるとしても、この構造はもろく、たえず消失の危険にさらされているため、人間は構造に構造をさらに付け加えるのだが、この危険を倍増させることにしかならない。つまり、無秩序ととらえたものを修復するために秩序をつくり出すのだが、分解のさなかにある秩序に無秩序をさらに加えることにしかならないのである。レヴィ＝ストロースの構造主義はまさしく、自然と文化とに共通する秩序があるという確信によって支えられるのだが、この秩序が無にしか根拠がないためにもろくかりそめのものでしかないという確認を仏教にのなかに見てとる。この確認から、構造主義と仏教は、不安に満ちた絶望感ではなく、明晰な歓喜と晴朗な平安を引き出すのである。

このようなコスモロジックなバージョンの仏教は西洋の近年の発見を東洋的な叡智と混淆させる。すなわち、全宇宙は不可逆的かつ必然的に無秩序に向かうとする熱力学第二法則である。一八二四年にサディ・カルノーが定式化し、一九六〇年代に分子生物学によりふたたび光があてられたこの法則は、レヴィ＝ストロースの人類学にとって、物質の無秩序のなかに有機体の再生産という手段によって生命が秩序を導入するという着想を通じて、言語学にも比肩するモデルの役割を果たしている。無秩序は増大するが、他方で無秩序は「ネゲントロピー」の形で、言い換えれば無秩序へのこうした不可逆的な傾向を押しとどめる試みとして、生物の構造、わけても人類の社会構造もうちにはらんでいるとするエントロピー原理をレヴィ＝ストロースはしばしば参照する。「この分解の過程の最高度の表現を研究することに捧げられた学問の名は、人類学《アントロポロジー》よりもむしろ『エントロポロジー』と書かれるべきかもしれない」[*8]この法則の大いに逆説的な性質は、不動の秩序を措定するすべての科学法則に逆行するものだが、レヴィ＝ストロースの政治的思考がデカダンスや進歩といった単純な図式に帰着しえないことも説明してくれる。宇宙の観点では不可逆的な崩壊がありながら、にもかかわらず、生物や人類の観点では、統合《アンテグラシオン》の新たな形態の永続的な創造がある。『人種と歴史』における進歩の観念への批判に対してロジェ・カイヨワが表明した批判への応答として発表された、ほとんど知られていないがかなり意表をつくテクストのなかで、レヴィ＝ストロースはこのエントロピー原理に立ち戻って（「真の社会学的エントロピーはいつでも「不活性」の方向に体系を動かす」）、注釈に次のように付け加えた。

私の着想は、体系をひとが考察するいくつかの時機において、体系が「不活性」への傾向に支配されている限りで、ペシミスティック（この言葉が、私が身を置いた観点からの意味をいまなお有しているとして）である。この観点からすれば、知らず知らずのうちに、私はゴビノーに近づいている。ゴビノーの誤りは、その学説よりは同時代の粗けずりな科学的認識が責められるべきものであり、彼は人間科学のなかに、少なくとも暗黙のうちに、互いに排他的なそれぞれをとれば、大きく毀損された認識をしか可能にしない進化の相関的なふたつの側面のあいだの相補性という概念を導入するという大きな功績をのこした。この意味で、ゴビノーの思考は現代物理学の着想をいくぶんか先取りしている。[*9]

レヴィ＝ストロースがまず仏教に結びつけた熱力学第二法則についての瞑想に、ゴビノーがどうかかわるというのか。レヴィ＝ストロースの著作にしばしば反復されるこのゴビノーへの参照は、[*10]彼自身が「ペシミスム」と呼ぶものの地位を理解するために、真剣に受け止めるべきである。ゴビノーは、一九世紀末から二〇世紀冒頭の人種主義《ラシスム》理論の嚆矢とみなされる『人種不平等論』（一八五四）で知られるが、彼はまず、旅する外交官、偉大な東洋通であり、彼にとっては人間科学が思考すべき最重要の現象だと映った諸人種の混血現象に魅せられていた。レヴィ＝ストロースは彼から、観察では純粋な人種はひとつとして見いだせないがゆえに、諸人種ないし諸文化は混淆のあとでしか認識できないとする観念を取り入れた。レヴィ＝ストロースは、起源においてこの純粋な人種が存在しえたかもしれないという観念――ゴビノーは中央アジアの祖アーリア人のもとに虚構的な起源を打ち立てようとした――については距離を取るとはいえ、人種間の混淆が歴史の推進力であると同時に、歴史に無秩序や戦争を不可避にもたらすものでもあるとする観念についてはゴビノーに接近する。ゴビノーによれば、人種間の混淆と協調のプロセスを研究することができるのは、それゆえ、人種間の闘争と起こりうる最終的な破壊を出発点にしてのみであり、したがって、文化間の関係、エントロピーとネゲントロピーの研究はまさに相互補完的なものなのである。[*11]レヴィ＝ストロースが『神話論理』の最終巻である『裸の人』の結論を、次のような人類の最終的な消滅によって締めくくり、その暗さが同時代人を大いに驚かせたことは注目に値する。「存在することの現実への直観と不可分に結びついている、存在しないという現実がある。というのも、人間には、生き、戦い、考え、信じ、とくに勇気を持ち続けていくことが課せられ、しかも彼は以前には地球上にいなかったことや、つねに地球上にいつづけるわけではないこと、さらにはそれ自身消滅することの約束された一つの惑星の表面から人間が間違いなく消えていくのと同時に、人間の労働、苦しみ、喜び、希望、作品もまたあたかも存在したことがなかったようになくなるという確実さを一瞬も見失うことはないのだから。というのは、それらの束の間の現象に関する記憶を保持しようとする意識もまた、残ることはなく、ただ地上のものはや無感覚となった相貌から遠からず消されてしまうとしても、つかの間の減少のいくつかは、かつて何かが生起したというわずかな証拠を残すだろうが、その何かもまた無にほかならない[*12]」実は、彼が後になって指摘したように[*13]、これもゴビノーの『人種不平等論』の結論をなぞったもの《パスティーシュ》なのである。したがって、ゴビノーの参照から、ある重要な点を明確にすることができる。無をめぐるレヴィ＝ストロースの瞑想は虚無主義《ニヒリズム》の一形態ではなく、むしろ、人間の本性《ナチュール》がもつ秩序と無秩序の混淆をめぐる科学的仮説の相関命題、あるいは、レヴィ＝ストロースの用語を再び用いて言うならば、それが位置づけられるレベルにそって、創造と破壊を交互に見てとることができるひとつの「観点」なのである。民族学者のペシミスムはそれゆえ、自分が記述しなければならない対象、それ自身はなにものも意味しないが意味作用を生み出す諸関係が駆けまわる地球大の対象のもつ、構築的プロセスを適切に記述するための条件なのである。

仏教やゴビノーのペシミスムへの参照は、ルソーについての中心的な参照に光を当てると同時に、これらの参照からもっと楽観的《オプティミスト》な解決策の素描をルソーのなかに見出すのである。レヴィ＝ストロースからルソーに向けられた情熱にとんだ賛辞はよく知られている――「人間科学の創始者[*14]」「哲学者のなかで最も民族学者［…］われらの師［…］われらの兄弟。ルソーに対して、われわれはこれほどの忘恩ぶりを示して来はしたが、この本の一ページ一ページも、もしそこに披瀝された経緯が彼の偉大な記憶に値しないのでなかったなら献じたいくらい[*15]」であり、ルソーこそが「心のなかのトーテミズム[*16]」をいちばん最初に理解しえたのである。哲学と手を切る者として名乗りを上げた人類学者からの逆説的なこの賛辞に対し、数多くの評者から驚きの声が上がった。ひとはほとんどの場合、そこに、文化の規則を定式化しようとする――『社会契約論』の延長線上にある――構想と、ある自然の秩序へのノスタルジー――『孤独な散歩者の夢想』により近い――とのあいだで、レヴィ＝ストロースの人類学が内的に引き裂かれている兆候を見てとったのであり、それゆえ、ルソーへの参照は、それがたとえ文化を自然に統合する一つの解決策でなくとも、少なくとも、その問題が存在することの徴候であるかもしれないと考えた。[*17] 私たちがここで示した分析は、この参照にある別の解釈を提示することを可能にするものである。

実のところ、自然と調和して生きる社会という神話ではなく、人間社会がそれ以外の自然から決定的に切り離される出来事すなわち、ルソーにとっての所有と、レヴィ＝ストロースにとっての数学の偶発性を見てとるためにレヴィ＝ストロースが最もよく参照するのは、『人間不平等起源論』と『告白』である。したがって、レヴィ＝ストロースがルソーに求めたものは、人間性に構成的に作用し、それをそれ自身から引き離す悪についての証言である。『告白』はこのように、それ自体が偶発事である文化と自然のあいだの、あるいは自己と他者との分離を、ふたつの極の一方におっかぶせてしまうことなく、しかし、特異的な主観性を構成するものとしてこのふたつの極の間の緊張を保ちながら、記述しうる最良の言説の体制なのだ。なるほど、参照のなかで印象的なのは「二重のパラドックスです。つまり、ルソーは、遠い異郷に住んでいる人びとの研究を唱導する一方で、同時に、その関心をとりわけ、彼の最も近くにいると思われる特殊な人間、つまりは彼自身にも向けます。そして、その全作品を通して、他者との同化をめぐる体系的な意志が、自己との同一化への執拗な拒否と併走しています。というのも、この見かけの上での二重の矛盾は、唯一で相互に入れ替え可能な結果へと解消されますが、民族学者はこの矛盾をこそ、全キャリアを通して、そのたびごとに乗りこえなければならないのです。[…] 民族学者はフィールドにおもむくたびに、すべてが自分となじみがなく、ときに敵対的ですらある世界に自分の身をさらします。そこで自分が生き延び、研究を遂行することを可能にするために活用できるものといえば、この自己しかありません。ところが、その自己は肉体的にも精神的にも、疲れや飢え、不快感、身につけた習慣との衝突、予期していなかった偏見の不意の出現によって打ちのめされています。こうしたよそよそしい状況のもとで、自分が天職を歩き始めたことに責任があるとはいえ、その後にはその道のりにひどくつらい思いをさせられる個人史《イストワール・ペルソネル》から生じる苦難のために、不随になり不具になった自己自身を発見します。観察者は民族誌学的な体験のなかで、結果として、自分に固有の観察道具である自分に気づかされるのです。まったく自明ですが、観察者はおのれを知り、また、それを用いる自分《モワ》に対しては他者として現れる自己《ソワ》から、他の自己への観察の一部に統合される評価を手に入れなければなりません。民族誌学者のキャリアは、それが書かれたものであれ、語られぬものであれ、めいめいが「告白」のなかにその原理を見出すのです[*18]」。

ルソーへの参照はしたがって、ここではまだ瞑想的な次元において行われているように見える。つまり、この次元があってこそ、民族学者は、自己と他者とが決定的に切り離される偶発的で悲痛な出来事としての自らの「天職」の起源に立ち戻ることができる。ただし、この参照はそのとき、ある認識論的役割を果たす。この次元が指し示すのは、まさに民族学者のなかの他者の認識を通して、民族学者が他者における他者を認識できるようになるがゆえに、自己《ソワ》の内部における自己と他者のあいだの第一次的分割が、自己と他なる自己《オートル・ソワ》のあいだの、あるいは民族学者と他の人間のあいだの対立を乗り越えることを可能にするとする科学的認識の様式なのである。ルソーの後を追って、レヴィ＝ストロースは、人間に自分のあらゆる同胞《サンブラーブル》と意思疎通することを可能にする他なるものとの同一化のプロセスを「憐れみ《ピティエ》」と呼ぶ。ただし、ここでは、認識の道具にするためにその言葉から本質的に道徳的な次元が失われている——このような第一次的な意味作用をすべて失ってしまうことなく——ことも見ておく必要がある。民族学者がなんであれ自分の同胞に同一化することができるとすれば、それは自身が同じものと他なるもの、あるいは自然と文化に分割されているからであり、言い換えれば、同胞が生きているならば、その生も、同じものと他なるもの、自然と文化の閾に位置しているからなのである。「社会の出現とともに、自然から文化へ、感情から認識へ、動物性から人間性へという三重の移行が生まれると考えることができるならば［…］それは人間に、しかもその原初的条件のなかに、これら三重の障害を乗り越えるように後押しする本質的な能力を与えることによってでしかありえません［…］この能力は、ルソーが絶えず繰り返したものですが、それは憐れみと呼ばれるものであり、ただ単に肉親、隣人、同国人といったものにとどまらぬ他者、すなわち、人間であればすべての人間、生けるものであればすべての生ける存在である他者と、同化することによって発露するものなのです」*[19]。憐れみとは異なるものと意思を通わせる能力のことである。それは、進行中の分化のなかにいる一個体に、それ自体も分化のプロセスに見舞われている他の個体との関係に参入することを可能ならしめる*[20]。

このときレヴィ＝ストロースは、ルソーへの参照によって、あるエコロジーを基礎付けることができたのだが、それはまさに厳密な意味においてである。憐れみが、すべての生物を同一化させる能力だとすれば、それは生物同士のあいだの連帯を表す。つまり、それは「自分《モワ》より先に他者を立てる人間の構想、人間より先に生命を措定する人間性の構想*[21]」を創設する役割をはたすのである。ただし、ここで問題になるのは「自然の主人であり所有者」としての人間についての壮大な構想ではなく、むしろ「共通な謙虚さ」とでも呼べそうなものが、「謙虚 humilité」という言葉に人間にとって「大地 humus」に返ること、残りの生物と人間とに共通の、つまりは死ぬということの第一義を回復させながら問題とされているのである。「もっとも慎ましやかなところから出発する、あらゆる生命形態との同一化は、人間にノスタルジックな避難場所として自らを提供するどころか、現代人類に対して、あらゆる叡智、あらゆる集合行動の原理をルソーの声を通じて提案しているのです」*[22]。ルソー的エコロジーは自然や原初の恍惚状態《エクスターズ》への回帰ではなく、むしろ人間性を、もっと慎ましくかつ他の種と共通するもの、死に関わって生きるという事実において把握する試みである。したがって、生命がそれ自体と分離することが他の生命とのコミュニケーション条件となり、原初的な苦痛に満ちた分離から出発するがゆえにもっとも慎ましい生命に到達しようとするこの試みが可能であるからこそ、今や陰画的エコロジーについて語ることができるのである。

こうして、ルソーへの、そしてその特殊な「プリミティヴィズム」への参照の意味がより深く理解される。それが問題にするのは、ルソー以後の一九世紀に設定された図式にしたがって歴史の起源にさかのぼることではなく、人類でありうるもののうちでもっとも謙虚な、その意味で原始的な、他の動物の種にもっとも類似した存在を起点とすることとなのだ。アマゾン地方でレヴィ＝ストロースが出会ったもっともシンプルなナンビクワラ社会を記述しつつルソーを参照する意味はそこにある。「私はと言えば、ルソーが「原初の時代の、ほとんど感じ取ることができないほどの進歩」と呼んだものを、地球の果てまで探しに行ったのだ。カデュヴェオ族やボロロ族の、人を惑わすように入り組んだ、あの仕来りのヴェールの背後に、私は——またしてもルソーの言葉だが——「もはや存在せず、おそらく決して存在しなかったし、これからも多分永久に存在しないであろうが、それについての正確な観念をもつことは、われわれの現在の状態をよく判断するために必要である」一つの状態を求め続けた。ルソーより幸運にも、私は一つの滅びかけた社会のなかにそれを発見した、と思った。しかし、その社会が過去の姿そのままを表しているのかどうかは、自問してみるまでもなかった。昔からそうであったにせよ、あるいは退化してそうなったにせよ、その社会はとにかく、考え得る限りでの最も貧弱な社会・政治組織の一形態を、私の前に示したからである。このような原初的な状態のままにこの社会を維持して来た、あるいは恐らく、そのような状態にこの社会を導いて来た、この社会固有の歴史に問いかけてみるまでもなかった。私の目の前で繰り拡げられる、社会学的な実験を観察しているだけでよかったのだ。だが、そんな実験は、私から逃げていってしまった。最も単純な表現にまで還元された社会を、私は探していたのではなかったか。ナンビクワラ族の社会がそれであった。私はもうそこに、人間だけしか見出さなかった」[*23]。ナンビクワラ族は――レヴィ＝ストロースにとって自然のふところに文化を打ち立てる交換のモデルとなったのだが――、それゆえ、未開社会ではなく「死に瀕した」慎み深い社会であり、社会が死に苛まれていながらも生き続けよう試みているのである。それゆえにこそ、ナンビクワラ族を前に、ルソーが「始まりの偉大さ」[*24]と呼んだものは、死という至高の次元と理解すべきでなく、むしろ逆に、数学的な意味において、すべては始まりより大きいという事実を理解しなければならない。レヴィ＝ストロースは、もっとも慎み深い社会との原初的同一化からスタートしたからこそ、それに続いて、他のあらゆる人間性の形態と同一化しえたのである。つまり、自然から文化への移行を可能ならしめる規則の集合を観察することは、まさに、お互いが危うく接近したままでありながらも自然と文化とが分離する地点においてこそ起こりうるのだ。その意味で、人類学は人間性の非‐意味ないしは無との対決と同時に、このような危険な状況のもとで意味を積極的に創造するもっとも慎み深い人間性がもつ能力を立証するのである。

レヴィ＝ストロースの陰画的エコロジーが政治的であるまえに科学的であるということはこのようにして理解される。それは、「自然の人びと」のうちに私たちの時代のエコロジーの諸問題の解決策を探ることではない。そのエコロジーは逆に、やがて来る終末の不安を埋め合わせる起源へのノスタルジーからではなく、一社会の生存条件は災厄《カタストロフ》に直面して共有の生命の規則を再創出するこの社会のうちにより明瞭に現れるとするからこそ、消失点上にあるこの社会で人間性の端緒とも言いうる「縮減モデル」を見いだそうとする。レヴィ＝ストロース流の人類学は、あらゆる社会を構築し、社会に自身と自然との関係を再構成することを迫る陰画的なできごとから出発する限りにおいて、エコロジー的な教訓を差し出すのである。

【注】

＊1 このテクストは二〇〇四年に「ラ・デクヴェール・ポケット」の一冊として刊行された私の著作『クロード・レヴィ＝ストロース、ある紹介（*Claude Lévi-Strauss, une introduction*）』からの抜粋であり、近々、再版を予定する。

＊2 *Le regard éloigné*, Paris, Plon, 1983, pp. 374-375.（邦訳『はるかなる視線2』、四一七－四一八頁）

＊3 『はるかなる視線』に採録された「構造主義とエコロジー」（邦訳、「構造主義と生態学」『はるかなる視線1』所収、一四六－七五頁）と題されたテクストのなかに、安直なエコロジー的政治哲学を見出すのは、とくに間違いであろう。レヴィ＝ストロースはそこで、むしろ逆に、文化が環境から受動的に諸規則を受け取る代わりに、文化が環境に投影するそれ固有の規則を持っているのであって、ここで言う「エコロジー」とは、アメリカの人類学者が抱く、文化のなかのあらゆるものは環境からもたらされるとするテーゼを、ひっくり返したテーゼを意味すると主張しているのだから。

＊4 *Tristes tropiques*, Paris, Plon, 1955, p. 493（邦訳『悲しき熱帯II』四二一－二二頁）。私は自身の民族誌学的調査のなかでこのフレーズを延長させようと試みた（*Un monde grippé*, Paris, Flammarion, 2010）。

＊5 *Tristes tropiques.*（邦訳四二二頁）

＊6 *Tristes tropiques*: 494.（邦訳四二三頁）

＊7 *Tristes tropiques*: 496.（邦訳四二五－二六頁）

＊8 *Tristes tropiques.*（邦訳四二六頁）

＊9 « Diogène couché », *Les temps modernes*, n°110, 1955: 1200, n. 3.（「寝そべったディオゲネス」『現代［タン・モデルヌ］』誌所収）

＊10 « Race et histoire », in *Anthropologie structurale*, Paris, Plon, 1958: 378（邦訳『人種と歴史』、七頁）や、« Race et culture », in *Le regard éloigné*, op. cit., p. 22（邦訳「人種と文化」『はるかなる視線1』所収、一頁）、また *La pensée sauvage*, Paris, Plon, 1962: 311-312 n. 1（邦訳『野生の思考』、三一六頁）、さらに *De près et de loin. Entretiens avec Didier Eribon*, Paris, Odile Jacob, 1990: 207（邦訳『遠近の回想』、二八七－八八頁）を参照のこと。

＊11 『人種不平等論』はつぎのような宣言から始まる。「文明の没落は、歴史の全現象のなかで、もっとも驚くべきものであると同時に、もっとも難解なものでもある。精神を震え上がらせながら、この不幸は、思想家が倦むことなくそれを考察し、研究し、その秘密のまわりを経巡りつづけるほどに、謎めいた巨大ななにかであり続ける。［…］力と栄光の時代のあとで、あらゆる人間の社会が下り坂に入り、瓦解を迎えることに気付くのはいつのことか。地球は、わたした

ちに先行した既知の文明に限らず、名前すら知らない他の数多くの文明の残骸を、自身の表面に散らばらせて、地球はわれわれにどれほどの恐ろしい無口さで示すのか、また、ほとんど森のごとく繁茂する現代人たちの底に石のような骨組みを横たえる、このかすかな記憶をどこの誰に伝えるのか［…］あらゆる人間的凝集は、社会的関係の最高度の精巧さに守られていても、凝集が形をとりはじめるその同じ日に収縮しており、避けがたい死の原理が、生存の諸要素のなかに隠される」。

＊12　*L'homme nu*, Paris, Plon, 1971: 621（邦訳『裸の人Ⅱ』、八七一頁）

＊13　*Regarder, écouter, lire*, Paris, Plon, 1993: 147（邦訳『みる　きく　よむ』竹内信夫訳、一六七－六九頁［音と色 XXI］を参照のこと。

＊14　*Anthropologie structurale deux*, Paris, Plon, 1973: 45.（邦訳「人類学の創始者ルソー」塙嘉彦訳、山口昌男編『未開と文明　現代人の思想セレクション3』所収、五六頁）［タイトルにある des sciences de l'homme を「人間科学」とした。ほか訳文は適宜変更した］。

＊15　*Tristes tropiques*, op. cit., p. 467.（邦訳『悲しき熱帯Ⅱ』、三八二頁）

＊16　*Le totémisme aujourd'hui*, Paris, PUF, 1962: 146-150（邦訳『今日のトーテミズム』仲澤紀雄訳、一六七－七〇頁）

＊17　このことがとりわけ『分析のための手帖（カイエ・プール・ラナリーズ）』グループの議論の対象（« Lévi-Strauss dans le XVIIIe siècle », n°4, 1966）となったのであり、それをもとに、ジャック・デリダの著作『グラマトロジーについて』が生まれた（*De la grammatologie*, Paris, Minuit, 1967.）

＊18　*Anthropologie structurale deux*, op. cit., pp. 47-48.（邦訳「人類学の創始者ルソー」、五八－五九頁）

＊19　*Anthropologie structurale deux*, op. cit., p. 50.（邦訳、前掲書、六一－六二頁）

＊20　拙稿「『裸の人』終曲における主体の解体」（F. Keck, « La dissolution du sujet dans le finale de L'homme nu », in M. Izard (dir.), Lévi-Strauss, Paris, *L'Herne*）pp. 236-243 を参照［＊訳者：本論文を統合した論文「レヴィ＝ストロースにおける主体の解体と生態的カタストロフィー」渡辺公三訳が『思想』二〇〇八年三月号に掲載されている。］

＊21　*Anthropologie structurale deux*, op. cit., p. 49.（邦訳、前掲書、六一頁）

＊22　*Anthropologie structurale deux*, op. cit., p. 54.（邦訳、前掲書、六七頁）

＊23　*Tristes tropiques*, op. cit., p. 377.（『悲しき熱帯Ⅱ』、二三五－三六頁）

＊24　*Tristes tropiques*, op. cit., p. 489-490.

【参考文献】

Derrida, Jacques　1967 *De la grammatologie*, Paris, Minuit.（＝一九八四　『グラマトロジーについて――根源の彼方に』（上下）足立和浩訳、現代思潮社）

Keck, Frédéric　2004 La dissolution du sujet dans le finale de L'homme nu, in Izard, M. (dir.), Levi-Strauss, *L'Herne*, pp. 236-243.

――――　2010 *Un monde grippé*, Paris, Flammarion.

Levi= Strauss, Claud　1955a *Tristes tropiques*, Paris, Plon.（＝二〇〇一　『悲しき熱帯』、川田順造訳、中央公論社）

――――　1955b Diogène couché, *Les temps modernes*, no. 110.

――――　1958 Race et histoire, *Anthropologie structurale*, Paris, Plon.（＝一九七三『人種と歴史』荒川幾雄訳、みすず書房）

――――　1962 *Le totémisme aujourd'hui*, Paris, PUF.（＝二〇〇〇　『今日のトーテミズム』仲澤紀雄訳、みすず書房）

――――　1962 *La pensée sauvage*, Paris, Plon.（＝一九七三『野生の思考』、大橋保夫訳、みすず書房）

――――　1971 *L'homme nu*, Paris, Plon,（＝二〇〇八　『裸の人 1』吉田禎吾・木村秀雄・中島ひかる・廣瀬浩司・瀧浪幸次郎訳、みすず書房、二〇一〇　『裸の人 2』吉田禎吾・渡辺公三・福田素子・鈴木裕之・真島一郎訳、みすず書房）

――――　*Anthropologie structurale deux*, Paris, Plon, 1973.

――――　1983 *Le regard éloigné*, Paris, Plon　（＝一九八六　『はるかなる視線 1』三保元訳、みすず書房、一九八八『はるかなる視線 2』三保元訳、みすず書房）

――――　1993 *Regarder, écouter, lire*, Paris, Plon.（＝二〇〇五　『みる・きく・よむ』竹内信夫訳、みすず書房）

第二〇章　「打撃＝衝撃」――「表象」「物語」の転位をめぐって

島　亨

はじめに

渡辺公三さんの大きな仕事の一つに、レヴィ＝ストロース（以下、渡辺さんの記述と同じくL＝Sと略称する）研究がある。彼はその主著の翻訳とともに、みごとな評伝や研究をものしてきた。そして、私はその恩恵にあずかってきた一人である。そこで、公三さんへの感謝をこめて、私が日頃、対抗して取り組むべき偉大な「思考する人」とおもい決めてきたレヴィ＝ストロースの論理について、自分なりに理解できたかぎりでの、すこしだけの釈註を書き添え、記念論集に捧げる言葉としたい。私は自分の書いてきた幾つかのささやかな文章のなかで、繰り返しこの「思考する人」の言葉を引用しつつ抵抗を試みてきた。いまもそれは変わることはない。その思索の大きさに圧倒されながら、それでもわからないとおもえることを言挙げしながら、自分の思索をためすほかないからだ。

L＝Sの思索でひっかかるものの核が何か。ひそかに感じているものをいえば、それは、おそらく「未分節のもの」「未生のもの」を論理のどこに据えるかにありそうだ。

一　レヴィ＝ストロースの「トーテミスム論」をめぐって

L＝Sは「トーテミスム」について、それまでの人類学者がなしてきたのとは全く異なる理解を『今日のトーテミスム』（仲沢紀雄訳、みすず書房、一九七〇年）、『野生の思考』「トーテムとカースト」（大橋保夫訳、みすず書房、一九七六年）などで示してみせた。トーテミスムと命名された事象についての研究史的な論議をふくめ、L＝Sの論理を精密にたどることはここではできないが、その核心となる趣意は次の文に描かれている。

〔…〕トーテム集団が援用するのは、社会集団と自然種〔動植物の種〕の間の相同性ではなくて、一方で社会集団のレベルで現われる差異と、他方で自然種のレベルに現われる差異との間にある相同性なのである。それゆえこれらの制度は、一方は自然の中に、他方は文化の中に位置する二つの差異体系の間の相同性という公準の上にのっている。それゆえ、相同関係を縦の線で記せば、「純粋トーテムの構造」は上〔五七三頁の図式A〕のように表現することができる。

関係の間の相同性に要素の間の相同性を加えるならば、あるいはまた、一歩を進めて、相同性の全体系を関係から要素に移せば〔五七三頁の図式B〕、この構造は大きく変質することになろう。

この場合、構造の潜在的内容はもはや、「氏族1と氏族2の差異は、たとえば熊と鷲の差異のごとし」ではなくて、「氏族1は熊のごとく、氏族2は鷲のごとし」である。すなわち、両者の形式的関係が問題になるのではなく、氏族1の性質と氏族2の性質が別々に問題にされるのである（レヴィ＝ストロース　一九七六：一三六－一三七）。

［…］自然と文化を差異の二体系としてとらえ、その間に形式上の類似性が存在すると考えるとき、前面に出てくるのは各分野に固有の体系性である。社会集団は相互に区別される。しかしそれらは、一つの全体を構成する部分としてやはり連帯的であり、外婚の掟がこの多様性と統一性の間の均衡のとれた対立を宥和させる手段となる。ところが社会集団を、社会生活の中での相互関係の角度からではなくて、それぞれ社会学的現実とは違った種類の現実との関係で考察するならば、多様性の観点が統一性の観点に優越することは予想される。各社会集団は、もはや他の社会集団と体系を構成するのではなくて、世襲的と考えられるなにがしかの示差的特性と共に体系を構成する傾向になるであろう。そしてこれら各集団の排他性は、社会の中でのそれら集団相互の連接を脆弱化する。各集団が勝手に自然のモデルを表徴とし、それによって自らを定義しようとすれば、社会的な面では、各集団が他の集団と連繋を保つことはだんだん困難になるであろうし、他の集団をそれぞれ別個の「種」であると考えるに至るため、妹や娘を交換することはとりわけ困難になる。いままでは社会の図式と自然の図式とがあり、それぞれ自然は自然の中で、社会は社会の中で連接を保った形になっていたが、それに代ってこんどは、自然と社会が一つに結びつき、しかも細分された一つの図式ができあがる［五七三頁の図式C］（レヴィ＝ストロース一九七六：一三七－一三八）。

L＝Sの本に記される三点が図1-(1)の図式A、B、Cである。図式Aは「純粋トーテム」型であり、「一方は自然の中に、他方は文化の中に位置する二つの差異体系の間の相同性という公準の上にのっている」ものと言われている。ここでの論理は、ソシュール言語学にいう「記号の恣意性」の概念とかかわるだろう。一つの氏族のトーテムを熊としたり、鷲としたりするのはその氏族に固有の必然があるというより、つきつめていえば、人間集団の差異体系が動物種の差異体系によってあらわされるという相同的な対応関係の心的構造化があらわれたものだ、というのである。この図式が、関係の全体的な相同性ではなく、要素間の相同性に遷移すると、図式B（仮に「中間トーテム」型と命名しておく）があらわれる。さらに、一つの社会集団内部の示差的特性とともに、それ自体が体系を構成するようになると、図式C（仮に「カースト化」型とする）への転位がひきおこされる。そして、図式Cにあらわれる社会集団の相互関係に職能による分割、支配や差別化をふくんだ弁別作用がはたらけば、「カースト」が登場することが示唆されている。

L＝Sの図式化A、B、Cを確かめつつ理解するためにすこしの加工をしたのが図1-(2)だが、じっと見ていると、L＝Sのように図式Aを基準図式とみなすよりも、実感としていえば、全体関係の相同性と要素間関係の相同性とが交錯した図式Bのほうを基準図式と考えたらどうかというすこしばかりの疑問が沸いてくる。L＝Sへのすこしだけの異和からいえば、図式Bの「中間トーテム」型は、「未分節」と、回帰性をふくんだ「重合」の双方をふくむ図式と考えられるからである。

たとえば、免疫細胞はその細胞表面に「抗原受容体」（BCR）をもち、細菌細胞の表面にあらわれる「抗原決定基」に合鍵のように結びついて、その細菌を認識する。とくにT細胞は細菌の抗原部分を切り取り、各人によって異なる「主要組織適合遺伝子複合体」（MHC）と結合させ、この結合した提示断片を認識する。そして、いったん認識した抗原がふたたび侵入したときには免疫応答反応を作動させ、細菌を攻撃する。さまざまな細菌の「抗原決定基」を認識できる免疫細胞の抗原受容体はじつに一〇の八乗個の「抗原決定基」に対応できるといわれる。免疫細胞のこの膨大な弁別認識作用は、多田富雄『免疫の意味論』にいう「自己と非自己の免疫学」を導いたものだが、T細胞の弁別作用は、ここではいわば「全体関係」と「要素間関係」の総体を腑分けているように見える。けれども、「全体関係」の認識は、免疫細胞の抗原受容体が「抗原決定基」の存在可能性への応答として用意され

図 1-（1） レヴィ=ストロース「トーテムとカースト」の図式の複写
（レヴィ＝ストロース　1976：136, 138）

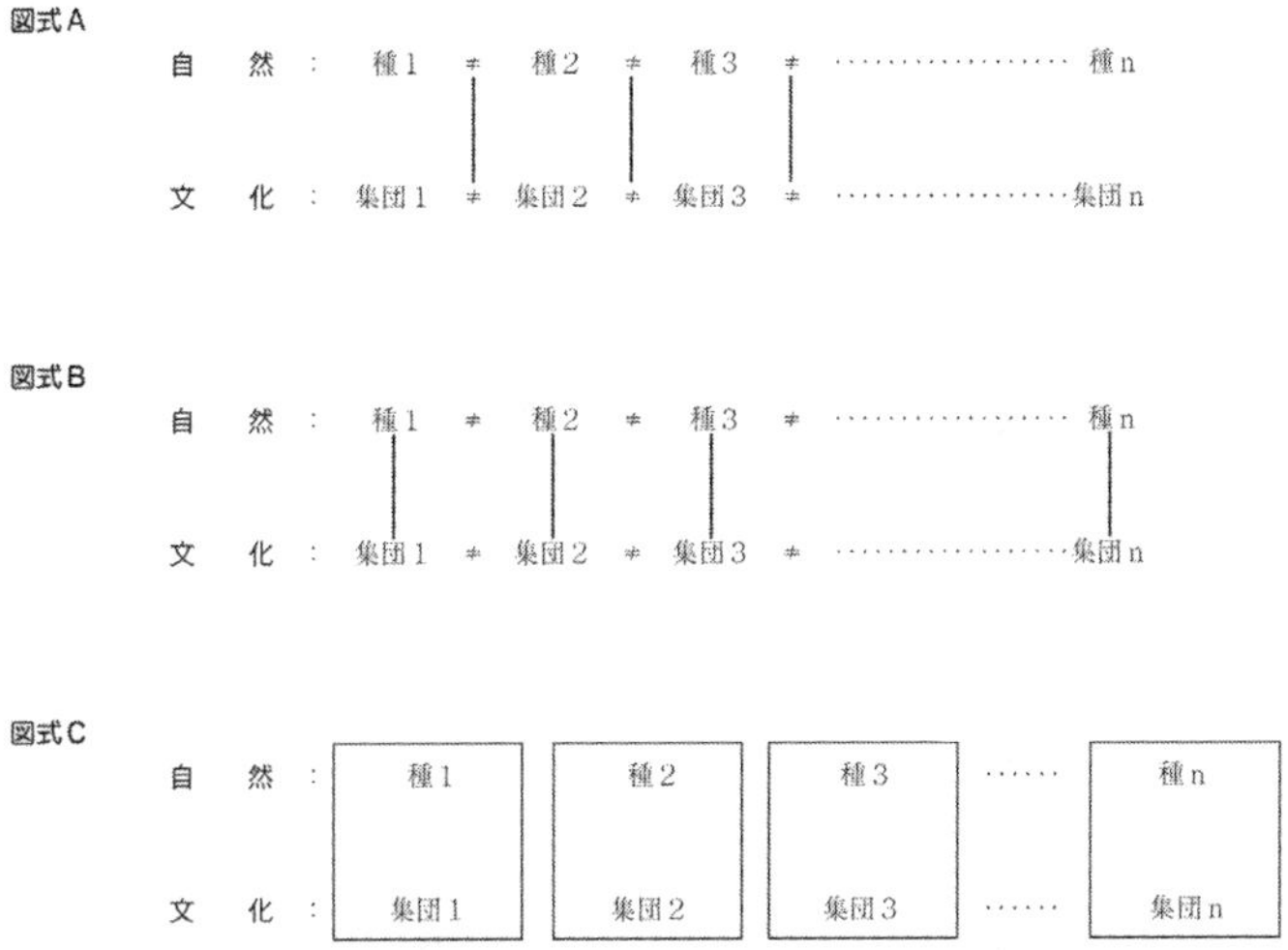

図 1-（2） レヴィ=ストロース「トーテムとカースト」の図式の複写と、少しの加工
（レヴィ＝ストロース　1976：136, 138）

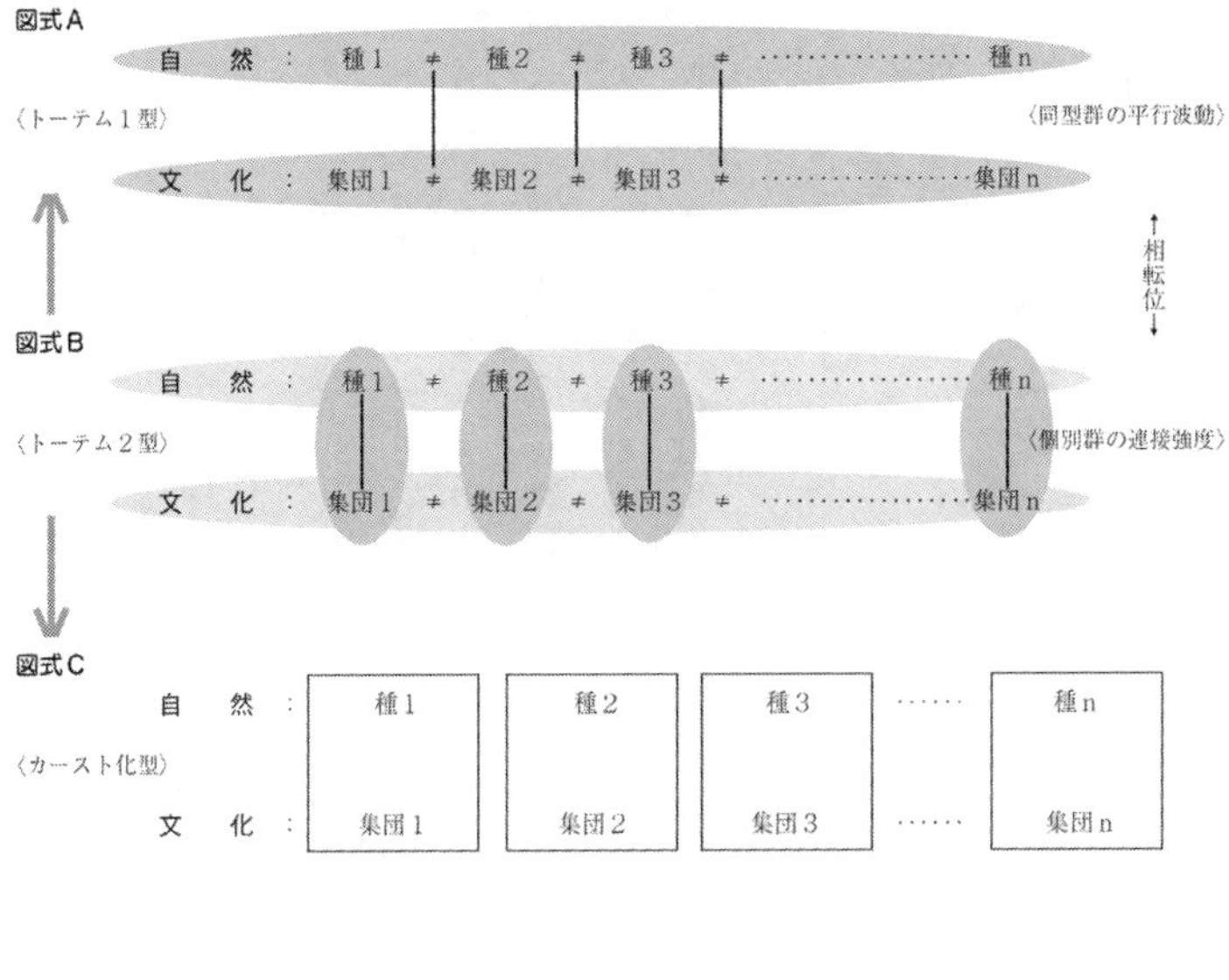

ているにすぎないだろう。最初の免疫応答は一回目の打撃によって生じ、免疫細胞は同じ打撃の二度目に対する応答を準備する。この準備が免疫細胞の活性化を促す。二度目の打撃は、実体的な要素関係に対する免疫応答としての発現を促す。

L＝Sの図式Aは、免疫細胞でいえば一〇の八乗個の「抗原決定基」を認識する存在可能性にあたる。動物種の全体関係と人間集団の全体関係が相同になるというのは、総体的な相同関係の可能態としてあるにしても、この地平に立つ認識者とはいったいどこに居るのだろうか。一つの集団内に埋めこまれた心身がこの地平に容易に出られるとはおもえない。もう一つ、存在関係の無意識的な作動が総体的な相同関係を認知しているという考え方もありうる（じっさい、身体の免疫応答は総体的な相同関係の機構を自然史のなかでつかみ取ってきたのだから）。そうだとしても、あるいはそれだからこそ、図式Bを基準図式と考え、図式B⇕図式A、図式B⇕図式Cといった遷移や転位を考えてみることは間違いだろうか。この考えの差異は、俯瞰的あるいは超越的な視線と、内在的な視線の交接関係をいかにみるかにかかわる。もしいえば、二つの視線が相互転位するところに焦点をあててみたいということかもしれない。

二　レヴィ＝ストロースの「神話定式」をめぐって

L＝Sが提示した「神話定式」はその著作に二つ記されているが、この二つはすこし異なっている。一つは、「神話の思考」『構造人類学』（レヴィ＝ストロース　一九七二：二五二）に記されるもので、次のように記されている。

［…］ここに述べる式が将来どのような正確化と修正を要するにしても、あらゆる神話（そのすべてのヴァリア

ントの総体とみなされた）が次のような型の標準的関係に還元されるということは、いまや既得成果であるように思われる。

$$F_x(a) : F_y(b) \simeq F_x(b) : F_{a-1}(y)$$

この式では、二つの項aとb、およびこれらの項の二つの関数xとyが同時にあたえられ、項および関係の逆転によってそれぞれ定義される二つの状況が等価関係にあるとされる。この場合の二つの条件は、⑴項の一つがその反対（ここでの表現はaとa-1）によって置き換えられること、⑵二つの要素（ここではyとa）について関数の値と項の値のあいだに、相関的な逆転が生ずることである。

もう一つの神話定式は、『やきもち焼きの土器つくり』（レヴィ＝ストロース　一九九〇：二二〇）にあるもので、次のように定式化されている。

$$F_x(a) : F_y(b) :: F_y(x) : F_{a-1}(b)$$

いったい何が違うのだろうか、すこし検証してみたいと図化を試みたのが図2の(A_1)・(A_2)・(B_1)・(B_2)・(C)である。これらの図は平行する相同線とその九〇度の転位によって描いてみたもの（他の角度でもよいが、図示しにくい）で、二つの神話定式はそれぞれにすこし異なる描図となったが、本質的な差異はないようにおもう。図化でわかることは、二つの神話定式が共に「反転対称」によって転位していることだろう。ここに記す以外にもいくつか試して

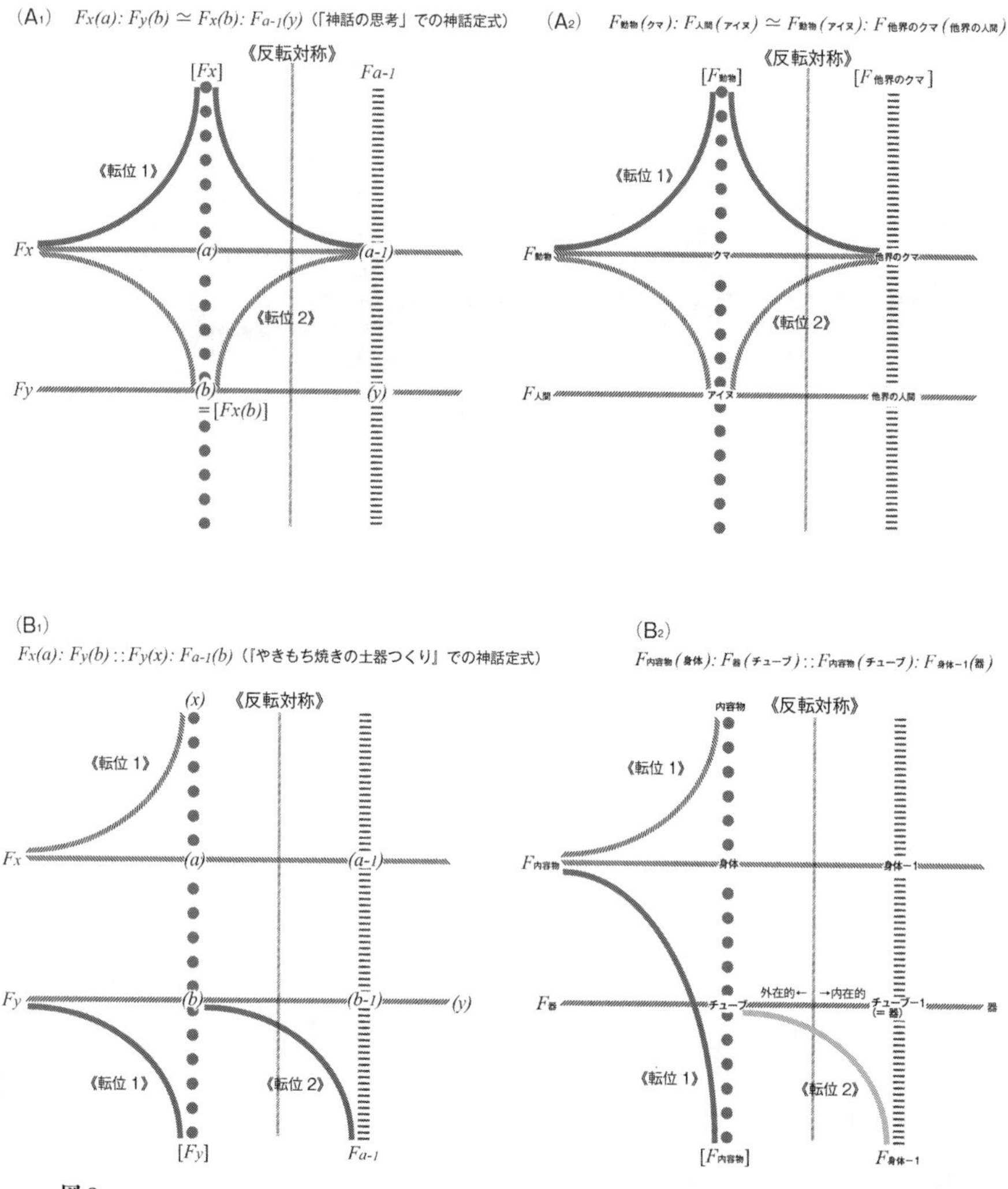

図 2

「チューブあるいは管の観念は、三つの状態を備えた 変換の出発点となる。すなわち、⑴ 主人公の身体が チューブに入り、その内容物となる。⑵ 主人公の身 体の内部にあったチューブがとり出される。(3) 主人 公の身体がチューブとなり、何かがそこに入るか、あ るいは何かがそこから出る。最初は外在的なチューブ が内在的なものとなる。そして主人公の身体は、内容 物の状態から器へと移行する。」[定式を言い換えると]「内容物としての身体のチュー ブに対する関係は、内容物としてのチューブの、もはや身体ではない器（しかし、それ自身チューブである）に対する関係と等しい、と」（レヴィ＝ストロース　1990: 228-229）。

（C）　$F_{\text{男}}$(くぼみ): $F_{\text{女}}$(膨らみ) :: $F_{\text{男}}$(膨らみ): $F_{\text{くぼみ}-1}$(女)（『大山猫の物語』）

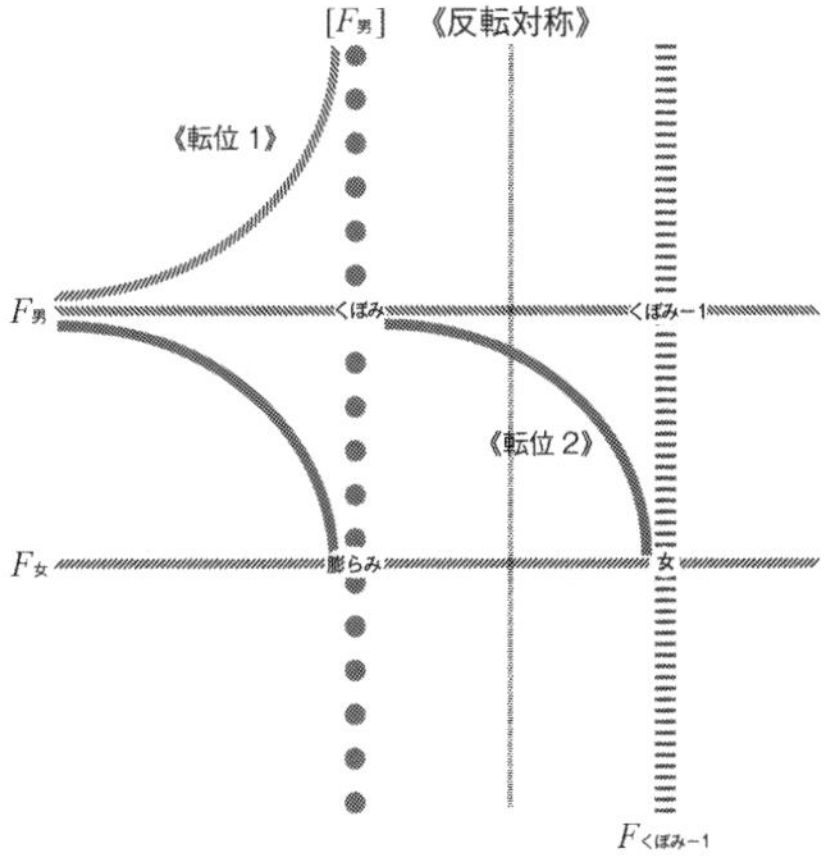

みたが、あてはめる表象（主題でもシークエンスでもよい、「神話素」としての還元をおこなうことでえられる表象）の系と項をよく勘案すれば、なかなかにおもしろい図式が浮かびあがる。また、この図式は二つ以上の表象の「重ね」から生まれる「喩の構造」とその転位を指していることも浮かびあがってくる。

もう一つ、L＝Sは「神話定式」の最初の記述にあたって興味深い付言を与えていた。それはフロイトの初期草稿（「科学的心理学草稿」）への言及である。

上の式の意味は、フロイトの場合ノイローゼを構成する個人的神話が生まれるためには、二つのショック（非常にしばしば信ぜられているように一つだけではない）が必要とされることを想起することによって、完全に理解されるだろう。これらのショックの分析にこの式の適用を試みることによって（それらはおのおの先［原文は前頁］に述べた条件(1)と(2)を満足することが仮定されよう）、たぶん神話の発生法則により精確で厳密な表現が首尾よくあたえられるであろう。とりわけまた、神話的思考の社会学的ならびに心理学的研究を、並行して発展させること、さらにはおそらく神話的思考をいわば実験室でとりあつかって、作業仮説を実験による検証に委ねることさえもできるであろう（レヴィ＝ストロース　一九七二「神話の思考」『構造人類学』、二五二－五三頁）。

［…］本論の結論に代るものとしてわれわれは三つの注意事項を示すことで満足しよう。

第一に、神話、より一般的には口承文学が、なぜ同じ経過の二回、三回、四回といったくりかえしをあれほどしばしば用いるのかということは、しばしば疑問とされるものであった。われわれの仮説をうけいれれば、答えは容易である。くりかえしは、神話の構造を明瞭にするという固有の機能をもっている。実際すでに示したように、神話の性格をなす共時・通時的構造は、その諸要素を、共時的に読まれるべき（われわれの表の縦の欄）通時的経過（横の行）に配列することを可能にする。あらゆる神話は、したがって、いってみれば、くりかえしの手続きの中で、またこれによって、表面に透けて見える薄片のような構造を保有している。

しかしながら（そしてこれが第二点であるが）、各薄片はけっして厳密に同一ではない。もし神話の目的が矛盾を解くための論理的モデルの提供にある（矛盾が現実的な場合には、これは実現不可能な仕事である）ということが本当なら、ひとつひとつ前とはやや異なるような薄片が、理論上は無限数生み出されることになる。神話は、その誕生を促した知的衝撃が尽きるまで、螺旋状に発展するだろう。したがって神話の成長はあくまでも非連続的なその構造と反対に連続的である（レヴィ＝ストロース　一九七二：二五三－五四）。

L＝Sが「神話定式」に思い至った重要なヒントはフロイトの初期草稿にあったことが記されている。「ノイローゼを構成する個人的神話が生まれるためには、二つのショック（非常にしばしば信ぜられているように一つだけではない）が必要とされる」と、書かれている。じつは「神話定式」の意味合いについて、何度か渡辺公三さんに問い合わせていた。

数年前だったろうか、「神話定式」の記述のすぐ後にフロイトへの言及があると教えてくれた。スキュブラの『Lire Levi-Strauss（L＝Sを読む）』という本で指摘されているとのことで、以後、彼もこの指摘について幾度か文章を書いている。これは確かめておかなくてはならないと前記引用のところを今回も再度確認し、しまったとおもうとともに、すこしわかったことがあった。「ショック」は、受け手からいえば「衝撃」、与え手からいえば「打撃」であり、以下では「打撃＝衝撃」あるいはその逆として記す。

わかったことの一つ。先史造形の理解にあたって、日本の新石器時代、縄文の土器文様では、回転施文具による「転写」（この概念は、複写、写像とも言い換えられる）の技法が重要な役割を占めている。世界の多くの土器文様の施文具では、前もって板に文様を彫りこみ、これを成形面にあて、押圧転写して施文しているが、縄文の回転施文具のような棒に巻きつける紐や組紐に工夫をこらし、これを土器の壁面にあてて転写をおこなう仕方はほとんど見当たらない。とりわけ縄文前期の人たちは、紐や組紐の巻き方への工夫をこらした回転施文具の制作に熱中していた。この多様な回転施文具を土器面でころがすと規則的なシンメトリーの文様があらわれる。立体の回転具からシンメトリーの平面文様が多彩に生まれるふしぎさに、縄文人は神秘を感じていたであろう。

八木橋信吉さんと私は、伏見康治・安野光雅・中村義作『美の幾何学――天のたくらみ、人のたくらみ』（中公新書、一九七九年）の元となった雑誌連載の論文「紋様の科学」（『数学セミナー』一九六七年五月号〜一九六九年一二月号に連載。この論文が一冊の本になったかを知らない）を読みあさりながら、平面内に描かれる対称性の図形は一七種類しかないことが知られ、このうち、縄文の回転施文具の平面転写がどのくらいの種類のシンメトリーを実現してきたかを確認しようと試みた（八木橋信吉「縄文原体論」『東アジアの古代文化』七七号「特集　縄文の図像と信仰」一九九三年秋号にまとめる）。結果は数種の単純なシンメトリーを実現しているにすぎなかったが、回転体を平面へ転写した様相はひどく複雑に見えることを確認できたのみだった。いまならば、この道筋を逆にたどって、平面の転写面を立体に戻してやると、単純な巻構造があらわれるという逆過程に気づいただろう。直観的な理解だが、平面での「転写」が立体の投影と相関する縄文人の発見は、相転移（または層転位）の幾何理論や、相同群の転写によって伝えられる神経路の構造を予感させるものかもしれない。ともかくも、縄文人の土器つくりでは、長いあいだ回転施文体による「転写」に多くの時間を費やしていた。*1*2

縄文土器の「転写」表現に対して、それより遡るヨーロッパの旧石器洞窟絵画では早くから「描写」の画法が発達したと私は考え（かつてルロワ＝グーランとL＝Sの影響を受けて「事物の由来と繋留——旧石器の造形表象に触れて」『縄文図像学I』縄文造形研究会編、言叢社、一九八四年を書き、このことに触れたことがある）、なぜこのような差異が生まれたのかを確かめてみたいとずっと思ってきた。その理由の解明は今もできていないが、旧石器洞窟絵画にも「押圧転写」の画法が重要だったことは、手の平を洞窟の壁面に押し当て、白の顔料を口に含んで手の周囲に叩きこむように吹きつけると壁面に陰刻の手形が映しだされる。旧石器洞窟人は息の「吹きつけ」による転写法がうみだす痕跡の表現に大きな神秘を感じてきたにちがいない。そして、この「吹きつけ」による画法を「息の吐き出し」、「叩きこみ」に力点をおいてみる。「手」による描写も、石器を叩打するように「壁面に叩きこむ」描写とかんがえてみると、洞窟絵画の画法の理解がすこし違ってみえてくる。

ルロワ＝グーランの洞窟絵画論には多くの影響を受けたが、この人が『加撃』（中村友博の部分訳では「加撃」とされている、『神奈川考古』第十二号所収、一九八一年）という著述をもっていることを忘れていた（ここで「打撃」は、フロイトのいう受け手側の「ショック＝衝撃」と対応していることに留意）。旧石器人の道具の中心は石器、木器、骨牙器、編籠などにあったが、中でも石器づくりは高度な精緻さにまで達している。石器づくりの技法では、さまざまな石の特性の観察からえられた石材の選択にはじまり、これを適切な大きさにまで割ったり、剝離したりし、石の節理にそって叩打や押圧剝離などの「打撃」を加え、求める形態を創り出す。「打撃」を受ける石塊に即してみれば、「衝撃」によって節理の方向に破断することが、要素の全体を保持するものとなる。石塊の剝片石器のような小型の精妙な石器では、石塊→石核→剝片の制作過程の諸段階が脳裡に認識されていなければならないし、一塊一塊、一片一片の石の形状と節理とを即座に把握して叩打したり押圧したりする直観的行為を作動できていなければならない。その精緻な技能を湛えた「尖頭器」などに見るかくべつな美しさについて、うまくは形容できないできた。しかし、仕上がった石器の美には、緻密な打撃の痕跡が形態にぴったりあうかたちで作品を包みこんでいる。「転写」や「描写」という技法の前に、「打撃＝衝撃」があったと考えると、その美のイメージに何かが加わるようだ。

ヨーロッパ旧石器洞窟絵画は、その描写が洞内に反響するような増幅性を湛えているが、この絵の描き手が石器制作者でもあることを踏まえると、その描線には石器を叩打して残される痕跡に等しい影の描像がぴったりとそこにあるのだと想起してみたい。すると、洞窟絵画にしばしばみられる「点」の描法にも「打撃」の陰影を見てとれるのではなかろうか。西洋近代絵画で、スーラは色彩の点を並置する視覚混色と補色対比の「色彩光線主義」をとることで、点描による風景画法をつくりだしたといわれる。しかし、この試みは十分には成功しなかったようにおもえる。これに対して、ゴッホは、太くて長い反対色の線描を重ねずらすことで、スーラの点描とは全く異なる強烈な描線画を獲得した。ゴッホの絵は、叩きこむような「打撃」の筆致によって描写が成り立っているようにおもわれる。「打撃＝衝撃」は、文でいえば、「選択」による「言葉の打撃＝衝撃」にあたるだろう。そこから、「描写」と、同型の反復としての「転写」がはじまる。

わかったことの二つ目。L＝Sの神話定式は、二つの系と項の差異と転換であらわされているが、この系と項をとりまくものについては記されていない。イメージでいえば、神話表象の記号が真空の空間上に浮いているような印象だ。もちろん、これは一つの抽象作用によって示されている。しかし、この定式の前提に、「衝撃＝打撃」、それも「二回の衝撃」があるのだとすれば、この「衝撃」はどこから来て、一回目の「衝撃」によってどこが変わるのだろうか。一回目の「衝撃」は自己回帰的に系の「内部」を変えて二回目の「衝撃」に対して準備がなされるのではないか。一回目の「衝撃」は自己回帰的に系の「内部」に変形を準備し、二回目の「衝撃」によって準備された変形が現働化する。

ここにはじめて「内部」という言葉が出てきた。じっさい、図2の(B_2)に引用するように、L＝Sも「最初は外在的なチューブが内在的なものとなる」と言っている。「内部」「内在」という概念を用いない場合でも、この神話定式には「内部」の概念が含まれている。ただ、L＝Sにとっての表象（神話表象）では、内部と外部、内在と外在は、可換性をもち、相互に転換することがありうることを踏まえ、定式では「内部」「外部」という概念さえもが還元的に括弧にくくられていると考えたらよいのかもしれない。

L＝Sに対して、「表象」には「内部軸」があると規定する人もいる。あまり言及されないが、木下清一郎の著作『心の起源――生物学からの挑戦』（中公新書、二〇〇二年）は、発生生物学から「心の起源」を論じた優れた著作とおもってきた。この人の言葉、たとえば「生得的な情報の刻印は『負の記憶』、あるいは『未来の記憶』ということになる。過去におこったできごとではなく、未来におこり得べきことがらを、あらかじめ記憶しているという意味である。神経回路のなかには、ことによると使われないでしまうかもしれない記憶が、実際にはまだ何もおこっていないうちに、刻印されているのである」（木下　二〇〇二：六二）、「統覚とは一種の空白域をもった能力であって、その能力自体は生得的であるが、しかしその空白域を何で埋めるかはまったく経験によるのであって、その意味では獲得的であるというきわめて微妙なことになる。統覚とはまさしく生得的と獲得的の中間にあることになる」と言った記述は、洞察というべきだろう。

この著作では、「基本要素としての表象」とは、「心の枠組みのなかを動いている記号化された情報の単位」（木下 二〇〇二：一四七）とされ、表象の場は「論理」、「感情」、「自己回帰」の三つの軸をもつと言われている。「論理軸」とは「いま現に向き合っている事象が生きる目的に合致しているかどうかという適否の判断」軸のこと、「感情軸」とは「事象が自分にとって快であるか不快であるかという判別好悪の」軸のこと、「自己回帰軸」とは、表象の場に新たな表象が入ってきたとき、この表象の場に「照合」という動きが起こる。「新しい値をもった表象の創出は、以前からあった表象からみれば自己参照、あるいは自己言及をともなった新しい個性の創造である」。この動きを「自己回帰軸」と規定する、というのだ。L＝Sの神話定式は、ここでいえば「自己回帰軸」の展開とかかわっている。ともに、「論理」と「感情」とを合わせた三つの軸が「表象の場」にあらわれると考えられている。ここにいう三つの軸は、一つの表象がもつ内部構造といってもよいだろう。「衝撃＝打撃」は、論理と感情を伴った「自己回帰」を惹き起こす。ただし、一つだけ留意しておくと、この考え方では「適者生存型」の思考への制約が見え、また、「美」は「快―不快」と同致されかねない。一般に脳科学者、認知科学者は、「美」を扱うと言いながら、「快―不快」の実験に還元してしか美を扱わない。カントは明瞭に「美」と「崇高」を「快‐不快」とは異なる心的領域とみなした。

三　セカンド・イベント論

一回目の「衝撃＝打撃」は、「自己回帰」と「点検」であり、二回目の「衝撃＝打撃」はその顕在化としての「表象」の転位をひきおこす。東日本大震災を起こした三陸沖から仙台湾沖の巨大地震でも一度目の地震に続いて、二度目と三度目の地震が一体となって襲い、大きな破壊をもたらした。熊本地震でも二度目の地震が大きな破壊をひきおこした。もっとささやかな生き物の「二度目」を記すと、北米内陸部の砂漠に生えるハエトリグサは、花の内側に触手をもつ。ハエが一度この触手に触っても、花びらは閉じないが、二度目に触れるとさっと閉じてハエを捕らえて消化する。一度目の触手への接触は、花びらの「筋肉」の準備態勢をつくるといってもよいかもしれない。

私が福島原発事故での低線量被曝についての文献を調べるなかで出会ったものに、「セカンド・イベント論」があった。一般公衆の「放射能被曝基準」、非常時に許容される「被曝基準」は、原発産業の維持のために設けられた、由緒のいかがわしい民間団体・国際放射線防護委員会（ICRP）によって定められ、各国はその勧告を採用してきた。福島第一原発事故によっておこなわれた日本政府による避難指示区域の指定もまた、これにしたがったものだった。これに対して、「欧州放射線リスク委員会」（ECRR）はICRPの放射能被曝基準がきわめて緩いものであると厳しく批判してきた。その「二〇一〇年勧告」に「セカンド・イベント論」が記されていたのである。放射線被曝は大きく外部被曝と内部被曝に分かれる。外部被曝は外部から飛来した放射線が体表面に当たり、そこでエネルギーを失うか、失わずに体内にまで透過し影響を与えるかの二つがあり、この度合いは放射性物質の種類とエネルギーによって異なる。内部被曝は、体内に取り込まれた放射性物質が体内で放射線を発して細胞に影響を及ぼす場合だ。問題は、年間一〇〇ミリシーベルト以下、あるいは年間二〇ミリシーベルト以下の被曝が一般に「低線量被曝」と呼ばれ、人体に対する影響が確定できないとされていることに対する「批判」をいかに構築できるかにあった。そこで提示されてきたのが、「セカンド・イベント論」等の「衝撃＝打撃論」である。詳細は、ネットで公開されている「ＥＣＲＲ２０１０翻訳委員会訳、発行：美浜・大飯・高浜原発に反対する大阪の会」を見ていただきたい。

放射線が一つの細胞に当たるとき、強いエネルギーをもつ放射線ではその細胞は致命的な打撃を受けて死んでしまう。ところが低線量の場合、致命的な衝撃にはならない。しかし、一たび打撃を受けた細胞は、態勢的に敏感になる。体内細胞の多くはふだんは分裂しない平常状態にあり（ただし、腸管のように絶えず腸壁の細胞が新生して入れ替わるような器官では、腸壁細胞の下には敏感に分裂する細胞があるという）、すこしだけの細胞だけが分裂に敏感な状態を保っているが、打撃を受けた細胞が増えるにしたがって、分裂に向けて待機する細胞も増える。ここに二度目の「衝撃＝打撃」が与えられると、細胞は回帰的な自己保存によって「がん細胞」へと転位する。おおざっぱにいえば、そういうことだが、この打撃は、二つの放射線がほぼ同時に一つの細胞にあたる場合、放射線が細胞内を走破する飛跡によって通過する周囲の細胞にひきおこされる「バイスタンダー効果」など、いくつもの様態が記述されている。じつをいうと、「セカンド・イベント論」はこのような事象の一つをさすものとして提示されたものだが、ここでは放射能による細胞への「衝撃＝打撃」全体をしめす事象と理解して記しておく。重要なことは複数の「衝撃」が細胞に対してどのような影響を及ぼすかにあり、致命的な衝撃よりは細胞を敏感にするような「衝撃」が、低線量被曝のうちにどれほどあるかであろう。たとえ、低線量であっても、被曝のありようによっては生体に大きな影響を与える。もちろん、体細胞は修復能力も備えているから、放射能が細胞に与える機構の全体像をできるだけ構造的に正確に捉え、危険性の度合いによる基準をもう一度捉えなおす必要がある。ＥＣＲＲの勧告は、その意味で大切な問題提起となっている。また、ここにみるように、二回の「衝撃＝打撃」が事象のあらゆる面であらわれていることに留意しておきたい。

四　Ｌ＝Ｓ「表象定式」の立体化

Ｌ＝Ｓの「神話定式」について、これをもっとも利用してきた思考者の一人として、中沢新一さんがあげられるだろう。その著作『野生の科学』（講談社、二〇一二年）をざっとみると、いくつもの「神話定式」の適用がみられる。その一々を点検してみたわけではないが、ここにあげられた数学的な「層論」の図示（中沢　二〇一二：二九）、「言語的な喩の構造」の図示（中沢　二〇一二：二九）、エッシャー絵画の図示（中沢　二〇一二：二一）などには示唆を受けた。「言語的な喩の構造」の図は、図示といっても二つの円を二つの「意味領域」として重ね書きし、その重なる部分が「喩」となることを示したにすぎないが、この二つの円は立体を平面に投影したものでもある。

この平面に投影された円を三つにして、人の心性の「現実界」と「意識界」「無意識界」の重ねとして図3のような図示をかんがえてみる。「意識界」と「無意識界」とが重なる部分を「中間層」と名づける。すると、円が重なりあう「中間層」は「喩」であるともいえる。この「中間層」は「現実界」に対してみると、最初は「現実界」に直接は触れないようにあらわれるが、「神話定式」のように「反転」が生起すると、「現実界」と「意識界」とが重なる位置に「転位」してあらわれるようになる。言い換えると、深層にあるものが、表層にあらわれる。ちなみに、図中で「聴覚帽 Hörkappe」としたのはフロイトの論文「自我とエス」、「交差帽」としたのはラカンによる。このさまは図4のエッシャーの絵の「反転」の図示によって、よりよく理解されるだろう。図4の上部の二図は左右の反転対称だから下に魚がいて、上方に遷移するにつれて魚相互のあいだの影の部分がしだいにせりあがり、鳥がすがたをあらわす。図4の下部の二図は天地に反転対称した絵であり、ここでは下部に鳥がいて、上方に遷移するにつれて鳥相互のあいだの影の部分がしだいにせりあがり、魚がすがたをあらわす。いま「鳥」を「意識界」、「魚」を「無意識界」とすると、天地に反転対称した下部では「無意識界」が「意識界」の上に顔をのぞかせている。中間層では「無意識界」と「意識界」とがせめぎあってはっきりとした形態までにはせりあがらない。

エッシャーの喩像のような様相をさらに高次のかたちでイメージするなら、「現実界」のなかに、「意識界」の表面にあらわれた襞にからまるように、影の「無意識界」があちこちに顔を出していて、それは時に、影から実像に

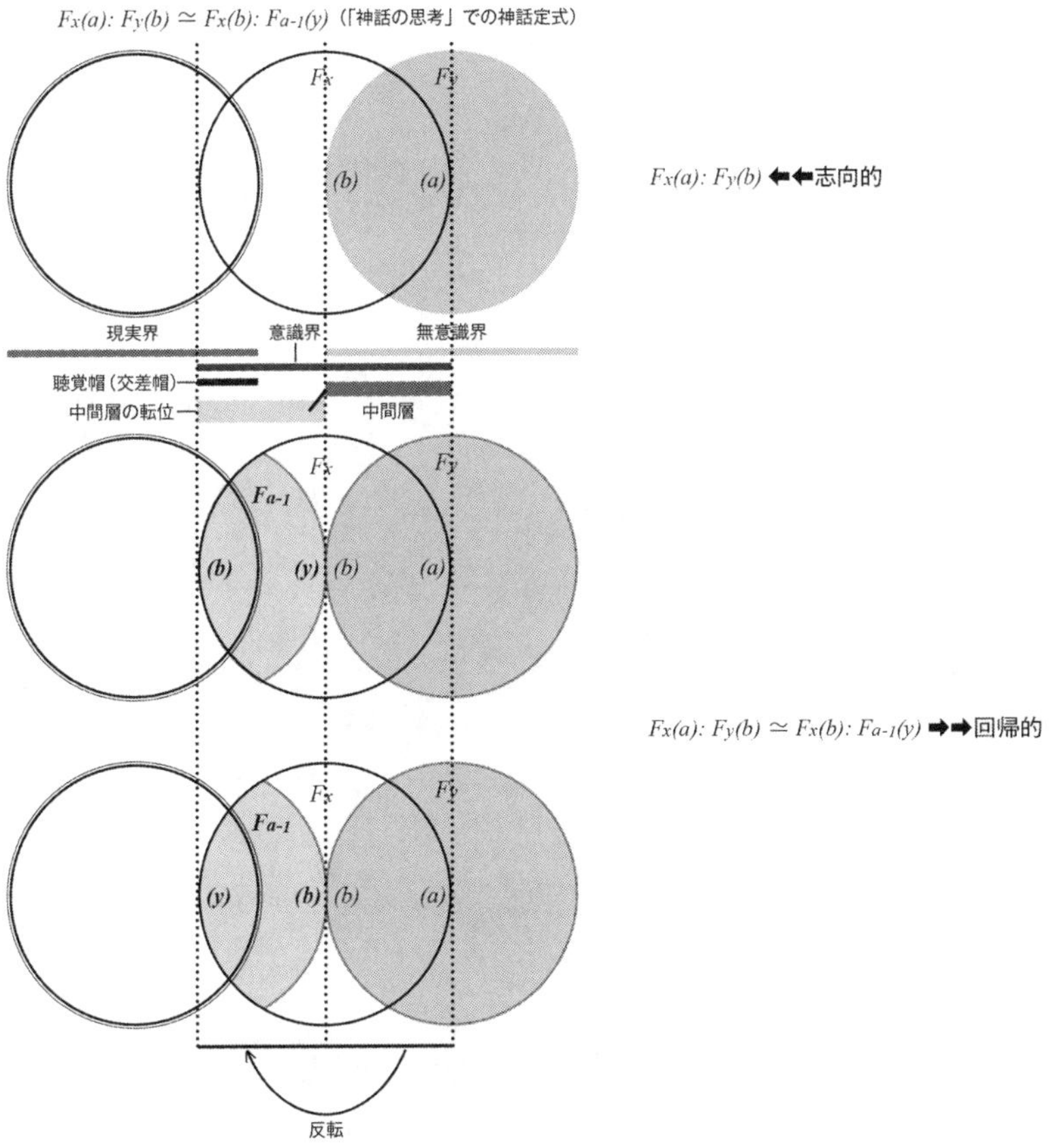
$F_x(a) : F_y(b) \simeq F_x(b) : F_{a-1}(y)$（「神話の思考」での神話定式）
F_x
F_y
(b)
(a)
$F_x(a) : F_y(b)$ ⬅⬅志向的
現実界
意識界
無意識界
聴覚帽（交差帽）
中間層の転位
中間層
F_{a-1}
(b)
(y)
$F_x(a) : F_y(b) \simeq F_x(b) : F_{a-1}(y)$ ➡➡回帰的
(y)
(b)
反転

図 3

転位するといった様態を想起できるだろう。「深部にあるものが表面にある」、あるいは「後ろにあったものが前にある」、「下にあったものが上になる」といった事象は、生体の事象そのものにも備わっていることに気づく。

いくつかの例をあげてみる。
(1)子は胎内では逆さで、出生してしばらくして初めて頭を上にして立つ。
(2)眼に備わったレンズは対象画像を逆さに映している。それが脳内の処理で反転して通常の天地の画像が見えている。この反転が起こるのはいつか。生後しばらく経ってのちと言われているが、確実な証拠はない。この反転が起こる前は、空は地にあり、地は空にあるわけだから、子に対する親の受けとめとどのように関係するのかよくわかっていない。乳児が立つようになってはじめて反転が起こっていることが確実となる。
(3)生まれて間もなくの赤子はぼんやりとしか周囲が見えない。母親の声と乳房だけは確かに受容される。母親の乳房に吸いつく赤子は、母乳を吸引するにとどまらない。この世界に生きる大切な糧がそこに突き出しているのだ。そして、この糧がなければ生きられない。母親が遠ざかれば、赤子は乳房と声をもとめて哭泣する。それだけでなく、求めるものに対して、哭泣の声とともに、未分化な希求の「無声の声」を乳房に吐きつける。この「吐きつけ」を全面的に受けとめる乳房があることが、乳児の心の発達にとって境界をなすと、ディディエ・アンジュー（『皮膚-自我』福田素子訳、解説・渡辺公三、言叢社、一九九三年、一七〇-七一頁、この本を紹介してくれたのも公三さんだった。また、『集団と無意識』榎本譲訳、言叢社、一九九九年、三九一頁の投影的関係によってあらわれる「トイレットとしての乳房」参照）とメルツァー（Meltzer, D., *Le processus psychanalytique*, Payou, 1971）はいう。この赤子、乳児の前にあらわれる「受けとめる母親」は、ある時期から、反転して「背後の後見」となる。守護霊という言葉があるが、その霊は母親に起源するだろう。この「反転」による転位を図5-1に描いてみた。
私はかねてから聖徳太子関連の造形図像に関心を抱いてきて、一つだけ不思議な絵（図5-2）だとおもってき

図 4

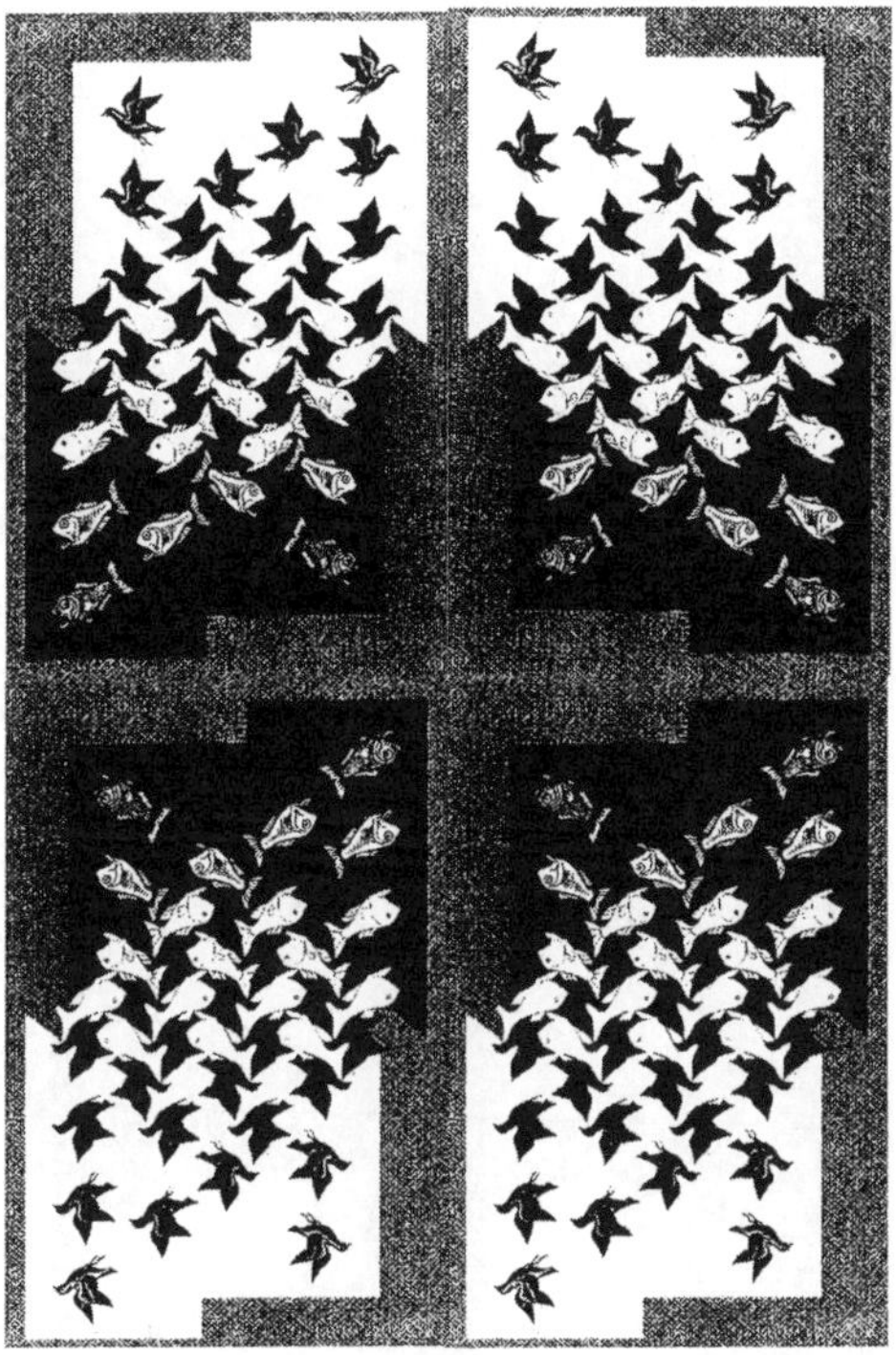

図 5-1

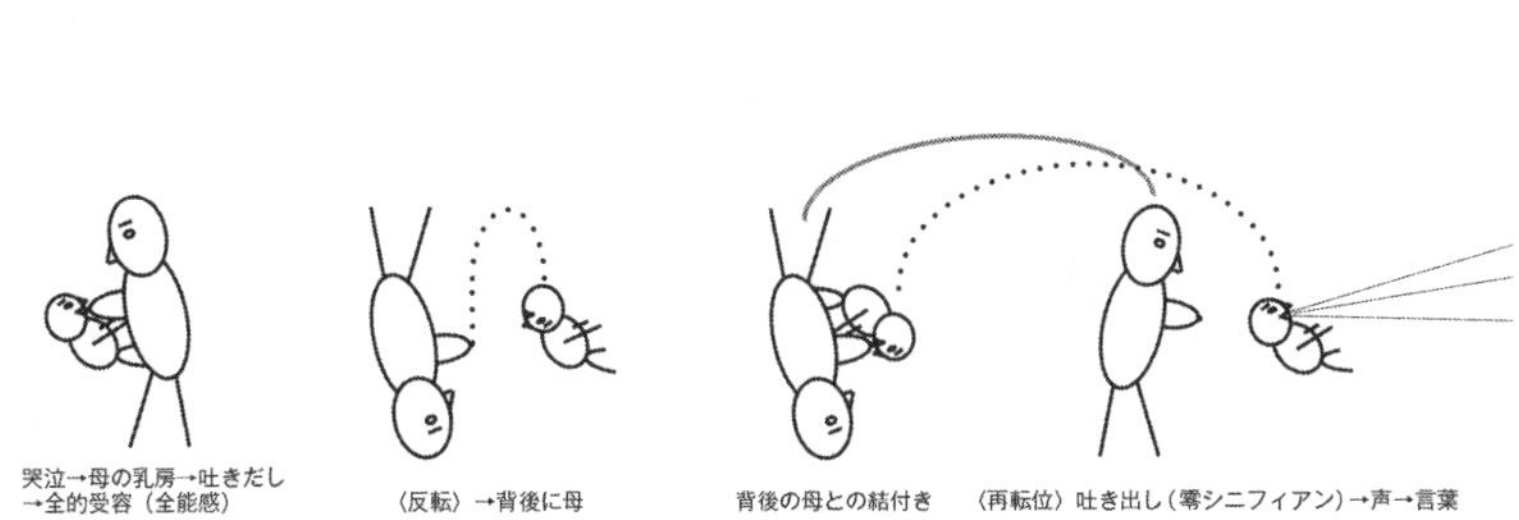

たものがある。それは、数人の人が太子に向かって座り、太子の言葉に聞き耳を立てている風なのに対して、一人の童子だけがなんとイナバウアーのように首を真後ろに折り向けて描かれているものだ。真後ろに折り向けているから、頭部の頸部分がいちばん上にきて、頭髪の部位は背中の上で下向きになって、観る者をみつめている構図である。他にはこのような絵は見あたらない。「甲斐の黒駒」と呼ばれる馬が「神馬」と知った太子は舎人の調使麿に飼育させた。太子がこの馬に乗ると、馬は天高く飛び、東国にまで至り、戻ってきたという伝説がある。この人物は、その調使麿だろうとの説を聞いた覚えがあるが、なぜこのような絵が描かれてきたかについて納得のいく説明を聞いたことがない。数点が現存する。いま私なりにこの絵を解読すれば、この人物のからだは太子の方に差し向けられている。差し向けながら、太子に寄り添う身体のままに、観る者の側を見ているということだろう。イナバウアーの演技が不思議な魅力をもつのもこれと同じで、そこに心身の「反転」が示されているからではなかろうか。そして、もしこのような反転の起源をみるとすれば、図5－1にみるような「母子間関係の反転」となるのではなかろうか。「浮世絵」を使って母子の「共視」の視線について分析してみせた北山修一氏の著作がある。「共視」や母親による「指差し」は、前にいる母親から背後にいる母親への「転換」の媒介段階を示す所作といえるかもしれない。

(4)人の発達の危機は第一に他の動物に比べて未成熟のままに出生する胎乳幼児期にあることは確かだが、もう一つは青春前期の「性徴期」にあることは疑いない。図3の図示では三つの円が描かれているが、「無意識界」の底部（図でいえば右側）から「性の欲動」が突き上げてくるからだ。それまで定常的に安定していた「意識界―無意識界」の構造が「性の欲動」の突き上げによって、転位を強いられ、「現実界」にまで押し上げられてしまう。この「転位」の危機を乗り越えて、いかに「生の心的構造」を創りなおすかが課題となる。野生の人々の多くに「イニシェーション」の習俗があるのはこのことと関わるだろう。「イニシェーション」は、集団内の人々の生の準拠を

図 5-2a
「聖徳太子孝養像」、兵庫・一乗寺蔵、平安時代（『聖徳太子展図録』2001 年 10 月、NHK 刊より）

図 5-2b
同上、部分

つくりだす意識的な構造転位を示している。

五　転位の可逆性と非可逆性、転位の動力

L＝Sの「神話定式」からはじまって以上のように自分なりの検討をしてみると、もう一つ、はっきりしないことに気づく。最初の二撃の影響がつづくかぎり、「神話物語」は「定式」が示す転位を繰返しながら語られるとL＝Sは言う。南北アメリカの神話がじつに多様な展開、転位の物語を創りだしているのは、最初の二撃によって「神話論理」が作動していくあらわれだと語っているようだ。すると、この「神話定式」には最初の二撃という「動力」が前提となっているのだろうか。また、この動力が惹き起こす転位は、可逆的なものなのか、それとも非可逆的なものなのか。この問いはなかなかにむずかしそうだが、今の理解では二つともにあるとしておきたい。もう一つ、動力についていうと、L＝Sは外部衝撃と内的エネルギーの区分けをしていないのかもしれないが、区分けてみるのも試みとしてはありうるだろう。

たとえば、「婚姻交換」の構造についていうと、L＝Sの親族理論では「近親相姦の禁止」による「女の交換」が親族の形態的転位を構造化しているとする。ではこの形態的転位の動力となっているものは何か。それが「近親相姦の禁止」による「女の交換」という動力だというのだろうか。この点についてはすこし異和を感じていることを記しておきたい。吉本隆明は、「南島論――家族・親族・国家の論理」『全南島論』（作品社、二〇一六年、一七二―二一八頁）で、L＝Sの親族理論とは異なる親族展開の構造についての思考を提示している。この展開の契機となるものは、「性的な親和性」と「性的なタブー」との対立する運動形態であり、それのみで説明できるとするものであった。この運動形態によって「母系相続の形態」「クロス・カズン婚」などの生起を説明している。この思考

＝試行は吉本隆明が一貫して主張する「対幻想」と「共同幻想」との逆立のあいだにあるものを論理化しようとするものだったとおもう。吉本隆明の「南島論」の確立には、私も近くで関わったことがあるので、すこしだけ事情を知っているが、この論がはじめて『展望』に発表されたときには、なるほどとおもうだけで、正面から検討するだけの知力もなかった。だが、その後も吉本さんはＬ＝Ｓのいう「近親相姦の禁止」の問題に関わりつづけたとおもう。「ジョルジュ・バタイユ」（『書物の解体学』中央公論社、一九七五年四月）だったとおもうが、なぜ「近親相姦の禁止」の習俗が広く展開したかの動力として、「志向の遠隔化」への欲動をあげていたとおもう。うまくは言えないが、この「志向の遠隔化」が始動するのは、先にあげた母子関係の転位により、母が背後に立つことと関わりがあるのではないかとおもう。子は母に代わる対象を求めつづけて、遠隔対象へと向かう。この転位の規範化が「近親相姦の禁止」と「志向の遠隔化」をもたらす。*3

六　「神話的思考」の身体回帰性と現実拘束性

Ｌ＝Ｓはいう。「あらゆる神話は、ひとつの問題を提起し、それが他の問題と類似《アナログ》していることを示して処理する」。「より正確にいえば神話的思考が複数の言表を並べることによって浮彫りにされる不変の特性が、対象に実体を与える」。「常軌をこえたもの、矛盾、不祥事は、思考や感情にとってよりなじみやすい、ある秩序の明からさまな構造が現実の他の相において顕在化したものとして描き出される。それによって、特定の問題の解決にもならないひとつの解決が、知的な不安、さらには生きていることの苦悩をしずめる」（『やきもち焼きの土器つくり』渡辺公三訳、みすず書房、一九九〇年、二四一－四二頁）。

ここまで私は、Ｌ＝Ｓの神話定式を「神話物語」変換の万華鏡的な可能性としてよりは、二回の衝撃によって惹き起こされる心的機構の転位により多く焦点をあててきた。L＝Sが神話的思考をとりあげたのは、もっと幅の広い、近代の理性にとっては「思考とはいえない思考」、「無意識の思考」こそが表象の運動を支えていることを、神話を通して語ろうとしたのだ。それゆえにこそ、フロイトの「精神分析は、これを発見したとは主張できない。彼らはせいぜい再発見したにすぎない」（レヴィ＝ストロース 一九九〇：二五七）といわれている。ヒバロ族インディアンの『創世記』にあたるような神話を見よ。そこには『トーテムとタブー』の一部始終を「しかも大いに先んじて予見してさえいる」と。L＝Sは「精神分析」よりももっと多彩な変異にみちた「構造分析」をそこに見出そうとする。その論理は鋭利なものだが、同時に神話がなにゆえに口唇性格や肛門性格に焦点をあてようとするかには、表象の運動がたえず反転して身体の様相に回帰する特性をもち、そこから容易には出られないことを同時に語っているようにもおもわれる。

神話的思考は、それ自体としては「思考としての拘束性」をもたず、「物語」によって「問題の解決にもならないひとつの解決が、知的な不安、さらには生きていることの苦悩をしずめる」。これが神話のもつ働きだと語っている。それは確かにそうなのだが、神話は同時に、個体心身の機構へと立ち戻り、あるいは生活世界がかかえる「重力」を「複数の言表を並べること」によって、浮き彫りにする。そうでなければどうして神話のうちに「口唇性格や肛門性格」が際立って立ち上がってくるようなことがおこるのか。南北アメリカ諸民族の神話のあいだに驚くべき「変換群」を見るとしても、一つの生活世界に生きる人々のうちに現に生き続ける「神話」は「重力」としてうけとめられている。これは神話的思考が不可避に身体や生活世界へと「回帰」する運動形態をもつからではないか。物語の波動と転換は、心身のもつ機構の波動と転換に同致するところで、不可避なリアリティをもつ（L＝Sは、はからずも精神分析の対象を「個人的神話」と名づけたが、吉本隆明氏の理解でいえば、これは「自己幻想」と「対幻想」の領域であり、神話は「共同幻想」となる。しかし、身体への回帰はいずれの幻想でも回帰的に不可避にあらわれるものではないか）。そして、またこの回帰の「思考」は現実拘束性をもたらすこともある。以下に記す「死の交換」のテーマは、現実の規範となったものの表裏をなす表象の運動形態をしめすのではないか。[*4]

七　『ヴェニスの商人の資本論』と人肉裁判——肉と血、首、死の交換

岩井克人氏の著作『ヴェニスの商人の資本論』（筑摩書房、一八八五年。一九九二年にちくま学芸文庫に収録）がはじめて刊行されたとき、経済学の分野から久しぶりにめざましく思考する人があらわれたとおもい、その論に感嘆した。いまも同じおもいがあるが、当時抱いたのとは違う理解を『ヴェニスの商人』に与えたいという気持ちがすこしずつ大きくなってきた。まだ十全には考えを作れていないが、きっかけくらいの話を記しておきたい。

主人公の一人アントーニオは、友人パッサーニオのために、ユダヤ人の金貸しシャイロックからの借金の保証人となる約束をする。シャイロックが提示した三か月の約束が不履行となった際の代償は、「自分の肉一ポンド」だった。シャイロックはアントーニオに代償の契約を提示する。「おれはあんたの友人になって、その友情のお世話になろう。あんたからうけた数々の恥も忘れて、あんたが必要とする金を一文の利子もつけずに用立ててしてみせよう」（岩井　一九九二：二九）、その代わり「これから公証人のところへいって、証文を書いてくれればいい。それにこれは単なる冗談だが、証文に記されたとおりの日時と場所で指定の金額を返済できぬときは、その違約金のかわりとしてあんたの肉きっかり一ポンド、おれの好きなところから切りとって良いということにしていただきたい」（岩井　一九九二：三〇）。違約金とは「もちろん隠されたかたちの利子である」（岩井　一九九二：二七）。原作者であるシェイクスピアがシャイロックの言葉を借りて仕掛けた物語展開の重要な「罠」のことばだ。すでにここで、約束の日時には借金の返済が不可能となる事態が予感されている。読者はすこしドキドキしながら、かならずそう

読む。そして、その通りの事態が起こる。シャイロックは「これは単なる冗談だが」と言ったが、商取引の履行はユダヤ商人（金貸し）にとってそんな安易なものではない。

岩井克人氏の論述は、キリスト教徒である二人のヴェニスの商人パッサーニオとアントーニオに対置するユダヤ人の商人シャイロックの構図から、キリスト教徒社会とユダヤ教徒社会という二つの共同体のあいだでなされる商取引が何であるかを取り出してみせる。さらにそこから『ヴェニスの商人』（一五九六年から一五九八年頃に書かれたという）が、中世的世界から「資本制的世界」への反転・転回を語る物語であることをみごとに描きだしている。

一言断っておくと、『ヴェニスの商人』は、残された版本によっても内容がすこし異なるようだし、現代まで上演されるごとに演出家によって解釈も異なり、またシェイクスピア学会が生まれるほどに無数の解釈と批評が与えられてきた。この物語に影響を与えた作品として、たとえば中世イタリアの説話集『イル・ペコローネ（愚か者）』（一三七八年作、英訳は一五五八年）や、マーロウ『マルタ島のユダヤ人』（一五八九年頃）、ロバート・ウィルソン『ロンドンの三人の貴婦人』（一五八一年）など等、前駆するいくつもの作品の影響も研究しつくされているようだし、これらの解釈・批評を合わせれば、文学とは直接には関わらない経済学者が『ヴェニスの商人』論を書くことは、大胆きわまりないことだったかもしれない。事実、いくつかのシェイクスピア学会の論文をみても、岩井克人氏のこの論文は基本的に無視されているのか、参考文献に掲げられた事例をみつけられなかった。岩井氏の文が論外ということなら、これを明確にする批評文が書かれてしかるべきであろう。

それはさておき、『ヴェニスの商人』に、中世的世界から資本制的世界への反転・転回の物語をみる岩井氏の論旨を次に箇条してまとめてみる。

(1)この物語の登場人物は、三つのグループに分かれる。第一のグループは、「アントーニオ、パッサーニオ、グラシアーノ、ロレンゾー等ヴェニスのキリスト教徒たちが形成している一種の共同体」。第二のグループは、シャイロックによって代表されているユダヤ人。第三のグループは、ポーシャとポーシャの侍女ネリッサ、シャイロックの娘ジェシカという三人の女。

(2)第一のグループは、「兄弟盟約」的な連帯で結ばれているキリスト教徒商人である。この中でアントーニオこそが古代ローマ人のような「兄弟盟約」の精神をもつ。パッサーニオが、ベルモントの貴婦人ポーシャを求める旅の資金をシャイロックに借りようとし、アントーニオは即座に応えて、保証人として「肉一ポンド」の抵当にサインをしてしまう。

ヴェニスのキリスト教徒商人は、共同体内的には「兄弟盟約」的な友愛の精神をもつが、一方で、世界を股にかけて遠隔貿易をおこない、共同体間の差異を用いて莫大な利潤を得ている。キリスト教徒商人の心性は、共同体内と共同体外とを使い分けた両義性をもつ。

ほんとうはアントーニオの中にも、遠隔貿易によって巨額の富をえるという冒険的商人の意思があるはずだが、なぜかこの物語では、「兄弟盟約」的な精神が前面に押し出されている。これに対して、パッサーニオは貴婦人ポーシャを入手したいというロマンによって友人の死をまねきかねない迷惑な騒動を引き起こす。

(3)共同体内と共同体外という両義的な心性は、第二のグループであるユダヤ人の共同体にもある。ユダヤ人もまた、共同体内的には、決して利子をとるようなことはしない。共同体外であるキリスト教徒に対しては利子をとるのが、ユダヤ人の規範であるはずだった。

ところが、この物語では、まずシャイロックがユダヤ人の規範にふさわしくない取引に打ってでる。アントーニオを保証人とするパッサーニオの借金申し込みに対して、「利子はいらない」というのだ。その代わりに、約束の日時と場所で貸した金が戻らないばあいは、「肉一ポンド」の抵当を戴くという。これはユダヤ商人の度を超えた取引行為だ。だが、友愛にかられたアントーニオは、あっさりとこれを受け止めてしまう。彼はその時、分けのわからない「憂鬱」にとらわれる。約束通りにアントーニオの船荷が帰還すれば違約は起こらないが、そのことに不安を抱いているわけではなく、古代人的な友愛をこのときに実際に指し示すことが、底しれぬ「憂鬱」を引き起こしているようだ。

そしてシャイロックは、一面では、キリスト教徒と同じ共同体の一員であるかのようにふるまった。だから、「利子」はいらない、という。これは、キリスト教世界とユダヤ教世界という二つの共同体の両義的にからみあう利害の均衡をうちやぶる行為だった。もう一つの面、もし約束が履行されなければ、日頃から「ユダヤ人め」とののしっているアントーニオへの復讐の罠をもそこに潜ませた。そして、約束は履行されなかった。

(4)第三のグループの三人の女たち。岩井克人氏によれば、この女たちはいずれも「貨幣-資本」を象徴するトリックスターであるとされる。求愛のテストに合格して、巨額の財産をもつポーシャを手に入れたパッサーニオは、アントーニオの危機の知らせを受けて、ヴェニスに戻るが、ポーシャもまた侍女ネリッサを連れてヴェニスへと向かい、ポーシャは法学博士バルサザー、ネリッサはその書記となって、人肉裁判の法廷にあらわれる。

法廷で慈悲を乞うアントーニオに対して、シャイロックは執拗に約束通りの履行を求める。「証文どおりの抵当を頂戴したい。／証文どおりを要求する。／わたしの要求する肉一ポンドは高い金で買ったわたしのものだ。だから頂戴する。それが許されぬならば、法とは一体なのか?／わたしは法に組するものだ〔…〕」。

この執拗な言葉の重ねのなかで、法廷には、何かそれまでとは違う物語の転位の気分がたちあがる。このあたりは岩井氏の洞察のみごとさを語るところなので、そのままに引用しておきたい。「言葉を重ねていくうちに、この言葉自体がそれを発している当のシャイロックの意図とは独立に、次第次第にそれ独自の存在感をもって法廷内に浮遊しはじめる。『証文どおり』という言葉が、シャイロックの復讐のための単なる手段から、それ自身で独立した価値をもつ言葉として作用しはじめるのである。そしてまさにこのように独り歩きをはじめた「証文どおり」という言葉を、ポーシャは掠めとり、逆にシャイロックに投げ返す」。

二回の打撃という以上に執拗な「証文どおり」という言葉が反復されたとき、法の言葉自体の論理が腑分けされ、目覚め、裁判は反転してシャイロックを追いつめる。ポーシャはいう。「この証文はお前には一滴の血もあたえていない。ここに明記されているのは『肉一ポンド』だけだ。それゆえ、証文どおりにするがよい。お前のものである肉をとれ。だが、その際、キリスト教徒の血を一滴でも流したら、お前の土地も財産も、ヴェニスの法によって国庫に没収する」『証文どおり』という言葉がシャイロックの復讐のための単なる手段から、それ自身で独立した価値をもつ言葉として作用しはじめるのである」（岩井 一九九二：三六-三七）、「言葉を単なる手段としてではなく純粋に言葉として作用させる」。シャイロックは「これが法というものですか？」と問う。岩井氏もまた「そうだ」と応える。「これがまさに言葉というものを支配している法にほかならない」（岩井 一九九二：三七）。

(5)事態はこのように反転してアントーニオは窮地をまぬがれ、逆にシャイロックのほうが窮地に追い込まれる。裁判に敗れたシャイロックは、財産の半分をアントーニオに、残りの半分をヴェニスの国庫に支払うように命じられるとともに、その命《いのち》は裁判を司る公爵の裁量にゆだねられる。公爵はここぞとキリスト教的「慈悲」心を示して死刑を免じ、アントーニオもまた自分への支払いを免じる。代わりとして、自分の死後、全財産を娘ジェシカと駆け落ちしたキリスト教徒ロレンゾーに与えること、かつ彼自身もキリスト教徒に改宗すると約束する証文をつくらされる。

いまから考えれば、この法の裁きそのものがよくわからないものに思えるが、それはさておき、この事態の反転のうちに何が起こったのか。それこそが、岩井氏が問おうとしたことである。

この裁判の全経過をつうじて、アントーニオが体現していたはずの兄弟盟約的な共同体原理は一度として発揮したことはなかった」「アントーニオが裁判に勝ったのは、［…］シャイロックが発する『証文』どおりという言葉をわがものにしたポーシャがその論理の極限まで追求することによってであった。アントーニオは、等価交換の原則という共同体の外部の論理、すなわちかれがもっとも軽蔑していたユダヤ人の論理をみずからの味方にすることによって窮地から脱出しえたのである」「かれが代表していたキリスト教社会は、兄弟盟約によって支えられていた精神的基盤を失い、ユダヤ人社会と同様にその共同体としての自己完結性を解体することになってしまう（岩井　一九九二：三八‐三九）。

(6)「利子をとらない」「その代わりに抵当として肉一ポンドをくれ」というシャイロックの約定と、この約定を楯にとった裁判での「証文どおり」にしてくれ、という反復する要求、これに対抗するポーシャの逆手にとった攻めにより、それまでにあったキリスト教共同体とユダヤ教共同体の均衡、兄弟盟約や復讐に根ざした違約の賠償といった旧世界の人格的な情理は、この裁判によって破綻し、貨幣―資本制の世界が立ち上がったのだ。それこそが、この物語の語ろうとするものだったと岩井氏は考えている。

私流に理解すれば、「肉一ポンド」という証文の意味するものが、法学博士としてあらわれたポーシャの言葉によって、それまで含意していた「肉一ポンド」とはまるで異なるものとしてあらわれたのだ。元々の含意には、「肉一ポンド」の表象のうちに、恨み、憎悪といった情念が含まれていた。なればこそ、アントーニオの「肉一ポンド」は、高い値で買う価値があるものだった。ところが、ポーシャのいう「肉一ポンド」は言葉そのものなのであり、恨みや憎悪といった情念は排除された、ただの「肉塊一ポンド」にすぎない。だからこそ、そこには「血」は含まれない。抵当の肉一ポンドを証文どおりに取るがよい。ただし、一滴でも血を流すことは許されない。「人格」とはかかわりない「肉一ポンド」の抽象が、ここにはじめて立ちあらわれたのだ。

(7)「商品交換とはその本質において共同体と共同体とのあいだの関係であり、一方の共同体にとっては『兄弟』でないもの、すなわち、『外部者』あるいは『異邦人』との関係の仕方にほかならないことを示している」「多くの場合貨幣という抽象的な価値物を媒介にしておこなわれる商品交換は、モノとモノあるいはモノと貨幣とのあいだの等価関係のみによって支配されており、おたがいが新たに『兄弟になる』ことを必要としないまったく非人格的な人間どうしの関係の仕方、いや非関係の仕方なのである」(岩井 一九九二：一九)。

「人肉裁判」がはからずも呼び寄せたのは、「肉一ポンド」さえ、情理によってではなく、冷徹に肉と血を分節して法の支配によって見据える眼であり、人格的な関係を括弧に入れた等価交換による市場の論理であった。

法はかぎりなく厳密な「法の言葉」を要求する。近代法はこの厳密さを追ってかぎりなく、言葉の意味の限定をたかめてきた。それでもあいまいさが残るために、これを利用した権力による利用もまたかぎりなくおこなわれてきた。けれども、言葉の分節、差異こそが資本制的論理の根源にあることも疑いない。この差異の論理は、貨幣交換による数値化を極限にまで拡げたし、身体を切り刻んで平準化する分析科学の領域化、部分化もまた極限にまで拡張された。[*5][*6]

八 肉と血、首、死の交換

ポーシャは言葉分節の魔術を執行する「貨幣‐資本の化身」である。一体どうして貴婦人ポーシャが貨幣の女神となったのかはよくわかかない。しかし、シャイロックがアントーニオの肉を切り裂くのを許さなかったかわりに、ポーシャはアントーニオの肉と血を切り開いたのだ。そして、切り開いた肉と血の代わりに、「貨幣という血」を置いたともいえる。

二つの共同体の狭間に開いた一つの市場社会ヴェニスで、「身分契約」「兄弟盟約」とその「違約に対する身体処罰」は背景へと沈み、自由な「貨幣交換」の数値論理の地平だけが前面にあらわれる。これこそが「資本制」の社会であり、『ヴェニスの商人』の筆者は、もしかしたら意図さえも超えて、「資本制」の論理が生起する物語を紡ぎだしてしまったのだ。これこそがシェイクスピアが成しとげた価値だと岩井氏は語ろうとしている。

この様相をL＝Sの「神話定式」によってあらわすとすれば、

F貨幣（キリスト商人）：F肉1ポンド（ユダヤ商人）

≀F貨幣（ユダヤ商人）：Fキリスト商人-1（肉1ポンド）

ここで、後項のF貨幣（ユダヤ商人）とは、もはやユダヤ商人のみにとどまらず「資本」として開放された「貨幣」を指し示し、Fキリスト商人-1にあらわれる（肉1ポンド）は、血をとりさった抽象的肉塊としてのそれである。これが一つの理解となることは確かだ。

けれども、もう一つ別の理解もできる。ここで、Fキリスト商人-1とは、「影となった兄弟盟約の下にあるアントーニオ」の系であり、そのような人物は資本制においてはもはや影としてしかあらわれえない。同じように、Fキリスト商人-1の系のもとでの（肉1ポンド）は、これも影でしかありえない。というより、この転位の極限でしかあらわれえない。

何を言いたいかというと、「貨幣による交換関係」の論理は、究極的には全ての事物、事象をうすっぺらな「差異の平面」の事象にすりかえる。「身分契約」のもとでは、「交換」は全人格的なものだった。「貨幣交換の平面」では「自由な交換関係」を許容するという幻想が与えられている。だがその際《きわ》ではFキリスト商人-1の系のもとで市場社会の極限が抱える「死の交換」に触れることはなかった。

岩井克人氏は、『ヴェニスの商人』が伝える市場社会の成立についての論理をみごとに析出してみせてくれたが、その鳥と魚が転位して交換されるように、身体の論理、肉の論理、あるいは首の論理、死の論理が立ちあらわれる。ちょうどエッシャーの（肉1ポンド）がすがたをあらわす。この「人格的な交換」の極限は「死の交換」である。

「死の交換」は、人間の「交換事象」のうちL＝Sが十分にはとりあつかわなかったかもしれないものの一つだろう。キリスト教絵画をみながら、私はいつも「これは何なのか」と問うてきた。旧約聖書を題材とする「ゴリアテの首」「ホロフェルネスの首」、「イエス・キリストの磔刑」に先立つ「洗礼者ヨハネの首」（ヘロデ王との近親婚をヨハネに非難された王妃ヘロディアが娘を誘惑してバプテスマのヨハネの首を所望させ、その首が運ばれてくるとヘロディアの娘・サロメはその首を母に差し出す。ヨハネはイエスに洗礼を授けた預言者。ティツィアーノとカラヴァッジョの、視線が交錯する名作がある）、さらに聖人・聖女の首（「アレキサンドロスの聖カタリナの首」「聖ユストゥスの首」）、あるいはギリシアの神話を加えれば「ゴルゴーン——メドゥーサの首（中国古代には「饕餮《とうてつ》」がある）」「マルシュアースの逆さ吊りと皮剥ぎの刑」、オリエントの神「フンババの首」（顔が腸のすがたをもつ腸占の神）。聖母マリアと同じマリアの名をもつ新約聖書の女たち、中でも「悔恨のマグダラのマリア」のもつ特異な象徴性。「マグダラのマリア」は時に膝に骸骨を抱き、「メメント・モリ（死を想え）」をしめすが、それは同時にイエスの死からの復活に最初に出会った女の印でもある。ヨハネによる福音書では、マグダラのマリアはイエスの伴侶とも記されている。カラヴァッジョが描く「悔恨のマグダラのマリア」では手を当てた腹部に「胎児となったイエス」が宿されているようにも見える。その胎児はカラヴァッジョその人ではないのか。どこの子ともしれぬ母の産道の闇のような教会堂に射す閃光を見た。この闇の中の光の現働化を受けて育った男は俗世の娼婦を聖女のモデルとし、決闘で相手を殺してお訊ね者となり、漆黒の闇に差しこむ閃光のような「光の画家」となった。

ヨーロッパの心性の奥深くをたどると、「首」と「磔刑」に行きつく。あるいは、この国であっても、アジアであっても、「首の存在」はかくべつな意味をもっている。ジュリア・クリステヴァ『斬首の光景』(星埜守之・塚本昌則訳、二〇〇五年。この本の原書は渡辺公三氏がパリで求めて土産にいただいた)は、「首」の象徴によって「現働化される予言」について次のようにいう。〈洗礼者ヨハネの死は、西欧の運命を明示している形象性がその上に打ち立てられることになるテーマとして際立っている〉。〈ヨハネの形象はいまや、〈形象〉というもの自身の形象であるように見える〉。〈そこではヨハネの斬首がキリスト受難の予兆の意味を帯びている〉。〈ヨハネによる福音書は、キリストの証人としての洗礼者ヨハネを提示している〉。〈これらの『形象』のどれもが証立てているのは、《先駆け》がその使命の最終的な意味を獲得するためには、イエスが必要である、ということだ〉。〈「ヨハネは自分のほうに向かってこられるイエスをみてこういった」――『世の罪を取り除く神の子羊を見よ。かつて私が、私のあとに来るおかたは、私よりすぐれたもので、私より前に存在しておられた、といったのはあの方のことである。』……〉(クリステヴァ 二〇〇五:一〇五-一〇七)。

「私のあとに来るおかたは、私よりすぐれたもので、私より前に存在しておられた、といったのはあの方のことである」という訳は、C・G・ユングの読解では「わたしの前にいたひとがわたしのあとからくる、そのひとは最初のひととしてわたしより前にいた」ともされている。この反転の論理において、「ヨハネによる福音書」は卓抜な弁証を伝えている。ここで「ヨハネの首」の形象が「現働化する予言」になるとは、われわれもまた己が「首」を神に対して差し出しているということだ。

「身分契約」「兄弟盟約」による社会から、市場社会での「自由な契約」への転換について、この転換の極限に据えられているものに触れるなら、

神と人との交換（契約）
←――→礫・首・肉・血の交換――→死の交換
←――→（「身分契約」「兄弟盟約」による人格支配）
←――→貨幣平面の交換――→差異の交換
市場社会の交換（契約）

は、反転する極

市場社会の交換（契約）
←――→貨幣平面の交換――→差異の交換
←――→（「身分契約」「兄弟盟約」による人格支配）
←――→礫・首・肉・血の交換――→死の交換
神と人との交換（契約）

を影のように抱えこんでいる。じっさい、市場社会を支える「信」は、「担保」を必要とするが、「担保」をもたない者は債権者に何を差し出すのだろう。それは、「身体＝首」を置いてほかはありえない。身分社会から市場社会への「転位」の深層には、影のように「死の交換」が付き添っていて、それが反転すれば表層にすがたをあらわす。L＝Sの「表象の定式」はそこまでのことをふくんでいる、とおもう。

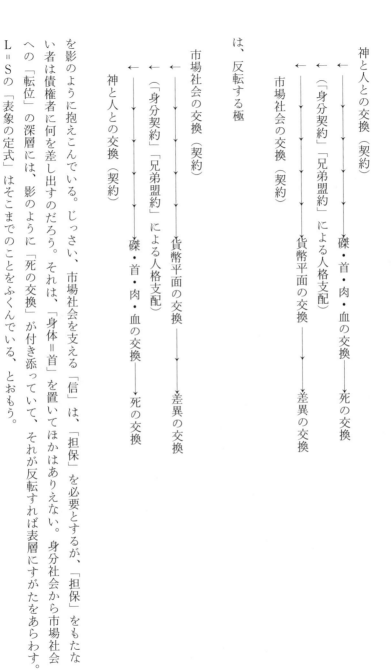

【注】

＊1　縄文人は回転施文具の転写で世界に類例のない文様構造をつくりだしたが、織布でも縄文草創期から高度な技術を手にしていたことが尾関清子氏の研究であきらかとなった。土器底などに残された圧痕から、繊維の質と織布の構造を復元した労苦をともなう研究は、ともすれば、専門考古学外の仕事として敬遠されがちだった。尾関氏の生涯にわたる仕事の成果と復元資料を立命館大学考古学教室が受贈し、保存・研究の基盤に据えたのも公三さんの尽力による。

＊2　縄文人は造りだした回転施文具を宝物のように大切にし、一つ一つに固有の名前さえつけていただろう。織布で緯糸と経糸に加えて、斜めに入る糸を加えた織物を「羅」という。中国の戦国時代に、「羅国」があり、羅の織物を得意としたという。「羅」の織物を職能とする一族の姓が「羅」で、中国から朝鮮に渡海した一族もまた「羅姓」を名乗っている。このように「姓」の起源には職能とかかわるものがいくつもあった。「箕」姓もまたその一つで、箕子は殷の最後の王・紂王の叔父で祭祀をつかさどる「貞人」の家系だったとされるが、紂王に捕らえられていたのを救けだした周の武王の饗応を受けたが、行方しれなくなった。所伝では、箕子は古朝鮮に渡り、「箕子朝鮮」を建国したと伝える。箕国もまたよく「箕」をつくり、この箕つくりの伝承と信仰は朝鮮から日本にまで伝えられている。ここでも特別な農具であった「箕」が姓となっている。

＊3　L＝Sの「神話定式」にはじめて触れると、謎めいた印象にとらわれるが、元々これは隠喩・換喩という喩の論理の理解からはじまったはずで、一つの物＝名辞が内包する多元的な地平の生起についての「抽象」のありようと深くかかわっているとおもう。抽象には、階型的・垂直的な抽象もあれば、平行的・水平的な抽象もある。さらにこれらを複雑に組み合わせた抽象もあり、これらが内部・外部的な「打撃＝衝撃」を動因として動き（成《な》り）はじめると、可逆・非可逆または再起・反復などを孕みつつ、神話・物語や劇が生起する。この全過程を見定めるのは、文学批評や形象批評の課題でもあり、じっさいに優れた批評を読むとこれらのことがなされてきたとおもえる。そう考えると、当初に受け取るほどには「謎めいた」ものではなくなるだろう。

＊4　アビ・ヴァールブルクははじめてのアメリカ滞在の日記のなかで、〈精神のやりくりの中で重力の機能となる象徴〉と書き記している、という。私もそうおもう（ヴァールブルク『蛇儀礼』三島憲一訳、岩波文庫、二〇〇八年の解説文から）。よくしられるように、シモーヌ・ヴェイユもまた「重力」という言葉に大切な意味をこめた。もちろんL＝Sもまた、この「重力」をよく知っていた。神話に「重力」がなければ、「慰安」もまた訪れないだろう（L＝Sの講義録『パロール・ドネ』中沢新一訳、講談社選書・メチエ、二〇〇九年、一〇五頁、一一八－二〇頁、特に末尾の行参照）。

この「重力」は、一つの社会がもつ「自己活動の様式」（マルクスのことば）と深くかかわる。

＊5　要約がすこし長くなったため、ポーシャとポーシャの侍女ネリッサ、シャイロックの娘ジェシカがいかに「貨幣―資本」の化身であるかについては、ここではは ぶいた。ぜひ岩井氏の著述を読んでいただきたい。

＊6　ジャック・アタリ『ユダヤ人、世界と貨幣――一神教と経済の四〇〇〇年史』的場昭弘訳、作品社、二〇一六年によれば、『ヴェニスの商人』は、反ユダヤ主義の系譜につながる作品だという。「シェークスピアは、キリスト教徒が抱く反ユダヤ主義のもっとも古い要素をそこで再び取り上げていた。［…］一ルーヴルの肉という話は、一四世紀の反ユダヤ主義の詩Cursor Mundi（世を駆け巡る者［英語の宗教的叙事詩］）から来ている」。「ユダヤの道徳はすでに見たように、報復を禁止し、刑罰法も拒否している。ユダヤの道徳は、生きた動物の肉を切り取ることも禁止している。被迫害者となって迫害されたシャイロックは、実際はイギリスのピューリタン（法律を文面どおり尊び、例外のあるような任意的な裁判を否定する）と金融資本主義（シャイロックが拒否した奴隷貿易によって豊かになったアントニオ的資本主義と対立している）の代表である」（三一六頁）。つまり、「肉一ポンド」を執拗に求めるようなユダヤ商人はいない、と。一四世紀の反ユダヤ主義の詩Cursor Mundiに「肉一ポンド」のような物語があるとすれば、それは東方世界の一部としてのユダヤ教徒のうちに、キリスト教世界が反射的に幻想した身体刑罰を指し示すのかもしれない。反射的というのは、キリスト教世界そのものが、苛烈な身体刑罰の歴史を抱え込んでもいるからだ。それはともかく、アタリの著作を読み取ることで、貨幣―資本の論理を世界化したユダヤ人の役割について、これまで知ることのなかった数多くの事象を教えられた。

【参考文献】


アタリ、ジャック　二〇一五『ユダヤ人、世界と貨幣――一神教と経済の四〇〇〇年史』的場昭弘訳、作品社。

アンジュー、ディディエ　一九九三『皮膚-自我』福田素子訳、渡辺公三解説、言叢社。

――　一九九九『集団と無意識』榎本譲訳、言叢社。

岩井克人　一九九二（一九八五）『ヴェニスの商人の資本論』ちくま学芸文庫。

ヴァールブルク、アビ　二〇〇八『蛇儀礼』三島憲一訳、岩波文庫。

欧州放射線リスク委員会（ECRR）二〇一一『欧州放射線リスク委員会2010勧告』ECRR2010翻訳委員会

全訳・訂正版。http://www.inaco.co.jp/isaac/shiryo/hiroshima_nagasaki/fukushima/ECRR2010.html.（二〇一七年三月二二日閲覧）

岡田温司　二〇〇五『マグダラのマリア――エロスとアガペーの聖女』中公新書。

北山修編　二〇〇五『共視論―母子像の心理学』講談社選書メチエ。

クリステヴァ、ジュリア　二〇〇五『斬首の光景』星埜守之・塚本昌則訳、みすず書房。

小林潤司　二〇一六「『ヴェニスの商人』とユダヤ人劇の系譜」『甦るシェイクスピア――没後四〇〇周年記念論集』日本シェイクスピア協会編、研究社。

木下清一郎　二〇〇二『心の起源――生物学からの挑戦』中公新書。

島亨　一九八四「事物の由来と繫留――旧石器の造形表象に触れて」『縄文図像学Ⅰ』縄文造形研究会編、言叢社。

――　二〇一二『フクシマ―放射能汚染に如何に対処して生きるか』談話・菅野哲、澤田昭二校閲・推薦、言叢社。

多田富雄　一九九三『免疫の意味論』青土社。

中沢新一　二〇一二『野生の科学』講談社。

伏見康治「紋様の科学」『数学セミナー』一九六七年五月号～一九六九年一二月号。

伏見康治・安野光雅・中村義作　一九七九『美の幾何学――天のたくらみ、人のたくらみ』中公新書。

プリブラム、カール・H・／マートン・M・ギル　一九八八『フロイト草稿の再評価――現代認知理論と神経心理学への序文』、安野英紀訳、金剛出版。

フロイト、ジークムント　一九七四「科学的心理学草稿」小此木啓吾訳『フロイト著作集7』人文書院。

八木橋信吉　一九九三「縄文原体論」『東アジアの古代文化』七七号「特集　縄文の図像と信仰」大和書房。

吉本隆明　二〇一六「南島論――家族・親族・国家の論理」『全南島論』作品社、一七二―二一八（初出は、『展望』一九七〇年一二月、第一四四号）。

――　一九七五「ジョルジュ・バタイユ」『書物の解体学』中央公論社。

ルロワ＝グーラン、アンドレ　一九八一『加撃』部分訳、『神奈川考古』第一二号。

レヴィ＝ストロース、クロード　一九七〇『今日のトーテミスム』仲沢紀雄訳、みすず書房。

――　一九七二『構造人類学』荒川幾男・生松敬三・川田順造・佐々木明・田島節夫共訳、みすず書房。

――　一九七六『野生の思考』大橋保夫訳、みすず書房。

――― 一九九〇『やきもち焼きの土器つくり』渡辺公三訳、みすず書房。

――― 二〇〇九『パロール・ドネ』中沢新一訳、講談社選書メチエ。

――― 二〇一六『大山猫の物語』渡辺公三監訳、福田素子・泉克典訳、みすず書房。

渡辺公三 二〇一五「冷戦期における「構造」の生成――レヴィ=ストロースの探究」『精神医学史研究』19-1。

Meltzer, D 1971. *Le processus psychanalytique*, Payou.

第二一章　エコロジカル・インディアンは「野生の思考」の夢を見るか

渡辺公三

はじめに

レヴィ＝ストロースのライフワークである『神話論理』[*1]は、最初の巻『生のものと火にかけたもの』が一九六四年に、そして最終巻『裸の人』が一九七一年に刊行された。四巻の『神話論理』に対比して筆者自ら「小神話論理」と呼ぶ『仮面の道』、『やきもち焼きの土器つくり』、『大山猫の物語』はそれぞれ一九七五年、八五年、九一年に上梓された。一九〇八年に生まれ二〇〇九年に没し二〇世紀をほぼまるごと生き切ったとも言えるその生涯の後半の約三〇年をかけてレヴィ＝ストロースは、膨大な民族誌の記録から南北アメリカ先住民が自分たちをとりまく世界とそこにすむ自分以外の人々そして人以外の生き物たちと交わした対話を聞きとったともいえるだろう。

前世紀の後半、つまりすでに半世紀も前に着手された仕事から学ぶべきことが、今もまだ残されているのだろうか。本論文集に収められたいくつかの論文は、この問いに対してレヴィ＝ストロースへの新たな視角を提案しつつ強い肯定の回答をあたえている。筆者自身もこれらの論者たちの驥尾に付してレヴィ＝ストロースの仕事の、今日も生きる意義を測ることを試みてみたい。ただその行程は少しばかり遠回りなものになる。筆者自身これまで二度にわたってレヴィ＝ストロースの読解を拙いながら試みた。最初は一九九六年刊行の『レヴィ＝ストロース――構造』として、二度目は二〇〇九年刊行の『闘うレヴィ＝ストロース』として。[*2] 前者で目指したのは、英語圏での評価のフィルターを通すことなしに原テクストからその思考を読み取り、作者がどのような問いを立てどう応えようとしているか、言い換えればいかなる人類学を構想しているか掴むこと。そして後者では「構造主義人類学者」以前の青年期にさかのぼって、両大戦間期のいわば二〇世紀の批判的思想形成のケーススタディを試みることであった。

あらためてこれらの作業を手早くなぞり直すことには興味はない。繰り返しを避け、レヴィ＝ストロースの作品群が今も持ち続ける意義をあぶりだすための方策を、さしあたりいくつか考えてみた。ひとつには、主著『神話論理』にたどりつくことになったレヴィ＝ストロースの行程の背景をなした思考の枠組みを、作業仮説として取り出し、その射程が今日にいたるまでどのような有効性を保持しているかを示すこと。あるいは南北アメリカの先住民研究における明示的、暗示的なレヴィ＝ストロースの影響を検証しその証拠を示して、レヴィ＝ストロースが提起したがまだ応えられていない問いを確認すること、とりわけ筆者にとって数年来の関心の対象である（まだ正面から取り組めてはいない）アメリカ合衆国における先住民研究へのレヴィ＝ストロースの影響を測量すること。以下はそのためのサーベイの一次報告の域を越えるものではないことをあらかじめお詫びしておきたい。

一　人類史的ヴィジョンの射程

これら二つの方策が果たして実現しうるものであるのか手探りをはじめて、いずれも予感したとおり、一朝一夕では見通しを立てることさえ覚束ないあまりに広大な問いであることに気づかずにはすまなかった。問いのたて方が不適切だったとしても改善をにわかに思いつくことはできなかった。
第一の方策について「作業仮説」と呼んだものはたとえば以下のことである。一九六二年に刊行された『野生の思考』は『神話論理』のいわば方法序説と位置づけられる。そのモチーフをレヴィ＝ストロースは哲学者リクール等との議論のなかで思いのほか平明な言葉で説明している。

私が「野生の思考」といっているものは、それによって「他者」を「わたしたち」に翻訳したりまたその逆をおこなうことができるようなあるコード［ルール、文法］を作りだすのに必要な前提や公理の体系であり［…］私の意図においては、彼らの位置に自分を置こうとする私と、私によって私の位置に置かれた彼らとの出会いの場であり、理解しようとする努力の結果なのです。[*3]

自己の内部での他者の思考モデルの構築として「野生の思考」があった。一九五四年に刊行された『悲しき熱帯』に描かれたボロロやナンビクワラなどブラジルの「奥地」で出会った人々については、他者である彼らの思考を推測して彼らを代弁するように内面から描くことは厳しく抑制されている。[*4]「彼らの思考」はいわば意図的な沈黙によって間接的に主題として提示されている。ただそうした思考に与えられるべき場は、『悲しき熱帯』に数年先立って刊行された『人種と歴史』（一九五二年刊）にすでに予告されている。人類史において大掛かりな変化と革新が累積的に展開したのはわずか二回だけ、新石器革命と産業革命のみであり、両者ともに革新が連鎖反応を起こしたのは偶然にすぎない。後者が近代の科学の思考に支えられていたとしても、発見と創造の連鎖が近代西欧において生起したのは偶然なのだ（いいかえれば西欧の人々の「人種的優越性」の結果などではまったくない、というのが『人種と歴史』という冊子の主張である）。新石器革命によって生起した新たな思考という予感、それがほぼ十年の模索の後に「野生の思考」と名指されることになる。

「彼らの思考」という主題を成立させるためにレヴィ＝ストロースは、数万年のスケールにおける二度の革命という大掛かりな作業仮説あるいは人類史のヴィジョンを立てている。そこには「産業革命」とそれに比肩される「新石器革命」とがともに（誰がどこで実現したかは、これらの「出来事」への実効的な説明根拠をあたえないという意味で）偶然の連鎖によって生じたという強い仮説も包含されている。またここには、産業革命こそが近代西欧資本主義の推進エンジンとなったという、当時としては自明とされていたであろう仮説も含意されている。[*5]

戦後の機能主義がリードしていた、今、ここで眼前にある社会に専心した二〇世紀半ばの欧米人類学の世界で、数万年の尺度で測られるこうした「人類史」という問題が受容され真剣に主題化されることはなかったと思われる。いっぽう、機能主義を克服する方途として一九六〇年代に脚光を浴びることになったレヴィ＝ストロースの構造主義の背景に、こうした人類史のヴィジョンがあったことは忘れられがちでもある。「自然生態系にまで拡張された歴史」[*6]（クロノン）としての環境史という土壌を主な培養地として、地球規模の比較の視点をもった人類史の試みが『ヨーロッパ帝国主義の謎』[*7]（クロスビー著、一九八三年）や『銃・病原菌・鉄』[*8]（ダイヤモンド著、一九九七年）さらに直近の『サピエンス全史』[*9]（ハラリ著、二〇一一年）として注目されるようになったのは、レヴィ＝ストロースが研究の第一線からは引退した後あるいは逝去後だった。

筆者自らパンフレットと謙遜する小著『人種と歴史』の簡潔で明快な人類史ヴィジョンに親しんだ者にとって、これらの世評高い人類史の著作にいくぶんかの既視感を抱いてしまうのはあながちレヴィ＝ストロースへの贔屓目だけではない。クロスビーの前掲書への姉妹編といえそうな『数量化革命』[*10]はまさに新石器革命に対する産業革命を主題とし、ダイヤモンドの著作は西欧の優位をユーラシア大陸の地理的条件[*11]という実効的な根拠をもちだして説明する。これらの著者たちからは、あなた方が数十年前レヴィ＝ストロースが提起した問いへの数十年をおいた回答を提供していると告げれば厳しい反論が返ってくるのだろうか。

二 「認知的流動性」と「野生の思考」

『人種と歴史』刊行に先立って一九五〇年に出版されたマルセル・モースの論文集への「序文」[*12]でレヴィ＝ストロースは、人類史的ヴィジョンのもうひとつの論点にふれている。ドゥルーズが「構造主義とは何か」[*13]で徹底利用したことで注目された「浮遊するシニフィアン」という言葉が登場する、人間による言語獲得についての考察である。その要点を箇条書きにしてみよう。⑴言語は一挙に獲得された、⑵つまり宇宙は一挙に意味あるものとなった、⑶漸進的に蓄積される「知識」と、常に過剰な「意味」は不均衡な関係にある、⑷過剰な意味はモースが注目した「マナ」すなわち「浮遊するシニフィアン」（あるいは「純粋状態の象徴」）に充当される。

言語獲得をめぐるこのあまりに簡略かつ大胆な推論は、たとえば「野生の思考」という後の展開とどう関係するのか。「新石器革命」の仮説的ではあれ具体的な姿を「野生の思考」に認めることができるとすれば、言語の獲得と過剰な意味の生成は、それに先立つ人間化成の初期段階と想定できるのだろう。モースが『呪術の一般理論への素描』（通称「呪術論」）で重視し、レヴィ＝ストロースが反応した「マナ」への言及は、「野生の思考」への媒介を予感させるかたちでもう一度取り上げられることになる。一九五六年の「霊魂の概念についての最新の研究」[*14]と題された講義の圧縮された概要をそのように読むことができる。そこでは「霊魂」は隠喩と換喩という二つの知的な操作を可能にするための「複製化」そのものと見なされる。人間が知覚によって知るあらゆる対象を、可視可聴可触空間とは別のひとつの場（それを思考空間とも観念世界とも呼べるだろう）で何らかの関係づけをする知的な操作（その関係づけは恣意的なものでありうるとしても、基本的には近接性と類似性という二つの軸を座標とする空間に展開する、ただ、全く類似しないものが近接し、全く近接しないものが類似しうる空間ではあるが）を可能とする条件を、人々は「霊魂」と呼んできたということになる。レヴィ＝ストロース自身しばしば示唆的に語るように、この関係づけが人間の脳によって初めて可能になったのだとすれば、[*15]脳の存在様式を対象に移し入れて「霊魂」と呼んだことは、人間にとってきわめて適切ではあれやはり錯覚と呼ぶしかないものだったのではないのか。デュルケーム学派のリーダーであるモースが「マナ」を重視した理由について、レヴィ＝ストロースは興味深いコメントを付している。「彼ら［デュルケームとモース］のマナの理論は、彼らの思考においてそれが果たすべく期待されたきわめて特殊な位置が求める特徴を、現地の人々の思考に仮託したものではないのか」と。[*16]「彼らの位置に自分を置こうとするわれわれ(?)」。だとすればこのモースの思考の身振りは、人間の脳の構造と事物の特異な関係を再演していると言えるのかもしれない。

いずれにせよ初期人類が「霊魂」という対価を払うことで関係づけの思考の可能性を獲得したのだとすると、関係づけの爆発的連鎖によって生起したとされる「新石器革命」における「野生の思考」の飛躍は初期条件との関係でどのようにとらえられるのだろうか。

先に箇条書きで示した要約に先立つ文章でレヴィ＝ストロースはこう述べている。「動物の生命の階梯のどこで生じたにせよ、言語は一挙に生成する以外にはありえなかった。物事は徐々に意味するようになることはなかった。社会科学ではなく生物学と心理学の分野で研究されるべき変換に引き続いて、何ものも意味をもたなかった段階から、全てが意味を有する段階への移行が生じた」。

この文章が同時代の生物学と心理学のどのような成果を参照して書かれているかここで確かめることはできないが、この設問に対して二〇世紀末に生物学と心理学の最新の成果を参照して答えを出そうとしたのは考古学であった。一九九六年に刊行されたスティーヴン・ミズンの『心の先史時代[*17]』では主に言語の獲得の過程と帰結についての推論を、進化心理学を手掛かりに考古学的な物証によって裏付けようと試みられている。ただその検証では、レヴィ＝ストロースの着想の側に引きつけて言えば、初期人類における意味の全体化と呼ぶべき事態が主要な課題とされ、「新石器革命」における「野生の思考」の生成という過程の分節化はエピローグの「農業の起源」に概略が素描されるにとどまっている。大雑把にいえばホモ・サピエンス以前のプリミティヴな言語の獲得からホモ・サピエンスの農業の開始までの極めて長期にわたる意味の全体化の過程を、考古学的物証によって推論することが狙われている。とすれば、意味の生成がレヴィ＝ストロースが断定し、ドゥルーズが同意したように「一挙」に達成されるか、ミズンが暗示するように長い時間をかけた漸進的なものと仮定され、革命的な思考の開花に先立って前駆的な「爆発」が新石器以前に反復されたのか、あるいは数万年という時間の幅を凝縮する限りで、両者には隔たりがないと言えるのか、瞥見する限りでは大きな展望の違いが想定できることになる。またこうした展望の違いに関連して、両者では言語の位置づけにも違いがある。それはミズンが示す「聖堂のような心」の模式図に明瞭に示されている[*18]（図1）。いわば聖堂の分離されたコンパートメントの壁に穴が穿たれ空気の流動が生ずるかのように、「博物的知能」と「社会的知能」と「技術的知能」が重なりそこで許容される多義性を培地として芸術と宗教が発生してくる。こうして生ずる機能分化した知能間の動態をミズンは「認知的流動性」と呼んでいる。

興味深いのは「認知的流動性」が生まれることで芸術と宗教という新たな次元を獲得する人間の思考にとって、流動性以前の分化した知性への回帰が起こることは自然なこととらえられていることである。ミズンの文章を引用しよう。

［…］イヌイットの人々の白熊に対する態度を思い出そう。この動物は親戚と考えられているが、同時にイヌイットはこれを喜びをもって殺し、食す。この、しばしば社会関係の形で表現される狩猟対象への深い敬意と、相手

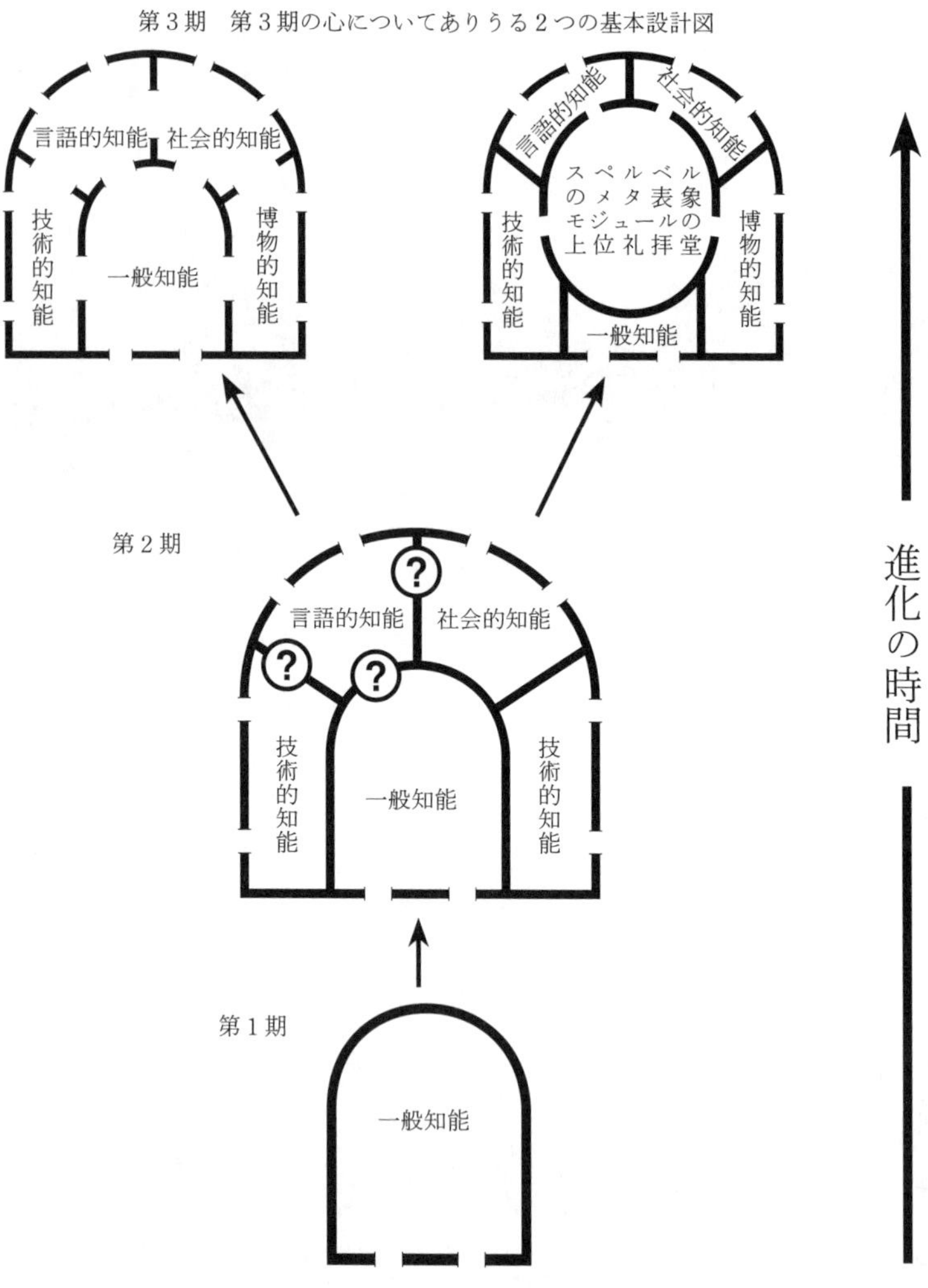

図1　聖堂のような心（ミズン（1998：91）の図版を参考の上作成）

周知のように『親族の基本構造』では近親相姦の禁止が自然から文化への移行ととらえられている。この自然から文化への移行と言語の獲得とは不即不離だろう。とすればミズンの図に示された展望とは異なって、レヴィ=ストロースにおいては言語的知能が他の三つの知能と同格の一つの知能とされるのではなく、言語は三つの知能の転換の条件としての新たな構造の生成と位置付けられるはずであろう。ところで自然の上限と文化の下限は単一の不連続面を形作るのだろうか。それはソシュールの水面の比喩に似た何かなのだろうか。人間においては自然の上限と文化の下限が輻輳して、上限と下限が交錯する帯域として人間が存在するのではないだろうか。それが身体の現実でもあろう。

を実際に殺すということに対して良心の呵責がないことの組み合わせは、狩猟採集民の間に普遍的なことのようだ。こうした態度の取り合わせは我々にとっては矛盾するもののようにも見えるが、それも、動物に対する知識が二つの別々な認知領域に入っているのかもしれないと理解すれば納得がいく。*[19]

いわば日常において「博物的知能、つまり食物を確保するという問題」と「社会的知能」は分離して営まれ、非日常の芸術と宗教の次元において「認知的流動性」による重なり合いが生ずるというのだろう。「認知的流動性」の生成という主題はこの引用からも理解される通り現存する「狩猟採集社会」をヒントに農業以前の狩猟採集社会を対象に検討され、したがって人類の知能の主要な標的は自然の生物とりわけ狩猟対象としての動物であると想定されている。レヴィ＝ストロースの『野生の思考』においてキー概念となる「種操作媒体」が動植物とりわけ動物種の存在によって人間の脳に励起される思考図式についての多面的で巨細な検討をおこなってきわめて興味深い視点を示していることと考え合わせて、ミズンの「認知的流動性」をその前駆形態と位置づけることが果たして可能か、興味深い論点であろう。できれば著者自身による比較検討を期待したいところだが、残念なことにミズン自身はレヴィ＝ストロースを直接検討しているのではなくロイ・ウィリス編の論文集からの間接的な参照にとどまっている。*[20]

三　エコロジカル・インディアンとは誰か

『神話論理』の四巻は一九六四年から一九七一年にかけて刊行された。その七年間のほぼ折り返し地点に一九六八年の「五月革命」という出来事がある。その年はまたソ連軍戦車に率いられたワルシャワ機構軍による「プラハの春」の圧殺、中国文化大革命の激化など世界各地で激動が生じた年であった。日本では「学生反乱」の高揚と退潮のあと、一九七〇年を境に高度成長期の負の遺産を問い直す反公害運動が前面に押し出されてゆく。七〇年代から八〇年代にかけては、戦後高度成長の大量生産大量消費への反省が、環境保護、反公害運動というかたちをとって高揚した。[*21]

『神話論理』で南北アメリカ先住民の神話の分析を試みながら、レヴィ＝ストロースが、この時期とりわけ先住民たちの世界との接触の作法から倫理的な教訓を引き出そうとしていたことは、本論集のエナフ論文での『食卓作法の起源』末尾からの引用にも読み取れる。それはエコロジカルな倫理と形容できそうなものであるいっぽう、レヴィ＝ストロースのエコロジーには独自の特徴があることは本論集のケック論文が検討しているとおりである。

レヴィ＝ストロースの神話研究の締めくくりとなった『大山猫の物語』の一九九一年刊行後のインタヴューでは、翌年のコロンブスの新大陸「発見」五百年に合わせるためにこの著作の刊行を急いだこと、またアメリカ・カナダ国境のモホーク族の土地をめぐるゴルフ場武装占拠事件の推移を追いながら執筆を進めたことにふれている。[*22] そのことはこの著作がコロンブス以後、南北アメリカ先住民と「白人」との非対称的な接触と相互理解（誤解）の過程を神話に読み解くことを主題としていたこととも呼応している。ところがその一九九一年前後は、先住民と環境NGOの連携によってよって八〇年代から高揚していた、とりわけ南米ブラジルの環境保護運動などに一種の軋みと不協和音が聞き取れるようになってきた年でもあった。そうした事態は人類学分野では「生態学的に高貴な野蛮人」論争と命名され二〇〇七年には一つの総括が試みられている。[*23]

その総括にも取り上げられているとおり「生態学的に高貴な野蛮人」という呼び名は、ブラジルの先住民研究を専門とする人類学者メイブリー＝ルイスが創立した先住民を支援するNGOであるCultural Survivalのジャーナルに一九九一年に公表された論文のタイトルで初めて使われたものだった。[*24] 筆者であるレッドフォード（K. Redford）は、いまや一定の土地所有権を認められた先住民集団が自らの財産としての森林資源や地下資源を商品化し換金しようとして国家から規制を受けると、国家の官吏に暴力をふるってでも商品化を強行しようとするいくつかの具体的な例をあげ、いつからか西欧のNGO等が作り上げてきた生態学的環境保護のエキスパートとしての先住民という虚像（生態学的に高貴な野蛮人）への警鐘を鳴らしている。

一九七〇年代から八〇年代にかけて環境NGOとりわけ南米の先住民との間に育まれた親愛関係は九〇年代に入ると、懐疑から不信へと急速に変わっていったようである（全てではないにしても）。そうした不信からさらには幻滅と決裂そして告発への移行を決定的に言語化し領導した本が一九九九年にアメリカの人類学者によって公刊された。クレッチ（Shepard Krech III）による『エコロジカル・インディアン——神話と歴史』（*The Ecological Indian: Myth and History*）である。[*25]

この本の登場が与えた衝撃は、著者自身が誇らしげに総括するようにアメリカ合衆国（およびカナダ）におけるインディアン研究にとってきわめて大きなものだったようだ。[*26] ただ先にふれたレッドフォードの文章には、期待を裏切られた者の一抹の苦渋が漂うように思われるのに比して、クレッチにはもともとインディアンに対する一片の共感も同情ももたなかった者による（少なからぬ悪意をこめた）やや無邪気とさえいえる告発のトーンが感じられるというのは読み手の解釈のしすぎだろうか。この本のあたえた衝撃に応答すべく開催されたシンポジウムでの報告を編んだという（そこにはクレッチによる巻頭論文と跋文さえ寄せられている）論文集の編集者による簡潔な要約は、的確なだけに結果的にはやや戯画的にこの本のありようを提示しているとも思える。[*27]

シェパード・クレッチの『エコロジカル・インディアン——神話と歴史』（一九九九）はアメリカの学術的文化的サークルを揺るがした。その主題——北アメリカのインディアンは過去のさまざまな時点そしてさまざまな場所で環境を汚染し、猟の獲物となる種を絶滅させ、ひろく物事を混乱させ、ただ救いだったのは彼らの人口が少なかったということのみだった——は論争を生みだすことを企図し、まさにそのことを達成した。

「アメリカ・インディアンを環境の保護者とする「政治的公正な」ヘゲモニックな概念に対抗することでマス・メディアで広く書評され議論される稀な学術書となった」と続く引用文は、さらにこの本を、「学問的論議よりは九〇年代末のアメリカ政治イデオロギーを背景として読み取られるべき現象であろう」と位置づけている。この指摘を念頭に置きながら、七〇年代以降の「環境主義」の高揚へのひとつのバックラッシュとしてもこの本を検討してみよう。肯定できる点のない作品を詳しくあげつらうことは私の本意に反するのだが、この作品がなぜそれほどの評価と言及の対象になり得たのか、不可解さを軽減する試みとしてやや詳しく検討してみたい。

本書は、前文、序に続いて、1．更新世の絶滅、2．ホホカム、3．エデン、4．火、5．バッファロー、6．鹿、7．ビーヴァー、エピローグ、注、索引という構成の全三一八頁、本文二二九頁からなっている。論述の詳細な典拠を挙げる百頁近い注は本書の特徴の一つといえるかもしれない。前文のあと、The Ecological Indian と記されたタイトルページの裏には、悲しみの表情を浮かべ、右目からは涙の流れ出た Iron Eyes Cody as the Crying Indian, 1971 とキャプションを付した、束髪にした初老のインディアンの男のポートレートがおかれている[*28]（図2）。インターネットで検索すればこの写真が一九七一年以降、アメリカのいたるところで眼にすることのできた広告キャンペーンであることがすぐに分かる。ハイウエイ網の普及したアメリカでは走る車から投げ散らされるごみが社会問題化し、大企業の協賛する環境NGOによるごみ廃絶のキャンペーンが展開された。ポートレートの上辺にはよく見れば Pollution: it's a crying shame という標語が読める。また右下には小さな字で People start pollution People can stop it という語と Keep America Beautiful というNGOの名とロゴが配されている。（排気ガスではなく）ごみによる環境汚染廃絶キャンペーンに一役買うインディアンの哀しみの涙……。このおそらくはほとんどの

図2　Iron Eyes Cody as the Crying Indian, 1971
（Krech III（1999）より）

アメリカ人の脳裏に焼きついたポートレートを本の冒頭においた著者の挑発的な意図は、アメリカに生活する者にとっては瞬時に諒解されるものだったのだろう、日本語の表現に即して言えば、この誰もが知っている「エコロジカル・インディアン」のいわば化けの皮を剥がすことが本書の狙いであることが分かる。

本書の意図は一葉の写真によって即座に理解される。あとは本文で著者がいかに手間暇をかけて、エヴィデンスを収集し解読し積み上げたか、その真摯さを演じて見せることが、エコロジカル・インディアンに何かしら「含むところのある」観衆の喝采をえるために、いわば大向こうを意識して行うべきパフォーマンスということになろう。その組み立てはある意味では見え透いていて、読者の側からのよほどの共犯への心の用意がなければ賛同をえられないであろう、論証と考察抜きの事象の羅列にすぎないとも見える。

「1．更新世の絶滅」は一九六〇年代末から先史生物学で議論されてきた更新世末期の北アメリカ大陸の大型哺乳類の絶滅を、ベーリング陸橋をわたって移住してきた人類すなわちインディアンの先祖（プロト・インディアン）による所業に帰す「先史時代の過剰殺戮」説の祖述である。[*29]「2．ホホカム」は、今ではアリゾナ州の乾燥地の廃墟になった先住民の住居祉群の記述で、乾燥化し土壌塩分濃度の上昇によって農耕ができなくなり放棄されたこの遺跡が、インディアンによる水資源管理の失敗例と示唆される。「3.エデン」はもともとインディアンは人口が少ないためその環境破壊には自ずから限界があったことは諒とすべきだが、旧世界からの移民の進入に先立って疫病が先住民人口の大幅な減少をもたらし、移民にとっての新大陸をいっそう豊かな自然あふれるエデンの園に思わせることになったという。[*30]「4.火」はインディアンによる野放図な火の使用が列挙され、5〜7の三つの章では狩猟動物のインディアンによる抑制なしの乱獲が描かれる。

先史時代の過剰殺戮という先史生物学の科学的「事実」を教えられた読者は、「5.バッファロー」では章の冒頭、カナダ・アルバータ州のHead-Smashed-In Buffalo Jumpに案内される。そこは断崖にバッファローの大群を追い込んで（それには草原に放つ火が利用されることもある）転落させ一挙に殺した猟場として一九八一年ユネスコによる世界遺産に指定された場所でもある。[*31]これを導入として章の大半は一九世紀の大平原地方におけるバッファローの大量殺戮（大平原地方を移動する数千万頭と推測された獣群は、二〇世紀初めには数百頭に減少し絶滅に瀕した）が、もっぱら猟の現場で白人から導入した馬とライフルを駆使してバッファローを追ったインディアン達をカメラが追うようにして記述される。身軽な少人数の遊動バンド化した騎乗インディアンハンターと白人ハンターとの競合、バッファローが消えた草原の余白を埋めるようにして広がって行く移民たちの蓄牛がもたらす疫病が伝染してバッファローが個体数を減じていったことも備忘的にふれられてはいる。

「7.ビーヴァー」の章にも手短にふれておこう。ビーヴァーもまたバッファローと同様、短期間に激減させられた。著者の主張は、ハドソン湾会社を筆頭とした毛皮取引にビーヴァーの毛皮を供給したインディアンには動物種の保全という思考はまったく欠如しており、そうした意識が芽生えたとすればそれは白人から教えられたからなのだ、と要約できる。

この本に応答すべく二〇〇一年に開催を予定されたシンポジウムが九・一一のために二〇〇三年に延期され、そこでの報告をまとめた論文集には、すでにふれたように論争の主導者クレッチによる巻頭論文と跋を付して二〇〇七年に刊行された。多くの論文は、「ためにする」（「論争を生みだす」ためと書かれていることはすでにふれたが、よりストレートにいえば「エコロジカルなインディアン」の虚妄を暴露するため）著者に対して、きわめて真面目に学術的に応答しているように見える。そこに収録された全ての論文を取り上げて検討する余裕はないが、論集としての構成は確認しておきたい。

「巻頭言」「まえがき」「謝辞」「序論」に続く本文は、第一部「シェパード・クレッチとその批判」にはクレッチ自身の『「エコロジカル・インディアン」を越えて」という巻頭第一章を筆頭に三つの章、第二部「大型獣の（過剰）狩猟」の表題のもとで三つの章、第三部、「インディアンと動物の表象」の二つの章、第四部、「伝統的生態学的知識（ＴＥＫ）」の二つの章、そして第五部「今日的資源管理の諸問題」の二つの章から成っている。

いくつかの章はクレッチの挑発に乗せられた形で、売られた喧嘩を買うスタイルで書かれていることは、インディアンにはビーヴァーという生物資源を保全する思考は全くなかったという主張を否定するフェイト（Feit, H.）による論文の表題「エコロジカル白人の神話」（“Myth of Ecological Whiteman”）や、更新世の絶滅の気候激変説をとるケリー（Kelly, R.）等の「後期更新世の北アメリカでの絶滅はネイティヴ・アメリカンの先祖がもたらしたのか――もしそうだとしてどうだというのか」（“Did the Ancestors of Native Americans Cause Animal Extinctions in Late-Pleistocene North America ? And Does It Matter If They Did ?”）という表題にも表れている。

おわりに――エコロジカル・インディアンは「野生の思考」の夢を見るか

更新世末期のプロト・インディアンに大型哺乳類絶滅の責を帰すことから、一九〜二〇世紀のインディアンにバッファローの絶滅の一歩手前までの減少、ビーヴァーの種の保全の危機の責任を帰すクレッチの論理構成には、それが論理の名に値するかどうかは別として、一万年以上にわたるインディアンらしさの同一性が想定されている。しかもそれは機会が提供されさえすれば、生態学的顧慮は一切おかまいなしに特定種の動物を、欲望に駆られて際限なく殺し続ける衝動を帯びていると暗黙のうちに仮定されている。更新世末期においてはその機会は、まだ人類との共進化の経験をもっていなかったアメリカ大陸の大型哺乳類が打製石器の鏃をとりつけた弓矢といったプリミティヴな武器でやすやすとしとめられたということであり、一九世紀には白人のもたらした馬と火器を入手でき、弓矢に比べて捕獲の効率において格段に向上した条件によって提供されたということであろう。そこには発現の機会さえあたえられれば現出する、一種の功利主義が一貫して仮定されていると理解される。一貫して不変の欲望に駆動された功利主義という像が、おそらくクレッチのインディアン形象の根底にあると私は理解する。人類学者を自称するクレッチの思考においては異貌の他者を入れる場は用意されてはいないようである。

こうした論理構成は一つの帰結として歴史の無視を導くことになる。バッファローの章、そしてビーヴァーの章に隠れようもなく露呈しているのは、その一九世紀から二〇世紀にかけての時代に、西欧の毛皮需要に応えようとする仲買いに促され、白人ハンターと競合しつつバッファロー狩りやビーヴァー狩りにそれこそ駆り立てられてゆくインディアン達が組み込まれたネットワークの歴史的特徴への無関心である。先に、「バッファローを追ったインディアン達をカメラが追うようにして記述される」という言葉で総括したクレッチの文体は、まさに狩猟の現場へ向かって前へ前へと進むカメラがその背後に追いやって見えなくする歴史的文脈にふれずに済ませることを可能にするものなのだ。

論証なしにインディアンに想定された同一性、同一性の核に言明されることなく組み込まれた欲望に駆動された功利主義、これらの思考装置によって暗黙のうちに正当化される歴史の排除、そこにはむしろ、二〇世紀の新自由主義を連想させる西欧思想のひとつの限界的発想の投射があるのというのは邪推だろうか。この邪推が当たっているのであれば、クレッチの鳴り物入りの「エコロジカル・インディアン」はその裏返しこそがインディアンの真の姿であると主張しつつ、「彼らの位置に自分を置こうとするわれわれ」そのものの記述にすぎないということになろう。

クレッチの人類学においては一九世紀のバッファロー殺戮に勤しんだ現代インディアンと同じく更新世末期のプロト・インディアンもまた、他者の思考としての「野生の思考」を夢にさえ見ることはないのであろう。

こうしたクレッチの「エコロジカル・インディアン」を批判するフェイトのビーヴァー猟の民族誌や、二〇〇七年の論文集でバッファロー猟におけるインディアン諸集団と白人ハンター、毛皮仲買人の関係を視野に入れ、一八四〇年以後の寒冷化と少雨化の影響をバッファローの個体数の減少に関連付けるダン・フローレスの考察「バッファローをめぐる戦争」[*32]、さらには中央草原全体のパノラマの中で歴史記述を試みるアイセンバーグの『バイソンの破壊』[*33]を筆頭として、バッファローやビーヴァーをめぐっては、それこそまさに強靭なバッファローもたじろがせるだろう汗牛充棟の先行研究が存在する。それらの精査をこれからの課題として、さしあたりのサーベイを打ち切っておきたい。

【注】

＊1　レヴィ＝ストロースの著作は参考文献表を参照。
＊2　渡辺（一九九六、二〇〇九）参照。
＊3　ドムナック編（二〇〇四：五三）。ただし訳は変えている。
＊4　前掲、渡辺（二〇〇九：二七）参照。ただ、「私の知能は新石器時代の人間の知能なのである」（『悲しき熱帯』上、七六）というレヴィ＝ストロースが彼らに対してある共感をもっていたことも確かだ。
＊5　『なぜヨーロッパで資本主義が生まれたか』は関曠野による挑戦的な考察の標題である（関、二〇一六）。関以外にも複数の論者が多様な視点から、この「なぜ」に応えようとしているが、関の考察以上に先鋭なものをまだ知らない。産業革命以前に遡行するダグラス・ノースやマルクス主義のブレンナー等々、今後の課題としたい。
＊6　クロノン（一九九五：四）。
＊7　クロスビー（一九九八）。
＊8　ダイヤモンド（二〇〇〇）。
＊9　ハラリ（二〇一六）。
＊10　クロスビー（二〇〇三）。
＊11　同緯度での横（東西方向）へ長いユーラシア大陸は陸上交通によって多数の集団間での交通（コミュニケーション）が成立しえた。そのことが最終的に西欧の覇者たる条件を生み出した、というのがこの本の乱暴な要約である。レヴィ＝ストロースに引きつけて言い換えれば、この地理的条件が「発見と創造の連鎖」が偶然にも継続する条件をあたえた、ということになる。
＊12　モース（一九七三）。ただし訳は変えている。
＊13　ドゥルーズ（一九七五）。
＊14　レヴィ＝ストロース（一九八四：三三一－三三二）。
＊15　それにしても、「恣意的」「近接」「類似」といった関係づけは脳にとってどのような意味として把握されているのだろうか。
＊16　モース（一九七三）。ただし訳は変えている。
＊17　ミズン（一九九八）。

＊18 心をキリスト教の聖堂にたとえるというのはあまりにも微笑ましい自文化中心主義の発露と言うべきか。

＊19 ミズン（一九九八：二四八）。

＊20 同上、三五四頁にある九章の原注三四。レヴィ＝ストロースへの言及の典拠としてWillis, R. 1990が挙げられている。

＊21 アメリカ合衆国における環境史という関心のあり方もこうした動向と切り離せない。環境史の先鞭をつけたCrononの *Changes in the Land–Indians, Colonists, and the Ecology of New England*（邦訳『変貌する大地』、前出＊6）は一九八三年刊行である。こうした関心は人類学の領域では民族植物学、民族動物学、民族分類学の深化として一九九〇年代前後からTraditional Ecological Knowledge（ＴＥＫ、伝統的生態学的知識）という主題として編成されていった。たとえば一九九一年刊のBerkes, F. *Sacred Ecology*（二〇〇八年に増補再刊）はＴＥＫを軸として構成されている。

＊22 渡辺（二〇〇九：二二八－三〇）。

＊23 Hames, R. 2007.

＊24 同上、一七九頁および文献表、ただし *Cultural Survival* は再掲で、もとは同年の *Orion* という雑誌が初出のようである。

＊25 Krech III,S., 1999.

＊26 次注の *Native American and the Environment* 所収、Krech III, "Beyond *The Ecological Indian*" 五頁以下に賛否両論が紹介されている。

＊27 Harkin and Lewis, 2007, p.211。因みにこの文章の著者で編者のひとりHarkin, D. はブリティッシュ・コロンビアのKwakwaka'wakw（かつてはクワキウトルと呼びならわされていた）民族誌を専門として、二〇〇〇年レヴィ＝ストロースの参加の元にパリで開催されたシンポジウムを公刊した *Coming to Shore*(Univ. of Nebraska Pr., 2004) の編者のひとりでもあり、北米でのインディアン研究（人類学だけでなく歴史、環境史などをふくむ）とレヴィ＝ストロースの影響圏の双方を視野に入れることのできる比較的貴重な存在のひとりと目される。先に引いたクレッチの本へのやや揶揄的な評価は二〇〇七年のクレッチの参加をえた上記論集への寄稿の冒頭部分である。

＊28 英語版Wikipediaでこの名前を参照すると、ハリウッド西部劇でインディアン役を演じた作品リストを見ることができる。ただこの俳優自身、両親はシシリア生まれのイタリア系アメリカ人だったが、一九九六年にそのことが発覚した当初は否定し続けていた、とも。この出自はアメリカでは周知だったとすれば、この虚構性そのものも計算に入れたクレッチによる選択なのであろう。一九九九年一月に没したことからするとこのポートレートを載せたクレッチの本は

同じ年に刊行されている。死者に鞭打つという言葉が頭をよぎる。Keep America Beautiful のキャンペーン広告動画もネットで見ることができる。

＊29　古生物学分野でのこの仮説は一九六〇年代後半にマーチン（Martin, P.）等によって唱えられた（Martin, S. P. 1986 参照）。ミズン『氷河期以後』（上）「二七、クローヴィス文化期の狩人たちの罪状審理」にはより冷静で批判的な検討が示されている。最近の議論としては、プロト・インディアンによる過剰殺戮説ではなく気候変動を重視するメルツァー（Meltzer, D., 2015）を参照。ミズンは二〇〇五年の段階でメルツァーの見方を高く評価している。更新世末期の北アメリカ大型哺乳類の絶滅については一九九〇年代から二〇〇〇年代（二〇〇三‐〇四）にも過剰殺戮派と気候激変派の論争が続いた（Grayson, D.K. Meltzer, D. J. 2003, Fiedela, S.,Haynes, G., 2004 等）。ミズンはそれを踏まえている。

＊30　このシニシズムはインディアンと呼ばれる人々を虚仮にするためにあえて表明されているのだろうか。イギリス人植民者が伝染病にかかった者の衣料品を意図的に残置してそれを拾ったインディアンの居住地で病を流行らせて社会の弱体化を図ったという逸話はよく知られている。そのようにして彼らはより完全な「エデン」を獲得しようとしたということなのだろう。後世、ブラジルでは先住民が除去された入植地を「清掃された土地 terra limpiada」と呼んでいたということが『悲しき熱帯』にふれられている。

＊31　クレッチのこの本で言及されたコロラド州の約八〇〇〇年前の類似の Olsen-Chubbuck 遺跡の二百頭ほどのバッファロー群れの化石にふれながら、デロリア（Vine Deloria, 2000）は「三〇〇〇万頭のうちの二〇〇頭が過剰殺戮だというのか」とやや苛立ち気味に反論している。インディアンの権利主張の理論家デロリアによる本書の批評の冒頭にある「『エコロジカル・インディアン』の高揚し燃え上がるような書評群から、私はインディアンと環境にかかわる真に内的な視点をあたえてくれる力技を読むことを期待していた。代わりにそこにあったのはいくつかの話題をめぐって集められうまく整理されていない逸話的な事実の集積だけであった。すなわち大型動物の狩猟者たち、バッファローの絶滅、農地の不適切な使用、チャコ・キャニヨンとホホカンの集落の不思議、火の使用である。煌めく文体で書かれてはいるものの証拠にも論拠にも説得力はない」という評には共感をもたざるをえない。

＊32　Dan Flores, “Wars over Buffalo”. これは二〇〇七年の論文集の第二部「大型獣の（過剰）狩猟」の論文。同じ著者による *The Natural West*(Dan Flores, 2001) は環境史の作品として重視されるべきものであり収録された “Bison Ecology and Bison Diplomacy Redux” は “Wars…” と密接に関連した論文である。

＊33　Isenberg, A., 2001.

【参考文献】

クロノン、ウィリアム　一九九五　『変貌する大地』佐野敏行・藤田真理子訳、勁草書房。

クロスビー、アルフレッド　一九九八　『ヨーロッパ帝国主義の謎』佐々木昭夫訳、岩波書店。

――　二〇〇三　『数量化革命』小澤千恵子訳、紀伊国屋書店。

ダイヤモンド、ジャレド　二〇〇〇　『銃・病原菌・鉄』倉骨彰訳、草思社。

ドムナック、ジャン＝マリー編　二〇〇四　『構造主義とは何か』伊東守男・谷亀利一訳、平凡社ライブラリー。

ハラリ、ユヴァル・ノア　二〇一六　『サピエンス全史』柴田裕之訳、河出書房新社。

モース、マルセル　一九七三　『社会学と人類学Ⅰ』有地亨他訳、弘文堂。

ドゥルーズ、ジル　一九七五　「構造主義はなぜそう呼ばれるのか」シャトレ、フランソワ編『哲学史二十世紀の哲学』中村雄二郎他訳、白水社。

ミズン、スティーヴン　一九九八　『心の先史時代』松浦俊輔・牧野美佐緒訳、青土社。

――　二〇一五　『氷河期以後・上』久保儀明訳、青土社。

レヴィ＝ストロース、クロード　一九七〇　『人種と歴史』荒川幾男訳、みすず書房。

――　一九七六　『野生の思考』大橋保夫訳、みすず書房。

――　二〇〇〇　『親族の基本構造』酒井和美訳、青土社
――　二〇〇一　『悲しき熱帯』川田順造訳、中公クラシックス。

――　二〇〇六　『神話論理Ⅰ　生のものと火を通したもの』早水洋太郎訳、みすず書房。

――　二〇〇七　『神話論理Ⅱ　蜜から灰へ』早水洋太郎訳、みすず書房。

――　二〇〇七　『神話論理Ⅲ　食卓作法の起源』渡辺公三他訳、みすず書房。

――　二〇〇八・二〇一〇　『神話論理Ⅳ　裸の人』一・二、渡辺公三他訳、みすず書房。

――　二〇〇九　『パロール・ドネ』中沢新一訳、講談社。

関曠野　二〇一六　『なぜヨーロッパで資本主義が生まれたか』、ＮＴＴ出版。

渡辺公三　一九九六　『レヴィ＝ストロース——構造　現代思想の冒険者たち二〇』、講談社（現代思想の冒険者たち Select として再刊）。
———　二〇〇九　『闘うレヴィ＝ストロース』平凡社新書四九八。
Alvard, Michael S.　1993 Testing the "ecologically noble savage" hypothesis: Interspecific prey choice by Piro hunters of Amazonian Peru, *Human Ecology*, 21(4): 355-387.
Berkes, Fikret　1991 (2008) *Sacred Ecology*, Routledge.
Dan Flores　2001 *The Natural West: Environmental History in the Great Plains and Rocky Mountains*, University of Oklahoma Press.
Dan Flores　2007　Wars over Baffalo, in Harkin and Lewis(ed).
Deloria, Vine　2000 The speculations of Krech *Worldviews* 4(3): 283-293.
Fiedela, Stuart and Gary Haynes　2004　A premature burial: comments on Grayson and Meltzer's "Requiem for overkill", *Journal of Archaeological Science* 31: 121–131.
Grayson, Donald K. and David J. Meltzer　2003 A requiem for North American overkill, *Journal of Archaeological Science* 30: 585–593.
Hames, Raymond　2007 The Ecologically Noble Savage Debate, *Annual Review of Anthropology*, 36:177-190.
Harkin, Michael and David Lewis eds.　2007　*Native American and the Environment: Perspectives on the Ecological Indian*, University of Nebraska Press.
Isenberg, Andrew　2001 *The Destruction of Bison: An Environmental History, 1750-1920*, Cambridge University Press.
Kelly, Robert and Mary Prasciunas　2007　Did the Ancestors of Native Americans Cause Animal Extinctions in Late-Pleistocene North America? And Does It Matter If They Did? in Harkin and Lewis (ed.).
Krech III, Shepard.　1999 *The Ecological Indian: Myth and History*, Norton.
———　2007 Beyond *The Ecological Indian* in Harkin and Lewis (ed.).
Muazé, Marie, Michael Eugene Harkin and Sergei Kan eds.　2004 *Coming to Shore: Northwest Coast Ethnology, Traditions, and Visions*, University of Nebraska Press.
Martin, Paul S. and Richard G. Klein eds.　1984 *Quaternary extinctions: A Prehistoric Revolution*, University of Arizona Press.

Meltzer, David　2015 Pleistocene Overkill and North American Mammalian Extinctions, *Annual Review of Anthropology*, 44: 33-53Redford, K.　1992 Ecologically Noble Savage, *Cultural Survival Quarterly*, 15(1): 46-48,*Orion* 9: 24-29.
Willis, Roy. ed.　1990 *Signifying Animals*, Routledge.

あとがき

本書の経緯を簡単に紹介したい。当初は、編者ほか多くの執筆者が関わる立命館大学大学院先端総合学術研究科で渡辺公三教授（以下、渡辺先生）の指導を受けて博士号を取得した（ばかりだった）若手研究者のなかで、当時立命館大学になんらかの形で籍を置いていた数名が、恩師の定年退職に合わせて企画したものだった。結果的に退職の年限が延期され出版予定時期も当初の計画とずれたことは「まえがき」の通りである。二〇一四年の春（最初の企画案提出）から二〇一五年の春（執筆依頼の送付）にかけて、ゼロから計画を練り具体的な論文集のアイデアをまとめ、渡辺先生に提案し会議を重ね合意を形成し実際に出版プロジェクトとして始動するところまでこぎつけたメンバーは、現在編者に名を連ねている石田・冨田だけではなかった。後にそれぞれの状況が許さず作業を断念することになったが、当初ともにこの企画に着手した元ゼミ仲間の働きがなければ、最も困難な最初の一歩を踏み出すことはできなかった。

本書の標題「異貌の同時代――人類・学・の外へ」は、最初の執筆依頼に仮題として掲載していたものから変わっていない。むしろ標題を考案する過程こそが本書のコンセプトを固める作業だった。とくに「異貌の同時代」という語は、渡辺先生の人類学的思考の独自性についての、それを間近で見てきた若手なりの解釈の産物である。その人類学は、経験への接近と離脱の止むことのない繰り返しのなかで、自己ではないものの理解を目指しながら、人類学という知そのものとそれに仮託される自己の位置を探り、次なる問いを常に開き続ける方法と言える。「異貌」の「異」は文字通り他なるものを、そして「貌」はそのアプローチすべき具体性を指してもいる。

人類学を専門としない研究者も含めてこの渡辺人類学への伴走・批評を乞うにあたり、「同時代」がキーワードとなった。個や社会、文化、思想、国家、環境、感覚、特定の問題状況など、なんであれ思考対象についての一般的あるいは既存の理解に対し、別の理解を試みること、異貌を捉えることは、それが厳密に歴史的な考察であろうとなかろうと、ある時代のある断面についての同時代的考察であり得る。各論文の考察によってある特定の時代に対する理解が新たに開かれること、その手つきでわたしたち自身が生きているこの時代のこの世界の死角に光を当てること。それが、恩返しとしての本論集を一般書のかたちで世に問う意義として少なくとも若手編者が企図したことである。

別の視角から見れば、本論集は、考察の対象となる時代の出来事や思想の共時的なつながりを、われわれはいかにして捉え、理解することができるのかという課題に、執筆者それぞれが真っ向から取り組み、答えようとしたものである。

渡辺先生がこれまで人類学の内外を往還しながら一貫して追及してきたのは、思考しえないものをいかに思考するのかという問いであった。それは見る眼の位置の不動の確かさから現実の複雑さを理解した気になること、あるいはそうした見方を疑おうとしないことを拒否するものであり、この問いは研究者個人としての姿勢にとどまらず、人類学そのものへと向けられてきた。「同時代の世界を動かしている多様な連関のうち、われわれが把握し、ときに操作できるのは、圧倒的に限られた部分に過ぎない。同時代の多様な連関がどのようなものでありうるのかについてわたしたちは、十分な理解力を鍛えられていない。この世界の〈今〉に追いつくための想像力をわれわれはいかにしてつくりあげることができるのか」（渡辺公三著『身体・歴史・人類学II　西欧の眼』言叢社、二〇〇九年、四一〇頁）という渡辺先生の問いかけにわれわれなりのやり方で答えてみようというのが、本論集のねらいであった。

最終的に採用されなかったが企画の初期に出た標題案に「解剖」という語があった。この語には、自分の手を使って対象を解体しより深く理解する作業という意味だけでなく、自分のやっている作業の反応が自分自身に直接伝わるさま、自己がその対象・過程・帰結から距離をとることができない（「手を汚す」必要がある）という、渡辺先生のスタンスを捉えた比喩のつもりだった。この趣旨は現行の標題にも生きていて、自己をどこか別の無関係の場所に置いてする思考とは正反対の、自己をも変えていく思考としての人類学の問題意識を、わたしたちは渡辺先生から学んだと考えている。日本を含む先進国と呼ばれる国々で自己愛的な排外主義が台頭し、「テロとの戦い」の名目で戦争とすら呼ばれない他者への武力行為が罷り通る現在、上記のような態度はいっそう手放してはならないものだろう。

とはいえ、本出版は必ずしも順調にスタートを切ったわけではなかった。渡辺先生の指導を受けた学生のなかでも比較的若手にあたるわれわれの多くが、これまでに編集業務に関わった経験がほとんどなく、まさに手探り状態だった。そのなかで、わたしたちが共通して抱いていたのは、関係者の論文を寄せ集めただけの「記念」論文集にはしたくないという思いであった。さらにできるならば、今まで仰ぎ見る存在であった渡辺先生の人類学的な探求のなかで醸成されてきた問題関心や課題に、自分たちのフィールド（思想／土地・場）から取り組んでみたい、という野心もあった。

渡辺先生の業績は、すでにのべたように多岐にわたり、個人と集団、国家、身体／感性（触感）、モノ、技術、統治、指紋、人種、同一性、多文化主義、植民地、土地など、いくつかキーワードを挙げるだけでも、その学問的な関心の広がりをうかがい知ることができる。本書ではそれらを、先生の主著と言える『司法的同一性の誕生』、『アフリカのからだ』、『西欧の眼』（巻末業績一覧を参照）の三冊それぞれのテーマに沿った三つの主題に分けた。このうち第三部は、ほかの部に比べて執筆者が多かったため、レヴィ＝ストロースに関する論考を集めて一つの部とした。第四部はこうして事後的に立てたが、三つの主題は編者を中心に修了生で検討した。

二〇一四年の春に本出版に着手してから、刊行に至るまでに三年以上の歳月を要したのは、企画内容の検討に予想以上に時間がかかったこともあるが、それ以上に編者であるわれわれの力不足が大きかったことを告白しなければならない。執筆者には、こちらがあらかじめ設定したテーマに沿って原稿を作成いただくなど、ご負担も相当なものであったろうと思う。また、編者のひとりである渡辺先生が立命館大学副学長としての職務が多忙をきわめ、入稿が大幅に遅くなったことを始め、編集作業の遅延により当初予定していた二〇一六年度内の刊行というスケジュールを達成することができなかった。早くから原稿を出していただいていた執筆者の皆様には、この場を借りて深くお詫びします。

またすでに述べたように、本企画は、われわれと同じく立命館大学大学院先端総合学術研究科を修了した元院生（近藤宏、永田貴聖、松田有紀子）とともに着手したもので、その後様々な事情から継続的に編集に携わることができなかったものの、彼らとの有意義な議論がなければ本企画は実現しなかった。ここに記して感謝申し上げる。

最後に、なかなか軌道にのらない計画を忍耐強く温かく見守ってくださった以文社の勝股光政さんと、実際の原稿の編集作業では編者側の度重なる予定変更と不手際にも迅速に丁寧に対応くださり、装丁まで含めて大部の本書を仕上げてくださった大野真さんに、心からの感謝の意を表したい。ご迷惑をおかけしました。

渡辺先生にとっては締めくくりかもしれないが、他の執筆者、とくに若手にとってはここからが研究者人生の本番になる。読者の方々のご意見・ご批判を俟ちたい。

二〇一七年四月吉日

石田智恵
冨田敬大

渡辺公三　経歴・業績一覧

★……編著出版物　☆……翻訳出版物

一九四九年――五月　東京にて出生

一九六八年――四月　東京大学文科Ⅰ類　入学。東大「全学無期限ストライキ」始まる

一九七一年――九月　サンケイ・スカラシップを得てパリ第三大学留学（～七二年九月）

一九七四年――三月　東京大学教養学部教養学科　卒業

四月、東京大学大学院社会学研究科文化人類学修士課程　入学

一九七六年――四月　東京大学大学院社会学研究科文化人類学博士課程　進学

九月、パリ第七大学民族学・人類学第三サイクル留学（～七九年九月）

一九七七年――五月　☆『社会人類学の二つの理論』（翻訳：ルイ・デュモン著、弘文堂、人類学ゼミナール1）

一九八〇年――九月　人間博物館リトルワールド開設準備室の嘱託でカメルーンで物質文化収集（～八一年三月）

一九八一年――四月　国立音楽大学講師に着任

一九八二年――一一月　☆『舞台の上の権力――政治のドラマトゥルギー』（翻訳：ジョルジュ・バランディエ著、平凡社）

一九八四年――六月　アフリカ（ザイール、クバ王国）調査（～八五年三月まで九カ月間、その後も九〇年まで断続的に）
一九八七年――五月　☆『国家に抗する社会――政治人類学研究』（翻訳：ピエール・クラストル著、書肆風の薔薇・水声社）
一九八八年――三月　☆『現代世界と人類学』（川田順造と共訳：クロード・レヴィ＝ストロース著、サイマル出版会）
一九九〇年――一〇月　☆『やきもち焼きの土器つくり』（翻訳：クロード・レヴィ＝ストロース著、みすず書房）
一九九三年――一一月　☆『個人主義論考――近代イデオロギーについての人類学的展望』（浅野房一と共訳：ルイ・デュモン著、言叢社）
一九九四年――四月　立命館大学文学部教授に着任、文学部インスティテュート開設準備委員
一九九六年――四月　立命館大学文学部インスティテュート開設、初代学科長（～九九年）
一九九六年――五月　★『レヴィ＝ストロース――構造』（現代思想の冒険者たち20〔第一回配本〕、講談社）
一九九七年――一〇月　★『多文化主義・多言語主義の現在――カナダ・オーストラリア・そして日本』（西川長夫、ガバン・マコーマックとの共編著、人文書院）
一九九八年――一〇月　★『アジアの多文化社会と国民国家』（西川長夫、山口幸二との共編著、人文書院）
一一月　二～四日、国際シンポジウム「二十一世紀的世界と多言語・多文化主義」開催（実行委員会事務局長）
一九九九年――二月　★『世紀転換期の国際秩序と国民文化の形成』（西川長夫との共編著、柏書房）

二〇〇〇年――四月　★『アフリカン デザイン――クバ王国のアップリケと草ビロード』（福田明男との共著、里文出版）
七月　☆『舞台の上の権力――政治のドラマトゥルギー』（再刊、ちくま学芸文庫）
一一月　新構想大学院設置委員会事務局長
二〇〇一年――六月　☆『ホモ・ヒエラルキクス――カースト体系とその意味』（田中雅一との共訳：ルイ・デュモン著、みすず書房）
二〇〇三年――二月　★『司法的同一性の誕生――市民社会における個体識別と登録』（言叢社）
九月　同書で博士号取得、博士（文学・立命館大学））
四月　立命館大学大学院先端総合学術研究科開設、同教授、初代研究科長（～〇六年三月）
五月　★『レヴィ＝ストロース――構造』（再刊、現代思想の冒険者たち Select、講談社）
二〇〇四年――一二月　★『文化人類学文献事典』（谷泰、小松和彦、田中雅一、原毅彦との共編著、弘文堂）
二〇〇五年――七月　☆『レヴィ＝ストロース講義：現代世界と人類学』（八八年の再刊、平凡社ライブラリー）
二〇〇六年――四月　★『レヴィ＝ストロース「神話の森」へ』（木村秀雄との共編著、みすず書房）
学外研究でパリのエコール・ノルマル・シュペリユール客員研究員（～〇七年三月）
二〇〇七年――三月　指導大学院生の最初の博士号取得者
九月　☆『神話論理 III 食卓作法の起源』（榎本譲、小林真紀子、福田素子との共訳、クロード・レヴィ＝ストロース著、みすず書房）
二〇〇八年――四月　立命館大学研究部長（～一二年三月）

二〇〇九年――七月　★『アフリカのからだ（身体・歴史・人類学Ⅰ）』『西欧の眼（身体・歴史・人類学Ⅱ）』（言叢社）

一一月　★『闘うレヴィ＝ストロース』（平凡社新書）

二〇一〇年――三月　☆『神話論理Ⅳ-2　裸の人2』（吉田禎吾、福田素子、鈴木裕之、真島一郎との共訳および解説、クロード・レヴィ＝ストロース著、みすず書房）

四月　国立大学法人滋賀大学監事に着任（～一二年三月）

一〇月　★『日本における翻訳学の行方＝Translation studies in the Japanese context』（佐藤＝ロスベアグ・ナナとの共編、立命館大学グローバルCOEプログラム「生存学」創成拠点、生活書院）

二〇一一年――三月　★『知のアトリエを求めて：立命館土曜講座3000回記念』（編集代表、立命館衣笠総合研究機構、生活書院）

五月　★『マルセル・モースの世界』（モース研究会著・共編著、平凡社新書）

二〇一二年――四月　立命館大学副学長・立命館副総長着任（現在に至る）

二〇一六年――三月　☆『大山猫の物語』（監訳、福田素子、泉克典との共訳、みすず書房）

二〇一七年――五月　★『異貌の同時代――人類・学・の外へ』（石田智恵、冨田敬大との共編著〔本書〕、以文社）

森下直紀（もりした　なおき）
1978年生まれ．和光大学経済経営学部講師．主な共編著に『原子力総合年表――福島原発震災に至る道』（原子力総合年表編集委員会編，すいれん舎，2014年），主な論文に「社会調査者はなにを見たか――水俣病被害の構造的理解を求めて」（天田城介他編『差異の繁争点――現代の差別を読み解く』ハーベスト社，2012年），「ダム・ディベート――サンフランシスコの水源開発にともなう景観価値と国立公園」（『Core Ethics』6　立命館大学大学院先端総合学術研究科，2010年）などがある．

中倉智徳（なかくら　とものり）
1980年生まれ．立命館大学大学院先端総合学術研究科研究指導助手．主な著書に『ガブリエル・タルド――贈与とアソシアシオンの体制へ』（洛北出版，2011年），主な論文に「19世紀末フランスにおける『科学の哲学』としての社会学――ガブリエル・タルドのネオ・モナドロジー成立過程」（『フランス哲学・思想研究』20巻，2015年），「イノベーション，社会，経済――ガブリエル・タルドと戦間期アメリカにおける『発明の社会学』」（『年報　科学・技術・社会』24巻，2015年）などがある．

永田貴聖（ながた　あつまさ）
1974年生まれ．国立民族学博物館機関研究員．主な著書に『トランスナショナル・フィリピン人の民族誌』（ナカニシヤ出版，2011年），主な論文に「日本・韓国のフィリピン人たちによる複数の国家•国民とかかわる実践」（黒木雅子，李恩子編『「国家」を超えるとは――民族・ジェンダー・宗教』新幹社，2016年），「『韓国』を消費するだけではない日本人の存在――政治的な日韓関係を超える関係についての試論」（『生存学』Vol.9，生活書院，2016年）などがある．

西成彦（にし　まさひこ）
1955年生まれ．立命館大学大学院先端総合学術研究科教授．主な著書に『エクストラテリトリアル――移動文学論2』（作品社，2008年），『ターミナルライフ――終末期の風景』（作品社，2011年），『バイリンガルな夢と憂鬱』（人文書院，2014年）などがある．

真島一郎（まじま　いちろう）
1962年生まれ．東京外国語大学大学院総合国際学研究院教授．主な共編著に『山口昌男 人類学的思考の沃野』（川村伸秀との共編，東京外国語大学出版会，2014年）などがある．

松田素二（まつだ　もとじ）
京都大学大学院文学研究科教員．主な共編著に *African Virtues in the Pursuit of Conviviality* (LANGAA, 2017),『紛争をおさめる文化』（平野（野元）美佐との共編，京都大学学術出版会，2016年），主な著書に『日常人類学宣言！――生活世界の深層へ／から』世界思想社，2008年などがある．

松田有紀子（まつだ　ゆきこ）
1985年生まれ．国立民族学博物館外来研究員を経て，現在，日本学術振興会特別研究員ポストドクトラルフェロー．主な論文に「「女の町」の変貌――戦後における京都花街の年季奉公をめぐって」（天田城介・角崎洋平・櫻井悟史編『体制の歴史』洛北出版，2013年），「京都――祇園の女紅場」（佐賀朝・吉田信行編『シリーズ遊廓社会2　近世から近代へ』吉川弘文館，2014年）などがある．

近藤宏（こんどう　ひろし）
1982年生まれ．立命館大学衣笠総合研究機構専門研究員．主な論文に「毒と贈り物：パナマ東部先住民エンベラの社交に見る贈与」（岸上伸啓編『贈与論再考』臨川書店，2016年），「毒蛇と獲物：パナマ東部先住民エンベラにおける動物殺しの布置」（シンジルト・奥野克巳編『動物殺しの民族誌』昭和堂，2016年），翻訳にエドゥアルド・ヴィヴェイロス・デ・カストロ著『インディオの気まぐれな魂』（里見龍樹との共訳，水声社，2015年）などがある．

澤田昌人（さわだ　まさと）
1958年生まれ．京都精華大学人文学部教授．主な論文に「音声コミュニケーションがつくる二つの世界」（菅原和孝・野村雅一編『叢書　身体と文化　第2巻　コミュニケーションとしての身体』大修館書店，1996年），「世界観の植民地化と人類学――コンゴ民主共和国，ムブティ・ピグミーにおける創造神と死者」（宮本正興・松田素二編『現代アフリカの社会変動――ことばと文化の動態観察』人文書院，2002年），「コンゴ民主共和国における武装勢力掃討は成功するか？――対ADF作戦の難しさ」（『アフリカレポート』No. 52，アジア経済研究所，2014年）などがある．

島　亨（しま　とおる）
1939年生まれ．東京教育大学哲学科倫理学専攻中退．国際経済社記者，木耳社編集部を経て，言叢社を共同して設立．言叢社同人代表．縄文造形研究会会員，先史造形表現研究．主な共著書に『秩父幻想行』（写真・清水武甲，木耳社，1968年），『フクシマ――放射能汚染に如何に対処して生きるか』（言叢社，2012年），『神々の発光：中国新石器時代紅山文化玉器造形：1924-1937年収集』（篠原昭との共編著，言叢社，2013年）などがある．

田中雅一（たなか　まさかず）
1955年生まれ．京都大学人文科学研究所教授．主な著書に『文化人類学の誘惑』（世界思想社，2017），『癒しとイヤラシ――エロスの文化人類学』（筑摩書房，2010年），『供儀世界の変貌――南アジアの歴史人類学』（法蔵館，2002年）などがある．

田中壮泰（たなか　もりやす）
1980年生まれ．日本学術振興会特別研究員（PD）．主な論文に「ユリアン・トゥーヴィムと戦間期――ポーランド，ユダヤ，ジプシー」（『西スラヴ学論集』第12号，2009年），「グレーゴルと女性たち：介護文学としての『変身』」（『生存学』第5号，2012年），「二言語詩人フォーゲル」（『スラヴ学論集』第17号，2014年）などがある．

デュムシェル，ポール（Paul Dumouchel）
1951年生まれ．立命館大学大学院先端総合学術研究科教授．主な論文に *The Barren Sacrifice: An Essay on Political Violence*（East Lansing: Michigan State University Press, 2015），共編著に *Social Bonds as Freedom*（& Reiko Gotoh eds., New York: Berghahn Books, 2009），*Vivre avec les robots essai sur l'empathie artificielle*（& Luisa Damiano, Paris: Seuil , 2016）などがある．

執筆者紹介（あいうえお順）

泉克典（いずみ　かつのり）
1978年生まれ．立命館大学文学研究科修士課程修了．主な翻訳にクロード・レヴィ=ストロース著『大山猫の物語』（渡辺公三監訳，福田素子との共訳，みすず書房，2016年），レヴィ=ストロース著「人間の数学」（『思想』No.1016，岩波書店，2008年），マルセル・エナフ著「『神話論理』――言語学と音楽のあいだで」（渡辺公三・木村秀雄編『レヴィ=ストロース『神話論理』の森へ』みすず書房，2006年）などがある．

エナフ，マルセル（Marcel Hénaff）
カリフォルニア大学サンディエゴ校研究教授．主な著書に *Lévi-Strauss and the making of Structural Anthropology*（University of Minnesota Press, 1998），*The Price of Truth. Gift, Money, Philosophy*（Stanford University Press, 2010），*Le Don des philosophes. Repenser la réciprocité*（Editions du Seuil, Paris, 2012）などがある．

川瀬慈（かわせ　いつし）
1977年生まれ．国立民族学博物館准教授．専門は映像人類学，民族誌映画製作．主な共編著に『アフリカン・ポップス！――文化人類学からみる魅惑の音楽世界』（鈴木裕之との共編著，明石書店，2015年），『フィールド映像術』（分藤大翼・村尾静二との共編，古今書院，2015年），代表的な映像作品に『Room11, Ethiopia Hotel』（イタリア・サルデーニャ国際民族誌映画祭にて「最も革新的な映画賞」受賞）などがある．

ケック，フレデリック（Frédéric Keck）
1974年生まれ．フランス国立科学研究センター研究員（Researcher at CNRS），ケ・ブランリ美術館研究部長．主な著書に *Un monde grippé*（Flammarion, 2010），*Lucien Lévy-Bruhl, entre philosophie et anthropologie*（CNRS, 2008），*Claude Lévi-Strauss, une introduction*（Pocket, 2005）などがある．

小泉義之（こいずみ　よしゆき）
1954年生まれ．立命館大学大学院先端総合学術研究科教授．主な著書に『ドゥルーズと狂気』（河出書房新社，2014年），『生と病の哲学』（青土社，2012年），主な論文に「意味の地質学，人類の腫瘍学――『悲しき熱帯』を読む」（『思想』No.1016，岩波書店，2008年）などがある．

小杉麻李亜（こすぎ　まりあ）
1981年生まれ．立命館大学授業担当講師，関西大学非常勤講師．主な共著に『イスラーム　書物の歴史』（小杉泰・林佳世子編，名古屋大学出版会，2014年），『よくわかる宗教学』（櫻井義秀・平藤喜久子著，ミネルヴァ書房，2015年），『イスラームという生き方（上）』（小杉泰との共著，NHK出版，2017年）などがある．

編者紹介

渡辺公三（わたなべ　こうぞう）
1949年生まれ．立命館大学大学院先端総合学術研究科教授・立命館大学副学長・立命館副総長．主な著書に『闘うレヴィ＝ストロース』（平凡社新書，2009年），『司法的同一性の誕生――市民社会における個体識別と登録』（言叢社，2003年），『レヴィ＝ストロース――構造』（現代思想の冒険者たち20，講談社，1996年，現代思想の冒険者たちSelectとして2003年に再刊），主な翻訳にクロード・レヴィ＝ストロース著『大山猫の物語』（共訳・監訳，みすず書房，2016年）などがある．

石田智恵（いしだ　ちえ）
1985年生まれ．早稲田大学法学部専任講師．主な論文に「やわらかな人種主義：アルゼンチンにおける「ハポネス」の経験から」（『文化人類学研究』18，早稲田文化人類学会，2017年2月刊行予定），"Interpelación o Autonomía: El caso de la identidad nikkei en la comunidad argentino – japonesa" (*Alteridades* 53. Universidad Autónoma Metropolitana, Ciudad de México. ablo Gavirati との共著，2017年6月刊行予定)，「軍政下アルゼンチンの移民コミュニティと「日系失踪者」の政治参加」（『コンタクト・ゾーン』7号，京都大学大学院人間・環境学研究科文化人類学研究室，2015年）などがある．

冨田敬大（とみた　たかひろ）
1983年生まれ．立命館大学立命館グローバル・イノベーション研究機構専門研究員．主な論文に「モンゴルにおける人と自然のかかわり――遊牧民による環境利用の近現代的変容」（『環太平洋文明研究』1号，雄山閣，2017年），「近現代モンゴルにおける畜産物利用の変化――乳・乳製品の域外販売と域内消費に注目して」（風戸真理・尾崎孝宏・高倉浩樹編『モンゴル牧畜社会をめぐるモノの生産・流通・消費』東北大学東北アジア研究センター，2016年），「モンゴル牧畜社会における二つの近代化――開発政策の転換と都市近郊の牧畜経営をめぐって」（天田城介・角崎洋平・櫻井悟史編『体制の歴史』洛北出版，2013年）などがある．

異貌の同時代──人類・学・の外へ

2017年5月15日　初版第1刷発行

編　者　渡辺公三・石田智恵・冨田敬大
発行者　勝股光政
発行所　以　文　社

〒101-0051 東京都千代田区神田神保町 2-12
TEL 03-6272-6536　FAX 03-6272-6538
http://www.ibunsha.co.jp/
印刷・製本：中央精版印刷

ISBN978-4-7531-0340-9